근대 이후 동아시아 서원의
변용과 전개

이 저서는 2022년 대한민국 교육부와 한국연구재단의
지원을 받아 수행된 연구임(NRF-2022S1A5C2A02093518)

근대 이후 동아시아 서원의 변용과 전개

영남대학교 민족문화연구소 편

도서출판 온샘

책을 펴내며

영남대학교 민족문화연구소는 지난 2019년 '동아시아 서원 문화와 글로컬리즘'이란 주제로 한국연구재단의 인문사회연구소 지원 사업에 선정되었다. 이와 관련해 지난 5년 동안 우리 연구팀은 동아시아 서원에 관한 심도 있는 연구를 진행하였고, 그 성과를 종합하여 『동아시아 서원의 기원과 제의례의 완성』(2021), 『동아시아 서원 아카이브와 지식 네트워크』(2022), 『동아시아 서원의 일반성과 다양성』(2023), 『한국 서원의 로컬리즘』(2023) 등 4편의 민족문화연구총서를 간행하였다. 그 중에서도 『동아시아 서원의 기원과 제의례의 완성』은 학술적 가치를 인정받아 2022년 대한민국학술원 우수학술도서로 선정되었다.

이번에 간행하는 『근대 이후 동아시아 서원의 변용과 전개』는 본 연구 과제의 4차 연도 성과물이다. 서원은 한국과 중국, 그리고 동아시아 지역에서 유학 지식의 창출과 확대·재생산의 거점이었을 뿐만 아니라, 지역공동체의 구심점 역할을 담당하였다. 그러나 근대 이후 새로운 가치관이 유입되면서 서원도 변화를 강요받을 수밖에 없었다. 무엇보다 서구가 정립한 근대 교육 시스템에서 유학은 배제되었다. 그런 가운데 어떤 서원은 근대 교육의 장소로 변모하였고, 어떤 서원은 전통적 가치관을 고수하기 위해 노력하였다. 이러한 서원의 변용은 동아시아 각국의 서원마다 다양하게 나타났다.

그간 서원 연구가 많이 축적되었으나, 근대 이후 변용 양상에 대해서는 연구자들이 큰 관심을 두지 않았다. 근대 이후 서원의 시대적 역할은 막을 내렸다고 인식했기 때문일 것이다. 그러나 오히려 근대 이후에도 서원은 활발하게 운영되었으며, 이와 관련된 유·무형의 유산도 다수 전래되고 있다.

우리나라만 하더라도 근대 이후 많은 서원이 복원되거나 새롭게 건립되었다. 다른 동아시아 국가에서도 전통적 가치관을 주목하는 가운데, 근대 이후 서원의 존재 양상을 재조명하고 있다. 이에 4차 연도에서는 근대 이후 한국·중국·대만·일본 서원의 존재 양상을 비교·검토하였다.

지난 1~3차 연도는 세계를 뒤덮은 팬데믹의 여파 때문에 국내·외 연구자들 간의 직접적인 소통이 어려웠다. 연구 성과를 점검하기 위해 개최한 국제학술대회는 현장 발표와 온라인 발표를 병행하였으며, 국내·외 서원 자료 조사도 어려움을 겪었다. 4차 연도 사업은 이러한 대외적인 어려움이 해소된 가운데 진행되었다. 지난 2023년 5월 개최한 국제학술대회에는 국내 학자뿐만 아니라 중국·대만·일본 학자를 초빙하여 근대 이후 서원의 변모 양상에 대해 심도 있게 논의하였으며, 관련 자료를 공유하였다. 그런 점에서 『근대 이후 동아시아 서원의 변용과 전개』의 간행은 또 다른 측면에서 의미를 가진다.

『근대 이후 동아시아 서원의 변용과 전개』는 2부로 구성하였다. 제1부는 '근대 이후 서원 운영의 변화'이다. 근대 교육의 시행으로 서원 운영은 위축될 수밖에 없었다. 그런 가운데 운영 형태를 변화해 가며, 새로운 활로를 모색하는 한국·중국·대만 서원의 모습을 규명하였다. 제2부는 '근대 교육과 서원'이다. 근대 이후 교육적 기능을 상실한 한국 서원과 달리 동아시가 각국의 서원은 근대 교육 기관으로 탈바꿈되거나, 전통 교육을 고수하는 장소로 활용되었는데, 제2부에서는 이러한 양상을 검토하였다.

이 책이 출판되기까지 여러 연구자들의 도움이 있었다. 배현숙·정순우·이수환·정병석·이우진·류준형·황혜진·이병훈 선생님은 본 연구사업의 공동연구원으로서 연구 방향과 주제 설정에 조언을 아끼지 않았다. 지난 3차 연도에 이어 배다빈 선생님은 중국·대만 서원 연구자와의 소통 및 연구물 번역에 힘써 주었다. 김순한·이광우·채광수 세 분의 연구교수는 본 연구 사업의 성과물이 나오기까지 모든 업무를 전담하였다. 바쁘신 와중에도 본 사업의 연구와 저술을 맡아주신 중국의 등홍파(鄧洪波)·장효신(張曉新)·사풍(謝豐) 선생님, 대만의 오진안(吳進安)·장곤장(張崑將) 선생님, 일본의 미나미자와 요시히코(南澤良彦), 한국의 정재영 선생님께도 감사의 인사를 드린다. 마지막으로 어려운 여건 속에서도 책자 편집과 간행에 노고를 아끼지 않으신 신학태 온샘 사장님께도 감사드린다.

2024년 5월
연구책임자 조 명 근

차 례

제2부 근대 교육과 서원

제1부

근대 이후 서원 운영의 변화

대원군의 원·사훼철과 유림의 동향

이 수 환

I

대원군의 여러 정책 중 원사훼철(院祠毁撤)은 성공한 개혁으로 평가된다. 서원은 1543년(중종 38) 백운동서원 설립 이래 국가의 적극적인 보호책에 힘입어 향촌사회에서 급격히 확산되었다. 그러나 서원은 얼마가지 못해 남향(濫享)과 첩설(疊設) 및 양정모점(良丁冒占), 면세전 확대, 대민(對民) 작폐 등 여러 가지 사회·경제적 폐단이 노출되기 시작하면서 국가의 제재조치를 받기도 하였다. 원사(院祠)에 대한 국가적 통제는 첩설·남설이 큰 사회적 문제로 대두하는 숙종조부터 본격화되어 그 말년에는 일단의 원사가 훼철되기도 하였다. 그러나 이때까지의 서원정책은 대체로 당파적 차원을 크게 벗어나지 못해 별다른 성과를 거두지는 못하였다.

이후 1741년(영조 17)에 오면 전국에 걸쳐 173개소라는 대규모의 서원·사우에 대한 훼철[1]이 단행되는데, 그러나 이때의 훼철 이후에도 원사폐단의 일차적 요인이었던 남설·첩설은 말할 것도 없고, 원사로 야기된 사회적 폐단도 제거되지 못하고 오히려 더욱 악화되면서 대원군의 전면적인 원사훼철을 맞게 되었다. 본 발표는 대원군의 원사훼철 과정과 이에 대한 유림들의 대응에 대해 간단히 살펴보고자 한다.[2]

---

1) 정만조(1986), 「영조 17년의 사원훼철」, 『한국학논총』 9, 국민대학교 한국학연구소, 420쪽; 정만조(1997), 『조선시대 서원연구』, 집문당.
2) 이 글은 필자가 새롭게 연구한 것이 아니고, 지금까지의 연구 성과를 종합적으로 간단히 정리한 것이다. 본 발표와 관련하여 참고한 연구는 다음과 같다.

II.

대원군의 원사훼철은 집권초에 구상되어 이후 점진적 단계적으로 진행되었다. 원사는 당시 유림들에게 있어서 향촌 내 유일한 세력 근거지였다는 점에서 원사훼철은 간단한 문제가 아니었다. 특히 유림들에게 있어서 원사의 훼철은 그들의 사회·경제적 기반의 해체 나아가 생존권의 박탈이라는 의미로 받아들여졌다는 점에서, 대원군은 원사훼철의 과정에서 이러한 유림들의 반발을 의식하지 않을 수 없었던 것이다.

대원군은 집권하자 곧바로 원사훼철을 위한 기초적 준비작업의 일환으로 1864년(고종 1) 4월에 각 읍 소재의 서원·향현사(鄕賢祠)·생사당(生祠堂) 등에 소속된 결총(結總)·보액(保額)을 상세히 조사하여 보고하도록 하고 6월에는 그 조사 보고를 독촉하는 지시를 내렸다. 이어 7월에는 이 보고서를 토대로 하여 앞으로의 원사훼철에 대한 기준 마련을 지시하였다. 8월에는 원사철폐 조치에 앞서 먼저 시행 가능한 원사폐단에 대한 구체적인 시정책이 제시되고 있는데, 이때 원사의 첩설·사설(私設)을 금지하고, 사액서원도 면세 전결은 3결만으로 제한하였고 또 정액(定額) 이외의 모입(募入)을 금지하였다. 특히 향현사의 모입보솔(募入保率)은 전부 삭제해 군역에 첨정(簽丁)하도록 팔도에 명했다.[3] 이러한 일련의 조치는 대원군이 집권 초부터 이미 원사의 전면 훼철을 구상하고 있었음을 의미한다.

이와 같이 대원군은 집권 초부터 원사훼철을 전제한 준비작업을 진행함과 동시에 고종 2년 3월에는 대규모 원사훼철에 앞선 시험조치로 당시 원사

김세윤(1980), 「대원군의 서원훼철에 관한 일고찰」, 서강대학교 석사학위논문.
이수환(1994), 「대원군의 원사훼철과 영남유소」, 『교남사학』 6, 영남대학교 국사학회; 이수환(2001), 『조선후기 서원연구』, 일조각.
윤희면(1999), 「고종대의 서원철폐와 양반유림의 대응」, 『한국근현대사연구』 10, 한국근현대사학회; 윤희면(2004), 『조선시대 서원과 양반』, 집문당, 2004.
3) 『日省錄』, 고종 원년 4월 22일, 6월 7일, 7월 27일, 8월 17일조.

중 가장 영향력이 컸던 만동묘(萬東廟)의 철폐를 단행하였다.[4] 만동묘는 당시 사회적 문제가 되었던 원사폐단의 상징적인 곳이라는 점에서 전면적인 원사훼철에 앞서 시험적으로 철폐당할 소지가 충분히 있었다. 특히 이곳은 화양서원(華陽書院)과 함께 노론의 총본산이었다는 점에서 노론의 세력약화를 통한 왕권강화를 시도하였던 대원군의 의도에도 적합하였던 것이다.

만동묘 철폐의 성공을 계기로 대원군은 고종 5년(1868) 국가에서 공인한 사액원사(賜額院祠)를 제외한 전국의 미사액서원(未賜額書院)·향현사에 대한 대규모 철폐를 단행하였다.[5] 이는 1864년 7월의 첩설·사설 원사에 대한 철폐 시사가 있은 지 4년 만에 나온 구체적 조치로서, 1871년(고종 8)의 사액원사 철폐를 위한 1단계 조치였다. 이때의 원사훼철은 조령(朝令)에 의한 것이 아니고 대원군의 令에 의한 것이었다. 당시 대원군은 조정의 공식적인 원사정책과는 별도로 원사철폐 작업을 진행시키고 있었는데, 대원군이 왜 이 같은 조치를 朝令에 의하지 않고 개인적인 권위에 의지하여 시행하고자 했는지는 현재로서는 알 수 없다. 관문에 제시된 이때의 훼철대상은 미사액서원·향현사 중 훼철에 可合한 원사 및 건립된 지 200년이 못된 생사당이었지만, 실제 시행과정에서는 사액을 제외한 모든 미사액원사를 그 대상으로 하고 있다.

이때의 미사액원사 훼철과 관련해서 『도내각읍서원훼철사괄성책초(道內各邑書院毀撤査括成冊草)』[이하 『사괄책』이라 함]가 주목된다. 이 책은 당시 경상도 지역 훼철조치의 구체적인 내용을 초(草)한 것이다.[6] 먼저 이 책에서

---

4) 위의 책, 고종 2년 3월 29일조. 만동묘 훼철에 관한 구체적인 과정과 노론측의 반대상소에 대해서는 김세윤(1980), 앞의 논문, 27~42쪽 참조.
5) 『일성록』, 고종 5년 8월 3일조.
6) 이 책은 고종 5년 대원군의 원사훼철 시 경상도 감영에서 도내 각 읍의 훼철상황을 조사 작성한 것인데, 여기에는 다만 각 읍별 훼철 원사명과 각 원사 소유 保率·田畓·錢財만 기재하고 있을 뿐이다. 따라서 그 작성연대나 원사의 배향인물 등은 전혀 알 수 없었다. 다만 그 내용중 "保率 : 前(甲子·乙丑·丁卯)因京關疤定軍伍"라는 기록이 있어 그 작성연대가 고종 5년 이후라는 것을 추측할 수 있다.

보면 이때의 원사훼철이 한 번에 이루어지지 못하고 다섯 차례[1차 훼철질 (毁撤秩), 2차 훼철질, 3차 훼철질, 4차 훼철질, 유루처훼철질(遺漏處毁撤秩)] 에 걸쳐 단계적으로 진행되었다는 것을 알 수 있다. 이를 정리하면 다음 표와 같다.[7]

〈표 1〉『사괄책』 소재 각 훼철질의 훼철원사 수

훼철질 지역	1차	2차	3차	4차	유루遺漏	훼철질 지역	1차	2차	3차	4차	유루遺漏	훼철질 지역	1차	2차	3차	4차	유루遺漏
慶州	6	4	3		20	金山	2			1		比安	2	2			
安東	14	11	2(泗濱·臨川)			興海		1			1	丹城	6			1	
昌原	2	2		1		陝川	7	4	1		2	彦陽				1	3
尙州	14	3	5			咸安	7	2	1			高靈	4	1			
晋州	4	4	3		3	永川	7	3	2	1	1	禮安	6	1	1		
星州	15	2	1			豊基	1	1		1	1	慈仁	3		1		
居昌	6	2				草溪	4	2				咸昌	2	1		1	2
蔚山	3	2	2		3	固城	7	2				靈山	2	2			
善山	5	2	1		1	慶山	4					昌寧	6	2		1	
漆谷	3		2			三嘉	10	2				英陽	1	1		1	
金海	4	1				南海	1	1			1	河陽	4				
仁同	4	2				盈德			2		1	龍宮	6	1	1		
青松			1		3	義興	5	2			1	山清	4	1			
順興	10	1	1			義城	3		1			玄風	3				
寧海	6	3		2		宜寧	6	1		1	2	奉化	2			1	
密陽	6	1			3	知禮	1	2		1		安義		1		2	7
河東			1	1		聞慶	2	1			2	眞寶					1
大丘	15	6		1	1	長鬐	1			1	1	開寧					1
巨濟					1	鎭海	1					梁山					5
清道	10	3		1		柒原	2				4	清河				1	
榮川	7	3		1	5	新寧	2	1		1		합	263	97	34	24	87
醴泉	3	3		1	4	軍威			1		5						
咸陽	2	3		1	1	迎日	1				1						

---

7) 이수환(2001), 앞의 책, 346~363쪽 참조.

위 표에서 보는 바와 같이 이때의 원사훼철은 일시에 성사되지 못하고 5차까지 가는 어려움이 있었다. 이와 같은 원사훼철의 지연은 유림들의 반발과 훼철의 책임을 맡은 수령들의 강력한 의지부족 때문이었는데 특히 유림들과 지방관의 유착관계가 크게 작용하였다. 원사훼철 초기에는 대부분의 지방관들이 대원군의 의지를 제대로 파악하지 못하였으며, 이에 유림들은 '훼철에 가합(可合)한' 것이라는 규정에 근거해서 납뢰(納賂)하여 도면(圖免)하고자 하는 경우가 많았던 것 같다. 이러한 분위기 속에서 원사훼철은 대원군이 강력한 의지를 천명함으로써 계속 진행될 수 있었다.

그러나 당시의 원사훼철은 이러한 대원군의 강경한 경고에도 불구하고 그 시행이 지지부진 하였다. 이는 당시 관문에서 보면, 좀 과장된 표현이긴 하지만 중앙에 이미 보고된 미사액 400여 원(院) 외에 400~500개의 향현사가 더 있다고 지적하면서 유루처(遺漏處)를 빠짐없이 상세히 보고 하라고 독려하고 있다. 이렇게 볼 때 이때의 5차에 걸친 훼철은 처음부터 그렇게 의도한 것이 아니었고 다만 300여 년간 사림의 기구로 존속해 왔던 원사를 일시에 훼철하는데 따른 불가피한 현상이었던 것이다. 5차에 걸친 훼철의 각각의 정확한 날짜는 각 지역에 따라 다소의 시간적 차이는 있겠지만 대체로 8월~11·12월을 전후한 시기에 단행되었다고 보여 진다. 한편 1차에서 5차에 걸친 훼철의 선후 차이의 의미에 대해서는 구체적으로 알 수 없었다. 이는 각 읍마다 사정의 차이에서 비롯된 것일 뿐, 원과 사 또는 원사의 규모나 지역 내 위상의 차이에서 온 결과는 아니었다.[8] 대체적으로는 앞 〈표 1〉에서 보듯이 1·2차에 대부분이 훼철되고 이후 빠진 원사에 대한 훼철이 단계적으로 진행되었다.[9]

---

8) 『사괄책』은 원·사를 구체적 기준 없이 쓰고 있다. 실제로 『교남지(嶠南誌)』에 서원과 사우(祠宇)로 기재된 것이 『사괄책』에는 뒤바뀌어 기재된 경우가 많다. 따라서 『사괄책』에 근거해서 훼철순서에 그 의미를 부여하는 것은 타당성이 없다.
9) 그러나 실제로 각 읍에 따라서는 필자가 보기에 각 읍내에 영향력이 있었던 서원이 2·3차 이후에 등재되는 경우도 많았다. 또한 원사가 몇 개 되지 않는 읍의 경우 훼철령이 발령된 초기에는 그 심각성이 크게 문제되지 않았으며 따라서 이들 읍은 3차 이후에 많이 기재되고 있다.

다음으로 이 시기 원사훼철의 모습과 훼철 후 원사 소속의 전답·보솔·전재 처리 등에 대해서 살펴보기로 한다. 당시 훼철과정은 대원군의 지시에 의하면 官令에 의한 서원 측의 자진철거가 아니고, 지방관 책임 하에 관에서 직접 주관하였던 것으로 보인다. 따라서 훼철이 결정될 때 이미 그 원칙도 정해졌던 것이다. 훼원관문(毀院關文)에 의하면 철거대상은 사묘·강당을 포함한 원사의 모든 건물이 포함되었고 심지어 발초(拔礎)까지 하는 읍도 많았다. 이렇게 철거된 재와(材瓦)와 사초(砂礎)는 공해(公廨)의 '수즙지역(修葺之役)'에 수용하도록 하였다.

한편, 『사괄책』에는 각 원사 소유의 전답·보솔·전재가 기재되어 있다. 이것이 어떤 의미를 가지는 것인지 구체적으로 알 수는 없지만 국가의 요구에 의해 작성된 것만은 틀림없다. 먼저 전답은 속공(屬公)을 전제로 기재된 것 같은데 이 속공조치에는 자비전(自備田)은 제외되고 다만 국가에서 지급한 토지만 포함되었다고 본다. 이는 위책에 전답이 전체 505개소 중 220개소만 기재되어 있고, 그 총액도 약 117결, 1,381두락으로 한 원사당 평균 66負 정도였다는 데서도 알 수 있다.

보솔은 고종 원년 8월의 '향현사 소속 모든 모입은 군오에 파정하라'는 조령이 내려진 후, 각 읍 지방관의 책임하에 이 조치가 계속적으로 진행되었는데 그 결과가 이 『사괄책』에서 확인된다. 이 책에 의하면 전체 훼철 원사 505개소 중 201개소만 보솔이 기재되고 있고 나머지 304개소 중에는 '갑자인경관파정군오(甲子因京關疤定軍伍)' 80처, '을축인경관파정군오(乙丑因京關疤定軍伍)' 15처, '정묘인경관파정군오(丁卯因京關疤定軍伍)' 8처, '전인경관파정군오(前因京關疤定軍伍)' 9처, 단지 '무(無)'라고만 기재된 곳이 91처였다. 이렇게 볼 때 원년 8월의 교시가 이 당시 제대로 시행되지 못하고 있음을 알 수 있다. 어쨌든 이렇게 파악된 보솔은 대체로 군오·속오 및 주진군(主鎭軍)·어영군(御營軍)·군향보(軍餉保) 등 군액에 충당되었는데, 진주·울산·영해·진해 등 해변지역은 수군(水軍)에 충군(充軍)하기도 하였다.

그러나 이러한 전답·보솔의 액수는 실사를 거치지 않고 각 원사에 큰 타격을 주지 않는 선에서 관에서 임의로 보고한 경우가 많았다고 본다. 예컨대 기재된 보솔의 수는 각 읍마다 일률적으로 몇 명씩 기재하여 작위적인 측면이 많이 엿보이는 등 당시의 실제 수와는 상당한 차이가 있었다. 따라서 이 내용을 가지고 당시 원사들의 경제적 기반을 말할 수는 없다고 본다.

그러면『사괄책』을 기간(旣刊)된『영남읍지(嶺南邑誌)』중 가장 많은 원사를 등재하고 있는『교남지』와 비교해 보기로 한다. 여기에서 보면『사괄책』에 등재된 원사의 30%가『교남지』에서 확인되지 않는다. 또한『교남지』소재 미사액원사 중『사괄책』에 등재되지 않은 곳이 136개소로 나타난다. 따라서『사괄책』에 기재된 원사 수는 확인 가능한 총 미사액원사의 79%에 해당된다. 이렇게 볼 때 각 읍마다 차이는 있지만『교남지』와『사괄책』도 19세기 이후 설립된 다수의 원사를 모두 반영하고 있지는 못하였다. 특히 고종 연간을 전후한 시기에 건립된 사우에 대한 기록은 누락된 곳이 많았다고 본다. 현재 각 군지(郡誌)에 의하면『사괄책』에 등재되지 않았던 원사 대부분도 1868년에 훼철된 것으로 확인된다.

결론적으로 말하면 이『사괄책』은 1868년의 미사액원사 훼철조치의 결과를 모두 반영하고 있지 못하며, 따라서 이는 이 책이 작성된 이후에도 다시 빠진 원사에 대한 계속적인 훼철조치가 있었음을 의미한다. 김규락(金奎洛)은『운하견문록(雲下見聞錄)』의 「숭학교철사원격려사추(崇學校撤祠院激厲士趨)」에서 당시 예조에 명하여 조사한 바에 의하면 각 지역의 향대부(鄕大夫)를 향사하는 향현사를 포함하면 전국의 원사 총수가 1,700개소나 된다고 하였는데 이는 어느 정도 당시의 실상에 근접하는 상황인식이었다.

이러한 대원군 주도의 미사액원사 훼철조치와 병행하여, 조정에서는 1868년 9월 3일에 앞으로의 서원운영에 관한 기본방침을 각도에 명령하였다. 여기에서 보면 원사훼철과 관련하여 몇가지 주목되는 점이 있다. 먼저 원사신설을 엄금하고 그 대신 사액서원에 추배(追配)의 길을 열어 놓은 것은 이때의 원사훼철에 대한 유림들의 반발을 의식한 조치였다고 본다. 한편 원장에 중앙의 고위관료들이 추대됨으로써 야기되는 폐단을 없애기 위하여,

미사액원사 훼철조치 이후에 남게 되는 사액서원은 본읍 수령이 원장을 맡도록 조처하였는데 이는 앞으로의 서원문제는 관이 장악하겠다는 의도로 파악된다. 또한 이는 앞으로 있을 사액원사에 대한 전면적인 훼철을 예고하는 조치이기도 하다.

대원군은 1868년의 전국 미사액원사에 대한 철폐를 마무리 짓고 그 연장선상에서 1871년 3월 9일에 '1인1원(一人一院)' 이외에 첩설한 것은 만동묘의 예처럼 모두 철폐하라고 선언하였다. 존치 서원은 도학과 충절인을 원칙으로 하였다. 도학은 '문묘종향인(文廟從享人)' 16인으로, 충절은 '충절대의지인(忠節大義之人)'으로 규정하고 서원의 선별은 예조에서 시행하라고 명령하였다. 이에 예조에서 47개 원사를 선정하고 이를 제외한 모든 원사의 철폐를 단행하였다.[10]

이른바 '신미존치(辛未存置)' 47개 사액원사는 '묘(廟) 1, 원(院) 26, 사(祠) 20'개소였다. 이를 지역별로 보면 경기도 12, 충청도 5, 전라도 3, 경상도 14, 강원도 3, 황해도 4, 평안도 5, 함경도 1개소이다. 선정기준은 구체적으로 알 수는 없지만, 어필을 받은 서원, 전국적으로 유명하거나 국가의 보살핌을 받는 서원을 선정하였는데, 대체로 서원의 연고가 유배나 사사지 보다는 가향이나 복거를 선정하였다고 보여 진다. 또한 문묘에 종향된 인물의 16개 도학서원보다 거의 배가 되는 31개의 충절서원, 사우가 남게 된 것은 왕권을 돋보이게 하려는 정치적 의도가 담겨 있다고 볼 수 있다.

III.

원사훼철 과정에서 사액·미사액을 분리하여 2단계로 나누어 단행하고 또한 47개소는 존속시키도록 조처한 것은 유림들의 조직적인 대응을 약화시키

---

10) 『일성록』 고종 8년 3월 9일·12일·18일·20일조. 이때의 존폐원사(存廢院祠) 결정 과정에 대해서는 '윤희면(2004), 앞의 책, 160~169쪽' 참조.

기 위한 대원군의 고도의 계산된 조처였다고 본다.

　대원군의 원사훼철 정책에 대한 당시 유림들의 입장은 부정적일 수밖에
없었다. 이러한 유림들의 불만은 대원군이 전면적인 서원철폐를 위한 시범
조치로서 단행한 고종 2년의 만동묘 철폐 때부터 이에 대한 반대상소로 나
타났다. 이때의 반대상소는 화양서원의 통문을 시작으로 충청도, 경상도, 전
라도 유림들의 유소와 개별 상소 등이 계속되는 등 격렬하기는 하였지만 대
원군의 거부로 무산되었다. 특히 이때의 유소는 만동묘가 명(明)의 신종(神
宗)·의종(毅宗)을 배향하고 있고 또 노론의 본산이며 나아가 당시 원사 폐단
의 상징적인 곳이라는 정치·사회적 이유 때문에 전체유림들의 큰 호응을 얻
지는 못하였다고 보인다.

　이후 1868년 미사액서원·향현사 등에 대한 전면적인 훼철령이 단행되자
유림들은 이 같은 조치가 자신들의 생존권 자체를 위협할 것이라는 위기감
속에서 그 타개책을 모색하려고 노력하였다. 그러나 유림들의 반대유소는
관찬사서에는 확인되지 않고 있다. 이러한 현상은 이 시기 유림들의 반대가
없었던 결과가 아니라 사전에 대원군의 강경한 경고에 눌려서 제대로 표출
되지 못했거나, 또한 표출되었다 하더라도 봉정(封呈)되지 못했기 때문이었
다. 실제로 1868년의 원사훼철 시에 유림들은 이에 대한 조직적인 대응을 위
한 상호결집을 모색하였지만 성사되지 못하였다. 이는 대원군의 강경한 경
고가 가장 크게 작용하였지만, 한편으로 이때의 훼철에 포함되지 않았던 사
액원사의 비협조가 유림들의 결집을 더욱 어렵게 하였던 것이다. 당시 사액
원사는 각 읍의 명문들이 주도하고 있었다.[11]

　당시 대원군의 미사액원사 훼철령에 포함된 해당 원사와 각 문중은 연일
제회(齊會)하여 타읍의 사정을 탐문하기도 하고 또한 상호간에 통문을 돌려
공동대응을 모색하기도 하였지만 별다른 효과를 거두지는 못하였다. 이에
더 나아가서 상경을 계획하기도 하고, 한편으로는 통장(通章)을 돌려 유림들

---

11) 이수환, 앞의 책, 364~384쪽 참조.

은 과거를 정거(停去)하자는 주장까지 하였다고 한다. 그러나 원사훼철 문제로 각 읍에서 상경한 유생들은 대부분 대원군의 슈으로 한강을 넘지 못하였으며, 혹은 월진(越津)했다 하더라도 대원군의 강경한 경고에 밀려 제대로 활동을 하지 못한 것으로 보인다. 당시 남대문에는 "원사(院事)로서 입경(入京)한 자는 극률(極律)로 다스린다"는 방이 게시되었고, 또한 상경인들이 모두 축송(逐送)되거나 구류(拘留)되었다는 소문이 전해졌다.

이와 같이 이때의 미사액원사 훼철조치에 대해 유림들은 다각도로 그 타개책을 모색하였지만 대원군의 강경한 경고가 계속 전달되면서 대세에 순응할 수밖에 없다는 분위기로 나아갔다. 당시 각 읍의 원사는 훼철의 책임을 맡고 있었던 수령을 통해서 개별 원사단위로 그 대상에서 빠지거나 또는 훼철을 연기시킴으로써 그 슈의 반전을 엿보려고 하였다. 대원군은 특히 이 문제를 크게 경계하여 납뢰도면자(納賂圖免者)는 극률로 다스리겠다고 경고하고, 또한 관망하는 수령은 장파(狀罷)하라고 명령하였다.

이와 같이 원사훼철에 대한 유림들의 유소(儒疏)와 같은 적극적인 반대 입장 표명은, 1871년의 사액원사에 대한 전면적인 훼철이 단행되기 이전까지는 대원군의 강경한 위세에 눌려서 개별서원이나 지역단위에서 그 대응방안에 대한 논의만 있었을 뿐 구체적으로 실행되지는 못하였다. 이는 1871년에 47개 원사를 제외한 원사훼철이 조령으로 확정된 이후에도 마찬가지였다. 다만 이때에는 영남남인들이 중앙과 지방에서 이 문제에 대해 민감하게 대응하고 있었다. 당시 영남남인을 제외하고는 그 대책에 관한 논의 과정에서는 일부의 반대 입장이 제시되기도 했겠지만 제대로 표출되지는 못하였던 것 같다. 이 시기 유림들의 반대 입장 개진은 영남유소(嶺南儒疏)가 유일하며 타도에서는 확인되지 않는다.[12)

1871년 원사훼철에 대한 영남남인의 공식적인 반대 입장은 성균관의 남

---

12) 당시 대원군의 비서로 있으면서 그때 견문한 것을 기록한 김규락(金奎洛)의 『운하견문록(雲下見聞錄)』에서도 영남유소만을 언급하고 있다.

인계 유생을 중심으로 한 권당(捲堂)으로 나타났다.[13] 이에 대한 대원군의 입장은 미사액원사 훼철 때와 마찬가지로 강경하였다. 대원군은 집권 이후 등용한 영남남인 관료들을 면담 또는 편지 등을 통하여 이에 대한 강경한 경고를 전달하였다.

이러한 중앙에서의 남인계 관유(館儒)들의 권당과 동시에 영남에서도 원사훼철 반대유소에 대한 본격적인 논의가 있었다. 영남유림들은 이때의 훼철령에 사액서원까지 포함되자 더 이상 반대 의견의 개진을 미룰 수 없는 절박한 상황으로 내몰렸던 것이다. 그 과정에서 나온 것이 상주의 도남서원(道南書院)이 중심이 된 영남유소이다. 그러나 이 유소 이전에도 이에 대한 대응책 논의를 위한 수차례의 소회(疏會)가 있었음은 확인할 수 있다. 이 유소는 안동의 호계서원(虎溪書院)과 상주의 도남서원이 그 중심이 되었는데 그 과정에서 상주출신 정민병(鄭民秉)이 소수(疏首)로 천거됨으로써 도남서원이 그 주관을 맡게 되었다. 이 유소에는 10,027명이 연명하였는데, 유소의 전 과정이 『소행일록』으로 정리되어 있다.[14]

이 유소는 초기단계부터 소극적인 유림이 적지 않았다. 이는 기본적으로는 1868년의 미사액원사 훼철 때와 마찬가지로 대원군의 강경한 경고가 가장 크게 작용하였지만 한편으로는 1868년에 훼철되어 이미 복설(復設)의 기회를 놓친 미사액원사와 잔존하는 47개 원사들의 비협조가 이 유소를 더욱 어렵게 하였던 것이다. 따라서 이 영남유소는 발의 당시부터 철거·미철거를 막론한 대동단결을 강조하였지만, 소행이 발행된 이후 계속적으로 문제가

---

13) 이 권당은 관찬사서에서는 확인할 수 없었다. 이는 아마 이때의 권당이 전 성균관 유생들이 참여한 것이 아닌 남인계 유생을 중심으로 한 부분적인 것이었고, 결정적으로는 당시 대원군의 이에 대한 회유·경고로 인해 권당이 제대로 성사되지 못했기 때문으로 보인다. 이때의 권당은 구체적인 날짜는 알 수 없지만, 아마 훼철 조령이 발령된 후 곧바로 있었다고 본다.

14) 『소행일록(疏行日錄)』[130면]은 계명대학 도서관에 소장되어 있다. 이 유소는 관찬사서에는 등재되지 않고 있다. 다만 김규락의 『운하견문록』에 수록된 「숭학교철사원격려사추」에 그 내용이 간단하게 언급되어 있다.

되었던 것이 이해관계에 따른 각 문중의 비협조였다.

이러한 유림 내의 소극적·온건적 입장은 이 유소가 발행되어 무력에 의해 파소(罷疏)될 때까지 끊임없이 제기되어 유림들의 단결을 약화시켰다. 소행에 직접 참여한 지역은 의성도회(義城道會)에서 배정된 63읍[365인] 중 26읍[113인]에 불과하였다. 그 중에서도 안동·상주 이 두 지역이 거의 절반을 차지하였는데, 날짜별 시도자(時到者)는 70여 인을 넘지 못하였다.

이 영유소(嶺儒疏)는 소행이 발행된 처음부터 대원군의 뜻을 거역할 수 없다는 문제를 두고 유생들 사이에 이견이 노출되고 있었다. 즉 상소 전에 먼저 대원군에게 상서(上書)하여 그 뜻을 탐지하자던지 또는 유소의 뜻은 대체로 전달되었으니 화를 줄이기 위해 돌아가자는 것이었다. 이러한 소유들의 불안은 먼저 입경(入京)한 유생 및 경거(京居)하는 영남출신 관료들을 통해 대원군의 강력한 의지가 소행에 전달됨으로써 증폭되어 갔던 것이다. 이러한 가운데서도 소수와 이휘발·이진상 등이 제유를 단속하면서 소사(疏事)의 강행을 계속 주도하였다. 이에 대원군의 마지막 경고가 있고, 곧바로 형리가 관문을 제시하면서 소유들을 무력으로 해산시켰다. 이후 소수는 대원군의 분부대로 경기도 감영을 거쳐 상주로 돌아오면서 소사의 일은 마무리 되었다.

훼철된 원사는 대원군의 실각과 동시에 복설을 요구하는 상소를 올렸지만, 고종은 서원을 심폐처(深弊處)로 인식해 복설은 불가하다는 입장을 고수했다. 이 같은 강경 분위기 탓에 복설이 어려워지자, 유림들 사이에서는 차선책으로 단소(壇所)를 설치하자는 여론이 조성되었다. 이에 훼철된 원사는 단을 세워 의례를 이어 나가기도 하고, 다른 한편으로는 서원의 옛터에 서당·정사·서재 등 여러 형태로 복설이 추진되었다. 단이나 서당·정사 등을 세울 형편이 안되는 경우 서원 터에 유허비를 세우는 것으로 대신하기도 하였다.[15] 이러한 복설운동은 일제 강점기, 해방 후까지 계속되었다.

---

15) 윤희면(1999), 앞의 논문, 175~179쪽; 윤희면(2004), 앞의 책.

【참고문헌】

『日省錄』
『嶠南誌』
『道內各邑書院毁撤查括成冊草』

정만조(1986), 「영조 17년의 사원훼철」, 『한국학논총』 9, 국민대학교 한국학연구소(정
　　　만조(1997), 『조선시대 서원연구』, 집문당).
이수환(1994), 「대원군의 원사훼철과 영남유소」, 『교남사학』 6, 영남대학교 국사학회
　　　(이수환(2001), 『조선후기 서원연구』, 일조각).
윤희면(1999), 「고종대의 서원철폐와 양반유림의 대응」, 『한국근현대사연구』 10, 한
　　　국근현대사학회(윤희면(2004), 『조선시대 서원과 양반』, 집문당).

19세기 말 서원 훼철령 이후 대응과 변화:
추계추씨의 사례를 중심으로

이 병 훈

I. 머리말

조선시대 서원은 1543년(중종 38) 백운동서원이 건립된 이래로 1871년(고종 8)까지 약 330년간 존속하였다. 이처럼 16세기 발흥한 조선의 서원은 인재 양성과 선현 제향, 유교적 향촌 질서의 유지 등 긍정적 기능을 발휘했으나, 17세기 이후 전국적으로 확산하면서 정치사회적 폐단이 나타났다. 이에 조정에서는 1703년(숙종 29) 서원을 사사로이 건립하는 경우, 지방 수령을 처벌하고 주도한 유생은 과거에 응시하지 못하도록 하는 서원 금령을 시행하였다. 이후 1741년(영조 17) 영조는 서원을 '당쟁의 소굴'로 지목하여 300여 개소를 철폐하였다.[1] 이러한 조정의 서원 통제책은 지속되었고, 1862년(철종 13)에도 신설 서원에 대한 철폐 조치가 내려졌다.[2]

흥선대원군은 고종 연간 집권한 후 1871년(고종 8)까지 전국의 서원과 사우에 대한 훼철을 단행했다. 1864년(고종 1) 전국 서원에 대한 현황 조사를 시작으로 1865년(고종 2) 만동묘(萬東廟)를 철폐했고, 1868년(고종 5)과 1871년(고종 8)에는 미사액 원사와 사액 원사에 대한 전국적인 훼철을 시행했다. 훼철 조치에 대해 지방 유생들은 통문, 유회(儒會), 연명 상소 등을 통해 저항

---

1) 『영조실록』 권14, 영조 3년 12월 11일; 권22, 영조 5년 4월 30일; 권53, 영조 17년 4월 20일.
2) 『철종실록』 권14, 철종 13년 5월 26일, 29일.

했다. 하지만 대원군의 강력한 의지 앞에 성과를 거두지 못하였다. 나아가 훼철령의 실효를 거두기 위해 중앙에서는 명령을 제대로 시행하지 않는 관찰사와 수령들을 견책하거나, 거듭 관문으로 독촉하여 훼철을 강력하게 추진하였다. 이에 각 군현의 수령들은 서원 건물을 허물어 위패를 매안(埋安)했고, 서원 재산의 속공, 원생과 원보(院保)의 군정 충원 등을 단행하였다. 그 결과 전국의 원사(院祠)는 47개소만을 남기고 철폐되었다.

기존의 연구에 따르면 훼철령이후 1910년까지 복설된 서원은 약 15% 정도이며, 이 가운데 서원이나 사우의 명칭을 사용한 것은 몇곳되지 않는다.[3] 대부분 단(壇), 재(齋), 영당(影堂), 서당(書堂)의 형태로 복설하여 일제강점기 이래로 서원, 사우로 명칭을 변경하였다. 훼철된 원사들은 대원군의 실각과 만동묘의 복설이 진행되자 다시 복설을 청원하였다. 그러나 국왕의 훼철 의지가 완고하였기에 지방에서는 문중 단위로 별도의 위선(爲先)시설을 원사와 묘소가 있던 곳에 설립하려는 움직임이 활발히 전개되었다. 이처럼 대원군의 원사훼철은 오랫동안 향촌사회를 지배해온 사족들에게 일정한 타격을 주었다. 그러나 신진가문들에게는 향촌사회에서 성장할 기회이기도 했다.

실제 이러한 모습을 잘 보여주는 사례가 추계추씨이다. 추계추씨는 19세기 중반이래로 전국에 산재한 후손가를 하나의 본관으로 통합하고 나아가 활발한 위선사업을 통해서 하나의 문중으로서 규모와 지위를 갖추었다. 이들은 현조(顯祖)의 업적을 드러내기 위해서 당대의 공경(公卿)과 석학(碩學)의 글을 받아 가문의 정통성을 강화하고, 흩어져있는 종중을 하나의 본관으로 결집하여 종통(宗統)을 확립하였다. 그 과정에서 대보단 참배와 충량과(忠良科) 응시, 인흥서원과 부조묘가 건립되었다. 훼철령 이후에는 대동보 편찬, 부조묘 및 각처의 묘소 정비를 통해 결속을 강화하고, 노당(露堂) 추적(秋適)의 문묘종사운동을 전개하여 가문의 위상 제고를 위한 노력을 이어갔다.

---

3) 2023년 전반기 영남대학교 민족문화연구소 전반기 국내학술대회 자료집 『흥선대원군 서원 훼철령 이후 서원 복설의 추이와 성격』(04.28.)을 참고하였다.

본고에서는 이들의 활동을 확인하기 위해『인흥서원통문(仁興書院通文)』,
『추계추씨대동보(秋溪秋氏大同譜)』,『추계추씨돈암공파보(秋溪秋氏遯庵公派譜)』,
『전주추씨실기(全州秋氏實記)』,『추계가승(秋溪家乘)』및『계당선생문집(溪堂
先生文集)』,『역암선생문집(櫟庵先生文集)』등을 활용한다.[4] 이를 통해 대원
군의 원사 훼철이후 서원 복설까지 추계추씨 문중에서의 대응과 현조 현양
사업의 일면을 파악할 수 있을 것이다. 당시 문중 내지 서원별 대응은 다양
한 형태로 나타났기에 추계추씨의 사례를 일반화할 수는 없다. 하지만 그러
한 대응양상의 한 사례연구로서는 일정한 의미가 있다고 본다.

II. 19세기 중후반 추계추씨의 위선 활동

1. 추계추씨의 세계와 인물

『증보문헌비고』에는 추씨(秋氏)의 본관으로 46개 지역이 확인되고 있으
며, 고려 충렬왕때 좌복야를 지낸 추적(秋適)을 시조로 하였다.[5] 1999년『추
계추씨대동보』에는 시조로 신라 개국공신 추자평(秋子平)을 시조로 하고 추
엽(秋饁)을 1세로 하고 있다. 그러나 1868년(고종 5) 연천현감 남정하(南廷夏)
가 지은 추엽의「묘갈명(墓碣銘)」과 1869년(고종 6)『추계가승』에는 추엽을

---

4)『인흥서원 통문』은 달성문화재단에 소장되어있다. 상·하편 1책으로 구성된 성책
   으로서 1881~1885년에 생성된 통문과 상서, 품목 등 모두 134건이 필사되어 있
   다. 표제와 달리 수록된 문서들은 인흥서원과 직접적인 관련이 없으며, 영남과
   호남, 강원도의 각처 향교와 후손 및 사림들이 발송한 문서를 수합하여 사안별로
   시간순으로 정리한 것이다. 이를 통해 대원군 훼철령이후 향교를 중심으로 추계
   추씨 가문의 위선사업에 대한 공론 형성 과정과 유림들의 반응, 사업 추진 과정
   에서의 현안을 파악할 수 있다. 그 외 족보와 문집, 실기는 대원군 훼철이전 추계
   추씨의 종통 확립과 본격적인 위선사업의 경위를 파악하는 데 도움이 된다. 특히
   인흥서원의 연혁과 당대의 인식을 파악할 수 있다.
5)『增補文獻備考』卷53, 帝系考14, 附氏族8, 秋氏.

시조로 한다.[6) 추엽은 남송에서 1141년(소흥 11) 문과에 급제하여 적부라(籍符羅)를 역임하였다. 나이가 많아 벼슬에서 물러난 후 고려 인종[재위: 1122~1146]대에 함경도 함흥의 연화도(蓮花島)로 이주하였다. 추엽의 이거 후 그의 아들 추황과 손자 추적이 연이어 사환하면서 고려의 명문가로 입지를 갖추었다.

회암(悔菴) 추황(秋篁, 1198~1259)의 시호는 문정(文正)이며, 1213년(고려 강종 2) 문과에 급제하여 예부상서, 예문관대제학, 문화시중을 역임하였다. 고려말 학문이 쇠퇴할 때 먼저 이학을 창도하여 기본을 세워서 이학(理學)의 종사로 추앙 받았다.[7) 추황의 아들 노당(露堂) 추적(秋適, 1246~1317)은 1260년(원종 원년) 장원급제한 후 충렬왕대 예문관대제학, 충선왕대 문화시중을 역임하고 밀양백(密陽伯)에 임명되었다. 또한 문묘를 수리하고 역동(易東) 우탁(禹倬), 죽계(竹溪) 안유(安裕)와 함께 이학을 논하며, 학자들을 가르치고 천거하였다. 사후인 1220년(충숙왕 7) 시호를 문헌(文憲)이라 하였다. 충숙왕은 이학을 번창시킨 추적의 공적을 인정하여 추적이 부사로 재직했던 용만부(龍彎府)[평안도 용천부]에 특별히 화상을 내려서 사당을 세우고 향사를 지내도록 했다. 이에 섬학재(贍學齋)를 세워 영정을 봉안한 후 향사를 이어왔다. 추적의 묘소는 대구 인흥동 비슬산 기슭에 있는데 오랫동안 망실하였던 것을 추세문이 1853년(철종 4)에 다시 복구하였다.[8) 추적의 아들 경재(敬齋) 추진(秋震, 1296~1368)의 시호는 충효(忠孝)이다. 밀양부에서 태어나 과거에 급제한 후 병부상서를 역임하였다. 아들은 명와(明窩) 추형(秋瀅, 1315~1374),

---

6) 『秋溪秋氏大同譜』卷1, 「藉符羅公墓銘序論」(추연섭·추정섭 편(1999), 회상사).

7) 1866년(고종 3) 9월 20일 대구 인흥서원에 제향되었다. 봉안문과 상향축문은 참의 李敏德이 지었다.

8) 1869년(고종 6) 묘갈비를 세웠는데, 묘갈명은 참의 이민덕이 지었고, 글씨는 사복시정 宋秉一이 썼다. 1866년 인흥서원에 제향하고, 원내에 神道碑를 세웠다. 신도비명은 판서 申錫愚가 짓고, 참판 金德根이 글씨를 썼다. 1867년(고종 4) 추향때 대구부사 朴鳳夏가 처음 제물을 봉진하고, 이해 6월 27일에 부조묘에 봉안하였다. 봉안문은 판서 李源祚가 지었다.

운심재(雲心齋)[덕암(德庵)] 추유(秋濡, 1343~1404), 추협(秋浹)이 있다. 추진의 차남인 추유는 1362년(공민왕 11) 진사에 입격한 후 1368년(공민왕 17)에 아우 추협과 함께 원나라로 건너갔다. 이후 추유의 후손들은 임진왜란 때까지 223년간 중국에 머물며 사환하였다.[9) 고려에 남았던 추협은 진사에 급제한 후 사헌부 장령을 역임했다. 추협의 증손자인 우천(愚川) 추익한(秋益漢)[추한복(秋漢復, 1383~1457)]은 1411년(태종 11) 문과에 급제한 후 홍문관 부수찬, 한성우윤, 한성부윤을 역임하였다. 이후 강원도 영월로 낙향하였다가 단종이 노산군으로 강등되어 유배되어 오자 그를 위로하고, 단종이 사망한 후에는 이를 애통해하다 절명하였다. 묘소와 신도비가 영월에 있으며, 사람들이 충신으로 추숭하였다.

〈표 1〉 추계추씨 선대 계통

1세	2세	3세	4세	5세	6세	7세	8세	9세	10세	11세
饐 →	簧 -	**適** -	震 →	瀅 →	仁夔 →	宣 →	漢琰 →	淳 →	英勳 →	弘夏·弘商·弘周
							漢復 (益漢) →	元常 →	泰均 →	景綏
				濡 → 浹	橘 2子 → 	夑 →	墅 →	天日 →	**水鏡** →	蘆·荻·菊·芝·蘭

한편 추유는 주원장을 도와 명(明)의 개국공신에 녹훈되고 호부상서를 역임하였다. 그의 아들 쌍곡(雙谷) 추귤(秋橘)[추무(秋茂, 1370~1438)]은 1392년 문과에 급제하고, 산동첨사로 근무시 영락제의 즉위를 도와서 공신이 되었다. 추유의 손자인 길천(吉泉) 추섭(秋夑, 1416~1475)은 1438년 명 문과에 급제하고 안찰사를 지냈다. 그의 장남인 해봉(海峯) 추서(秋墅, 1444~?)도 1465년 문과에 급제하여 병부상서를 역임했으며, 그의 아들인 연월당(烟月堂) 추

---

9) 『秋溪家乘』 卷1, 「世系」.

천일(秋天日, 1488~?)은 1506년 진사시에 입격하고 1510년 문과에 급제하여 이부좌시랑을 역임했다. 시호는 문효공(文孝公)이다. 이처럼 추유, 추귤 부자의 연이은 공신 녹훈과 후손들의 문·무과 급제가 이어지면서 추유의 가문은 명문가로 성장하였다.

추천일의 아들인 세심당(洗心堂) 추수경(秋水鏡, 1530~1600)은 1545년 급제하여 무강자사(武康刺史)를 역임했다. 아들은 둔암(遯菴) 추로(秋蘆, 1566~1624)[10], 우암(寓庵) 추적(秋荻, 1566~1619)[11], 한헌(寒軒) 추국(秋菊, 1568~?)[12], 영향당(詠香堂) 추지(秋芝, 1576~?)[13], 응향당(凝香堂) 추란(秋蘭, 1576~?)[14]이 있었다. 임진왜란 당시 명군의 이여송을 따라 상호군 아장(亞將)으로 참전할 때는 아들인 추로와 추적이 종군하였다. 나머지 세 아들도 정유재란 당시 장군 마귀를 따라서 참전하여 추수경과 상봉하였다. 그러나 전란이 끝난 후 명

10) 추수경의 장남 추로는 1580년 진사에 입격하고, 1582년 문과에 급제하여 안찰사를 역임했다. 부친의 3년상을 마친 후 충효의 공으로 특별히 檢詳舍人으로 불렀으나 병을 핑계로 취임하지 않았다. 이후 시즉동에 은거하다가 사망하였다. 묘소는 나주목 시즉동 紫芝峴에 있다. 1882년(고종 19) 嗣孫 秋秉紀가 전해오는 儒賢과 公卿들의 글을 採錄하고, 공의로서 墓壇과 묘비를 세웠다. 묘갈문은 대제학 金尙鉉이 짓고, 예조참판 金永穆이 썼으며, 이조판서 金炳始가 전서를 썼다. 묘비의 고유문은 무안현감 李秉皐가 짓고, 재실과 비각의 기문은 참의 申箕善, 전라우도어사 沈相學, 나주목사 李泰鎭, 참봉 奇宇萬이 지었다. 상량문은 전라좌도어사 李萬敎가 짓고, 편액은 좌빈객 金炳始, 전라감사 金聲根, 광주목사 宋綺老, 규잔각부제학 尹用求, 규장각직각시강원보덕 鄭夏源(1762~1809), 군수 宋閔明이 썼다.
11) 추수경의 차남 추적은 1580년 庠生으로 진사가 되고, 임진왜란 당시 형 추로와 함께 아버지를 시종하여 조선으로 왔다. 군대가 돌아가는 날 부친이 사망하자 형과 함께 전주에서 3년간 시묘살이를 하였다. 이로인해 국왕으로부터 특별히 관직이 내려졌으나 취임하지 않고 나주 시즉동에 은거하였다.
12) 추수경의 3남 추국은 1584년 문과에 급제하여 永安守가 되었다. 아버지가 임진왜란으로 출정하자 그의 무사 귀환을 기원하고, 정유재란 당시 도독 마귀를 따라 두 동생과 함께 종군하였다.
13) 추수경의 4남 추지는 1590년 진사가 되고, 정유재란 당시 마귀 장군을 따라 종군하여 공훈을 세웠다.
14) 추수경의 5자 추란은 1590년 진사가 되고, 정유재란 당시 마귀 장군을 따라 종군하여 공훈을 세웠다.

으로 귀환하던 길에 전라도 전주에 이르러 추수경이 사망하였다. 당시 전라
도 전주부 봉상면[봉익면] 만덕산에 장례를 치렀는데,[15] 선조는 예조참판 이
정난(李廷鸞)을 예관으로 보내어 치제하고, 완산부원군(完山府院君)에 추증
(追贈)하였다. 그의 아들 오형제는 삼년상을 마치고 나주(羅州) 시즉동(侍卽
洞)에 은거하였는데, 세상에서는 이들을 '추공부자육현(秋公父子六賢)'이라
하였다.[16]

이처럼 추로 형제대에 추유 계열은 다시 조선에 정착했지만 중국에서 만큼
후손들이 번성하지 못하고 가세가 부진하였다.[17] 그 결과 19세기 중반까지 약
270여 년의 시간이 흐르는 동안 후손들은 흩어져서 거주지를 중심으로 48개
의 본관을 형성하였다. 이런 상황 속에서 영·정조대 이래로 황조인(皇朝人) 후
손에 대한 국가적 차원의 예우가 강화되어 갔다. 그때부터 추씨들은 현조인
추적과 추수경의 위선활동을 본격화하며 자신들도 국가의 혜택을 받으며, 사
회적 지위를 확고히 하려고 했다. 이러한 노력은 단계적으로 진행되었다.

---

15) 추수경은 1866년(고종 3)에는 대종손 秋世文의 격쟁으로 특별히 大報壇에 들었다.
   이때부터 그의 후손들도 望拜禮에 참석할 수 있게 되었고, 忠良科에도 응시할 수
   있었다. 그로인해 8도에서 공론이 일어나 1866년(고종 3) 9월 20일 인흥서원에
   봉안되었다. 봉안문과 상향축문은 참의 李敏德이 짓고, 다음해 추향때 대구부사
   朴鳳夏가 제물을 봉진하였다. 1867년(고종 4) 6월 27일에 不祧廟에 봉안하였다.
   봉안문은 판서 李源祚가 지었다. 전주의 묘소 아래에 신도비를 세웠는데, 참판 金
   炳吉이 비명을 짓고, 판서 尹用求가 글씨를 썼다. 참판 尹寧求가 篆書를 썼다.
16) 추로의 장남인 小庵 秋世(1579~?)는 만년인 1624년경 노당 추적을 흠모하여 그의
   무덤이 있는 대구 伊川洞으로 옮겨 은거하였다(『秋溪秋氏遯庵公諱蘆派譜』, 대보
   사, 1990). 그런데 『추계추씨대동보』(1999)에는 추로의 장남으로 秋瑞郁이 기재되
   어 있으며, 추세(1487~?)는 秋弘夏의 장남으로 기록되어 있다. 족보마다 동일인에
   대한 생몰년과 가계가 달리 기재되었지만 공통적으로 대구[달성군 다사면] 이천
   에 무덤을 썼다고 했다. 이처럼 족보가 상이한 것은 임란이후 조선에 정착했던
   추수경 계열[호남 종중]과 추적 이래로 계속 국내에 머물렀던 계열[영남종중]간의
   주도권 경쟁에 따른 결과로 추정된다.
17) 『秋溪家乘』卷1, 「世系」.

2. 추계추씨의 위선 활동과 인흥서원 건립

추로 형제대이후 수백년간 전국에 흩어져 지내던 후손들은 숙종대 대보단(大報壇)을 설립한 이래로 영·정조대에 이르러 황조인과 충신의 후손들에 대한 예우가 본격화되면서 흥기할 계기가 마련되었다. 1704년(숙종 30) 왕명으로 명나라의 재조지은(再造之恩)에 보답하고자 신종(神宗)을 기리는 대보단을 설립하였다. 그 뒤 1749년(영조 25)부터 명나라 태조(太祖)와 마지막 임금인 의종(毅宗)까지 함께 제사지냈다. 그리고 1758년(영조 34)에는 황조인 후손에 대한 면역(免役) 전교가 내려졌다. 이처럼 영조 이래로 조정에서는 신역(身役)의 면제뿐만 아니라 수시로 황조인의 후손 내지 '대명의리'를 지킨 충절인의 자손들을 불러 능행(陵幸)에 동행하면서 이들에 대한 각별한 관심을 보였다.

정조대에 이르러 황조인 후손들에 대한 예우는 점차 확대되었다. 대보단의 제례시 황조인 후손들을 쓰도록 하고, 1788년(정조 12)에는 명나라 창업일에 맞춰 황조인 후손들을 불러서 참관하도록 했다. 이후 후손들로 하여금 대보단을 수직(守直)케하고 1795년(정조 19)부터 황조인과 충신의 후손들을 명나라 세 황제의 기신(忌辰)에 이루어지는 황단(皇壇) 망배례(望拜禮)에 참석시켰다.[18] 조선정부는 황조인의 후손들과 병자호란 때의 순절신·척화신·삼학사의 자손들을 황단 망배례에 참석시킴으로서 '대명의리'를 함께 표방했던 것이다. 1798년(정조 22) 대보단에 나온 정조는 열록에 있는 추수경의 이름을 확인하고, 황조인 공훈자의 자손 가운데 과거에 나간 자가 있다면 특별히 수용하라는 전교를 내렸다. 또한 매번 도목정사에서 벼슬을 옮겨주고, 매년 황단 배례에 참석하고, 충량과(忠良科)에 나갈 수 있도록 전교(傳敎)했다.[19]

---

18) 『영조실록』 권81, 영조 30년 6월 12일; 이수환·이병훈(2009), 「조선후기 귀화 중국인에 대한 정책과 강릉유씨 가경 2년 첩문」, 『민족문화논총』 43, 영남대학교 민족문화연구소, 510~512쪽.
19) 『秋溪家乘』 卷2, 「皇壇源流」.

이런 우대조치가 있음에도 불구하고 추수경의 후손들은 황단 망배례 참석이나 충량과 응시, 잡역 면제 등의 예우가 잘 이루어지지 못하였다.

당시 황단 배례에 참석한다는 것은 해당 가문의 격을 높일 수 있는 계기가 된다는 점에서 황조인 후손들은 여기에 참석하길 희망했다. 즉 국가의 공인을 통해 잡역 면제라는 경제적 혜택과 충량과를 통해 신분을 상승할 수 있는 기회를 제공하였고, 국왕과 함께 황단 의례를 행할 수 있는 자격이 주어지면서 가문의 격을 높이는 기회가 되었던 것이다. 따라서 황단 참배에 누락된 황조인 후손들은 기회가 있을 때마다 상소와 격쟁을 통해 참배에 동참할 수 있도록 청원하였다.[20] 청원이 접수되면 예조에서는 《황조인장적(皇朝人帳籍)》을 고증하여 신분을 확인했다. 그러나 관청에 기록이 누락된 경우 후손임을 증명하는 것은 본인의 몫이었다.

추수경의 후손들도 마찬가지였다. 1850년(철종 1) 4월 담양의 유학 추성옥(秋成沃)은 격쟁을 통해 황단 참배를 청원하였는 데 이듬해 4월 예조에서는 고증할 문적이 없다하여 전라도에 관문을 보내어 상세히 조사하여 보고하도록 했다.[21] 그 결과 추씨들에 대한 면역혜택이 내려졌지만 황단참배 등은 진행되지 못했다. 그런 가운데 1864년(고종 1) 4월 1일에 대구 유학 추세문의 격쟁이 있었다. 추세문 역시 황단 참배와 충량과에 나갈 수 있길 요청하였는데 이해 11월 8일에 윤허를 받았다. 당시 수교(受敎)에서는 이외에도 잡역과 군역을 면제하라는 명을 함께 내렸다. 그런데 후손들이 전해오는 본관을 의심하여 살고 있는 곳을 본관으로 삼는다고 지적하였다. 즉 황단 참반과 충량과에 부거(赴擧)하는 것은 단일 본관으로 받아야 하는데 서로 본관이 다르면 다른 사람의 자손으로 볼 수 있다는 것이다.

당시 조정에서는 본관을 달리 사용하지만 문헌공 추적의 신도비명(神道碑銘)[1864, 신석우(申錫愚) 찬(撰)]과 『휘찬려사(彙纂麗史)』, 『문헌비고(文獻備考)』

---

20) 이수환·이병훈(2009), 앞의 논문, 515쪽.
21) 『秋溪家乘』卷2,「擊錚顚末」.

등을 확인한 결과, 추적의 관향이 추계로서, 양지(陽智)[용인]의 옛 이름임을 확인하였다고 했다. 이런 분위기 속에서 각처 추씨종중은 1865년(고종 2) 3월 비조(鼻祖)를 분명히 밝히고 그릇된 본관을 바르게 하기 위해서 함께 논의하였다. 이들은 추적을 시조로 하고, 추계를 본관으로 삼으며 종선조(從先祖)를 하나의 족보로 합치기로 결의하고 완의(完議)를 작성하였다. 그 후 예조에 본관을 합친 사실을 알려서 이를 허락하는 제음을 받았다. 또한 이 제음을 점련하여 한성부와 각도 감영에 정서(呈書)하여 관부 문적에 있는 후손들의 본관도 모두 변경하였다.

1866년(고종 3) 9월 20일에는 회암 추황과 노당 추적 부자의 학업과 운심재 추유, 세심당 추세경의 공적을 받들어서 달성 인흥서원에 봉안하였다. 이날 봉안례에 참석한 여러 후손들과 유림들로부터 종손(宗孫)을 세우자는 논의가 발의되었다. 이들은 수백 년간 잃어버린 무덤을 찾고, 격쟁으로 황단 참반과 충량과 부거, 잡역 면제 등의 혜택을 받았으며, 나아가 인흥서원 건립을 주도한 추세문을 종손으로 세우고자 했다. 비록 호남에도 계통을 이어온 후손들이 남아 있었지만, 어진이로 종손을 세우고 재덕이 있는 자로 후사를 삼는다는 명분에 추세문이 합당하다고 보았다.[22]

이처럼 유림들은 추세문을 종손으로 세우기로 결정하고, 9월 21일 대구부에 정서하였다. 대구부에서는 예조에 문의하라고 제음을 내렸다. 이에 10월 1일 감영에 정서를 하였는데, 역시 유림의 공론과 종중의 의논이 윤리에 합당하나 소관이 아니므로 예조에 문의하라고 했다. 그러나 예조의 허가를 받은 것은 1878년(고종 18)이었다.[23] 예조의 판결이 늦어진 것에 대한 정확한 사유는 알 수 없다. 다만 추수경의 무덤이 있는 전주를 중심으로 호남의 추씨들에게서 반박이 있었던 것으로 추정된다.

실제 추세문이 실전되었던 무덤을 찾은 것은 호남지역에 전승되어오던

---

22) 『秋溪家乘』 卷2, 「立宗文 - 慶尙公忠平安道儒林及八道本宗同議」.
23) 『추계추씨대동보』 권1, 「立宗文」, 「呈大邱府立宗文」, 「呈慶尙監營立宗文」, 「呈春曹立宗文」.

가승실기(家乘實記)를 보고 찾은 것이며, 영남의 추씨는 노당 추적의 차자를
조상으로 하고, 호남의 추씨는 세심당 추세경을 조상으로 한다고 보았다. 그
러므로 황단에 배향된 추세경의 적통은 자신들이며 영남은 노당의 차자 계
열로서 종통이 자신들에게 있다고 보았다. 또한 명문가는 살고 있는 곳을 본
관으로 하고, 봉군(封君)된 조상은 봉호를 본관으로 한다는 명분을 들었다.
즉 추세경이 완산부원군에 봉군되었으므로 전주[완산=완주]를 본관으로 하
는 것이 바른 의리라는 것이다.[24] 이런 인식은 추씨의 본관이 하나로 통합되
었다가 다시 전주와 추계로 나누어져서 이후 각파의 입장에 따라서 별개의
족보를 편찬하는 원인이 되었다. 아울러 인흥서원 훼철이후 각처에 거주하
는 후손들을 중심으로 선조에 대한 현양 사업이 전개되는 계기가 되었다.

후손들 가운데 현양 사업을 가장 활발히 진행한 인물은 대구의 추세문(秋
世文)[추병기(秋秉紀, 1822~1894)]이다. 그의 행적은 19세기 중반이후 추씨가
문의 위상이 높아지는 계기가 되었다. 추세문은 1845년(헌종 11) 이래로 전국
의 각 종파를 찾아가 세전(世傳)하는 문헌을 고찰하여 1853년(철종 4) 대구부
인흥방에 있던 노당 추적의 묘소를 수세기만에 찾아서 다시 수리하고 석물을
갖추었다. 그리고 이듬해부터 묘소 아래에 사우를 건립하기 위해 각 서원과
향교에 노당 추적의 사당을 세워야 한다고 통문을 보내었다.[25] 그러나 인흥
서원의 건립은 1864년(고종 1) 황단 참배 및 충량과 응시를 허락하는 윤허가
있고, 1865년(고종 2) 48개 본관의 합관(合貫)이 진행되면서 가능하였다.

후손들과 각 도 유림들의 공의로 1866년(고종 3) 건립된 인흥서원은 추적
외에도 추황, 추유, 추세경을 함께 제향하였다. 추황은 추적의 학문 연원과
관련된 인물이며, 명나라 개국공신이었던 추유는 추수경 계열의 연원과 관
련되었다. 명의 장수였던 추수경은 실제 황단의 공신록에 오른 인물이었
다.[26] 이처럼 추씨의 학문과 공훈을 대표하는 인물을 제향함으로써 전국에

---

24) 『全州秋氏實記』, 「敬告文」.
25) 『秋溪家乘』 卷3, 「通文 附錄上」.
26) 『全州秋氏實記』, 「皇壇望拜禮皇明功臣列錄」.

산재한 추씨들의 구심체로서 인흥서원을 인식시켰던 것으로 보인다.

인흥서원은 회암 문정공 추황을 수위(首位)에 두고, 이어서 노당 추적, 운심재 추유, 세심당 추수경을 차례로 제향했다. 서원이 위치한 지명을 따라서 인흥이라 했다. 사우는 존친사(尊親祠), 사우 우측에 강당을 짓고 동쪽방을 모학재(慕學齋), 서쪽방을 존학재(尊學齋)라고 하고, 강당 앞에 동재인 관란재(觀瀾齋)와 서재인 낙산재(樂山齋)를 지었다. 사우와 강당, 문의 명칭을 정한 것은 유일(遺逸)이었던 동산(洞山) 이민덕(李敏德)이며, 그것을 쓴 사람은 상서 신석희(申錫禧), 이원조(李源祚), 응교 유초환(俞初煥)이다. 기문은 좌의정 류후조(柳厚祚)가 썼다.[27] 추세문 등은 고관과 명유들에게 묘갈명 및 서·발문, 기문 등을 받아서 이들의 명망을 통해 가문의 권위와 사업의 정당성을 인정받고자 했다.

인흥서원 봉안식 이후 입종(立宗) 논의가 본격화되고, 문중을 구성하기 위한 필수조건인 부조묘(不祧廟) 건립이 진행되었다. 부조묘에는 학문과 공훈을 대표하는 추적과 추세경을 제향하고, 제주는 사손으로 추대된 추세문이 맡았다. 이것은 추세문으로 대표되는 대구종중이 추씨를 대표하는 대종가임을 드러낸 것이다. 나아가 추적의 저술인 『명심보감(明心寶鑑)』과 『대동보(大同譜)』, 『추계가승(秋溪家乘)』의 편찬작업이 1867년(고종 4)부터 진행되었다. 이들 사업은 추적과 가문의 위상을 높이고, 통합된 추씨들의 단합과 추대된 대종(大宗)의 명분과 정통성을 강화하는 데 목적이 있었다.

이상과 같이 추계추씨는 영조이래로 황조인의 후손에 대한 황단 참반, 충량과 부거, 연호잡역 물침 등의 전교가 있었음에도 제대로 예우를 받지 못하였다. 그러던 중 1848년(헌종 14)을 전후하여 호남유학 추두환, 추한진 등이 상소하여 황단 참반 등의 혜택을 요청했다. 실제 전국에 명을 내려 추씨는 황조인의 후손으로 연호잡역을 면제하는 관문이 내려졌다. 그러나 후손들의 상이한 본관과 고증의 문제 등으로 인해 황단 배례는 참여하지 못하였다. 이

---

27) 柳致游, 『櫟庵先生文集』 卷7, 「仁興書院記」.

후 1864년(고종 1)에 추세문 등이 다시 격쟁 상소를 올려 대보단 참반과 충량
과 응시, 군역·잡역의 면제를 받았다. 이후 추씨들의 상이한 본관을 추계로
통합하고, 완산부원군 추수경이 배향된 황단에 추씨의 대표로 추세문을 정하
고 나아가 대종손으로 추대하였다.[28] 동시에 묘소의 수리, 신도비 건립, 인흥
서원 및 부조묘 설립, 『명심보감』·대동보·가승 편찬을 진행하며, 현조에 대
한 위상 제고와 통합된 추씨의 단합, 대종가의 정통성 강화를 추진하였다.

이런 일련의 과정을 통해 향촌사회 내 지위도 상승하였다. 대구지역의 경
우 19세기 후반부터「향약안」과『대구읍지』에 추계추씨가 처음 확인[29]되고
있다. 다른 가문에 비하여 그 수는 적지만 사족의 한 축을 형성하며 다시 재
도약하고 있었다. 영남의 명유들이 당시 추계추씨의 위상을 사계절 가운데
봄에 해당한다고 표현한 것[30]은 활발한 추숭 활동을 고려한 판단으로 보인
다. 이런 분위기 속에서 1868년(고종 5) 대원군의 원사 훼철령으로 인흥서원
이 철폐되었다. 그 후 인흥서원은 70년 후인 1938년에 복설되었다. 이를 주
도하였던 진사 추교석(秋敎晳)은 추세문의 손자로서 1933년에 대동보 간행을
주관했던 인물이다. 당시 복설에는 육사 이원록의 부친인 이가호(李家鎬), 서
애 류성룡의 직손인 류도승(柳道昇) 등의 협찬이 있었다. 이것은 추계추씨가
훼철 이후에도 활발히 향촌사회에서 활동한 결과로 추정된다. 실제 추계추
씨의 현양사업은 훼철이후 거도적이고 진행되고 있었다.

---

28) 앞서 언급한 대로 1848년 이래로 추수경, 추로 5형제의 묘소가 있는 전라도를 중
   심으로 위선활동이 진행되어 왔다. 그러나 1860년대 이후 추세문을 중심으로 한
   영남의 후손들에게 주도권이 넘어가면서 특히 宗統과 관련한 갈등이 커졌던 것
   으로 보인다. 하지만 추수경의 묘소 정비와 같이 재물이 필요한 경우나 노당 추
   적의 문묘종사운동과 같이 거도적인 공의가 필요한 경우처럼 양측이 서로 협력
   하는 모습도 확인된다.
29) 『달성향약안』(河東) : 秋相求, 秋秉義, 秋秉極;『대구읍지』효자 : 秋尙義, 秋致求,
   秋鎭求.
30) 柳致游,『櫟庵先生文集』卷7,「仁興書院記」. "秋氏自武康以後 閱三百秋冬四時之序
   今屬仁春"

Ⅲ. 대원군 훼철이후 추계추씨의 동향

1. 대원군 훼철 이후 유림의 동향

흥선대원군은 집권 후에 전국 서원에 대한 정리 작업을 단계적으로 추진하였다. 1864년(고종 1) 전국 원사의 현황과 소속 결총(結摠) 및 보액(保額)을 조사하는 한편, 1741년(영조 17) 이후 사사로이 건립한 서원을 철폐하고 첩설(疊設)을 엄금하라고 지시하였다.[31] 이듬해 1865년(고종 2) 대원군은 자신의 권력 기반이 확고해지자 만동묘의 철폐를 명했다.[32] 만동묘는 송시열(宋時烈)의 유지에 따라 중국 명나라의 마지막 황제인 신종과 의종을 추모하기 위해 설립된 사당으로 복주촌(福酒村)의 폐해, 묵패(墨牌)를 이용한 대민 토색으로 지탄 받고 있었다. 당시의 조치는 경향(京鄕)에 충격으로 받아들여져 전국 유림의 반대를 불러왔다. 이후 경복궁 중건이라는 큰 공사가 진행되고, 병인양요(丙寅洋擾)를 겪으면서 재정적으로 곤란에 처해 있던 대원군 정권은 서원 철폐를 본격화하였다.

1868년(고종 5) 대원군은 서원을 '망국의 근본'이라 선언하며 미사액 서원에 대한 철폐를 단행했다. 이러한 결정은 '대원위분부(大院位分付)'의 형식으로 예조 관문을 통해 각 고을에 하달되었고, 해당 서원의 대부분이 철폐되었다. 또한 사액서원에 대해서도 서원 면세전을 폐지했고, 서원 원장을 지방의 수령이 맡도록 하여 지방 유림의 영향력을 박탈하였다. 이어 1871년(고종 8) 남아있는 사액서원도 훼철하라는 명령을 전국에 내렸다.[33] '일인일원(一人一院)' 외에 첩설된 곳은 모두 철폐하도록 하였고, 존치하는 서원과 사우의 경우 도학은 문묘 종향인을, 충절은 충절 대의를 기준으로 하여 예조에서 선별하도록 명령하였다. 이에 따라 예조에서는 대원군에게 보고하여 47개 원사를

---

31) 『고종실록』 권1, 고종 1년 4월 22일, 6월 7일, 7월 27일, 8월 17일.
32) 『고종실록』 권2, 고종 2년 3월 29일.
33) 『고종실록』 권8, 고종 8년 3월 9일, 18일, 20일.

선정하였고, 나머지는 모두 훼철하도록 하였다. 존치한 47개의 원사는 '묘(廟) 1, 원(院) 26, 사(祠) 20'으로 문묘에 배향되어 있는 설총 등 16인이 주향인 서원 16개와 충절 대의로 파악된 31개의 묘·서원·사우였다. 지역별로 보면, 경기도 12, 충청도 5, 전라도 3, 경상도 14, 강원도 3, 황해도 4, 평안도 5, 함경도 1곳이었다.

전체적으로 47개 서원·사우의 존치는 이를 통해 왕실의 권위를 높이려는 의도가 담겨있었다. 조정에서는 서원을 훼철하고 그 결과를 속히 보고하라는 공문을 자주 내려보내고, 서원 건물 일부를 남겨 놓고 훼철하였다고 호도하려는 유림들의 행동에 경고하기도 했다. 그리고 훼철을 시행하지 않는 관찰사와 수령을 견책하였다.[34] 이와 병행하여 관학을 강화하는 조치를 취하였다. 향교를 개수하라는 명령을 자주 내리고 성균관에 대해서도 지원하였다. 또한 미사액 서원이 훼철될 때처럼 사액서원이 가진 전답·식리전·서적 등이 관아에 속공(屬公)되었고, 원생·원보도 군역에 충당되었다. 위판은 매안되고, 기와와 재목은 향교나 관청에서 사용하였다.[35] 존치된 47개 서원의 원장은 수령이 담당하였다. 그렇지만 다른 서원들이 철폐될 때에도 남겨지게 되었다는 점에서 예전보다 사회적 위치가 한층 고양되었을 것으로 짐작할 수 있다. 그러나 경제적 형편은 더욱 열악해졌다. 서원전의 면세 특권이 없어졌고, 이들 수입은 국고에 귀속되었다.[36] 또한 원생과 원보(院保)도 없어지거나 줄어들게 되었다. 그 뒤 대원군이 하야하고, 만동묘가 복설되는 등의 조치에 편승하여 서원전 면세와 원보의 복구가 가능하게 되었다.

한편, 1868년(고종 5)과 1871년(고종 8)의 훼철령은 유림들의 격렬한 반대를 유발하였다. 유림들은 유회(儒會)를 열어 공론을 형성하고 집단 상소문을 작성하였다.[37] 유림의 이런 반응에 대하여 대원군의 대응은 단호하였다.[38]

---

34) 『고종실록』 권8, 고종 8년 8월 16일.
35) 윤희면(1999), 「고종대 서원 철폐와 양반 유림의 대응」, 『한국근현대사연구』10, 한국근현대사연구회, 1999, 171쪽.
36) 『일성록』 고종 8년 3월 25, 28일.

대원군의 강경방침으로 집단 상소는 뜻을 이루지 못했다. 하지만 서원마다 상소가 계속 이어졌다. 특히 1868년(고종 5)의 훼철시에는 사액을 받지 못하였기 때문에 철폐 대상에 들었으니 이제라도 사액을 내려 훼철을 면하게 해달라는 상소가 많았다.[39] 이외에도 서원에 문제가 있다면 사람을 벌 할 것이지, 서원을 허물어 선현들에게까지 화가 미치게 할 것은 없다고 하며 서원을 없애는 것은 세상의 도리를 없애는 조치라고 주장하였다.

또한 미사액 서원과 사액 서원을 구별하여 철폐하는 것에 의문을 제기하였다. 같은 인물을 모셨는데도 사액 서원이라 해서 훼철을 면하고 미사액 서원이라 해서 훼철하는 것은 옳지 못하다는 것이다.[40] 그리고 사액 서원을 철폐하면서 47개 서원을 남겨 놓은 것에 대해서도, 문묘 종사자는 서원과 향교에도 모시는 반면 이들에 버금가며 사람들의 존경을 받는 인물들을 모시는 곳은 어디에도 없다면 문제가 아닐 수 없다는 의견도 있었다.[41] 아울러 자신들의 서원이 존치되지 못한 데 대하여 크게 반발하는 곳도 있었다.[42] 그러나 서원을 철폐하여 모든 폐단을 없애겠다는 대원군의 완강한 태도 앞에서는 아무 소용이 없었다.

이후 대원군이 하야하는 1873년(고종 10)에 들어와서 장령 홍시형(洪時衡)이 만동묘와 화양서원의 복설을 요청하였다. 고종은 처음에는 대왕대비의 수렴청정 당시 내린 명령으로 이를 돌이킨다는 것은 도리에 맞지않다고 반대하였다. 하지만 1874년(고종 11) 2월에 만동묘의 복설을 허락하되 그곳의 복설과 운영은 나라에서 주관할 것임을 분명히 하였다.[43] 만동묘가 복설되자

37) 李晩燾, 『響山日記』, 戊辰(1868) 8월 11일조: 辛未(1871) 4월 18일, 5월 2일조.
38) 朴元黙, 『石下先生文集』 卷3, 「院址設壇議」.
39) 朴周鍾, 『山泉集』 卷4, 「請愚山書院復設賜額疏」.
40) 琴書述, 『素無軒集』 卷2, 「請復毁撤書院疏 額院未撤前作」.
41) 李在哲, 『洛北集』 卷2, 「請書院復設疏」.
42) 안동의 호계서원은 병산서원과 오랜 기간 대립 했었다(병호시비). 그러나 병산서원은 존치되었고, 호계서원은 훼철되면서 의성김씨는 그 선정기준의 부당함에 크게 반발하였다(이만도, 『향산일기』, 신미 7월 28일).
43) 『일성록』 고종 11년 2월 12일.

유생들의 서원 복설 상소가 다시 활발해졌다. 그러나 고종은 복설 요청에 대하여 처음부터 단호한 태도를 지니고 있었다. 그는 서원의 필요성을 부정하고,[44] 여러 차례 서원 복설이 불가함을 천명하였다. 유림들은 서원의 복설이 더 이상 기대되지 않는 상황에서 이를 대체할 것을 모색하였다.

1882년(고종 19) 고종은 유림들의 서원복설 요청에 대해 "사원(祠院)을 훼철하고 충현을 불사(不祀)한 것은 나의 죄다"라고 했다.[45] 그러나 서원 복설은 공식적으로 일체 허락하지 않았다. 이에 유림들은 서원을 복설하는 대신 단을 쌓고 선현에 대한 제례를 이어가고자 했다. 1882년(고종 19) 기호지방에서 단을 쌓고 향사를 계속하자는 의견이 나온 이래로 10년 뒤인 1891년(고종 28) 12월 경기도 포천에 충목단(忠穆壇)을 세운 유림들이 훼철을 면한 47개 서원과 전국의 향교에 통문을 돌려 단을 세우자는 여론을 일으켰다.[46] 이를 빌미로 단의 설립이 각지에서 활발하게 전개되었다.

단의 설립은 고을에 따라 선후의 차이가 있었다. 유림들의 동향·재정 형편·사회 정세 등의 영향을 받았기 때문이다. 특히 호남지방은 동학농민전쟁, 영학당 사건 등의 여파로 1900년에 들어서야 단의 설립을 추진하는 모습이 보인다. 이렇게 선후의 차이는 있지만 전국 각지에서 단을 세우고 서원의 의례를 이어 나가려고 했다.[47] 하지만 형편이 안 되거나 여러 사정이 있는 경

---

44) 『일성록』 고종 15년 4월 4일.

45) 『고종실록』 권19, 고종 19년 7월 20일. "毁撤祠院, 忠賢不祀, 是予之罪也."

46) "원사를 훼철한다는 명령이 조정으로부터 戊辰年(1868,고종5)에 행해졌다. 단을 설치하고 향사하자는 의견이 임오년(1882)에 기호지방에서 일어났고, 10년이 지난 신묘년(1891)에 포천 충목단에서 본원에 통문을 보내왔다. 그러나 서원의 일이 많아 즉시 돌리지를 못하였다. 그리고 갑오년(1894)의 소요를 당하고 계속해서 기해년(1899)의 난을 겪어 지금까지 널리 펼치지 못한 것이 이에 말미암은 것이다.… 先賢先祖의 훼철된 서원 자리에 단을 설치하고 향사하는 것은 대략 釋菜儀節을 모방한 것이다. 이는 주자가 滄洲精舍에서 이미 행한 故事였다. 泰仁 武城書院 都會所("『書院復設錄』 辛丑(1901) 7월, 해남향교 소장; 윤희면(1999), 「고종대 서원 철폐와 양반 유림의 대응」, 『한국근현대사연구』10, 한국근현대사연구회, 177쪽).

47) 최익현, 『면암집』 권20, 「白洞祠設壇記」; 吳駿善, 『後石遺稿』 권1, 「萬谷祠壇享記」,

우는 유계(儒稧)를 결성하여, 서원의 옛터에 서당(書堂)·영당(影堂)·재실(齋室)·정자(亭子)[48] 등을 세워서 이전 서원의 기능, 즉 교육·제례·유림의 집회소 기능을 이어가려고 노력하였다. 그것도 어렵다면 서원터에 유허비(遺墟碑)를 세웠다.[49] 유림들이 합의하여 서당이나 영당, 비석 등을 세우면 문제가 없지만, 후손들 간에 자기 선조의 우월함을 내세우려고 다투는 경우가 많았다. 위차 문제나 비문에 자기 선조의 공적을 넣지 않았다는 등의 이유로 후손들의 갈등이 벌어지기도 했다.[50] 그래서 후손들은 경제적 여유가 있다면 재실을 세워 예전의 문중서원 같은 기능을 이어가려고 한 곳이 많았다.[51]

한편, 호남의 경우 약 577개의 원사가 건립되어 574개의 원사가 훼철되었다. 이 가운데 훼철령 이후 1909년까지 60개의 단·비가 세워졌으며, 복설된 원사는 27개소[52], 신설된 곳은 17개소[53]이다. 영남의 경우 약 757개의 원

「華山三先生壇享記」.

48) 하동의 덕은사(德隱祠)는 훼철 후 악양정(岳陽亭)으로 중건되었으나 1940년에 덕은사로 개칭한 이후 하동 유림들이 향사를 지내고 있다.

49) 鄭國鳳,『習靜齋遺稿』권2,「寶山祠爭詰事上巡相狀文」; 朴淇重,『竹圃集』권8,「柄山祠遺墟立碑實記」.

50) 이만도,『향산일기』, 경자(1900) 12월 30일.

51) 權龍鉉,『秋淵集』권18,「龜巖書院重復記」.

52) 복설된 원사는 고창 도암서원(1882)·운곡사(1905), 김제 저산서원(1904), 남원 충렬사(1869)·경덕사(1875)·용장서원(1888), 완주 학천서원(1896), 익산 현동사(1899), 전주 봉강사(1899)·용강서원(1900)·황강서원(1898), 강진 상곡사(1909), 고흥 덕양서원(1883,1908)·무열사(용강사 1882)·성산사(1900), 광주 장렬사(1906)·화담사(1903)·화암사(1908), 나주 무열사(1882)·미천서원(1893)·보산사(1900), 무안 청천사(1904), 보성 용산사(1900), 순천 오천사(1897), 여수 오충사[사곡사·가곡사, 1921]·충민사(1873,일제철거), 장성 만곡사(1903), 해남 노송사[창의사, 1889] 등 27개소다(윤선자(2007),「일제하 호남지역 서원사우의 복설과 신설」,『한중인문학연구』22, 한중인문학회, 293~300쪽의 〈표〉를 참고하여 정리함.).

53) 신설된 원사는 남원 두남사(1899), 무주 분양서원[숭모사, 1901], 전주 운동사(1872), 정읍 시산사[태산사, 1907], 고흥 금성사(1908), 곡성 무곡사(1873)·무후사(1903)·오강사(1909), 나주 충렬사(1891)·팔충사(1907), 무안 연계사(1896), 장흥 용강사(1882)·의열사(1907), 진도 정혜공사(1887), 해남 죽음사(1895), 화순 칠송사(1895) 등 17개소다(윤선자(2007), 앞의 논문, 304~308쪽의 〈표〉를 참고하여 정

사가 건립되었으나 14개 원사를 제외하고는 모두 훼철되었다. 이 가운데 1909년까지 26개[54]의 원사가 복설되고, 15개[55]가 신설되었다. 복설·신설된 원사는 이를 주도한 세력이나 운영 주체세력에 따라서 서원과 사우가 구분되었다. 원사의 명칭이 기능과 위계의 측면에서 오래전 의미를 상실하였고, 교육적 측면에서도 거의 기능 할 수 없었지만 의식의 측면에서 서원 우위의 개념이 일정 부분 존재하였다. 그래서 1909년까지 복·신설된 원사는 서원으로 명명할 경우 사림의 공론을 취합하는 과정이 필수적이었다.

복설된 원사는 주로 후손들이 건립한 곳이었다. 향유림이 건립한 원사가 후손들이 건립한 곳보다 복설된 곳이 적은 것은 개항 이후 근대적인 교육제도의 출현과 더불어 서원의 본래 기능인 교학의 기능이 쇠퇴하였기 때문이다.[56] 또한 원사의 건립 주체가 불분명한 지방관이거나 향유림이었기 때문에 그 지방의 유력 가문과 관계없는 중국의 성현을 향사한 원사 등은 복설이 쉽

리함.)

54) 경상도의 복설 원사는 거창 완계서원(1885), 밀양 예림서원(1874)·표충사(1897), 장기 광남서원(1900), 고성 갈천서원(1880)·호암사(1888), 밀양 표충서원(1883)·화남서원(1884), 산청 도천서원(1891)·평천사(1891)·문산서원(1904), 울산 창표사(1906), 진주 황계서원(1891), 합천 덕원서원(1902), 경주 구강서원(1904), 고령 노강서원(1883), 대구 녹동서원(1885), 성주 덕암사(1876), 안동 사빈서원(1882)·청성서원(1909), 영덕 운산서원(1899), 영천 세덕사(1900), 울진 경무사(1877), 청도 선암서원(1887), 포항 학삼사(1907), 서산서원(1907) 등 26개소이다(최성한(2021), 「한말·일제강점기 영남지역 서원·사우의 건립양상」, 영남대대학원 석사학위논문, 35~41쪽의 〈부표1〉, 〈부표2〉 참조).

55) 경상도의 신설 원사는 거제 동록사(1890)·대덕사(1894)·현충사(1909), 산청 효산서원(1887)·소술사(1909), 진주 도통사(1899), 창원 숭절사(1897)·창효사(1907), 하동 운암사(1902)·금남사(1903), 합천 추본사(1904), 함양 녹봉사(1905), 김천 상친사(1901), 봉하 구양서원(1908), 영천 구인사(1900) 등 15개소다(최성한(2021), 앞의 논문, 42~43쪽의 〈부표3〉 참조).

56) 1894년 갑오개혁 당시 성균관을 근대적 교양을 가르치는 학교로 개편하는 동시에 과거제도를 폐지하고 근대적인 관리 등용법인 「選擧條例」와 「銓考局條例」를 제정하였다. 시험은 국문·한문·산술·內國政略·외국사정으로 유학이 아니었다. 1895년 2월 발표한 「교육조서」는 구교육을 지양하고, 신교육을 지향하고 있었다.

지 않았다. 반면 후손 건립 원사의 복설이 많은 것은 사족지배 체제가 붕괴되는 상황에서도 지방의 유력가문들이 지역사회에서 그들 가문의 사회적 권위를 높이고 사족의 신분을 유지하려고 하는 의식이 잔존해 있었기 때문이다. 이러한 인식은 일제강점기에도 이어졌다.

2. 추계추씨의 묘소 정비와 추적의 문묘종사운동 전개

추세문을 중심으로 진행하던 『명심보감』, 『대동보』, 『추계가승』 편찬 사업은 1867년(고종 4)부터 시작하여 1869년(고종 6)에 마무리하였다. 그 사이 훼철령으로 인흥서원은 철폐되어 인흥재사(仁興齋舍)로 명칭을 바꾸었다. 추황, 추적, 추유, 추세경 등을 제향하던 향사의 기능은 사라졌지만 부조묘는 존치되어 추적과 추세경을 제향하였다. 가묘의 성격이 강하였던 부조묘였기에 훼철령을 피할 수 있었다. 1871년(고종 8) 사액 서원마저 훼철되고 문묘 종사 대현을 제향하는 일부 서원만이 남게 되었다. 이런 분위기 속에서 추적의 문묘 종사에 대한 논의가 1871년(고종 8)과 1873년(고종 10)에 일어났으나 때를 기다리기로 하였다.[57]

한편 서원의 복설은 어려웠기에 다른 방법으로 현양 사업을 이어갈 수밖에 없었다. 그러나 이전의 사업을 진행하면서 많은 비용이 소모되었기에 새로운 사업을 진행하는 데에는 많은 시간과 비용이 필요했다. 이런 분위기 속에서 1881년(고종 18)에 부조묘의 개건(改建)과 신도비각의 건립, 인흥동과 시즉동에 있는 노당과 돈암의 무덤 개축 및 석물(石物), 묘갈 등을 갖추자는 여론이 일어났다.[58] 하지만 여전히 자금이 부족하여 후손들의 적극적인 협조가 필요했다. 이외에도 대동보와 가승을 편찬하면서 남아있던 잔금도 갚아야 했다.[59] 이 때문에 추병기가 호남의 교원과 종중을 방문하여 도움을 요청

---

57) 「大邱鄕校答通全州羅州鄕校文(甲申閏5月)」(『仁興書院通文』).
58) 「大邱鄕校通湖南列邑校院文(辛巳閏7月)」(『仁興書院通文』).
59) 「大邱鄕校通湖南秋氏宗中文(辛巳閏7月)」(『仁興書院通文』).

할 계획이었다. 당시 이러한 사정을 들은 대구향교와 향청에서 호남의 교원과 추씨 종중에 통문을 보내어 추병기가 하려는 위선사업에 도움을 요청했던 것이다.

그러나 호남 종중에서의 반응은 미온적이었다. 그래서 대구향청에서는 호남열읍향청에 통문을 보내어 후손으로서 종의(宗議)을 따르지 않고 구재(鳩財)에 도움을 주지 않는 후손은 해당 향청에서 경고하고, 그 정도가 심한 자는 관에 품의하여 별도의 조처를 받도록 요청했다.[60] 그리고 이와는 별도로 호남의 후손들이 다수 거주하는 전주와 나주의 향교와 향청에 통문을 보내어 협조를 당부하였다.[61] 이런 가운데 담양의 종중에서는 대종(大宗)에서 이미 공의로 완성한 것을 따르지 않고 대동보를 고치는 일이 발생하여 송사까지 일어났다. 대구향청에서는 이들을 담양향청에서 수령에게 품보하여 선조를 배반하고, 종의를 따르지 않는 것은 영호남의 공의를 업신여긴 것이므로 벌을 받게 하고, 다음으로 대동보 편찬에 대한 보상비를 내도록 해서 빨리 일이 마무리되길 바란다고 했다.[62]

이런 상황은 이듬해인 1882년(고종 19)까지 이어졌는데 결국 부조묘를 개건하는 것과 신도비각을 세우는 것, 대구와 나주의 묘소 석물을 세우는 계획은 중단 되었다.[63] 그러나 영남에서 공론이 다시 일어나 추병기가 나주 시즉동에 추로의 묘비, 묘표 및 재실을 건립하는 일을 다시 추진하였다. 묘비는 광주 덕산동[무등산]에서 제작하여 나주로 옮겨오기로 했다. 그래서 경로상의 고을에 운송 협조를 하고, 호남의 후손들에게는 묘비 제작과 운송 및 재실 건립에 필요한 비용을 분배하였다.

1883년(고종 20) 묘비 제작이 막바지에 이르면서 후손들의 배전과 분담한

60) 「大邱鄕廳通湖南列邑鄕廳文(辛巳閏7月)」(『仁興書院通文』).
61) 「大邱鄕廳通羅州鄕廳文(辛巳閏7月)」, 「大邱鄕廳通全州鄕廳文(辛巳閏7月)」(『仁興書院通文』).
62) 「大邱鄕廳通潭陽鄕廳文(辛巳閏7月)」(『仁興書院通文』).
63) 「羅州鄕校通南原全州光州鄕校文(壬午8月5日)」(『仁興書院通文』).

일에 대한 독촉이 각처 향교를 중심으로 진행되었다. 하지만 배전의 수합이 미진하고, 묘비의 운송이 임박하면서 경로상에 있는 각 고을의 동민을 동원하고, 미납한 후손들에 대한 처벌을 감사에게 요청하게 되었다.[64] 감사의 도움으로 운송은 배와 육로를 통해 진행되었다. 한편으로는 재실[제각(祭閣)]을 건립하는 일이 함께 진행되어[65] 11월에 묘비의 운송이 마무리 되고 재실도 완성되었다. 그 후 나주목사에게 산지기와 재지기에 대한 면역과 묘역을 침범한 무덤에 대한 이굴(移掘)을 청원하여 허가를 받으면서 모든 사업이 마무리 되었다.[66] 결과적으로 영남에서 추진되었던 부조묘 개건과 신도비각 건립, 묘소의 석물을 세우는 것과 같은 추적의 현양사업은 추진되지 못하였다. 하지만 돈암 추로의 묘소를 정비하는 사업이 영남과 호남의 후손들간의 협조로 성공하면서 이후 추적에 대한 문묘종사 운동을 전개할 수 있는 동력을 얻게 되었다.

실제 1884년 윤5월 대구향교는 전주와 나주향교에 답통(答通)을 보내어 노당 추적에 대한 문묘종사가 타당하다고 동의했다. 답통을 통해 처음 추적의 문묘종사 논의가 호남에서 일어났음을 알 수 있다. 아마도 추로의 묘역 정비에 대한 호응으로 진행된 것이라 짐작된다. 이들은 추적이 회헌 안향의 고제(高弟)이자, 이학의 종사로서 문묘를 중건하고, 사문을 크게 일으킨 공이 있고, 그의 학업과 공적이 선현들의 글과 사료에도 남아 있다고 했다. 그러나 안향은 문묘에 들었고 추적은 그렇지 못했다는 것이다. 즉 문묘에 종사될 자격을 갖췄으나 지금까지 논의도 되지 못했으므로 의론이 일어났을 때 거도적인 공론을 모으려했던 것이다.

실제 대구향교에서는 공론을 일으키기 위해 태학관, 공주(公州)·원주(原州)·해주(海州)·평양(平壤)·함흥(咸興)향교, 경주·안동·진주·상주 등 사진읍(四鎭邑), 순흥 소수서원 등에 노당 추적의 문묘종사가 필요하다는 것을 설명

---

64) 「潭陽幼學秋眞求和順幼學秋秉翊大丘幼學秋相燁(癸未7月)」(『仁興書院通文』).
65) 「傳令各面面任及洞頭民等處(癸未9月20日)」(『仁興書院通文』).
66) 「潭陽幼學秋眞求和順幼學秋秉翊大丘幼學秋相燁(癸未12月)」(『仁興書院通文』).

하였다. 이곳들은 선현들을 종사한 곳으로서 호남을 제외한 전국의 계수관 소재 향교와 사문(斯文)을 대표하는 태학관 및 안향이 제향된 서원에 추적의 문묘종사를 문의한 것이다. 실제 각도의 거점 향교에서는 관하(管下) 고을의 향교를 통해 여론을 조사하고, 나아가 공론을 형성하는 데 일조하였다. 그 결과 이듬해 정월까지 여론을 수합하여 문묘종사를 청원하자는 공론이 형성 되었다. 그러나 실제 문묘종사를 청원했는지는 확인되지 않는다.[67]

이외에도 20세기 초반부터 현재까지 각지에 거주하는 후손들을 중심으로 사우와 재실, 정자가 설립되었다. 충남 부여의 충현사와 전남 장흥의 황산사 는 추적과 추수경을 제향하고, 후손들이 많이 세거하는 달성에는 경로재(景 露齋), 세감재(洗鑑齋), 고동재(固東齋), 이천재(伊川齋), 영모각(永慕閣)이 건립 되었다. 이외에도 강원도 원성 경현각, 전북 완주 봉양재(鳳陽齋), 전남 나주 여재각(如在閣), 경남 거창 모화재(慕華齋)·도천정(道川亭)·도남재(道南齋)·천 상재(川上齋), 전남 완도 용재재(龍在齋), 평남 평양 무열사(武烈祠), 경주 안강 서호정(西湖亭), 경북 경산 모원정(慕遠亭), 전남 장수 영효재(永孝齋) 등이 확 인된다.[68]

IV. 맺음말

추계추씨는 영조대 이래로 황조인에 대한 우대정책에 편승해서 현조의 현양사업을 단계적으로 추진하였다. 그 결과 19세기 중반이후 사족으로서 지위를 강화해 나갔다. 이들은 노당 추적을 현조로 했으나 추유의 직계는 중 국에 이거하여 사환하였다. 고려이래로 양국에 나뉘어 살았던 추씨는 임진 왜란을 계기로 추유계가 국내에 정착하게 되었다. 그러나 세대가 내려올수

---

67) 1884~1885년 사이 수수하였던 통문은 『인흥서원통문』에 필사되어 있다.

68) 추병환 편(1990), 「III.사당·서원편」, 『秋溪秋氏遜庵公諱蘆派譜』, 대보사, 37~48쪽.

록 뚜렷한 인물이 없었기에 본관은 나뉘어지고 족세는 미약하였다.

추씨의 가격(家格)이 높아진 것은 19세기 중반이후부터였다. 즉 1853년 (철종 4) 현조(顯祖)인 노당 추적의 실전된 무덤을 찾아서 개축하고, 나아가 세심당 추수경을 대보단에 참반하길 요청하여 1864년(고종 1) 11월에 윤허를 받았다. 이듬해인 1865년(고종 2)에는 48개 본관을 통합하고, 1866년(고종 3) 추황-추적-추유-추세경을 제향하는 인흥서원을 건립하였다. 이후 현양사업을 주도해온 추세문을 추계추씨 문중을 대표할 종손으로 선출하였다. 이외에도 『추계가승』과 『대동보』를 편찬하고, 추적의 저서인 『명심보감』 판목을 다시 만들었다. 또한 부조묘를 건립하여 추적과 추세경을 제향하고, 추적의 신도비를 건립하였다. 이러한 일련의 사업은 하나로 통합된 추씨의 근원을 확정하고 여러 종중의 화합과 은전(恩典)을 고르게 받으려는 목적이었다.

인흥서원이 훼철되자 인흥재사로 명칭을 변경하여 여전히 문중을 대변하는 역할을 수행하였다. 나아가 부조묘의 개건, 신도비각의 건립, 노당과 돈암 추로의 무덤 개축을 추진했다. 그러나 일부 후손들의 반발과 배전의 수합이 어려워지면서 돈암 추로의 무덤만 개축하였다. 이후 전국의 추씨와 유림들의 공의를 모아서 노당의 문묘종사 운동을 전개하였다. 비록 문묘종사는 실패하였지만 노당 추적을 전국적으로 알리는 계기가 되었다. 이와같이 19세기 중반이후 진행되었던 일련의 현양사업은 추계추씨의 위상을 제고하는 효과가 있었다. 이후 추씨 후손들은 정치·사회적 연고를 통해 각지의 명문가와도 통교하며 사회석 관계망을 넓혀나갔으며, 각 종중에서 현조를 현양하는 사업이 별도로 진행되었다. 영남에서는 명문가와 유림들의 적극적인 협조로 1938년 인흥서원이 복설되었다. 대원군의 훼철령이후 서원을 복설한 곳이 매우 드물었던 상황에서 추계추씨의 서원이 복설된 것은 그만큼 추계추씨의 위상이 높아졌음을 알려준다. 여기에는 현조에 대한 현양사업뿐만 아니라 추백엽(秋柏燁)과 같은 후손의 현달과 추교석(秋教晳), 추성구(秋性求), 추권규(秋權奎)와 같은 후손들의 활발한 사회적 활동이 있었기에 가능하였다.

【참고문헌】

『英祖實錄』, 『哲宗實錄』, 『高宗實錄』, 『日省錄』

『大邱府邑誌』

『增補文獻備考』, 『仁興書院通文』(달성문화재단 소장)

『秋溪家乘』(경상국립대학교 고문헌도서관 소장)

『全州秋氏實記』(국립중앙도서관 소장)

『秋溪秋氏邂庵公諱蘆派譜』, 대보사, 1990,

『秋溪秋氏大同譜』, 회상사, 1999.

『櫟庵先生文集』(柳致游), 『溪堂先生文集』(柳疇睦), 『響山日記』(李晩燾), 『石下先生文集』
(朴元黙), 『山泉集』(朴周鍾), 『素無軒集』(琴書述), 『洛北集』(李在哲), 『習靜齋遺稿』(鄭國
豊), 『秋淵集』(權龍鉉)

윤희면, 「고종대 서원 철폐와 양반 유림의 대응」, 『한국근현대사연구』 10, 한국근현
대사연구회, 1999.

윤선자, 「일제하 호남지역 서원사우의 복설과 신설」, 『한중인문학연구』 22, 한중인문
학회, 2007.

이수환·이병훈, 「조선후기 귀화 중국인에 대한 정책과 강릉유씨 가경 2년 첩문」, 『민
족문화논총』 43, 영남대학교 민족문화연구소, 2009.

이광우, 「개항기 경상도 관찰사 이헌영과 달성향약」, 『민족문화논총』 64, 영남대학교
민족문화연구소, 2016.

최성한, 『한말·일제강점기 영남지역 서원·사우의 건립양상』, 영남대학교 대학원 석
사학위논문, 2021.

영남대학교 민족문화연구소 편, 『흥선대원군 서원 훼철령 이후 서원 복설의 추이와
성격』, 2023년 전반기 영남대학교 민족문화연구소 전반기 국내학술대회 자
료집, 2023.04.28.

근대 이행기 한국 지역사회 변동과 서원의 변용

조 명 근

I. 머리말

현재 한국에서 유교에 기반한 전통문화를 대표하는 지역으로 안동을 들수 있다. 그런데 안동은 일제시기에 다수의 사회주의자를 배출한 지역으로 김재봉, 권오설, 이준태, 김남수 등은 조선공산당에서 핵심 간부로 활약하였다. 전근대적인 전통을 옹호하려는 보수 유림세력과 급진적인 사회주의 사상이 공존하고 있었던 지역이 안동이었다. 그러나 이는 비단 안동에만 국한되는 것은 아니다. 근대 이행기 한국의 지역사회에서 쉽게 찾아볼 수 있는 현상이다.

전근대 지역사회 변동은 관(중앙·지방)과 재지사족(在地士族), 사족 내부의 분화로 인한 갈등의 전개 등 비교적 단순한 구도 속에서 진행되었다고 볼 수 있다. 반면 근대 이후 새로운 사조와 제도가 도입되었고, 사회 구성원은 다양한 변화에 직면하고 있었다. 이 변화를 적극 수용하려는 자도, 반대로 전통을 고수하려는 세력도 새로운 환경 속에서 각각 활로를 모색할 수 밖에 없었다. 따라서 한국의 근대 이행기 지역사회 변동의 양상을 이해하기 위해서는 다음과 같은 다층적인 접근이 필요하다.

첫째 새로운 권력 주체, 즉 식민권력의 존재이다. 조선총독부의 등장은 조선인이 맺었던 기존 정치권력 관계의 완전한 재편을 의미한다. 본문에서 살펴보겠지만 향교는 식민권력의 철저한 통제 속에 체제내화를 강요당했다면 서원은 무관심 속에 사실상 방치된 채 주변화의 길을 걸었다. 종래 향교와 서원을 기반으로 활동하던 지역 유림은 협력을 통해 활로를 모색하거나 방치 속에서 생존을 도모해야만 하는 처지가 되었다. 또한 지방제도의 개편은 지방 유림의 활동 기반을 약화 혹은 해체하는 방향으로 나아갔다. 특히 지방의회의 설립은 매우 제한된 형태로나마 지역 '정치'에 참여할 수 있는 통로가 되었다는 점에서 지역 내 권력 집단의 역학 구도에 영향력을 행사하고 있었다.

둘째 신분제의 해체에 따른 사회이동(상승과 하향)을 들 수 있다. 한국 근대 이행기에 거의 모든 신분층에 사회이동의 기회가 주어졌는데, 이를 가능케 한 것은 다름 아닌 자본주의의 도입이었다. 자본주의를 통해 획득한 부를 기반으로 등장한 신흥세력은 전통적 신분 질서와 관계없이 지역사회에서 헤게모니를 장악할 수 있었다. 그러나 식민지 조선에서 그 기회는 국가권력, 즉 식민권력에 의해 선택되고 통제되었다는 점에 주의해야 한다. 특히 식민지기에 등장한 소위 지역 유지에 주목할 필요가 있다. 조선총독부는 지역사회에 각종 자문기구나 공공단체 등의 '공직기구'를 조직하였고, 여기에 참여하는 자들이 바로 지역 유지였다. 유지집단은 지역주민의 정치적 대표자 또는 중재자나 후견자 역할을 담당하였다. 유지집단은 전근대 사족집단과 마찬가지로 배타적인 형태로 권력을 행사했다.[1]

셋째 도시화로 대표되는 근대적 변화와 촌락 전통의 온존이다. 식민지기 근대 문화는 도시를 중심으로 급속히 확산된 반면 농촌사회는 여전히 전통을 고수하고 있는 지역이 다수였다. 근대화는 균질적인 아니라 지역별로 시간차를 두고 진행되었다. 도시와 해안 지역은 변동이 일찍 진행된 반면 내륙의 촌락은 그 변화가 더디게 일어났다. 근대화의 진행 과정 속에서도 촌락사회에서 전통은 여전히 강고한 영향력을 행사하는 경우가 많았고, 이 과정

---

1) 지수걸에 따르면 '유지집단'이란 일제가 자신의 헤게모니를 식민지 사회 내부에 관철시킬 목적으로 형성한 지위집단이다. 즉 토지를 중심으로 한 재산과 사회활동 능력(특히 학력), 당국의 신용과 사회적 명망을 고루 갖춘 유력자집단(조선인·일본인 포함)을 일컫는 말이다(지수걸(1999), 「구한말-일제초기 유지집단의 형성과 향리」, 연세대학교 국학연구원 편, 『한국 근대이행기 중인연구』, 신서원, 529~533쪽).

에서 지역사회 헤게모니를 둘러싼 갈등 역시 첨예해질 수밖에 없었다.

　이러한 근대 이행이라는 변화 속에서 서원을 비롯한 전통적인 지배기구는 기존의 권위를 어떻게 유지, 보존할 것인가? 종전에 비해 훨씬 더 협소해진 활동 반경 속에서 모색할 수 있는 자구책은 무엇인가?라는 문제에 직면하였다. 이 점을 염두에 두고 근대 이행기 한국 서원의 변용을 고찰해야 할 것이다. 이 글은 새로운 자료를 분석한 연구가 아니라 기존 연구를 기반으로 근대 이행기 서원의 성격을 규명하는데 그 목적이 있다. 근대 이행이라는 거대한 사회변동 과정에서 이미 훼철된 서원이 다시 복설 혹은 신설되는 이유, 미훼철 서원으로 살아남은 경우, 어떻게 시대적 변화에 대응했는지를 보기 위해서는 개별적인 사례 연구를 활용하여 거시적인 시각에서 접근할 필요가 있다. 즉 근대 이행기 서원의 함의를 지역사회의 변동 속에서 고찰하기 위해서는 당시 변화된 사회적 구조와 그 작동 방식을 먼저 파악한 후 그 속에서 변용된 서원의 실체에 접근해야 할 것이다.

II. 근대 이행기 지역사회의 변동과 전통적 질서의 변용

1. 지역사회 전통의 지속과 변용

　한국의 신분제는 갑오개혁에 의해 폐지되었지만, 사회적 사실로서의 신분제는 20세기 전반기에도 강력한 영향력을 발휘하고 있었다. 가령 일제시기 유림 세력은 향교 참여, 서원 복설 및 신설, 족보 간행을 비롯한 문중 선양을 위한 각종 행사를 추진함으로써 기존의 신분적 지배 질서를 옹호·유지하려 하였다. 이와 같이 타집단과 구별되는 자신들만의 차별성을 과시함으로써 여전히 지역사회 내에서 기득권을 누리고 있었다. 조선시대 지역사회에서 사족들간의 위신을 둘러싼 상징투쟁은 매우 치열했으며, 지역의 지배구조는 이를 통해 계속해서 교체되었다. 이 과정에서 장기구조로서의 신분

적 지배질서가 형성되었는데, 20세기 들어서도 전통이라는 이름으로 신분제
적 원리가 재생산되고 있었던 것이다.[2]

　한국 농촌사회의 경우, 동성마을에 기반한 문중 공동체라는 유제가 강고
하게 남아 있었다. 전근대 양반으로서 누렸던 기득권을 지역사회에서 유지
하기 위해 근대 이행기에도 문중 공동체는 여전히 온존되고 있었다. 따라서
근대 이행기 문중 공동체는 신분·지위의 몰락에 대처하는 하나의 방식으로
볼 수 있다는 점에서 단순히 전근대적인 것이라고 치부할 수만은 없다. 지배
층 내에서의 신분의 사회적 등급은 '법'으로 명문화된 것이 아니라 지역 행
정이나 지방 엘리트들의 공론에 의해 '인정'된 것이라고 할 수 있다. 같은 성
씨를 가진 집단이라 할지라도 거주지역, 즉 직계조상의 벼슬 정도에 따라 신
분질서상의 지위는 큰 차이가 났다. 이런 경향은 해방 후까지도 지속되었는
데, 가령 신분상의 지위를 유지하는 가장 중요한 수단인 통혼(通婚)권은
1950년대에도 여전히 전통적인 신분질서에 의해 강하게 뒷받침되고 있었다.
1960년대 초까지도 한국의 농촌 마을은 행정적으로 구획되었지만 실제로는
양반촌과 상민촌으로 구분할 수 있을 정도였다. 따라서 근대적인 행정상의
동리 구획과 전근대적인 신분적 구획이 공존하는 상태였다고 할 수 있다. 반
면에 인구 이동이 빈번한 해안이나 도서 지방에서는 1950년대에 이미 전통
적인 반상(班常) 관계가 완전히 사라지고 마을 사람들 간에 수평적인 유대가
형성된 사례도 발견된다.[3]

　이와 같이 근대 이행기 한국의 지역사회에서는 전통의 지속과 근대화에
따른 변용의 양상을 동시에 확인할 수 있는데, 이를 전남 장흥 지역 사례를
통해 살펴보자. 우선 전통적 권위 질서[4]가 여전히 존속하거나 오히려 강화된

---

2) 정근식(2004), 「지역전통과 정체성 연구의 시각」, 『지역전통과 정체성의 문화정
　치』, 경인문화사, 17~20쪽.
3) 김동춘(2000), 『근대의 그늘 - 한국의 근대성과 민족주의 -』, 당대, 58~63쪽. 1960
　년대 저자의 고향(경북 영주) 마을의 경우, 100여 호 중 80%가 일가였다고 한다.
4) 이용기에 따르면 '전통적 권위질서'란 전근대 사회에서 신분과 혈연에 의해 중층
　적으로 구성된 위계적 권위구조와 세력관계를 의미하는 개념이다. 이 전통적 권

경우를 장흥향교에서 확인할 수 있다. 일제시기 들어 향교는 통치권력의 공식적인 기구로 재편되었다. 따라서 향교에 참여하는 것은 지역 정치에 참여하는 것을 의미하는데, 가령 향교 장의(掌議)는 지역 유력자인 공직자로 파악되고 있었다. 그런데 장흥향교의 경우 전근대시기에 운영을 주도하던 특정 문중의 비중이 일제시기 들어 더욱 높아지고 있었다. 소수의 특정 문중을 중심으로 중층적인 위계구조로 짜여진 전통적 권위 질서가 일제시기에 해체되거나 완화되지 않은 채 오히려 정반대로 그 집중성이 강화되고 있었던 것이다. 그런데 전근대시기에 향교 운영에서 사실상 배제되었던 동리와 성씨들이 일제시기 장흥향교 재정 강화에 대거 참여했다는 점은 이채롭다. 장흥향교는 재정난을 타개하기 위해 1912년 존성계를 조직했는데, 여기에 종래 향교 교임(校任)에서 배제되었던 성씨들 중 상당수가 참여하고 있었다. 이는 향교의 권위와 상징성이 지역사회에서는 여전히 유효함을 보여주는 것으로 이를 무시하거나 도전하기보다는 오히려 참여할 기회를 얻고자 했던 것이다. 즉 일제시기에 전통적 지배질서가 해체되는 것이 아니라 특정 측면에서는 온존, 강화되는 양상을 확인할 수 있다.[5]

그러나 위와 같은 전통적 권위질서가 그대로 온존된 것만은 아니었다. 조선총독부의 지방제도 개편의 결과 지역단위에서 핵심적인 공직자로 된 면장의 경우, 위와는 반대의 경향이 보인다. 장흥 지역 면장을 역임한 인물을 살펴보면, 전근대시기에 향교 교임을 거의 배출하지 못했던 성씨들이 기존 유

위질서는 사족지배 체제의 산물이지만 20세기 전반기에도 과거의 명망과 권위가 '전통'의 이름으로 끊임없이 재확인되어 상징적인 정치 자원으로 활용되었다는 점에서 단순한 '과거'의 사태가 아니라 현실적 힘이라고 보았다(이용기(2009a), 「일제시기 면 단위 유력자의 구성과 지역정치 - 전남 장흥군 용산면 사례를 중심으로」, 『대동문화연구』 67, 39쪽).

5) 전남 장흥의 경우, 전통적으로 5개의 성씨(오다성(五多姓))의 가문이 양반으로서 권위와 영향력을 행사하고 있었다고 한다. 전근대시기 장흥향교 교임의 경우, 오다성이 약 52%를 차지했으나 일제시기에는 그 구성비가 약 65%로 더 높아졌다(이용기(2009b), 「일제시기 지역사회에서 전통적 권위질서의 지속과 변용 - 전남 장흥군 향교(鄕校) 교임(校任) 분석을 중심으로 -」, 『역사문제연구』 13, 260~268쪽).

력 문중을 압도하고 있었다. 즉 전통적인 유력가문이 향교를 독점했던 것과 는 달리 면장은 전근대 주변부에 속했던 신흥 유력자들이 다수를 점하고 있 었던 것이다.[6] 이런 경향은 장흥군 용산면협의원에서도 확인되는데, 전근대 주변부에 속해 있었던 성씨 출신에서 면협의원이 적지 않게 배출되고 있었 다. 여기서 중요한 점은 전통적 권위질서와 신흥 세력이 서로 대립되기보다 는 상호 보완적인 성격을 가지고 있었다는 것이다. 전근대 주변부에 위치해 있던 부류들은 기존 질서에 도전하기보다는 오히려 거기에 참여함으로써 '전통적 권위'라는 상징적 자원에 접근하고자 했다고 볼 수 있다. 그 결과 일 제시기에도 장흥군 용산면 내의 마을간, 성씨간에 계서화 된 권위구조에 큰 변화는 일어나지 않았다. 전통적 지배세력은 약화되어가는 자신들의 실권을 보완해줄 정치적 자원으로 '전통적 권위'를 관념적으로나마 강화하려 했다. 반면 독자적인 전망을 관철시킬 헤게모니가 부재했던 신흥 유력자들은 한편 으로는 관을 매개로, 다른 한편으로는 '전통'이라는 상징자본에 접근하여 자 신들의 정치력을 강화하려 했다고 볼 수 있을 것이다.[7]

이와 같이 일제시기 지역사회에서 전통적 질서는 일부 온존되고 있었으 나, 지역사회를 주도한 것은 이른바 '지역 유지'로 불리는 신흥 유력자 집단 이었다. 조선총독부는 각 군별로 유지 명부를 만들어 지역 유지를 관리했는 데, 이들은 '공직자 집단'이라고 불리웠다. 이를 세분해서 보면 ①각종의 자 문기구(지방위원회, 면협의회, 도평의회), ②자치기구(도회·부회·읍회, 학교 평의회), ③공공조합(농회, 산림조합, 수리조합), ④관민합동위원회(소작조정 위원회, 농촌진흥위원회, 사상정화위원회)의 임원들이 총독부가 지칭하는 '공직자'들이다. 이런 공공단체(조합)의 사무실은 대부분 군청이나 면사무소 에 있었으며, 대표자는 현직 군수(혹은 면장)였다. 뿐만 아니라 각종 공직기 구의 임원 임면권도 도지사나 군수(면장)가 가지고 있는 경우가 많았다. 가

---

6) 이용기(2009b), 앞의 논문, 278~279쪽.
7) 이용기(2009a), 앞의 논문, 55~62·75~77쪽.

령 1927년 현직 서산군수가 발간한 『서산군지』에는 805명의 관직자, 무보수
임원, 공공단체의 유급직원 등의 인명이 수록되어 있는데, 여기서 관공리와
직원을 제외한 민간인 무보수 역원의 숫자는 430명(일본인 공직자 15명 포
함. 2개 이상의 공직을 가진 사람도 다수임) 정도였다. 이들 대부분은 토지와
더불어 여러 가지 '유지 기반', 즉 '정치적 자원'을 풍부히 보유한 대지주들이
었다. 그런데 전근대 양반사족들이 '사적인 지배예속관계' 속에서 명망성을
형성했다면, 일제시기 지역 유지들의 경우 일종의 '공적 관계' 속에서 형성
된 명망성이라 할 수 있다. 총독부 권력은 이런 과정에서 형성된 지역 유지
들의 정치적 자원을 최대한으로 동원하여 '체제 탄력성' 부재의 문제를 해결
하고자 했다.[8] 사실 면협의회와 같은 지방자치기구나 공공단체(조합), 유지
단체 등은 그 자체로서는 단순한 행정자문기구나 사회봉사 혹은 친목단체에
불과했다. 그럼에도 불구하고 이런 단체(조합)에서 경쟁적으로 임원을 맡고
자 한 것은 이것들이야말로 '유지정치'의 주요한 매개체였기 때문이다. 일제
하의 지역 유지들은 이러한 단체(조합) 활동을 통해서 형성한 연줄망을 토대
로 '로비나 진정'과 같은 '뒷거래 정치', 혹은 각종 '인허가나 금융 및 세제
특혜'를 획득하는 활동을 전개하였다.[9]

8) 지수걸(1999), 「일제하 충남 서산군의 '관료-유지 지배체제' -『서산군지(瑞山郡誌)』
   (1927)에 대한 분석을 중심으로-」, 『역사문제연구』 3, 40~46·74쪽.
9) 일제시기 조선인들은 취학이나 취직을 위해서는 반드시 관료나 '공인된 유지(특
   히 공직자)'들의 '신원보증'이나 '재정보증'이 필요했다. 경찰서의 '요주의·요시찰
   인 명부'에 기재되어 있을 경우는 더욱 그러했다. 특히 '당국 신용'은 사건·사고
   시에 엄청난 위력을 발휘했다. 학생운동 사건에 연루된 학생들의 경우는 거의 예
   외 없이 부모의 신용, 즉 당국 신용 정도에 따라 징역형이나 집행유예냐, 혹은 퇴
   학이냐 정학이냐가 결정되었다고 한다. 가령 '예산농업학교 적색 독서회사
   건'(1933년)의 경우를 보면 친인척 가운데 도의원 정도의 힘을 동원할 수 있었던
   학생들은 아예 검사국에 넘겨지지도 않았을 뿐더러 어떤 학생은 출옥 이후 복학
   하여 당당히 면서기까지 역임할 수 있었다. 이는 단순히 '전향'을 했다고 해서 가
   능한 일이 아니었다. 지역 유지들이 '엄청난 선거비용'을 소모하면서까지 본인이
   나 가까운 친인척, 혹은 집사나 마름 등 '하수인'들을 지방자치기구에 진출시키려
   한 것은 바로 이런 이유 때문이었다(지수걸(1999), 『한국의 근대와 공주사람들:

2. 향교와 서당의 체제내화 및 변용

향교는 지방교육을 담당한 관학(官學)으로 조선시대 향교는 정부로부터 전답과 노비를 지급 받아 제례 및 교육비 등 제반 비용을 충당하였다. 초기에는 정부에서 향교에 교관을 파견했으나, 15세기 이후부터는 지방 유생 중에서 교임을 선발하여 향교를 운영하였다. 교임은 유생들이 회의를 통해 선발하고 이를 수령이 승인하는 방식이었다. 즉 향교는 관학이었지만 실제로 그 운영은 지방 유생들에 의해 자치적으로 이루어지고 있었던 것이다. 일제는 1910년 4월 「향교재산관리규정」을 공포하여 향교 재산은 관에서 관리한다고 규정하였다. 1907년부터 통감부는 각 도의 향교 소유지를 실측하는 작업을 진행했는데, 1918년 향교의 총수는 335개소, 여기에 소속된 토지는 48만여 평으로 조사되었다. 향교 재산의 주된 수입원은 토지와 임야에서 나오는 소작료와 임대료 수입, 예금 이자 수입 등이었다. 1910년대 향교 재산 지출의 대부분은 보통학교 경비로 전용된 반면 향사비 및 향교 수리비는 소액에 불과했다.[10] 근대 교육에 대한 거부감이 강했던 유림들을 대상으로 향교 재산을 보통학교 경비에 충당했던 것이다. 총독부는 1920년 6월 기존의 「향교재산관리규정」을 폐지하고 「향교재산관리규칙」을 공포하였다. 이 개정의 핵심은 향교 재산 수입의 사용처가 기존 공립보통학교 경비에서 교화사업으로 변경된 점이다. 3·1운동 이후 식민권력은 통치의 안정을 도모할 필요성이 증대되었는데, 이를 위한 지방 교화사업에 향교 재산을 활용하려 한 것이

한말 일제시기 공주의 근대도시 발달사」, 공주문화원, 208~210쪽).

10) 향교 재산이 관에 의해 통제되자 지역 유림은 각종 계를 조직하여 석전제(釋奠祭)나 건물 보수 등에 필요한 향교 운영 자금을 스스로 마련하기도 하였다. 가령 고흥의 유림들은 고흥향교 중흥을 위해 1913년에 존성계를 조직하였다. 창립 당시 계원 200인, 400냥을 기반으로 출범했던 존성계는 1910년대 말이 되면 계원 2,005인, 총자산 14,066냥을 헤아릴 정도로 크게 성장하였다. 존성계에서 조성한 자금은 춘추 향사비와 향교의 수리비 등 향교의 1년 경비로 활용되었다(김덕진(2017), 「고흥향교의 존성계」, 『역사학연구』 67, 84~90쪽).

었다. 향교 재산을 관리하기 위해 새롭게 장의를 두고, 재정을 장의회에서 담당하도록 했다. 그런데 장의회 의장은 부윤·군수가 맡고, 예산 집행은 총독의 허가를 받도록 하여 관의 강력한 통제 하에 두었다.

향교 재산 수입도 변화를 보이는데, 전통적인 소작료 징수와 더불어 은행 예금 이자가 차지하는 비중이 증가하는 추세였다. 남부지방 향교가 소작료 수입 비중이 컸던 것과 달리 북부지방은 소작료보다 이자를 수취하는 편이 더 유리했으므로 토지를 매각한 자금을 금융기관에 예치하여 관리하는 것이 관례화되어갔다. 향교 재산 지출에서 지방교화비가 가장 큰 부분을 차지했는데, 주로 유림 단체와 일본시찰단의 활동비를 보조하는데 사용되었고 강연회나 경로 및 덕행자 표창 등에 일부 지급되었다. 이러한 재정 운용으로 인해 향교가 친일 의식화의 배후지라는 이미지가 각인되는 부정적인 효과를 낳았다.[11] 총독부 당국이 향교 세력을 포섭하고 이들을 통해 지방교화사업을 전개하고자 했던 것도 바로 지역사회에서 향교의 위상이 추락하고 있음에도 불구하고 향교와 유림들의 사회적 장악력이 여전히 유효하다고 보았기 때문이었다. 예를 들면 전남 장흥군의 경우 1920~30년대에 향교 교임 중에서 약 45%가 면장이나 면협의원을 지냈는데, 이는 향교를 기반으로 활동하던 전통적 유력자들이 현실의 권력구조와 무관하지 않음을 보여준다. 또한 1927년 각 면별로 1명씩 선임된 장흥군 학교평의원 11명 중 5명이 향교 교임을 역임한 것을 보면 지역적 대표성을 가진 자들 중 상당수가 향교와 관련을 맺고 있었음을 짐작할 수 있다.[12]

한편 지역 유림들은 향교를 거점으로 자신들의 활동 공간을 마련해 나갔다. 식민지기 유림 세력은 공론을 수렴하는 새로운 방식으로 유림대회를 개

11) 이상은 김정인(2006), 「일제강점기 향교의 변동 추이 - 향교 재산 관련 공문서 분석을 중심으로 -」, 『한국민족운동사연구』 47; 김명우(2007), 「일제강점기 향교 直員과 掌議」, 『중앙사론』 25; 김순석(2014), 「일제강점기 「향교재산관리규칙」 연구」, 『태동고전연구』 33.
12) 이용기(2009b), 앞의 논문, 284~285쪽.

최했는데, 주로 향교(명륜당)에서 열렸다. 일제하 향교는 유림이 '합법적'으로 활동할 수 있는 사실상 유일한 공간이었다. 유림대회의 참가자 수는 많을 때는 수백 명에 달했고 일반적으로 50~100명이었는데, 1925년 동래유림대회에는 500여 명이 참석하기도 했다. 유림대회 개최 목적은 향교 재산을 둘러싼 내용이 다수를 차지했는데, 1920년대에 열린 유림대회 27회 중 12회가 향교 재산과 관련된 것이었다. 당시 향교 재산과 수익 처분은 유림의 최대 관심사로 유림은 이를 자신들을 위한 사업에 사용할 것을 요구하였다. 유림대회는 유림의 의사를 관청에 전달하기 전에 미리 거치는 통과의례처럼 되었다. 그런데 이 유림대회는 관과 밀접한 연관 속에서 진행됨으로써 식민권력이 지역 유교계에 침투하는 통로로 기능하기도 하였다. 친일유림은 총독부(군청·도청)가 지원하는 유림대회를 통해 세력을 확장하기도 하였고, 유림대회를 군수나 향교 직원이 직접 주관하거나 사회를 맡는 경우도 있었다. 그 결과 유림대회는 지역 유교권력의 헤게모니 장악을 위한 경쟁의 장이 되었다.[13]

이와 같이 일제하 향교는 유교기관 이전에 총독부의 산하기구로서의 성격이 강했는데, 이는 전시기(戰時期) 들어 더욱 심해져 향교 의례가 지닌 고유한 성격마저 변질되었다. 가령 함양향교의 경우 석전 등 향교 의례에 일본군의 '무운 장구'를 비는 내용의 '서원문'을 낭독하는 절차가 추가되었다. 서원문에서 일본은 유교 이념을 현실에서 추구하는 국가로 격상된 반면 중국은 인륜과 도덕을 거스른 채 이웃 나라를 침략한 부도덕한 국가로 폄하되었다. 이러한 서원문 낭독은 함양향교만이 아니라 전국에서 거행된 것으로 보인다.[14]

한편 조선의 전통적인 초등교육기관인 서당은 일제시기에 큰 변화를 겪게 된다. 강점 후 일제는 「조선교육령」을 중심으로 근대교육체계를 형성했고, 보통학교를 설치하여 초등교육을 전담하게 했다. 그러나 근대교육에 대한 반

---

13) 서동일(2019), 「식민지기 유림대회의 출현과 지방의 유교권력」, 『역사학보』 241, 210~220쪽.
14) 서동일(2019), 「함양향교 소장문서에 나타난 총동원체제기 조선총독부의 향교 동원과 변형」, 『국학연구』 40, 443~444쪽.

발, 학교 수의 부족 등으로 인해 보통학교는 주요 초등교육기관으로 정착하지 못했다. 이런 가운데 서당이 초등교육의 주류를 이루었고, 이에 총독부는 서당에 대해 견제와 더불어 온존시키는 입장을 취했다. 더욱이 제한적인 수의 보통학교만으로는 취학아동을 모두 수용하기 어려웠던 만큼 서당을 없애는 것은 불가능했다고 할 수 있다. 1911년에서 1916년 사이 서당은 6,000여 개에서 2만 5000여 개, 학생은 14만여 명에서 25만여 명으로 늘어나면서 1922년까지 보통학교 학생보다 많은 학생 수를 유지하는 현상을 보여준다. 1920년 보통학교 입학자의 65.5퍼센트가 서당교육 경험자라는 점은 당시 서당교육과 신식교육을 상호 보완관계로 인식했기 때문이라고 볼 수 있다.

〈표〉 일제시기 서당 추이

	서당 수(개)	직원 수(명)	학생(명)
1915	23,441	23,674	229,550
1920	25,482	25,602	292,625
1925	16,873	17,347	208,310
1930	10,036	10,550	150,892
1935	6,209	6,876	161,774

출전: 『朝鮮總督府統計年報』 각년판.

당시 서당도 전통적인 한문 교육 이외에 근대 학문도 병행하는 '개량서당'을 통해 자체적으로 변신을 모색하였다. 1922년 현재 경상북도의 경우 전통서당과 개량서당은 개수로는 84%대 16%, 학생수로는 64% 대 36%의 비율을 보이고 있다.[15] 총독부 입장에서 개량서당의 확산은 보통학교 수요를 따라가지 못하는 정책의 한계를 보완하는 장치로 기능했다. 동시에 조선인의 입장에서는 부족한 근대 교육기관을 보완하기 위한 방편으로 서당을 개량하는 방식을 선택했다. 즉 개량서당은 초등교육기관에 대한 조선인의 변용의

15) 김동환(2017), 「일제강점기 경상북도의 교육상황 연구(1910-1922년도 시기를 중심으로)」, 『한국교육사학』 39-4, 35쪽의 〈부록 4〉.

산물이라는 점을 고려해야 할 것이다.

　조선총독부는 향교와 마찬가지로 서당을 통제하였다. 1918년 2월 「서당규칙」 제정을 통해 서당은 신고제로 하고, 건물, 학생, 교사, 교과 등 모든 요소들을 총독부가 철저히 통제하였다. 총독부는 1929년 「서당규칙」을 개정하여 종래 신고제를 허가제로 변경함에 따라 조선인은 서당을 개설하기 위해서는 도지사에게 인가를 받아야만 했다. 당국은 모든 서당을 대상으로 개정된 「서당규칙」에 의거해 학생 수, 설립자, 설비 상황, 건물 및 교실 상황, 연간 소요 경비에 대한 학생 부담 및 서당의 계속 운영 여부 등을 보고하게 했다. 이 개정 이후 전통서당은 줄고 개량서당은 점차 늘어나는 결과를 가져왔다. 이후 총독부는 서당을 학교에 준하는 교육기관으로 양성하려는 정책을 추진하였다. 1933년 학무국에서는 1면 1교주의를 철저히 함과 동시에 조선 전체 8,800여 개의 서당을 활용해 교육의 진흥에 힘쓰겠다고 발표했다. 위 서당 중 개량서당 440개를 선정해 유자격 교원 1명씩을 배치하고 수신·국어·산술 등 보통학교 과정을 넣어 농촌에 실제 필요한 중견 청년을 양성하겠다는 계획을 세웠다. 총독부에 따르면 1면 1교제가 달성된 1936년에도 보통학교 취학률은 26%에 불과하므로 식민통치에 필요한 최소한도의 문화를 보급하기 위해 서당교육을 활용하고자 한 것이었다.[16] 이상과 같이 조선시대 전통적인 교육기관이었던 향교와 서당은 일제시기 식민권력의 이해에 따라 체제내화의 길을 걸었다. 향교는 식민지배 정책의 선전수단으로서 또 서당은 초등교육의 보완기구로 그 활용의 여지가 있었던 것이다. 동시에 일부 유림들은 식민권력이 허용한 제한된 공간을 활용하여 지역사회에서 자신들의 권위를 확인하려 하였다.

---

16) 이상 서당에 대해서는 송찬섭(2018), 『서당, 전통과 근대의 갈림길에서』, 서해문집, 164~169·206~208·241~251쪽을 참조.

III. 근대 이행기 서원의 주변화와 자구책 모색

1. 대원군 훼철 이후 복설·신설의 양상

강학을 통한 학문연구와 선현 제향을 위해 설립된 서원은 17세기 이후 향촌에서 사림의 사회·경제적 이해를 대변하는 역할을 수행하였다. 그러나 17세기 중반 이후 서원이 붕당정치에 이용되면서 남설의 조짐이 나타났으며 교육기관으로서의 역할은 크게 축소된 반면 선현 제사의 기능이 강조되면서 점차 사우(祠宇)와의 구별이 모호해져 갔다. 서원은 유생들의 여론을 결집시키는 역할을 수행한 중요한 매개체였기 때문에 향촌 사림의 지지가 필요한 각 정치세력은 서원 문제에 적극적으로 대처하지 않을 수 없었다. 이런 상황이 서원과 사우(이하 원사로 약칭)의 남설에 반영된 것이다. 그런데 원사는 숙종 대에 들어서 폭발적으로 증가하는데, 이는 향촌 내 문중의식 확대와 밀접한 관련이 있다. 향촌사회에서 기존의 사족 지배가 점차 위기에 봉착하자 각 문중들은 자신들의 이해를 대변할 수 있는 서원의 필요성을 절감하게 되었고, 이로 인해 서원의 각 가문별 분립 현상이 분명해졌다. 이러한 현상은 중앙정부의 각 당파들이 지역에서 세력 확대를 도모하면서 더욱 확산되었다. 서원의 성격 변화와 함께 나타난 원사의 남설은 경상도가 다른 도에 비해 가장 심하였다.[17]

대원군 훼철 이전인 1871년까지 건립된 원사는 약 1,700여 개에 달했는데, 경상도가 780개로 가장 많고(서원 370, 사우 410), 전라도가 426개소(원 120, 사 306), 충청도 157개소(원 64, 사 93)의 순이다.[18] 흥선대원군은 이 원사 중 47개소(원 27개소, 우 20개소)만을 남기고 나머지는 모두 훼철하였다. 그러나 서원은 재지사족의 향촌 자치 운영기구로서 중요한 역할을 수행하였

17) 이수환(2021), 「영남지역 서원건립 상황과 특징」, 『민족문화논총』 78, 87~88쪽.
18) 윤희면(2004), 「조선시대 서원정책과 서원의 설립실태」, 『역사학보』 181, 81쪽; 이수환(2021), 앞의 논문, 94쪽.

고, 서원을 매개로 한 각 문중 세력은 그들이 행사했던 기득권을 그대로 지키고자 하였다. 따라서 원사의 복설 및 신설이 꾸준하게 추진되었고, 아니면 단소(壇所)·서당·영당(影堂)·유허비각(遺墟碑閣) 등을 세워서 향사를 유지하려 하였다.

휘철 이후 일제시기까지 복설 및 신설 추이를 지역별로 보면 경상도의 경우, 130여개소 원사가 복설되었고, 56여개소가 신설되었다. 이 시기 복설·신설된 원사는 대부분 문중 인사를 제향한 문중서원이었다.[19] 전라도의 경우, 복설이 86여개소, 신설 111여개소로 신설이 더 많다. 복설된 원사 중 문중서원이 아닌 것은 6개소에 불과할 정도로 문중서원이 절대다수를 차지하였다.[20] 충청도의 경우 30여 개소의 원사 복설이 확인된다. 일제하 서원 복설은 중앙 정부의 허가를 받을 필요가 없기 때문에 문중이나 유림이 스스로 중건을 시도하였다. 이에 따라 기존 서원에서 위차 문제로 시비가 있었던 경우 아예 새로운 제향공간을 창건하여 문제를 해결하고, 복설과 함께 위차 조정을 하거나 새로운 인물을 추배하며 지역 유림의 이해를 반영하기도 하였다.[21]

서원 복설 및 신설의 양상을 몇 가지 사례를 통해 살펴보자. 우선 재지사족 세력이 강했던 지역은 바로 복설되는 경향을 확인할 수 있다. 경상남도의 경우, 휘철 이후 1910년까지 신설 없이 31개소의 원사가 복설되었는데, 이 중 산청이 7개소로 가장 많다. 산청 지역의 복설은 휘철 직후인 1870년대부터 이루어졌는데, 이는 그만큼 지역 사족들의 향촌 내 영향력과 복원에 대한 의지가 강했던 것으로 볼 수 있다. 복설된 7개소 중 6개소가 모두 조선시

---

19) 최성한(2021), 「한말·일제강점기 영남지역 서원·사우의 건립 양상」, 영남대학교 석사학위 논문.

20) 윤선자(2007), 「일제하 호남지역 서원, 사우의 신설과 복설」, 『한중인문학연구』 22.

21) 홍제연(2023), 「충청지역 서원의 복설 추이와 성격」, 『민족문화논총』 85, 264~280쪽. 휘철 이후 복설이나 신설된 원사의 정확한 수치를 집계하는 것은 현재로서는 어렵다. 연구자마다 제시한 수치에 차이가 나기 때문에 여기서는 대략적인 상황을 파악할 수 있는 참고자료로 제시했음을 밝혀둔다.

대 단성현에 속했는데 서원을 중심으로 한 사족들의 결집력이 강했던 지역
이었기 때문에 제향자의 후손과 유림들이 함께 협력하여 서원이 복설될 수
있었던 것이다. 사족들이 서원 복설을 통해 향촌 내 위상을 강화하고자 한
전형적인 사례로 이해할 수 있다. 산청에서는 일제하에서도 복설이 진행되
었는데, 대표적으로 덕천서원(德川書院)을 들 수 있다. 덕천서원은 1576년에
남명 조식을 제향하는 서원으로 건립된 이후, 19세기까지 경상우도 유림들
을 중심으로 한 남명추숭활동의 공간으로 기능하였다. 따라서 훼철된 이후
에도 유림들의 서원 복구에 대한 열망은 강력하였다. 그런데 1915년 덕천서
원의 터가 국유지로 편입되고 그 중앙으로 도로 건설이 예정되면서 서원 복
원에 차질이 생겼다. 이에 유림들이 진정한 결과 산청군수와 경상남도지사
의 협조를 받아 도로 노선을 변경하고, 그 부지는 유림 공동소유 형태로 반
려되었다. 이후 1916년 진주향교에서 도회를 열어 경의당 중건을 결의하고
금품을 모아 1918년 상량식을 올리고, 1919년 낙성하였다. 남명학파의 상징
인 덕천서원이 복설되자, 뒤이어 1921년 남명의 제자인 오건을 제향하는 서
계서원(西溪書院)이 복설되었다.[22]

한말·일제시기에 복설 혹은 신설된 서원 대부분은 문중서원이었기 때문
에 문중이나 지역 유림의 기부금으로 이루어지는 경우가 많았고, 운영비도
문중에서 자체적으로 조달하였다. 가령 1932년 복설된 양평의 운계서원(雲
溪書院)의 경우 배향자의 본손(本孫)은 가구별로 20일간의 부역이 할당되었
고, 생활 형편에 따라 "백미 20두 내지 수 석(石)의 건립비를 부담"하였다고
한다. 복설된 서원은 많은 경우 실제 강학보다는 제향을 목적으로 복설이 추
진되었기 때문에 강당보다는 사우가 중심이 되는 경우가 일반적이었다.[23]

---

22) 단성 사족들이 결집할 수 있었던 그 기저에는 이들의 선대가 남명학파의 일원이
었다는 일종의 정체성을 공유하고 있었던 것에서도 찾을 수 있다(박소희(2023),
「근현대 경남 지역 서원의 건립 현황과 추이」, 『민족문화논총』85 14~16·21~23
쪽).
23) 이경동(2023), 「경기·강원지역 서원·사우의 현황과 특징」, 『민족문화논총』85,

　대다수의 서원이 강학 기능이 사라진 채 제향만 유지했던 것과 달리 녹동서원(鹿洞書院)은 강학을 적극적으로 시행했다는 점에서 이채롭다. 금천(시흥)에서 1930년경에 건립된 녹동서원은 안향을 배향하였는데, 유교 부흥을 위한 일종의 유학교육원으로 서원의 구조를 취하고 있었다. 녹동서원의 설립자인 안순환은 1930년 조선유교회를 설립하면서 유교부흥운동을 전개한 인물이다. 녹동서원은 조선유교회 본부로 기능하면서 전국 각 지역에 유교회 지부를 운영할 유교전교사를 배출하였다. 안순환은 전 지역의 젊은 유생 중에서 인재를 선발하여 전 과정을 무상으로 지원하면서 서원 교육을 활성화하였다. 양성된 유학자들은 각 지역 유교전도사가 되어 조선유교회 지부를 운영하면서 기독교처럼 매주 복일[일요일]에 공자를 받드는 예식을 집도하도록 교육 내용을 마련하였다.[24)]

　한편 단순히 선현 제사나 가문 현창 등의 문중서원의 성격에서 벗어나 민족의식을 고취하려 한 원사의 복설도 주목된다. 전남의 경우 임진왜란과 관련된 인물을 향사한 곳이 있는데 여수 오충사(五忠祠)와 충민사(忠愍祠)는 이순신과 그와 종군한 인물을 배향한 곳이다. 장성의 오산창의사(鰲山倡義祠)는 임진왜란 당시 장성에서 창의한 17위를 봉안하였는데 1932년 복설하고 오산사라 편액하고 67위를 연향하였다. 그런데 위 세 사우는 모두 일제에 의해 강제로 철거되었는데, 충민사는 1919년, 오산사는 1935년, 오충사는 1938년에 폐쇄되고 말았다. 그 외에도 전남의 복설 원사 중 임진왜란과 관계있는 인물을 향사한 곳이 9개소인데, 이 중 주향이 2개소였다. 전북의 경우, 신설된 원사 중 한말 인사들 특히 일제에 항거한 이들을 향사한 사례가 적지 않다. 송병선, 최익현, 임병찬, 장태수, 김근배, 정동식 등을 향사했는데, 이들은 순국하거나 의병 전쟁을 이끌고 일제에 항거한 인물들이었다. 특히 진안 영광사(永光祠)는 민영환·송병선·안중근·윤봉길·이봉창·이상설·이준·최

86~87쪽.
24) 이경동(2023), 위의 논문, 93~95쪽.

익현 등 1905년 을사조약 이후 순국한 33위를 연벽으로 배향한 점에서 이채
롭다. 조선총독부는 대표적인 위정척사론자인 최익현을 배향한 곡성 오강사
(梧岡祠)를 훼철하기도 하였다. 오강사는 을사의병 당시 최익현과 함께 체포
되었던 조우식과 조영선이 최익현을 봉사하기 위해 향촌 유림들과 협력하여
설립하였다. 그런데 1921년 경찰은 최익현의 영정을 압수하고 사우를 훼철
하였다. 이에 곡성 유림들이 조선 총독과 곡성경찰서장에게 항의문을 보내
고 1922년 복설하였는데, 1937년 또 다시 훼철을 당하자 조우식이 이에 항
의하여 자결하였다.[25]

2. 생존을 위한 자구책 마련

근대 이행이라는 변화 속에서 서원이 어떻게 대응했는지를 경북 경주의
옥산서원(玉山書院)의 사례를 통해 살펴보고자 한다.[26] 우선 옥산서원의 경
우, 서원 운영체제에 변화가 있었다. 조선시대 서원은 일반적으로 원임으로
불리는 원장과 유사(有司)가 운영을 담당하였다. 원장은 대외적으로 서원을
대표하고 원중의 대소사를 관장하는 위치에 있었다. 서원의 실질적인 업무
는 유사가 담당했는데, 제사 봉행, 빈객 접대를 비롯해 회계 정리, 노비의 신
공 및 전답의 소출을 거두는 일도 하였다. 그런데 옥산서원은 1940년에 규약
을 새로이 제정하여 조직을 원장 1인, 이사 1인, 유사 1인, 고문 2인, 평의원
12인으로 구성하였다. 조선시대 원규에는 보이지 않던 이사와 평의회를 설
치한 것이 핵심 내용이다. 특히 이사는 재정경리라는 특정한 업무를 관할하
도록 하였다. 반면 유사는 제사만을 주관하는 것으로 하여 이전보다 역할이
축소되었다. 그리고 규약에서 서원은 "원장 또는 이사가" 대표한다고 하여
이사가 상당히 높은 위상을 갖는 것으로 하였다. 원장이 사실상 명예직임을

---

25) 윤선자(2007), 앞의 논문, 66~72쪽.
26) 이하 옥산서원의 사례는 조명근(2022), 「일제 말 경주 옥산서원의 운영 실태」, 『한
    국서원학보』 14를 참조하였다.

감안한다면 이사가 서원 내 각종 업무를 통합하는 위치에 있었다고 보아도 무방할 것이다. 이사의 주된 업무가 재산 관리라는 점을 고려하면 강력한 권한을 부여함으로써 서원의 재산을 유지하는데 주력하였음을 알 수 있다. 한편 평의원회는 1년 4회에 걸쳐 개최되는데, 의결은 다수결을 원칙으로 하고 가부동수일 경우 의장이 결정하는 것으로 하였다.

그렇다면 옥산서원 평의회는 어떤 기능을 하였는지 살펴보자. 옥산서원은 제1회 평의회를 1940년 10월 강서면사무소 회의실에서 개최하였는데, 이사 최윤[27] 및 9인의 평의원이 참석하였다. 최윤은 회의 모두에 1940년 원규를 개정하여 새롭게 평의회라는 기구를 설치한 목적은 서원 난제인 재정 문제를 해결하기 위해서라고 발언하면서 이를 통해 서원의 기초를 다시 견고하게 다지겠다는 의지를 피력하였다. 그는 옥산서원이 서원 소유 토지 방매 사건을 둘러싼 소송으로 인해 상당한 부채를 지게 되었다고 밝혔다. 이 사건은 1934년 서원 재산 소유자도 아닌 자들이 비밀리에 서원 토지를 매각한 것에 대해 1938년 9월 27인을 횡령배임으로 형사고소한 것을 시작으로 1939년 7월 2인을 위증으로 9월에 19인을 명예훼손으로 뒤이어 1인을 횡령으로 고소하는 등 "전대 미증유의 서원 소송의 범람 시대를 연출"하고 있었다.[28] 옥산서원의 채무 대부분은 소송 비용을 마련하기 위해 빌린 것으로 총 18건에 11,850원에 달하였다. 대출금에 대해 지급한 이자만 6,268원으로 3년도 채 안되는 기간 동안 원금의 절반 가까이가 이자로 나가고 있었던 것이다. 이율을 보면 연이율 36%가 3건, 30%가 5건, 24%가 6건, 22%가 1건, 18%가 2건, 무이자가 1건으로 연 30% 이상의 고리대가 전체의 44%를 차지할 정도였다.[29] 빌린 기간이 대체로 2년 내외라는 점에서 상당히 높은 이자를 감당하고 있었으며 이는 당연히 옥산서원 재정을 악화시킬 수밖에 없었던 것이다.

---

27) 경주 최부자집 12대손 문파 최준의 친동생이다.
28) 「訴訟接踵의 玉山書院, 不動産去就가 問題」, 『동아일보』 1939.11.18.
29) 자세한 내역은 조명근(2022), 앞의 논문, 230쪽, 〈표 1〉을 참조할 것.

평의회를 개최한 목적은 기존의 고리채를 저리의 부채로 차환하려는 것에 있었다. 이를 위해 기채신청서를 조선신탁주식회사 부산지점에 제출할 계획을 세우고 그 심의를 평의원회에 요청한 것이었다. 평의회 결의에 따라 옥산서원은 조선신탁주식회사로부터 18,000원을 차입하였는데, 이 대출액은 옥산서원 1년 수입인 약 6천 원의 3배에 달하는 것이었다. 당시 옥산서원의 수입은 전적으로 소작료 수입에만 의존하고 있었다. 옥산서원이 소유한 토지는 논이 56,600여 평, 밭이 13,400여 평으로 논에서는 평당 10전, 밭은 3전이 소작료로 들어오고 있었다. 즉 논밭 합계 소작료 수입이 약 6천여 원 정도였던 것이다. 그 외에 500원 정도의 예금이 있었으나 이율이 2.5%로 연간 수입이 12원에 불과했다. 옥산서원은 19년에 걸쳐 원리금을 상환할 것을 희망했는데, 이 경우 연부상환액이 1,288원으로 예상되었다. 이렇게 옥산서원이 조선신탁주식회사 부산지점에 차입을 신청한 것은 이 회사에서 서원의 재산을 관리하고 있었기 때문이다. 옥산서원은 유일한 수입원이라 할 수 있는 농경지 관리를 조선신탁주식회사에 위탁하고 있었다. 조선시대에는 농경지 이외에 노비나 원속 그리고 관의 지원 등 다양한 방식으로 재정을 운영할 수 있었으나 이 시기에는 오로지 소작료 수입에만 의존할 수밖에 없는 형편이었다. 더구나 서원 소유 토지가 산재해 있었고, 소유권을 둘러싼 문제가 발생하는 등 어려움에 처하자 이를 신탁으로 해결하려 한 것이었다.

일제시기 부채 문제로 곤란을 겪은 서원은 비단 옥산서원에만 한정되는 것은 아닐 것이다. 경북 현풍의 도동서원(道東書院) 역시 부채 문제를 해결하기 위해 1939년에 당회(堂會)를 열었다. 당회에서는 서원 소유 도지(賭地)를 매각하여 재원을 보충하자는 안과 금융조합 대출을 통해 해결하자는 두 개의 안건이 올라왔다. 후자를 주장한 측은 당시 극심한 흉년으로 인해 도지 매매가 어려울 것이기 때문에 시대적 변화에 따라 금융기관을 이용해야 한다고 주장했다. 이에 대해서는 조합 가입의 어려움과 대출을 위한 담보 토지 수속의 어려움 등 금융조합 대출 절차상의 문제를 지적하면서 반대한 의견이 있었다. 또 대출금 상환에 대한 대안이 없는 상태에서 무작정 빚을 지는 것보다는 서원이 소유한 도지를 활용해야 한다는 의견도 있었다. 결국 도지를 매각하는 안 23표, 금융조합 대출 7표로 도지 매각으로 결정되었다. 이러한 재정 운영의 어려움으로 인해 도동서원의 지출은 향사를 유지하는데 집중되고 있었다. 즉 일제시기 도동서원은 부채로 인해 그 운영이 한계에 다다른 가운데, 유림의 활동 공간으로서의 서원의 역할을 위해 향사는 지속하려 한 것을 알 수 있다.[30]

VI. 맺음말

식민지적 근대를 경험한 한국의 근대 이행기는 다층적이고 입체적인 시각에서 접근해야 한다. 근대로의 이행이 지역별로 시차를 두고서 진행되고 있었기 때문에 하나의 기준으로 한국 근대 변동을 설명할 수는 없다. 급격한 사회이동이 이루어지는 가운데 전통의 지속과 근대화라는 변화가 공존하고 있었고, 이는 각 지역별 사례를 통해 확인되고 있다. 근대화라는 거센 변화의 물결 속에서 한국인의 삶은 크게 요동쳤지만 다른 한편에서는 전통적인 질서 또한 여전히 유지되고 있었다.

지역사회에서는 근대화에 따른 변용의 양상도 나타난다. 향교와 같은 전통기구의 경우, 전근대 사족의 지배력이 그대로 유지되는 동시에 면협의회와 같은 새로운 지배기구의 경우 신흥세력의 진출이 두드러지는 등 다양한 양상을 보이고 있었다. 그런데 전통적 권위질서의 외부에 있었던 신흥세력은 기존 질서에 도전하기보다는 거기에 참여함으로써 차별과 소외에서 탈출

---

30) 도동서원은 조선시대부터 운영을 주도했던 현풍곽씨와 서흥김씨 등이 서원 인근에 세거하면서 일제시기에도 여전한 강한 결속을 바탕으로 운영에 개입하고 있었다. 이 두 문중은 도동서원을 통해 지역에서 자신들의 위상을 유지하려 하였다(정수환(2022), 「일제강점기 현풍 도동서원의 현실과 대응」, 『대동한문학』 71, 70~77쪽).

하려는 경향을 보였다. 한편 조선총독부는 각 지역사회를 주도하는 인사들을 공직자 집단이라는 이름으로 관리하고 있었다. 지역 유지라 불리는 이들은 면협의회와 같은 지방자치기구나 공공단체(조합), 유지단체 등을 통해서 활동했는데, 이들은 이같은 단체(조합) 활동을 통해서 형성한 연줄망을 매개로 지역사회에서 신망을 얻고, 유지로서 행세할 수 있었다. 마치 조선시대 군현의 향교마다 향안이 있었듯이 일제시기 군청에는 '유지 명부'가 있었다.

일제하 향교는 조선총독부의 철저한 통제하에 체제내화 되었고, 지역 유림들의 거점 활동공간으로 기능하고 있었다. 총독부는 향교 세력을 포섭하고 이들을 통해 지방교화사업을 전개하고자 했는데, 지역사회에서 향교의 위상이 추락하고 있음에도 향교와 유림의 사회적 장악력이 여전히 유효하다고 보았기 때문이었다. 또한 전통적 초등교육기관인 서당은 근대적 학교 제도에 편입시키려 하였다.

반면 서원은 식민권력으로부터 소외된 채 주변화의 길을 걸었다. 대원군의 서원 훼철 조치는 상대적으로 향교의 위상을 격상시켰고, 일제시기 들어 향교와 서원의 위상은 역전되었다. 향교는 총독부 권력의 공식적인 기구로 재편되었기 때문에 참여의 의미가 크지만 서원은 배제되었기 때문에 그 위상이 향교에 비해 낮아질 수밖에 없었던 것이다. 그럼에도 지역의 문중은 서원을 통해 양반 가문으로서의 위상을 정립하여 지역사회에서 영향력을 유지하려고 하였고, 그 결과 서원의 복설과 신설이 진행되었다. 그러나 일제시기 서원은 이전에 비해 그 역할과 영향력이 매우 감소하였는데, 이는 취약한 경제적 기반도 영향을 미쳤다. 영남의 대표적인 서원인 옥산서원의 경우 부채 문제 해결을 위해 신탁회사에 토지를 맡기는 등 자구책 마련에 힘쓰고 있었다. 전근대 유사한 기능을 수행했던 향교·서당과 서원은 식민지화 이후 상반된 양상을 보여주고 있다. 지배당국의 입장에서 향교와 서당은 지역사회 교화와 보통교육의 보완이라는 점에서 활용의 여지가 있었던 반면 서원은 일제 정책 대상에서 배제되었다. 그 결과 서원은 주변화의 길을 걷게 되면서 단순히 생존만을 도모할 수밖에 없었던 것이다.

【참고문헌】

김동춘(2000), 『근대의 그늘 - 한국의 근대성과 민족주의 - 』, 당대.
송찬섭(2018), 『서당, 전통과 근대의 갈림길에서』, 서해문집.
지수걸(1999), 『한국의 근대와 공주사람들: 한말 일제시기 공주의 근대도시 발달사』,
　　　공주문화원.

김덕진(2017), 「고흥향교의 존성계」, 『역사학연구』 67.
김동환(2017), 「일제강점기 경상북도의 교육상황 연구(1910-1922년도 시기를 중심으
　　　로)」, 『한국교육사학』 39-4.
김명우(2007), 「일제강점기 향교 直員과 掌議」, 『중앙사론』 25.
김순석(2014), 「일제강점기 「향교재산관리규칙」 연구」, 『태동고전연구』 33.
김정인(2006), 「일제강점기 향교의 변동 추이 - 향교 재산 관련 공문서 분석을 중심으
　　　로 - 」, 『한국민족운동사연구』 47.
박소희(2023), 「근현대 경남 지역 서원의 건립 현황과 추이」, 『민족문화논총』 85
서동일(2019), 「식민지기 유림대회의 출현과 지방의 유교권력」, 『역사학보』 241.
서동일(2019), 「함양향교 소장문서에 나타난 총동원체제기 조선총독부의 향교 동원과
　　　변형」, 『국학연구』 40.
윤선자(2007), 「일제하 호남지역 서원, 사우의 신설과 복설」, 『한중인문학연구』 22.
윤희면(2004), 「조선시대 서원정책과 서원의 설립실태」, 『역사학보』 181.
이경동(2023), 「경기·강원지역 서원·사우의 현황과 특징」, 『민족문화논총』 85
이수환(2021), 「영남지역 서원건립 상황과 특징」, 『민족문화논총』 78.
이용기(2009a), 「일제시기 면 단위 유력자의 구성과 지역정치 - 전남 장흥군 용산면
　　　사례를 중심으로」, 『대동문화연구』 67.
이용기(2009b), 「일제시기 지역사회에서 전통적 권위질서의 지속과 변용 - 전남 장흥
　　　군 향교(鄕校) 교임(校任) 분석을 중심으로 - 」, 『역사문제연구』 13.
정근식(2004), 「지역전통과 정체성 연구의 시각」, 『지역전통과 정체성의 문화정치』,
　　　경인문화사.
정수환(2022), 「일제강점기 현풍 도동서원의 현실과 대응」, 『대동한문학』 71.
조명근(2022), 「일제 말 경주 옥산서원의 운영 실태」, 『한국서원학보』 14.
지수걸(1999), 「일제하 충남 서산군의 '관료 - 유지 지배체제' - 『서산군지(瑞山郡誌)』

(1927)에 대한 분석을 중심으로 - 」, 『역사문제연구』 3.

지수걸(1999), 「구한말 - 일제초기 유지집단의 형성과 향리」, 연세대학교 국학연구원 편, 『한국 근대이행기 중인연구』, 신서원.

최성한(2021), 「한말·일제강점기 영남지역 서원·사우의 건립 양상」, 영남대학교 석사 학위 논문.

홍제연(2023), 「충청지역 서원의 복설 추이와 성격」, 『민족문화논총』 85

통문을 통해 본 일제강점기 서원의 성격:
소수·옥산·도산·도동서원을 중심으로

이 광 우

I. 머리말

통문(通文)은 조선 시대 민간에서 공론(公論)을 형성하는 중요한 매개체였다. 유림들은 자신들의 출입처인 서원·향교·문중을 비롯해 각종 결사(結社) 조직 등지에서 동류(同類)의 기관과 관계 조직에 통문을 보내어 어떠한 사안을 통지·통고하였으며, 때로는 여러 이해관계가 얽힌 쟁점에 대하여 동의를 구하기도 했다.[1] 그 중에서도 서원은 지방 유림의 여론이 수렴되던 곳이었다. 붕당정치가 활발하던 17~18세기에는 서원 유림들이 통문을 통해 자신들과 연결된 당색 및 학파를 지지하는 여론을 적극적으로 형성해 나갔다. 중앙 정계와의 연결 고리를 확보함으로써 향촌사회 지배권을 유지해 나가고자 했던 것이다.[2] 이는 곧 서원의 정치·사회적 위상과 직결되는 대목이었다.

그러나 흥선대원군 집권기에 단행된 서원훼철령은 서원의 성격을 크게 바꾸어 놓았다. 47개소를 제외한 전국의 서원과 사우가 철폐됨으로써, 서원의 기능은 일시에 상실되었다. 물론 흥선대권군 실각 이후 일제 강점기까지 적지 않은 서원·사우가 복설되거나, 서당·영당·재 등의 모습으로 재탄생하는 경우도 있었지만,[3] 옛 기능을 회복하는 경우는 거의 없었다. 서원이 학당

1) 최승희(1981), 『한국고문서연구』, 한국정신문화연구원, 420쪽.
2) 구덕회(2002), 「붕당정치의 운영형태」, 『신편 한국사』 30, 국사편찬위원회, 146쪽.
3) 윤희면(2004), 「조선시대 서원정책과 서원의 설립 실태」, 『역사학보』 181, 역사학회, 81쪽.

(學堂)으로 변모한 중국과 달리, 우리나라에서는 일부 사례를 제외하고는 근대 교육의 기반으로도 활용되지 않았다. 당연히 서원에서 정치적 공론이 형성되는 현상도 거의 일어나지 않았다.

근대 이후 서원의 기능과 역할은 크게 축소되었다. 인재를 양성하고 유림 세력을 부식하는 장소와 거리가 멀어졌으며, 대부분 제향 기능만 유지하였다. 그렇지만 여전히 향촌의 유림 집단들은 서원에 출입하였다. 또한 서원을 비롯한 유림 조직 간의 통문 수·발급도 지속되고 있었다. 신분제가 폐지되고 근대 사회로 이행되던 시기였지만, 향촌에 머물고 있던 유림 집단은 사대부 가문의 후손으로서 예전의 사회적 지위를 유지하기 위해 고심하였다. 이런 맥락에서 서원 유림의 통문 활동을 이해해 볼 필요가 있다.

일제 강점기 통치 집단의 서원 인식은 완전히 달라졌다. 새로운 식민지 통치 기구는 조선 정부와 달리 서원을 종교 시설이나 구 왕조의 문화유산으로 접근하였으며, 때로는 유식자(遊食者)의 안식처로 인식하기도 했다. 서원의 기능과 역할은 정치권력의 테두리 밖에서 이루어 질 수밖에 없었다. 그렇기 때문에 일제 강점기 서원 통문의 내용도 유림 사회의 동향과 관련된 것이 대부분이다. 물론 통문만으로 일제 강점기 서원의 성격을 규명하기에는 한계가 적지 않다. 그러나 일제 강점기 서원과 관련된 선행 연구와 자료 집적이 거의 이루어지지 않은 점을 고려 할 때, 단편적이나마 서원 통문에서 다루어진 주요 사안을 검토할 필요성이 있다.

흥선대원군의 서원 훼철령과 근대 교육의 등장으로 서원의 시대적 역할은 막을 내린 것으로 인식해 온 까닭에 그간 일제 강점기 이후 서원의 존재 양상에 대해서는 관심을 두지 않았다. 다만 근래 일제 강점기 서원의 설립 및 복설 양상과[4] 개별 서원의 동향을 살펴 본 연구가 일부 이루어졌다[5] 이러

---

4) 윤선자(2007), 「일제하 호남지역 서원, 사우의 신설과 복설」, 『한중인문학연구』 22, 한중인문학회; 최성한(2021), 「한말·일제강점기 영남지역 서원·사우의 건립 양상」, 영남대학교 석사학위논문; 영남대학교 민족문화연구소(2023), 2023년 민족문화연구소 전반기 국내학술대회 자료집 『흥선대원군 서원훼철령 이후 서원

한 점을 감안하여 여기서는 일제 강점기 경상도북 소재 서원 중 흥선대원군
의 서원훼철령 때도 철폐되지 않고, 옛 전통을 유지해 온 소수서원(紹修書
院)·옥산서원(玉山書院)·도산서원(陶山書院)·도동서원(道東書院) 소장 통문을
중심으로 이 시기 서원의 성격과 역할을 가늠해 보고자 한다.

II. 일제 강점기 소수·옥산·도산·도동서원의
통문 수급 양상

일제 강점기 경상북도 소재 소수·옥산·도산·도동 4개 서원은 조선 시대
부터 영남 지역의 수원(首院)이었다. 흥선대원군의 서원훼철령 때 철폐되지
않고 존치하였기에 서원의 옛 모습을 유지하고 관련 전적(典籍)을 다수 소장
하고 있을 뿐만 아니라, 현재까지도 전통 시대 형식을 갖춘 각종 문서가 생
산되고 있다. 특히 이들 서원은 여러 기관의 조사와 수집을 거쳤기에 일제
강점기 때 생산된 통문도 어느 정도 공개된 상황이다.

조선 시대 통문은 일정한 연고로 형성된 관계망을 바탕으로 수·발급되었
다. 만약 어떤 사안에 대해 열읍(列邑) 유림에게 통지하거나 동의를 구할 일
이 있으면, 각도(各道)의 거점 고을에 우선적으로 통문을 발급하였다. 그러면

복설의 추이와 성격[1868~2022](임근실, 「경북지역 서원의 건립 현황과 추이, 성
격」; 박소희, 「근현대 경남 지역 서원의 건립 추이와 의미」; 이선아, 「호남지역
서원·사우의 건립 현황과 성격 - 전북의 서원·사우 복설과 신설 및 간재 문인의
역할을 중심으로 -」; 홍제연, 「대원군 서원훼철령 이후 호서지역 서원의 건립 추
이와 성격」; 이경동, 「경기·강원지역의 서원·사우 건립의 현황과 특징 - 20세기
이후를 중심으로 -」)

5) 오이환(2008), 「일제시기의 덕천서원」, 『동양철학』 32, 한국동양철학회; 이병훈
(2017), 「19~20세기 영남지역 향촌사회와 경주 옥산서원의 동향」, 『한국서원학보』
4, 한국서원학회; 정수환(2022), 「일제강점기 현풍 도동서원의 현실과 대응」, 『대
동한문학』 71, 대동한문학회; 조명근(2022), 「일제 말 경주 옥산서원의 운영 실태」,
『한국서원학보』 14, 한국서원학회.

거점 고을이 다시 인접한 작은 고을과 유림이 출입하는 여러 기관에 재차 발급하였데, 그 중심적 역할을 했던 곳이 지역의 유력한 서원이었다.[6] 소수·옥산·도산·도동서원도 조선 시대 동안 높은 위상을 바탕으로 여러 명목의 통문을 수급하고, 재차 발급하던 장소였다.

그러나 근대 우편제도가 도입된 이후에는 과거 관계망의 활용 빈도는 낮아졌다. 과거 유림 통문 중에는 정치적 사안이나, 사문(斯文) 수호와 관련된 것이 많았다. 이러한 통문은 도회(道會)·향회(鄕會)에서 여론을 모은 후 성균관(成均館) 또는 유력한 향교·서원 등 유림 조직 및 기관으로 발급되고, 재차 그 보다 규모가 작은 유림 조직과 기관으로 발급되는 경향이 일반적이었다. 그에 반해 일제 강점기 통문 발송 때 사용한 피봉(皮封)에는 우편 소인이 찍힌 것이 많다. 조선 시대와 달리, 중간 단계를 거치지 않고 유림 조직 및 기관 간의 통문 수·발급이 직접 이루어지는 경향이 두드러짐을 간접적으로 보여준다.

현재 소수·옥산·도산·도동 4개 서원이 소장하고 있는 일제 강점기 통문은 각 연구기관에서 구축해 놓은 학술DB사이트와 자료조사 보고서를 통해 확인할 수 있다. 다만 여기서 활용한 자료는 이 시기 수급된 통문 중 극히 일부에 불과하다.[7] 일제 강점기 동안에도 해당 서원들은 활발하게 통문을 수급하였지만, 지금까지 DB 및 자료 공개는 제한적이었다. 여기서는 공개 및 DB 구축된 자료를 우선적으로 검토하였다.

먼저 소수서원 수급 통문은 20건으로 1916~1930년 사이 작성된 것을[8] 확인하였다. 해당 통문 대부분은 향교·서원·서당·유계(儒契)·문중 등이 물력 지원, 충효인 포장, 봉안식 참석을 요청하거나, 각종 향중 쟁단 등에 동의를 얻기 위해 발급한 것이다. 옥산서원이 수급한 통문은 49건을 확인하였으며,

---

6) 박현순(2016), 「조선후기 유생통문이 전달 구조」, 『한국문화』 76, 서울대학교 규장각한국학연구원, 243~253쪽.
7) 여기서 활용한 통문 내역은 〈부록〉 참조.
8) 영주시(2023), 『소수서원 고문서 문화재 지정 신청 보고서』, 103~123쪽.

1915~1938년 사이에 작성된 것이다.[9] 소수서원과 마찬가지로 경상북도 일원에 소재한 향교·서원·도회, 그리고 서원 복설을 위한 중간 단계로 설립된 서당·단소(壇所)·유회(儒會)에서 발급한 통문이 대부분이지만, 신흥 유림 단체에서 보낸 통문도 눈에 띈다.

도산서원은 1918~1925년 사이 수급한 11건의 통문을 확인하였다.[10] 서원의 위상을 감안할 때 지금까지 확인된 통문의 수는 적으나, 영남을 대표하는 서원인 만큼 도외(道外) 유림의 통문 비중이 높은 편이다. 역시 추숭 사업 및 유학 진흥과 관련된 사안이 대부분을 차지하고 있다.

도동서원은 1913~1922년 사이 수급한 통문 14건을 확인하였다.[11] 해당 통문은 모두 『각처통문등초(各處通文謄草)』 제1(第一)에 수록되어 있다. 이 자료는 조선 후기부터 1922년까지 도동서원이 수급한 각종 통문을 엮어 놓은 것인데, 2책은 성책 및 전승 여부가 확인되지 않는다. 대부분 유림 동향과 관련된 사안이며, 소수·옥산서원으로 함께 발급된 통문이 절반에 이른다.

이처럼 여기서는 모두 94건의 통문을 검토할 예정이다. 통문 내용을 살펴보기에 앞서 4개 서원의 통문 수급 양상에서 두 가지 중요한 특징을 확인할 수 있다. 하나는 통문 발급처의 성격이며, 나머지 하나는 통문의 수·발급 시기이다.

통문 발급처의 경우 전통적인 유림 조직인 향교를 비롯해 서원·사우·서당·단소·유계·유회·회중(會中) 등이 확인된다. 그런데 이 중 서당·단소·유계·유회·회중 명의로 통문을 발급한 곳은 대부분 조선 후기 서원·사우로 존재했던 곳이다. 예컨대 소수서원에 통문을 발급한 곳은 향교 1개소, 서원 5개소, 사우 1개소, 서당 7개소, 단소 1개소, 회중 3개소, 유계 1개소, 누정(樓亭) 1개소 등 모두 20개소이다.[12] 여기서 향교·누정과 순흥의 단산면회중(丹

9) 한국학자료센터 영남권역센터(http://yn.ugyo.net).
10) 유교넷(http://www.ugyo.net).
11) 『각처통문등초(各處通文謄草)』 제1(第一); 한국학자료센터 영남권역센터(http://yn. ugyo.net).

山面會中)을 제외하고는 모두 예전에 서원이었다.[13] 이러한 경향은 옥산·도산·도동서원도 동일한데, 영당(影堂)·재(齋)·당(堂)·유회(儒會)의 형태로 운영되던 서원 조직도 확인된다.[14]

비록 흥선대원군의 서원훼철령으로 건물은 사라졌지만, 서원을 중심으로 운영되었던 유림 조직 체계는 존속하였다. 즉, 서당·단소·회중·유계소·영당·재·당유회 등의 명칭을 사용하더라도, 그 연원이 서원에서 비롯되었다면, 그들의 활동도 조선 후기 서원의 연장선상에서 검토할 수 있다.

다만, 각 유림 조직의 역량과 제반 조건에 차이가 나기 때문에 그 조직의 형태는 달랐다. 예천 노봉서원(魯峯書院), 안동 임천서원(臨川書院)처럼 통문 발급 시 서원으로 복설된 경우도 있지만, 완전한 서원 형태를 갖추지 못할 경우, 중간 단계인 서당·재·영당으로 존재하였다. 단소·유계·유회는 건물은 없지만 복설을 준비하는 단계로 볼 수 있다. 일제 강점기 동안에도 서원은 여전히 유림 세력의 중요한 활동처였다. 그렇기에 서원 복설 유무와 별개로 그 조직은 존속하였고, 이곳을 중심으로 자신들의 견해를 관철시키기 위한 통문을 수·발급했던 것이다.

일제 강점기 소수·옥산·도산·도동서원이 수급한 유림 통문에서 또 하나

---

12) 〈부록〉. 이 중 안동 고산서당(高山書堂)은 2회 발급하였다.

13) 〈부록〉. 안동 고산서당(高山書堂)·구계서당(龜溪書堂)·도연회중(道淵會中)은 고산서원·구계서원·도연서원, 경주 경산단소(景山壇所)는 경산서원, 순흥 행계서당(杏溪書堂)은 행계서원, 하양 금호서당(琴湖書堂)은 금호서원, 대구 연경서당(研經書堂)·구암재회중(龜巖齋會中)·오천유계소(梧川儒契所)는 연경서원·구암서원·오천서원이었다.

14) 〈부록〉. 안동 호계서당(虎溪書堂)·삼계서당(三溪書堂)·노림서당(魯林書堂), 대구 녹동재(鹿洞齋)·낙빈단소(洛濱壇所), 경주 구강영당(龜岡影堂)·운곡단소(雲谷壇所)·용산단소(龍山壇所), 영천 임고영당(臨皐影堂), 합천 청계회중(淸溪會中), 지례 명례당(明禮堂)[도동서원(道洞書院)], 칠곡 사양서당(泗陽書堂), 청도 운계서당(雲溪書堂)·자계서당(紫溪書堂), 상주 도남단소(道南壇所), 단성 배산유회(培山儒會), 신녕 백학서당(白鶴書堂), 성주 회연서당(檜淵書堂), 청주 백록단소(白鹿壇所), 충주 하강단소(荷江壇所)는 서원훼철령 이전에 모두 서원이었다.

주목할 점은 발급 시기이다. 우선 94건의 통문을 시기별로 구분하면 다음과 같다.

<표 1> 소수·옥산·도산·도동서원의 통문 수급 시기

	소수서원	옥산서원	도산서원	도동서원[15]	계
1910~1919	8	15	1	10	34
1920~1929	11	26	10	4	51
1930~1939	1	8	-	-	9
1940~1945	-	-	-	-	-

<표 1>은 해당 서원의 통문을 전수 조사한 것이 아니라, 조사·공개된 통문만 검토한 것이기에 대략적인 추이만 가능하였다. 우선 상당수 통문이 1920년대에 발급되었다. 1930년대 통문은 많이 확인되지 않았으나, 옥산서원의 수급양상을 보았을 때 1920년대처럼 꾸준한 수·발급이 이루어진 것으로 보인다.

1910년대는 1920년대에 이어 두 번째로 많이 발급된 것으로 나타나나, 그 시기를 보면 1910년대 중반 이후에 집중되어 있다.[16] 반면, 1940년대에 발급한 통문은 확인할 수 없었다.

이는 식민지 통치 기구의 정책과 무관하지 않을 것이다. 1910년대 초·중반은 한국인의 기본권을 제한하는 무단통치와 더불어 일본군이 향촌에서 의병 토벌과 잔존 세력 색출에 심혈을 기울이고 있던 시기였다. 이러한 시기서원 활동과 통문 유통은 유림 집단에게 큰 부담이었다. 또한 식민지 통치기구는 1930년대 후반부터 전시체제 하 각종 통제 정책을 실시하였다. 이로말미암아 서원 운영은 위축되고, 통문 유통도 영향을 받았던 것으로 보인다.

그렇다면 일제 강점기 통문 수·발급을 통해 서원의 성격을 가늠해 볼 만

---

15) 도동서원은 1913~1922년의 통문을 엮은 『각처통문등초』 제1'의 수량만 확인할 수 있었다.

16) <부록>의 <도동서원 수급 통문> 중 D-1과 D-2를 제외하면, 1910년대 통문은 모두 1915~1919년에 발급된 것이다.

한 시기는 1920~1930년대이다. 1920년대는 소위 문화통치가 시행되던 시기이다. 이 무렵 식민지 통치 기구는 지방의 유력자를 비롯해 고로(古老)·유식자 등으로부터 기존 통치의 문제점을 듣고 장래 통치에 대한 희망을 수렴하였다. 그것은 곧 식민지 통치에 반영되었고, 향촌사회에 머물던 유림 집단의 활동도 이전보다 활발해졌다. 일제 강점기 서원의 통문 수·발급도 이 테두리 안에서 이해할 수 있을 것이다.

III. 일제 강점기 서원 통문의 내용과 성격

1. 원사(院祠)의 복설·신설 및 추향 논의

서원훼철령으로 전국 47개소를 제외한 모든 서원과 사우가 철폐되었지만, 1873년 흥선대원군 실각 이후 서원 복설이 재개되었다. 1874년 만동묘(萬東廟) 복설을 필두로[17] 유림 세력은 정부에 원사 복설을 청원함으로써, 옛 권위를 회복하고자 노력하였다.

그러나 원사 복설에 대해 정부는 소극적으로 대응하였다. 급변하는 내·외 정세 속에 사회적 권위 회복을 급선무로 두었던 지방 유림과 달리, 정부 입장에서 원사 복설은 시급한 사안이 아니었다. 이에 유림 세력은 정부 정책과 별개로 물력 확보의 추이에 따라 원사를 복설하거나, 그 전 단계인 단소(壇所)·회중(會中)을 운영하고 서당·재사를 건립하였다.

이러한 경향은 일제 강점기 이후 더욱 활발해졌다. 식민지 통치 기구는 더 이상 원사를 관부의 지원과 관리를 받는 공적 기구로 인식하지 않았다. 이제 유림들은 관부의 허가를 받지 않고 여건이 갖추어지는 대로, 원사를 복설하거나 신설하였다. 교통과 건축 기술의 발전도 활발한 원사 복설에 한 몫

---

17) 『高宗實錄』 卷11, 11年 2月 13日.

하였을 것이다.

일제 강점기 소수·옥산·도산·도동서원이 수급한 통문 중 가장 많이 언급된 사안은 원사 복설과 신설이다. 훼철 후 단소·회중 및 서당·재사 등으로 운영되던 유림 조직은 소수·옥산·도산·도동서원과 같은 주요 서원에 통문을 발급하여 원사 복설 및 신설을 통지하거나 지원을 요청하였다.

이와 관련해 1917년 안동 고산서당(高山書堂)의 고산서원(高山書院) 승격, 대구 녹동재(鹿洞齋)의 녹동서원(鹿洞書院) 승격, 1918년 경주 구강영당(龜岡影堂)의 구강서원(龜岡書院) 승격, 1919년 현풍 송담서원(松潭書院) 중건, 1920년 합천 청계서원(淸溪書院) 복설, 1923년 경주 곡강서원(曲江書院) 복설 등 서원 복설·신설 과정에서 동의 및 협조를 구하기 위해 발급한 통문을 확인할 수 있었다.[18] 1922년 신녕 백학서당(白鶴書堂), 1923년 대구 연경서당(硏經書堂)과 경주 운곡단소(雲谷壇所)의 재실 건립, 1928년 청주 백록단소(白鹿壇所) 설립 등과 관련된 통문은 복설 이전 중간 단계인 서당·단소의 형태를 갖추는 과정에서 발급한 통문이다.[19]

새로운 인물에 대한 제향처 마련 및 추향 논의도 활발하였다. 1918년 선산 원회당(遠懷堂)의 정사진(鄭四震) 제향처 마련, 초계 황강정(黃江亭)의 이희안(李希顔) 제향처 마련, 안동 노림서당(魯林書堂)의 김굉(金坽) 추향, 영천(永川) 임고영당(臨皐影堂)의 정사진 추향, 1920년 김산 감호당회(鑑湖堂會)의 여대로(呂大老) 사우 건립, 1922년 지례 명례당(明禮堂)의 이숭원(李崇元)·이장원(李長源)·이민간(李民覩) 합향, 1924년 진주 남악사도회소(南岳祠道會所)의 김유신(金庾信)·설총(薛聰)·최치원(崔致遠) 제향의 남악사(南岳祠) 설립, 1926년 안동향회(安東鄕會)의 이광정(李光靖) 제향처 마련, 1928년 영천(榮川) 구학정(龜鶴亭)의 김곤(金錕) 제향, 1931년 안동 고산서원의 이종수(李宗洙) 추

---

18) 〈부록〉. 고산서원은 A-6과 D-3, 녹동서원은 B-4, 구강서원은 B-7과 D-8, 송담서원은 B-14, 청계서원은 B-20, 곡강서원은 B-31 참조.

19) 〈부록〉. 백학서당은 B-14, 연경서당은 A-12, 운곡단소는 B-25, 백록단소는 B-41 참조.

향, 1936년 예천 노봉서원(魯峯書院)의 권진(權軫) 제향, 1938년 사양서당(泗陽書堂)의 이서우(李瑞雨) 추배 등이 통문을 통해 통지·논의되었다.[20]

추향·추배 및 새로운 제향처 마련 때 언급된 인사들은 대부분 서원훼철령 이전 활동했던 유현(儒賢)이다. 그런 가운데 근현대 인물도 유림 세력이 추구하던 가치에 부합한다면, 서원 제향이 건의되었다.

여러분께서는 양열사(兩烈士)와 십충신(十忠臣)의 실제 행적을 모르지 않으시겠지만, 지금 사우에 제향하자는 의논이 있는 까닭에 사실을 베껴 적어 십충신가에 보이니 자세하게 살펴 봐 주시기를 바랍니다. 우리 태황제(太皇帝) 경진년 [1880] 11월에 직언한 신하 허원식(許元栻)은 시정(時政)을 논하고 바로 잡을 방도를 개진하였는데, 상소에 대략 이르기를 "전하께서 법강(法講)을 폐하고 그만둔지가 7년이 되어 지금에 이르러 교화가 막히고 기강이 해이해 졌으며, 어진사람과 불초한 사람의 구별이 없는데, 이것은 성학(聖學)을 끊임없이 밝히지 않았기 때문입니다." … 다시 상소를 개진하여 국가의 계책과 백성의 부세(賦稅)에 절도가 없음을 논하면서, 성덕(聖德)에 힘쓰고 정학(正學)을 숭상하며, 간쟁을 받아들이고 사치를 억제할 뿐만 아니라, 외교를 자세히 살펴 볼 것을 극론하였습니다. 신사년[1881] 7월에는 관동(關東)의 열사 홍재학(洪在學)이 죽음을 피하지 않고 도끼를 지고서 상소를 올렸으며, 문신 허원식·유원식(劉元植), 무신 홍시중(洪時中)·황재현(黃載顯), 선비 이만손(李晩孫)·김조영(金祖榮)·김석규(金碩圭)·한홍렬(韓洪烈) 등이 위정척사(衛正斥邪)의 의리를 말하니, 그들의 말을 따르면 나라가 옛 풍속을 이룰 것이지만, 그들의 말을 버린다면 사람은 금수(禽獸)의 영역에 빠지고 말 것입니다. 임오년[1882] 4월에는 충남의 열사 백낙관(白樂觀)이 상소했는데, 그 대략에 이르기를 "지금 전하께서는 안으로 가까이할 수 있는 신하

---

20) 〈부록〉. 원회당은 B-8, 황강정은 B-9, 노림서당은 C-1, 임고영당은 B-11, 감호당회는 B-17과 D-12, 명례당은 B-21·22와 D-14, 남악사는 C-7, 이광정의 제향처 마련은 B-36, 구학정은 A-19, 고산서당은 B-42, 노봉서원은 B-46, 사양서당은 B-49 참조.

가 없는데 천하의 모든 나라와 외교를 하게 되면 지난해에 있었던 변란이 지금
에 다시 일어나지 않을까 두렵습니다. … 그러므로 허원식·유원식·홍시중·황재
현·이만손·김조영·김석규·한홍렬·신섭(申㰒)·김평묵(金平默) 등은 모두 형벌로
죽임을 당하는 것을 피하지 않고 직언·직간한 사람들로서 모두 나라를 걱정한
충공(忠公) 신하이며, 성인을 존중하고 도를 지키는 선비들입니다. 전하께서 그
말을 듣고 계책을 쓴다면 옛 나라를 새롭게 할 수 있습니다." … 여러 공이 순절
한 후 갑신년[1884] 10월 옥균(玉均)이 우정국(郵政局)에서 변란을 일으켰고, 갑
오년[1894] 4월 동학의 큰 봉기와 소사(素沙)에서 청나라와 일본 간의 전투가 있
었으며, 을미년[1895] 8월 17일 밤에 명성황후(明成皇后)의 말할 수 없는 변란이
생긴데다가, 을사년[1895]에는 오적(五賊)이 가부(可否)를 바꾸었고, 경술년
[1910] 7월 합방의 거사가 있었으며, 무오년[1918] 2월 20일 밤 태황제께서 붕
어하였고, 고종 기미년[1919] 2월 전국의 진신(縉紳)과 장보(章甫)가 상여를 따라
가니 금곡(金谷) 50리 길에 곡성이 하늘에 사무쳤습니다. … 아! 여러 공과 충
신·열사들이 황천에서 억울해 하고 원통해 한 지가 40여년이 지났습니다. 대개
당시에는 굽혀졌으나, 만세에 펼 수 있음은 천하의 도리로서 꼭 회복되고 말 것
입니다. 양열사와 십충신의 문장과 덕업이 당시에도 밝게 빛났을 뿐만 아니라
백세를 계도하고 보우합니다. … 근래 사림의 의론이 통일되지는 않았지만, 먼
저 대구 육신사(六臣祠)나 진주 창렬사(彰烈祠) 곁에 충렬사우(忠烈祠宇)를 건립
하고, 춘추 향사(享祀) 때 후생(後生)들로 하여금 그들의 상소문을 읽고 세태를
논하게 한다면, 후세의 풍속을 교화하는데 조그만 도움이 되지 않겠습니까?[21]

---

21) 〈부록〉, B-34, "僉尊非不知兩烈士十忠臣之實行實跡 而今有議到于祠享 故謄示事實
通告于十忠臣家 昭詳探實伏望垂覽焉 我太皇帝庚辰十一月 直言之臣許元栻 論時政
陳矯捄之方 疏略曰 殿下廢法講 已過七年 自今敎化之壅遏 綱紀之解弛 賢不肖之無別
職由於聖學之未能緝熙也 … 再陳疏論 國計民賦之無節 請懋聖德 崇正學 納諫諍 抑
奢侈 又極論外交之不可不見省 辛巳七月 關東列士洪在鶴 不避鈇鉞之誅 持斧陳疏擧
文纓許元栻劉元植 武臣洪時中黃載顯 布衣李晩孫金祖榮金碩圭韓洪烈等 衛正斥邪之
義 曰從其言 則邦域爲衣裳之舊 棄其言 則人類陷禽獸之域 壬午四月 忠南烈士白樂觀
上疏言事略曰 今 殿下內不能親親 而外交天下萬國 臣恐非徒昨年之變復生 … 是故許

위의 통문은 1925년 경기도 지역에서 활동하던 이용구(李容九) 외 전국
유림 26명이 옥산서원에 발급한 것이다. 이용구 등은 통문에서 양열사와 십
충신을 우선적으로 충렬사우에 제향할 것을 제안하고 있다. 여기서 양열사
와 십충신은 1881년 전후 활동했던 위정척사(衛正斥邪) 계열의 유림들이다.
홍재학·백낙관 등은 처형당했기에 양열사라 칭하였으며, 십충신은 상소를
통해 서양과의 통상을 반대했던 인사였다. 비록 서원훼철령 이후 활동했던
인사라도 유림 세력이 지향하던 가치에 부합하면, 제향처 마련을 제안하는
통문을 주요 서원에 발급했던 것이다.

이 무렵 이용구 등은 대구 육신사와 진주 창렬사 곁에 충렬사우를 세우고
양열사와 십충신을 별도로 제향하자고 제안하였다. 양열사와 십충신을 사육
신(死六臣)과 임진왜란 순절자와 같은 선상에서 평가한 것이다. 덧붙여 문장
과 덕업이 당대에도 빛났으니 제향처 마련이 마땅하다는 명분을 내세웠다.

일제 강점기 유림 세력은 원사 복설, 추향 및 제향처를 마련하는 과정에
서 으레 유학의 쇠퇴를 통문에다가 적시하면서,[22] 정학을 세울 것을 강조하
였다. 그 방법은 유현(儒賢)과 충절(忠節) 인사의 제향 시설을 복원하거나, 새
롭게 마련하는데 있었다.

그러나 예전처럼 인재 양성이 더 이상 서원 설립의 명분으로 제기되지 않
았다. 국체(國體) 보존 역시 일제 강점기 동안 서원 운영의 명분이 되지 못하
였다. 그렇기 때문에 원사 복설 및 신설 과정에서 정치적·학문 명분을 내세

元栻劉元植洪時中黃載顯李晚孫金祖榮金碩圭韓洪烈申檠金平默等 俱以非分不避刑辟
而直言極直諫 此皆憂國忠公之臣 尊聖衛道之士也 殿下聽其言 用其計 則可使舊邦維
新也 … 諸公殉後 甲申十月 有玉均郵政局之變 甲午四月 東學大起 淸日戰于素沙 乙
未八月十七日夜 有明成皇后不諱之變 乙巳 有五賊可否之變 庚戌七月 有合邦之擧 戊
午十二月二十日夜 太皇崩馭 號稱高宗己未二月 八域縉紳章甫 億兆仰戴之民 赴大擧
金谷五十里 哭聲徹天 … 嗚呼壯矣 諸公忠烈寃鬱于泉壤 迄今四十年餘 盖屈於一時
而伸於萬世者 皓天必返之理也 兩烈十忠 文章德業 炫耀于當時 啓佑於百世矣 … 近
日士論 不謀同辭 先立忠烈祠宇 大邱六臣祠傍 或於晉州彰烈祠傍 爲好云 則使後生春
秋享禮 誦其疏論其世 則豈不爲後世風敎之一助也哉".
22) 〈부록〉, B-17·D-12, "今聖學幾墜 儒宮盡頹".

워 적대적 유림 세력을 규탄하는 통문은 거의 확인되지 않는다. 특히 앞서 살펴 본 이용구 등의 통문은 정치적 명분을 매우 완곡하게 표현하고 있다. 양열사·십충신의 행적, 그리고 이들이 순절한 이후 벌어진 일련의 사태는 일본과 매우 밀접한 사안들이지만, 위의 통문에서는 일본을 직접적으로 언급하지 않거나 모호하게 설명하고 있다.

따라서 일제 강점기 서원의 복설·신설, 추향 및 제향처 마련을 논의하는 과정에서 정치·학문적인 갈등은 현저히 줄어들었다. 조선 후기처럼 관부의 허가도 필요 없었다.

> 다만 우리 영남에서는 예로부터 부조묘(不祧廟)를 사사로이 짓는 경우가 많았지만, 이것 또한 사림의 공의(公議)로 행한 것입니다. … 큰 일을 오로지 본손에게만 맡길 수 없으며, 사론(士論)을 기다렸다가 결정해야 하는 까닭에 이로써 통문을 내어 도내 각 유소(儒所)에 연통(聯通)합니다.[23]

위의 통문은 1920년 김산 감호당회에서 여대로(呂大老)를 제향하는 사우 건립에 대한 동의를 얻기 위하여, 옥산서원 및 도동서원에 보낸 것이다. 그러나 실상은 동의 요청 보다 통지에 가깝다. 유림의 동의와 별개로 원사 건립이 용이하였기에 복설·신설 및 추향 관련 통문도 실제로 공론을 형성하기 보다는 단순히 관련 사안을 통지하거나 협조 및 의견을 구하는 내용이 주를 이루고 있다.

물론, 원사 복설·신설과 관련해 갈등이 노출된 사례가 없지는 않다. 1923년 4월 2일 김극일(金克一)을 제향하고 있던 청도 운계사(雲溪祠)에서 옥산서원 등에 통문을 발급하여, 김일손(金馹孫)·김대유(金大有)를 추향한다고 통지해 왔다.[24] 이 소식이 알려지자 같은 고을에서 김일손과 김극일·김대유를 먼

---

23) 〈부록〉, B-17·D-12, "但吾嶺 自古多私設不祧廟之例 此亦因士林之公議 而行之者也 … 不可專諉於本孫 必俟士論 而決定故 玆以發文 聯通於道內各儒所".

24) 〈부록〉, B-28, "今於春享時 以濯纓三足堂兩先生 亦一體並享之義 公議竣發 定以今二

저 제향하고 있던 자계서원(紫溪書院) 측이 소수서원 등에 통문을 보내, 김해 김씨(金海金氏) 후손인 김봉두(金鳳斗)와 김영호(金榮灝)를 규탄하였다. 이들이 유림뿐만 아니라 일족에게도 묻지 않고 운계사에다가 3인을 제향하려고 했기 때문이다.[25] 1923년에는 하양 금호서당(琴湖書堂) 측이 소수서원 등에 통문을 발급하여, 하양에 허조(許稠)를 제향하는 또 다른 금호서원(琴湖書院)이 복설되는 것을 규탄하였다. 금호서당에서 이미 서원 복설을 추진하고 있는데, 갑자기 같은 고을의 다른 성손(姓孫)이 먼저 금호서원을 복설하였기 때문이다.[26]

그런데 청도·하양에서 일어난 두 건의 갈등은 정치·학문적 명분과는 관계가 없다. 원사 복설을 둘러싸고 같은 고을의 제향인 후손 간에 발생한 갈등이다. 가문 내 특정 계열이 일족의 동의를 구하지 않고 원사 복설을 주도함으로써, 향촌 및 가문 내에서 우위를 점하려는 의도로 볼 수 있다. 이는 조선 후기 서원 설립 및 추향을 두고 정치·학문적 견해를 달리하던 유림 세력 간의 다양한 갈등 양상과 비교되는 대목이다.

2. 추숭사업 및 충효열(忠孝烈) 인사 선양

서원은 조선 시대 동안 여러 추숭 사업을 발의하고 추진하던 장소였다. 특히 문중의 영향력이 커지는 조선 후기에는 제향인의 후손들이 주축이 되어 현조를 선양하는 각종 추숭사업을 서원에서 추진하는 경우가 많았다. 이에 유림 세력은 추숭 및 선양 사업에 대한 공론을 모으고자 주요 서원에 여

十五日 兩先生位板 將奉安于玆 寔斯文盛擧也".

25) 〈부록〉, A-13, "不意節孝後孫金鳳斗者 … 不顧士林之公議 不詢宗族之僉 … 謀而陰付於所謂金榮灝者 … 新構蘿菖山下 段制度之一屋子 昨秋單享節孝先生 今又欲追享灌纓三足堂二先生云".

26) 〈부록〉, A-11, "徹享五十年之餘 … 不意瓦村居許氏 亦稱爲姓孫 敢以琴湖二字 揭扁於鄕廳舊屋 與鄕隣曷而人适 先僭享其所位牌奉安 乃是壁龕也 … 僉尊亟賜 回論齊聲共討 以杜疊設之弊 斯文幸甚".

러 명의로 통문을 발급하였다. 이러한 전통은 일제 강점기에도 단절되지 않
고 이어졌다.

먼저 소수·옥산·도산·도동서원은 1918년 이익(李瀷)의 『성호집(星湖集)』
[안동 병산서원(屛山書院)], 1923년 류주목(柳疇睦) 문집[상주 도남단소], 1927
년 이종수(李宗洙)의 『가례집유(家禮輯遺)』[봉화 도연회중], 1928년 노수신(盧
守愼) 유고[상주 도남단소], 1936년 이서우(李瑞雨) 문집[칠곡 사양서당] 간행
을 추진하고 있던 서원·단소·회중으로부터 물력 지원을 요청하는 통문을 각
각 수급하였다.[27] 또한 1919년 김일손의 『탁영집(濯纓集)』, 김대유의 『삼족당
집(三足堂集)』, 김치삼(金致三)의 『도연집(道淵集)』[이상 청도 자계서당], 1924
년 이상정 문집[의흥 양산서당], 1928년 권벌(權橃) 문집[안동 호계서당] 간행
과 관련해 의견을 구하거나 회의 개최를 알리는 통문을 수급 받았다.[28] 의견
을 묻는 경우 으레 문집 간행이 큰 사업이기 때문에 여러 유림의 동의를 얻
는 과정이 필요하다는 명목으로 통문을 발급하였다.[29] 그 외에도 1920년 안
동 삼계서당은 경주 영귀정(詠歸亭) 복원 논의, 1931년 초계 월화당계(月華堂
契)는 월화당(月華堂) 및 주필각(駐蹕閣) 복원을 위한 물력 지원 요청을 위해
옥산서원에 통문을 발급하는 등[30] 현조의 유식처(遊食處)를 단장하는 사안이
논의되기도 했다.

위의 사례들은 조선 시대 이래 유림 세력들이 보편적으로 진행해 온 명현
및 현조에 대한 선양 사업이다. 적지 않은 물력이 들기 때문에 협조를 요청
하였으며, 여러 곳에 의견을 구함으로써 관련 사업이 공론에 의해 추진되고
있다는 명분을 확보할 수 있었다. 이러한 통문의 주요 수·발급처는 서원이었

---

27) 〈부록〉. 『성호집』은 D-5, 류주목 문집은 B-30, 『가례집유』는 A-17, 노수신 유고
　　 는 B-39, 이서우 문집은 B-47 참조.
28) 〈부록〉. 『탁영집』·『삼족당집』·『도연집』은 D-10, 이상정 문집은 A-15, 권벌 문집
　　 은 B-40 참조.
29) 〈부록〉 D-10, "事甚重大 以生等之孤陋蔑劣 不敢自擅 玆以稟議"; B-40, "此乃斯文莫
　　 重之盛擧 吾嶺矜紳 所當竭蹶效誠 有不可專委於一方 玆敢聯章遍告於道內 僉君子".
30) 〈부록〉. 영귀정은 B-19, 월화당은 B-45 참조.

다. 일제 강점기에도 서원은 여전히 유림 세력의 구심처였다. 만약 서원이 복설되지 않았다면, 서원 복설의 중간 단계인 서당·단소·회중 등이 그 역할을 대신하며, 통문 수·발급을 통해 주요 선양 사업에 대한 협조와 동의를 구하였다.

조선 시대처럼 충효열(忠孝烈) 인사를 포장(褒獎)하기 위한 논의도 일제 강점기 서원 통문에서 쉽게 찾아 볼 수 있다. 충효열 인사에 대한 포장은 단순히 개인의 행적을 높이는데 그치지 않는다. 조선 정부는 충효열 인사에 대한 정려(旌閭)를 통해 사회 교화를 도모하였고, 충효열 인사의 일족과 지역 유림은 정려와 각종 포장을 받음으로써, 유학의 덕목을 실천하고 있음을 입증 받았다. 이를 통해 사대부 가문임을 천명할 수 있었으며, 정려와 함께 증직(贈職)·복호(復戶)와 같은 실질적 혜택을 입었다.[31] 그렇기에 비교적 낮은 계층에게는 충효열 포장이 사회적 지위 상승의 기회가 되었다.

정부의 정려 정책과 사대부 문화의 성숙, 사회·경제적 혜택을 입으려는 여러 계층의 노력으로 말미암아 조선 후기에 이를수록 정려는 증가해 갔다. 특히 19세기 이후 정려 빈도는 급증하였다.[32] 이 무렵에 이르면 정부와 민간의 이해관계가 맞물리는 가운데, 정려예납전(旌閭例納錢)을 거두는 등 정려 정책이 재정 확보 수단으로 변질되기도 하였다.[33]

충효열 인사에 대한 정려 전통은 일제 강점기에도 지속되었다. 지역에 따라서는 이전보다 더욱 활발하게 포장이 이루어졌다.[34] 충효열 인사에 대한

---

31) 『大全通編』 禮典, 「獎勸」, "凡係旌閭贈職給復等事 自政院奉承傳, 謄布中外".

32) 이희환(2001), 「조선 말기의 정려와 가문 숭상의 풍조」, 『조선시대사학보』 17, 조선시대사학회, 143~150쪽.

33) 『高宗實錄』 卷47, 43年 4月 17日. "奉常副提調李苾和疏略 … 其一 卽掌禮院旌褒例納錢事也 夫忠孝烈旌閭 乃是國家所以扶植綱常 敦尙風化之大柄也 有其實者 亦當精擇審知然後 可許施其綽楔之典 況乎無其實者乎 今則不然 不問其事行之虛實 惟視例納金八百之有無而許之 則行蹟爲虛 而例納爲實也 … 亟下嚴飭于掌禮之臣 永廢其所謂旌閭例納錢".

34) 전라북도 남원에서 조사된 정려 유적 중 19세기 이후의 것이 190개인데, 일제 강점기에만 58개가 세워졌다. 이희환(2001), 151쪽.

기존의 정려 정책은 중단되었지만, 민간의 서원에서 충효열 인사를 발굴하
거나 추천 받아서, 관부를 대신해 포장 사업을 추진한 것이다.

충효열 인사 포장 역시 유림 공론을 바탕으로 이루어졌다. 향교·서원에서
포장을 발의한 후, 해당 의견을 담은 통문을 다른 유림 기관에 발급하는 형
식으로 포장 여론을 조성하였다. 이와 관련해 소수·옥산·도산·도동서원이
수급한 통문 중 충효열 인사 포장과 관련된 것은 중복된 사안을 제외하고도
모두 10건에 이른다. 조선 후기 정려 경향과 비슷하게 충효열 인사 중 효열
이 상당수를 차지하는 대신 충절인은 상대적으로 적다.

이 가운데 효열과 관련해서는 1921년 안동 구계서당에서 배연걸(裵淵杰)
처 광산김씨(光山金氏)의 효행, 1918년 대전향회(大田鄕會)에서 이원해(李源
海) 처 순천박씨(順天朴氏)의 열행, 1919년 순흥 단산면회중에서 장이덕(張彛
德) 처 유인(孺人) 함창김씨(咸昌金氏)의 효열, 1919년 영천향교(榮川鄕校)에서
장문필(張文弼) 처 안동김씨(安東金氏)의 열행, 안동 임천서원에서 배재형(裵
在衡) 처 의성김씨(義城金氏)의 열행, 1920년 예안 도산서원에서 이유호(李有
鎬) 처 전주최씨(全州崔氏)의 효열, 1924년 진잠향교(鎭岑鄕校)에서 오원근(吳
原根) 처 충주박씨(忠州朴氏)의 효행, 1927년 경주향교(慶州鄕校)에서 이능벌
(李能橃)의 처 월성이씨(月城李氏)의 열행을 알리는 통문을 발급하였다.[35] 효
열인의 경우 부녀자 포장에 집중되어 있는데, 급변하는 세태 속에 전통적 여
성관을 고수하려는 의지를 엿 볼 수 있다. 따라서 포장을 추진하는 명분도
으레 세태의 문란에서 찾았으며,[36] 절의를 숭상해 온 전통으로서 인륜과 기
강을 바로 잡을 수 있다고 하였다.[37]

충절인 포장과 관련된 통문은 2건이 확인된다. 하나는 성주 회연서당(檜

---

35) 〈부록〉, 구계서당 통문은 A-2, 대전향회 통문은 D-9, 단산면회중 통문은 A-8, 영
    천향교는 B-12, 임천서원은 B-13, 도산서원은 B-16과 D-11, 진잠향교 통문은
    C-8, 경주향교 통문은 B-38 참조.
36) 〈부록〉, C-8, "矧今彝 倫斁喪綱常墜地".
37) 〈부록〉, B-12, "抑可見五百年崇節義 植倫綱之遺風餘化".

淵書堂)에서 호란 때 순절한 이사룡(李士龍)의 행적을 기리는 것이며, 나머지
하나는 같은 해 순흥 행계서당에서 김도수(金道洙)의 행적을 채록하기 위해
발급한 것이다.[38] 이 중 김도수는 고종 황제의 삼년상을 치르고 1921년 순절
한 인사인데, 해당 통문의 내용은 다음과 같다.

> 광산인(光山人) 처사(處士) 김도수(金道洙)씨가 절개를 위해 순절한 일이 있으
> 니, 처사는 곧 아계선생(丫溪先生)[김일경(金一鏡)]의 7대손입니다. 그는 곧은 마
> 음과 큰 절개를 이어 받은바 처음 '사옥지변(社屋之變)[경술국치]' 때 피눈물을
> 흘리면서 절대 용납할 수 없지만, 오히려 왕을 보좌해야 한다고 말하며, 하늘에
> 분함을 머금고 치욕을 참으며 구차히 세월을 연장해 오다가, 왕이 승하한 날에
> 이르러 설위(設位)하고 엎드려 곡을 하며 곧 바로 죽고자 하였으나, 이내 곧 다
> 시 탄식하며 마음을 고쳐먹고, 만약 미천한 내가 죽더라도 방상삼년(方喪三年)한
> 후라도 늦지 않다며, 재소(齋素)를 하니 세월이 흐르는 동안 잘 못됨이 없었으
> 며, 이에 촌인(村人)과 함께 통곡을 마친 후에 한 사우(士友)를 잡고 눈물을 흘리
> 며 말하기를 "시골의 백성들과 휴척(休戚)을 함께하는 것은 분수를 넘는 일인지
> 알지 못하는 것은 아니나, 삼가 생각하건대 우리 선조의 원통하고 억울함을 고
> 종께서 즉위하신 후에 풀 수 있었습니다. … 한 번의 죽음으로 감히 보답하고자
> 하는 자식의 정성이니 이것이 나의 뜻일 뿐입니다." 하면서 그날부터 음식을 먹
> 지 않으니, 21일이 지나서 임종하였습니다. 그 날은 신유[1921년] 정월 11일입
> 니다. … 구군(舊君)은 복(服)이 없다고 이르는데 처사께서는 홀로 조용히 상복을
> 입고 예제를 다하는 것에서 의를 취하였으니, 금일에 의리가 있는 자는 처사 한
> 사람뿐입니다. … 우리는 이에 감히 머리를 모아 사실에 근거하여 여러 군자에
> 게 고합니다.[39]

---

38) 〈부록〉. 회연서당 통문은 D-13, 행계서당 통문은 A-9 참조.
39) 〈부록〉, A-9, "有光山金處士道洙氏 立殣殉節事 處士卽丫溪先生七代孫也 其貞秉大節
有所承襲 始於社屋之變時 沬血飮泣 自難容裁 猶謂翊戴 有天含愼忍恥 苟延時月 迨
其大行遺弓之日 設位伏哭 卽欲溘然 而乃復慨爾改圖者 以爲如吾微息一死 未晚誠服

통문에 따르면 김도수는 사옥(社屋), 즉 1910년 망국 때 자결하려고 했지만 뜻을 이루지 못했다고 한다. 또한 1919년 고종이 붕어(崩御)하자 삼년상을 치렀으며, 1921년에 이르러 21일 간 곡기를 끊고 순절했는데, 그 날이 마침 고종의 삼년상이 끝난 날이었다. 일제 강점기라는 민감한 시기였지만, 행계서당 측은 일본을 전혀 언급하지 않는 완곡한 문구로서 김도수의 충절을 드러내고 있다.

그런데 김도수는 1724년 영조 즉위 직후 강경 소론파 인사로서 처형당하였으며, 그 일족마저 멸족당할 뻔한 김일경(金一鏡)의 7세손이다. 김일경은 조선 후기 동안 역적으로 취급당하다가, 1908년(순종 1)에 이르러서야 신원되었다.[40] 통문에서 김도수는 스스로 고종에게 선조를 신원시켜준 의리를 갚고자 삼년상을 치렀다고 했으며, 행계서당 측은 그러한 김도수의 순절이 김일경의 절의 정신을 계승한 것이라고 평가하였다. 김도수의 사례는 일제 강점기에 활약한 충절인에 대한 포장이라는 측면에서, 또한 식민지화라는 큰 정치적 변화에 따라 뒤늦게 신원된 인사를 재평가했다는 측면에서,[41] 다른 서원 통문의 충효열 포장 사례와 사뭇 다르다.

마지막으로 충효열 포장과 관련된 통문에서 주목할 점은 해당 인사에 대한 예우이다. 조선 시대 때 행실이 탁월한 자는 서원을 비롯한 유림 집단이 정부 기관에 청원하여, 관직·관작을 수여 받게 하거나 정려 및 복호의 혜택을 입게 해주었다. 그러나 일제 강점기에는 충효열 인사에 대한 포장과 예우

方喪三年齋素 日月奄忽 禮制莫過 遂與村人 慟哭闋 伏因携一士友校淚語曰 田野齊民 欲同休戚者 非不知踰涯 而竊伏念 吾祖冤鬱得伸於高廟臨御之後 … 一縷之命 敢效報答 寸草之誠者 是吾志耳遂自其日絶不飲食績二十一日而終 其日卽辛酉正月十一日也 … 有謂舊君無服之說 處士乃獨 從容取義於縞素制盡之地 今日義理處士一人而已 … 生等茲敢聚首 據實仰告僉君子".

40) 『純宗實錄』卷2, 1年 1月 30日.

41) 비슷한 사례로 1925년 마산부(馬山府)에 거주하는 김대림(金大林)이란 자가 도산 서원 측에 통문을 보내어 1907년 신원된 윤휴(尹鑴) 사당 건립과 관련된 회의 개최를 통지하였다. 〈부록〉, C-11.

를 통치기구에 공식적으로 청원할 방법이 없었다. 그렇기에 해당 인사의 행적을 알리고 자발적인 장려를 권하는 내용으로 포장 관련 통문이 마무리되고 있다.[42] 서원이 정부 기관을 대신하여 충효열 인사를 드러내고 유림 집단에 알림으로써, 급변해 가는 시기에 전통적 윤리를 고수하고 계승해 나가는 구심처 역할을 하고자 했던 것이다.

3. 향중 쟁단과 서원 통문

서원의 사회적 위상이 높았던 조선 시대에는 각 유림 세력이 서원 관계망을 중심으로 향중 쟁단, 즉 향전(鄕戰)과 관련된 사안들에 대해 동의를 구하거나 상대방을 규탄하는 통문을 수·발급하였다. 특히 사대부 가문의 지위 유지와 직결되는 사안에 대해서는 관부로부터 유리한 판결을 이끌어 내고자, 통문 활동을 경쟁적으로 펼쳐 나갔다.

조선 시대 향전은 향촌 자치기구인 유향소(留鄕所) 임원을 둘러 싼 갈등, 서원·원사의 위차 시비, 향권과 관권 간의 충돌, 현조의 학통(學統)과 학문 연원 시비, 문집 간행 등에서 발생하는 문자(文字) 시비, 전답·묘산(墓山) 소유권 분쟁, 적서(嫡庶) 간의 갈등 등 다양한 형태로 나타났다.[43] 이때 서원은 여러 향촌자치 기구와 더불어 향전의 중심지였다. 서원 내부에서 운영권을 둘러싸고 향전이 발생하기도 했으며, 서원 조직을 활용하여 향전 전개 때 유리한 여론을 형성하기도 했다. 서원에서 유회를 개최하여 특정 향중 쟁단에 대한 의견을 모으고, 통문 수·발급을 통해 자신들의 견해를 적극적으로 피력하였다.

그러나 일제 강점기 지방 권력의 재편과 사회 질서의 변화, 그리고 새로운 사조의 등장은 이전 시기까지 향촌사회에서 광범위하게 전개되던 향중

---

42) 〈부록〉, B-13, "僉尊深察 而回敎之 一以塞九原幽鬱之情 一以爲四方風勵之方 天萬幸甚"; B-38, "僉尊先發闡明之論 將使不世之蹟 庶圖傳後之計 秉彝所同欵".
43) 이수건(1989), 『조선시대 지방행정사』, 민음사, 352~353쪽.

쟁단에도 영향을 끼치게 된다. 유향소·향청(鄕廳)과 같은 사대부 중심의 자치 기구 철폐, 봉건적 신분제의 해체, 근대적 토지 소유권의 확립으로 향중 쟁단도 사대부 가문 간의 갈등으로 한정되어 갔다.

소수·옥산·도산·도동서원이 일제 강점기 동안 수급한 통문 중에서도 향중 쟁단과 관련된 사안을 여러 건 확인할 수 있다. 이러한 쟁단은 특정 가문이 자신들의 현조를 추숭하는 과정에서 발생하였다. 각종 존칭으로 현조를 추숭하고 검증되지 않은 사적(事蹟)으로 추숭 사업을 진행하다 보니, 다른 가문과 문자 시비, 학문 연원 논쟁 등이 일어났다.

이와 관련해 먼저 살펴볼 통문은 1917년 안동 호계서당 측이 옥산서원에 보낸 것이다. 해당 통문에서는 직접적으로 쟁단의 주체와 사안을 언급하고 있지 않다. 다만 '한 부분의 편록[一部編錄]'으로 말미암아 쟁단이 발생하였고 그것이 전 영남의 분열로 이어졌다고 하면서, 최근 다시 쟁단이 일어날 조짐이 보이기에 중재를 위하여 이 통문을 발급했다고 한다.[44] 이를 미루어 보았을 때 옥산서원은 근래 문자시비에 휘말렸음을 알 수 있는데, 그것은 바로 경주 양동의 손이시비(孫李是非)이다. 1905년부터 옥산서원을 중심으로 한 경주 양동(良洞)의 여주이씨(驪州李氏)는 같은 마을에 세거하는 경주손씨(慶州孫氏)와 손이시비를 겪었었다.[45] 이 쟁단은 경주손씨 측이 여주이씨의 현조인 이언적(李彦迪)의 학문 연원이 경주손씨 현조인 손중돈(孫仲暾)으로부터 비롯되었다는 문적을 『경절공실기(景節公實紀)』에 수록하면서부터 시작되었다. 당시 영남의 향론이 손이시비로 크게 양분된 만큼, 이것의 재발 조

---

44) 〈부록〉, B-5, "伏以義理者天下之至公也 是非者夫人之所共也 一或私意以攙間 血氣以相加 則戱不至■償事而致悔 故當局者例多執迷而必待岸觀之調停 此保合大和之所以爲大易之首也 … 部編錄 侃闇竝列 則局外之由意疵摘 非所宜也 百年典守封鐍莫嚴 則後人之私自鑄毁 所不敢也 … 院體由是而虧損 宗法由是而墮壞 至於一鄕公共之論 亦不免黨同伐異 助成頹波之瀾馴致 此戈戟相尋 以取卞莊子之竊笑 此非徒本院之不幸 而寔全嶺儒紳之共羞也". '■'는 결각.

45) 손이시비와 관련해서는 '이수환(2009), 「경주지역 손이시비의 전말」, 『민족문화논총』 42, 영남대학교 민족문화연구소' 참조.

짐이 보이자 안동 유림들이 통문을 보내 중재하고자 했던 것이다.

이 무렵 문자 및 학문 연원 시비와 관련된 통문은 여러 건이 전하는데, 그 중에서도 퇴계학파(退溪學派) 연원과 관련된 3건의 통문을 살펴보도록 하겠다.

> 삼가 생각하건대 도산서원의 『제자록(弟子錄)』은 문하의 제자와 주자(朱子)의 『이학록(理學錄)』에 따라 해석한 것으로 그것은 사문을 위하고 후세를 위함에 중대한 정도가 어떠하겠습니까? 그러나 근래 하회의 류씨(柳氏)들이 이 책의 앞뒤를 고의로 어지럽혀 놓은 것을 실제 원근의 사람들이 함께 듣고 본 바라고 하며, 처음에는 주석을 붙여놓은 것을 두고 범휘(犯諱)하고 선사(先師)를 무핍(誣逼)했다고 하다가 끝내는 별도의 책자를 만든 후 장차 인쇄하여 배포할 것이라고 이릅니다. … 삼가 바라건대 여러분께서는 병산서원에 통문을 보내어 빨리 책판을 허물고 선비의 사풍을 바로잡아 사문을 호위해주면 더 없이 다행이겠습니다.[46]

우선 위의 통문은 1916년 도산서원 측이 옥산서원에 발급한 것이다. 통문의 『제자록』은 1914년 도산서원에서 5권 2책으로 간행한 『도산급문제현록(陶山及門諸賢錄)』을 뜻한다. 여기에는 이황(李滉)의 문인이 망라되어 있다. 그런데 안동 하회의 풍산류씨(豊山柳氏) 일족은 『제자록』 주석에 오류가 많다며 문제를 제기하였다. 나아가 1916년에는 『제자록』의 오류를 수정한 『변정록(辨正錄)』을 병산서원에서 간행하였다. 이에 도산서원 측은 이것이 사문을 어지럽히는 행위라며, 풍산류씨 일족을 규탄함과 동시에 여러 서원이 『변정록』 훼판에 동참해 줄 것을 호소하고 있다.

이 쟁단은 단순히 문인록에 대한 문헌 논쟁이 아니라, 1914년 『도산급문

---

46) 〈부록〉, B-3, "伏以陶山之有諸子錄 卽家語之弟子 解考亭之理學錄也 其爲斯文爲後世所重果何如 而酒者河上柳氏 做措之前後駭妄 實遠近之所共聞見也 始焉手犯諱註繼而誣逼先師 卒乃別成冊子 將至印布云 … 伏願僉尊飛文屛院 亟使毁板 以爲正士風衛斯文之地 千萬幸甚".

제현록』편찬을 주도한 계파와 그렇지 않은 계파 간의 갈등으로 이해된다.[47] 즉, 퇴계학파의 학문적 연원에서 우위를 점하기 위해 펼쳐진 여러 사대부 가문 간의 쟁단이었다.

> 우리는 근래 한 지역 사림이 공자 사당을 진주에 창건하였으며, 주자와 아울러 회헌(晦軒) 안문성공(安文成公)[안향(安珦)]을 배향하고 이름을 '도통사(道統祠)'라고 한 것을 들었습니다. … 아! '도통(道統)' 두 글자는 얼마나 중요한 것입니까? 삼대(三代) 이전에 도통은 상삼대(上三代)에 있고 이후의 도통은 그 아래에 있으니 오직 우리 공부자[공자]께서 만세의 계통을 드러내었고, 이어 안(顔)·증(曾)·사(思)·맹(孟)·주(周)·정(程)·주자께서 대통을 이으셔서, 우리 동방에 주자의 도통이 이르게 된 것으로 자연히 귀결되는 바, 지금 '도통'이란 이름으로 사당을 지으며, 공자 이후에는 주자만 거론하니, … 이는 주자의 의리를 존모하는 도리에 미안한 바입니다. … 이에 통문을 내어 두루 알리니 삼가 여러분께서는 한 목소리로 함께 일을 주도한 사람을 적발해 성토하고 빨리 유벌(儒罰)을 내려서, 문자를 고쳐 바로잡아야 할 것입니다.[48]

위의 통문은 1918년 도산서원 측이 공자·주자·안향을 제향한 진주 도통사를 규탄하기 위해 옥산·도동서원에 보낸 것이다. 도산서원 측은 유학의 '도통'이 삼대부터 주자까지 이어지며, 그 사이에 여러 명현이 있는데, 오로지 공자와 주자만을 제향하는 사우를 '도통'으로 명명하는 것은 의리에 크게 어긋나는 행위라고 지적하였다.

---

47) 김종석(2000), 「『도산급문제현록』의 집성과 간행에 관하여」, 『퇴계학과 유교문화』 28, 경북대학교 퇴계연구소, 9~10쪽.

48) 〈부록〉, B-6·D-7, "生等近聞 一方士林 創立夫子祠于晉州 配以朱先生而幷及晦軒安文成公 名之曰道統祠 … 噫道統二字何如其重大也 三代以前道統在於上三代 以後道統在於下 惟我孔夫子垂萬世之統 繼而顔曾思孟周程朱子克承大統 而至于我東紫陽遺統 自有所歸 今以道統名祠 而夫子以後 單擧朱子 … 是於尊慕朱子之義亦有所未安 … 乃已玆以飛文輪告 伏願僉尊 齊聲共討 摘扳主事之人 亟施儒罰 謬撰文字更加釐正".

그런데 이 사안 또한 도통 의리에 따른 사우명의 적절성 문제와 별개로 학문 연원과 관련된 쟁단으로 이해해야 한다. 진주 도통사에는 공교지회(孔敎支會)가 설립되었다. 공교지회는 유학의 종교화 운동인 공교(孔敎) 운동의 중심지였다.[49] 공자·주자·안향을 도통사에 제향하고 사우명을 '도통'이라 한다면, 자칫 우리나라 성리학 도통의 연원을 안향으로 인식할 수 있는 여지가 생겨난다. 실제 도통사는 순흥안씨 연산(硯山) 문중이 깊이 간여하고 있었다. 이는 곧 이황을 '동방의 주자'로 인식하고 있는 퇴계학파와 그 후손, 특히 이황을 제향하고 있는 도산서원의 위상과 직결되는 문제였다. 이에 여러 서원에 통문을 보내어 관련 인사에게 유벌을 내리고 사우명을 바꾸게 하자고 건의한 것이다.

> 우리는 유곡(酉谷)에 사는 권씨(權氏)를 위해 이를 말합니다. 아!『충재집(冲齋集)』의 중간은 사문의 큰일이기 때문에 본손이라고 해서 마음대로 할 수 있는 일이 아닌데, 하물며 부록 중에 '퇴계이선생(退溪李先生)' 다섯 글자를 칭한 곳에서 '선생(先生)' 두 글자를 빼고 성과 휘가 하나로 이어지도록 직서했습니다. … 4월 15일 삼계서당에서 도회를 열고 옛 책에 의거하여 바른 데로 돌아가게 할 도리를 도모하려 합니다.[50]

위의 통문은 1931년 하회도회(河回道會)에서 옥산서원 측에 보낸 통문이다. 통문에서 하회도회 측은 안동 유곡의 안동권씨 일족이 현조 권벌(權橃)의 『충재집』을 중간할 때, 이황을 구간본(舊刊本)과 같이 '퇴계 이선생'이 아니라 '퇴계 이황'으로 직서한 것에 대하여 문제를 제기하고 있다. 그러면서 삼

---

49) 진주 도통사 및 공교지회와 관련해서는 '이종수(2014),「이상규와 도통사 공교지회」,『대동문화연구』85, 성균관대학교 대동문화연구원' 참조.

50) 〈부록〉, B-43,"生等竊爲酉谷權氏而誦之 嗚乎 冲齋先生文集重刊 實是斯文大事 已非本孫之所私自獨擅 而況附錄中 退溪李先生五字稱謂處 刊去先生二字 直書姓諱一從 … 以四月十五日定大道會于三溪書堂 以爲依舊本 亟圖歸正之道".

계서당에서 도회를 열어 유림의 의견을 모아 구간본과 같은 칭호로 바로 잡
자고 건의하였다.

유곡의 안동권씨 측은 권벌이 이황의 선배인 까닭에 『충재집』에 이황을
'선생'으로 명기하는 것이 미안한 일이라고 여겼다. 반면, 화회도회 측은 이
미 구간본을 간행할 때 여러 선현들에 의해 '선생'으로 명기하는 것으로 결
정했는데 이제 와서 바꾸면 그것대로 큰 흠이라고 판단하였다. 문집 중간을
계기로 유곡의 안동권씨 측은 현조 권벌의 학문적 위상을 높이려 하였고, 그
과정에서 이황의 성과 휘를 문집에 직서한 것으로 이해된다.

문자 및 학문적 연원과 관련된 시비 외에도 현조 추숭 사업에서 검증되지
않는 문적과 사적을 활용해 쟁단이 발생하기도 했다.

1925년 충주 하강단소삼도진신장보회(荷江壇所三道縉紳章甫會)는 도산서
원에 통문을 보내 칠곡의 광주이씨(廣州李氏) 일족을 규탄하였다. 이에 앞서
류주목(柳疇睦)의 『계당집(溪堂集)』 간행을 준비하는 과정에서, 하강단소 측
의 요청으로 여기에 수록할 예정이었던 「병명발(屛銘跋)」이 제외되었다. 병
명(屛銘)은 허목(許穆)이 광주이씨 현조인 이원록(李元祿)에게 써 주었다는 여
덟 글자이다. 시간이 흘러 칠곡의 광주이씨는 이원록의 문집인 『박곡집(朴谷
集)』을 간행하였는데, 이 무렵 류주목에게 허목이 써 주었다는 병명의 발문
을 받았다. 그렇게 『박곡집』이 간행되었지만, 뒤늦게 이 사실을 안 충주의
허목 후손과 일족들은 허목이 이원록에게 병명을 써 준 일이 없다며, 류주목
의 『계당집』에도 수록할 예정이던 「병명발」의 제거를 요청하였다. 그 결과
『계당집』에 수록할 「병명발」은 수록하지 않고 광주이씨 일족이 가져가게 된
다. 그러나 허목 후손을 중심으로 한 충청도 유림과 광주이씨 일족 간의 앙
금은 남아 서로를 규탄하는 서원 통문이[51] 여러 차례 수·발급되었다.

---

51) 〈부록〉, C-9, "溪堂柳公之跋 梅院李氏 朴谷公家祭室屛 蓋由於求文者 持眉叟先生大
篆八字 要爲朴谷實記 朴谷事蹟之合於八字 旨意無妙庸申保身 然以此特書專美則 恐
未安於石田李氏祖歸巖公之酷被慘禍 而歸巖 卽溪堂之所自出也 故乃聯書其伯仲 而
媲美其精義之各有攸 當終貳後之異言者 此文刊行於朴谷集中 已經累十星霜 曾無一

1928년과 1930년 소수서원은 병산서원과 대구의 오천유계소로부터 통문을 받았는데,[52] 예천 소천(蘇川)의 용궁전씨(龍宮全氏) 일족을 규탄하는 내용이다. 그 중 오천유계소에서 보낸 통문의 대략은 다음과 같다.

> 우리는 퇴도부자(退陶夫子)[이황] 문생의 후예로서, 선생께 미안한 바가 있으면, 유래를 살펴서 착오가 없게 해야 하는 것이 존현(尊賢)과 위도(衛道)의 일사(一事)가 아니겠습니까? 퇴도부자의 「기제청원정(寄題淸遠亭)」 2수는 확실히 안공 휘 계종[안계종(安繼宗)]의 청원정에서 지은 것입니다. … 또한 양진사(楊進士) 휘 배선(拜善)[양배선(楊拜善)]씨의 안공 청원정 기문에는 "이번에 이모(李某)【즉 부자이다.】가 주렴계(周濂溪)의 「애련설(愛蓮說)」 중의 구어(句語)로 시를 지어 이를 띄웠다"는 말이 있습니다. … 근래 듣건대 귀향(貴鄕)의 전씨(全氏) 또한 청원정을 건립하고 퇴도부자의 기제시를 게판하였다고 이르니, 현환(眩幻)스럽게 거듭 세우면서 제 사견만을 내세워 옛 사람을 모욕함이 이 같이 터무니없습니다. 선생의 본뜻은 실로 안씨 정자를 위해 지었는데, 있는 곳을 바꾸어 전씨 정자에 게판한다면 어찌 선현에게 크게 미안한 일이 아니겠습니까? … 지금 전씨와 소천의 통문을 보면 오해(誤解)와 오증(誤證)이 아닌 것이 없습니다. … 삼가 바라건대 여러 군자께서는 일의 사정을 살펴보시어서 미혹(迷惑)을 열어 사론이 바로잡히면 더 없이 좋겠습니다.[53]

言 今忽起端 石田李氏昔無一人 令乃有人耶 昔人之識見 不及今人耶 抑梅院李氏 以其世傳寶筆 誇大於一門 激起後生之沒覺者耶".

52) 〈부록〉. 병산서원 통문은 A-18, 오천유계소 통문은 A-20 참조.

53) 〈부록〉, A-20, "生等亦退陶夫子門生後裔也 於先生有所未安 則究闕所由 備無錯誤 豈非尊賢衛道之一事耶 退陶夫子寄題淸遠亭二首詩 斷然爲安公諱繼宗之淸遠作也 … 又楊進士諱裵善氏 記安公淸遠亭有曰 迺者李某【卽夫子字也】 拈出周濂溪愛蓮說中句語作詩 … 近聞貴鄕全氏 又刱起其淸遠亭 揭此退陶夫子寄題云 是何眩幻重疊 逞私侮古之若是無據也 先生本意 實爲安氏亭 作而騫地 又揭於全氏亭 則豈非大未安於先賢 … 今見全氏蘇川之通 則無非誤解誤證也 … 伏願僉尊 究闕事由 以開迷惑 以正士倫 千萬善甚".

예천 소천의 용궁전씨 일족은 고려 조 현조인 전원발(全元發)을 기리기 위해 새로 청원정을 건립하고, 이황이 쓴 「기제청원정」 2수를 새긴 현판을 게판해 버렸다. 그러자 병산서원과 오천유계소 등은 이황의 「기제청원정」 2수가 전원발의 청원정이 아니라, 안계종의 청원정을 위해 지은 것이며, 이 사실은 양배선의 기문에서도 찾아 볼 수 있다고 하였다. 이 논란은 「기제청원정」의 실제 대상과 별개로 명현과의 연고를 바탕으로 선양 사업을 추진해 나가던 모습을 보여준다.

조선 시대 향중 쟁단과 관련된 서원 통문의 목적은 여론을 모으는데 그치지 않고, 관부의 동의를 얻음으로써 유리한 판결을 이끌어 내는데 있었다. 그러나 일제 강점기에 이르면 향중 쟁단과 관련해서는 더 이상 관부로부터 유리한 판결을 이끌어내기 어려워졌다. 그렇기에 쟁점이 되는 사안에 대하여 상대방을 규탄하는데 머물 뿐, 조선 시대처럼 소지(所志)·상서(上書)·상소(上疏) 등의 청원서를 올리기 위해 의견을 모으는 통문은 나타나지 않는다. 그 결과 논란을 일으킨 사업이 끝내 성사되는 경우가 대부분이었다.

4. 새로운 사조와 사문(斯文) 수호

근대 이후 기존의 학파와 궤도를 달리하는 신흥 유림 단체가 등장하였으며, 일각에서는 유학의 종교화 운동이 전개되었다. 이들 단체는 세력 확장을 위해 서원을 비롯한 유림 조직과 우호적 관계를 맺고자 했다. 반면에 이들의 활동이 전통적인 질서 체계와 충돌할 경우 유림 세력은 통문 수·발급을 통해 조직적으로 대응해 나갔다. 소수·옥산·도산·도동서원에는 이러한 양상을 보여주는 몇 편의 통문이 전하고 있다.

먼저 1921년 태극교본부(太極敎本部)는 도산서원에 통문을 보내 회강(會講)과 향음주례(鄕飮酒禮) 거행을 알리면서, 여러 유림들의 참여를 희망해 왔다.[54]

---

54) 〈부록〉, C-4, "今者大享後 會講有所仰告者 直出於尊聖興學之意也 盖學必講而後明

태극교는 1907년 유학을 기반으로 창시한 신흥 종교 단체로서, 1919~1925년 동안 적극적인 항일운동과 더불어 전국적으로 유교문화수호운동을 펼쳐나갔다.[55] 이 무렵 태극교는 같은 내용의 통문을 도산서원뿐만 아니라 전국 주요 서원에 발급함으로써, 국내 유림 조직과 우호적인 관계를 맺고자 했다.

이에 앞서 1917년에는 진주 연산도통사(硯山道統祠)[도통사]가 공교총회(孔敎總會) 총리(總理)인 공상림(孔祥霖)의 부고를 소수서원 측에 알려왔다. 도통사 측은 부고문을 통문 형식으로 작성하여 인쇄한 후 소수서원을 비롯해 여러 유림 단체에 발급하였다.[56] 공상림은 도통사에 공교지회 설립을 건의하는 등 우리나라 공교운동 전개에 중요한 영향을 끼쳤던 인물이다.[57] 도통사 입장에서는 공상림의 부고를 알림으로써, 서원 유림들에게 자신들의 존재와 활동을 인지시킬 수 있는 기회가 되었을 것이다.

그러나 공교운동은 도산서원을 필두로 한 서원 유림에게 이단(異端)으로 공격 받았다. 예컨대 함양 출신의 이병헌(李炳憲)은 단성(丹城) 배산서당(培山書堂)을 중심으로 공교운동을 전개한 인물이다. 그는 공교 세력을 확보하기 위해 도산서원과 소통하면서 유림계의 지지를 받고자 했다.[58] 그런데 앞서 살펴보았듯이 공교지회가 있던 도통사는 이황을 제외하고 공자·주자·안향을 제향하였다.[59] 이 때문에 도산서원이 도통사 지지를 철회하는 일이 발생

禮必習而後行 昔夫子過宋而不廢習 禮在匡而不輟絃歌 造次顚沛 必於是況我後學 學我夫子之道而不爲講習也哉 玆以擬行講會 及飮禮於本敎內定日 左列仰告于僉君子 伏願互相傳 佈于親知 趁期齊臨".

55) 서동일(2005), 「한말~일제하 개신유림 윤충하의 계몽운동과 태극교운동」, 『한국민족운동사연구』 44, 한국민족운동사학회, 151~159쪽.

56) 〈부록〉, A-7, "各道各郡 僉章甫垂鑑 中華闕里光祿大夫孔少露先生【諱祥霖 晩號恫民 孔子七十五代孫】 八月十二日別世 訃書啓期 及事略一冊竝到本祠 玆依本更印遍聞".

57) 이종수(2014), 339~352쪽.

58) 이하 이병헌의 공교운동에 대한 도산서원·남계서원의 비판은 '이정희(2015), 「일제시기 경남지역의 공교운동 연구 - 도통사 공교지회와 배산서당 조선공교회를 중심으로 - 」, 『남명학연구』 46, 경상대학교 남명학연구소, 112~122쪽' 참조.

59) 〈부록〉, B-6·D-7.

하였다. 이병헌은 도통사 논란을 감안하여 배산서당 사당에 이황 등을 제향하고 위차를 새롭게 정하였으나, 오히려 논란의 불씨는 커져갔다.

> 죄를 따지고 악을 물리치는 것은 천하의 공의입니다. 본군 이병헌은 이번 가을에 단성 배산에 성상(聖像)을 봉안하고 문묘(文廟)라고 일컬었습니다. 또한 그의 저술인 『역사교리착종담(歷史敎理錯綜談)』을 나라에 배포하니, 그 패만(悖慢)함이 극에 달한 것은 이를 보면 알 수 있습니다. 지금 그 죄악의 큼을 대략적으로 서술합니다.[60]

위의 통문은 1923년 함양 남계서원이 이병헌을 규탄하기 위해 소수서원에 발급한 것이다. 이에 앞서 도산서원은 남계서원에 통문을 보내 이병헌을 성토하였다. 남계서원도 도산서원의 뜻에 따라 통문을 발급하고 이병헌을 공격하였다. 이때 도산서원·남계서원 등이 내세웠던 공격의 명분이 바로 위의 통문에서 언급된 두 가지, 즉 배산서당의 위차 문제와 『역사교리착종담』에서 나타난 이단성이다.

먼저 이병헌은 배산서당에 문묘를 세우고 도통사와 달리 공자의 위패만 봉안하였다. 대신 문묘 아래에 도동사(道東祠)를 짓고 우리나라 명현인 이황·조식(曺植)·이원(李源)·이광우(李光友)의 위패를 나란히 봉안하였는데, 이러한 위차는 도산서원을 크게 자극할 수밖에 없었다. 도산서원 입장에서 이황은 문묘에 종향(從享)된 명현이고, 조식은 사액서원(賜額書院)에 제향된 명현이며, 이원·이광우는 한 고을의 명현에 불과하다. 따라서 이들을 제향하는 사당의 위차도 차별을 두어야만 했지만, 도동사에는 4인의 위패가 나란히 봉안되어 있었다.

거기다 이병헌이 쓴 『역사교리착종담』에는 도산서원과 여러 유림 세력이

---

60) 〈부록〉, A-14, "聲罪討惡天下之公議也 … 本郡李炳憲於今秋奉聖像于丹城培山 曰文廟又布其所著歷史敎理談于國中其悖慢之極 觀此可知矣 今畧敍其罪惡之大者".

동의할 수 없는 도통 계보가 설정되어 있었다. 이병헌의 공교는 공자만이 유학에서 존숭되어야 한다고 생각하였고, 그 연유를 저서에다가 자세히 밝혀 놓았다. 이는 삼대부터 공자, 공자에서 송나라 이학자(理學者)로 이어지는 보편적인 도통 계보와 상이하였다. 도산서원과 유림 세력은 이러한 계보 인식을 이단성으로 규정짓고 사문 수호를 위해 이병헌과 그의 공교 조직을 맹렬히 비판하였다. 이에 1924년 배산유회 측이 옥산서원을 비롯해 주요 서원에 통문을 보내어 이병헌을 변호하기도 했으나,[61] 끝내 유림들의 지지를 얻지 못하고 공교운동을 추진력을 잃게 되었다.

마지막으로 살펴 볼 통문은 1925년 영해향교(寧海鄕校) 측이 옥산서원에 보낸 통문이다.

> 우리 퇴도부자[이황]는 … 도덕과 문장이 우뚝하여 해동의 공맹(孔孟)이자 산남(山南)의 정주(程朱)로서 … 이로써 위로는 국왕에서부터 아래로는 일반 백성에 이르기까지 존경하고 친애하지 않는 자가 없어서 궐리(闕里)와 고정(考亭)의 편액처럼 도산서원으로 편액하였으니, … 그런데 근래 신문 지상에 흉측하고도 극악하게 도산서원 철폐라는 말이 전파되고 있습니다. 이것이 어느 곳에서 하는 행동인지는 모르나 무진년[1868] 서원을 철폐하라는 조정의 명령보다도 더욱 심각하며, 무진년에도 철폐되지 않은 도산서원을 철폐하고자 합니다. 무릇 서원이 철폐되어 이것이 없으면 퇴도부자도 없는 것이 되고, 퇴도부자가 없으면 퇴도부자의 도(道)마저도 없게 되니, … 인간은 금수가 될 것입니다. … 삼가 도산서원의 보호가 사문(斯文)을 높이 보호하는 의리이니 피눈물을 흘리면서 우

---

61) 〈통문〉, B-32, "竊伏念世之尊尙儒敎者 祖孔子而父程朱 此誠吾林共同之論也 … 咸陽 李君炳憲 往遊中州大陸 目見此狀 深懼吾邦新進習氣之惡化 又恨孔子微言大義之不明 以春秋據亂太平三世之說 大易神道設敎之義 禮運之大同中庸之配 天作爲目標 而 述吾族當奉儒敎論 欲以發孔經之大旨 顧於宋朝先賢之說 或有貳異 故及其回國也 自 本堂痛詰其故則李君亦無絲毫分踈 自服其罪然 此非李君之言也 實孔門七十子後學相 傳之宗旨 乃中州孔敎會 幾十萬紳士之費 腦力而合衆志".

리 전 세계 동지 여러분께 삼가 아룁니다. 바라옵건대 여러분께서는 본성과 천리가 우리에게 있다고 생각하시고, 우리와 금수의 다른 점을 분별하시어 협력해서 같은 목소리로 존위와 보호의 바탕으로 삼는다면, 더 없이 다행일 것입니다. … 조선 13도 각군 교궁·서원 사림 첨 좌전[62]

위의 통문은 영해향교 측이 신문 지상에 언급된 도산서원 철폐 주장을 보고, 옥산서원을 비롯해 전국의 향교와 서원 유림에게 발급한 것이다. 당시 도산서원 철폐를 주장한 세력은 안동의 사회주의 운동 단체였다. 1920년대 소작쟁의가 치열하게 일어나고 있는 가운데, 1925년 소작료 문제로 도산서원 측이 소작인에게 태형을 치는 일이 발생했다. 그러자 안동의 사회주의 단체인 화성회를 비롯해 안동청년연맹·안동여성회·안동노우회·정광단·풍산소작인회가 연합하여, '도산서원철폐운동 연합위원회'를 결성하였다. 이들은 도산서원을 민중의 방해물로 규정하고 관련자 처벌을 촉구하였으며,[63] 이와 관련된 기사가 신문 지상에 연이어 보도되었다.[64]

유교 문화의 중심지로 인식되던 안동에서 도산서원 철폐운동이 전개되자, 인근 유림들도 위기감을 느꼈다. 영해향교 측은 도산서원 철폐를 주장하는 세력을 금수로 규정하고, 사문 수호를 위해 전국의 유림들이 힘을 합쳐야 한다고 호소하였다. 영해향교 통문은 일제 강점기 새로운 사조의 등장으로

---

62) 〈통문〉, B-35, "我退陶夫子 … 道德文章巍然 爲海東之孔孟 山南之程朱 … 是以上自國王 下至韋布莫不尊親 闕里考亭之扁 陶山書院之額 … 夫何近日新聞上傳播之言 窮凶極惡至有掇廢云云之說 未知何處擧措更深於戊辰朝令 而欲掇戊辰所未掇之陶山書院乎 夫掇廢陶院則是無 退陶夫子也無 退陶夫子則是無 退陶夫子之道也無 退陶夫子之道則是 … 人類化爲禽獸矣 … 謹以保護陶山 尊衛斯文之義 沫血飮泣 敬告我大世界同志僉君子 伏惟僉君子念天彛物則之在己 辨吾人禽獸之異 途協力齊聲 以爲尊衛保護之地 千萬幸甚 … 朝鮮十三道 各郡校宮書院士林僉座前".

63) 강윤정(2022), 「1920년대 안동지역 여성단체와 활동」, 『대구사학』 149, 대구사학회, 20~21쪽.

64) 『조선일보』(1925. 11. 19); 『시대일보』(1925. 11. 25); 『시대일보』(1925. 11. 26); 『조선일보』(1925. 12. 16).

서원의 사회적 역할이 점차 약화되는 가운데, 서원의 권위를 회복하기 위해 노력하던 전통 유림의 모습을 잘 보여주는 사례이다.

IV. 맺음말

이상 일제 강점기 동안 소수·옥산·도산·도동서원이 수급한 통문을 살펴봄으로써, 이 시기 서원의 성격과 역할을 대략적으로 가늠해 보았다.

우선 4개 서원의 통문 수급 양상에서 두 가지가 주목되는데, 그 중 하나는 통문의 발급처이다. 검토한 통문의 주요 발급처는 향교·서원·사우·서당·단소·회중·유계 등 유림 기관 및 단체였다. 그런데 대부분의 서당·단소·회중·유계는 흥선대원군의 서원훼철령 이후 복설 중이거나 기존의 서원 조직에서 비롯된 단체로 확인된다. 따라서 이들 조직의 활동도 서원과 같은 맥락에서 이해 할 수 있다. 또 하나 주목한 점은 통문의 발급 시기이다. 그 시기를 보면 1920~1930년대가 많으며, 1910년대는 중반 이후에 집중된다. 1939~1945년 통문은 확인되지 않았다. 이러한 경향은 식민지 통치 기구의 정책과 관련 지을 수 있다. 즉, 1910년대 초반 식민지 통치 기구의 무단통치와 지방에서의 의병 토벌, 1939년 이후의 전시체제는 서원의 통문 발급에도 영향을 끼쳤을 것이다. 그렇기 때문에 상대적으로 문화통치가 시행되던 1920~1930년에 서원에서 활발하게 통문 수·발급이 이루어졌던 것으로 보인다.

일제 강점기 소수·옥산·도산·도동서원이 수급한 통문의 내용은 크게 네 가지 측면에서 살펴보았다.

첫째, 상당수 통문의 내용이 서원·사우의 복설과 신설, 그리고 새로운 인물에 대한 추향과 관련된 것이다. 서원·사우는 제향 및 교육기관일 뿐만 아니라, 향촌 사회 기구였다. 유림 세력은 서원·사우를 운영하고 출입함으로써, 사회적 지위를 확보할 수 있었다. 따라서 전통적 질서 회복을 바라던 유림 세력은 일차적으로 서원·사우와 같은 제향처 마련에 힘을 기울였다.

둘째, 서원의 주요 사업이다. 일제 강점기에도 유림들은 서원을 여전히 교화의 구심처로 인식하였다. 이에 서원은 교화를 명분으로 내세우며, 현조에 대한 각종 추숭 사업과 충효열 인사에 대한 선양 사업을 추진해 나갔다. 그 과정에서 서원 및 유림 조직은 상호 간에 통문을 수·발급하며, 물력을 요청하거나 사업의 타당성 확보를 위해 동의를 구하기도 했다. 조선 시대부터 이어져 온 충효열 인사에 대한 정부의 정려 정책은 중단되었지만, 각 서원은 충효열과 관련된 인사를 발굴하고 포장하였다. 비록 조선 시대처럼 충효열 인사와 일족에 대한 실질적인 사회·경제적 혜택은 없었지만, 전통적 윤리를 고수하고 계승해 나가기 위한 목적에서 선양 사업을 지속해 나갔던 것이다.

셋째, 서원을 중심으로 전개된 향중 쟁단이다. 서원에서 유림 공론이 형성되었던만큼, 조선 시대 동안 서원 간에는 여러 형태의 향중 쟁단이 발생하였다. 유림 집단도 서원을 통해 자신들의 이해관계를 관철시켜 나갔다. 그러나 일제 강점기 이후 정치 지형과 사회 구조가 크게 변화면서, 서원에서 형성되던 공론의 범위도 축소되었다. 더 이상 조선 시대처럼 정치·사회적 쟁단은 서원 통문에서 확인되지 않는다. 이 무렵 서원을 중심으로 전개되는 향중 쟁단은 조상 추숭 사업 과정에서 발생하는 문자 및 학문 연원 시비가 대부분이었다.

넷째, 새로운 사조의 등장으로 유학의 권위가 약화되는 가운데, 전통적 가치관과 사문 수호를 위해 서원이 앞장섰다는 점이다. 예컨대 1920년대 이병헌의 공교운동과 사회주의 운동가들의 도산서원 철폐 운동이 일어나자, 유림 세력은 이들을 이단 또는 금수로 규정하고, 서원 통문을 통해 여론을 확보함으로써, 이들의 활동을 저지하고자 했다.

이처럼 일제 강점기 서원의 성격과 역할은 유림이 주도하는 향촌 질서와 유학의 권위를 회복하는데 초점이 맞추어져 있다. 그러나 일제 강점기 통문 중 조선 시대처럼 정치·사회적 이슈를 다룬 사례는 전무하다. 사회 구조가 재편되는 가운데 전통적인 가치관을 고수하고, 가문 단위의 유림 집단이 지역 내에서 자신들의 사회적 지위를 인정·획득하기 위한 방편으로만 서원 통문을 활용하였던 것이다. 이러한 대목을 향후 식민지 시기 통치 기구의 서원 인식 및 정책과 연관 지어 분석한다면, 일제 강점기 서원의 성격을 보다 뚜렷하게 규명할 수 있을 것이라고 전망한다.

〈부록〉

소수서원 수급 통문

연번	시기	발급처	내 용
A-1	1916.02.18	안동 고산서당(高山書堂)	1910년 이상정(李象靖)에게 내려진 시호(諡號)에 대한 고유제(告由祭) 거행을 통지
A-2	1916.12	안동 구계서당(龜溪書堂)	광산인(光山人) 김제송(金濟松)의 딸이자, 흥해인(興海人) 배연걸(裵淵杰)의 부인인 김씨(金氏)의 효열(孝烈)을 알리는 통문
A-3	1917.02	예안 도산서원(陶山書院)	이황(李滉)이 쓴 「구암선생역범도발문(龜巖先生易範圖跋文)」에 대하여 의견을 구하는 통문
A-4	1917.02.08	경주 경산단소(景山壇所)	옥산서원(玉山書院)에서 일어난 적서(嫡庶) 시비의 연장선상에서, 이른바 '신론(新論)'을 펼치며 도난당한 문서 궤짝의 열쇠를 새롭게 제작하자고 주장하는 세력을 규탄
A-5	1917.03.22	영일향교(迎日鄕校)	영일의 영양이씨(永陽李氏) 후손들이 임진왜란 때 의병으로 활약한 청안인(淸安人) 이눌(李訥)의 행적을 자신들의 선조이자 이름이 같은 이눌(李訥)의 행적이라고 주장하자, 이를 환본역조(換本易祖)에 해당하는 행위임을 규탄하고자 보낸 통문
A-6	1917.07	안동 고산서당	봉안식 참석 요청
A-7	1917.1	진주 연산도통사 (硯山道統祠)	중국 공교회(孔敎會) 총리인 중국인 학자 공상림(孔祥霖)의 부고
A-8	1919.04	순흥 단산면회중 (丹山面會中)	고을 사람 장이덕(張彛德)의 처 유인(孺人) 함창김씨(咸昌金氏)의 효열을 기려 정려(旌閭)가 이루어 질 수 있도록 성원을 요청하는 통문
A-9	1921.01.11	순흥 행계서당(杏溪書堂)	1921년 고종의 삼년상에 맞추어 순절한 광산인(光山人) 김도수(金道洙)의 행적을 채록하여 풍교(風敎)를 진작시킬 것을 건의
A-10	1921.02	예천 노봉서원(魯峯書院)	권산해(權山海, 1403~1456)의 충절을 기리기 위하여 새롭게 사묘(祠廟)를 만들었으니, 욕례(縟禮) 참석을 요청하는 통문

연번	시기	발급처	내 용
A-11	1923.02.26	하양 금호서당(琴湖書堂)	하양에서 허조(許稠)를 제향하는 서원을 복설 중인데, 또 다른 하양허씨(河陽許氏) 문중에서 같은 편액을 건 금호서원을 복설하려는 행위에 대한 규탄
A-12	1923.04.15	대구 연경서당(研經書堂)	당우(堂宇) 건립과 관련해 재정 지원을 요청
A-13	1923.04.27	청도 자계서원(紫溪書院)	'B-28'과 관련된 일이 김해김씨(金海金氏) 여러 후손들의 동의를 얻지 않고 독단적으로 추진한 일임을 규탄
A-14	1923.1	함양 남계서원(灆溪書院)	단성(丹城) 배산서당(培山書堂)의 문묘(文廟) 남쪽 사당에 이황·조식(曺植)·이원(李源)·이광우(李光友)의 위패를 나란히 봉안하고 공교(孔敎) 활동을 펼치고 있던 이병헌(李炳憲)을 규탄
A-15	1924.08.16	의흥 양산서당(陽山書堂)	이상정 문집의 책판을 새롭게 제작하는 것에 대하여 동의를 구하는 통문
A-16	1925.12.10	대구 구암재회중 (龜巖齋會中)	구암재 봉안식(奉安式)에 참석 요청
A-17	1927.03	안동 도연회중(道淵會中)	『가례집유(家禮輯遺)』 간행에 필요한 물력 지원 요청
A-18	1928.03	안동 병산서원(屛山書院)	예천 소천(蘇川)의 용궁전씨(龍宮全氏) 가문이 청원정(淸遠亭)을 새롭게 중건하면서, 이황이 안동 갈전에 소재한 청원정을 위해 쓴 시를 게판한 것에 대하여, 오류임을 지적하고 용궁전씨를 규탄하기 위해 보낸 통문
A-19	1928.03.12	영천(榮川) 구학정(龜鶴亭)	예천 탑동(塔洞)에 김곤(金錕) 등을 제향하는 사당 봉안식 통지
A-20	1930.5	대구 오천유계소 (梧川儒契所)	'A-18'의 사안에 대하여 양배선(楊拜善)이 지은 「청원정기(淸遠亭記)」를 근거로 이황이 안동 갈전에 있는 청원정을 위해 시를 지었음을 주장하는 통문

옥산서원 수급 통문

연번	시기	발급처	내 용
B-1	1915.11.14	안동 죽림정사(竹林精舍)	과거 죽림정사 소유의 이현암(二賢巖)을 침범한 배석하(裵錫夏) 규탄
B-2	1916.02.16	안동 고산서당	'A-1'과 동일
B-3	1916.06.29	예안 도산서원	병산서원 측이 『도산급문제현록(陶山及門諸賢錄)』에 오류가 있다며 『변정록(辨訂錄)』을 새로 간행하려고 하자 이를 저지하기 위해 보낸 통문
B-4	1917.09	대구 녹동재(鹿洞齋)	김충선(金忠善)을 제향한 녹동서원 복설에 동참해 주기를 요청
B-5	1917.10.04	안동 호계서당(虎溪書堂)	손이시비(孫李是非)가 재발할 조짐을 보이자 이를 무마하기 위해 보낸 통문
B-6	1918.05.14	예안 도산서원	진주에서 공자를 제향하는 사묘에 주자(朱子)와 안향(安珦)을 제향하고 편액을 '도통사(道統祠)'라 한 행위가 도리에 맞지 않음을 규탄
B-7	1918.07.20	경주 구강영당(龜岡影堂)	철폐된 구강서원(龜岡書院) 옛 터에 강당을 짓는 것에 대한 동의 요청
B-8	1918.01.22	선산 원회당(遠懷堂)	정사진(鄭四震)을 다시 원회당에 제향하는 사안에 대하여 동의를 구하는 통문
B-9	1918.01.27	초계 황강정(黃江亭)	초계 황강정의 유림들이 이희안(李希顔)의 제향처 설립을 위해 결성한 유계에 동참해 줄 것을 요청
B-10	1918.03.03	안동 호계서당	김성탁(金聖鐸) 불천위 제례 참석 요청
B-11	1918.03.15	영천(永川) 임고영당(臨皐影堂)	임고영당에 정사진(鄭四震)을 제향하는 사안에 대하여 동의를 구하는 통문
B-12	1919.02.05	영천향교(榮川鄕校)	장문필(張文弼)의 처 안동김씨(安東金氏)의 열행(烈行)을 알리는 통문
B-13	1919.07.12	안동 임천서원(臨川書院)	흥해인(興海人) 배재형(裵在衡)의 처 의성김씨(義城金氏)의 열행을 알리는 통문
B-14	1919.11.05	현풍 도동서원(道東書院)	현풍 송담서원(松潭書院) 중건에 필요한 물력 지원 요청
B-15	1919.11.15	현풍 도동서원	'B-14'와 동일
B-16	1920.01.05	예안 도산서원	진성인(眞城人) 이유호(李有鎬)의 처 전주최씨(全州崔氏)의 효열을 알리는 통문

연번	시기	발급처	내 용
B-17	1920.01	김산 감호당회중 (鑑湖堂會中)	여대로(呂大老)를 제향하는 사우 건립에 대한 동의 요청
B-18	1920.04.10	대구 낙빈단소(洛濱壇所)	병산서원에서 소란을 일으킨 선성이씨(宣城李氏)에 대한 처벌 논의
B-19	1920.11.03	안동 삼계서당(三溪書堂)	이언적(李彦迪)이 경주 양동(良洞)에 건립한 영귀정(詠歸亭) 복원을 건의
B-20	1920.12.11	합천 청계회중(淸溪會中)	이희안을 제향한 청계서원(淸溪書院) 복원에 대한 협조 요청
B-21	1922.01	지례 명례당(明禮堂)	명례당의 사당에 이숭원(李崇元)·이장원(李長源)·이민간(李民觀)을 합향하는 것에 대하여 의견을 구하는 통문
B-22	1922.01	지례 명례당	'B-21'과 동일
B-23	1922.06.17	칠곡 사양서당(泗陽書堂)	이만운(李萬運)의 불천위 제향에 대한 동의 요청
B-24	1923.02.19	영해향교(寧海鄕校)	동학사(東鶴寺) 숙모전(肅慕殿)의 권책(權策) 추향례(追享禮) 참석 요청
B-25	1923.03.09	경주 운곡단소(雲谷壇所)	이팽수(李彭壽)를 기리는 재실(齋室) 건립에 찬성한다는 답통(答通)
B-26	1923.03.19	경주 용산단소(龍山壇所)	'B-25'와 동일
B-27	1923.03	경주향교(慶州鄕校)	'B-25'와 동일
B-28	1923.04.02	청도 운계서당(雲溪書堂)	김극일(金克一) 제향의 운계사(雲溪祠)에 김일손(金馹孫)과 김대유(金大有)의 위판을 추가적으로 봉안함을 통지하고 참석을 요청
B-29	1923.07.10	경주 서악서원(西岳書院)	'B-25'와 동일
B-30	1923.08.28	상주 도남단소(道南壇所)	류주목(柳疇睦)의 문집 간행에 필요한 물력 지원 요청
B-31	1923.09	흥해향교(興海鄕校)	곡강서원(曲江書院) 복원과 관련된 회의 일시 통지
B-32	1924.08	단성(丹城) 배산유회(培山儒會)	공교운동(孔敎運動)을 펼치고 있던 이병헌 변호
B-33	1924.10.15	청도 자계서원(紫溪書院)	자계서원 복원 봉안례 참석 요청
B-34	1925.03.07	이용구(李容九) 외 전국 유림	1881년 위정척사운동 관련 인사를 제향하는 사우 건립에 대한 회의 일시 통지

연번	시기	발급처	내 용
B-35	1925.11.02	영해향교	도산서원 철폐를 주장하는 사회주의 사상가 규탄
B-36	1926.12.03	안동향회(安東鄕會) 회중(會中)	이광정(李光靖)을 제향하는 시설 설립 건으로 개최되는 도회(道會) 일시 통지
B-37	1926.12	이병관(李炳觀) 외 전국 유림	후손들이 주도하는 도산서원의 운영 실태 규탄
B-38	1927.01.15	경주향교	손이시비 때 죽은 이능벌(李能橃)의 처 월성이씨(月城李氏)의 열행에 대한 포장 건의
B-39	1928.04.01	상주 도남단소	노수신(盧守愼)의 유고 책판을 제작하는데 필요한 물력 지원 요청
B-40	1928.09.26	안동 호계서당	권벌(權橃)의 문집 중간과 관련된 회의 일시 통지
B-41	1928.12	청주 백록단소(白鹿壇所)	권상(權常)의 단소 설립에 필요한 물력 지원 요청
B-42	1931.01.07	안동 고산서원(高山書院)	고산서원에 이종수(李宗洙)를 추향하는 일로 고사(告祀)가 거행됨을 통지
B-43	1931.03.11	안동 하회도회(河回道會)	권벌의 『충재집(冲齋集)』 중간본에서 '퇴계 이선생'을 '퇴계 이황'으로 직서(直書)한 것에 대하여 이황의 후손이 항의하자, 이를 바로 잡기 위한 도회가 하회에서 개최됨을 통지
B-44	1931.03.26	안동 삼계서당	'B-43' 사안에 대하여 아무 문제가 없음을 변호한 통문
B-45	1931.04.13	초계 월화당계(月華堂契)	월화당(月華堂)과 주필각(駐蹕閣) 복원에 필요한 물력 지원 요청
B-46	1936.01	예천 노봉서원(魯峯書院)	노봉서원에 권진(權軫) 등을 제향하기 위해 수계(修禊)함을 통지
B-47	1936.09.09	칠곡 사양서당	이서우(李瑞雨) 문집 발간에 필요한 물력 지원 요청
B-48	1937.03.24	대성문우회 (大成文友會)	근래 옥산서원 유생이 서원의 토지 3만여 평을 사사로이 방매한 사실을 조사하기 위해 경성(京城)의 대성문우회에서 조사원을 파견하겠다고 통지
B-49	1938.01	칠곡 사양서당	이서우를 사양서당에 추배하는데 필요한 물력 지원 요청

도산서원 수급 통문

연번	시기	발급처	내 용
C-1	1918.2.27	안동 노림서당(魯林書堂)	김굉(金坽) 추숭을 위한 논의가 의흥향교 (義興鄉校)에서 개최됨을 통지
C-2	1920.04.24	영양향교(英陽鄉校)	내용 불명(결락)
C-3	1921.02.28	예천 노봉서원	'A-10'과 동일
C-4	1921.03	태극교본부 (太極敎本部)	태극교 교단에서 유교의 진작을 위해 대향 (大享) 후 거행하는 회강(會講)과 향음주례 (鄉飮酒禮)에 많은 유림의 참석을 희망하는 통문
C-5	1921.08	효령대군(孝寧大君) 정효공파(靖孝公派) 종손 이강준(李康準) 외	1917년 밀양에서 간행한 이익(李瀷)의 『성 호집(星湖集)』에 정효공파의 계보가 잘못 기재되어 있다며, 해당 문집을 모두 수거 해 소각해 줄 것을 요청
C-6	1922.05.11	신녕 백학서당(白鶴書堂)	백학서당 중건에 필요한 물력 지원 요청
C-7	1924.09.11	진주 남악사도회소 (南岳祠道會所)	김유신(金庾信)·설총(薛聰)·최치원(崔致遠) 을 제향한 남악사 설립을 통지
C-8	1924.09	진잠향교(鎭岑鄉校)	해주인(海州人) 오원근(吳原根)의 처 충주 박씨(忠州朴氏)의 효행을 알리는 통문
C-9	1925.04.15	충주 하강단소삼도진신장 보회(荷江壇所三道縉 紳章甫會)	류주목(柳疇睦)의 『계당집(溪堂集)』에 수록 될 「병명발(屛銘跋)」은 허목(許穆)이 이원록 (李元祿)에게 써 주었다는 병명(屛銘)의 발 문인데, 정작 허목은 해당 병명을 써 준적 이 없다며, 이를 왜곡한 칠곡의 이상선(李 相善) 가문을 규탄하고 류주목의 발문을 삭제해야 한다고 주장하는 통문
C-10	1925.04	예산 향천산방(香泉山房)	'C-9'와 동일
C-11	1925.06.15	창원[마산] 김대림(金大林)	윤휴(尹鑴)를 제향하는 사당 건립과 관련해 창원 관해정(觀海亭)에서 유림대회가 개최 됨을 통지

도동서원 수급 통문

연번	시기	발급처	내 용
D-1	1913	안동 하회(河回)	『도산급문제현록』에 수록될 내용 중 류운룡(柳雲龍)·류성룡(柳成龍)을 무훼(巫毁)하는 대목이 있다며 수정을 요청
D-2	1914.11.04	안동 병산서원	'D-1'의 수정 사항이 받아들여지지 않고 초간본이 간행되자 훼판을 주장
D-3	1917	안동 호계서당	이상정을 제향하는 고산서원 복설을 논의하는 도회가 안동에서 개최됨을 통지
D-4	1917	경주 경산단소	'A-4'와 동일
D-5	1917	안동 병산서원	밀양에서 『성호집』을 간행하는 사안에 대하여 성주 회연서당(檜淵書堂)에 모여 물력 지원을 논의하자고 통지
D-6	1918	안동 호계서당	'B-10'과 동일
D-7	1918	예안 도산서원	'B-6'과 동일
D-8	1918	경주 구강영당	'B-7'과 동일
D-9	1918	대전향회(大田鄕會)	진성인(眞城人) 이원해(李源海)의 처 순천박씨(順天朴氏)의 열행을 알리는 통문
D-10	1919	청도 자계서당(紫溪書堂)	김일손의 『탁영집(濯纓集)』, 김대유의 『삼족당집(三足堂集)』, 김치삼(金致三)의 『도연집(道淵集)』을 편찬하는데 있어 의견을 묻는 통문
D-11	1920.11.05	예안 도산서원	'B-16'과 동일
D-12	1920	김산 감호당회중	'B-17'과 동일
D-13	1921.05.07	성주군 회연서당(檜淵書堂)	이사룡(李士龍)의 충절을 기리기 위해 수계함을 통지
D-14	1922	지례 명례당	'B-21'과 동일

【참고문헌】

『조선왕조실록(朝鮮王朝實錄)』
『대전통편(大全通編)』

강윤정(2022), 「1920년대 안동지역 여성단체와 활동」, 『대구사학』 149, 대구사학회.
구덕회(2002), 「붕당정치의 운영형태」, 『신편 한국사』 30, 국사편찬위원회.
김종석(2000), 「『도산급문제현록』의 집성과 간행에 관하여」, 『퇴계학과 유교문화』
　　　28, 경북대학교 퇴계연구소.
박현순(2016), 「조선후기 유생통문이 전달 구조」, 『한국문화』 76, 서울대학교 규장각
　　　한국학연구원.
서동일(2005), 「한말~일제하 개신유림 윤충하의 계몽운동과 태극교운동」, 『한국민족
　　　운동사연구』 44, 한국민족운동사학회.
영남대학교 민족문화연구소(2023), 2023년 민족문화연구소 전반기 국내학술대회 자
　　　료집 『흥선대원군 서원훼철령 이후 서원 복설의 추이와 성격[1868~2022]』.
영주시(2023), 『소수서원 고문서 문화재 지정 신청 보고서』.
오이환(2009), 「일제시기의 덕천서원」, 『동양철학』 32, 한국동양철학회.
윤선자(2007), 「일제하 호남지역 서원, 사우의 신설과 복설」, 『한중인문학연구』 22,
　　　한중인문학회.
윤희면(2004), 「조선시대 서원정책과 서원의 설립 실태」, 『역사학보』 181, 역사학회.
이병훈(2017), 「19~20세기 영남지역 향촌사회와 경주 옥산서원의 동향」, 『한국서원학
　　　보』 4, 한국서원학회.
이수건(1989), 『조선시대 지방행정사』, 민음사.
이수환(2009), 「경주지역 손이시비의 전말」, 『민족문화논총』 42, 영남대학교 민족문
　　　화연구소
이정희(2015), 「일제시기 경남지역의 공교운동 연구 ─ 도통사 공교지회와 배산서당 조
　　　선공교회를 중심으로 ─」, 『남명학연구』 46, 경상대학교 남명학연구소.
이종수(2014), 「이상규와 도통사 공교지회」, 『대동문화연구』 85, 성균관대학교 대동
　　　문화연구원
이희환(2001), 「조선 말기의 정려와 가문 숭상의 풍조」, 『조선시대사학보』 17, 조선시
　　　대사학회.

정수환(2022), 「일제강점기 현풍 도동서원의 현실과 대응」, 『대동한문학』 71, 대동한
　　문학회.

조명근(2022), 「일제 말 경주 옥산서원의 운영 실태」, 『한국서원학보』 14, 한국서원학
　　회.

최성한(2021), 「한말·일제강점기 영남지역 서원·사우의 건립 양상」, 영남대학교 석사
　　학위논문.

최승희(1981), 『한국고문서연구』, 한국정신문화연구원.

한국학자료센터 영남권역센터(http://yn.ugyo.net)

유교넷(http://www.ugyo.net)

청대(淸代) 말기 서원의 개혁과 제도적 변화

등홍파(鄧洪波)

Ⅰ. 19세기 말 중국 서원의 고도 발전

19세기 말, 청(淸) 동치(同治, 1862~1874)·광서(光緒, 1875~1908) 연간을 합치면 대략 40여 년의 세월에 달한다. 그 가운데 동치 연간에 해당하는 13년의 세월 동안, 청 왕조는 그야말로 중흥의 시기였다. 이 때 태평천국운동이 동남 지역을 휩쓸었는데, 호남성 소재 악록·성남·석고서원 등지의 원생이었던 증국번(曾國藩)·좌종당(左宗棠)·팽옥린(彭玉麟)·호림익(胡林翼)·증국전(曾國荃)·곽숭도(郭嵩燾)·이원도(李元度)·유장우(劉長佑)·유곤일(劉坤一) 등 소위 '중흥장상(中興將相)'이 지휘하였던 상군(湘軍) 진영이 진압함으로써, 운동은 결국 실패로 돌아갔다. 사회가 점차 회복·안정화되면서, 양무운동(洋務運動)이 새로운 물결을 일으킴과 동시에 '서학동점(西學東漸)' 또한 가속화되었다. 요컨대 오랜 혼란과 더불어 국가가 또다시 중흥하였으니, 서원은 이러한 범사회적인 기대 속에서 발전을 이루었던 것이다.

이 시기 중국 서원을 살펴보면, 크게 세 가지의 단계적 특징이 보인다.

첫째, 19세기 말 중국 서원이 초고속 발전을 이루었다는 사실은 자명하나, 이는 산 채로 도살을 당한 것과 마찬가지의 형국이었다. 통계에 따르면, 동치 연간에 창건된 서원은 440개소, 복원된 서원은 28개소로 그 합계는 총 468개소에 이른다. 이 수량은 비록 청대 모든 연간과 비교해보면 5위에 해당하지만, 연평균으로 치면 36개소로서 옹정 연간의 27.846개소를 훨씬 뛰어넘으니 청대 전체에서 가장 많은 건립수를 차지하였다. 광서 연간에도 고속 발전을 꾸준히 유지하였는데, 이 기간에 새로이 건립된 서원으로는 793개소, 중수 서원으로는 24개소로 총 820개소에 달했다. 이는 건륭·강희 연간에 이어 3위에 해당하며, 연평균으로는 24.118개로[1] 동치·옹정 연간 다음이자 건륭 연간보다는 더욱 높은 3위에 해당한다.

이상 상황은 동치·광서 약 40여년의 세월 동안 서원이 과거 1300년에 이르는 역사상 전무한 고속 발전기에 접어들었음을 노정한다. 그런데 1901년 전국의 서원을 대·중·소 3개 등급의 학당으로 바꾸라는 정령이 하달된다. 이는 마치 날카로운 칼처럼 당시 크게 발전하고 있었던 서원을 산 채로 살해한 것으로, 중국 제도사상 몹시 보기 드문, 그러나 화려한 비극의 종막을 인위적으로 초래한 것이라 할 수 있다. 비록 서원을 학당으로 개조하는 것 자체만 놓고 본다면, 이는 고대에서부터 근현대까지 중국 교육의 맥을 이어준 것이라 볼 수 있기에 전통 서원이 제도적 개혁을 통해 영생을 얻은 것이라 평가할 수도 있겠다. 그러나 살신성인(殺身成仁)·입지성불(立地成佛)과 같은 찰나의 변화에 관하여서는 사실 논의할 수 있는 문제가 아주 많다.

둘째, 관방과 민간이라는 두 세력의 합일은 동치·광서 연간 서원이 크게 발전하는 기적을 이루어냈다. 관방에 대하여 말하자면, 동치 2년 막 태평천국운동을 진압한 이후 조정에서 조서를 하달하였다. 이 조서는 전쟁으로 유실된 서원의 재산을 정리하고 교학을 회복하라는 명령으로 구성되는데, 내용은 이하와 같다.

> 근래 군(軍)에서는 성(省)과 각급 부·주·현에 힘써 서원의 공금을 유용하여, 학업을 하는 사람이 없고, 월과(月課)가 폐지된 곳을 정리하였다. 이후로부터 각 총독과 순무(巡撫)가 엄격히 소속을 정리하여 상황을 평정한 뒤, 서원에 고화(膏火)를 증여하도록 하며, 과거에 설치하였던 공항(公項)·전무(田畝) 또한 조속히 처

---

1) 光緒有34年, 盡管光緒二十七年詔令改書院爲學堂, 但其後仍有創建書院者, 且宣統年間亦新建書院3所, 故光緒仍然作34年計算.

리하라. 원래 존치해두었던 자금이 있었으나 더 이상 아무 것도 없는 서원에 대해서도 마땅히 처리 대책을 강구하여 사인(士人) 등이 모여 서로 배울 수 있도록 하며, 장차 과거 공부는 머지않아 폐지할지언정 인심이 안정될 수 있도록 한다.[2]

대란이 평정되자 군무(軍務) 측에서는 문교 사업으로 발 빠르게 눈을 돌렸고, 서원을 빙자하여 인심을 '안정'시키고 국가 중흥을 도모하였다. 이는 일종의 정치적 선견지명이라 할 수 있다. 이러한 사상적 주도 하에서, 지방 군정 요원이었던 증국번·증국전·좌종당·이홍장(李鴻章)·정보정(丁寶楨)·유곤일·장지동(張之洞) 등이 전란으로 폐허가 된 서원의 창건·수복에 직접 나서거나 부하들에게 이를 명령하기도 하였다. 그 가운데 대표적인 인물을 꼽자면 초기에는 좌종당, 후기에는 장지동이 있다.

좌종당은 젊었을 적 호남성 소재의 성남서원(城南書院)과 악록서원(嶽麓書院) 두 서원에서 수학하였으며, 이후 예릉(醴陵) 녹강서원(淥江書院)에서 교편을 잡은 바 있다. 이러한 경험으로 그는 서원에서 얻은 바가 많았기에, 출사 이후 서원 건설에 많은 관심을 기울였다. 그리고 복건성·절강성 총독 재임 기간 동안, 복주(福州)에 정의서원(正誼書院)을 창건하고 거인(擧人)·공생(貢生)을 모집하였으며, 이학(理學) 명저들을 보정한 『정의당전서(正誼堂全書)』 525권을 간행하였다. 이후 섬서·감숙 총독 재임 시절, 난산(蘭山)·관중(關中) 일대의 성급 서원을 경영하는 한편, 서북 지방에 서원 37개소를 신설·복건하였으며, 이 가운데 복원하거나 수리한 서원은 다음 19개소이다.

영주서원(瀛洲書院)[경양(涇陽)]·앙지서원(仰止書院)[동락(東樂)]·순고서원(鶉觚書院)[영태(靈台)]·은천서원(銀川書院)[영하(寧夏)]·하양서원(河陽書院)[정녕(靜寧)]·

---

2) 光緒『大淸會典事例』卷三百九十六. : "近來軍務省分各府州縣, 竟將書院公項藉端挪移, 以致肄業無人, 月課廢弛. 嗣後, 由各督撫嚴飭所屬, 於事平之後, 將書院膏火一項, 凡從前置有公項田畝者, 作速淸理. 其有原存經費無存者, 亦當設法辦理, 使士子等聚處觀摩, 庶擧業不致久廢, 而人心可以底定."

숭산서원(崇山書院)[대통(大通)]·조양서원(洮陽書院)[적도(狄道)]·요천서원(蓼泉書院)[무이(撫彝)]·육영서원(育英書院)[안정(安定)]·영문서원(靈文書院)[영주(靈州)]·우신서원(又新書院)[평라(平羅)]·봉명서원(鳳鳴書院)[숭신(崇信)]·명사서원(鳴沙書院)[돈황(敦煌)]·농천서원(隴川書院)[진안(秦安)]·정명서원(正明書院)[계주(階州)]·오천서원(五泉書院)[난주(蘭州)]·무양서원(武陽書院)[장현(漳縣)]·조빈서원(洮濱書院)[조주(洮州)]·유양서원(榆陽書院)[유양(榆陽)]

이와 더불어 그가 신설한 서원은 다음 18개소이다.

존경서원(尊經書院)[장랑(莊浪)]·경간학사(涇幹學舍)[경양(涇陽)]·문명서원(文明書院)[민주(岷州)]·양무서원(襄武書院)[농서(隴西)]·미경서원(味經書院)[경양]·종영서원(鍾靈書院)[영영(寧靈)]·금산서원(金山書院)[홍수보(洪水堡)]·귀유서원(歸儒書院)[화평천(化平川)]·하음서원(河陰書院)[귀덕(貴德)]·남화서원(南華書院)[감주(甘州)]·농남서원(隴南書院)[진주(秦州)]·경흥서원(慶興書院)[동지원(董志原)]·오봉서원(五峰書院)[서녕(西寧)]·황중서원(湟中書院)[서녕]·문사서원(文社書院)[진번(鎭番)]·학봉학사(鶴峰學舍)[삼차진(三岔鎭)]·봉지서원(鳳池書院)[혜안보(惠安堡)]·유호서원(柳湖書院)[평량(平凉)][3]

아울러 좌종당은 양강(兩江) 총독 재임 기간 동안, 학정(學政)을 도와 강음(江陰) 남청서원(南菁書院)을 창건하였으며, 여기에서 경사실학(經史實學)을 기치로 내거는 한편, 천문·산학(算學)·여지(輿地)를 주요 교과목으로 설치하였다.

장지동은 서원의 변혁과 제도 개혁을 몸소 겪었을 뿐 아니라, 서원의 찬란한 계절과 종막을 모두 목도하였다. 호북성 학정으로 재임하던 시절, 그는 강한서원(江漢書院)을 운영하는 데 노력을 기울였다. 또한 경심서원(經心書

---

3) 王興國, 『左宗棠與西北書院』, 見『中國書院』 第四輯, 第135頁.

院)을 창건하였고, 여기에서 경의(經義)를 가르치고 교사를 관리하였다. 이후
사천성에서 학정으로 일하면서도 존경서원(尊經書院)을 창건, 왕개운(王闓運)
을 주교(主敎)로 초빙하여 '통경학고(通經學古)' 과목을 담당하도록 하였고,
존경서국(尊經書局)을 열어 출판을 시행, 『서목문답(書目問答)』을 간행하여
원생들이 공부하도록 하였다. 이로써 그는 촉성 일대의 훌륭한 학풍을 이루
어냈다. 산서 순무로 재임하면서 그는 영덕서원(令德書院)을 창건하였고, 진
성(晉省)의 훌륭한 인재들을 모집하여 학업을 장려하였다. 경사(經史)·고학
(古學)을 주로 가르쳤으니 이 서원에서 진성의 인재들이 다수 배출되었다. 또
한 「추광흥학판법(推廣興學辦法)」을 공포하였는데, 여기에는 "경비를 조달하
여 서원을 수복함[籌經費以修書院]"이라는 조항이 보인다.

양광(兩廣) 총독으로 재임하던 시절, 그는 조경(肇慶)의 단계서원(端溪書院)
을 대체하는 의미에서 광주(廣州)에 광아서원(廣雅書院)을 창건하였으며, 광
서·광동 지역에서 각각 100명의 인재를 모집하여 수학하도록 하였다. 이 서
원의 가장 큰 특징으로 말하자면, 원장 아래 경학·사학·이학·문학 4개 분교
를 설치하고 경·사·이학·경제 4개 과목으로 분류했다는 것이다. 또한 광아
서국을 건립하여 서적을 간행하였으며, 국파정사(菊坡精舍)를 세웠다. 특기할
만한 점은 남양(南洋)으로 인원을 파견하여 동남아 일대에 영사지를 두어 화
교 자제들을 가르칠 서원을 창건할 것을 건의하였다는 것이다. 호북·광동 총
독으로 재임하는 동안, 그는 양호서원(兩湖書院)을 건립하여, 호남·호북에서
각기 100명의 학생을 모집·진학시켰으며, 아울러 상적(商籍) 40명의 인원을
두었을 뿐 아니라 경학·사학·이학·문학·산학·경제 6개 부분으로 과목을 나
누어 학사를 시행하였다. 이곳에는 산장(山長)이 없었고, 제조관(提調官)과 감
원(監院)이 원무를 관장하였다. 이후 교과목 과정을 경학·사학·지리·수학·박
물·화학 및 병조(兵操) 등으로 재편성함으로써 원생들이 근대 교육을 받을
수 있도록 하였다. 또한 『권학편(勸學篇)』을 발표하여 그 유명한 '중학위체
(中學爲體) 서학위용(西學爲用)' 사상을 개진하였다.

서원 외에도 방언상무학당(方言商務學堂)·자강학당(自強學堂)·육군학당(陸

軍學堂)·무비학당(武備學堂)·농무학당農務學堂)·공예학당(工藝學堂)·사범학당
(師範學堂)·소학당(小學堂)·중학당(中學堂)·대학당(大學堂) 등 수많은 학당 계
열의 교육 기구를 건립함으로써 중국 교육의 근대화 실천에 몸소 참여하였
다. 이 기간 동안, 그는 양강(兩江)의 총독을 대행하였으며 강녕(江寧)[지금의
남경]에 삼강사범학당(三江師範學堂)을 창건하였다. 1905년 그는 원세개(袁世
凱)와 함께 과거제 폐지를 선언함으로써 과거 중국의 교육 체제를 완전히 종
식시켰다.[4]

관의 역량 이외에도, 동치·광서 연간에 서원의 폭발적인 발전 근저에는
민간의 역량에 힘입은 바가 크다. 관이 주로 청대 말기 서원의 발전 방향을
주도하면서 서원의 '질적' 측면에 중점을 두었다고 말한다면, 다른 한편으로
민간의 역량은 '양적' 차원에서 서원을 유지하였다. 예를 들어 강서성의 경
우를 살펴보면, 동치 연간 강서성 전체에 새롭게 창건된 서원은 118개소였
는데, 그 가운데 낙안현(樂安縣)에는 43개소, 영신현(永新縣)에는 12개소, 총
55개소가 창건되었다. 이는 118개소의 거의 절반에 해당하는 수량으로, 모
두 향촌 사회에 기반을 두고 있는 유력 가문에 의해 건립된 서원이다. 광서
연간으로 넘어가 보면, 공성(贛省)에는 74개소의 서원이 설립되었으며, 만재
(萬載) 1현에는 23개소가 설립되었다. 이는 전체 성내 건립 수의 31.08%에
해당하며, 모두 4개 향촌민들이 설립한 것이다. 또 광동 동완현(東莞縣)의 경
우, 광서 연간에만 13개소의 서원이 설립되었는데, 이들 모두 향촌에 위치해
있으며 민간 자본에 의해 건립되었다.[5]

호남성의 경우에도 이와 비슷하다. 청대 호남 다릉(茶陵) 지역에는 18개소
의 서원이 있었는데, 관에서 건립한 현성(縣城) 미강서원(洣江書院) 이외에는
모두 민간 향촌 또는 가문이 공동으로 건립한 곳이었다. 시기적으로 보건대,
건륭 연간에 건립된 서원은 미강서원 단 한 곳뿐이고, 함풍 연간에 2개소,

4) 以上參見周漢光, 『張之洞與廣雅書院』(台北: 中國文化大學出版部, 1983).
5) 以上皆見白新良, 『中國古代書院發展史』, 江西見第237-238·244頁, 廣東見246頁.

동치 연간에 15개소가 건립되었다. 신전현(新田縣)에는 16개소의 서원이 존재하였는데, 그 가운데 옹정 연간에 건립된 것이 2개소, 건륭 1개소, 함풍 1개소, 광서 12개소였다. 이들 모두 특정 가문 또는 향촌민들이 공동으로 건립한 것이며, 그 가운데 함풍 연간에 건립된 1개 서원은 현성에 소재한 것으로서 읍인(邑人)이 공동으로 건립한 것이다. 다만 옹정·건륭 연간에 건립된 3개소 현성 서원만이 당시 지현(知縣)에 의해 건립된 것으로 확인된다.[6] 사천(四川)의 수녕(遂寧)·삼태(三台)·달현(達縣)의 서원들 또한 이와 같은 사례로 볼 수 있다.[7] 이 3개현에 각각 90%, 93%, 92%의 서원이 민간 차원에서 건립되었다. 이 모든 사실은 민간 역량이 청말 서원들을 지탱하는 가장 중요한 대들보 역할을 하였을 뿐만 아니라, 또한 당시 서원이 초고속으로 발전하는 데 있어 주요 동력 체계로 작용하였음을 보여주는 것이기도 하다.

셋째, 시대의 흐름에 조응하여 발 빠르게 변화·혁신·개혁을 이룬 서원은 고대로부터 근대, 현대로의 여정을 시작하였다. 이와 관련된 상황에 대하여서는 아래 장에서 심도 있게 다루어 볼 것이다.

II. 근대로의 진입 : 서원의 개조·창조, 그리고 개혁

19세기 끝자락의 40여년의 기간, 즉 청 동치·광서 연간에 서원은 1,233개소의 증설이라는 초고속 발전과 더불어 과거 1,300년 서원사 가운데 유례없는 영광을 누리고 있었다. 또한 서원은 시대의 흐름에 조응하여 사회적 차원에서 나날이 증가·급변하는 문화적 교육의 수요에 부응하기 위해 노력하였으며, 연구·교육적 차원에서 '신학(新學)'과 '서학(西學)'을 도입, 자발적인 개혁과 변화를 꾀하였다. 이는 그야말로 고대에서 근대, 그리고 현대로 향한

---

6) 見『湖南敎育史』第一卷, 第460-465頁.
7) 胡昭曦, 『四川書院史』, 第164·166·168-170·184-185頁.

여정의 시작과도 같았다. 서원의 개혁은 다양한 단계 및 방향으로 구성되었으며, 내부적 차원에서의 오랜 적폐를 타파하는 것, 그리고 외국의 교회서원의 영향을 받는 것 등으로부터 비롯되었다. 이는 또한 제도적 개혁 및 교육 내용·방법에 있어서의 변화와 갱신을 포함한다. 그러나 개혁이 막 추진되기 시작할 무렵, 조정으로부터 더욱 급진적인 제도 개혁 명령이 하달되었고, 전국의 서원은 순식간에 대·중·소 3종 계급의 학당으로 바뀌게 되었다. 황망한 가운데 낡고 오래된 서원들은 이러한 개혁으로 말미암아 현대에 이르기까지 영생을 얻을 수 있었던 것이다.

1. 옛 서원의 새로운 면모: 전통 서원의 개혁

동치·광서 연간의 서원 개혁은 전통 서원의 개혁 및 신형 서원의 창건이라는 두 단계를 모두 포함한다. 종합하여 말하면, 서원의 개혁은 서양 열강이 중국을 양분함으로써 초래된 국가·민족의 파탄으로 말미암은 압박에 기인한 것이기도 하며, 동시에 서원 내부의 적폐가 너무 깊은 나머지 부득불 변화로 나아갈 수밖에 없었던 내적 원인도 있었다. 적폐의 뿌리는 다방면으로 뻗쳐 있었는데, 필자는 이를 서원의 엄격한 관학화로 묘사하려 한다. 왜냐하면 서원은 완전히 과거제도의 수단으로 전락하였기 때문이다.[8] 또는 각 서원의 산장을 충원할 뿐 그 학문의 수준은 묻지 않았다거나, 학풍 자체도 허장성세만 가득하고 여러 폐단만 발생했던 점도 지적할 수 있겠다. 심지어 대부분 서원에서 가르치는 학문 내용이 첩괄(帖括)에 치중되었으며, 실용성은 없었다. 금전적 부분만 중시하고 학문적 뜻은 비루하였다는 기록도 주목된다.[9]

혹자가 "모든 과목은 팔고·첩괄이다[所課皆八股試帖之業]"라고 말한 바가 있는데 이는 당시 학업 내용이 실용성을 완전히 결여하고 있었다는 의미로

---

8) 田正平·朱宗順, 『傳統教育資源的現代轉化』, 見『中國書院』第五輯(長沙: 湖南教育出版社, 2003年版第85-87頁.
9) 葛飛, 『晩淸書院制度的興廢』, 載『史學月刊』, 1994年第1期.

해석할 수 있다. 또는 "[서원에] 초빙된 대부분 선생들이 천박하고 비루하여 쓸모가 없다[所延多庸陋無用之師]"는 말도 기록되어 있는데, 이는 서원에서 자격 수준이 부족한 선생들로 머릿수만 채웠음을 의미한다. 심지어 원생들에 대하여서도 "무의미하게 금전만 탐하였다[貪微末之膏火]"라는 말이 있었으니, 이는 그 학문적 뜻의 비루함·천박함에서 벗어나지 못하였음을 상징한다.[10]

요약하자면, 당시 중국 서원은 서구 열강이 중국 대륙을 양분함으로써 국가적 위험이 임박했을 때에도 여전히 팔고문(八股文) 공부에만 힘쓰면서 부지불식간에 쇠락의 길을 걷고 있었기 때문에, 국가의 생존을 도모하기 위한 인재 양성이라는 절실한 요청에 전혀 부응하지 못하고 있었다.

> 이내 중국의 향읍 곳곳을 살펴보면, 서원이 즐비한 가운데 그들이 잘하는 것이란 그저 문장뿐이요, 추구하는 것은 과거 시험뿐이니, 그밖에는 달리 하는 일이 없다. … 오늘날 사방의 나라들이 나날이 강성해지고 있으며, 풍조는 나날이 급변하고, 유럽의 여러 나라는 각기 기묘한 술수로써 우리들의 돈을 빼앗아 들이고 있는데, 우리의 팔고와 오언(五言)은 그들을 막아낼 것이 되기에 역부족이다. 묻건대 [우리의] 제예(制藝)가 저들의 기선과 군함을 막아낼 수 있겠는가? 말하기를 불가능하다. 그렇다면 그들의 총과 화포를 대적할 수 있는가? 불가능하다고 말할 수 있다. 스스로 불가능함을 알면서도 시급히 변통을 모색하지 않는 것은 마치 병을 감추고 치료를 꺼리는 것과 마찬가지이니, 필경 구제불능에 이르고 말 것이다.[11]

---

10) 李國鈞等, 『中國書院史』, 湖南敎育出版社, 1994年版, 第917-927頁.

11) 淸·潘克先, 『中西書院文藝兼肄論』, 見陳穀嘉·鄧洪波, 『中國書院史資料』浙江敎育出版社, 1998年版, 第1968-1969頁. : "乃觀中國一鄕一邑, 書院林立, 所工者惟文章也, 所求者乃科擧也, 而此外則別無所事. …今日四鄰日强, 風氣日變, 泰西諸國各出奇技淫巧以賺我錢, 而我之八股五言曾不足邀彼一盻, 試問制藝能禦彼之輪艦乎? 曰不能也 ; 能敵彼之槍炮乎? 曰不能也. 自知不能而尙不亟思變通, 是猶諱病忌醫, 必至不可救藥也."

위의 글은 당시 사회의 저변으로부터 비롯된 의론으로서, 1893년에 간행된 『격치서원과예(格致書院課藝)』의 일부이다. 이러한 서원 생도들의 식견은 당시 서원에 대한 여론을 대변한다.

서원의 개혁은 서원 내부에 존재했던 폐단에서 발생하였는데, 크게 두 가지로 나누어 살펴 볼 수 있다.

우선 무의미하고 실용성 없는 과거 시험 위주의 학업을 '경세치용(經世致用)' 학문으로 바꾸거나, 신학·서학으로 바꾸는 것이었다. 다른 하나는 서원 규정을 개정하고, 서원에 대한 관청의 간섭을 축소·제한하는 한편, 지방유지 또는 민간 인력을 도입하여 서원 관리 주체로 편입하고, 나아가 제도적 차원에서도 학술과 덕행을 모두 겸비한 우수한 산장 초빙을 보장함으로써 원생들의 사표가 되도록 하는데 있었다.

'경세치용'이란 오랜 전통이다. 이는 경사(經史)를 배우고 사장(詞章)을 널리 익히는 것에서 출발하는데, 완원(阮元)이 가경·도광 연간에 고경정사(詁經精舍)와 학해당(學海堂)을 창립하고 이를 기치로 삼아 학림(學林)에 호소한 바 있다. 이는 과거 시험 말소를 주요 목표로 삼았으며, 경사와 실학을 연구하고 '통경치용(通經致用)'의 특징을 지닌다. 여기서 비롯된 새로운 전통은 동치·광서 연간까지 여러 지방으로 확산되었다.

동치 초년을 예로 들면, 이홍장은 전소된 소주(蘇州) 정의서원(正誼書院)을 복건 하였으며 풍계분(馮桂芬)을 산장으로 초빙, 전 과목을 고경(古經)으로 가르치도록 하였다[專課經古].[12] 또 1877년 산양현(山陽縣) 출신 고운신(顧雲臣)은 호남(湖南) 학정에서 퇴임하고 귀향하여 건륭 연간에 창건된 작호서원(勺湖書院)을 복건 하였으며, 매월 원생을 모집하여 가르치니 사인(士人) 배출이 매우 흥성하였다. 또한 이 서원에서는 경학·산학 두 학방을 설치하여 경해(經解) 및 산술·기하학을 가르쳤다.[13] 이러한 상황은 1902년 서원 개재령이

---

12) 光緒 『蘇州府志』 卷二十五.
13) 見『續修山陽縣志』, 轉引自柳詒征『江蘇書院志初稿』 第79頁.

발포되기 전까지 줄곧 지속되었다.

1883년 산동 순무사 임도용(任道鎔)은 역성(曆城) 상지서원(尙志書院)의 장정(章程)을 개정하며, "절강의 고경정사를 본받아 사인들에게 고경(古經)을 가르친다"[14]고 하였다. 또한 같은 해 상지서원 서쪽에 위치한 섬서(陝西) 동주(同州) 풍등서원(豐登書院)에서는 고시(固始) 장자소(蔣子瀟)를 초빙하여 강의하도록 하였는데, 기록에 따르면 "박학(樸學)으로써 관중의 인사를 가르치게 하였으니 일시에 흥성하여 많은 성과를 거두었다"[15]고 한다. 그런 가운데 장사(長沙)의 상수교경당(湘水校經堂), 즉 교경서원(校經書院)이 당시 변화상을 잘 보여주는 사례이다.

상수교경당은 1831년(도광 11) 호남 순무사 오영광(吳榮光)이 자기 스승인 완원의 학해당 제도를 본떠 악록서원 내부에 건립한 기관이다. 악록서원·성남서원의 산장이었던 구양후균(歐陽厚均)과 하희령(賀熙齡)이 이곳의 업무를 총괄하였으며, 경의(經義)·치사(治事)·사장(詞章) 세 개 분과로 나누어 시험을 시행하는 한편, 한·송의 학문을 함께 가르쳤다. 이에 대하여 "의미심장함으로는 허신과 정현의 학문을 탐구하여야 하고, 정미함으로는 주희와 장횡거의 학문을 겸하여야 한다[奧衍總期探許鄭 精微應垃守朱張]"라는 언급이 있으며, "많은 사인이 우러러 숭배하였으며, 실학에 온 힘을 쏟아 강구하였다[多士景從 鹹知講求實學]"라는 기록도 전한다.

다른 한편으로, 1879년, 호남 학정 주유연(朱逌然)은 성내(城內) 천심각(天心閣)에 성남서원 옛 터를 이건하였다. 그리고 정식으로 산장 직위를 설치하였으며, 경·사·문·예 4개 학장과 제조·감원을 각각 1명씩 두었다. 서원의 정원은 본성 및 상적 출신의 원생 24명을 할당하였다. 초대 산장 성유(成孺)는 『교경당학의(校經堂學議)』를 간행하여 경제학을 가르치도록 하였고, 원생들이 "사서·육경에 온 힘을 쏟아 정치 화평의 근원을 탐구한 이후에 경세 서적

---

14) 民國 『續修曆城縣志』 卷十五: "仿浙江詁經精舍, 以經古課士"
15) 民國 『續修陝西省通志稿』 卷三十六: "以樸學敎關中人士, 一時蒸蒸, 成就甚衆"

을 숙독함으로써, 농상·전폐(錢幣)·창저(倉儲)·조운(漕運)·염과(鹽課)·각고(権酤)·수리(水利)·둔간(屯墾)·병법·마정(馬政) 등 영역을 연구하여 다양한 실용지식을 좌증할 수 있도록[寝饋於四書六經 探治平之本 然後遍讀經世之書 以研究乎農桑錢幣倉儲漕運鹽課権酤水利屯墾兵法馬政之屬 以征諸實用]" 했다고 한다. 이에 대해 "일시에 인재를 잘 배양하게 되었으니", "가장 흥성한 시기였다"고 한 평가가 있다.

분명한 사실은 완원·오영광에서 주유연·성유에 이르기까지, 상수교경당은 학해당의 전통을 드높임과 동시에 '경제학'의 영역을 개척하였다는 것이다. 1890년에 이르러 '통경치용(通經致用)'의 기치 아래 교경당의 수업 내용이 질적 변화를 맞이하기 시작하였다. 같은 해 학정 장형가(張亨嘉)가 부임하여 원사를 상춘문(湘春門)으로 이건하고 정식으로 '교경서원'으로 개정하였으며, 정원을 44명으로 확충하였다. 이 서원에서는 '통경치용'을 중시하였으며 경의(經義)·치사(治事)라는 두 학재를 설치, 각각 경사의 대의와 작금의 시무에 관한 교과목을 가르쳤다.

또한 원생들로 하여금 "고금의 천하의 다스림과 혼란을 파악하여 중국이 부강해지고 나약해지는 원인을 궁구[古今天下治亂 中國強弱之故]"하도록 했다. 여기에 대해 "경전에서 배운 바를 들어 이를 방략으로 삼고, 이로써 일의 성공을 도모하여 200년 동안 겪은 수모와 치욕을 한 번에 씻어내고[擧乎日所聞於經者 抒之爲方略 成之爲事功 一洗二百年穿鑿之恥]", "체·용을 겸비한 인재를 양성한다[養成有體有用之材]" 등의 기록이 전한다. 이러한 말들은 '통경치용'이라는 학술적 아젠다가 구세(救世)·구국(救國)이라는 현실의 정치적 상황과 연대하여, 사회의 변화에 조응하는 서원 개혁에 적용되고 있음을 보여준다.

1894년 청일전쟁의 패배로 의기소침하고 있을 무렵, 신임 학정으로 부임한 강표(江標)는 "기풍을 변혁하고 새로운 정치를 여는 것을 자신의 소임으로 삼고", "체용을 겸비한 실천지학으로써 호남의 선비들을 인도할 것"이라는 말을 했다. 그는 개혁의 강도를 높이고자 새로운 장서루(藏書樓)를 건축하여 이곳에 중국과 서양의 서적을 장서하였으며, 또한 교육 과정을 경학·사

학·장고(掌故)·여지(輿地)·산학·사장(詞章) 6개 과목으로 개정하였다. 이에 더
하여 천문·여지·측량에 관한 여러 학문을 추가로 설치하였으며, 광학·화학·
광물학·전기학과 관련된 실험기기들을 마련하여 원생들이 고경(古經)을 탐
독하는 것 외에도 지금의 학문을 연구할 수 있도록 하였다.

또한 별도로 산학·여지·방언에 관한 학회를 열고 『교경학회장정(校經學
會章程)』을 제정하였으며, 선비들이 모여서 함께 강습함으로써 새로이 머리
를 트이게 하고, 연구하여 원대한 기술과 쓰임을 이룰 수 있도록 했다. 아울
러 그는 당재상(唐才常)을 주필(主筆)로 초청하여 『상학보(湘學報)』라는 정기
간행물을 출판하였는데, 이는 사학·장고·교섭(交涉)·상학(商學)·여지·산학
총 6개 칼럼으로 구성되어 있는데, 서원의 선생·원생들의 연구 성과를 발표
하고 유신변법사상을 선전하는 내용이 주를 이루었다.

이로 인해 호남성의 풍조는 급변하였다.[16] 이러한 사실들은 서원이 수차
례에 걸친 점진적인 개혁 과정을 거치는 와중에 '경세치용'과 '통경치용'의
단계에서 서양의 학문 및 기예와 같은 자연 과학 지식으로 교육 방향이 전환
되었음을 보여준다. 안타까운 점은, 무술정변으로 말미암아 서원의 학문 체
계가 과거로 회귀하였다는 것이다.

1929년 말에 이르러 호남 순무 조이손(趙爾巽)은 이곳을 덕교사관(德校士
館)으로 개칭하고 여러 원생에게 "다시 과학을 배움으로써 학당의 으뜸이 되
도록 하라"고 명한 바 있다. 이로부터 끊임없는 개혁을 겪은 교경서원은 현
대 교육 체제 속으로 스며들게 되었다.

청대 말기 서원 개혁의 주요 특징 가운데 하나는 옛 서원들이 장정을 개
정하고 관리 체계를 표준화함으로써, 현대적 차원에서의 교육 제도를 확립
한 것이다. 당초 구상은 산장을 초빙하는 과정에서의 폐단을 방지하기 위함
에 있었다. 이에 관하여서는 남·북방 두 예시를 들어 설명해보도록 하겠다.

---

16) 參見劉琪·朱漢民, 『湘水校經堂述評』, 載『嶽麓書院一千零一十周年紀念文集』, 湖南
人民出版社, 1986版, 第26-34頁.

남방에 위치한 광동 소관(韶關) 상강서원(相江書院)은 송대에 창건되었다. 이종(理宗) 황제로부터 사액을 받았으며, 원·명·청에 이르기까지 줄곧 교육을 시행하였다. 상강서원은 부(府)에 속한 6개현을 대상으로 원생을 모집하였으니 부급(府級) 서원에 해당한다. 1862년 지부(知府) 사박(史樸)이 원규를 재정비하고, 『규조(規條)』을 제정하였다. 이 규조 가운데 2개조는 아래와 같이 서원 관리직에 관련된 내용이다.

> 1. 서원의 장교(掌敎) : 매 해 신사(紳士)가 함께 방문하여 이미 과제(科第)에 오른 이들을 확인하고 품행과 학덕을 겸비한 우수한 인재들을 선별하여 본부에 사실 여부를 요청·초빙한다. 관부의 추천을 받지 않으면 유명무실하다. 장교는 반드시 서원에 기거하면서 일에 힘쓰고 강학하여야 하며, 최선을 다해 원생을 훈도하여야 한다. 매년 연봉은 은 200냥이며, 식비는 80냥이다. 초빙료, 지의(贄儀) 및 단오·중추절 및 명절에는 모두 각 은 4냥씩 지급한다.
> 1. 감원 : 관부로부터 각 학교에 재임하는 교원 가운데 선별된 위원이 겸임하며, 매월 식대로 은 2냥을 지급하는 바, 감원은 반드시 서원 원생들을 통제함에 소홀함이 없어야 한다.[17]

북방에서는 요녕(遼寧) 의현(義縣)의 취성서원(聚星書院)이 좋은 사례가 된다. 이 서원의 창건 연대는 확실히 알 수 없으나, 현급 서원이었음에도 경영 부실로 철폐되었다. 광서 연간에 이르러 현지 지현·학정 등이 인력을 동원하여 원사(院舍)를 중수하고 경비를 출자하여 복원하였다. 1882년 동지(同知)

---

17) 淸·史樸, 『相江書院規條』, 見鄧洪波, 『中國書院章程』, 湖南大學出版社, 2000年版, 第231頁. : 一·書院掌敎, 逐年由紳士公同訪定已登科第, 品學兼優之先達, 稟請本府查實, 具關聘延. 不由官薦, 以致有名無實. 掌敎務須實在住院, 改文講書, 認真訓迪, 每年修金銀二百兩, 膳資銀八十兩, 聘金·贄儀·端午·中秋·年節每次銀四兩. 一· 監院一員, 由府在各學敎職內遴委兼管. 月支飯食銀二兩. 該監院務須常川在院約束生童, 毌致曠廢.

호옥장(胡玉章), 형부주사(刑部主事) 이광침(李光琛), 부공(附貢) 등석후(鄧錫侯) 등이 함께 장정을 제정하였고, 서원의 교습, 고과(考課), 조직 관리 체제 및 경비 관리에 관한 준칙 등을 정비하였다. 그 가운데 산장에 관련된 2개조는 다음과 같다.

1. 산장은 형문(衡文)의 책임이 있다. 만약 같은 읍의 사람을 초청하게 되면 사사로운 정감을 따르는 폐단에 빠지게 될 수 있어 사인(士人)의 심주(心柱)를 지키기 어렵기 때문에, 반드시 다른 지역의 사람을 초청해야 한다. 명성과 인망을 갖춘 사람을 엄선하되 지방 유지들의 공천을 받아 인도한 후, 재차 지방관과의 접견을 거친 이후에 신중하게 초빙하여야만 일이 실질적으로 잘 이루어질 것이다. 지방관으로부터 천거가 되지 않음은 유사(遊士)에게 금전을 낭비하는 일을 방지함이요, 반드시 지방관에 의해 엄선되어야 하는 것이니, 이는 지방 유지의 사사로운 호감이 우려되는 바에 의거한 것이다. 이에 [관부와 유지가] 상호 의논하여 사사로움에서 벗어나야 한다.
1. 산장에게는 교과목을 가르칠 책임이 있으니, 반드시 품행과 학덕이 우수하여야 하며, 사림의 사표가 되어야 한다. 고과는 중단할 수 없으며, 문장에 대해서는 상세하게 비평하고 수정할 수 있어야 하고, 수시로 일을 잘 실행하여 학자들의 모범이 되어 유명무실함을 방지한다.[18]

위의 두 사례를 비교해보면, 남·북방 두 서원 모두 산장의 초빙권한을 관·신의 수중에 두는 것이 핵심이니, 이는 "관부의 추천을 받지 않으면 유명

---

18) 淸·胡玉章等, 『聚星書院條規』, 見鄧洪波, 『中國書院章程』, 第39-40頁. : 一· 山長有衡文之責, 如請同邑人氏, 恐蹈徇私情弊, 難服士子之心, 須由異地聘請, 擇其經明行修·素有名望者, 紳士秉公薦引, 再由地方官擇取采訪斷裁, 以昭愼重, 乃有實濟. 不由地方官擧者, 以防徒資遊士 ; 必由地方官取裁者, 恐紳士阿於所好, 互爲甚酌, 庶免於私. 一· 山長有訓課之責, 必品學端優, 堪爲士林矩矱. 考課不可間報, 文卷細加批改, 隨時講貫, 俾學者奉爲圭臬, 庶不至有名無實.

무실하다."라는 말로 증명된다. 또한 "명성과 인망을 갖춘 사람"을 산장으로 초빙하는 임무는 지방 유지로부터 공천·인도되는 것이다. 지방 유지들에 의해서 관부의 폐단과 같은 문제가 발생하는 것을 방지하기 위해, 산장에 대한 최종 임용 권한은 관부에게 주어진다. 이처럼 정부·민간의 상호 작용 및 규제는 제도적 차원에서 프로세스의 공정성을 보장하는 것이다. 폐단의 발생에 대한 근본적인 방지책이 될 수 있었다. 이는 바로 "지방관에 의해 천거되지 않는 것은 유사(遊士)에게 금전을 낭비하는 일을 방지함이요, 반드시 지방관에 의해 엄선되어야 하는 것이니, 이는 지방 유지의 사사로운 호감이 우려되는 바에 의거한 것이다. 이에 [관부와 유지가] 상호 의논하여 사사로움을 피하여야 한다."라는 말로 요약할 수 있다. 바로 현대적인 관리 시스템의 민주적 정신을 함축하고 있기에 상당한 의의가 있다. 이 때문에 필자는 이러한 제도적 개혁을 서원이 근대화로 나아가는 과정에서 특기할 만한 상징으로 간주한다.

이상 옛 서원의 개혁은 전통적인 '경세치용'이라는 기치에 의거하면서도, 시대의 흐름에 조응하였다. 즉 당시 서원들은 교육 내용과 관리 제도를 자발적으로 수정함으로써, 근현대로 나아갈 수 있는 역량을 구축하였다.

2. 신형 서원의 창립

동치·광서 연간 사이를 소위 '중흥'의 시기라 부른다. 즉 당시에는 발전에 대한 희망이 가득한 가운데 많은 선대 인물들이 창조적으로 수많은 신형 서원을 건립하였다. 신형 서원의 새로운 점은 주로 연구·교육 내용 차원에서 그간 전례 없던 '서양학'이 존재하였음을 말할 수 있다. 창건자를 중심으로 구분해보면, 신형서원의 경우 중국의 지식인·외국인, 또는 중국인·외국인 공동 건립 등으로 나눌 수 있다. 이와 관련된 상황을 구분하여 설명해 보겠다.

외국인 창건자라 함은 주로 외국에서 온 선교사들을 가리킨다. 이들에 의해 중국에서 창건된 교회서원만 100여 개소에 이른다. 이들 교회서원은 주로 경제가 발달한 통상 개항지에 집중 분포되어 있었다. 동치·광서 연간, 특히 광서 연간에 이르면, 교회 서원의 종교적 색채는 거의 희미해지고 음성학·광학·화학·전기학 등 근현대 과학 기술 지식에 관한 내용이 더욱 증가하였음이 주목된다. 예컨대 저명한 선교사 앨런 영존(Allen YoungJohn)은 상해에 중서서원(中西書院)을 창건하였다. 중서서원에서는 중국학·서학을 겸비한 인재를 특별히 배출하는 것에 뜻을 두었다. 또한 기록에는 "중국 각 성·부·현에 모두 서원을 설립하여 학문을 권하는 마음이 부적절하다고 말할 수 없으며, 학업을 흥성시키는 방법 또한 부지런하지 못하다고 할 수 없으나, 애석하게도 중·서 두 학문을 병행하는 일이 아직까지 없었을 따름이라"는 내용이 있다.

중서서원에서는 수학계몽(數學啓蒙)·대수학(代數學)·피타고라스법칙·평삼각(平三角)·호삼각(弧三角)·화학·중학(重學)·항해측량·천문측량·지리학·금석학·금운(琴韻)·서양언어·만국법 등의 교과목이 개설되었다. 특히 중국 학생들과 조화될 수 있도록 다음과 같은 표제를 내걸었다.

> 서학을 배움으로써 시무에 통달하고, 더욱이 중학을 함께 익힘으로써 여러 학문에 박학해지면, 곧 과명을 이룰 뿐 아니라 또한 이로 인해 서학에 있어서도 뛰어나게 될 것이다.[19]

또 하나 주목해야 할 점은 교회서원의 경우 기본적으로 서양식 학교로서 서양식 교습 방법을 적용하고 있었을 뿐 아니라, 서양의 문화 및 과학 지식을 가르쳤다는 것인데, 이러한 서원들은 당시 개혁 과정에 있었던 중국 서원의 운영 주체들에게 일종의 이질적인 참고 자원으로 여겨졌다는 것이다. 따

---

19) 林樂知, 『中西書院課程規條』, 見鄧洪波, 『中國書院學規集成』, 中西書局, 2011年版, 第131頁. : "習西學以達時務, 尤宜兼習中學以博科名, 科名旣成, 西學因之出色."

라서 교회서원은 중국 서원이 발전 방향을 설정하는 데 있어서 상당히 중요한 표제 역할을 하였다고 말할 수 있다.

중국인이 건립한 신형서원의 경우 초창기에는 구식 서원 개혁과 함께 연대하여, 마찬가지로 '경세치용'과 '통경치용'을 기치로 내걸고 과거의 우수한 전통에 신선하고 새로운 내용들을 반영하는 방식으로 발전해나갔다. 당시에는 이러한 서원이 매우 많았는데, 여기에서는 동·서부 및 섬서 지역의 사례를 들어보겠다.

상해에는 용문서원(龍門書院)·구지서원(求志書院)·정몽서원(正蒙書院) 등이 있었다. 1864년(동치 3) 순도(巡道) 정일창(丁日昌)이 용문서원을 창건하였고, 고광예(顧廣譽)·유희재(劉熙載)·손장명(孫鏘鳴)·오대징(吳大澂)·탕수잠(湯壽潛) 등이 잇달아 교편을 잡았다. 여기에서는 업무 전반을 엄격히 수행하였을 뿐 아니라, 한편으로 '독서일기' 제도를 운영하였다. 또한 서원 교과목에 대해서는 주로 경사·성리를 주요 과목으로 삼았다. 시무를 가르치되, 이를 보완하는 의미에서 사장학도 다루었다.[20]

1876년 순도 풍준광(馮焌光)이 창건한 구지서원에서는 "경학·사학·장고·산학·여지·사장 육재를 나누어 설치하고, 계절 마다 시험을 시행한다"고 명시하고 있다. 여기에서 사인들은 연령·출신 지역을 불문하고 모두 응시할 수 있었다.[21] 1878년 상해의 인사 장환륜(張煥綸) 등의 인물들이 현지 사람들이 세운 소학교의 유지를 이어받는 뜻에서 유럽의 교육방식을 참고하여 정몽서원을 설립하였다. 이곳에는 국문·여지·경사·시무·격치·수학·시가 등의 교과목이 있었으며, 요천래(姚天來)를 동사(董事)로 초빙하였으니, 당시 사람들은 이곳을 서양 학당이라 여겼다. 1882년 병비도(兵備道) 소우렴(邵友濂)의 지원을 받았다.

이후 1885년 매계서원(梅溪書院)으로 개명하고 서양 서적 장서각을 새로

20) 同治 『上海縣志』 卷九.
21) 光緒 『松江府續志』 卷十七.

이 건축하였다. 아울러 교과목에 영문과 불문을 추가하였다. 이와 관련해 "서양 학자를 초빙하니, 관에서는 자신들의 녹봉을 나누어 그들에게 준다"는 기록이 남아 있다. 또한 언행에 관한 행동 규범 및 예절, 체육·무술 훈련도 가르쳤다. 온화함·정숙함·근면함·세련됨·명민함·청결함을 원훈(院訓)으로 삼았으며, "제가사장(制歌四章) 비학생이시풍송(俾學生以時諷誦)"이라는 구절은 오늘날 학교의 교훈이자 교가가 되었다.

한편, 이 서원의 규정을 살펴보면, 송유(宋儒) 호안정(胡安定)의 경의(經義) 및 '치사양재(治事兩齋)' 방법을 본받아 학생들을 분반시키고, 반에는 반장, 재에는 재장을 두고 학장으로 하여금 이들을 감독·교습하게 하는 방식을 취했다. 그 중에서도 가장 중요한 특징을 꼽으라면 바로 장환륜이 말한 "덕(德)·지(智)·예(體) 삼자를 교육·겸비하도록 하여, 동·서양의 교습법의 의도가 융합된 것"에 있다. 즉 본 서원은 이미 전통 서원과는 크게 달라서 중국에서 최초로 개량·변화된 '소학교'로 알려져 있다. 1902년 매계서원은 매계학당으로 명칭이 바뀌었다.[22]

섬서성에는 미경서원(味經書院)·숭실서원(崇實書院)이 있다. 1873년 학정 허진의(許振禕)가 경양(涇陽)에 미경서원을 건립하였다. 초창기에는 섬서·감숙성에서 원생들을 모집하였으나, 이후에는 섬서성에서만 모집하였다. 규모는 관중서원·굉도서원(宏道書院)에 상당하는 성회서원(省會書院)급에 해당하였으나, "이곳에서 제정된 장정은 다른 서원의 그것과 다른 부분이 세 가지 있다"고 한다.

첫째, 시문을 가르치지 않았으며, 실학을 위주로 교육하였다. 또한 사제 간에 자주 만나지 않는 관습을 고쳐 산장이 친히 학당에서 학생들을 가르치도록 하였는데, 산장은 매 조목에 대하여 강의를 진행할 뿐만 아니라 그 교과목을 친히 살펴보고, 찰기를 읽었으며, 학생들의 근면·태만함을 살피고 출입마저도 엄격히 통제하였다. 마지막으로 원생 교육 전 과정에 대한 책임 소

---

22) 參見陳穀嘉·鄧洪波, 『中國書院史資料』, 第2150-2155頁.

재를 관부에서 산장으로 이전하였다.

1876년 감원 구수신(寇守信)이 서침(西寢) 앞에 원감서(監院署)를 증건하였다. 1883년 산장 백자준(柏子俊)이 '팔금사독(八禁四讀)'을 주요 내용으로 하는 교육 규약을 제정하였다. 1885년 유광분(劉光賁)이 구우재(求友齋)를 세워 천문·지여·경사·장고·이학·산학을 교과목으로 설치·교육함으로써 일대 새로운 학풍을 열었다. 아울러 매씨(梅氏)의 『주산(籌算)』과 『평삼각거요(平三角擧要)』를 판각하여 원생들이 학습하도록 하였다. 또한 '통유태(通儒台)'를 건축하여 야외 실험을 하도록 하였다. 한편으로 '백랍국(白蠟局)'과 '복빈관(複賓館)'을 세워 조면기를 모조하였다. 또 '시무재(時務齋)'를 세워 중·서학을 소통시킴으로써 시국의 안정을 도모하고자 하였으니, "공담(空談)을 배우지 않고, 공담을 가르치지도 않는다"라는 평가가 있다. 한편 3개 조칙으로 이루어진 교습법과 「독서법(讀書法)」을 제정하였다.

1889년 감원 주사억(周斯憶)이 강당 동쪽에 장서루를 세웠다. 1891년 독학(督學) 가봉시(柯逢時)가 간행소를 세워 은 만 냥을 출자하여 경·사 각 1부를 판각하였으며, 서원에서 가장 뛰어난 원생 20명을 선발하여 교감을 맡겼다. 이는 완원의 『십삼경교감차기(十三經校勘劄記)』에 제시된 방법을 모방한 것으로 책 후면에 찰기가 첨부되어 있다. 원장 유광분이 간행소를 총괄하였으며, 「판법장정(辦法章程)」 11조를 제정하였다. 그리고 간행물 관련 사항 및 관리 방법, 경비 내역서 등을 기록하였다. 간행물은 원장이 총괄·책임졌으며, 원장 이하 30명의 동사(董事)가 교대로 책임을 맡았다. 간행물의 균질성을 위하여 초교·2교를 거쳤다. 각 책마다 52부를 인쇄하였으며, 1부는 원장에게 제출하고 1부는 서원에 보관하여 일상적으로 활용하였다. 무술변법운동 이후 미경서원은 철폐되었다.[23)]

숭실서원 또한 경양에 소재하였다. 1896년 학정 조유희(趙惟熙)가 순무 장여매(張汝梅)와 회동하여 '격치실학서원(格致實學書院)'을 설립할 것을 주청

---

23) 參見陳穀嘉·鄧洪波, 『中國書院史資料』, 第2244-2248頁.

하였다. 당초 조청 내용에 따르면 서원을 4개의 재로 구상하고 있었다.

우선 '치도재(致道齋)'에서는 『주역(周易)』, 4서, 『효경(孝經)』을 기본서로 삼되 유학·성리에 관한 여러 서적을 교육 내용에 포함하였다. 아울러 외국의 교육 행정·풍속·인정 등을 배우고 각 학문에 힘쓰도록 하여 '명체달용(名體達用)'의 품덕을 갖춘 인재를 배양하고자 하였다. 다음으로 '학고재(學古齋)'에서는 『서경(書經)』, 『춘추(春秋)』, 3전(三傳)을 근간으로 삼고, 역대 사감(史鑒)·기사(紀事) 등을 교육 내용에 포함한다. 아울러 외국의 정치·형률·공법·조약을 고찰하여 외국 사절로 선정될 수 있는 인재를 배양한다. 다음으로 '구지재(求志齋)'에서는 삼례(三禮)를 근간으로 하며, 『통고(通考)』를 함께 배운다. 외국의 수륙 병법·농업·임업·광산업을 익힘으로써 경세에 능통한 인재를 배양한다. 마지막으로 '흥예재(興藝齋)'에서는 『시경(詩經)』의 「이아(爾雅)」를 교본으로 삼고, 주진(周秦)의 여러 저명 학자들이 남긴 훈고·고거학에 관련된 서적을 배운다. 아울러 외국 언어·문자를 익히고, 산술·측량술 및 음성학·광학류를 배움으로써 기술에 능한 인재를 양성하고자 했다.[24)

이듬해 서원명을 다시 숭실서원으로 개칭하였고, 정사(政事)·공예(工藝) 2개재로 나뉘었다. 원장 1인을 두었으며, 교원은 2인으로 구성되었다. 여타 서원과 조금 다른 점이라면 격치·영어·산술·제조술을 중시하였다는 것이다. 또한 가장 큰 특징으로는 서원 내부에 '제조일구(制造一區)'를 추가적으로 설치하여 원생들이 기술을 연마하고 제조품을 모방 제작할 수 있도록 했다. 당초 조유희(趙維熙)·장여매(張汝梅)가 기계 제조와 서원 운영을 병행할 것이라고 말한 의도 저변에는 서원 경비를 조달하고 동시에 현지에서 면화를 다량 생산하고자 하려는 생각이 있었을 것이다.

1898년 3월 원내 여러 원생들이 협동하여 일본의 인공 조면기를 성공적으로 모방·제조하였으며, 그 생산 효율이 매우 높아 "10명의 노동력에 상당하는 수준"에 이르렀다. 이에 당시 신임 학정이었던 섭이개(葉爾愷)는 기뻐하

---

24) 民國 『續修陝西通志稿』 卷三十六.

여 보고하는 글에서 "치용(致用)의 학문은 크게 정(政)·예(藝) 양단을 벗어나지 않습니다. 원생들 가운데 언어·산학을 배우는 이들로 하여금 모두 이에 관한 여러 서적을 읽도록 명하였습니다."라고 했다. 아울러 친히 시험을 하도록 명하였다. 또한 "이후 꾸준히 연구를 지속하면, 어쩌면 서양인들의 제조술에 대해서도 점점 심오한 의미를 발굴해낼 수 있을 것", "여러 기계를 더 구매하면 배움에 더욱 성과가 더 있을 것이니, 공담에 이르지 않을 것"이라고 말하였다.[25] 이는 서원 개혁의 성과 영역을 크게 확대한 사례에 해당한다.

숭실서원은 중국 서원사 가운데 기계 제조의 효시가 되었으며, 이는 1300년의 서원 발전사 가운데 특기할 만한 것이다. 이처럼 개혁을 이룬 서원은 근현대 과학 기술 및 지식을 다량 수용하여 새로운 교육 시스템 위에 있을 수 있었다. 그러나 안타깝게도, 단칼과도 같은 개제령 발표로 인해, 숭실서원은 1902년 굉도서원과 합병되어 '굉도고등공업학당(宏道高等工業學堂)'이 되고 말았다.

이처럼 중국인들이 창건한 신형 서원은 1894년 청일전쟁을 기점으로 그 전후의 상황이 확연히 달라졌다. 과거에는 신형서원이 전통서원과도 밀접한 관계성을 보였다. 대체로 구식 서원에 서양학문을 위주로 한 교과목 과정을 추가하긴 했지만, 이는 여전히 중국학이 중심에 있었고 서양학은 보조적인 역할만 할 뿐이었다. 그러나 총체적인 흐름을 보면, 구식 전통과는 점차 멀어지면서 전통적인 면모 또한 희미해지는 추세이다. 그리고 청일전쟁 이후 서학은 더욱 중요해졌다. 비록 장지동과 같은 인물이 "중학위체 서학위용"을 부르짖고 있었으나, 경·사 두 학문의 전통적 위상 또한 경심서원(經心書院)·양호서원(兩湖書院) 등에서 나날이 추락하고 있었다는 것 또한 변함없는 사실이었다. 중국학은 나날이 감소하고, 서양의 학문이 갈수록 많아지는 추세는 곧 중국 서원의 근현대화 여정 자체를 의미한다.

중국·외국 인사들의 협력을 통해 만들어진 서원은 비교적 많지 않다. 대

---

25) 『陝西學政葉爾愷片』, 見陳穀嘉·鄧洪波, 『中國書院史資料』 第2252-2253頁.

표적인 서원으로는 상해의 격치서원(格致書院)과 하문(廈門)의 박문서원(博聞書院)이 있다. 박문서원은 하문에 살았던 유럽 각국의 정재계 인사들이 상해 격치서원으로부터 영감을 받아 건립한 서원이다. 따라서 이곳의 창건 의도는 "하문 지역 사람들의 기풍을 나날이 개방시키고, 서양 학문을 나날이 스며들게 하는 데" 있으며, 이로부터 "중국·외국 정재계 종사자들이 수시로 연락하고, 관계를 돈독히 할 수 있도록" 하는 데 있었다. 그런데 경비의 한계로 인해, 이 서원 장서루에는 다만 서학과 관련된 서적·신문·기계 도안 등을 소장하였으며, 아울러 천구(天球)·지구·철물·광석·가스레인지·배전함 등과 같은 기기를 실물 전시함으로써, 대중에 일종의 '열람증'과 같은 증서를 발급해 열람 서비스를 제공하는 방식을 취했다.[26]

격치서원은 1874년 주상해영국영사 월터 메드허스트(Walter Henry Medhurst)가 제안하고,[27] 영국 선교사 존 프레이어(John Fryer)와 중국 인사 서수(徐壽)가 발의하였으며, 당시 북양대신 이홍장에게 보고하고 중·서 정재계 인사들로부터 기부금을 모아 창건한 곳이다. 1875년 영국 조계지 북해로(北海路)에 준공되었다. 본 서원은 "중국인으로 하여금 서양의 각종 학문과 공예·기물에 대한 통찰력을 얻게 함"을 목표로 두고 있다. 서원 초창기에 서수는 규정을 명문화하였는데, 격치서원이 "오로지 '격치'만 궁구하고, [서양] 선교는 일절 행하지 않을 것"이며, 이곳의 본질은 "중국 선비와 상인들이 서양의 일을 깊이 알고 피차 돈독히 지내기를 바람"에 있다고 하였다.[28]

격치서원의 원내에는 강당·장서루, 그리고 '박물철실(博物鐵室)'이 설치되어 있었다. 이 박물철실에는 서양 각국에서 생산한 기계·생활용품·지도 등

---

26) 『廈門泰西各國仕商創建博聞書院啟事』, 見陳穀嘉·鄧洪波, 『中國書院史資料』 第2030-2033頁.
27) 前此一年, 麥華陀曾倡議在上海設宏文書院, 事載 『申報』 同治十二年二月二十七日, 但 未成功. 熊月之先生認爲此即格致書院的前身, 似待考證.
28) 見陳穀嘉·鄧洪波, 『中國書院史資料』 第2124-2150頁所載之徐壽 『上李鴻章書』·林樂知, 『上海格致書院記』·『格致書院董事會記錄』·『上海格致書院發往各國之條陳』, 以及 有關報道評論等.

의 기물들이 비치되었다. 중국인·서양인 각 4명으로 구성된 이사들이 공동으로 서원 업무를 관장하였으나 실질적으로는 서수에 의해 총괄되었다. 격치서원은 1876년 6월 22일 정식 개원하였다. 화형방(華蘅芳)·적고문(狄考文)과 같은 중국·외국 인사들을 잇달아 초빙함으로써, 전기학·화학·해부학과 같은 학문을 공개 강연하고 실험 수업을 시행하도록 하였으며, 사람들이 서원에 와서 참관·청강·토론할 수 있도록 하되, 수업료는 일절 받지 않았다. 즉, 이 서원은 서양의 자연 과학 기술 연구에 중점을 두면서도 중국과 서양이 공동으로 설립한 새로운 유형의 근대 서원에 해당한다. 서수·프레이어 등은 초학들을 위해 『격치휘편(格致彙編)』을 편찬하기도 하였다.

격치서원은 1879년부터 생원 모집 공고를 시작하였다. 서양 언어와 문자를 배우는 사람은 식대를 납부해야 하며, 격치[물리] 실학을 배우는 이들은 수업료로 은 300냥을 지불하되 3년 후에 환급받을 수 있었다. 1885년은 왕도(王韜)가 서원 산장으로 부임한 지 10여 년이 되던 해였으며, 이때부터 계절 수업을 개설하였다. 이후 다시 남북양대신(南北洋大臣)의 명을 받아 봄과 가을에 특별 수업을 증설하였다. 계절 과목과 특별과목 시험은 시사·양무(洋務) 관련이 대부분을 차지하였으며, 서양학이 그 다음으로 많았다. 물론 역사 이론에 관한 것도 있었다. 성적 우수자에 대한 시상 또한 있었다. 『격치서원과예(格致書院課藝)』를 9년 연속으로 편찬하였으며, 여기에는 유신 사상을 선전·개량하였으며 서양학을 소개하였다. 이로써 격치서원은 광방언관(廣方言館)·강남제조국번역관(江南制造局翻譯館)과 더불어 청대 말기 상해 3대 '서양 학술 기관'으로 불렸다.

1895년 프레이어가 원무를 주관하면서 「격치서원회강서학장정(格致書院會講西學章程)」과 「격치서원서학과정강목(格致書院西學課程綱目)」을 제정하였다. 아울러 서양학에 관한 수업을 개설하고 매주 토요일 저녁에 강의를 하였는데, 관심이 있는 이들은 모두 수업을 들을 수 있도록 하였다. 광물업·전기·측량·공학·증기 및 제조업 6개 과목으로 구성되었으며, 매 과목은 전과(全課)와 전과(專課)로 나뉘었다. 매월 시험에 통과한 이들에게는 수업증서를 발급하였다. 이후에는 산학·화학 두 과목은 개설하였다. 28년 이후 중국 각지 서원은 학당으로 개편되었으며, 본 서원 또한 점차 황폐화되어 1914년 정식 철폐되었다.

격치서원이 운영된 40여 년 동안 서수·왕도, 그리고 프레이어 등이 중·서 문화의 우호적 교류에 힘을 쏟았다. 대략적으로 짚어보면, 첫째, 그들은 박물관을 설치·개방하여 서양 각국의 군수·공업 장비 및 기물을 전시하고 대중들에게 과학 실험을 시연함으로써, 그들의 시야를 넓혀주었다. 둘째, 매월 『격치휘편』을 간행하여 서양 각국의 격치학과 공예 기술의 요체를 파악하여 이를 중국 문장으로 번역하였다. 이는 전국 각지에 발행되어 사람들로 하여금 천하의 모든 강국에서 백성들을 이롭게 하는 사리를 알 수 있도록 한다는 데 의의가 있다. 동시에 격치서원에서는 중국·서양 인사들의 '중화의 물리'에 대한 문답 내용을 게재함으로써, 교류를 활발히 하였다. 셋째, 학생들을 모집하여 광물업·전기학·측량·공학·증기·제조업 6개 전문 분야를 나누어 비교적 종합적 성격을 띠는 과학 기술 교육을 실시하였다. 넷째, 『격치서원과예』를 발간하여, 서원 원생들의 학습 경험을 대중들에게 전파함으로써, 근대의 새로운 사조를 널리 퍼뜨렸다.[29]

『격치편집』은 서양 학자 프레이어가 편집을 주관하고 격치서원이 간행하였다. 1876년 정월호로 창간하였으며, 영문 명칭은 'The Chinese Scientific Magazine'이었으나, 이듬해 'The Chinese Scientific and Industrial Magazine'으로 개칭하였다. 본래 월간이었으나 가끔 발간하지 못할 때가 있었고, 1892년에 발간 종료되었으니, 최종 권호 수는 60이다. 싱가포르·홍콩·대만 등 39개 지역에 판매점을 두고 있었으며, 매 권호 마다 3,000부를 발간하였다. 이 사업의 취지는 "서양의 격치학을 중화에 널리 전파함으로써 중국 사람들에게 큰 도움을 주고자 함[欲將西國格致之學廣行於中華 令中土之人不無裨益]"에

---

29) 參見王爾敏,『上海格致書院志略』三·四·五節(香港中文大學出版社, 1980); 熊月之,『西學東漸與晚淸社會』, 上海人民出版社, 1995版, 第351-391頁. 但熊先生認爲『格致彙編』與格致書院無關.

있었다.

『격치편집』의 내용은 광범위하였는데, 기본적으로 서양의 과학지식과 기술 등 포함하지 않는 것이 없었다. 과학 지식으로 말하자면, 과학 이론과 방법론·기기·천문·자연현상·물리·화학·수학·컴퓨터·동물학·식물학·곤충학·지질학·지리학·지형학·수력학·조석학·의학·약리학·생리학·전기학 및 기계학과 등 거의 모든 학제가 다 소개되었다. 공학 기술 방면을 살펴보면, 증기기관·포선·광산 개발 기술·바닥 시추기·방직기·설탕·쌀·도자기·벽돌 제조 및 유리 제조 기술뿐만 아니라, 피혁·제빙기 제조, 맥주 제조·소다기 제조·버튼 제작·바늘 제조기·기차 철도·농업 기계·타자기·인쇄기·제지·제강·시멘트 제조·교량 프레스·오일 프레스·성냥 제작·카메라·영사기·잠수 기술·전등·전신·전화기·어획 양식업·지도 제작 등 과학 이론·방법·기기 제작 및 설비 모든 부분을 다루었다. 그 외에도 '독자와의 연락 문답란'을 두어 총 322건의 질의응답을 행했다. 이러한 작업 또한 새로운 지식을 보급하고 사람들의 마음을 열 뿐만 아니라 지식을 일깨우는 데 상당한 공헌을 하였다. 이들이 요체로 삼았던 것은 상술하였다시피 '서양의 격치학과 공학'을 소개하고, "중국 각지의 인사들이 집 밖에 나가지 않고도 천하의 모든 강국이 사람을 이롭게 하는 이치를 알 수 있도록"[30] 하는 데 있었다. 무엇보다 이 잡지는 중국 최초의 근대 과학 기술 잡지였다.

왕도가 총괄하던 계절 수업과 특별 수업은 성선회(盛宣懷)·이홍장·오인손(吳引孫)·유곤일·설복성(薛福成)·증국전·정관응(鄭觀應)·호율분(胡燏棻) 등 중국인 관리 및 저명인사, 그리고 프레이어와 브랜든(M. B. Bredon) 두 외국인들로 교원이 구성되었다. 이들은 당시 국가 차원에서의 시급한 문제, 즉 시무에 관련된 과제를 담당하였다. 이는 원생들이 현재 정세를 인식하고 근대의 새로운 사상을 통해 깨달음을 얻을 수 있도록 안배한 것이다.

---

30) 傅蘭雅, 『格致彙編啟示』, 見『格致彙編』第一期第六卷, 光緒二年刊. : "西國格致之學與工藝之法", "便於中國各處之人得其益處, 即不出戶庭, 能知天下所有強國利民之事理."

『격치서원과예』는 1893~1894년에 각기 간행된 두 종류의 판본이 전해지고 있다. 전자는 총 13책으로 77개 문제를 담고 있으며, 후자는 15책으로 86개 문제로 구성된다. 왕이민(王爾敏)은 「상해격치서원과·계과제칭표(上海格致書院特課·季課題稱表)」 1893년판에 근거하여 당시 진행되었던 시험 문제를 아래의 통계표로 정리하였다.

<표 1〉상해 격치서원 특별 과목 및 계절 과목 시험 문제 통계표

격치류								語文類	敎育類	人才類	부강·치술류						農業水利類	社會救濟類	國際現勢類	邊防類	기타류			
格致總說	天文曆算	氣象	物理	化學	醫學	測量	地學				富强總說	工業	輪船鐵路	商貿利權	海軍	郵政					議院	刑律	捐輸	敎會事務
3	3	2	4	2	3	2	3	2	4	4	2	3	3	14	2	1	4	2	3	6	1	2	1	1

위 표에 기재된 시험 문제는 총 77문항으로 그 성질에 따라 구별되어 있다. 과학 지식[격치류]이 22문항으로 28.57%를 차지하는데, 이는 과학 지식의 필요성·중요성을 잘 반영하고 있다. 그리고 '부국강민(富國強民)' 문제가 25개로 전체의 32.46%를 점유하여 3분의 1을 넘고 있는데, 이는 곧 당해 서원에서의 국가 부강에 대한 의욕이 매우 강력하였음을 보여주고 있다. 기타 인재·교육·국제 정세·변방과 관련된 것들 또한 모두 부강이라는 키워드와 관련된 것으로, 이를 합치면 42개로 전체의 54.54%에 달한다. 이는 국가 부강을 실현하는 것이 당시 중국의 관리·인사들의 최대 관심사였다는 사실을 노정한다. 물론 기본적으로 본 서원에서 후학들에게 기대하는 바로부터 비롯된 내용이긴 하지만, 동시에 시대적 열망이기도 한 것이다.[31]

한편, 웅월지(熊月之)의 통계는 더욱 포괄적이다. 그에 따르면 86개의 문항이 있었으며, 그 가운데 시무가 42문항, 과학이 23문항, 경제 13문항, 인재

---

31) 參見王爾敏, 『上海格致書院志略』, 香港中文大學出版社, 1980年版, 第69頁.

2문항, 역사론 2문항, 역사 1문항, 기타 3문항으로 구성된다.[32] 이 또한 위의
표와 대략적으로는 비슷한 결론을 보이고 있다.

III. 현대로 나아가다: 서원의 개혁과 제도 개편

아편전쟁 이후 서구 열강들은 강력한 전함과 화포로 점차 중국을 압박해
왔고, 청 정부는 연패를 거듭하여 점점 주권을 상실해가고 있었다. 이러한
상황은 소위 "50년의 세월을 놓고 보면 사실 창조한 것은 그리 많다 할 수
없으며, 고통 또한 그리 깊다고 할 수 없다"[33]라는 말로 묘사되었지만, 당시
사림(士林)들은 이미 어쩌면 이러한 현실에 익숙해지고 무감각해져서 대국을
이루려는 몽상에 얽매여 있었을 뿐 전반적으로는 망국의 위기를 절감하지
못하고 있었던 것이 현실이었다. 그리고 1894년 갑오해전에서 서구 열강의
것들을 학습한 이웃 소국 일본에게 대패하고 나서야 중국인들은 비로소 그
환락 같은 꿈에서 깨어나 참혹한 현실을 직시하기 시작했다. 이내 이들은 메
이지 유신을 본받아 급히 무술변법운동을 전개하였으니, 이로부터 동치 연
간에 시작된 서원의 개혁 또한 절정에 이르게 된다.

1. 청일 전쟁 이후 서원 개혁의 고조

청일 전쟁 이후 중국인들은 대부분 "시국이 급박하니 학문을 일으키고 교
육하는 것만이 위기를 타개할 수 있는 해결책"이라 보고 "서원을 정비하는
일을 한 시도 미룰 수 없으니, 이 성(省)에서 먼저 변화를 이룬다면 다른 성
보다 더욱 선점이 쉬워질 것이며, 이 부(府)가 먼저 변화를 이룬다면 다른 부

32) 熊月之, 『西學東漸與晚淸社會』, 第373-385頁.
33) 淸·湯震, 『書院』, 見陳穀嘉·鄧洪波, 『中國書院史資料』 第1962頁.

보다 더욱 선점이 쉬워질 것"[34]이라 보고 앞을 다투며 변화에 나섰다. 이러한 경향 속에서 서원 개혁은 1896~1898년 사이에 특히 고조되었다. 당시 여야가 힘을 합쳐 여러 개혁안을 개진하였고, 그 방안 하나하나가 모두 서원의 개혁을 주도하면서 전국의 신형·구형 서원들이 개혁의 대열에 동참하게 되었다. 어떤 의미에서 이러한 역동적 개혁이 청대 말기 서원의 고속 발전을 이룩했다고 말할 수 있다.

청일전쟁 이후 개진된 서원 개혁안은 크게 세 종류로 나눌 수 있다. 첫째, 장정을 변통하여 서원을 정돈한다. 둘째, 신형 실학 서원을 창건한다. 셋째, 서원을 학당으로 개조한다. 여기에서는 시기적 선후에 근거하여 차례대로 논해볼 것이다.

첫째 방안은 서원을 학당으로 개조하는 것으로 세 방안 가운데 가장 먼저 조정에 보고된 방안이다. 순천(順天)의 부윤(府尹) 호율분이 개진한 것으로 1895년 윤오월에 올려진 「변법자강소(變法自强疏)」에 기록되어 있다. 이 소문(疏文) 10개 조항 가운데 제10조는 '설립학당이저인재(設立學堂以儲人才)'로서, 다음과 같은 내용이다.

> 유럽 각국에서 인재가 배출되니, 그 근본과 연유는 모두 널리 학당을 설립한 데에 있습니다. 상(商)·공(工)·의(醫)·농상(農桑)·광무(礦務)·격치(格致)·수사(水師)·육사(陸師)에 대해서 모두 학당이 있을 뿐만 아니라, 여성·청각 장애인도 교육을 받습니다. "고국에서 백성들을 버리지 않고 지방에서도 인재들을 막음이 없으니, 부강의 기초는 바로 이로부터 세워진 것이다以故國無棄民 地無廢材 富强之基 由斯而立"고 하겠습니다. 반면 중국을 보면, 비록 각 성마다 모두 서원·의숙이 세워져 있고 제도 또한 크게 완비되어 있으나, 팔고·시첩(試帖)·사부(詞賦)·경의(經義) 외에는 그 무엇도 가르치고 배우는 것이 없으되 그것들의 무용함을 명백히 인지하고 있음에도 법령에 따라 변함없이 유지되고 있습니다. 따라서 "인재의 낭

---

34) 林增平·周秋光編, 『熊希齡集』 上册, 第49頁.

비는 기실 여기에서 비롯된 것이다[人材消耗 實由於此]"고 할 수 있습니다.

이 때문에, 그는 다음과 같이 건의했다.

> 각 직할 성의 총독과 순무에게 특명을 내려 편견을 타파하고 변법을 강구·
> 개정하여 소유(小儒)의 장구학(章句學) 습속을 버리고 경제를 다스리고 구세(救
> 世)에 적합한 인재를 찾으려면, 반드시 성회서원(省會書院)을 내세워 필요에 따
> 라 통합과 재단을 거쳐 다양한 학당을 창립해야 합니다. … 수년 이후, 백성들
> 의 지식이 점차 확대된 연후에 성 단위에서 부·현으로 확장하는 방식을 취하여
> 야 합니다. 크고 작은 여러 서원들을 일률적으로 재단하고 다양한 학당을 개설
> 해야 합니다.[35]

이는 '성회'급 서원에서 시범적으로 개혁을 실시한 다음 부·현 단위까지
확산하는, 소위 위로부터 아래로의 점진적 추진 방안이다. 하지만 당시 이
협의는 그리 주목 받지 못했는데, 어쩌면 조정은 국토를 할양하여 [외국에]
영토를 배상하느라 경황이 없었을 것으로 추정된다.

1896년 5월 2일 형부좌시랑 이단분(李端棻)이 「추광학이려인재절(推廣學
校以勵人才折)」이라는 글을 상소하여 서원을 학당으로 개조할 것을 재청하였
다. 그 내용은 다음과 같다.

> 인재를 양성하는 방법은 다만 한 길만 있는 것이 아니니, 사람을 길러내는
> 풍토는 마땅히 땅을 다스리는 데에 있습니다. 신이 청컨대 이 뜻을 널리 전파하
> 여 중앙 및 각 성·부·주·현에 모두 학당을 세우기를 희망합니다. 부·주·현학에

---

35) 淸·胡燏棻, 『變法自強疏』, 見朱有瓛, 『中國近代學制史料』 第一輯下冊, 華東師大出版
    社, 1986年版, 第473-485頁. : "特旨通飭各直省督撫, 務必破除成見, 設法變更, 棄章
    句小儒之習, 求經濟匡世之材, 應先擧省會書院, 歸竝裁改, 創立各項學堂. … 數年以後,
    民智漸開, 然後由省而府而縣, 遞爲推廣. 將大小各書院, 一律裁改, 開設各項學堂."

서는 민간에서 12~20세의 우수한 자제들을 엄선하여 입학시키고, 그 원생들 이상의 배우고자 하는 이들로 하여금 듣도록 합니다. 중국학 교육 과정은 4서, 『통감』, 『소학』 등의 서적을 배우게 하고, 이에 보조 차원에서 각국의 외국어와 산학, 천문, 지리 등의 조잡한 것들을 배우도록 합니다. 또한 많은 나라의 옛 역사와 최근의 일들을 간명하게 가르치고, 격치학을 평이하게 가르침으로써 3년의 학습 기한을 둡니다. 성학에서는 25세 이하의 자제들을 학생으로 입학시키고, 거인(舉人) 이상의 사람들 가운데 배우고자 하는 이들도 들을 수 있도록 합니다. 중국학 교육 과정으로는 경사자(經史子) 및 국조장고(國朝掌故)에 관한 여러 서적을 익히게 하고, 보조 차원에서 천문·여지·산학·격치·제조·농상·병·광·시사·교섭 등에 관련된 서적을 가르침에 3년의 학습 기한을 둡니다. 경사대학(京師大學)에서는 30세 이하의 공감생(貢監生)을 선별하여 입학시키고, 경관(京官) 가운데 배움에 의향이 있는 이들이 듣도록 합니다. 중국학 교육 과정은 성학과 동일하게 하되 더욱 심도 깊게 하여 각각 하나의 학제를 선택하도록 하고, 다른 학업으로 옮기지 않도록 합니다. 3년의 학습 기한을 둡니다. 성학대학(省學大學)의 과목은 매우 다양하며, 송대(宋代) 호원(胡瑗)의 경의(經義)·치사(治事)를 모방하여 재를 나누어 강습할 수 있으며, 이 영광스러운 과정을 지나면 과거에 급제하여 신분을 내려 관과 같이 될 수 있습니다. 이렇게 하면 사람들은 앞을 다투어 머리를 깎고 노력을 쏟아 지식을 쌓을 것이니 기풍이 마련되고 기술 또한 저절로 이루어져 인재가 넘쳐나게 될 것입니다.

어쩌면 이 일에는 많은 비용이 소요될지도 모르겠습니다. 지금 나라가 빈궁한 처지에 놓여 있으니, 어디서 이러한 거금을 마련할 수 있을 지요. 신은 모든 성·부·주·현에 있는 서원을 살펴 직물세를 운용하여 생도들을 서원에 입학시키고, 선생을 초빙하여 훌륭한 법도와 질서를 세우도록 하겠습니다. 다만 봉행을 한 것이 오래되었고 적습(積習)이 나날이 깊어졌으며, 대부분 과목이 첩괄이오니 특별한 인재를 배양하기가 어렵습니다. 이제 각 성·현에 명을 내려 서원을 바꾸고 공과(功課)를 확충할 뿐 아니라 장정을 변통함으로써 학당으로 바꿀 수 있습니다. 서원에는 오랫동안 보유하고 있는 공금이 있으니, 만약 그것이 부족하면 처음에는 관의 경비를 출자하여 이를 보충할 수 있습니다. 옛 것에 기반해서 확충하게 되면 일이 순조로워져 행하기 쉬워집니다. 가까운 것에서 경비를 나누면, 적게 들이고도 쉽게 모을 수 있습니다.[36)]

이 뿐만 아니라, 그는 서원을 학당으로 바꾸는 일의 성공을 보장하기 위하여 장서루를 설립하고, 의기원(儀器院)을 세우고, 역서국(譯書局)을 열고, 간행소를 확충하고, 사람을 파견하는 등 다섯 조항으로 "학교와 더불어 이익을 상보 상성할 수 있는" 방법을 개진하였다. 이 방안이 주목되어, 상소 당일 총리 관아(總理衙門)에서 토론할 수 있도록 황제로부터 승인되었다. 총리 관아에서는 다음과 같이 반응하였다.

"각 성의 서원들은 또한 시의성을 잘 고려하여 고경(古經)을 가르치는 것 외에도 산학·제조와 같은 다양한 과목을 증설하도록 한다."

"만약 내륙의 각 부·현의 유지들이 풍문을 들으면, 자체적으로 총독·순무를 통해 방법을 강구하거나, 혹은 원래 서원에 있었던 수업에 교과목을 증설할 수 있으나, 또는 별도로 서원을 건립하여 전문적인 교육을 행하도록 한다."[37)]

---

36) 見陳穀嘉·鄧洪波, 『中國書院史資料』, 第1982頁. : "惟育才之法匪限於一途, 作人之風當遍於率土. 臣請推廣此意, 自京師以及各省府州縣皆設學堂. 府州縣學, 選民間俊秀子弟年十二至二十者入學, 其諸生以上欲學者聽之. 學中課程誦『四書』·『通鑒』·『小學』等書, 而輔之以各國語言文字, 及算學·天文·地理之粗淺者, 萬國古史近事之簡明者, 格致理之平易者, 以三年爲期. 省學選諸生年二十五以下者入學, 其擧人以上欲學者聽之. 學中課程, 誦經史子及國朝掌故諸書, 而輔之以天文·輿地·算學·格致·制造·農桑·兵·礦·時事·交涉等書, 以三年爲期. 京師大學, 選擧貢監生年三十以下者入學, 其京官願學者聽之. 學中課程, 一如省學, 惟益加專精, 各執一門, 不遷其業, 以三年爲期. 其省學大學所課, 門目繁多, 可仿宋胡瑗經義·治事之例, 分齋講習, 等其榮途, 一歸科第, 予以出身, 一如常官. 如此, 則人爭濯磨, 士知向往, 風氣自開, 技能自成, 才不可勝用矣. 或疑似此興作, 所費必多. 今國家正值患貧, 何處籌此巨款? 臣査各省及府州縣率有書院, 歲調生徒入院肄業, 聘師講授, 意美法良. 惟奉行旣久, 積習日深, 多課帖括, 難育異才. 今可令每省每縣各改其一院, 增廣功課, 變通章程, 以爲學堂. 書院舊有公款, 其有不足, 始撥官款補之. 因舊增廣, 則事順而易行 ; 就近分籌, 則需少而易集."

총리 관아에서 이 방안을 지지하지는 않았으나, 여전히 각 성에서 논의할 수 있도록 통보를 내린 것이라 볼 수 있다.

서원을 학당으로 개조하는 방안은 사실 서원의 제도를 학교 제도로 바꾸는 것이다. 따라서 이는 세 가지 방안 가운데 가장 급진적인 것이라 볼 수 있다. 비록 총리 관아에서는 이를 지지하지 않았지만, 지방에서는 어느 정도 호응을 얻을 수 있었다. 예컨대 1898년 2월 담사동은 고향 유양(瀏陽)에 소재한 도·농 6개 서원과 신설된 산학관(算學館)을 합쳐서 현성(懸城)에 학당을 건립하는 논의를 조성하였다.[38] 그러나 미처 의결되기도 전에 담사동이 북경에서 사망하고 만다.

5월 16일 귀주(貴州) 순무 왕육조(王毓藻) 또한 주청을 올린 바가 있다. 그는 이미 귀양(貴陽)의 학고서원(學古書院)을 경세학당(經世學堂)으로 변경하였으며, 산학을 가르치는 선생 1인을 초빙하고, 서양의 어문에 능통한 한 사람을 택하여 그를 보조하도록 하였다. 그리고 귀양부(貴陽府) 지부(知府)를 통해 40명의 생감을 여기에서 공부하도록 하였다. 그러나 "산장을 초빙하고 감원을 위임하는 일은 종전의 방식을 그대로 따랐다"고 한다.[39] 즉, 이 학당에서는 산장·감원·교습·부교습을 직위를 조직하고 산학과 서양의 언어와 문자를 교육하긴 했지만, 기본적으로는 서원과 전혀 다를 바 없었던 것이다. 즉 순무사 왕육조가 '학당'으로 고친 이 곳은 실질적으로는 이시랑(李侍郞)이 설계하였던 학당의 모습이 아니었다. 그러므로 1898년 서원 개제령 이전에 개진된 서원·학당 변경 방안은 당시 정황상으로는 어느 누구도 관심을 두지 않았다고 볼 수 있다.

---

37) 『總理衙門議複左侍郞推廣學校折』, 見陳穀嘉·鄧洪波, 『中國書院史資料』, 第1985-1986頁. : "外間各省書院, 亦多有斟酌之時宜, 於肄業經古之外, 增加算學制造諸課者." "如內地各府縣紳耆聞風, 自可由督撫酌擬辦法, 或就原有書院量加課程, 或另建書院肄業專門."
38) 淸·譚嗣同, 『改竝瀏陽城鄕各書院公啓』, 見陳穀嘉·鄧洪波, 『中國書院史資料』, 第2001-2002頁.
39) 見陳穀嘉·鄧洪波, 『中國書院史資料』, 第2469頁.

둘째 방안은 신형 실학서원을 설치하는 것이다. 1896년 4월 12일 섬서 순무 장여매와 학정 조유희가 공동으로 개진하였는데, 그 내용은 다음과 같다.

세상 운수의 좋고 나쁨은 인재를 알아보는 데 달려있습니다. 인재의 진흥은 학교에 그 근본이 있습니다. 서원이라는 것은 학교가 해내지 못하는 것을 보완하는 곳입니다. 섬서는 문헌상 유구한 역사를 자랑하는 지역이며, 줄곧 명신·대유(大儒)의 역사가 끊이지 않았으되, 우리 조정의 가르침의 은덕이 지난 200여 년 동안 잘 스며들어 가장 성행하였던 곳입니다. 근래 전쟁을 치른 후에 그 원기가 아직 회복되지 못하였지만, 관중의 굉도·미경서원에서 학업에 힘쓰는 여러 원생들은 대부분 실학을 강구할 능력을 갖추고 있으며, 서적을 정밀하게 연구하고 있습니다. 대개 섬서 사람들의 심지는 곧고 기세가 의연하니, 빈궁하여도 독서를 그치지 않는 고로 어렵지 않게 성취를 할 수 있습니다. 다만 그들이 배우고 익히는 것들이 경사(經史) 외에는 제예(制藝)·시부에 그칠 따름입니다. 명체(明體)하여도 혹 달용(達用)하지 못할 수 있으니, 옛 것을 살피더라도 어쩌면 반드시 오늘날의 실정에 통달하지 못할 수도 있습니다. 오늘날 시국이 몹시 어렵고 인재를 배양하는 데 시급하오니, 평상시에 쓰일 수 있는 인재를 배양해놓지 않으면 적시에 그 공효를 거두기가 몹시 어려울 것입니다.

이에 서원에서 학업에 종사하는 거인(擧人) 형연협(邢延莢)과 성안(成安) 생원(生員) 손징해(孫澄海)·장상영(張象詠) 등의 이름으로 자체적으로 자금을 출자하여 격치실학서원을 창건하고 명사를 초빙하여 고금의 다스림에 관한 여러 서적을 구입하며, 과목을 나누어 연구하고 익히도록 하고 일정에 따라 체계적으로 교육을 실시코자 합니다. 이는 중학·서학으로 제한할 필요는 없으나 교육적 실용성을 기대하는 바, 예컨대 천문·지여(地輿)·이치(吏治)·병법·격치·제조와 같은 종류의 학문을 서로 강구하도록 하고자 합니다. 그것이 오래되면 저절로 그 학문의 원류에 대하여 명철해질 것이니, 이로써 인재들이 국가의 부름을 기다리도록 할 것입니다. … 신을 비롯한 여러 사람이 더불어 상의하고 일을 처리하여, 고금에 널리 정통하면서도 체용을 겸비한 유가 선생께 수업을 간청하고자

합니다. 또 분과별로 학습을 진행하고 장정을 엄격히 제정함에 단 한 순간도 공
론에 시간을 낭비하지 않고, 실효를 거두는 데에 전념할 것입니다. 이로써 성왕
께서 품으신 실학에 대한 깊은 뜻을 경모하는 바입니다.[40]

위의 내용을 살펴보면, 이는 확실히 서원을 학당으로 바꾸거나 장정을 고
치는 것보다 비교적 온건한 방안으로 보인다. 이듬해 7월 절강 항주에서도
부문서원(敷文書院)·숭문서원(崇文書院)·자양서원(紫陽書院)·학해서원(學海書
院)·고경서원(詁經書院)·동성서원(東城書院) 외에 별도로 구시서원(求是書院)
을 건립하여 중국·서양의 실학 교육을 시행하였다.[41] 이 구시서원은 서원 개
혁의 모범적인 사례로 꼽힌다. 구시서원은 다양한 변화를 거치면서 오늘날
절강대학으로 발전하였다.

셋째 방안은 장정을 변통하여 서원을 정비하는 것이다. 산서 순무 호빙지
(胡聘之)와 한림원(翰林院) 시강학사(侍講學士) 진수장(秦綬章)이 1896년 6월부
터 8월까지 함께 개진하였다. 호빙지는 6월에 「청변통서원장정절(請變通書院
章程折)」를 상소하였는데, 여기에서 서원을 학당으로 고치는 방안에 대해 명
확히 반대 의사를 표했다. 그가 보기에 이러한 조치는 "신법에 미혹되고 서

---

40) 清·張汝梅等,『陝西創設格致實學書院折』, 見陳穀嘉·鄧洪波,『中國書院史資料』, 第
   2249-2250頁. : 世運之升降, 視乎人材；人材之振興, 資於學校. 書院者, 所以輔學校
   之不逮也. 陝西爲文獻舊邦, 名臣大儒史不絶書, 我朝敎澤涵濡二百餘年, 尤稱極盛. 近
   經兵燹之餘, 元氣未複, 而關中宏道·味經各書院肄業諸生, 多能講求實學, 硏精典籍.
   蓋陝人心質直而氣果毅, 貧不廢讀, 故易於有成. 惟其所服習者, 經史之外, 制藝·詩賦
   而已；明體或不能達用, 考古或未必通今. 邇來時局多艱, 需材尤急, 自非儲其用於平
   日, 萬難收其效於臨時. 茲據書院肄業學人邢延莢·成安, 生員孫澄海, 張象詠等聯名呈
   懇自籌款項, 創建格致實學書院, 延聘名師, 廣購古今致用諸書, 分門硏習, 按日程功,
   不必限定中學西學, 但期有裨實用, 如天文·地輿·吏治·兵法·格致·制造等類, 互相講
   求, 久之自能洞徹源流, 以上備國家之采擇. … 臣等商酌辦理, 敦請博通今古, 體用兼
   備之儒主講其中, 分科學習, 嚴訂章程, 總期不事空談, 專求實獲, 庶仰副聖主崇尙實學
   之至意.
41) 清·廖壽豐,『請專設書院兼課中西實學折』, 見陳穀嘉·鄧洪波,『中國書院史資料』, 第
   2157-2158頁.

학의 이름을 걸고 서양 선비의 가르침을 독촉하는 것이니, 필경 중국 수천 년 역사 속 성인들이 전승한 도술을 모두 내다버리는 꼴이 될 것이며, 가혹하게 근본을 고쳐버리는 일이요, 폐단은 끝이 없게 될 것"이라고 했다. 그러나 서원을 정비하지 않는 것 또한 사회의 수요에 조응하지 못하는 일이다. 때문에 그는 자신의 방안을 다음과 같이 개진하였다.

> 오늘날 외환이 잇달아 발생하여 크나큰 상처를 입었으니, 과연 반드시 옛 것을 변통하고 시의적절하게 정사를 행할 수 있는 방안을 궁구할 필요가 있습니다. 그러나 정도를 어기지 않으면서도 신법을 겸하여 취해도 무방하리라 생각됩니다. 신학을 힐뜯기만 한다면 오늘날에 통달하지 못하게 되니, 단 한 번도 자물쇠를 열지 못하게 될 것입니다. 그렇다고 과하게 서학을 추존하게 된다면 옛 것을 경멸할 것이니 이는 스스로 울타리 속에 가두기를 마다하지 않는 꼴입니다. 하여, 이 양자의 문제점을 보완하려면 오로지 서원의 법도를 개선하는 방법만 있을 따름입니다.
>
> 최근 서원의 폐단을 살펴보니, 공소한 담론만 가득한 강학을 일삼거나, 사장(詞章)에 침잠하여 있을 따름이니 이는 모두 실용에 하등 도움이 되지 않습니다. 그 아래에서는 첩괄을 모방하거나 금전에만 관심을 기울이니 그 뜻이 비루할 뿐 편안히 성취를 갈망할 뿐입니다. 장차 본래 설정된 경비를 대폭 삭감하고 매월 시행되는 시문 등의 과목 또한 아울러 줄이도록 한 연후에 다시 경비를 종합적으로 검토하여야 하며, 또한 장정을 개정하고 정통한 학자를 초빙하여 가르치도록 하여야 합니다. 경의를 연구함으로써 그 이치를 궁구하고, 널리 역사를 살핌으로써 그 변화를 살피도록 하여야 합니다. 이로부터 시무를 고찰하고 산학을 함께 익히며, 천문·지여·농무·병사 등 일체 유용한 학문들을 격치의 범위에 포함한 뒤 부문을 나누어 탐구하고, 그 오묘한 지식에 도달하도록 하여야 합니다. 그 외에도 수군·군비·선포(船炮)·기계 및 공업·제조업 등에 대해서도 별도로 학당을 세워 상호 이익을 도모할 수 있습니다. 유학 서원에서 배우는 이치로써 그 요점을 파악하고, 각 학당에서 배우는 사무로써 그 직능을 연마하게 되

면 반드시 활연관통함이 있을 것이니, 그 연후에는 본말이 전도되어도 무애할 것이며 체용이 어긋나지 않게 될 것입니다.[42]

위의 정비 방안에 근거하여, 호빙지는 진성(晉省) 성성(省城) 영덕서원(令德書院)에서 별도의 규정을 제정하고 산학 과목을 증설하였을 뿐 아니라, 신학 서적 등을 널리 구매하는 등 내용 차원에서 변통적 성질을 띠는 개혁을 단행하였다. 그가 보기에, 이처럼 장정을 변통하는 방법은 명실상부할 뿐만 아니라 사치스럽지도 않고, 비록 예법을 잃긴 했지만 가까운 민간에서 이를 구하는 공효를 거둘 수 있으며, 동시에 민족적 구별을 두루 섭렵·준용할 수 있을 뿐 아니라 학술 수준이 나날이 순조롭게 발전하고 인재도 늘어나 자강을 이룸에 바깥에서 구할 필요가 없어지게 되는 것이었다. 그러면서 각 성에 지시하여 논의·시행할 것을 청하였다.

8월 24일 진수장이 상소한 서원 정비 방안은 교과목 과정, 교사 재원, 경비 등의 내용을 포함하고 있으며, 위의 상소보다 더욱 상세하다.

국세(國勢)의 강약은 인재에 달려있으며, 인재의 성쇠는 학교에 달려 있습니다. 학교의 부족한 점을 보완할 수 있는 것은 서원을 정비하는 방법 하나뿐입니다. 각 성 서원의 설립을 살펴보면, 각 부·주·현에 많으면 3~4개소, 작으면 1~2

---

42) 淸·胡聘之, 『請變通書院章程折』, 見陳穀嘉·鄧洪波, 『中國書院史資料』, 第1987-1989頁. : "方今外患迭起, 創巨痛深, 固宜有窮變通久之方, 以因時而立政, 但能不悖於正道, 無妨兼取乎新法. 顧深詆新學者, 旣滯於通今, 未能一發其局鑰 ; 過尊西學者, 又輕於蔑古, 不憚自決其藩籬. 欲救二者之偏失, 則惟有善變書院之法而已. 査近日書院之弊, 或空談講學, 或溺志詞章, 旣皆無裨實用, 其下者專摹帖括, 注意膏奬, 志趣卑陋, 安望有所成就. 宜將原設之額, 大加裁汰, 每月詩文等課, 酌量竝減, 然後綜核經費, 更定章程, 延碩學通儒, 爲之敎授. 研究經義, 以窮其理, 博綜史事, 以觀其變. 由是參考時務, 兼習算學, 凡天文·地輿·農務·兵事, 與夫一切有用之學, 統歸格致之中, 分門探討, 務臻其奧. 此外, 水師·武備·船炮·器械, 及工技制造等類, 盡可另立學堂, 交資互益. 以儒學書院會衆理以挈其綱維, 而以各項學堂操衆事以效其職業, 必貫通有所宰屬, 然後本末不嫌於倒置, 體用不至於乖違."

개소입니다. 여기에서의 후진 양성이 가장 많고, 그 기풍의 변화 또한 상당히 빠릅니다. 서원을 정돈하는 방안은 대략 세 가지가 있습니다.

첫째는 교과목 과정을 제정하는 것입니다. 송대 호원은 호주(湖州)에서 사람들을 가르치면서 경의(經義)·치사(治事) 양재로 나누어 가르치는 방법이 가장 좋다고 하였습니다. 그 뜻을 본받아 6개로 분류하자면 다음과 같습니다. 우선 경학입니다. 이는 경설(經說)·강의(講義)·훈고(訓詁)가 포함됩니다. 그리고 사학입니다. 여기에 시무가 추가됩니다. 셋째는 장고학입니다. 여기에는 양무(洋務)·조약·세칙(稅則)이 추가됩니다. 다음은 지리학입니다. 여기에 지리·도상학이 추가됩니다. 다음은 산학입니다. 격치[물리]·제조학이 추가됩니다. 그리고 번역학입니다. 각국 언어·문자학이 추가됩니다. 학업에 힘쓰는 이들은 하나의 기예에 전념하거나 또는 몇 가지 과목을 함께 익힐 수 있으니, 이는 그 편한 바에 따르면 됩니다. 팔고·첩괄은 개혁을 이뤄낼 수 없으니, 각 서원마다 수업 하나면 족하리라 생각됩니다.

둘째는 '선생의 도리[도사(師道)]'를 중시하는 것입니다. 서원 산장은 반드시 공천되어야 하며, 지위와 연령을 묻지 않고 품행이 단정하며, 학술 수준이 고원하고 인망이 두터운 자를 택하도록 합니다. 현재 산장이 산학·번역학을 함께 가르칠 수 있는 것이 아니라면, 여러 원생 가운데 이에 능통한 이들을 각기 한 사람씩 뽑아 재장(齋長)으로 내세워 나누어 가르치도록 하되, 여전히 산장의 통솔을 받도록 합니다. 성회서원의 규모는 비교적 큽니다. 산장 아래로 6개 재장을 두고, 학사를 나누어 원생들이 학습하도록 합니다.

셋째는 서원의 경비를 잘 관리하는 것입니다. 각 서원을 보면 학전이나 공금 또는 관아로부터 받은 기부금, 그리고 부유 인사들로부터 받은 기부금도 있습니다. 이들 모두가 매해 경비로 사용된다면, 궁벽한 지역에 부족한 경비에 대해 현지 공금을 할당해 주면 비용이 많이 소모되지 않습니다. 이상이 대략 서원 정비에 관한 장정입니다.

대개 경학은 강상윤리의 제방이요, 사학은 고금의 득실을 보여주는 거울입니다. 장고학은 본조의 회전(會典)·율례(律例)를 대종(大宗)으로 삼고, 이에 더하

여 각국의 조약에 관한 것들로 보충하면 주연(酒宴)의 음식을 절충하는 것이요,
또한 이로 인해 선별해놓은 것들을 비축하는 것과 마찬가지가 됩니다. 지리학
은 오늘날 더욱이 힘써야 할 일이니, 그 가운데 지구도설이 가장 중요합니다.
그 다음으로 각 부주현의 토착민들이 수시로 땅의 경계, 요새, 수로, 토지 조건
을 검토하여 보고함에 더욱 상세히 할 수 있도록 하고, 재차 토지 측량법과 도
상학을 이용하여 그 가운데 우수한 것을 선택할 수 있다면, 이로써 관아 서류의
미비한 점을 보충할 수 있을 것입니다. 산학에 관하여 말하자면, 천문·지리·격
치·제조 모든 것이 이 학문에 근거합니다. 번역학은 능히 일을 통하게 하고 말
을 전달할 뿐만 아니라, 평상시에도 서학 서적을 번역함으로써 고증의 제반으
로 삼을 수도 있습니다. 또한 군비·수군·기계·광업 등을 교육하는 학당이 있다
면, 이는 필경 강·바다의 요충지에 두어야 합니다. 도심의 번성한 지역에서는
대국(大局)을 주도하고 이후에 진흥을 이룰 수 있을 것입니다. 이는 본디 서원의
소관이 아닙니다만, 그 근거는 실질적으로 여기에 기초합니다.[43]

43) 見陳穀嘉·鄧洪波,『中國書院史資料』, 第1989-1990頁. : "國勢之强弱視乎人才, 人才
之盛衰系乎學校. 欲補學校所不逮而切實可行者, 莫如整頓書院之一法. 各省書院之設,
每府州縣多或三四所, 少亦一二所 ; 其陶成後進爲最多, 其轉移風氣亦甚捷. 整頓書院
約有三端 : 一曰定課程. 宋胡瑗敎授湖州, 以經義·治事分爲兩齋, 法最稱善. 宜仿其意,
分類爲六 : 曰經學, 經說·講義·訓詁附焉 ; 曰史學, 時務附焉 ; 曰掌故之學, 洋務·條
約·稅則附焉 ; 曰輿地之學, 測量·圖繪附焉 ; 曰算學, 格致·制造附焉 ; 曰譯學, 各國
語言文字附焉. 士之肄業者, 或專攻一藝, 或兼習數藝, 各從其便. 制藝試帖未能盡革,
每處留一書院課之已足. 一曰重師道. 書院山長必由公擧, 不論爵位年歲, 惟取品行端
方·學問淵博, 爲衆望所推服者 ; 其算學·譯學, 目前或非山長所能兼, 則公擧諸生中之
通曉者各一人, 立爲齋長分課之, 而仍秉成於山長. 省會書院規模較廣, 山長而下兼設
六齋之長, 分厘列舍, 與諸生講習其中. 一曰核經費. 各屬書院, 或田畝, 或公款生息,
或官長捐廉, 或紳富樂助, 皆有常年經費, 即或僻陋之區容有不足, 就本地公款酌撥, 亦
屬爲費無多. 此整頓書院之大槪章程也. 蓋經學爲綱常名敎之防, 史學爲古今得失之鑒.
掌故之學, 自以本朝會典·律例爲大宗, 而附以各國條約等, 則折沖樽俎亦於是儲其選
焉. 輿地爲今日之亟務, 地球圖說實綷大要. 其次每府州縣, 以土著之人隨時考訂其
邊界·要隘·水道·土宜, 言之必能加詳, 再授以計裏開方之法·繪圖之說, 選成善本, 尤
能補官書所未備. 算學一門, 凡天文·地理·格致·制造, 無不以此爲權輿. 譯學不獨爲通
事傳言, 其平日尙可翻譯西學書籍, 以資考證. 若夫武備·水師·機器·礦務等學堂, 則必

이 방안은 당일 군기대신(軍機大臣)을 거쳐 예부(禮部)에서 재심의되었다. 당해 9월 예부에서는 언급된 각 조항이 "실사구시를 기점으로 하고 있으니, 마땅히 각 성의 감독과 순무·학정에게 널리 알려 참작·조치를 시행하도록 하여 기존 규정을 확장하고 실질적인 효과를 거두도록 하라"는 반응을 보였다.

장정의 변통, 그리고 서원 정비에 관한 방안이 각지에 발포된 후, 각지에서 분분히 호응이 있었다. 예컨대 1896년 8월 강서 순무 덕수(德壽)가 호빙지의 제도를 참고하여 남창(南昌) 우교서원(友敎書院)의 원생 수업 정원을 줄이고 산학과를 이설하였으며, 산학 교습(敎習)을 2명 초빙하고 산학생 18명을 모집하는 조치를 시행했다.[44] 이듬해 6월 장사 악록서원 산장 왕선겸(王先謙)은 예부에서 협의한 진수장의 방안에 근거하여 「월과개장수유(月課改章手諭)」를 발표하였는데, 그는 산학 재장(齋長)과 번역학 교습을 두고 산학에 50명, 번역학에 40명 정원을 할당하여 학생을 모집하여 각각 수학과 외국어학을 가르쳤다.[45]

다른 한편으로 운남(雲南) 곤명(昆明) 경정서원(經正書院)에서도 산학관을 설립하였다. 그리고 운남 각 주·현의 오래된 서원에서도 산학 과목을 추가하였다. 강소(江蘇) 금릉(金陵)의 석음서원(惜陰書院), 그리고 문정서원(文正書院)에서도 서학을 개설하였으며, 교과목 규정을 의정하였다. 소주(蘇州) 정의서원(正誼書院), 평강서원(平江書院)에서는 과장(課章)을 개정하고 '서학' 과목 하나를 증설하였다. 광서(廣西) 계림(桂林) 경고서원(經古書院)에서도 산학 한 과목을 추가하였다. 계절마다 과목을 개설하였으며, 매 계절마다 서원의 감원이 무헌(撫憲)에게 시험 문제 제출을 요청하도록 하였는데, 이는 산수·산리(算理)·천문·시무 4개 항목으로 구성되었다.[46] 이러한 변화들은 모두 각지

於江海沖要之地, 都會繁盛之區, 統籌大局, 以次振興, 固非書院之所能該, 而其端實基於此."

44) 淸·德壽, 『奏酌裁友敎書院童卷移設算科折』, 見陳穀嘉·鄧洪波, 『中國書院史資料』, 第1992-1993頁.
45) 『嶽麓書院院長王先謙月課改章手諭』, 見陳穀嘉·鄧洪波, 『中國書院史資料』, 第2014-2016頁.

서원에서 시행한 장정 변통의 예시라 할 수 있으니, 위 상소의 영향이 상당
했음을 알 수 있다.

이상 세 가지 방안은 조정에서 각 성의 총독·순무·학정에게 발포되어 논
의·시행하도록 조치된 것이다. 이에 각지에서는 실제 상황에 비추어 방안을
시행하였고, 1897년에 이르러 개혁의 절정을 보였다. 예컨대 호남성의 경우,
교경서원(校經書院)은 장정을 개정하고 신학인 광학·전기·화학·광물학·측량
학 등을 확장하고 추가로 산학, 지리학, 방언 3개 학회를 설치하였다. 이에
더하여 『상학신보(湘學新報)』를 간행하기 시작했다. 악록서원의 경우 『시무
보(時務報)』를 구독하기 시작하였으며, 매월 시험에 대한 장정 또한 개정하
였다. 나아가 산학, 번역학 과목을 추가 개설하였다. 그리고 시학당(時學堂)
을 신설하였는데, 당시 중문(中文) 담당 총교습 양계초(梁啓超)가 다음과 같은
창의적인 제안을 하였다.

> 학당·서원 각각의 장점을 함께 취하고, 서문(西文)을 배우는 이들은 내과(內
> 課)로 배정하고, 학당의 방식으로 그들을 가르치도록 한다. 중국학만을 배우고
> 서양학을 배우지 않는 이들은 외과(外課)로 편성하여 서원 방식으로 가르치도록
> 한다.

이에 공과(功課)를 중학·서학 두 개 부문으로 나누었는데, 가장 성황 했을
때 그 학생이 무려 200여명에 달했다. 이로부터 호남성의 학풍이 일약 큰 변
화를 이루었다. 이처럼 성성서원(省城書院)에서 진행한 개혁의 영향을 받아,
호남 각지 서원 또한 분분히 장정 개정을 단행하였다. 예컨대 영향(寧鄕)의
옥담서원(玉潭書院)과 운산서원(雲山書院)은 악록서원의 새로운 장정을 본받
아 방언·산학 과목을 가르쳤다. 상덕(常德) 덕산서원(德山書院)에서는 『학산
생동과장(學算生童課章)』을 새로 제정하였으며, 교과목을 변경, 산학을 편성

46) 見陳穀嘉·鄧洪波, 『中國書院史資料』, 第2016-2019頁.

하였다. 그 외에도 장정의 변통을 시행한 많은 서원이 있다.

유양현(瀏陽縣)에는 남태(南台)·사산(獅山)·동계(洞溪)·유서(瀏西)·문화(文華)·문광(文光) 6개 서원, 원주(沅州) 원수(沅水)의 교경서원(校經書院), 악주부(嶽州府)의 악양(嶽陽)·신수(愼修) 2개 서원, 무강주(武岡州)의 오산(鰲山)·관란(觀瀾)·협강(峽江)·청운(靑雲) 총 4개 서원, 그리고 희현정사(希賢精舍), 형산현(衡山縣)의 문봉(雯峰)·집현(集賢)·관상(觀湘)·연경(研經) 4개 서원, 평강현(平江縣)의 천악서원(天嶽書院)과 영명현(永明縣)의 염계서원(濂溪書院)에 이르기까지, 모두 경의(經義)·사학·시무·여지·산학·방언 6개 과목을 편성하여 강학을 시행하고 강회를 설치하는 등 새로운 문풍을 진작하였다. 신학의 진흥은 바로 이로부터 흥성한 것이라 일컬어진다.[47] 이러한 서원 개혁은 신정(新政)을 구성하는 주요 요소로서, 호남성에서 고조를 이루었다.

2. 1898년 서원 제도 개혁과 그 실패

중국 각지에서 서원 개혁의 물결이 고조를 이루었던 당시, 조정에서는 1898년 무술유신운동을 추진하였다. '서원 개제' 또한 이 운동의 주요 정책 가운데 하나였다. 1898년 서원 개제 방안의 구상자는 바로 강유위(康有爲)였는데, 그의 「청칙각성개서원음사위학당절(請飭各省改書院淫祠爲學堂折)」을 살펴보면 그 요점은 세 가지이다. 첫째, "어리석어 배우지 않고, 앉은 채로 모욕을 당하고 있으니", 중국이 "부강하게 자립하려면 반드시 널리 학교를 건립하여야 하니, 국가로부터 향읍으로까지 이루어져야 한다"고 했다. 즉 교육의 보급은 '사인(士人)'으로부터 "백성에게 이르러야 한다"는 의미이다. 둘째, 서원을 학당으로 개조함은 변법·구강(求強)을 위한 방략 가운데 하나였다. 소위 서양의 변법은 삼백년의 세월을 거쳐 강인해졌으며, 일본의 변법은 30년의 세월을 거쳐 강해졌다. 우리 중국은 땅이 넓고 백성이 많으니, 크게

---

47) 以上湖南各書院改制, 參見陳穀嘉·鄧洪波, 『中國書院史資料』, 第1993-2016頁.

변법을 일으킬 수만 있다며 3년이면 자립할 수 있다. 3년 만에 자립하려면, 반드시 전국 사방의 만민이 모두 배워서 지혜를 얻은 뒤에야 이룰 수 있을 것이다. 그러므로 "학문을 흥성하는 것이 가장 빠른 방법"이며, "현재 성·부· 주·현·향·읍에 소재한 공공·민간 서원·의학(義學)·사학(社學)·학숙을 모두 중 국·서양의 학문을 배울 수 있는 학교로 개정하는 것이 가장 중요하다"라고 하였다. 셋째, "위로는 삼대를 본받되, 유럽의 것들 또한 널리 배워야 한다." 는 것이다. 그리고 "성회의 대형 서원을 고등학으로 고치고, 부·주·현의 서원 을 중등학, 의학·사학을 소학으로 개조하여야 하며", "각 직할 성의 총독과 순무에게 명을 내려 시행토록 하고, 엄격하게 지방관을 가르치도록 한다", "2 개월 내에 복명" 수행할 것이며, "위반하는 자는 탄핵할 것"이라 하였다. 이상 강유위의 말을 정리해보면, 고·중·소 3개 등급의 근대 학교 체계를 신속히 만들어, "사람마다 모두 배움을 얻고 학당이 도처에 있어서 다만 쉽게 교화되 게 할 뿐 아니라 사인(士人) 가운데 인재들이 더욱 많아지고, 또한 기풍이 진 작되어 농·공·상·병학도 함께 성행하는" 이상을 실현하겠다는 것이다.[48]

1898년 5월 22일 광서제는 강유위가 일주일 전 「청칙각성개서원음사위 학당절」에서 개진한 추진 방안을 완전 수용하여 2개월 내에 전국의 모든 서 원이 중국학·서학을 함께 가르치는 학교로 개조하라는 조서를 하달하였다. 그 내용은 아래와 같다.

> 일전에 경사대학당(京師大學堂)을 개관할 것을 명하였으니, 학당에 입학하여 수학하는 이들은 중학(中學)·소학(小學)에서 순서에 따라 진학하게 되면 필경 그 성과를 볼 수 있을 것이다. 다만 현재 각 성의 어디에도 중학·소학이 창건되지 않았다. 각 직할성 소속 성회·부청(府廳)·주·현에 서원이 없는 곳이 없으니, 각 총독·순무가 지방관에게 명하여 관할 지역의 서원의 위치, 경비 항목을 살펴 2 개월 내에 소상히 보고하도록 하고, 각 성·부청·주·현에 있는 크고 작은 서원들

---

48) 引文見陳穀嘉·鄧洪波『中國書院史資料』, 第2466-2468頁.

을 일률적으로 중국학·서양학을 배울 수 있는 학교로 변경하도록 하라. 학교의
단계에 대하여서는, 성회의 대형 서원은 고등학으로 바꾸고, 군성(郡城)의 서원
들은 중등학, 주·현의 서원은 소학으로 바꾸도록 한다. 모든 서원에 경사대학당
의 장정을 배포하고 이를 따르도록 명한다.[49]

중국 각지에서는 이상의 내용에 따라 명령을 집행하였다. 예컨대 산서에서
는 통령(通令)으로 성내 109개소 서원을 일률적으로 학당으로 개편하였으며,
호북에서도 의결을 거쳐 11개 부, 67개 주·현의 서원들을 학당으로 고칠 것을
명하였다. 이것이 바로 '무술 서원 개제'이다. 다만 이 당시에 '유신정령(維新
政令)' 또한 발포되어 여러모로 분주한 상황이었기에, 지방에서는 때때로 서원
에 관한 일을 급선무로 여기지 않고 대부분 이에 대해 표면적인 문서 작업만
하는 경우가 많았다. 게다가 조정에서도 시행 기한을 2개월로 명한 것을 잊은
것처럼 보이는데, 재차 개제령을 내린지 불과 100일이 되지 않아 '서태후 정변
[8월 6일]'에 의해 보고가 중지되고 만다. 이에 개제령의 성과는 매우 미미해졌
고, 이 기간 동안 전국 각 성의 서원 가운데 학당으로 개조한 곳은 불과 24개
소밖에 기록되지 않았다. 각지에서 개조된 서원 목록은 아래와 같다.

〈표 2〉 1898년 서원 제도 개혁 일람표[50]

서원명	소재지	개명 학교명	보고 시기	비 고
學古書院	貴州 貴陽	經世學堂	5월 16일	무술 개제령 하달 이전 이미 개편

49) 見陳穀嘉·鄧洪波, 『中國書院史資料』, 第2470頁. : 前經降旨開辦京師大學堂, 入學肄
業者由中學·小學以次而升, 必有成效可睹. 惟各省中學·小學尙未一律開辦, 總計各直
省省會及府廳州縣無不各有書院, 著各該督撫督飭地方官各將所屬書院處所·經費數目,
限兩個月詳複具奏, 卽將各省府廳州縣現有之大小書院, 一律改爲兼習中學·西學之學
校. 至於學校階級, 自應以省會之大書院爲高等學, 郡城之書院爲中等學, 州縣之書院
爲小學, 皆頒給京師大學堂章程, 令其仿照辦理.
50) 參見陳穀嘉·鄧洪波, 『中國書院史資料』, 第2469-2482頁.

서원명	소재지	개명 학교명	보고 시기	비 고
南菁書院	江蘇 江陰	高等學堂	7월 11일	
江漢書院	湖北 武昌	高等學堂	7월 18일	호북 11부, 67주·현의 서원을 학당으로 개편
求賢書院	湖南 長沙	武備學堂		
金江書院	湖南 瀏陽	金江小學堂		
桃溪書院	湖南 永明	高等小學堂		
尊經書院	湖南 鳳凰	資治學堂		
令德書院	山西 太原	省會學堂	7월 20일	산서 109개소 서원을 학당으로 일률 개편
蓮池書院	直隷 保定	省會高等學堂	7월 21일	
集賢書院	天津	北洋高等學堂	7월 21일	
會文書院 三取書院 稽古書院	天津	天津府中學堂 天津縣小學堂	7월 21일	회문·계고·삼취 3개 서원을 합병하여 천진부중학당·현소학당으로 개편
問津書院	天津		7월 21일	
輔仁書院	天津		7월 21일	
友敎書院	江西 南昌	算學堂	7월 28일	
崇實書院	江蘇 淸河縣	中西學堂	7월 30일	
金台書院	수도	順天府中學堂	8월 초4일	
鍾山書院	江蘇 江寧	○○학당		이 6개소 서원은 兩江 총독 劉坤一이 府·縣의 학당으로 개편
尊經書院	江蘇 江寧	○○학당		
惜陰書院	江蘇 江寧	○○학당		
文正書院	江蘇 江寧	○○학당		
鳳池書院	江蘇 江寧	○○학당		
奎光書院	江蘇 江寧	○○학당		

사실 개제령에 대한 반대의 목소리는 끊임없이 있었다. 개제령이 시행되고 6월 무렵 증렴(曾廉)은 응소하면서 다음과 같이 말했다.

학당과 서원은 마치 다(多)·과(夥), 그리고 소(小)·선(鮮)이라는 글자와 같습니

다. 즉 각기 다르긴 하나 그 실제 의미는 같은 것입니다. 무릇 사실을 증험하고
자 한다면, 왜 하필 모두 학당으로 개명해야 하겠습니까? 또 만약 그것이 허명
이라면, 굳이 서원을 모두 폐기할 필요가 있겠습니까?[51]

무술 유신이 실패한 뒤 반대의 목소리는 날로 커져만 갔다. 8월 29일 황
인제(黃仁濟)는 "수도에 새로 창건한 대학당 또한 '경도대서원(京都大書院)'으
로 고쳐 불러야 하며, 각 성·부청·주·현의 서원 가운데 수업을 진행하는 이
들로 하여금 그 규모를 확장하여야 하며, 서원 수업이 없는 곳은 조속히 출
자하여 증설해야 한다"고 제언하였다. 이는 말하자면 "학당이라는 이름의 기
관을 더 이상 세울 필요가 없다"는 뜻으로서, 기존 학당을 모두 서원으로 바
꾸겠다는 것이다.[52] 9월이 되자 예부에서는 팔고를 통한 벼슬 제도를 부활할
것을 상소하는 한편 "각 성의 서원은 옛 방식대로 일을 진행하고 학당 운영
을 중지"할 것을 청하였다. 9월 30일 서태후는 이 상소를 참작하여 「신명구
제의지(申明舊制懿旨)」를 하달하였는데, 그 내용은 다음과 같다.

서원의 설립은 본디 실학을 강구함에 있는 것이지, 훈고·사장학에 몰두하기
위함이 아니었다. 무릇 천문·여지·병법·산학 등 경세에 관한 일들은 모두 유생
의 본분으로 당연한 것이요, 학당에서 배우는 것 또한 이와 별개가 아니다. 이
는 서원과 학당이 명칭은 각기 다르나 실질은 똑같은 것이니, 본디 반드시 바꿀
필요가 있는 것은 아니다. 작금의 시국이 몹시 어려우니, 더욱 절실하게 강구하
여야 하며, 일체 유용한 학문이라면 그 무엇도 서원에서 당연히 담당해야 할 일
이 아니라고 할 수 없겠다. 이를 널리 알려서 알도록 하라.[53]

---

51) 見陳穀嘉·鄧洪波, 『中國書院史資料』, 第2485頁. : "學堂之與書院, 猶多之與夥, 小之
與鮮, 名殊而實一也. 夫果征事實, 何必盡改學堂？如果屬虛名, 何必盡廢書院？"
52) 『黃仁濟擬治平萬言奏』, 見陳穀嘉·鄧洪波『中國書院史資料』, 第2485-2486頁.
53) 見陳穀嘉·鄧洪波, 『中國書院史資料』, 第2486頁. : "書院之設, 原以講求實學, 竝非專
尚訓詁詞章, 凡天文·輿地·兵法·算學等經世之務, 皆儒生分內之事, 學堂所學亦不外
乎此, 是書院之與學堂, 名異實同, 本不必定須更改. 現在時勢艱難, 尤應切實講求, 不

이로써 1898년의 서원 개제는 완전히 부정되고 말았다. 주목할 점은, 일련의 부정적인 이유가 서원과 학당의 명실(名實) 문제를 얽매고 있다는 점이다. 즉 "명칭은 각기 다르나 실질은 똑같으니 본디 반드시 바꿀 필요가 있는 것은 아니다"가 바로 그 이유이다. 이처럼 교묘하게 해명한 것은 과도한 견강부회와 같아 보인다. 말하자면 성인의 도를 대표하는 '정학'과 그것을 어지럽히는 '서학' 간의 학술적 모순과 투쟁을 은폐하고, 정치권력 투쟁의 잔혹함과 피비린내를 희석시키고 있는 것이다. 사실상 증렴의 반발은 서원 개제령이 이미 문화·교육 개혁이라는 영역에서 벗어나 정치 투쟁의 문제로 변질되었음을 의미한다.

그는 "서원이 폐해지지 않고 학당이 시행되지 않으면 신정(新政)을 차별화하기에 역부족일 것이요, 또한 이목(耳目)을 바꾸지 않으면 서학으로써 천하를 호령할 수 없을까 두렵습니다. 신이 걱정하는 것은 오늘날 천하의 우환은 서학으로 성인의 도를 어지럽히는 것보다 큰 것이 없으니, 충효의 강상이 무너지고 공리와 같은 작은 이익만을 탐하여 서양인들이 인도하는 길에 침잠하여, 중국은 그것을 따르고 우러러 보는 것입니다. 이것이 신이 밤낮으로 두려워하는 일입니다.", 그리고 소위 "군자와 같은 반열에 들 수 없다[君子不齒]"고 하던가, "이 무리들은 늘 흰소리만 한다[此輩輒敢大言]" 라든가, "노자·묵자·석가·예수의 설을 잡박하게 취하고 요순과 탕·무를 부정하거나 비하하고 주공·공자를 천박하게 만들어 제멋대로 웅대한 담론을 떠들어대면서 군중들을 놀래 킨다[雜取老·墨·釋·耶之支說 非堯舜 薄湯武 陋周孔 肆其雄談以驚庸衆]"라고 하는 등 이미 폭력성은 물론이고 '투쟁적·사상적인 정치 어휘들로 가득한 상황이었다.

서원 개제령이 정치적 문제로 비화되는 것을 막기 위해, 실력파 인사이자 혁신적 성향을 지닌 양강 총독 유곤일이 등장하였다. 그는 당해 10월 3일 「청원학당병행이광고취절(書院學堂竝行以廣造就折)」을 상소하였다. 여기에서 그

得謂一切有用之學非書院所當有事也. 將此通諭知之."

는 예부가 과거의 제도를 회복할 것을 주청하였는데, 이는 "이전 의결에서 서원을 학당으로 고칠 것을 결정하였으니, 서원이 과거의 제도를 참조하여 일을 처리하고, 학당을 중지하는 것은 서원 외에 별도로 학당이 있어서는 안 된다는 것을 의미하는 것은 아니다"라고 보았다. 즉 "서원과 학당이 진실로 이름만 다르지 실질은 똑같을"지라도, "만약 학당이 있음으로써 서로를 살필 수 있다면, 서원의 부족한 점을 보완할 수 있을 것이요, 이는 편벽됨을 조정 하고 폐단을 없앨 수 있는 방법"이었다.

이 때문에 그는 "서원을 반드시 개명할 필요는 없고, 학당 운영 또한 반드 시 중지할 필요도 없다. 함께 보전하고 운영함으로써 널리 인재를 양성해야 한다"고 주장하였다. 이는 정치적 논쟁을 종식시키려는 시도로, 교육 제도 개혁의 성과를 지켜내려 한 것이다. 그러나 일단 이에 관한 정치적 의론이 벌어지면 그 분란을 종식하는 것은 결코 쉬운 일이 아니었다. 시무학당(時務 學堂)을 구실서원(求實書院)으로 개명한 일이 바로 그 단적인 예시이다.

시무학당은 학당과 서원 양자의 장점을 겸하였기에 태생적으로 서원 개 혁의 산물이다. 1897년 1월 악록서원 산장 왕선겸이 앞장서서 순무 진보잠 (陳寶箴)의 인준을 받아 창건을 입안하였고, 웅희령(熊希齡) 등이 유곤일에게 청하여 방출한 소금에 가격을 매겨 7,000냥의 경비를 출자, 소동가(小東街) [지금의 중산서로(中山西路)]에 창건하였다. 8월 진보잠이 「초고신설시무학당 학생시(招考新設時務學堂學生示)」를 발포하면서 학생 정원을 120명으로 결정 하였다. 11월에는 「호남개판시무학당대개장정(湖南開辦時務學堂大概章程)」 11 개 조항을 공포하였으며, 첫 번째 학급 학생 40명을 모집하여 정식 개학하였 다. 당시 총리 웅희령과 감독 양자초(楊自超)가 행정을 총괄하였으며, 중문 (中文) 총교습(總敎習)으로는 양계초, 교습으로는 한문거(韓文擧)와 섭각매(葉 覺邁)[이듬해 3월 양계초가 사정상 지역을 떠나게 되면서 추가로 구구갑(歐 榘甲)·당재상(唐才常)을 교습으로 초빙]가 나누어 맡았으며, 서문(西文) 총교 습으로는 이유격(李維格), 분교습(分敎習)은 왕사(王史), 수학 교습은 허규원 (許奎垣) 등이 맡으면서 함께 교무를 담당하게 되었다.

같은 해 12월 양계초가 「호남시무학당학약십장(湖南時務學堂學約十章)」을 제정함으로써 입지(立志)·양심(養心)·치신(治身)·독서·궁리·학의(學義)·낙군(樂群)·섭생(攝生)·경세(經世)·전교(傳敎)를 주제로 학생들을 권계하고자 하였다. 또 「시무학당공과상세장정(時務學堂功課詳細章程)」을 제정하고 「독서분월과 정표(讀書分月課程表)」 편찬하였으며, 학교 운영 방침을 "학당, 서원 양자의 장점을 겸함[兼學堂書院二者之長]"으로 규명하였다. 학생들은 서양어문을 배우는 이들은 내과로 편성하여 학당의 방법으로 가르치며, 중문만 배우고 서양 어문을 배우지 않는 이들은 외과로 편성하고 서원의 방법으로 가르쳤다. 교육 내용은 크게 일반학과 전문학으로 나뉘었다. 일반학은 경학·제자학·공리학(公理學)·중외사지(中外史志) 및 물리·산학 등의 내용을 포함하였다.

커리큘럼에 따르면 우선 일반학을 이수한 후 전문학을 배울 수 있었다. 독서 또한 '전정(專精)[정독]'과 '섭렵(涉獵)[통독]' 두 유형으로 나누었다. 당상(堂上)에 '대문궤(待問匭)[질문함]'를 설치하여 학생들이 공부하다가 의문이 있으면 '대문격지(待問格紙)[질문지]'에 그것을 써서 함에 넣으면 교습이 서당에 답변을 게시하였다. 매월마다 '월과(月課)' 시험을 1회 시행하였으며, 항상 2문제를 제출하였고 성적을 매겼다. 계절마다 '대고(大考)'라는 시험을 1회 시행하였는데, 지방 유지를 초청하여 함께 학생 찰기[차기책(劄記冊)], 문답집[대문격(待問格)], 과제물[과권(課卷)] 3개의 평가 항목으로 점수를 매기도록 하고, 석차표를 『상학보(湘學報)』 및 『상보(湘報)』에 함께 실음으로써 학생들을 격려하였다.

당시 양계초 등은 "민권혁명론에 심취하여 밤낮으로 이 논의로 서로를 고취시켰다"고 한다. 학생들은 『맹자』와 『공양(公羊)』의 대의 및 강유의의 제도 개혁에 관한 논설에 근거하여 서양의 민권·평등사상을 선전하였으며, 정치 개선에 대한 거대한 여론을 조성하였다. 담사동 등과 같은 인물 또한 『상보』에 자신의 글을 기고하는 방식으로 선전을 했으니, 이로써 호남의 기풍이 크게 변화하였다.

세월이 흘러 1898년의 늦봄초여름 무렵 악록서원 산장 왕선겸과 시무학당 중문 총교습 양계초를 필두로 한 두 기관의 인사들이 민권·평등 문제에 관한 논쟁에 휘말리면서 교육은 정치에 자리를 빼앗기고 개혁 또한 중단되고 말았다. 이 정치적 논쟁의 결과로 평등·민권은 혹세무민하는 이단의 학문으로 전락해버리고 말았으며, 왕선겸 원장은 도를 지키고 세상을 구한 영웅으로 신단에 모셔졌다. 진보잠(陳寶箴)·강표(江標)·웅희령 등 호남에서 신정을 주관하던 고위 관료들은 파직되어 다시는 중용되지 못했으며, 지방관들에게 엄격한 통제를 받았다. 그리고 시무학당은 호남 최초의 근대적 의의를 지닌 학교였음에도 불구하고 훼철을 피할 수 없었다. 결국 호남 순무 유염삼(俞廉三)이 조청하여 구실서원으로 개조되었으니, 이때가 1899년 정월 19일이다. 이로써 1898년 서원 제도 개혁은 "정치적으로 옳다"라는 표제 위에 '실패' 도장을 찍은 셈이 되었다.

3. 20세기 초 서원 제도 개혁

1898년 서원 제도 개혁의 설계자 강유위의 구상은 너무나도 이상주의적인 색채를 띠고 있었다. 겨우 두 달 만에 1300년의 역사를 지닌 서원 제도를 학당으로 개혁하려 했다가 급변의 과오를 범하고 말았던 것이다. 이로 인해 개혁의 실패는 이미 중요한 화두가 되었는데, 특히 1898년 유신 운동 와중에 순식간에 실패하고 만 것은 서원 제도 개혁과 정치 제도 개혁의 상호 결합이라는 시대적 성격을 노정한다. 어떤 의미에서 이 사실은 청대 말기 '신정(新政)'이라는 거대한 흐름 가운데 서원을 다시 개혁하는 일이 불가피한 것이었음을 암암리에 드러내는 것처럼 보인다.

1900년 초 의화단운동이 확산되었다. 또한 영국·프랑스·독일·러시아·미국·이탈리아·일본·오스트리아 8개 연합군이 침략하여 북경을 점령하였고, 조정은 서안으로 천도하였다. 12월 10일 서태후는 스스로를 보호하기 위하여 어쩔 수 없이 변법을 선포, 주위 문무백관과 외국의 주재관들에게 각각 건의하여 신정을 재차 시행할 것을 요구하였다.

1901년 5월 당시 호광(湖廣) 총독 장지동과 양강 총독 유곤일이 공동 명의로 제출한 「강초회주변법삼절(江楚會奏變法三折)」 상소문 가운데 제1절 '변통정치인재위선준지주의절(變通政治人才爲先遵旨籌議折)'에서는 "중국·외국의 상황을 참작하여 오늘날 학당을 설립할 수 있는 방법을 고려한다"라는 내용이 있다. 여기에서 그들은 문·무·농·공·상·광업 등 각류·각급 학당을 포함한 근대적 학제 시스템을 수립할 것을 주장하였다. 이 설계 방안은 명종지(明宗旨)·표문류(標門類)·분등급(分等級)·계연한(計年限)·주출로(籌出路)·제방애(除妨礙) 여섯 가지로 나뉘는데, 그 주요 취지는 대략 넷으로 요약할 수 있다.

첫째, 일본 학교의 장정을 모방하여 서양식 대·중·소 3종류의 학교 제도를 신속하게 구축하는 것이다. 둘째, "동·서학 제도를 참조"하는 것으로, 특히 여러 교육 내용 가운데 "경·사·사장학을 전문적으로 교육"함을 강조하였다. 요컨대 경학과 사학, 물리, 정치, 병학, 농학, 공학 7개 부문의 교육과정을 병렬하면서도 7개 교과목 가운데 경학에 가장 중요한 위상을 부여하는 것이다. 셋째는 "단계별 시험 및 채용" 방법이다. 이는 학당과 과거제도를 융합한 것인데, 각 학당의 학생들의 수학 기간이 만료되면 시험을 쳐서 졸업하도록 하는 것으로, 시험 성적에 따라 부생(附生)·늠생(廩生)·거인(擧人)·진사(進士) 신분을 부여한다. 생원·거인·진사 채용 정원들은 원래 각자가 통과하였던 세료(歲科)·향시(鄕試)·회시(會試) 정원에 준한다. 이는 과거 제도로부터 학당으로 점차 배출 인원을 줄여나가는 것으로서 10년 3과 이후, 과거의 서원 정원은 점점 감소하여 없어지고, 생원·거인·진사는 모두 학당에서 배출될 것이다. 넷째, 서원을 학당으로 개조한다. 이는 교육 시스템을 신속하게 고대에서 근대적 시스템으로 전환·실현하고자 하는 것이다.

이 네 가지가 "보기에는 아무 변화도 없이 새로운 것을 부정하는 것 같지만, 그 실질은 옛 것을 본받지 않음이 없는 것"[54]이라고 말한다. 이 가운데

---

54) 張之洞·劉坤一, 『變通政治人才爲先遵旨籌議折』, 見朱有瓛 『中國近代學制史料』 第

서원을 학당으로 바꾸는 것은 하나의 수단으로, 일본을 모방하여 서양식 3종 학교 체제를 세우는 데 목적이 있다. 또한 전통 경학 등 7개 부문의 교과목을 교육 내용으로 삼고, 학당과 과거제도를 합일하고자 한 것은 "중체서용"의 핵심 가치를 가장 잘 실현한 대목이다.

　중요한 점은 학당과 과거제도의 통합 주장이 호광 총독 장지동의 속관인 호북(湖北) 순무 담계순(譚繼洵)으로부터 비롯되었다는 것이다. 이는 1898년 5월 27일 제출된 상주문에 보이는데, 그 핵심 내용은 "학교로 과거제의 체(體)를 세우고, 과거 제도로 학교의 용(用)을 이룬다"이다. 아울러 그 구체적인 방법은 두 조항으로 나뉜다.

　먼저 "학교의 규모를 이루고, 과거 체제는 학교로부터 비롯된다."이다. 즉 학교 규모라는 것은 학부를 설치하고 법규를 세워 총괄하고, 서원을 학당으로 개조하며, 사범학당을 설치하여 교사 자원을 배양하는 것 이상 3가지로 이루어진다. "학교가 숲처럼 많아지게" 되면, 인재를 "활용하는 방법"은 "과거 시험이라는 방법을 통해 그들을 채용하면" 되는 것이다. 규정에 따르면, 현의 학당 학생들은 지현을 통해 모여 학당 교습의 지도하에서 시험을 봐야 하며, 돌아가 학정의 면접을 보고, 합격하면 생원의 신분을 부여한다. 그러면 이들은 부의 학당에 입학하여 더욱 심화된 공부를 할 수 있다. 부의 학당에서 수학 기간을 채우고 공과에 합격한 이들은 지부(知府)와 본 학당 교습의 평가를 통해 성역(省城)의 총독·순무의 면접을 보게 되어, 합격하게 되면 거인(擧人)이 된다. 이제 이들은 성의 학당에 입학하여 심화된 학업에 돌입한다. 성의 학당에서 수학 기간을 채우고 공과에 합격한 이들은 학부로 보내져 대신의 면접을 보게 되며, 합격하면 진사가 된다. 그러면 경사대학당에 입학하여 수학하게 되며, 황제가 임하여 자신을 쓸 때까지 기다린다. 그러므로 과거 합격은 요행으로 된 것이 아니며, 학교 또한 유명무실하게 세운 것이 아니게 되니, 소위 과거 체제가 학교에서 비롯된다는 것이 바로 이 말이다.

一輯下冊, 第772-776頁.

그런데 학교와 과거를 하나로 합치는 제도를 시행하려면, 반드시 학부로 전환해야 한다. 또한 변법자강은 학교를 변통하는 것만큼 급선무가 없으니, 학교를 변통함은 또한 학부를 설립하는 것이 가장 우선이다.[55] 이 방법은 비록 서원 개혁 당시에는 실행되지 않았지만, 기한이 3년 연장되면서 '강초회주(江楚會奏)'의 변법 방안 가운데 하나로서 실시되었다.

서원을 학당으로 바꾼 까닭은 양자의 명실(名實) 문제에서 착안하였는데, 그 내용은 다음과 같다.

> 일을 성사시키려면 반드시 먼저 '이름을 바로 하여야[정명(正名)]' 한다. 송대 사람들이 처음으로 서원이라는 명칭을 사용하기 시작했다. 송의 대유(大儒) 호원이 호주(湖州)에 학교를 설립하였고, 경의(經義)·치사(治事) 두 학재로 나누었으니, 사람들은 이를 호학(湖學)이라 불렀지만 서원이라고 이름 하지 않았다. 오늘날 서원의 적습(積習)이 과히 심하니, 성명에 의탁하여 상을 받기를 바라고, 원칙을 지키지 않아 사단을 일으킨다. 반드시 그 이름을 바르게 하는 것을 일러 학(學)이라 하니, 이로써 인심을 고무하고 폐습을 없앨 수 있게 된다. 만약 학당이라는 명칭이 오래된 것이 아니라 한다면, 각종 '학교'라고도 이름 할 수 있는 것과 같으며, 옛 제도에도 부합할 수 있게 되니, 이러면 또한 명실이 상부한 것이다.[56]

주목할 점은 이 글에서 과거 제도를 분명히 밝히는 방식과는 달리 더이상 서원과 학당의 명칭이 다르면서 실질은 동일하다고 주장하지 않고, 명과 실이 모두 다르다고 여긴다. 서원은 "반드시 그 이름을 바르게 하는 것을 일러 '학'"이라고 하여야만 비로소 '명실상부'한 것이다. 시기적으로 3

---

55) 『湖北巡撫譚繼洵折』, 見朱有瓛 『中國近代學制史料』 第一輯下冊, 第691-694頁.
56) 朱有瓛, 『中國近代學制史料』 第一輯下冊, 第775-776頁. : "成事必先正名, 三代皆名學校, 宋人始有書院之名. 宋大儒胡瑗在湖州設學, 分經義·治事兩齋, 人稱爲湖學, 竝未嘗名爲書院. 今日書院積習過深, 假借姓名希圖膏獎, 不守規矩動滋事端, 必須正其名曰學, 乃可鼓舞人心, 滌除習氣. 如謂學堂之名不古, 似可即名曰各種學校, 旣合古制, 且亦名實相符."

년도 채 되지 않았지만, 그 평가는 서로 현저한 차이가 있을 뿐 아니라 완전히 도치된 상황으로 보인다. 이는 소위 성공도 소하(蕭何) 때문이요, 실패도 소하(蕭何) 때문이라는 것으로 이처럼 명칭을 고치는 것도 '정명(正名)'이되 고치지 않는 것도 '정명'이라는 것이다. 100년의 세월이 지난 오늘날, 우리들은 서원 제도 개혁의 엄숙함과 정당성에 대해 의문을 던지지 않을 수 없다.

물론 개혁의 필연성에 대해서는 말할 필요도 없다. 그러나 1900년 격변의 시기에 나라의 멸망은 현실로 다가오고 있었다. 사람들은 "이 상황을 구제하는 것"을 급무로 삼아야 한다는 사실에 더 이상 의문을 던지지 않았고, 조정에서 "성단(聖斷)을 내려 인심을 얻음으로써 국가의 기강을 지켜주기를 기원"하였다. 이에 청 정부에서는 장지동·유곤일 두 사람의 건의를 받아들여 1901년 8월 2일 정식으로 서원 개제 조서를 하달하였다.

> 인재는 정사(政事)를 근본으로 하니, 인재를 배양하는 일의 단서는 학술을 밝게 닦는 것에 있다. 역사적으로 학교의 융성은 모두 궁행(躬行)·도예(道藝)를 중한 것으로 삼았기에 당시에는 체용(體用)이 겸비된 인재가 많았다. 오늘날 선비들은 공소(空疏)하고 무용(無用)하거나 또는 천박하고 내실이 없으니, 마치 이 폐단을 제거하고자 개혁하기를 원하나 스스로는 가르침에 경건하거나 삼가 배우지를 않으니 크게 발흥할 도리가 없다. 북경에 이미 설립된 대학당[경사대학당(京師大學堂)]에서는 스스로의 과업을 잘 수행·정돈하도록 하며, 그 외 각 성의 모든 서원은 성성(省城)에서는 대학당으로 변경하고, 각 부청(府廳)에 예속된 주에서는 모두 중학당으로 설립하며, 각 주현에서는 모두 소학당으로 개설하도록 한다. 아울러 몽양학당(蒙養學堂)을 도처에 많이 설립하도록 한다. 그 교학 내용 및 방법은 마땅히 사서오경(四書五經)과 강상(綱常)의 대의(大義)를 주로 삼아야 하며, 역대 사료와 중국·외국의 예학(藝學)을 보조 내용으로 삼는다. 심술을 방정하게 하는 데 힘쓰고, 문행을 잘 닦고, 시무에 박통하며, 실학을 강구하고, 기본을 잘 쌓고, 덕 있는 인재가 되도록 하여, 짐을 도와 나라를 잘 다스리

고 인재를 배양하는 지극한 뜻에 쓰이도록 하라. 각 총독·순무·학정들은 절실하고 엄격하며 정성을 다 하여 일을 흥성시키도록 하라. 예의로써 교원을 초빙하고 학규를 온당하게 작성하며, 학생을 가르치는 데 있어서는 마땅히 어떻게 격려할 것인지를 숙고하여 택하고, 장정을 모두 상세히 명시하여야 한다. 아울러 정무를 행하는 부처에서는 각 성을 순시하여 깊이 의논하고, 예부에서 회동하여 재차 대조 작업을 거친 다음 상부에 보고하도록 하라. 장차 이를 통지하여 알도록 할 것이다.[57]

신세기의 서원 개제령은 명실상부한 구실과 체계를 갖추고 있었다. 이후 이루어진 1902년의 임인학제(壬寅學制)와 1903년의 계묘학제(癸卯學制)가 서로 맞물려 순조롭게 진행되었으며, 청대 말기에 이르면 각 성의 서원들은 기본적으로 학당으로 이미 제도적 개혁을 마쳤다. 이러한 방식을 통해, 낡고 전통 일색이었던 서원은 근현대로 넘어가면서 중국 문화 교육 발전의 혈맥을 이어받아 영생을 얻게 된 것이다.

전국 서원의 개혁은 그 절대 다수가 청대 말기에 이르러 완료되었으며, 극소수의 서원만이 민국 초기에 그 개혁을 이루었다. 자료의 한계로 인해 이 개혁의 전체적인 정황과 추이는 정확하게 파악하기 어려운 실정이다.

필자는 최근 몇 년 동안 『청사·서원학교표(淸史·書院學校表)』 편찬을 주관하면서 이에 관하여 언급한 바 있다. 비교적 불완전한 통계이긴 하지만 이

---

57) 見陳穀嘉·鄧洪波, 『中國書院史資料』, 第2489頁. : "人才爲政事之本, 作育人才, 端在修明學術. 歷代以來學校之隆, 皆以躬行道藝爲重, 故其時體用兼備, 人才衆多. 近日士子, 或空疏無用, 或浮薄不實, 如欲革除此弊, 自非敬敎勸學, 無由感發興起. 除京師已設大學堂, 應行切實整頓外, 著各省所有書院, 於省城均改設大學堂, 各府及直隷州均改設中學堂, 各州縣均改設小學堂, 並多設蒙養學堂. 其敎法當以四書五經綱常大義爲主, 以歷代史鑒及中外政治藝學爲輔. 務使心術純正, 文行交修, 博通時務, 講求實學, 庶幾植基立本, 成德達材, 用副朕圖治作人之至意. 著各該督撫學政, 切實通飭, 認眞興辦. 所有禮延師長, 妥定敎規, 及學生畢業, 應如何選擧鼓勵, 一切詳細章程, 著政務處咨行各省悉心酌議, 會同禮部複核具奏. 將此通諭知之."

에 따르면 당시 전국에 최소 1,606개소 서원이 각급 학당으로 개조되었으며,
이에 따른 개편 시기와 학당의 유형별 통계는 아래와 같다.

〈표 3〉 전국 서원 개제 시기 일람표

시기	1898년	1901년	1902년	1903년	1904년	1905년	1906년
수량	11	40	209	256	178	247	229
백분율	0.68	2.49	13.01	15.94	11.08	15.37	14.25

시기	1907년	1908년	광서 말	선통 (1909~1912)	청말 민초	민국 초	미상	합계
수량	69	39	25	62	165	60	16	1606
백분율	4.29	2.42	1.55	3.86	10.27	3.73	0.99	100

〈표 4〉 전국 서원·학당 개조 분류 통계표

유형	대학당 고등학당	중학당	소학당	학당	몽학당	사범학당
수량	34	180	1103	110	4	53
유형	교사관 (教士館)	존고학당 (存古學堂)	여자학당	실업학당	기타 학교	합계
수량	34	4	8	14	33	1577

위의 두 표를 종합하면, 대략 20세기 초의 서원 제도 개혁은 1905년을 끝
으로 두 단계로 구분할 수 있다.

첫째 단계는 1901년 서원 개제령이 발포된 후로서, 사람들은 3년 전 1898
년 서원 개제령에서 얻은 교훈으로 인해, 다시 개제령을 시행하거나 과거의
제도를 복원하는 것 모두를 두려워하였다. 그리하여 "정치는 옳지 않다"고
생각하였고, 심지어 호남 순무였던 진보잠 등과 같은 인물이 영구 파직을 당
하였던 결과를 의식하였기에, 적극적으로 서원을 학당으로 바꾸려는 움직임
은 거의 없었다. 1902·1903년 임인학제와 계묘학제가 차례대로 발포되었고,
조정에서는 더 이상 과거의 제도를 부활시킬 의도가 없어 보였다. 이에 각

지역에서는 본격적으로 개제령을 추진하기 시작하였는데, 통계 자료에 따르면 1902년 호남 지역에서는 62개소의 서원이 근대 학당으로 전환되었으며, 이는 전체의 41.33%에 해당한다. 전국 차원으로 확대해보면, 1903년 256개소의 서원이 개제를 시행하였으며, 이는 총수의 15.94%를 점하는 수치이다. 이 시기가 바로 개제의 고조를 이룬 시기라 할 수 있겠다.

둘째 단계는 1905년 8월 4일 조서에서 과거제도를 완전 폐지할 것을 명한 것이 그 기점에 해당한다. 서원에서 인재를 배양하고 과거 시험을 통해 임용발탁 하는 것은 당·송시기 이래로 줄곧 상보상성하는 제도적 연결망을 구축하고 있었으며, 이는 중국 문화를 구성하는 가장 중요하면서도 독특한, 창의적 시스템으로 작용해왔다. 그리고 이학(理學) 교육을 통해 과거시험의 인재를 배출하는 것은 덕업(德業)과 거업(擧業)이라는 양대 과업의 융합을 강조한 것으로 중국 역사상 지식인이라면 누구든 끊임없이 추구하였던 이상 그 자체였다. 그런데 서원이 과거 제도의 부속품으로 전락한 것 또한 지식인들을 괴롭게 만드는 크나큰 난제였다. 청대 말기에 이르러, 서원과 과거제와 얽히면서 많은 폐단을 낳았고, 여론의 주요 비판 대상이 되고 말았다. 먼저 서원의 적습이 심각한 것에 대하여 "반드시 그 이름을 바로 세움에 '배움[학(學)]'이라 하여야" 했는데, 이로써 서원을 학당으로 개조하는 조치가 이루어진 것이다. 그리고 서원의 제도 개혁이 시행될 당시, 과거 제도가 학당의 발전에 가장 큰 걸림돌이라는 사실이 인지되고 있었다.

예컨대 1902년 어떤 사람들은 서원 제도를 개혁할 때 과거제와 학당을 합치려는 구상에 대해 회의적이었다. 즉, "작년에 내려진 조서에서 각 성에서는 서원을 학당으로 개조하라는 명을 받은 이후, 다시 거인(擧人)·공생(貢生)과 같은 신분 지위를 부여하였다. 대학당에서 학업을 이수한 이들은 진사가 되었으니 일체 전시(殿試)를 시행하였으며, 그 발탁되는 이들이 더욱 늘어나 서길사(庶吉士)·부속중서(部屬中書) 등의 관례에 구애받는 바가 전혀 없었다. 학당의 개조를 독려하는 이들 또한 힘을 아끼지 않았다."고 하였다. 그러나 중국인들은 학당에서 공명(功名)을 추구하는 것은 어려우나 과거를 통해 공명을 구하는 것은 쉬웠으니, 학당을 "창건하는 것은 주저하였으며, 자금 출자에 있어서도 우물쭈물하게 되었다"라며, 내심 과거시험에만 뜻을 두었으니, "학당을 버리고 과거를 좇았다"고 한다. 이 때문에 "학당을 이루는데 거대한 장애물로는 과거시험과 같이 심한 것이 있겠는가"라는 의론이 발생하면서, 비난의 화살이 과거시험으로 향하게 되었다.[58]

1903년 2월 청대 말기의 중신(重臣)인 원세개·장지동 또한 사인(士人)들이 "학당에 입학하는 것 또한 과거에 급제하는 것에 불과하다. 오늘날 학당에 입학하지 않아도 또한 과거에 급제할 수 있고, 학당에 입학하게 되면 오히려 이처럼 모여서 과거에 급제할 수 없게 된다"라고 말하는 것을 발견하게 되었다. 이 때문에 "인정(人情)이 과거시험만을 중요하게 여기고", "학당을 세우려 하지 않을 뿐만 아니라 줄곧 빈흥(賓興)·공거(公車) 등의 비용을 학당에 쓰이게 하지 않으니, 그 장애가 이루 말할 수 없다"라고 하였다.

이에 두 사람은 「주청체감과거절(奏請遞減科擧折)」을 상소를 통해, 비록 내부적으로 "과거 제도를 하루아침에 폐하지 않으면 학교 또한 하루아침에 크게 흥할 수가 없고, 사인들이 영원히 학문에 힘쓰지 않아 국가가 영원히 시의에 맞는 인재를 얻을 수 없게 되어, 중국이 부강을 이루지 못하게 된다면, 영원히 다른 국가들과 겨룰 수 없게 될 것"이라는 말이 있긴 하지만, 여전히 과거·학당 합일이라는 구상안을 유지하였다. 그들은 "과거 제도에서 줄어든 재원을 헤아려 학당에서 모집하는 정원으로 옮기고, 천하의 사인들로 하여금 학당을 버리고서는 한 발자국도 못 나아가게 한다면, 학당이 하루 빨리 진흥할 수 있을 것이요, 인재 또한 뒤따라 헤아릴 수 없이 많아질 것이다"라고 판단하였다.[59]

당해 11월 26일 장지동·장백희(張百熙)·영경(榮慶)이 함께 「주청체감과거주중학당절(奏請遞減科擧注重學堂折)」을 다시 상소하였다. 비록 그들은 과거

58) 佚名, 『學堂論』, 見甘韓『皇朝經世文新編續集』卷五.
59) 陳學恂, 『中國近代敎育史敎學參考資料』上冊, 人民敎育出版社, 1986年版, 第571-572頁.

제 가운데 삼과(三科)의 정원을 학당의 그것보다 감소시킨 것에 대하여, "이
는 결코 과거제도를 폐지하는 것이 아니며, 실질적으로는 과거와 학당을 하
나로 합치는 것일 따름"이라 거듭 해명하였지만, 실질적으로는 "사리에 비추
어 말하자면 과거제도는 즉시 중지되어야 하며, 학당에서 교육을 진행하는
것이 이루어져야만 학당의 경비 또한 비로소 마련될 수 있다"[60]는 사실을 인
정하였다.

1905년 8월 과거 시험에 대한 열망이 누적됨에 따라 경비 수급은 더욱 어
려워졌고, 각 성에서는 여전히 학당을 많이 설립하기가 어려웠다. 이에 장지
동·원세개·조이손(趙爾巽)이 함께 「회주청립정과거추광학교절(會奏請立停科
擧推廣學校折)」을 상소하여, "과거시험이 학당을 방해하고, 인재를 망치고 있
으니", "상세히 설명하자면 현재 열강들이 중국 땅을 분할하고 있으며", "나
라의 위기가 나날이 더욱 심해지고 있으니 온 힘을 다 해 분발하기를 일순간
천금을 모으듯 하여", "과거 제도를 하루아침에 폐하지 않으면", "학당 또한
하루 빨리 크게 융성할 희망이 없게 되니", "강국들이 주위에서 호시탐탐하
니 어찌 우리가 대응할 수 있겠는가"라고 했다. 그러면서 과거 10년간 삼과
를 모두 줄여 학당에 입학시키는 방법을 더 이상 적용할 수 없으니, 반드시
"천자께서 홀로 성단을 내려 파죽지세로 과거를 폐지하라는 조서를 내리신
다면", 비로소 "안으로는 국세가 안정되고 바깥으로는 강국들이 복종하여 위
기를 평안함으로 바꿀 수 있을 것"[61]이라고 말하였다.

이에 8월 4일 다음과 같은 조서가 발포되었다.

> 이듬해 병오년을 시작으로 모든 향시·회시를 일률적으로 중지하고, 각 성의 세
> 과(歲科) 또한 중단하라.[丙午科爲始 所有鄕會試一律停止 各省歲科考試亦即停止][62]

---

60) 陳學恂, 『中國近代教育史教學參考資料』 上冊, 第573-574頁.
61) 陳學恂, 『中國近代教育史教學參考資料』 上冊, 第579頁.
62) 陳學恂, 『中國近代教育史教學參考資料』 上冊, 第576-577頁.

이로써 1300년간 이어져 온 과거제도가 공식적으로 폐지되었다. 과거의 폐지는 학당 발전의 가장 큰 걸림돌을 제거한 것이었고, 이에 추세는 필연적으로 서원 개제 운동으로 나아가게 되었다. 통계 자료에 따르면, 1905년 전국 247개소의 서원이 학당으로 바뀌었으며, 이는 총 서원수의 15.37%에 해당한다. 이는 위에 이어 두 번째 '개혁의 고조'에 해당한다.

이 통계가 의미하는 바는 서원을 학당으로 바꾸는 사업이 청대 말기에 이미 어느 정도 완료되었다는 것이다. 그러나 몇몇 서원은 민국 초기에 이르러 비로소 각급 학교로 바뀌었다. 그래서 서원을 '학당'으로 바꾸었다는 말도 되지만, 서원을 '학교'로 바꾸었다는 말도 과히 틀리지 않다. 이러한 상황은 청대 말기 최후의 10년, 즉 서원과 학당이 혼재하던 시기는 동시에 서원에서 학당으로 이행하는 시기였음을 의미한다. 아울러 고대 서원은 이미 기본적으로 근대 학당으로 전환되었던 시기이기도 하다. 그러나 이러한 전환이 완전히 이루어지지는 않았던지라, 청나라 민중들은 지난 세대의 경계를 뛰어넘어야만 비로소 서원 제도 개혁의 모든 의미를 완전히 이해할 수 있을 것이다.

다음으로 1,606개소 서원이 학당·학교로 바뀌었다는 사실은 고대 서원이 근대 학당·학교에 의탁하여 영생을 얻을 수 있었음을 의미한다. 이는 중국 고대와 근현대의 교육 제도 간에는 뛰어넘을 수 없는 간극이 존재하지 않으며, 양자는 서원 제도 개혁을 통해 그 맥을 성공적으로 이어갔다는 것을 뜻한다. 더욱이 호남성·사천성 등지의 통계 자료를 살펴보면, 청대 말기에 존재하였던 서원 거의 전부가 학당·학교로 바뀌었다. 즉 고대에서부터 근대까지 연결이 완벽하게 이루어진 것이다. 서원은 바로 중국 근현대 교육의 기점의 기점이었고, 또한 기초이기도 하였다. 서원에서 학당으로의 전환은 근대 학제의 가장 튼튼한 토대였으며, 중국 교육은 바로 이러한 기초 위에서 점차적으로 발전을 거듭하여 오늘날의 면모를 형성하게 되었다.

Ⅳ. 청대 말기 서원 개혁 및 제도 변화에 대한 평가

서원의 개혁은 역사 발전에 있어서 일종의 필연적인 사건이었다. 그리고 청대 말기 서원 개혁의 3개 방안은 바로 서원을 학당으로 개조하거나, 아니면 전통 서원을 개조하거나 신형 서원을 창건하는 것이었다. 전통 서원의 개조 또는 신형 서원 창건의 성공이 의미하는 바는 명확하다. 서원은 자체적으로 형식적 차원으로부터 내용적 차원에서 실질적 전환을 이루어낼 수 있는 역량을 갖추고 있었으며, 또한 순전히 자신의 힘에 의지하여 명칭을 바꾸지 않고도 고대에서 근현대로의 전환을 실현해낸 것이다. 비록 역사가 말해주는 현실 상황을 살펴보면 이 3개 방안이 함께 진행된 것은 아니며, 결국 서원 제도 개혁이 전통 서원 개조 또는 신형 서원 창건이라는 두 방안을 대체한 형국으로 서원들이 강제적으로 학당 내지 학교로 바뀌게 된 것이 사실이다. 그러나 필자는 서원 제도 개혁은 역사 발전의 필연이었음을 주장한다. 그것은 청대 말기 사회라는 특수한 환경에서 불가피하게 결정된 정치적 선택으로 구국·생존을 위한 일종의 비상 대책과도 같았다. 그러므로 이는 반드시 교육 발전의 법칙에 부합하지는 못할 것이다. 그 이유를 생각해보면, 대체로 아래 세 가지를 제시할 수 있겠다.

첫째, 서원이 초고속으로 발전을 거듭하던 가운데 불현 듯 시행된 개제령은 강제적으로 이루어진 비정상적인 사망 선고와도 같았다. 즉 흔히들 상상할 수 있는 천천히 쇠하면서 사라지는 것과는 완전히 다른 것이다. 통계 자료에 따르면, 동치·광서 연간 약 50여년의 세월[1862~1911] 동안 1,233개소의 서원이 신설되는 급속한 발전을 보였는데, 이는 청대 전반에 신설된 서원 총수의 1/4에 해당한다. 그리고 수복(修復)된 서원은 동치 468개소, 광서 820개소로 청대 전체 기준으로 각각 5·3위에 해당한다. 이를 연평균으로 산출하면 각 36개소, 24.118개소로 청대 전체 기준으로 각각 1·3위이다. 이는 청대 서원사 260년 가운데에서도 기적적인 수치로 보이며, 중국 서원사 1300년 이래 전무한 수치이므로 그야말로 흥성함의 절정을 맞이한 것이라 볼 수 있겠다. 그러한 가운데 어떤 죽음의 징조는 찾아볼 수 없는 것이었다. 그리하여 1901년 하달된 서원 개제령은 그리도 생생하게 발전을 거듭하던 서원을 마치 한 자루의 날카로운 칼로 순식간에 참살하는 것과 같았다. 이에 서원은 중국 제도사상 보기 드문, 화려한 종막일지언정 인위적 비극의 주인공이 되었다. 이렇듯 제도를 개혁하고, '살해'하는 것은 그야말로 정상적이지 않은 조치로서, 역사 발전의 필연적 법칙이라고 부르기는 어려워 보인다.

둘째, 서원은 시대의 흐름에 조응하여, 사회 차원에서 나날이 증가·급변하는 문화적 교육의 수요에 부응하기 위해 노력하였다. 연구·교육 차원에서 신학·서학을 도입하였으며, 자신을 발 빠르게 개조하고 변화시켰다. 이는 청대 말기 40년 서원 발전의 주요 골간과도 같으며, 당시 서원이 초고속으로 발전할 수 있었던 가장 중요한 원인 가운데 하나이기도 하다. 개혁의 요인은 외·내로 나눌 수 있는데, 이미 서구 열강들이 중국을 분할함으로써 초래된 국가적·민족적 파멸에 대한 압력이 그 외재적 요인이요, 내부적인 적폐 또한 몹시 심하여 부득불 변화를 모색할 수밖에 없었던 것이 내부적 요인이다. 개혁은 다단계·다방면으로 진행되었다. 내부 적폐에 대한 제거는 다분히 외국 교회서원의 영향을 받은 것이다. 이는 관리 차원에서의 개조와 제도적 쇄신 모두를 포함할 뿐 아니라, 교육 방법에서의 장정 개정, 그리고 수업 내용에서의 변화·갱신까지 포함한다. 개혁의 가장 핵심적인 내용은 두 가지로 볼 수 있다. 하나는 실용적이지 않은 과거 제도를 경세치용의 학문으로 바꾸거나 신학·서학으로 바꾸는 것이었다. 또 다른 하나는 서원 장정을 새롭게 개정하고 관부의 권력을 축소·제한하는 것에 있으며, 나아가 지방 인사와 같은 민간 역량을 관리 주체에 편입시킴으로써 제도적 차원에서 산장을 학문·덕행을 겸비한 사람을 뽑을 수 있도록 보장하여, 원생들에게 모범을 보일 수 있도록 하였다. 이러한 서원 개혁 실행은 전통적인 '경세치용'의 기치에 기반하면서도 시대의 흐름에 따르는 것으로, 서원은 스스로 교육 내용과 관리 체계를 조정함으로써 고대로부터 근현대로 나아갈 수 있는 힘을 지니고 있음을 보여준 것이다.

셋째, 서원을 학당으로 바꾸는 것만이 서원 개혁의 유일한 선택지는 아니었다. 그 외에도 옛 서원을 개조하거나, 신형 서원을 창건한다는 두 가지 선택지가 있었다. 상술하였다시피, 이는 모두 서원이 과거제도의 부속품으로 전락하는 것을 방지하고, 서학·신학으로 대표되는 과학 기술 지식을 포함시켰을 뿐 아니라, 민주적인 기관 관리 체제를 구현하는 등 다양한 성공적 사례를 보인 바 있다. 이로 보건대 서원은 태생적으로도 신학·서학과 대적하지 않았으며, 모든 유용한 학문들은 서원을 구성하는 내부 요소들이 되었다. 또한 서원과 학당의 관계도 모순·배척하는 관계가 아니었다. 양자는 새로운 지식을 전수할 뿐 아니라 나날이 증가하는 문화 교육의 수요를 충족시키는 데 있어서 많은 공통점을 보인다. 비록 그 길은 서로 달랐으나 귀결점은 같았으니, 완전히 병행·공존할 수 있는 관계였다. 이러한 의미에서, 서태후의 이 언사는 인정할 수밖에 없어 보인다.

> 서원의 설립은 본디 실학을 강구함에 있는 것이지, 훈고·사장학에 몰두하기 위함이 아니었다. 무릇 천문·여지·병법·산학 등 경세에 관한 일들은 모두 유생의 본분으로 당연한 것이요, 학당에서 배우는 것 또한 이와 별개가 아니다. 이는 서원과 학당이 명칭은 각기 다르나 실질은 똑같은 것이니, 본디 반드시 바꿀 필요가 있는 것은 아니다. 작금의 시국이 몹시 어려우니, 더욱 절실하게 강구하여야 하며, 일체 유용한 학문이라면 그 무엇도 서원에서 당연히 담당해야 할 일이 아니라고 할 수 없겠다.[63]

실제로, 서원 개혁의 대표주자인 장지동은 「권학편·설학 제3(勸學篇·設學第三)」에서 "서원이 곧 학당이다"라고 말한 바 있다. 호빙지 또한 "학당과 서원은 이름은 다르나 실질은 같으니, 모두 인재를 만드는 곳이다. 다만 실력을 발전시키기를 바라는 것은 새롭게 무언가를 짓는 것에 있지 않다."[64]라고

---

63) 陳穀嘉·鄧洪波, 『中國書院史資料』, 第2486頁.

주장하였다. 그리고 유곤일은 "서원과 학당은 진실로 조령(詔令)과 같아서 명칭은 다르되 실질은 똑같다"라고 하면서, "서원은 반드시 개조할 필요 없으며, 학당은 반드시 중단할 필요가 없다. 함께 겸하여 운영하면 더욱 널리 성취하고 인재를 배양하게 된다."[65]라고 했다.

그렇다면 서원과 학당의 차이·구별은 결코 피차 질적으로 다른 것이 아니라 인위적인 개입과 조절을 통해 충분히 상호 변통·전환이 이루어질 수 있다고 말할 수 있다. 바꿔 말하면, 서원이라는 명칭은 그대로 두고 그 내용만 고대에서 근현대로 전환하는 것이 충분히 가능하며, 서원을 학당으로 개변하는 것 또한 불가피한 것은 아니요, 서원 제도 개혁마저도 역사 발전에 있어서 결코 필연적인 일은 아니게 된다.[66]

20세기 초 장지동 등이 서원 제도 개혁 방안을 설계하면서 서원을 학당으로 바꾸자고 주장할 때, 그 취지는 중체서용을 원칙으로 하되 전통과 근현대, 중국학과 서양학의 관계를 원만히 처리하는 데 있었다. 당시 역사적 조건을 보면, 근현대로 나아가는 과정에서 서학 지식 체계와 서양의 학교 제도를 도입하는 것이 대세의 흐름이었으며, 이는 의심의 여지없이 반드시 실행해야 할 일이자 '상식'에 가까운 것이었다. 따라서 특별히 보수적인 사람이 아니라면 모두 그렇게 여기고, 행동했다. 기념할 만한 것은, 장지동이 서양의 학문을 포용하고 근현대로 나아갈 때, 중국학을 결코 버리지 않았다는 것이다. 뿐만 아니라 그는 근현대와 고대 사이의 뛰어넘을 수 없는 격차를 파헤치지도 않으면서도 깨어있는 문화적 자각과 자주성, 그리고 책임감을 짊어졌고, '나'를 중심으로 하고 '중국'을 체(體)로 삼았으며, 동시에 서양의 지

---

64) 陳毅嘉·鄧洪波, 『中國書院史資料』, 第2474頁. : "學堂之與書院, 名異而實同, 均爲造就人才之地, 但期實力振興, 不在更新營建."

65) 劉坤一, 『書院學堂竝行以廣造就折』, 見高時良『洋務運動時期教育』, 上海敎育出版社, 1992年版, 第702頁. : "書院與學堂, 誠如懿旨, 名異實同.", "書院不必改, 學堂不必停, 兼收竝蓄, 以廣造就, 而育其才."

66) 參見劉少雪觀點, 見『書院改制與中國高等敎育近代化』, 上海交通大學出版社, 2004年版, 第9-11頁.

식과 학교 제도의 장점을 흡수하려고 노력하였다.

이에 학당과 과거 제도를 하나로 합치고, 경학과 기타 학제를 병렬한다는 두 가지 조항을 제정함으로써 전통과 근현대의 연결을 보장하였고, 이로써 고대와 근현대의 기혈이 끊이지 않고 하나로 이어질 수 있었다. 1902~1903년 연간 학제 설계는 기본적으로는 서원 제도 개혁과 사고방식이 일치한다. 양자는 상호 보완적인 관계로서 본래부터 기대되는 목표를 달성할 수 있었다.

그러나 1905년 과거제가 폐지됨으로써 과거제와 학당의 합일이 거의 무산되었고, 서원을 학당으로 개조하려는 움직임은 서원을 폐하고 학당을 진흥시키는 방향으로 탈선하고 말았다. 이 때문에, 장지동은 1909년에 청 조정에 대해 존고학당의 건립을 추진하였으나, 이미 늦은 시기였다. 혁명을 강조하던 민국 정부는 1912~1913년에 각각 학제를 공포하였다. 경전 독서 과정이 폐지되었고, 대학에는 오직 문(文)·이(理)·법(法)·상(商)·의(醫)·농(農)·공(工) 7개 과목만이 설치되었다. 경학은 완전히 학교 교육 체제에서 제외되었다.

서원을 학교로 바꾸는 것은 실제로는 서원을 파괴하여 학교를 만드는 것과 같았다. 이것이 바로 청년 모택동이 말한 "서원을 폐하여서 학교를 세우니, 세상 사람들은 서로 다투어 서원을 훼철하며, 서로 다투어 학교를 칭찬한다"[67]에 해당한다. 따라서 필자가 보기에, 1900년대 초반 20년간 과거제가 폐지되고 경학이 학교 교육 과목에서 제외되었을 때, 서원을 학당으로 개조하는 것은 전통을 잇는 두 기둥을 잃은 것이었다. 즉 서원을 바꾼다는 것은 곧 서원을 폐지하는 것일 뿐만 아니라, 그야말로 훼멸하는 것과 같았다.

'개조'와 '폐지', 그리고 '훼멸'이라는 글자는 그저 한 글자의 차이에 불과하지만, 각각의 문화적 함축과 전통에 대한 태도는 천양지차라 할 수 있다. 서원을 개조함으로써 서원을 폐지하거나 또는 훼멸한 이후에, 전통의 수호에 대한 멸시는 점점 역사적 허무주의로 굳어지게 되었고, 서양에 의탁하려

---

67) 毛澤東, 『湖南自修大學創立宣言』, 見陳毅嘉·鄧洪波, 『中國書院史資料』, 第2590頁. : "書院廢而爲學校, 世人便爭毁書院, 爭譽學校."

는 움직임 또한 더욱 심해져 서양을 숭배하는 강력한 세력으로 변모하고 말았다. 그리하여 한편으로는 1,600여 개소의 서원은 이로써 사람들에 의해 증발하고 말았고, 중국의 교육은 활로를 잃어버렸다. 여기에서는 그저 나아가거나, 돌아가는 길 뿐이었다. 고대에서 근현대까지의 연결은 인위적으로 절단되었으며, 그 기혈은 더 이상 통하지 않아 뛰어넘기 어려운 격차와 단층을 형성하였다. 이것이 바로 반만년의 역사를 가진 중국이 몇 백 년의 역사를 가진 대학과 백 여 년의 역사를 지닌 중학을 가질 수 없다는 억설이 당연한 이론적 근거가 되는 이유이다.

반면, 200여 년의 역사를 가진 미국이 300여 년의 역사를 지닌 대학을 가질 수 있다는 것은 당연하며, 설령 그 중간에는 암흑시대가 있었다고는 하지만, 파리, 옥스퍼드, 케임브리지 등 유럽 대학의 역사 또한 고대와 근대의 세대차를 뛰어넘어 800~900년간 이어져온 찬란한 역사를 쓸 수 있었다. 다른 한편으로, 중국 근대 학교제도는 그 이후로도 끊임없이 전통과 단절되었을 뿐 아니라 서구화되었으며, 강한 반(反) 전통 의식과 끊임없는 부정·혁명 또한 중국 근현대 교육의 가장 선명한 각인이 되고 말았다. 그러나 중국은 분명 서양과는 달랐으며, 자신의 뿌리와 자신만의 문제를 가지고 있었기에, 반드시 스스로 이에 대처해야만 했다. 게다가, 아무리 서구화를 이루더라도 서양 그 자체가 될 수는 없는 것이었다. 이것이 바로 중국 현대 교육이 눈부신 성과를 거두면서 "중국의 문화·역사 전통 뿐만 아니라 서양 문화 및 역사적 전통과도 단절된" 딜레마에 빠진 이유이며, 자신의 무공을 폐기하고 다른 사람의 제도를 베낀 자가 반드시 치러야 할 대가이기도 하다. 곤경에서 벗어나기 위해서는 오랜 세월 동안 허물어져 버린 서원 제도와 그 정신으로의 회귀에 희망을 걸 수밖에 없다.[68]

서원의 정신은 학문적 독립·자발적 연구·인성 함양·학문과 품성의 겸비,

---

68) 朱小蔓, 『對策與建議: 2006-2007年度敎育熱點難點問題分析』, 敎育科學出版社, 2009 年版.

존엄한 스승의 도(道), 사제지간의 인정 외에도 두 가지가 더욱 강조되어야
한다.

첫째는 문화적 자각, 자신 및 책임이다. 우리는 이 를 전승함으로써 사람
들을 구제할 것이라는 포부를 지녀야 하며, 민족의 우수한 문화를 크게 선양
하는 것을 사명으로 삼고, 우리가 처한 새로운 환경 속에서 송대 유가의 위
대한 포부를 재현하여야 한다. 바로 장재(張載)가 말한 "세상을 위해 마음을
다지고 백성을 위해 목숨을 세우고 옛 성인을 위해 철학을 계승하고 후손을
위해 태평함을 연다.[爲天地立心 爲生民立命 爲往聖繼絶學 爲萬世開太平]"를
실현하는 것이다. 둘째, 개방적인 추세를 유지하면서도 전통을 잘 대하고,
옛 것을 유지하면서도 새로운 것을 받아들인다. 즉 온고지신(溫故知新)을 견
지하는 것이 중요하다. 우리는 전통과 현대를 동등하게 중시하고, 유럽·서양
의 장점을 배울 뿐만 아니라 전통과 경전을 중시하며, 중국학의 정수를 잘
활용하여야 한다. 시대에 발맞춰 나아가면서 옛 것으로 새 것을 열어야 한
다. 이것이 바로 서원이 천 년 동안 노래한 정신이다. 이렇게 한다면, 서원에
서 축적·연구·창조·전파한 문화의 영원한 활력이 계승되기 시작할 것이며,
새로운 문화적 자신감을 획득하여 세계 민족 문화의 숲에 설 수 있게 될 것
이다.

서원은 독서인들의 정신적 고향이다. 책과 이상적인 학자가 존재하는 한,
서원은 존재할 수 있고, 성장할 여지가 있으며, 사회로 돌아가 다시 찬란한
영광을 창조할 무한한 희망을 지니게 된다. 필자는 서원이 중국 민족 문화의
위대한 부흥과 함께 진흥할 것을 바라마지 않는다.

【참고문헌】

『大淸會典事例』.

光緖 『蘇州府志』.

同治 『上海縣志』.

光緖 『松江府續志』.

民國 『續修歷城縣志』.

民國 『續修陝西省通志稿』

柳詒徵, 『江蘇書院志初稿』.

林增平·周秋光編, 『熊希齡集』上冊.

王爾敏, 『上海格致書院志略』, 香港中文大學出版社, 1980年.

周漢光, 『張之洞與廣雅書院』, 中國文化大學出版部, 1983年.

『嶽麓書院一千零一十周年紀念文集』, 湖南人民出版社, 1986年.

朱有瓛, 『中國近代學制史料』, 華東師大出版社, 1986年.

陳學恂, 『中國近代教育史敎學參考資料』, 人民敎育出版社, 1986年

高時良, 『洋務運動時期敎育』, 上海敎育出版社, 1992年.

陳穀嘉·鄧洪波, 『中國書院史資料』, 浙江敎育出版社, 1998年.

葛飛, 『晩淸書院制度的興廢』, 『史學月刊』, 1994年第1期.

白新良, 『中國古代書院發展史』, 天津大學出版社, 1995年.

熊月之, 『西學東漸與晩淸社會』, 上海人民出版社, 1995年.

鄧洪波, 『中國書院章程』, 湖南大學出版社, 2000年.

周秋光·莫志斌, 『湖南敎育史』, 嶽麓書社, 2002年.

朱漢民主編, 『中國書院』第四輯, 湖南大學出版社, 2002年.

朱漢民主編, 『中國書院』第五輯, 湖南大學出版社, 2003年.

劉少雪觀點, 『書院改制與中國高等敎育近代化』, 上海交通大學出版社, 2004年.

胡昭曦, 『四川書院史』, 四川大學出版社, 2006年.

朱小蔓, 『對策與建議: 2006-2007年度敎育熱點難點問題分析』, 敎育科學出版社, 2009年

鄧洪波, 『中國書院學規集成』, 中西書局, 2011年.

대만 서원의 제도·운영 및 그 '맥락적' 전환

장곤장(張崑將)

I. 서론: 동아시아 서원 정신과 그 발전

중국 서원의 정신·문화는 일본, 한국 및 베트남으로 전파되었으며, 동아시아 교육권역의 공통 요소 가운데 하나가 되었다. "동아시아 교육권역"이라는 표현은 최초로 고명사(高明士) 교수에 의해 개진된 것인데, 그는 동아시아의 공통 문화 요소로서 한자·유교·율령 제도·중국의 과학 기술 및 중국화된 불교 다섯 가지를 제시하였다. 아울러 이 다섯 요소는 중국 당대(唐代)에 이미 형성된 것이라 지적한다. 본문에서 논의할 서원 발전사는 상술한 요소가운데 "유교"에 초점을 맞추고 있다. 또한 고명사 교수는 한·중·일·베트남의 학교 교육 체제로부터 유학(儒學) 및 사인(士人) 교육, 그리고 성인(聖人) 교육이 발생했음을 언급하고 있는데, 모두 한(漢) 무제(武帝)의 태학(太學) 중흥이 발단으로 작용하여 당대에 이르러 성행한 것이라 말한다.[1]

서원의 기원은 당대 초기로 거슬러 올라간다. 민간과 관부, 두 계통 모두에서 그 연원을 찾을 수 있는데, 민간 서원이 관부 서원보다 더욱 일찍 발생하였다. 서원은 송대(10~13세기 무렵)에 이르러 더욱 비약적인 발전을 이루게 되는데, 특히 송대 이학(理學) 성행을 기점으로 보면 북송 시기보다 남송 시기가 더욱 우세하였다. 이 학자들이 소위 '서원 운동'을 중흥하였기 때문이다. 통계에 따르면 송대에는 총 515개소의 서원이 건립되었으며, 이후 서

---

1) 參高明士, 『唐代東亞教育圈的形成 - 東亞世界形成史的一側面』(臺北:國立編譯館中華叢書編審委員會,1984)「導論」, 頁9-54. 以及上篇第二章「學校發展的共同特質」, 頁227-254.

원 제도 또한 점차 완비되어 갔다. 서원사 연구 전문가인 등홍파는 전통 서원에는 학술연구·강학·장서·각서·제사·학전으로 구성된 6대 사업이 있었다고 지적한다.[2] 이 외에도, 서원의 학규(學規)와 산장(山長), 교사(教師) 재원에 대한 교육 및 학생 관리제도 또한 모두 송대에 완비되었다. 통계에 따르면, 송대 이후 서원의 수량은 원대(元代)에 406개소, 명대에는 1,962개소, 청대에 이르면 4,365개소(그 가운데 608개소는 중건된 곳이며, 3,757개소는 역대 지역 유지 및 사인, 민간에서 창건)에 달하며, 청대에 건립된 서원은 당·오대·요·송·원·금대에 설립된 것의 총합에 1.49배에 달한다.[3] 이처럼 서원은 널리 전파되면서 유학 전파·인재 양성 및 과거 시험 준비에 있어서 가장 중요한 장소가 되었다.

모든 서원에는 반드시 학규가 있다. 그 가운데 가장 유명하면서도 널리 전파된 것은 朱子의 『백록동서원게시』이다. 이 학규는 한국·일본·베트남에 전래하였으며, 동아시아 교육 문화권의 특색을 형성하였다. 이하에서는 우선 한자문화권이라는 맥락에서 한·일·베트남의 서원에 관한 개설을 진행하고, 나아가 대만의 서원 발전에 관한 논의를 진행하기로 한다.

한국 서원의 시작은 일반적으로는 조선시대에 이루어졌다고 본다. 1543년 경상도 풍기군수 주세붕이 창건한 백운동서원(이후 소수서원으로 사액된다)이 바로 그것인데, 조선은 주자의 성리학을 신봉하는 국가였기에 주자에 대한 열렬한 존숭과 더불어 서원을 건립, 인재를 배양하고 나아가 퇴계·율곡 등과 같은 대학자들을 배출하였다. 17·18세기에는 더욱 발전이 촉진되어 650개소·265개소의 서원이 관방으로부터 사액 서원으로 지정되었으며, 그 가운데 안동에 소재한 서원의 수가 가장 많았다. 주로 대유학자 퇴계가 안동 지역에서 서원을 중흥하였는데, 현재 그 가운데 26개소의 서원이 남아 있다. 그러나 1860년 '서원훼철령'이 발포되었고, 1891년(고종 연간)까지 47개소의

---

2) 參鄧洪波, 『中國書院史』(臺北:臺大出版中心, 2005), 第壹章「書院的起源與初期形態」 及第貳章「名揚天下:書院教育功能的彰顯」, 頁1-142.

3) 以上的統計數字各時代書院地域分布, 詳參前引鄧洪波之『中國書院史』各章.

서원이 훼철되었는데, 그 원인은 서원이 장기간 양반 계급의 경제·정치 세력의 결집 및 투쟁의 거점으로 활용되었기 때문이었다.[4]

일본 서원의 발전에 관하여 말하자면, 17세기 에도 시대 이전에는 '서원'이라는 사학 형태가 출현하였다는 내용은 보이지 않는다. 도쿠가와 시대에 이르러서도 개인이 문도(門徒)를 모아 강학을 시행하는 것은 제도적으로 금지되어 있었으며, 반드시 막부의 정식 허가를 받아야만 강학을 시작할 수 있었다. 그러나 유학이 점점 발달하는 추세와 더불어 무사들 가운데서도 유학을 공부하는 이들이 점차 증가하였고, 이에 에도 중기 무렵부터 비약적인 발전을 이루게 된다. 필자가 과거에 진행하였던 연구에 근거하면, 에도시대에 '서원'이라는 명칭으로 강학 장소로써 운영된 교육 기관은 다음과 같다. '사학(私學)' 성질을 띠고 있는 서원: 37개소, '번교' 성질의 서원: 4개소, '향교' 성질의 서원: 16개소, 그리고 기타 서원이라 명명된 것은 아니지만 강학 성질을 띠고 운영된 교육 기관으로는 약 32개소가 있다. 여기에는 에도 시대에 수없이 많았던, 기초 교육기관으로서의 소위 '사자옥(寺子屋)'은 이 추산 범위에 포함되어 있지 않다.[5]

베트남 또한 동아시아 교육권의 일환이다. 동한설군(東漢設郡) 시대부터 이미 유학 교육이 전파·설치되었으며, 독립 이후에는 이조(李朝)의 성종(聖宗)이 국자감을 설치(1070년), 공묘를 건립하였으며 이후부터 과거 시험이 점차 강화되었다. 여기에서는 삼교(三敎)에 대한 과거 시험이 출현하여 시행되었다는 점이 매우 특이하다. 진조(陳朝, 1225~1400) 중엽 이후에는 과거의 불교를 숭상하던 흐름에서 벗어나 유학을 추존하였으며, 과거시험을 통해 출사하는 일이 성행하였다. 이후 후여조(後黎朝, 1428~1789), 원조(阮朝, 1802~1945)까지 지속되다가 1919년부터 과거시험이 폐지되기 시작했다. 즉 베트남은 가장 늦게 과거시험을 폐지한 국가에 속한다. 베트남 서원 연구에 관하여서는 사

---

4) 參考李春熙編, 『李朝書院文庫目錄』(漢城: 大韓民國國會圖書館發行, 1969).
5) 參張崑將, 「日本德川時代書院或私塾의學規特色」, 收入 高明士主編, 『東亞傳統教育與學禮學規』(臺北: 臺大出版中心, 2005) 最後所附的表格.

실 한때 거의 연구자가 없다시피 했던 탓에 서원이 없다고 여겨졌다. 그러나
최근 베트남 학자 완준강의 연구에 따르면, 베트남에서는 아주 일찍부터 이
미 서원이 전파된 역사가 있으며, 서원이 거의 없는 것처럼 여겨졌던 까닭은
그저 베트남 서원의 활동이 그리 크게 발달하지 못한 원인에 불과하다고 한
다. 또한 그는 서원이 19세기 무렵부터 베트남 사람들에게는 '장서(藏書)'로
인식되었다고 지적하며, 오늘날까지 이 용어가 베트남에서 사용되고 있고,
따라서 베트남 전통 '학당' 양식에는 '서원'이라는 단어의 의미가 존재하지
않고, 이 단어는 베트남 내에서는 '장서'의 뜻으로 인지·사용되었다고 본다.
바로 이것이 베트남에 '서원'제도 발전이 없었던 주요 원인이라는 것이다.
비록 이러한 결론이 있긴 했지만, 완준강은 나아가 18세기 후반 베트남 사람
인 응우옌후이(阮輝儆, 1713~)과 그 가족으로 이루어진 사대부들이 건립한
복강서원(福江書院)에 주목하면서, 이것이 베트남에서 가장 유명한 유학 사
숙(私塾) 가운데 하나가 되었다고 본다.[6] 현재 학계의 베트남 서원에 대한 연
구는 아직 지지부진한 상황이다. 다만 완준강의 연구가 그 일로를 개척한 상
황으로, 어쩌면 베트남 사대부 집안의 사숙에 대한 연구를 통해 더욱 다양한
서원 운영 형태를 발견할 수 있을지도 모르겠다.

　이상 한·일·베트남 서원의 발전 수량으로 보면, 한국의 서원이 가장 많고
일본 서원은 백 개소 미만으로 추산되며, 그다음으로는 베트남이 뒤따르고 있
다. 이로 보건대 유학 교육의 한자문화권 영향에서의 그 깊이 정도를 가늠할
수 있다. 근대에 이르러 서원이 쇠미하기 시작한 것은 사실상 동아시아 세계
전체에 나타난 공통적인 현상으로, 서세동점 및 과거 시험의 폐지, 서양식 교육
의 서원 기능 대체와 더불어 나타났다. 그러나 대만 서원의 쇠퇴는 일제의 식

---

6) 阮俊强, 「書院與木雕版在東亞儒家知識的傳播: 越南教育家阮輝儆及其1766~1767年
　出使中國的案例研究」, 『臺灣東亞文明研究學刊』, 第15卷 第2期(總第30期), 2018年
　12月, 頁43-68. 該文指出阮輝儆是在出使中國期間(1766~1767)接觸中國的十一所書
　院, 受到嶽麓書院的教育模式影響最深, 回國後選擇性地接受嶽麓書院模式, 並將其運
　用在福江書院的運作上, 成為越南當時最大的私塾教育場所.

민 통치라는 또 다른 요소가 개입된 것으로, 1895년 대만이 일본에 할양되면서, 몇몇 신흥 서원들이 멸실되고 이후 시가(市街)의 개조로 인해 소실되거나 '궁묘(宮廟)'가 되는 등 대만 서원의 궁묘화 현상은 동아시아 서원 발전사에서 비교적 특수한 경우라 할 수 있다. 이상 동아시아라는 거시적인 시각에서 서원의 발전 정황을 조망해 보았다. 이하부터는 대만 서원의 발전 상황에 초점을 맞추어, 대만 서원사상 그 '맥락적'인 전환 추세의 특징을 살펴보도록 한다.

II. 대만 서원의 제도와 운영

대만은 동아시아 교육권의 주요 일환으로, 17세기 중엽 명정(明鄭) 시기 진영화(陳永華)가 성묘(聖廟)를 건립하고 학교를 세울 것을 소청하였다. 청나라 사람이 배후에서 활동하였으니, 롄헝(連橫)의 『대만통사(臺灣通史)』에는 다음과 같은 기록이 있다. "강희 22년(1683), 지부 장육영(蔣毓英)이 동안방(東安坊)에 사학(社學) 2개소를 설립함으로써 가르침으로 깨우치게 하고 또한 의숙(義塾)이라 이름하였으니, 그 이후 각 현(縣)에 증설(增設)하였다."[7] 사학과 의숙은 감히 말하건대 서원의 전신이라 할 수 있겠다. 왕계종(王啟宗)의 『대만적서원(臺灣的書院)』에서는 다음과 같이 말한다. "대만에는 서원이 있었으니, 그 시작은 강희 22년이요, 청해후(靖海侯) 시랑(施琅)이 서정방서원(西定坊書院)을 창건하였다. 그 후 20년간, 부(府)의 다스림이 근교까지 미쳐 진북방(鎮北坊)·미타실(彌陀室)·죽계(竹溪) 등 8개소 서원이 차례대로 세워졌다."[8] 엄밀하게 말하면 이 8개소 서원은 정식 서원은 아니었다. 이후 강희 49

---

7) 連橫, 『臺灣通史』, 臺北: 臺灣銀行經濟研究室, 卷11 「敎育志」, 頁269. : "康熙二十二年(1683), 知府蔣毓英始設社學二所於東安坊, 以敎童蒙, 亦曰義塾, 其後各縣增設."
8) 王啟宗, 『臺灣的書院』, 臺北:行政院文化建設文建會, 1999, 頁24. : "臺灣之有書院, 始自康熙二十二年, 靖海侯施琅所創西定坊書院. 其後二十年間, 在府治及其近郊, 先後成立了鎮北坊·彌陀室·竹溪等八所書院."

년(1710) 봉산현(鳳山縣) 권역의 병산서원(屏山書院)과 강희 59년(1720)에 해
동서원(海東書院)이 생겨났다. 옹정(雍正) 연간 이후 대만에는 서원이 우후죽
순 생겨나기 시작했는데, 이는 문교가 점점 흥성하고 그 지위가 중요해져갔
음을 방증한다. 왕계종의 통계에 따르면, 대만이 일본에 최종 할양되기 직전
까지 대만에는 총 62개소의 서원이 있었다.[9] 본문에서는 독자들의 대만 서
원의 발전에 대한 이해를 돕기 위하여, 우선 서원 설립 가운데 그 제도와 운
영에 관하여 소개하고 이를 각 현·시 소재 서원의 발전에 관하여 탐색하기
위한 기초 지식으로 삼을 것이다.

1. 서원의 설립과 조직

1) 서원의 설립

청대 대만의 서원은 관부에서 설립한 부·현학을 제외한 또 다른 교육 체
계로서, 그 교과 과정 내용에 있어서 부·현학에서 시행한 교육의 일환에 가
까웠으며, 조직 운영 차원에서는 오늘날 공익 성격의 재단법인과 유사하였
다. 교과 과정 또는 조직 운영을 막론하고, 모두 반드시 관방(조정)의 감독을
받아야만 했는데, 그 창건 양상은 대체로 세 분류로 나눌 수 있다.[10]

(1) 도대(道臺)·부현(府縣) 관방의 창건(官憲 창건)

초기 서원은 대체로 관방의 주도하에 창건되었다. 일찍이 대만 내에 '성
(省)'이 생겨나기 전에, 대만부는 복건(福建)에서 파견된 대만병비도(臺灣兵備
道)가 관할하였는데, 대만부 하위 관할 지역으로는 또한 대만현·봉산현·제라
현(嘉義縣)이 있었으며, 잇따라 창화현(彰化縣)·담수청(淡水廳)·호코청(澎湖廳)·
갈마란청(噶瑪蘭廳)으로 재분할되었다. 대만에 성이 설립된 이후에는 직접

---

9) 王啟宗, 『臺灣的書院』, 頁27-31.
10) 王啟宗, 『臺灣的書院』, 頁40-41.

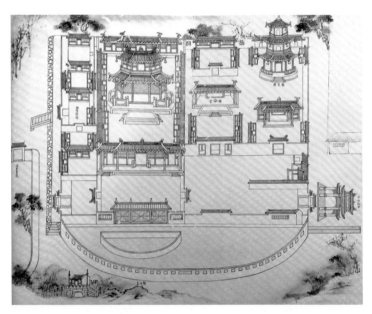

『중수대군각건축도설(重修臺郡各建築圖說)』의 「중수대만부학(重修 臺灣府學)」
부학(孔廟) 우측에 대만병비도 양문훤이 강희 59년(1720)년 건립한 해동서원이 보인다.
*사진 출처: 풍명주주편(馮明珠主編)·장원추원저(蔣元樞原著), 『중수태군각건축도설
(重修台郡各建築圖說)』(台北市: 國立故宮博物院, 2007年 12月初版)

순무(巡撫)를 배치하여 그 아래에 대북부(기융청·담수현·신죽현·의란현)·대
만부(대만현·창화현·포리사청·운림현·묘율현)·대남부(가의현·안평현·봉산
현·긍춘현·澎湖廳)·대동직례주(臺東直隸州)로 나누어 관할하였다. 그러므로
청 강희 연간에 명정(明鄭)으로부터 대만을 판도(版圖)로 받아들인 이후, 대
만에 파견된 모든 관리는 지방 교육이라는 문제에 직면하게 되었다. 예컨대
각 부·현에서는 부학과 현학이 설립되었다. 이들 부학과 현학을 제외하면 신
임 도대·지부·지현들은 대부분 부·현과 연계된 서원을 재차 창건, 여기에서
지방 인재들을 배양하고 문풍을 진작하였다. 대표적으로 대만 지부 위대규
(衛臺揆)는 강희 43년(1704) 대남부 서방(署旁)에 숭문서원(崇文書院)을 창건
하였고, 대만병비도 양문훤(梁文煊)은 강희 59년(1720) 공묘방(孔廟旁)에 처음

으로 해동서원을 세웠으며, 지현 요형(姚瑩)은 인심서원(引心書院·蓬壺書院)을 지었고, 봉산 지현 오성성(吳性誠)은 가경 19년(1814) 봉의서원(鳳儀書院)을 세웠으며, 가의(嘉義) 지현 서덕준(徐德峻)은 건륭 18년(1753) 옥봉서원(玉峰書院)을 건립하였으며, 창화 지현 증왈영(曾曰瑛)은 건륭 10년(1745) 지방의 의학(義學)을 백사서원(白沙書院)으로 개조한 것 등을 꼽을 수 있다.

이 외에, 옹정 황제는 복건·광동성의 방언 문제를 일소하기 위해 정음서원(正音書院)을 설립하도록 조서를 내려 관화(官話)를 촉진하였다. 이에 따라 옹정 7년(1729) 대만현·봉산현·제라현과 창화현 등에서는 그 조서를 받들어 정음서원을 설립하였다. 이 또한 관방에서 설립한 서원에 해당한다.

(2) 관(官)·민(民) 합동 건립

관부에서 서원을 창건한 이후 서원의 경영은 지방 관리들의 서원 유지 및 정돈에 대한 출자와 노력을 통해 비로소 지속될 수 있었다. 나아가 지방에서 설립한 동사회(董事會)를 통해 서원의 실제 경영이 이루어지면서, 관부는 서원 감독 지위를 내려놓게 되었다. 예컨대 봉산현의 봉의서원은 설립 이후 현지의 유지 채계봉(蔡啟鳳)·채수방(蔡垂芳) 부자가 봉의서원에 오자사(五子祠)를 증설할 것을 요청하였고, 거인(擧人) 출신인 노덕가(盧德嘉)가 광서 17년(1891)에 출자하여 서원을 정비하였다. 녹항(鹿港)의 동지(同知) 등전안(鄧傳安)은 도광 연간에 임기 내 문개서원(文開書院)의 건립을 계획하면서 먼저 금(金) 오백을 출자하여 옥(玉)을 확보하였으며, 조정에서도 지방 유지들의 금전 기부 허가와 더불어 천 금 이상을 기부하는 이들에게는 패방(牌坊)을, 그 외의 소액 기부자들에 대해서는 지방 관아 차원에서 편액을 하사해 달라고 요청하였다. 남투현(南投縣)의 승주무(丞朱懋)는 도광 11년(1831) 지방 유지 증작운(曾作雲) 등과 협동하여 남전서원(藍田書院)을 창건하였다. 가의(嘉義) 신항(新港)의 등운서원(登雲書院)의 경우에는 도광 15년(1835) 왕득록(王得祿)이 발의하여 지방 유지들과 협력하고, 자금을 모아 등운각(登雲閣)을 확장하여 서원으로 만든 예에 속한다.

(3) 민간의 창건

민간에서 창건한 서원은 대다수가 지방 의학·사학 또는 사숙의 형태로부터 확대된 경우가 많다. 이러한 서원은 원래 몇몇 지방 교육에 주목하던 유지 또는 출사한 경험이 있는 독서인들이 결사하여 사숙·의학을 건립한 경우에 속하며, 오랫동안 경영을 지속하다가 관방의 인가를 얻어 자금을 집성, 서원으로 확장한 것이다. 예컨대 남투(南投) 초둔(草屯)의 등영서원(登瀛書院)은 원래 한 장의학(漢庄義學)이었는데, 도광 연간에 당시 북투보(北投堡)의 총리 장문울(莊文蔚)과 생원 홍종영(洪鍾英) 등 몇몇 인물들이 발의하여 서원으로 확장한 곳이다. 대중(臺中) 대두(大肚)의 광계서원(磺溪書院)은 원래 '서옹사(西雝社)'였는데, 지방 유지 조방순(趙芳順)·조벽(趙璧) 부자를 포함한 몇몇 유지들이 출자하여 광계서원으로 개조하였다. 창화 원림의 흥현서원(興賢書院)은 '흥현사(興賢社)'였으나, 점차 서원으로 발전하였다. 운림 서라(西螺) 지역의 '진문사(振文社)' 또한 가경 연간에 그곳의 사원(社員)들이 도모하여 진문서원(振文書院)으로 발전되었다.

2) 서원의 조직

서원으로 발전한 이후에는 경비 문제로 인해 민간의 유지들이 서원 운영에 개입하기 시작하였다. 『대만현지(臺灣縣志)』에는 다음과 같은 기록이 있다. "이리저리 돌아 마침내 학궁에 이르게 된 이후, 48칸의 방이 원생들의 학업 장소가 되었다. 편액에는 '해동서원'이라 쓰여 있고, 동사(董事)는 왕사양(王士勤)이 담당하였다."[11] 이 기록은 해동서원에 '동사'라는 직책이 있었음을 보여준다. 해동서원의 조직 구조에 관한 자료로는 일본인이 편찬한 『임시대만구관조사회제일부조사제삼회보고서대만사법(臨時臺灣舊慣調査會第一部調

---

11) 陳文達, 『臺灣縣志』(南投: 臺灣省文獻委員會, 1993), 建置志二學校, 頁83. : 從右畔 繞至學宮之後, 計四十八間, 為諸生肄業之所. 區曰『海東書院』. 董其事者, 經歷司王 士勤也.

査第三回報告書臺灣私法)』에서 일부 진술을 엿볼 수 있다.

> 본 서원은 가장 처음에는 대하(臺廈)에서 순도(巡道)를 배정하였고, 이후 대
> 만도의 감독을 받았다. 원장 한 사람을 두어 서원 업무를 총괄하도록 하였으며,
> 감원 한 사람이 조곡 징수와 회계 처리를 맡았으니, 이들은 모두 도대(道臺)가
> 임명하였다. 청대 말기 원장은 진사 시사길(施士洁)이 맡았으며, 한 편으로 몇몇
> 원정(院丁)을 따로 두어 잡무를 맡겼다. …본 서원에는 특별히 사원(社員)이라 할
> 이들이 없었기에, 재단 법인의 성질을 갖추고 있었다고 말할 수 있다. 일제의
> 대만 식민화 이후에는 학조재단(學租財團)으로 편입되었다.[12]

해동서원은 대만도 관할의 비교적 고급 서원에 속해 있었다. 이상 구절은
그 조직에 관한 대체적인 면모를 설명해 주고 있다. 우선 원장(즉 산장) 한
사람을 두어 원무를 총괄하도록 하였으며, 감원 한 사람은 조곡을 징수하고
회계 사무를 집행하였다. 이 두 사람은 도대(道臺)가 임명하였다. 산장은 교
학(敎學)을 관장하고, 감원은 교과목과 감찰을 관리·수행한다. 청대 말기에
이르러서는 원정을 설치하여 잡무를 맡긴 것으로 보인다.

현급(縣級) 서원의 조직 구조를 살펴보자면 창화의 백사서원이 좋은 예시
가 될 수 있다. 그 행정 관리와 경비 운용은 모두 반드시 창화현·창화부의
감독·심사를 거쳐야만 했다.

> 백사서원의 행정 조직을 살펴보면 우선 산장이 있으며, 4명의 동사(董事), 조

---

12) 臺灣臨時舊慣調査會編·陳金田譯, 『臨時臺灣舊慣調査會第一部調査第三回報告書臺灣
私法』第一卷(臺中: 臺灣省文獻委員會, 1990), 頁540. 以下本文如再引用此書資料,
一律簡稱為『臺灣私法』.: "本書院最初受臺廈分巡道, 後來受臺灣道監督. 置院長一人
綜理院務, 監院一人徵收租穀及辦理會計事務, 皆由道臺任命, 清末的院長是進士施士
洁, 另置院丁若干名擔任雜務…本書院並無特定的社員, 所以具有財團法人性質, 日據
後編入學租財團."

정(租丁), 원정 등이 있다. 서원의 산장과 동사는 민간에 의해 추천되며, 창화 지현(知縣)이 임명한다. 연간 경비 결산은 동사가 지현에게 보고하며 관부의 감독을 받는다. 관과(官課)와 사과(師課)가 설치되어 있다.[13]

백사서원은 비록 현급 서원이기는 하지만 그 조직 및 경비 운용은 상당히 엄격하였다. 4명의 동사를 두었으며, 산장과 동사는 민간에 의해 추천되었다. 그러나 창화 지현이 임명에 동의하여야 했으며, 경비 운용은 모두 관부가 감독하였다.

서원에는 통상적으로 지방 관원과 원장(산장)이 담당하는 관과·사과라는 교과목 과정이 있었다. 산장 아래에는 생동(生童)이 있는데, 생동의 인원이 많을 때는 학장(學長)을 추가로 두었다. 그리고 동사회를 조직하여 사무적인 일들을 담당하도록 하였다. 총동(總董)·동사(董事)·감원(監院)·수사(首事)·관사(管事)·당사(當事)·예서(禮書)·예방(禮房)·노주(爐主)·회동(會東)·창수자(倡首者)·조간(租趕)·조차(租差)·전대(傳代)·재백(財帛)·재장(齋長)·치동(値董)·원정(院丁)·원부(院夫)·서정(書丁)·습자지(拾字紙) 등 각종 명칭이 있었으며, 이는 서원마다 그 칭호와 직무가 각기 달랐다. 또한 동일한 명칭의 직무라도 반드시 담당하는 일이 같은 건 아니었으며, 마찬가지로 각기 다른 명칭이라도 그 직무 또한 다른 것은 아니었다. 이처럼 분리된 측면이 매우 다양하여서 그 제도가 아직 완비되지 않았다고 볼 수 있다.[14]

서원 운영은 청대 말기까지 지속되었다. 대만 각지에 성립된 서원은 총 60개소가 넘었으며, 이들은 과거 시험 교육에 대한 진작·발전에 공헌하였다.

---

13) 劉振維, 『止善學報』「彰化白沙書院之始末及其基本精神」, 頁95 : "關於白沙書院的行政組織, 據稱設山長(又稱山長)·四名董事·租丁·院丁等, 書院的山長及董事由民間推薦, 彰化知縣任命 ; 年度經費決算, 由董事向知縣報告, 接受官府監督 ; 設有官課及師課."

14) 有總董·董事·監院·首事·管事·當事·禮書·禮房·爐主·會東·倡首者·租趕·租差·傳代·財帛·齋長·値董·院丁·院夫·書丁·拾字紙等各種名稱. 視書院不同, 稱呼亦不同, 職務分工亦不同, 且同一名稱的職務不一定相同, 不同名稱的職務不一定不同, 頗為分歧, 未成定制.

그런데 각 서원의 규모 및 운영 방식은 다양했고, 서원의 조직 형태에서도 크고 작음이 있었다. 비교적 큰 규모의 서원은 산장 이외에도 감원·동사·노주·조간·원정 등 다양한 각급 직책이 설치되었으나, 작은 규모의 서원은 그저 몇 명의 동사만 있었고, 산장 한 사람을 초빙하여 수업을 담당하도록 하였으니 운영 양상도 다양하였다. 이러한 상황은 일제 강점기 이후 매우 빠른 속도로 퇴보를 거듭하였다. 일본 정부는 공학교·소학교와 같은 신식 교육으로 서원의 계몽 교육 시스템을 대체하였으며, 나아가 황국신민화 운동을 추진·전개함으로써 각지 서원은 돌연 훼철·철폐하였다. 이에 어떤 서원은 공묘로 변모함으로써 보전될 수 있었으며(예컨대 屏東書院), 또 다른 서원들은 지방 유지들의 지극한 노력과 더불어 유지될 수 있었다(녹항 문개서원·봉산 봉의서원). 또 몇몇 서원은 황폐화되거나 강제로 점유·철거된 이후에도 중수를 진행하여 고적으로 복원한 경우(대두 광계서원·창화 미화 도동서원·초둔 등영서원·원림 흥현서원) 등 실로 다양한 상황이 산견된다. 이처럼 다양한 정권 교체 및 오랜 세월을 거치면서 보존된 대만 서원은 종국에는 산장·감원·동사·원생들이 모두 사라지고 대부분 지방 유지들로 구성된 관리위원회에 의해 지속 운영되고 있다. 만약 그렇지 않았다면 그저 옛 유적의 기능만 남게 되었을 것이다. 서원은 지방 정부 및 문화 관련 기관에서 관리함으로써 민중의 향수를 느낄 수 있는 '서원 문화의 장'이 되었다.

2. 서원의 경비 출처와 지출

1) 경비 출처

대만 서원의 경비 출처는 주로 세 종류로 나눌 수 있다.

(1) 공은(公銀) 지출

도대·부현과 같이 관방에서 창건한 서원은 처음부터 대부분 관부에서 공은을 수급할 수 있었으며, 부족하다면 재차 관원 또는 지방 유지로부터 기부금을 모을 수 있었다. 서원을 운영하는 동안 만약 경비가 부족하고 기부금 모금이 어렵다면, 관원들 또한 상황을 봐서 공은을 보충할 수 있었다. 예컨대 광서 16~18년(1890~1892), 순무사 당경숭(唐景崧, 1841~1903)이 지속적으로 공은을 출자하여 대남 해동서원의 운영 경비에 보태었다.[15]

(2) 기부금

공은 수급 이외에도, 통상적으로 서원 초기의 경비 출처 가운데 가장 컸던 것은 바로 관원 및 지방 유지의 기부금 출자라 할 수 있다. 예컨대 창화 지현 증왈영이 편찬한 『백사서원기(白沙書院記)』에는 백사서원의 건립 구상 당시에 필자 자신의 급여에서 기부금을 출자하였음을 기록하고 있는데, 타인의 찬사를 듣기 위하여 분분히 언급하는 것들이 있다. 공묘 우측에 원래 의학이 있던 곳을 덮어 세 칸짜리 강당을 지어 서원을 세웠으니, 당시 지방 유지 반인(潘仁)·오학간(吳學簡)·소조선(蕭朝宣) 등이 잇달아 기부하여 이를 성사시켰다.[16] 문개서원에서도 창건 초기에 녹항 동지 등전안이 먼저 은 천 원을 기부한 이후 지방 모금을 추진하였다. "먼저 천 원을 기부하였으되 그 연후에 여러 곳에 열렬히 기금을 찬조해 줄 것을 권유하였다."[17] 남투 남전서원은 중수 작업을 진행할 때 상황을 눈여겨 볼 만하다. 증작림(曾作霖)은 『중수남전서원비기(重修藍田書院碑記)』라는 비문에서 당시 모금된 기부금이 "백금 2천"에 달하여 비로소 준공이 순조로워질 수 있었다고 언급하고 있다.[18]

---

15) 臺灣總督府民政部總務局學務課編, 『臺灣教育志稿』, 臺北: 臺灣日日新報社, 1902, 頁92-94.
16) 曾曰瑛, 「白沙書院記」, 收錄於『使署閒情』, 臺北: 臺灣銀行經濟研究室, 1961, 頁125-126.
17) 周璽, 『彰化縣志』 「詳報捐建鹿港文開書院牒」, 頁400-403. : "先捐廉千圓為倡, 然後給疏引勸諭遠近各踴躍捐助."
18) 曾作霖, 「重修藍田書院碑記」, 何培夫輯錄 『臺灣地區現存碑碣圖誌』.

(3) 학전(學田)의 세금

서원 창건 초기에는 건설 경비가 필요하지만, 이후 경영 차원에서는 수당(脩火) 비용이 필요했다. 이 수당은 대부분 학전에서 얻어진 세금에 의존하였는데, 학전세의 출처는 주로 관부의 소유지나 지방 유지가 기증한 땅, 또는 차압된 전답 세 종류로 나눌 수 있다.

예를 들어, 해동서원의 수입은 관부의 은자 출자 이외에도 초창기에는 지역 유지들이 증여한 천묘의 토지가 있었다. 『대만사법(臺灣私法)』의 조사 보고 내용 가운데, 해동서원이 일찍이 보유하고 있었던 학전에 관한 기록이 있다.

> 대남현(臺南縣)의 명치(明治) 30년 7월 조사: 저금 2500원(元) 및 연수(年收) 은(銀) 3,456원, 조곡(租穀) 1,413석, 조당(租糖) 42,677斤의 전원(田園)·방옥(房屋)·어온(魚塭) 및 포지(埔地). 본 서원 명의(名義).[19]

이로 보건대, 해동서원은 저금해 둔 재산과 연세(年稅)뿐만 아니라 학전으로부터 거두어들이는 세금 유형도 굉장히 많았다. 조곡 이외에도 당조·방조과 어온 및 포지의 전조도 있었던 것으로 파악된다.

광서 17년(1891), 당찬곤(唐贊袞)은 대남 지부(知府)를 겸임한 인물로 그가 작성한 『대양견문록(臺陽見聞錄)』에는 숭문서원의 고화(脩火)가 일찍이 지출이 수입보다 훨씬 많았으며, 자신이 다양한 지역의 지부를 역임하면서 토지를 소송하는 방식으로 서원 학전을 충당하였음을 언급하고 있다.[20]

---

19) 臺灣臨時舊慣調査會編·陳金田譯, 『臨時臺灣舊慣調査會第一部調査第三回報告書臺灣私法』第一卷, 頁540. : "依據臺南縣在明治三十年七月的調査是: 擁有存款二千五百元及年收銀三千四百五十六元·租穀一千四百十三石·租糖四萬二千六百七十七斤的田園·房屋·魚塭及埔地, 並以本書院為名義."

20) 唐贊袞, 『臺陽見聞錄』, 臺北: 臺灣銀行經濟研究室, 1958, 頁94. : "乾隆二十四年, 覺羅公建崇文書院. 至三十一年, 蔣公允君籌給恤賞膏火度歲籌等項. 道光十四年, 周公彥因每年膏火入不敷出, 時值臺灣縣役林祥與莊文德互控洲仔尾埔地一案, 撥充崇文書院膏火; 所有甲數及年收稅銀, 均有碑文可稽."

건륭 24년, 각라공(覺羅公)이 숭문서원을 건립하였다. 건륭 31년에 이르러, 장공(蔣公) 윤훈(允熉)이 휼상(恤賞), 고화, 도세주(度歲籌) 등에 대한 수급을 계획 하였다. 도광 14년, 주공언(周公彥)이 매년 수당 적자로 인해 즉시 대만현에 임 상(林祥), 장문덕(莊文德)과 함께 힘써 '주자미포지(洲仔尾埔地)'를 마련하였고, 이 로써 숭문서원의 수당으로 충당하였다. 갑수(甲數)와 연수, 세은(稅銀)을 소유하 였는데, 이는 모두 비문에서 증험할 수 있다.

'주자미포지(洲仔尾埔地)'는 차압·몰수된 토지를 서원에 교부한 것을 말한다. 청대에 이러한 학전세는 매우 많았다. 녹항(鹿港)의 문개서원(文開書院)에서도 녹항 부근 허조포(許厝埔)의 적산(賊產)을 공공 압류한 경우가 있었는데, 학전세 로 총 236석을 거둬들였다.[21] 장화(彰化) 백사서원(白沙書院)의 학전세의 경우, 동치 12년(1873) 지현 주건륭(朱幹隆)의 임기 내에 요유부(廖有富)에게서 차압한 토지가 가장 거액을 차지한다.[22]

초둔 등영서원이 성립된 이후, 지역에서 옥봉사(玉峰社)·벽봉사(碧峰社)· 제운사(梯雲社) 및 췌영사(萃英社) 총 4개의 문사(文社)가 잇달아 서원으로 편 입되었다. 편입 당시 이 문사들은 거의 40갑에 육박하는 학전을 가지고 들어 오게 된다. "잇달아 사들인 토지가 근 40갑에 이른다. 어떤 것은 경비에 충당 하고 또 어떤 것은 사전(祀田)으로 활용하였다. 대체로 이 문사(文社)들의 모 금인들이 관리 주체를 형성하였다."[23] 즉 4개소 문사의 모금인들이 자연스럽 게 해당 서원을 관리하는 계층이 되었다는 것이다.

문개서원이 창립될 당시에는 수많은 지역 유지, 상가로부터 기부금을 받 았을 뿐만 아니라, 기부받은 학전도 상당하였다. 이는 『창화현지(彰化縣志)·

21) 周璽, 『彰化縣志』「詳報捐建鹿港文開書院牒」, 頁400-403.
22) 劉振維, 『止善學報』「彰化白沙書院之始末及其基本精神」, 頁96-97.
23) 林翠鳳·蔡秀君, 「登瀛書院碑記考釋」, 東海大學圖書館館刊, 25期, 頁33. : "前後購地 近四十甲. 或供經費, 或當祀田. 凡此文社籌資者, 乃形成管理主體."

상보연건녹항문개서원첩(詳報捐建鹿港文開書院牒)』[24]에 열거된 내용을 통해 명확히 확인할 수 있다.

2) 경비 지출

서원의 경비 지출은 주로 인건비, 상여금, 제사비 및 사무잡비 총 4종류로 구분된다. 인건비는 주로 산장(원장)의 임금을 가리키는데, 왕계종(王啟宗)의 『대만적서원(臺灣的書院)』에서는 다음과 같이 설명하고 있다. "대략적으로 재무 상황이 비교적 나은 서원은 대우가 좋았으나 소규모 서원은 그렇지 못했다. 예컨대 백사서원 원장 임금은 연 600냥, 학해서원(學海書院)은 400냥, 영재서원(英才書院)은 340냥, 명지서원(明志書院)은 336냥, 앙산서원(仰山書院)은 138냥에 불과했다. 원장의 연봉은 인건비의 약 8할을 차지하고 있었으며, 나머지 2할은 다른 직공들의 인건비에 쓰였다.[25]

'상여금'이란 생원 또는 동생(童生)들에게 지급되는 비용이었다. 상여금(花紅)이나 문구비 외에도 주로 수당(膏火, 또는 보조금)과 시험을 치르려는 응시자들을 위한 여비가 포함되었다. 『대만사법』에는 백사서원의 경비 운용에 관한 상세한 기록이 있다.

> 본 서원은 세시(歲試)·과고(科考)를 연 7차례 거행하며, 기타 연간 시험은 10차례 관과와 사과에서 거행한다. 관과는 2일에, 사과는 16일에 있다. 생원 가운데 가장 뛰어난 12명을 내과생으로 삼고, 각각 수당으로 은(銀) 2원(元) 4각(角)을 지급한다. 그다음 20명을 외과생으로 하여 개인마다 수당 1원 2각을 지급한다. 동생 가운데 가장 뛰어난 20명을 내과생으로 삼아 각각 은 1원 2각을 지급하고, 그다음 40명을 외과생으로 삼아 수당으로 각 8각을 지급한다. 나머지 부

---

24) 周璽, 『彰化縣志』「詳報捐建鹿港文開書院牒」, 頁400-403.
25) 王啟宗, 『臺灣的書院』, 頁44.

과생들에게는 상여금을 지급하지 않는다. 이 석차는 연초 관과를 통해 결정하며 이후 1년간 변경하지 않는다. 관과의 상여금은 화홍이라 칭하며, 지현으로부터 지급된다. 일설에 따르면 화홍은 10명에게 지급되며, 생원 내과생은 1원에서 4원을, 동생 내과생은 1원에서 2원을 지급받는다. 별도로 경비 여액이 있으면 향시(鄕試) 응시자들의 여비로 지원한다.[26]

이 자료는 먼저 백사서원에서 시행하는 관과와 사과의 일정과 횟수에 관하여 설명하고 있다(소위 관과와 사과는 아래 서원적수업여학규(書院的修業與學規) 참조). 매년 초마다 관과에서 생원과 동생의 석차를 결정하며, 가장 뛰어난 12명을 내과생, 그다음 인원들을 외과생이라 불렀다(생원 20명·동생 40명). 지급되는 수당은 석차에 준하여 금액 차이가 있었는데, 내과생 생원들은 2원 4각을 받지만, 동생은 그 절반에 해당하는 1원 2각을 지급받는다. 외과생 생원들은 수당으로 은 1원 2각을, 동생은 8각을 지급받았다. 다른 한편으로 지현 차원에서 관과에 지급하는 화홍이 있었으며, 남은 경비는 향시[27] 응시자의 경비로 지원되었다.

수당 지출의 총수 또한 서원의 연간 경비 지출 가운데 가장 컸던 것으로 보인다. 백사서원은 현급(縣級) 서원에 속했는데, 이러한 수당 및 상여금 대우는 상당히 훌륭한 것이었다. 각 서원의 경비 상황에 따라 지급되는 수당·상여금 또한 각기 달랐다. 예컨대 대북 명지서원(明志書院)은 석차를 초등(超

26) 臺灣臨時舊慣調査會編·陳金田譯, 『臨時臺灣舊慣調査會第一部調査第三回報告書臺灣私法』第一卷, 頁533. "本書院在歲考·科考之年舉辦七次, 其他之年舉辦十次官課及師課, 官課在二日, 師課在十六日. 而以生員的前十二名為內課生, 每人賞給膏伙銀二元四角, 其次的二十名為外課生, 每人賞給膏伙銀一元二角, 童生的前二十名為內課生, 每人賞給膏伙銀一元二角, 其次的四十名為外課生, 每人賞膏伙銀八角, 其餘為附課生而不給賞. 此名次在年初的官課決定後一年間不變更. 官課的獎金稱為花紅, 由知縣賞給. 據說花紅賞給十名, 而生員內課生一元至四元, 童生內課生一元至二元. 另以經費剩餘補助鄕試應考者的旅費."
27) 鄕試地點在各省省會, 臺灣未建省前, 鄕試必須前往福建福州參加鄕試, 所需旅費不貲.

等)·특등(特等)·일등(一等)으로 나누었고, 초등 가운데 수석에게는 은 2원을, 나머지에게는 1원을 지급하였다. 특등에게는 5각을 지급하였으며, 다른 '일등'들에게는 모두 상여금을 지급하지 않았다. 동생은 상취(上取)·중취(中取)·차취(次取) 세 등급으로 나누었는데, 상취 가운데 수석자에게는 1원을, 나머지에게는 5각을 지급하였고, 중취에게는 2각 5분을 주고 차취들에게는 상여금을 지급하지 않았다.[28]

등전안의 「권건녹자항문개서원소인(勸建鹿仔港文開書院疏引)」에 따르면, 문개서원에서는 매년 조세액으로 이루어진 총경비가 대략 620석(石)에 세은 245원(圓)을 보유하고 있었다고 한다. 초창기에는 사전(祀典)을 위한 세수 비용과 산장의 속수, 그리고 생원 등의 수당 비용이 더 나아지지는 못했지만, 성(省) 차원에서의 서원에 대한 대우에 비해 경비가 넉넉한 경우에는 경비 증액을 검토하기도 하였다.

> 서원의 고화·전지·방업·갑수·조수 충당에 관한 소책자: 매년 세액 총계: 총 620석·조은 245원. 탁상·의자 추가 설비 및 춘추사전(春秋祀典)을 위한 세수(歲修) 비용 외에도 산장(山長)의 식사 비용이 있으되 여유롭지 못하다. 정부과(正附課)의 수당 또한 대우하기 어렵다. 임시로 성의 사례를 본떠 관·사과로써 특등 생원을 나열하고, 우수한 이들 가운데 동생을 취하고 분별하여 정부과의 고화를 지급한다. 이후 경비 충당이 되면 다시 증액을 의논한다.[29]

위 인용문에서 제사 비용은 아침저녁의 향등비(香燈費)·춘추제(春秋祭)·영성제(迎聖祭) 비용을 가리킨다. 사무잡비는 서원 이건 및 보수비용 또는 원장과

---

28) 王啟宗, 『臺灣的書院』, 頁47.
29) 周璽, 『彰化縣志』 「勸建鹿仔港文開書院疏引」, 頁428-429. "其撥充書院膏火田地房業甲數租數, 已具細冊: 內計每年額租, 共六百二十石, 租銀二百四十五圓. 除添置椅椅器具及春秋祀典歲修費用外, 所有山長脩膳, 不能豐厚. 正附課膏火, 亦難從優. 權倣省例, 以官師兩課, 取列超特等生員, 上中取童生, 分別領正附課膏火; 俟經費充裕, 再議加增."

원생들을 위한 가구·탁상 구입비·교재비, 그리고 공무에 필요한 유촉(油燭)·지(紙)·필(筆) 잡비, 개관·폐관 지출비, 의학 기부 비용 등등으로 다양하다.[30]

전체적으로 보면, 서원은 정부 차원에서 자금 보충을 받은 것 외에도 민간의 기부가 필요했으며, 이로부터 독립적인 운영이 가능하였다. 그러나 동시에 관방의 감독을 받았는데, 이러한 특징은 오늘날의 재단 법인 조직과 유사하다. 『봉산현채방책(『鳳山縣采訪冊)·서원(書院)』에는 봉의서원 경비 수입에 대해 매우 상세한 기록이 보인다. 그 절록(節錄)을 정리하면 대략 아래와 같은데, 이로부터 옛 서원의 경비 운영 양상의 전모를 이해할 수 있겠다.[31]

1. 매년 대략 속조곡(粟租穀) 1,852石·조당(租糖) 615근(斤)·조은(租銀) 1,243원(圓) 등을 수급할 수 있다.
2. 한 해 전체 전량(錢糧)은 600원, 사생(師生)의 속수(束脩)·고화는 960원(산장의 속수, 관빙(關聘) 송부, 감원·동사·제생 수당까지 모두 포함).
3. 상여금 및 화홍·시험비·식대·권은(卷銀)·장송자회(裝送字灰)·禮祀(禮祀)·유향(油香)·봉급·잡비 등 총 1144원(매월 관·사과 상여금 및 화홍·동생 시험 응시 비용·식대 보조금·개과(開課) 연회 상금·산장의 수행원 상여금 등 포함).

3. 서원의 수업과 학규

1) 입학과 수업

서원 교육은 계몽 교육 단계에 속하며, 오늘날 국민 의무 교육에 해당한다. 다만 오늘날 의무 교육이란 전체적으로 보급되어 있을 뿐 아니라 매우 종합적이어서, 모든 사람이 반드시 입학하여야 하는 것이므로 입학하지 않을 시에는 '강제 입학'을 요구받을 수 있다. 반면, 상술하였듯 서원의 설립은

30) 王啟宗, 『臺灣的書院』, 頁48-49.
31) 盧德嘉, 『鳳山縣采訪冊』, 臺北: 臺灣銀行經濟研究室, 1960, 頁158.

관립과 민영으로 나뉘며, 그 학생들은 '생원(生員)'[32]과 동생 두 유형으로 나뉘었다. 입학 정원에 제한이 있었으며, 매년 정월 각 서원에서 자체적으로 입시를 치러 선발된 인원들만이 비로소 입학할 수 있었다. 또는 지방 의학·사숙으로부터 추천 입학하는 경우도 있었는데, 서원에 입학할 수 있는 사람은 일반적으로 벼슬을 지낸 사대부 집안 출신이어야 했고, 그 재능과 실력 또한 몹시 우수해야 했다. 따라서 일반 백성들의 자녀는 집안 생계를 돕는 등 다망한 탓에 서원에 입학할 수가 없었고, 더욱이 남존여비 사상이 강했던 옛 사회 풍조로 인해 여성 동생은 거의 찾아볼 수 없었다. 생원은 정식적으로 관청 하부의 현학·부학에 입학할 수 있는 자격을 취득한 이들로서, 당연히 서원에도 입학·학습할 수 있었다. 어떤 서원은 동생을 따로 두지 않지만, 또 어떤 서원에서는 생(員)·동생을 함께 두기도 하였고, 또 동생만 받는 경우도 있었다.

서원은 보통 매년 2월에 개관하였다. 매월 초 2일에는 도대(또는 知府·知縣 등의 관원)가 관과를 담당하였고, 매월 16일에는 산장이 사과를 담당하고 시험을 주도하여 원생들의 수준을 판별하였다. 비교적 뛰어난 이들을 '내과생', 그다음을 '외과생'으로 선별, 각각 상여금(고화·화홍)을 지급하였다.

서원 교육의 중점은 두 가지에 맞춰져 있었는데, 바로 강학과 시험이다. 강학은 강당에서 진행했으며, 개강 의례는 매우 장엄하게 이루어졌다. 강학 이외에도 생원들은 서원 양편에 있는 학사(學舍)에서 '독서일과표'를 작성, 항상 솔선하여 자습해야만 했다. 서원에서 졸업한다는 것은 어떤 특정한 학위나 자격을 취득하는 것이 아니었으며, 그렇다고 해서 과거 시험에 참가할 수 있는 조건을 얻는 것도 아니었다. 과거시험의 응시 가능 여부는 생원 또는 거인(擧人)과 같은 '신분'으로 결정되는 것이었기에, 서원 졸업 여부와는 무관한 것이었다. 이렇게 본다면, 서원은 순수한 독서와 수양의 장으로 기능

---

32) 科擧時代考試合格入各府·州·縣學讀書的學生, 統稱為「生員」, 取得生員資格的民間一般俗稱「秀才」.

하였으며, 어떤 이름뿐인 직책을 취득하는 곳은 전혀 아니었다.[33]

서원의 학자들이 응시하는 각종 시험[예컨대 월과(月課)·계과(季課)·관과·사과 등)의 시험지는 과예(課藝)라고 불렀다. 많은 서원에서는 과예의 집선을 총집(總集)으로 편찬하였는데, 어쩌면 이를 학보나 집간(集刊)으로 간주할 수 있겠다. 이를 통해 서원에서는 원생들이 서로 머리를 맞대고 지성을 모아 학습하도록 촉진하였다. 예컨대 광서 17년(1891) 해동서원에서는 '대팽병비도겸안찰사함대남부지부(臺澎兵備道兼按察使銜臺南府知府)' 직책을 역임한 당찬곤(唐贊袞)과 당시 해동서원의 산장 시사길(施士洁)이 『해동서원과예(海東書院課藝)』를 공동 편찬하였다. 이 시험 문제집은 총 4권으로 편성되었으며 '제목수(題目數)' 133문제, '편목수(篇目數)' 185편으로 구성되어 있었고 작자(作者)는 총 110명이었다. 제목수 133문제 가운데 5문제는 『대학』에서 출제되었고(3.8%), 9문제는 『중용』(6.8%), 68문제는 『논어』(51.1%), 51문제는 『맹자』(38.3%)에서 출제되었다. 이러한 비율 분포는 사실 청대의 향시·회시 과거 시험의 '사서제의(四書制義)'의 분배율에 부합하며, 청대 과거 시험에서 『논어』·『맹자』의 비중이 상당히 높았음을 노정한다.[34]

2) 학규

앞에서 말했다시피 10세기 이래로 중국 각지에서 서원이 우후죽순 설립되었으며 대부분 '학규'를 두어 교사와 원생들의 교습·학습의 지침으로 삼았다. 주자의 『백록동서원학규』는 사실상 동아시아 각국 서원의 공통 준칙이 되었다고 볼 수 있지만, 각 지역성에 근거한 세밀한 규정 또한 있었기에 그 차이를 기준으로 나누어 대조해 볼 것이다.

---

33) 王啟宗, 『臺灣的書院』, 頁57.

34) 游適宏, 「『海東書院課藝』中的臺灣科擧文學樣貌」(國立臺灣科技大學人文社會學科: 科技部補助專題研究計畫成果報告期末報告, 106年08月01日至107年07月31日), 頁1-8.

1. 부자간에는 친애(親愛)함이 있어야 하고, 군신(君臣)간에는 의(義)가 있어야 하며, 장유(長幼)간에는 순서가 있어야 하고, 붕우(朋友)간에는 믿음이 있어야 한다. [오교지목(五教之目)]

2. 널리 배우고, 깊이 묻고, 삼가 생각하고, 명확히 변별하고, 독실하게 행하여야 한다. (위학지서(為學之序))

3. 말에는 충성스러움과 믿음이 있어야 하고, 행동은 독실하고 공경스러워야 하며, 분한 생각을 경계하고 욕심을 막아야 하며, 선함으로 옮겨가 잘못을 고쳐야 한다. [수신지요(修身之要)]

4. 의(義)를 바로하고 이익을 도모하지 않으며, 도(道)를 밝히고 공(功)을 계산하지 말아야 한다. [처사지요(處事之要)]

5. 자신이 원하지 않는 것을 남에게도 하지 말아야 하고, 행함에 얻음이 없다면 자기 자신을 되돌아보아야 한다. [접물지요(接物之要)][35]

서원 교육은 주자 문인들이 주자학을 전파하는 주요 통로였다. 이는 복건성이든 대만 지역의 서원이든 막론하고 모두 마찬가지였다. 서원 학규의 기원은 주자가 친히 제정한 『백록동서원학규』이고, 따라서 서원의 학규는 주자학 사상의 전파로이자 구현 그 자체라 할 수 있다.

대만 서원사를 기준으로, 최초의 서원 학규는 『해동서원학규』로 소급할 수 있다. 이 학규는 『속수대만부지(續修臺灣府志)』에 따르면 당시 순도였던 유양벽(劉良璧)이 제정한 것이지만, 『대만전통여문화(臺灣傳統與文化)』에서 진소영(陳昭瑛)의 고증에 따르면 실제로는 해동서원 산장을 역임한 설사중(薛士中)에 의해 제정되었거나 혹은 유양벽·설사중 두 사람이 함께 지은 것

---

35) 1. 父子有親, 君臣有義, 夫婦有別, 長幼有序, 朋友有信. (五教之目).
   2. 博學之, 審問之, 謹思之, 明辨之, 篤行之. (為學之序).
   3. 言忠信, 行篤敬, 懲忿窒欲, 遷善改過. (修身之要).
   4. 正其義, 不謀其利, 明其道, 不計其功. (處事之要).
   5. 己所不欲, 勿施於人, 行有不得, 反求諸己. (接物之要).

으로 추정된다. 설사중은 복건성 순무를 지낸 장백행(張伯行)의 문하생이다. 장백행은 복주 오봉서원(鰲峰書院)의 창건자이자 견실한 주자학자로 잘 알려져 있으며, 『학규류편(學規類編)』³⁶⁾을 편찬한 바 있다.

　이러한 맥락으로 보건대, 주자학은 일찍이 서원·학규를 통해 대만 각지에 뿌리를 내렸다. 이하부터는 비교적 유명한 4개 서원의 학규를 소개해 보겠다. 『해동서원학규』는 대만 서원사상 최초의 학규이므로 비교적 상세하게 설명하지만, 기타 서원의 학규는 문장이 길기 때문에 비교적 간략하게 개요만 나열·설명하겠다.

　　『해동서원학규1』³⁷⁾ 건륭 5년(1740) 유양벽·설사중

　　서원의 설립은 본디 현인을 일으키고 인재를 육성하기 위함에 있다. 대만 땅은 궁벽하여 바다에 임하여 있는데, 지난 수십 년 동안 우리 위대한 천자(天子)의 교육의 은덕이 미쳐 인문(人文)이 흥성함이 내륙과 다르지 않았다. 지금 제학(提學) 양공(楊公)이 소청하여 특별히 서원을 설립하고 잇달아 사유(師儒)를 요청하여 원생들이 학문을 닦도록 하였다. 이로써 성인들이 덕을 갖추게 하고 젊은 이들을 학업에 나아가도록 하였다. 좌측에 다음과 같이 학규 조목을 소개하니 원컨대 제생이 삼가 준수하여 위반하지 말도록 한다.

　1. **대의를 밝히라**: 성현께서 가르침을 세움에 강상에서 벗어나지 아니했다. 군신지의를 도에 도달하는 우선으로 삼았으니, 이로써 우주를 보위함을 더욱 중시하였다. 대만 땅은 궁벽지고 바다에 임하여 있으니, 지도에 편입된 이래로 우수한 이들이 시서(詩書)를 익히고 순박한 이들이 부지런히 농사를 지었다. 독서하는 사인들은 존군친상(尊君親上)의 도리를 알면 삼가 법도를 지키고 체국(體國)·봉공(奉公)할 수 있게 되었다. 순유(醇儒)와 명신이 이로부터 배출되었다. 비록 전부(田夫)·야로(野老)라 할지라도 보고 느낀 바가 있어 흥기

---

36) 陳昭瑛, 『臺灣傳統與文化』, 臺北: 國立臺灣大學出版中心, 2005增訂再版, 頁28-38.
37) 余文儀, 『續修臺灣府志』, 臺北: 臺灣銀行經濟研究室, 1962, 卷八學校, 頁355-356.

하게 되니, 해외(海外)의 완경한 풍조라 할지라도 어찌 다시 이르러 싹을 틔울 수 있겠는가?

2. **학칙을 바르게 하라**: 정(程)·동(董) 두 선생이 말하기를, '무릇 여기에서 배우는 자, 반드시 삭망지의(朔望之儀)를 엄히 하고 신혼지령(晨昏之令)을 삼가 행해야 한다. 거함에 반드시 공경스러워야 하고, 서서 걸음에 반드시 방정해야 하며, 보고 들음에 반드시 단정해야 하고, 언어에 삼감이 있어야 하고, 용모를 단정히 해야 하고, 의관은 가지런해야 하며, 식사함에 반드시 예의에 맞아야 하고, 출입에 반성함이 있어야 하며, 독서에 전일(專一)하여야 한다.

3. **실학(實學)에 힘쓰라**: 옛 대유들은 명례달용(明禮達用)하고 성기성물(成己成物)하였으니 모두 위서(爲書)가 생겨날 당시부터 내중외경(內重外輕)에 밝아 성(性)을 기름에 돈후(敦厚)하였고 기질을 응취(凝聚)하였다. 고로 나가서는 국가를 위하여 공적을 떨치는 데 힘을 쏟았고, 들어와서도 단정하여 정직한 사인(士人)됨을 잃지 않았다. 가숙(家塾)·당상(黨庠)·술서(術序)가 모두 이 도(道)에 근거하였다. 제생은 부디 첩괄(帖括)에 공들이지 않아야 한다.

4. **경사(經史)를 숭상하라**: 육경(六經)은 학문의 근원이니, 사인이 경에 통달하지 않으면 이치에 밝지 못한다. 사(史)로써 일을 기록하니, 역대 성쇠(盛衰)·치란(治亂)의 흔적과 현녕(賢佞)·충간(忠奸)을 기록하여 좋은 것은 법으로 삼을 수 있고, 나쁜 것은 경계함이 기록되지 않은 것이 없다. 학자들이 경사에 힘쓴다면 실용을 갖추게 되며, 시문의 근저에도 모두 그러한 것이 있다. 경사를 버리고 힘쓰지 아니하면, 비록 시문 수백 편에 통달한다고 할지라도 사업(事業)을 다스리기에 부족하다.

5. **문체(文體)를 바르게 하라**: 명대(明代) 이래로 첩괄로 취사(取士)하는 것은 화치(化治) 연간에 으뜸이었고, 융만(隆萬) 연간에 그 뒤를 이었으며, 또 계정(啟禎) 연간에 이를 이어나갔다. 우리 조대(朝代)에는 문운(文運)이 창명(昌明)하되 명공(名公)의 거편(巨篇)이 헤아릴 수 없이 많아 어떤 것은 박학하게 취한 것이 있고, 또 어떤 것은 홀로 일가를 이룬 것이 있다. 비록 기풍에 따라 다양하게 전이되었으나, 그 이치는 반드시 정주(程朱)를 따라야 하며, 그 법칙

이 선정함에 바꿀 수 없는 것이다. 무릇 태산을 우러러보지 않으면 잘못 오르게 되어 험준한 곳에 그치게 된다. 전모를 궁리하지 않으면 제자(諸子)의 누추함에 망령되게 자만하게 된다. 제생은 법도를 취함에 마땅하고 바름을 추구하여 그 입언(立言)에 편벽됨이 없도록 하라.

6. **삼가 교유(交遊)하라**: 독서하는 사인들은 경건히 과업에 힘쓰고 무리를 지어 교유하는 것을 즐기니, 원래는 시서를 강구하고 서로 절차탁마하여 유익함이 있게 하려는 것이다. 그러므로 군자는 문(文)으로써 회우(會友)를 이루고 교우로써 인(仁)을 보충한다. 만약 소년 시절부터 모임을 이룸에 도의로써 서로 검약하지 않고 천박하고 음란하게 유유상종하기만 한다면 덕이 어찌 갖추어지고, 업(業)이 어떻게 닦일 수 있겠는가. 강아지풀(稂莠)은 벼를 좋아함을 살피지 않을 수 없는 것이다. 제생은 마음을 정갈히 하고 생각을 깨끗하게 하여 전습(前習)에 빠지지 않도록 하라.[38]

---

38) "書院之設, 原以興賢育才. 臺地僻處海表, 數十年來沐我聖天子涵濡教養之恩, 人文蔚起, 不殊內地. 今提學楊公奏請特立書院, 延請師儒, 崇為生童肄業; 俾成人有德, 小子有造. 所有規條如左, 願諸生遵守勿違.
　一·明大義: 聖賢立教, 不外綱常; 而君臣之義為達道之首, 所以扶持宇宙為尤重. 臺地僻處海表, 自入版圖以來, 秀者習詩書, 樸者勤稼穡, 而讀書之士, 知尊君親上, 則能謹守法度, 體國奉公. 醇儒名臣, 由此以出. 雖田夫野老, 有所觀感興起, 海外頑梗之風, 何至復萌?
　二·端學則: 程·董二先生云: 凡學於此者, 必嚴朔望之儀·謹晨昏之令. 居處必恭, 步立必正, 視聽必端, 言語必謹, 容貌必莊, 衣冠必整, 飲食必節, 出入必省, 讀書必專.
　三·務實學: 古之大儒, 明禮達用, 成己成物, 皆由為書生時, 明於內重外輕, 養性深厚, 凝重氣質, 故出可以為國家效力宣猷, 入亦不失為端方正直之士. 家塾黨庠術序, 胥由此道. 諸生毋徒以帖括為工.
　四·崇經史: 六經為學問根源, 士不通經, 則不明理; 而史以記事, 歷代興衰治乱之迹, 与夫賢佞忠奸, 善可为法·惡可为戒者, 罔不備載. 學者肆力於經史, 則有實用, 而時文之根柢, 亦胥在焉. 舍經史而不務, 雖誦時文千百篇, 不足濟事.
　五·正文體: 自明以來帖括取士, 化治為上. 隆萬次之, 啟禎又次之. 我朝文運昌明, 名公巨篇, 汗牛充棟; 或兼收博採, 或獨宗一家. 雖各隨風氣為轉移, 而理必程朱, 法則先正, 不能易也. 夫不仰泰山, 誤止岨埦之高; 不窮典謨, 妄誇諸子之陋. 諸生取法宜正, 立言無陂.

진소영은 이 여섯 단락으로 이루어진 학규에 대해서 다음과 같이 평론하였다. "대의를 밝힘은 군신 윤리의 일단(一端)에, '학칙을 바르게 하다'라는 것은 주자의 발문에 근거한 것으로, 효제(孝悌), 즉 부자·형제를 논의한다. 그리고 '삼가 교우하라'는 것은 붕우 윤리의 일단에 해당하는데, 유독 부부(夫婦)에 관하여서는 언급하지 않으며, 아울러 학문의 순서와 방법에 대해서도 깊이 다루지 않고 있으니, 이것이 『백록동서원학규』에 미치지 못하는 부분들이다."[39]

진소영이 보기에, 제1조 '대의를 밝힘'에서는 오로지 군신지의(君臣之義)에 대해서만 논하고 있는데, 이는 '해외의 완경한 풍조'에 대해 정치적 교화의 의미를 띠고 있는 것이다. 아울러 학규 방면에서도 사실 학문의 순서 및 방법에 관하여서는 깊이 이야기하지 못하고 있는데, 그야말로 관방(官方)의 '공식적'인 입장으로서의 색채가 상당히 농후해 보인다.

건륭 27년(1762), 해동서원에서는 또 다른 학규를 제정하였는데, 총 8개 조항으로 이루어져 있다. 대만도겸제독학정(臺灣道兼提督學政) 각라사명(覺羅四明)이 제정하였으나, 그 문장이 다소 긴 탓에 학규의 요강만 아래에 소개하도록 하고 전문은 부록에 첨부하도록 한다.

『해동서원학규2』[40] 대(臺) 각라사명 감정(勘定)

1. **사습(士習)을 바르게 하라**: 대군(臺郡)에서의 기풍이 처음 열렸을 당시 사습이 바르게 진작되었다. 모든 사인이 민중들을 위해 솔선하였다. 사습이 바르면 백성들의 풍속도 아름다워지니, 과연 이치가 이러하다.

2. **사우를 중시하라**: 스승을 통해 도를 밝히고 의혹을 해소하며, 교우를 통해 선을 취하고 인을 보충하라.

六·慎交遊: 讀書之士, 敬業樂群, 原以講究詩書, 切磋有益. 故君子以文會友, 以友輔仁. 若少年聚會, 不以道義相規, 而以媒藝相從. 德何以進, 業何以修. 稂莠嘉禾, 不可不察. 諸生洗心滌慮, 毋蹈前習."

39) 陳昭瑛, 『臺灣傳統與文化』, 頁44.
40) 余文儀, 『續修臺灣府志』, 卷八學校, 頁356-360.

3. **과정(課程)을 세우라**: 학업이란 근면함으로 정진할 수 있게 되고, 희학질로 황폐해지니, 이는 오래전에 기록된 사실이다.

4. **독실하게 행하라**: 독서(讀書)란 치용(致用)하는 이유이다.

5. **책의 이치를 살피라**: 주자가 말하기를, "육경 공부를 많이 하면 얻는 것이 적으나, 『논어』·『맹자』를 많이 공부하면 얻는 것이 많다." 정자가 말하기를, "『논어』·『맹자』에 통달하면 육경에 통달하지 않더라도 자연스럽게 그에 밝아지게 된다."

6. **문체를 바르게 하라**: 도의 드러남을 일러 문이라 하니, 천지가 있은 이래로부터 이미 그러한 이치가 있었다.

7. **시학을 숭상하라**: 시로써 성정(性情)을 다스리는 것은 학자들이 마땅히 익혀야 할 것이다.

8. **거업(擧業)을 익히라**: 오늘날 사람들은 거업과 이의(理義)의 학문이 두 가지 일로 나누는데, 거업을 일러 이의지학(理義之學)에 방해가 되는 학문이라 말한다. 이 말은 틀린 것이다.[41]

다시 이 학규에 대한 진소영의 논평을 살펴보자. "그런데 각라사명의 신분은 기인(旗人)으로 습거업(習擧業)을 가장 말단에 둘 수 있었으며, 아울러 전편에서 군신의 대의를 논하지 않았으니, 이는 매우 어려운 일을 해낸 것이라 할 수 있겠다. 더욱이 그가 전체 내용에서 독서의 본말(本末)과 체용을 논

---

41) 一·端士習: 臺郡風氣初開, 士習最亟. 蓋士爲凡民表率. 士習端, 則民風淳, 理固然也.
　　二·重師友: 師以明道解惑, 友以取善輔仁.
　　三·立課程: 業精於勤, 荒於嬉, 自古誌之.
　　四·敦實行: 讀書所以致用也.
　　五·看書理: 朱子云: "讀六經工夫多, 得效少. 論·孟工夫少, 得效多." 程子曰: "論語·孟子旣治, 則六經可不治而自明矣."
　　六·正文體: 道之顯者謂之文. 自有天地以來, 蓋已有之.
　　七·崇詩學: 詩以理性情, 學者所宜習.
　　八·習擧業: 今人分擧業與理義之學爲兩段事, 謂擧業有妨於理義之學. 此說非也.

하는 과정에서 도달한 그 이론적 수준과 상세하면서도 정미한 품격은 설사
중의 앞선 글에서는 논의되지 않은 것으로, 감히 대만 서원 학규의 정수라
칭할 만하다."[42] 진소영이 보기에 각라사명의 『해동서원학규2』는 유양벽·설
사중의 『해동서원학규1』에 비하여 정치 교화적인 특색이 적고, 주자의 독서
사상이 더욱 잘 발휘될 수 있는 것이었다.

다음으로 『백사서원학규』를 보자. 이는 청 가경 16년(1811) 당시 창화 지
현으로 재임하고 있던 양계삼(楊桂森)이 제정한 것으로, 글이 간단명료하면서
도 실사구시(實事求是)적인 풍모를 보인다. 총 9개 조항으로 구성되어 있다.

『백사서원학규2』: 청 가경 16년 양계삼 제정

1. **독서로써 행동에 힘쓰는 것을 우선으로 삼으라**: 성현의 수많은 말씀은 모두 사
   람을 가르쳐 부모에게 효도하고 순종하며 웃어른을 존경하게 하는 것에 있다.

2. **독서로써 품덕을 세움을 중히 여기라**: 품덕을 세움은 다름 아닌 의·리를 엄
   밀히 변별하는 것에 있다.

3. **독서로써 성물(成物)함을 긴요히 하라**: 독서하는 사람은 그저 자기 일에만 매
   달려서는 안 된다.

4. **팔비문(八比文)을 읽으라**: 성화(成化) 연간에는 소박·온화함, 정·가 연간의 심
   오·광대함, 융·만 연간의 가취궤법(架取机法), 계·정 연간의 정밀·철저함, 그
   리고 우리나라 초기의 위대하고 웅장함을 변별(辨別)·체단(體段)하여야 한다.

5. **부(賦)를 읽으라**: 『삼도(三都)』·『양경(兩京)』·『자허(子虛)』·『상림(上林)』은 웅
   대하고 아름다운 올바른 규칙이다.

6. **시(詩)를 읽으라**: 오고(五古)로는 한·위·육조의 것을 읽어야 하고, 칠고(七古)
   로는 두보(杜甫)·온정균(溫庭筠)을 읽어야 하며, 오·칠율로는 초당(初唐)의 것
   을 읽어야 하고, 오·칠배율로는 본조에 이르러 제작된 것만큼 명확히 갖추어
   져 성대한 것이 없다. 또한 많은 선비가 바라는 바이니 이에 힘쓰도록 하라.

---

42) 陳昭瑛, 『臺灣傳統與文化』, 頁48.

7. **전편 이상을 쓰는 이들에 대한 학규**: 예컨대 등불을 켤 때 명가의 새로운 글을 반 편 읽고, 구문을 한 편 읽고, 한문 십행(十行)을 읽고, 율부(律賦) 두 운을 외고, 시 한 수를 다섯 차례 외도록 하라.

8. **강학 혹은 반편(半篇)에 대한 학규**: 오전·오후·저녁의 학규는 단일로는 강학, 격일로는 글쓰기를 하며, 여전히 전편을 쓰는 이들의 학규와 같다.

9. **6~7세 미만 소학에 대한 학규**: 우선 제자의 직책을 알려주는 책을 읽도록 가르치고 청소 정돈, 응대 및 진퇴, 앉고 일어나는 예절을 알도록 한다.[43]

가장 위의 세 조항, 즉 "독서로써 행동에 힘쓰는 것을 우선으로 삼아라"·"독서로써 품덕을 세움을 중히 여기라"·"독서로써 성물함을 긴요히 하라"는 독서의 주요 목표는 바로 행위 실천에 힘쓰고 품덕을 세우며 성물(사람을 이루는 것)에 있음을 명확히 밝힌 것이다. 행동에 힘쓰는 것은 "부모에게 효도하고 순종하며 웃어른을 존경하는 것"을 준칙으로 삼는데, 이는 『논어』학이편의 "효제라는 것은 인의 근본이다(孝弟也者, 其爲仁之本與)"라는 성현의 말에 대응하는 것이다. 양계삼은 왜 학칙 제1조에서 효제의 중요성을 강조하려 했을까? 이는 당시 팽 지역 사람들이 싸움하기를 좋아했기 때문이다. 주새

---

43) 周璽, 『彰化縣志』, 臺北: 臺灣銀行經濟研究室, 1962, 頁143-146.
　一·讀書以力行為先: 聖賢千言萬語, 無非教人孝順父母, 尊敬長上
　二·讀書以立品為重: 立品莫如嚴義利之辨.
　三·讀書以成物為急: 讀書人不是單管自己的事.
　四·讀八比文: 成化之渾穆, 正·嘉之深厚闊大, 隆·萬之架取機法, 啟·禎之精奧透闢, 國初之魂偉雄壯, 要辨得體段出來.
　五·讀賦: 三都·兩京·子虛·上林, 雄厚麗則之正規也.
　六·讀詩: 五古要讀漢·魏·六朝, 七古要讀杜甫·溫庭筠, 五·七律要讀初唐, 五·七排律莫盛大於本朝制作明備之時, 亦多士之幸也. 其勉之.
　七·作全篇以上者之學規: 如上燈時, 讀名家新文半篇, 舊文一篇, 漢文十行, 律賦二韻, 五排詩一首.
　八·作起講, 或半篇之學規: 早午晚之學規, 及單日講書, 雙日作文字, 仍如作全篇者之學規.
　九·六七歲未作文者之學規: 先教之以讀弟子職, 使知灑掃應對進退起坐之禮.

(周璽)가 지현으로 재임할 당시 민월(閩粵) 지역에서 서로 나뉘어 무장 싸움을 한 혐의로 인해 파면된 일이 있었는데, 청 도광 10년(1830) 지현 이정벽(李廷璧)이 작성한 『연수성묘예락기서(捐修聖廟禮樂器序)』에는 다음과 같은 말이 있다. "무릇 팽 지역 백성들은 무(武)를 좋아하여 분쟁이 발생하면 나뉘어 싸움한다. 서로 원망하고 복수를 일삼음이 또한 거의 풍속처럼 되었다." 백사서원 성립 초기에 증왈영은 『백사서원기』에서 다음과 같이 명확히 밝히고 있다. "다만 풍속이 아름답지 못하여 교화될 것을 기다리고 있다. … 무릇 대도(大道)를 널리 밝히고 민풍(民風)을 크게 바꾸기 위해 가르침을 세움에 반드시 위로부터 시작하여야 할 것이다." 이렇듯 당시 서원은 풍속의 전환이라는 중요한 임무를 떠맡고 있었음이 자명하다. 인륜은 효제를 가장 중시하며, 효제는 사람의 마음에 깊이 배양되는 것이니 이를 통해 거칠면서도 모진 백성들의 기풍은 자연히 사라질 수 있을 터였다.

제2조의 "품덕을 세우다"라는 것은 "엄밀히 의리(義利)를 변별하는"것을 강조하고 있다. 직접적으로 말하자면, "입으로는 시서(詩書)를 외면서 은전을 생각하는 것"은 도둑과 다를 바가 없으니, 학자는 마땅히 떳떳하게 기풍을 세워 돈 때문에 해를 입는 일이 없어야 한다는 것이다.

제3조의 "성물"이란 원생들로 하여금 실천에 힘쓰고 자기의 품덕을 잘 닦은 뒤에 반드시 자신의 좋은 품성으로써 남에게도 영향을 미치게 한다는 것이다. 또한 타인이 부모에게 거역하는 것을 본다면 부드럽게 타이르도록 하고, 타인이 재물을 탐내고 이익을 좋아하는 것을 보면 성현의 도리를 잘 알리도록 하여야 한다는 것을 의미한다.

중간의 3개 조항, 즉 "팔비문을 읽어라"·"부를 읽어라"·"시를 읽어라"는 바로 독서의 내용을 가리킨다. 성화·정·가·융·만 등 각 시기의 문풍과 색채가 서로 다르니 이를 정밀하게 읽고 명확히 변별할 수 있어야 한다. 부의 경우 『삼도』·『양경』·『자허』·『상림』 등을 읽어야 하며, 시는 한·위·육조의 것(五言古詩)과 두보·온정균(七言古詩)를 읽어야 하고, 율시의 경우에는 초당의 것을 읽어야 한다.

마지막 3개 조항, 즉 전편 이상의 이들을 위한 학규·강학과 반편을 위한 학규·6~7세 미만 소학을 위한 학규는 바로 다양한 대상들을 겨냥한 규범으로, 매일 다른 시간에 어떤 책을 읽어야 하는지, 그리고 읽은 뒤에는 어떻게 복습해야 하는지, 그리고 "선생이 강의할 때는 책 한 권 한 권을 외우면서" 싫증을 내지 않을 것을 요구하였으니 가히 심혈을 기울였다고 할 수 있겠다.

앞의 3개 조항은 위학의 근본을 논하는 것으로, '대학규(大學規)'가 되며, 뒤의 3개 조항은 위학의 말단을 논하는 것으로 '소학규(小學規)'가 된다. 즉 독서·작문의 단계적 방법이라 할 수 있다. 말하자면 양계삼의 『백사서원학규』는 대·소학규를 모두 포괄하는 것이다.[44]

해동서원과 백사서원의 학규 외에도 팽호 문석서원에서도 약 10개 조의 학규가 있었다. 이는 건륭 31년(1766) 팽호 해방통판(海防通判)으로 재임 중이었던 호건위(胡建偉)가 제정하였는데, 그 내용은 다음과 같다.

1. 인륜을 중히 하라
2. 뜻을 바르게 하라
3. 이욕(理欲)을 변별하라
4. 궁행(躬行)에 힘쓰라
5. 사우(師友)을 존중하라
6. 과정(課程)을 정하라
7. 경사(經史)를 읽으라
8. 문체(文體)를 바르게 하라
9. 시간을 아껴 쓰라
10. 함부로 송사하지 말라

이는 모두 5천여 자에 육박하며, 그가 제정한 학규는 일반 학규의 문체와

---

44) 陳昭瑛, 『臺灣傳統與文化』, 頁68.

는 상반되게도 그 가르침이 전혀 지루하지 않다. 호건위는 직접 서원을 창건하고 학규를 제정했을 뿐만 아니라 팽호의 문헌들을 망라, 『팽호기략(澎湖紀略)』으로 엮었다. 이는 정치학의 전형이며, 그 또한 사실상 주자학으로써 정치를 행한 학자라 할 수 있다.[45]

호건위(胡建偉) 이후에 임호(林豪)이 문석서원 산장을 맡게 되면서 『문석서원속의학약(文石書院續擬學約)』 8개 조항을 제정하였다. 이는 다음과 같다. 경의(經義)는 명확하여야 하며, 사학은 통해야 하고, 문선(文選)은 반드시 읽어야 하며, 성리(性理)는 논의하지 않을 수 없고, 제의(制義)에는 근본이 있어야 하며, 시첩(試帖)에는 올바른 법이 있어야 하고, 서법(書法)은 계속 익혀야 하며, 예법(禮法)은 반드시 지켜야만 한다(經義不可不明·史學不可不通·文選不可不讀·性理不可不講·制義不可無本·試帖不可無法·書法不可不習·禮法不可不守). 여기에서 앞의 4개 조항은 위학의 근본이며, 뒤의 4개 조항은 위학의 실제 공부를 강조한 것으로 매우 구체적이고 실용적이다.

4. 서원의 제사

청대에는 국자감이 수도에 설치되어 있었으므로 전국의 사인들은 거리가 너무 먼 탓에 모여들기 쉽지 않았다. 비록 부·주·현학이 있기는 했지만, 그 학업 진로가 원활하지는 못했다. 이러한 까닭에 서원은 마치 고대의 "후국지학(侯國之學)"처럼 부·주·현학의 학문을 이어주는 학교 역할을 수행하였는데, 노련한 학자들을 초빙하고 훌륭한 학덕을 지닌 학인들을 모아 배우도록 함으로써 인재를 양성, 조정에 출사할 수 있도록 도모하였다. 그래서 건륭 원년(1736), 조정에서는 각 성에 조서를 내려 서원을 정비하였다.

건륭 원년 조서: "서원의 제도로 인재를 끌어들여 오는 것은 많은 학교가 미

---

45) 陳昭瑛, 『臺灣傳統與文化』, 頁51-52.

치지 못하는 바이다. … 오늘날 부·주·현학이 함께 건립되었으나 그에 오를 방
법이 전무하다. 국자감이 비록 수도에 설립되었으나 그 길이 요원하여 사방의
선비들이 모일 수가 없다. 서원은 옛 제후국의 학교와 같다. 강석(講席)에 앉아
있는 이는 연로하여서도 숙원을 이루고자 하고, 떠도는 선비들 또한 반드시 품
덕(品德)을 세우고 학문에 매진하여 절차탁마하여야 하니, 서로를 살펴 선하게
하고, 서인(庶人) 가운데에서도 인재가 있다면 성취하도록 하여 족히 조정에 출
사할 수 있도록 하여 교육의 의의를 져버려서는 안 될 것이다. …"⁴⁶⁾

국자감이든 부·주·현학 또는 서원이든 막론하고, 그 교육적 이상은 성현
(聖賢)을 양성하는 데 있었다. 이러한 추상적인 교육적 이상을 구체화하기 위
하여 소위 '묘학(廟學)'이라는 것이 생겨났는데, 이는 공자묘를 부·현학 내부
에 설치한 것이다. 그러나 공식적인 기관이 아닌 서원의 제사 공간은 부·현
학의 위상을 모독할 수 없었기에 공자를 봉사(奉祀)하지는 않았으니, 서원의
제사 대상은 크게 다음 6개 유형으로 나눌 수 있겠다.

1) 주자 또는 송대 오자(五子)

대만 서원은 주자학이 널리 전파된 요충지였기에 관립 서원은 대부분 주
자 또는 주자를 포함한 송대의 저명한 다섯 유학자(周敦頤·程頤·程顥·張載·
朱熹)에게 제사를 지냈다. 예컨대 건륭 43년(1778) 대만 지부 장원추(蔣元樞)
가 그린 『중수대군각건축도설(重修臺郡各建築圖說)』에는 「중수대군숭문서원
괴성각도설(重修臺郡崇文書院魁星閣圖說)」이라는 그림이 있는데, 이를 살펴

46) 陳培桂, 『淡水廳志』, 臺北: 臺灣銀行經濟研究室, 1963, 頁484. : 乾隆元年上諭: "書
院之制, 所以導進人才, 廣學校所不及 … 今府州縣學並建, 而無遞升之法. 國子監雖
設於京師, 而道里遼遠,四方之士, 不能胥會, 則書院即古侯國之學也. 居講席者, 固宜
老成宿望, 而從游之士, 亦必立品勤學, 爭自濯磨, 俾相觀而善, 庶人材成就, 足備朝廷
任使, 不負教育之意 …"

보면 숭문서원 측면에 괴성각(魁星閣)과 오자사(五子祠)가 뚜렷하게 그려져 있다. 『속수대만현지』에도 해동서원에 오자사를 설치했다는 기록이 보인다. 광서 12년(1886) 지현 심수겸(沈受謙)이 봉호서원(蓬壺書院)을 적감루(赤崁樓) 뒤쪽으로 이건한 후 서원 뒤편에 오자사와 문창각을 설치하였는데, 훗날 허물어져 버렸다. 오늘날 적감루 동북쪽의 구릉은 원래 오자사 터였다. 비록 관방에서 공식적으로 세운 서원이 아니더라도, 그 창건자인 유학자들은 주자학을 신봉하였기 때문에 오자사를 설립하였다. 예컨대 창화 화미(和美) 도동서원(道東書院)에서는 '경휘사(景徽社)'의 훈도 원붕정(阮鵬程)가 창건한 곳인데, 그가 서원에 세운 오자사를 현지에서는 오자사 혹은 문사(文祠)라고 부른다.

2) 문창군(文昌君) 봉사(奉祀)

민간에서 창건한 서원은 대부분 문창군(梓潼帝君)·괴성(魁星)·창성(倉頡)을 제사 지내는 문창사로 시작하였으며, 이를 서원으로 증축한 뒤 오문창 또는 주자에 대한 연사(煙祀)를 추가하였다. 예컨대 창화 원림 흥현서원은 사학(社學)에서 전환된 서원이었는데, 정전(正殿)은 기존의 문창군에 대한 신앙을 보존하였다. 광서 7년(1881) 구췌영(邱萃英)은 서원 보수 과정에서 주로 문창군을 제사 지내는 것 외에도 여순양(孚佑帝君)·관성제군(關聖帝君)·괴성야(魁星爺)·주의신군(朱衣神君)의 신위(神位)를 추가 포함하여 '오문창'으로 확충하였다. 남투 남전서원(藍田書院)은 지역 의학에서 변형된 곳으로, 문창제군을 먼저 모셨다. 서원 초창기, 현지에서는 흔히들 이를 문창묘(文昌廟) 또는 문창제군사(文昌帝君祠)라 불렀다. 의란(宜蘭) 앙산서원(仰山書院)은 비록 관부에서 운영하는 서원이었지만 문창궁 묘지에 설립되었기 때문에 문창궁의 신명[문창제군·괴성야 및 서진왕야(西秦王爺)]과 합사하였다. 또한 이 서원의 제사 주체인 오부자사(五夫子祠)는 오늘날 이미 배사(陪祀)가 되었다.

고웅(高雄) 봉산의 봉의서원(鳳儀書院)은 현급 관부와 민간에서 협력하여 지은 서원이었으나, 설립 초기에는 경자정(敬字亭)에서만 규성(奎星)과 창성

(倉聖)을 봉사하였다가 나중에 자금을 내 재정이 넉넉해지자 문창사를 지어 합사하였다. 동치 12년(1873)에 이르러 채계봉·채수방 부자가 광문창사는 성학의 도통을 계승할 수 없다고 여겨 봉의서원에 오자사 증설을 요청하였고, 당시 지현 이영(李煐)이 강당에 오자사(五子祠) 증설을 허가하였다. 채수방은 이 사업에서 서원의 전세 등을 열거하는 비석을 세워 불후의 기록을 남겼으니, 「봉의숭사오자병립원전비(鳳儀崇祀五子並立院田碑)」가 그것이다.

3) 서원 창건자 또는 유공자에 대한 배사(配祀)

서원에서는 설립자 또는 특별한 공로가 있는 자를 제사 대상으로 삼기도 했다. 예컨대 창화 화미 도동서원에서는 서원을 건립한 7명의 지방 현인을 서원 동쪽 행랑채 내부에 배사하였으며, 얼룩덜룩한 제사상 앞에는 '녹위사(祿位祠)'라는 세 글자가 퇴색이 심하여 흐릿하게 쓰여 있다. 여기에서는 제1대 산장 원봉정을 비롯한 진가장(陳嘉章)·왕조배(王祖培)·황제청(黃際清)·정능운(鄭凌雲)·황흥동(黃興東) 및 황앙원(黃仰袁)으로 이루어진 서원 발기인 6명의 신위를 모셨다. 원림 흥현서원의 구해(邱海)는 이 서원에 장교학(帳教學)을 설치했을 뿐만 아니라 모든 유산을 문창사와 서원에 기부하였다. 지방 사람들은 그가 작고한 뒤 흥현서원 안에 신위를 세워 봉안하였다(현재 우측 행랑채에 봉안). 오늘날 신북시(新北市) 명지서원(明志書院)에도 창건자 「공생호작유녹위(貢生胡焯猷祿位)」·「감생곽종하녹위(監生郭宗嘏祿位)」가 함께 「자양주부자신위(紫陽朱夫子神位)」 방 안에 함께 모셔져 있다.

4) 명청(明淸) 시기 우현(寓賢)·유장(儒將)에 대한 배사

녹항 문개서원은 등전안이 창건할 당시 제사 방면에서 이미 정해진 사항이 있었다. 이 서원에서는 주자 외에도 정성공을 따라 대만으로 온 우현[심광문(沈光文)·서부원(徐孚遠)·노약등(盧若騰)·왕충효(王忠孝)·심전기(沈佺期)·

고조천(辜朝薦) 및 곽정일(郭貞一)과 청의 유장(儒將) 남정원(藍鼎元) 총 8명을 배향하기로 하였다. 이 선현들은 학문이 깊을 뿐만 아니라 인의와 품위를 지킬 수 있는 이들임을 분명히 밝히고, 학자들이 그들을 스승으로 삼고 뜻을 세워 과거 공명에 얽매이지 않을 것을 희망하였다.

5) 공묘(孔廟)로의 전환

대만에는 일제강점기 당시 소실된 서원들이 많았으나, 몇몇 서원은 공자묘로 전환함으로써 보존될 수 있었다. 예컨대 병동서원(屏東書院)의 경우가 그러한데, 이 서원은 본래 병동시(屏東市) 중산공원(中山公園)에 자리 잡고 있었으나, 일제 강점기에 공자묘로 개축하였다. 원래는 도시 정비 차원에서 철거될 예정이었으나, 요행히도 도쿄대학의 건축학 권위자인 등도(藤島) 해치랑(亥治郞) 박사의 강력한 건의로 쇼와 13년(1938) 말 지금의 병동시 승리로(勝利路) 38번지로 이전하면서 서원의 제사도 공자묘 양식으로 탈바꿈하였다. 이 외에도 팽호 문석서원은 일제 강점기인 1931년 지방 인사 오이총이 서원을 팽호 공자묘로 중수·개건하였고, 이러한 중수를 여러 차례 거치면서 오늘날까지 보존되어 왔다.

6) 한창려(韓昌黎)에 대한 배사

묘율(苗栗) 지역 사람들은 대부분 광동(廣東) 조주(潮州)의 개간민들로 이루어져 있었고, 창려사(昌黎祠)에 관련된 신앙 또한 원래 광동 조주 객가(客家)의 취락에서 유래한 것이다. 이 때문에 묘율 영재서원(英才書院) 문창사 내부에 측전을 증설하여 한창려의 신위를 봉안하였다. 그리고 이곳 정전에서는 문창제군 이외에도 공자와 창힐을 하나로 합쳐 하나의 신위로 만든 특이한 형태를 보인다. 이는 민간 문창 신앙의 포용성을 노정하는 것으로써, 일반적인 문창사에서 오문창을 모시는 신앙과는 상이한 형태라 할 수 있다.

5. 서원의 건축

현재 대만에 잔존해 있는 서원은 대략 20여 개소에 달한다. 민국 71년(1982)
에 처음으로 제정된 문화자산보호법에 의해, 노후한 수많은 서원(예컨대 화
미 도동서원, 원림 흥현서원, 운림 진문서원 및 봉산 봉의서원 등)이 건축 전
문가들에 의해 옛 방식에 맞게 복원되었으나 그 본래 건축 양식을 완전히 회
복하는 것은 불가능하였다. 이에 잔존해 있는 건축 부재 및 구도로만 정비할
수 있었는데, 어떤 것은 사진(四進)에서 삼진(三進)으로, 또 삼진(三進)에서 이
진(二進)이 되어버렸는가 하면 또 어떤 서원의 경우에는 서원 양측 학사가
일부 헐리거나 후당(後堂)·강당(講堂)이 완전히 파괴된 경우도 있다. 심지어
다른 민가에 의해 점용되거나 산청문(山川門)이 더해져 묘원으로 수리된 경
우도 있다. 이렇듯 각양각색으로 남아 원래 면모를 알아보기 어려운 상황이
었지만, 다행히도 장원추의 『중수대군각건축도설』의 「중수대군숭문서원괴
성각」가 있어 과거 서원 건축의 전모를 한눈에 살펴볼 수 있었다.

이 그림을 살펴보면 숭문서원은 사진식(四進式), 즉 크게 4개 영역이 합해
진 건물군으로 구성되어 있다. 제1진은 의문(儀門), 제2진은 삼간식(三間式)
강당, 제3진은 대당(大堂, 客廳), 제4진(後座)은 통상적으로 장서고(書庫) 혹은
선현사(괴성루·오자사)에 해당한다. 그러나 숭문서원은 괴성루와 오자사를
서원 좌측으로 옮겼다. 만약 3진식 서원이라면 대개 강당과 대청을 합쳐 1진
을 이룬다. 좌우 행랑채는 흔히 학재(또는 學舍·書舍라고도 함)가 된다. 전후
로 들어가는 편실(偏室)과 이방(耳房)은 산장의 침실, 주방, 욕실, 그리고 창고
로 활용된다. 보통 마지막 1진에 위치한 청당(廳堂)의 경우 제사 공간으로 활
용된다. 만약 3진이나 2진으로 구성된 서원이라면 제사 공간과 강당을 융합
하는데, 대표적으로 봉산 봉의서원은 오자사를 강당 내에 설치하였다.

왕진화(王鎭華)의 『서원교육여건축(書院敎育與建築) - 대만서원실례지연구
(臺灣書院實例之硏究)』에서는 서원 공간을 크게 6가지로 분류하고 있다.[47]

장원추(蔣元樞) 작, 『중수대군각건축도설(重修臺郡各建築圖說)』의
「중수대군숭문서원괴성각(重修臺郡崇文書院魁星閣)」
*그림 출처: 풍명주주편(馮明珠主編), 장원추원저, 『중수태군각건축도설』
(台北市: 國立故宮博物院, 2007年 12月初版)

1) 정신적 공간

옛 선생(先師)·문창·향현·명환 등에 대한 제사를 지내는 공간을 포함하
여, 대문·당 앞 영낭(楹廊)의 측벽, 건널목 등에는 종종 편액이나 족자, 액자
등이 있어 정신적 공간으로 분류할 수 있다. 현존하는 서원에서 가장 잘 보
존된 공간이다.

과거제도의 영향으로 인해 글씨는 신성하고 숭고한 것으로 간주되었고,

---

47) 王鎭華, 『書院教育與建築-臺灣書院實例之研究』, 臺北: 故鄕出版社, 1986年7月, 頁44.

글씨가 적혀 있는 종이는 함부로 버려서는 안 되었거니와 버려진 종이는 반드시 성심성의껏 불태워야 했다. 과거시험의 요람이었던 서원은 자연스럽게 그 정신적 공간에서 전통을 계승하였다. 문창사에서는 글자를 만들어낸 창힐(또는 창성)을 배사하는 것은 물론, 글을 쓴 종이도 함부로 버리지 못했고 종이를 태울 수 있는 정자를 따로 만들어 성적정(또는 惜字亭·敬字亭이라 부르기도 했다)이라 불렀다. 불태워서 누적된 소위 '성적(聖蹟)'은 '입해(入海)'라 불리는 경건한 제전에 의해 처리되었는데, 『봉산현채방책(鳳山縣采訪冊)』에는 다음과 같은 기록이 있다. "장차 성적을 바다로 보내려 하니(入海), 이날 중신(衆紳)들이 함께 도착하였으되 제사를 지내는 이가 수백 사람이었다. 공손히 보내려 출성(出城)하자 동사(董事)가 주효(酒餚) 수백 석을 미리 준비하여 손님들을 응대하였다. 은 도합 120원을 지출하였다."[48] 즉 성적을 바다에 보내는 제전에서는 지방 사신(士紳)들이 모두 모였을 뿐만 아니라, 서원 차원에서 경비를 편성, 연회를 준비하였다.

2) 교육 공간

강당 외에도 정신적 공간, 재사(齋舍), 정원(庭院) 등은 모두 교육적 성질을 지니고 있었다. 현존하는 서원 내부 대부분의 강당은 봉사를 거행하는 제사 공간으로 전락하였다. 따라서 기껏해야 양측 학사(學舍) 정도만 그 지방의 학생들이 복습하는 장소로 활용되거나, 혹은 서원 관리 기관 및 지방 문사(文史) 단체 차원에서 개최하는 한학 연습반의 수업 장소로만 사용되고 있다.

3) 주거 공간

산장은 일반적으로 후당(後堂) 측실에 머물렀다. 감원은 통상적으로 현지

---

48) 盧德嘉, 『鳳山縣采訪冊』, 頁158. : "裝送聖蹟入海, 是日衆紳齊到, 與祭者數百人, 恭送出城, 董事預備酒餚數十席以應客, 計糜銀一百二十元."

관리가 담당하였으며, 그들에게 반드시 서원 내부의 숙소가 할당되는 것은 아니었다. 학생들의 숙소는 서원 양측 학사로 배치되었다.

4) 장서 공간

경서를 소장하는 공간은 속칭 서고(書庫)라고도 한다. 대만 서원의 장서 수량과 소장 공간에 관해 참고할 수 있는 관련 문헌은 제한적인데, 임경호(林慶弧)의 「대만유학여서원적장서(臺灣儒學與書院的藏書): 이청대방지위중심(以清代方志為中心)」의 내용을 살펴보면, 역대 서원의 장서는 주로 그 출처를 크게 4가지 경로로 구분할 수 있다. 첫째, 황제가 하사한 서적. 둘째, 개인이 기부한 서적. 셋째, 공은(公銀)을 출자하여 구입하거나 관원의 기부금으로 조성된 서적. 마지막으로는 서원 자체적으로 도서를 간행하는 경우이다. 첫째 유형에 관하여 말하자면, 황제가 대만 서원에 서적을 하사한 경우는 없었다. 셋째 유형은 공은을 출자하여 구입하는 것은 일부 관립 서원에서만 가능한 일이었다. 그리고 마지막 유형인 서원 자체에서 도서를 간행하는 경우로는 오로지 문개서원과 해동서원만이 서적을 판각한 사례가 있다. 따라서 관립·사립 서원을 막론하고, 관신(官紳)이 서적을 기부하는 것이 장서의 주요 출처일 가능성이 높다. 대만 서원의 장서 목록과 관련하여 지방지에 유일하게 기록된 것은 대만 동북부 벽지인 갈마란청(噶瑪蘭廳)에 세워진 앙산서원이 유일하다. 『갈마란청지(噶瑪蘭廳志)』에는 앙산서원의 장서 출처, 내용, 수량, 심지어 책의 판본에 관한 내용까지도 설명되어 있다.[49]

5) 사무 공간

예컨대 주방, 창고, 측간, 문간방 등이 이에 해당한다. 문간방은 대부분

---

49) 林慶弧~「臺灣儒學與書院的藏書:以清代方志為中心」,『臺灣文獻』 66卷 第2期, 2015 年 6月, 頁20-26.

정문 측실에 설치되며, 화장실(측간)은 후문 밖에 설치하여 작은 '외호(外護)'를 둔다. 주방은 통상적으로 양측 이방의 뒤로 들어가는 위치에 있다. 창고는 보통 구석에 설치되며, 여러 칸이 있는 경우 보통 마지막 출입구 뒤편에 또 다른 열이 있고, 이는 후문과 연결된다.

6) 이동 공간

사람이 들락날락하거나 본당과 행랑채 사이에 비 오는 날 보행을 용이하게 하기 위하여 대부분 '과랑'·'과청' 혹은 '용도(甬道)'를 설치하는 경우가 많다. 또 어떤 서원에서는 '배정(拜亭)'이라는 것이 있기도 한데, 이곳에는 '과랑(지나는 공간)'의 기능 외에도 제사를 지내는 공간이 추가되는 경우도 있었다.

왕진화(王鎭華)의 지적에 따르면, 전통 서원 건축의 단점은 폐쇄적이고 개방적이지 못하며, 통풍·채광이 좋지 못할 뿐 아니라 운동할 수 있는 공간이 결여되어 있었다.

Ⅲ. 대만 서원의 시대적 맥락에서의 전환

대만 서원 전체를 조사한 결과, 청대 서원은 일제강점기와 광복을 거치면서 그 이후 시대 변화에 조응하여 다음과 같은 네 가지 유형으로 일종의 맥락적인 전환을 이루었다.

1. 서원의 궁묘화(宮廟化)

서원의 궁묘화는 오늘날까지 이어져 내려오고 있는 현안이라 할 수 있는데, 대만 도시(시내) 전역의 주요 서원은 (소수의 서원을 제외하고는) 거의 남아 있지 않지만, 교외에 지어진 서원은 대부분 궁묘화되었다. 이렇듯 시대 맥락의 차원에서 궁묘화된 서원을 필자는 '난당화(鸞堂化)'·'문창제군화' 그리고 '불사화(佛寺化)' 세 범주로 분류하겠다. 이렇듯 궁묘화된 서원은 대부분 관리위원회를 조직하여 운영되거나, 민간 종교 조직인 난당(鸞堂)에 의해 운영된다.

1) 서원의 난당화(鸞堂化)

난당이 된 서원은 대만 중부지방에서 주로 산견된다. 예컨대 남투의 남전서원(濟化堂)과 서라의 진문서원, 명신서원, 그리고 두육(斗六)의 용문서원(善修堂) 등이 있는데, 용문서원은 오늘날 더 이상 남아 있지 않지만, 나머지 세 개소는 오늘날까지 보존되어 있다. 서원이 현재 난당으로 변모한 것은 대만 서원 발전사의 큰 특징으로 꼽을 수 있다. 문창 신앙이 만약 난당화가 된다면, 공자에 대한 배알로부터 주자에 대한 배알로 이행하는 경향이 있다. 상술한 세 서원이 모두 그러한데, 특히 남전서원에서는 서원 후전(後殿)에 공자묘를 지었다는 점에서 이를 방증할 수 있다.

2) 서원의 문창묘화(文昌廟化)

서원이 과거 시험을 준비하는 학습 장소의 기능을 상실한 뒤, 일제 강점기부터 문창제군에 대한 신앙을 회복하거나 또는 그것을 위한 장소로 전환되는 경우가 있었다. 예컨대 원림 흥현서원·남투 남전서원(이곳은 이미 난당이 되었지만, 여전히 문창제군에게 주 제사를 올린다)·남투 등영서원·대중 대두의 광계서원·대남의 규루서원·고웅 봉의서원·묘율 영재서원·대북 수인서원·의란 앙산서원 등이 있다. 재밌는 점은, 이 서원들은 대부분 '문창로' 또는 '서원리'라 불리는 장소에 있다. 대만 지역의 문창 신앙은 실제로 서원보다 일찍 발발하였는데, 예컨대 의란의 앙산서원은 문창묘 가운데 자리 잡고 있고, 묘율의 객가들 또한 대부분 문창 신앙을 가지고 있다. 사실상 이곳은 지방 사인들이 그 문화적 이상을 실천하는 곳이며, 문창 신앙 또한 유가 윤리의 다양한 전통이 어우러진 문화 사회 구조라 말할 수 있다.[50]

3) 서원의 사찰화(佛寺化)

사찰화가 된 서원은 비교적 많지 않다. 이들은 모두 대남시에 있는데, 죽계서원과 미타실서원이 이에 해당한다. 죽계서원은 원래 지금의 죽계사 옆에 있었으나, 경영 주체가 없어 죽계사에 병합되었다. 미타실서원은 현재 남아 있지 않지만, 원래 터는 지금의 미타사 내에 있다. 다른 한편으로, 금문의 연남서원은 복원되어 중수되고 있는 태문암사에 부속되었다.

결론적으로 서원이 궁묘화된 이후, 가의(嘉義)의 옥봉서원이 하나 더 있었던 것으로 보이나 현재는 남아 있지 않다. 이곳에는 보생대제(保生大帝)를 모시던 진남궁(鎭南宮)이 남아있는데, 이는 전체 대만 서원 가운데 유일하게 보생상제를 모신 서원이었다. 이상 서원들은 종교화되었고, 그렇기에 일종의 자원봉사 조직으로서의 관리 기능을 갖추고 있었다. 예컨대 죽계서원은 불교에 부속된 죽계사이고, 남전서원은 난당이 운영하고 있으며, 흥현서원은 문창궁 관리위원회가 운영하고 있다. 종교적인 기복(祈福) 기능이 주를 이루고 있으며, 학문을 강론하고 유학 교육에 관한 활동은 거의 남아 있지 않다.

2. 서원 유적의 관광화

대만 전역에서 유풍이 온전하게 남아 있는 서원은 대남 봉호서원(赤崁樓의 유적 범위에 포함됨)·창화현 화미진의 도동서원(국가 지정 유적)·녹항의 문개서원(縣 지정 유적)·신북시 태산의 명지서원(시 지정 유적)·고웅 봉의서

---

50) 有關臺灣地方士紳與文昌祠結合發揮大小傳統文化,推動文教之事蹟, 可參潘朝陽, 『明清臺灣儒學論』, 臺北: 學生書局, 2011, 頁11-15.

원(시 지정 유적)·금문 오강서원 총 6개소가 있다.

이들 서원은 비록 유적 형태로 중수되었으나, 강학·교육 기능을 상실하였으며 관광지 경향을 띠게 되었다. 즉 일정 기간만 제사 활동을 진행하고 있는데, 예컨대 봉호서원·명지서원·문개서원·봉의서원 4개소가 이에 해당한다. 도동서원은 도심에 위치하지 않아 이용객이 적고 관람객도 거의 없는 탓에, 지금은 드라마 촬영 장소로 임대되어 오랜 시간 활성화되고 있다. 강학 기능 및 학습 활동의 기능을 보존하고 있는 곳은 금문 오강서원이 유일한데, 이곳은 유풍·문교 활동을 보존한 유일한 서원임과 동시에 관광과 강학 기능을 겸비하고 있기도 하다.

3. 서원의 공묘(孔廟)로의 승격화

서원이 공묘로 승격된 것은 대만 전역에서 2개소, 즉 병동서원과 팽호 문석서원을 꼽을 수 있다. 이 두 서원은 일제 강점기에 나름의 기회를 맞아 공묘로 변모할 수 있었는데, 문석서원은 1931년에, 병동서원은 1937년에 각각 전환되었다. 두 서원은 현재 모두 각 현에서 지정한 유적(縣定古蹟)이다. 이론적으로 따지자면, 당연히 서원은 서원이고 공묘는 공묘이다. 특히 서원에서는 주로 주자 혹은 송대의 다섯 유학자를 모시고, 공묘에서는 공자를 제사 지낸다는 점에서 근본적인 차이가 있다. 또한 공묘의 규모는 서원보다 크기에, 이미 중수를 거친 공묘는 다시 지어 옛 서원의 면모를 되살리기 어렵다. 아울러 공묘로 승격되는 것은 현정부문화국(縣政府文化局) 관할 업무로, 만약 학자들이 그 경영에 참여하지 않으면 종종 강학 또는 학습 기능을 상실하여 그저 관광 상품으로 전락할 수밖에 없는 경우가 많다. 그러므로 연중 특정 시기에만 제사 활동을 거행하는 것이다. 이러한 유형의 공묘를 어떻게 활성화시킬까라는 문제는 오늘날 유가 문화에 관심이 있는 사람들이 함께 진지하게 고민해 봐야 할 과제일 것이다.

4. 서원의 초등학교화

이러한 서원은 초등학교 부지가 되어 그 면모가 거의 남아 있지 않으나, 일제 강점기에 이들 서원의 학전을 공립학교 부지로 조성하였으며, 광복 후에는 신식 초등학교가 되었다. 총 11개소로 집계되는데, 구체적인 목록은 다음과 같다.

	서원 명칭	초등학교 명칭
1	崇文書院(소실)	臺南市忠義國小
2	登雲書院(소실)	嘉義新港鄉文昌國小
3	羅山書院(소실)	嘉義市民族國小
4	萃文書院(현존)	高雄市觀亭國小
5	雪峰書院(소실)	屏東縣里港國小
6	奎文書院(소실)	雲林縣斗南國小
7	神岡書院(소실)	臺中市岸里國小
8	螺青書院(소실)	彰化縣螺青國小
9	明新書院(현존)	南投縣集集國小(원래 부지는 서원 부지였으며, 지금 새로 지은 서원은 이건한 곳이다)
10	崇基書院(소실)	基隆市成功國小
11	學海書院(소실)	臺北市萬華區龍山國小(건물 일부가 高家祠堂이 되었다)

이상 목록에서 살펴볼 만한 점은, 본래 등운서원이었던 가의신항향문창국소(嘉義新港鄉文昌國小)에는 문창제군이 봉안되어 있으며, 이 학교 전체가 공묘 양식으로 건설되었으며 가의현에서 공자 제례를 올리는 장소가 되었다는 것이다. 서원은 소실되고 초등학교가 되었으나 동시에 공자에게 제사를 올리는 곳이 되었으니, 이는 서원의 현대적 변혁의 큰 특색을 이룬다고 말할 수 있겠다.

이상 서원의 맥락적 전환의 네 가지 유형을 통해 보건대, 이들은 모두 오랜 기간 변천을 거듭하여 왔으며 특히 일제 강점기, 광복 이후에 중수·중건 과정을 거쳤다. 필자 또한 이들 서원을 조사하면서 서원 발전에 있어 다음과 같은 두 종류의 추이를 발견하였다.

(1) 시내에 인접한 서원일수록 훼손이 심하여 거의 보존되어 있지 않다

예컨대 대만에서는 대남 지역이 가장 일찍 서원이 흥성하였는데, 해동·숭 문·남호서원은 이미 완전히 소실되었고, 봉호서원은 적감루 유적지에 있었 기 때문에 문창각으로서 기능하여 보존될 수 있었다. 또 고웅 봉산의 병산서 원, 창화 지역의 백사서원, 대중의 문영서원, 신죽의 명지서원, 대북의 학해 서원 및 명도서원, 기웅의 숭기서원, 의란의 앙산서원 등은 절대다수가 일제 강점기에 시가(市街) 개혁에 의해 소멸하였지만, 유일하게 병동서원만이 아 직 남아 있다. 사실 이 서원 또한 원래 멸실 대상이었지만, 지금껏 보존될 수 있었던 까닭은 이건 뒤 공묘로 전환되었기 때문이다.

(2) 교외 또는 외딴 섬에 소재한 서원은 일부 남아 있거나 재건되었다

교외 또는 멀리 떨어진 섬에 세워진 서원은 대부분 보전·재건되었지만, 지속 유지되기 위하여서는 변형되어야만 했다. 이러한 유형의 서원들이 가 장 많이 보전된 곳은 대중·창화·남투·운림 지역이다. 외딴섬에 소재한 서원 가운데 팽호 문석서원·금문 오강서원 또한 아직까지 면모를 유지하고 있다. 비교적 건축적 면모를 잘 간직하고 있는 서원은 대부분 박물관 또는 관광 상 품화가 되었는데(鹿港 文開書院·彰化道東書院·新北 泰山 明志書院 등), 이러한 서원들은 교육적 기능은 이미 상실하였다. 섬 소재 서원 가운데 금문 오강서 원만큼은 제사와 강학을 여전히 진행하고 있어 유풍을 보존하고 있으니, 관 광과 강학을 결합한 형태로 여겨진다. 장래에 서원의 본래 면모를 회복하고 자 한다면 오강서원 모델을 참고할 수 있겠다.

Ⅳ. 결론: 서원은 전통문화의 현대적 전환을 담고 있다

전통 서원은 중화 문화의 대전통을 담아 자신의 소전통으로 전환해낸 요체의 장이다. 대·소전통이란 민간·관방 또는 서민·지식인, 그리고 통속 문화·엘리트 문화, 저차원적 전통·고차원적 전통과 같은 프레임 구분에 따라 적용할 수 있는 개념이다.[51] 대만에서도 유학은 대·소전통으로 나눌 수 있다. 대전통에 속하는 구체적인 예시로는 전국 각지에 퍼져 있는 공묘와 서원·교육 내용이 담긴 비문을 꼽을 수 있다. 이는 사대부 계급 또는 지식인 계층에 한정되는 문화적 표현에 해당한다. 소전통에 속하는 것으로는 민간 불교와 도교 단체의 종교·제사 활동과 결합, 민간의 삼교(三教)가 결합하는 방식으로 표현된다. 필자는 대만 서원의 발전사를 탐구하면서 마침 이 두 가지 현상이 뒤섞여 있음을 발견할 수 있었는데, 특히 일제 강점기 아래에서 각 서원은 생존을 위해 점차 궁묘화되었고, 광복 이후에도 여전히 서원으로 되돌아오지 않았다는 점이 특기할 만하다. 이렇듯 대·소전통을 겸비하고 있는 대만 서원의 발전 방향은 과히 특별하다고 말할 수 있겠다.

서원은 시대의 격변을 거쳐 왔다. 특히 일제 강점기에는 시가지에 소재한 서원이라면 일본인들의 시가 정책의 범위에 포함되거나 학교·군 병원과 같은 공공 기관으로 이용되어 버려 거의 역사의 격류 속에서 모습을 감추고 말았다. 이러한 추세 속에서 주목할 만한 현상이 두 가지 있다. 첫째, 본래 건립하려 했던 서원 가운데 몇몇은 미처 생겨나기도 전에 멸실되고 말았다. 예컨대 묘율의 영재서원이 이에 해당한다. 혹은 갓 완성되었으나 마침 격변의 조류에 휩쓸린 경우도 있는데, 대북의 명도서원과 기융의 숭기서원(1893년), 그리고 대중성(臺中省)에서 최고의 서원이 되고자 했던 굉문서원(宏文書院,

---

51) 有關中國文化的「大傳統」與「小傳統」之分析, 可參余英時, 「漢代循吏與文化傳播」, 收入氏著『中國思想傳統的現代詮釋』, 臺北: 聯經, 1995七刷, 頁167-178. 「低次元的傳統」與「高次元的傳統」則是徐復觀先生的用法, 參氏著「傳統與文化」, 收入『徐復觀文錄(一)』, 臺北: 環宇出版社, 1971, 頁57-61.

1889년) 또한 이 범위에 포함된다. 둘째, 대만의 일본 할양·대만 민국 성립
무렵에 이르면, 몇몇 서원들은 항일 조직을 위한 집회 장소로 기능하였다.
지방의 유지·관리들은 서원에 모여 거대한 변혁의 세태에 대처하는 방법을
논의하였다. 이렇듯 서원은 독서의 장소로부터 조국 수호를 결의하는 장소
로 전환되었다. 이러한 사례로는 구봉갑(丘逢甲)과 관련된 대중 지역의 굉문
서원과 신강(神岡)의 문영서원(文英書院)이 있다. 물론 대남 부성 지역의 수많
은 서원 또한 이에 관련되어 있다는 것은 말할 필요도 없겠다.

1704년, 대만에서는 최초 정식 개원한 숭문서원 이래로, 청대에 60개소가
넘는 서원이 건립되었다. 일제 강점기·광복을 거쳐 오늘날에 이르면서 보존
된 서원들은 대부분 관광화·궁묘화되었다. 이러한 발전은 대전통문화의 점
진적인 유실로 보이지만, 오히려 대만 자체의 소전통 문화에 힘입어 보존되
고 있기도 하다. 서원의 궁묘화는 동아시아 교육권 가운데 특수한 현상이라
말할 수 있겠다. 다만, 서원이 드러내는 대전통 문화는 소실되고 만 것인가?
대만 전 지역에서 과연 어느 서원이 전통 서원 정신을 보존하여 유학을 강
설·연구하고, 또 그것을 촉진하는 것을 사명으로 삼는 곳이 남아 있겠는가?
사실상, 현재 대만에서도 이러한 전통 서원의 임무를 이어받아 유학을 전파
하고 있는 단체들이 존재한다. 다만 '현대의 서원'으로 그 방식이 전환되거
나, 대학 강당에서 유학을 전파하거나, 또는 민간 차원에서 서원을 설립하여
유학 정신의 생명을 이어가고 있다. 아울러 뛰어난 유학 연구자들이 산장을
맡고 있는데, 예컨대 아호(鵝湖) 인문서원(人文書院)은 모종삼 선생의 제자들
이 운영하고 있으며, 애신(愛新) 각라육윤(覺羅毓鋆) 선생과 그 제자들은 봉원
서원(奉元書院)을 운영하고 있고, 또 최근 들어 문덕서원(文德書院)은 대만대
학 초빙교수 황준걸(黃俊傑) 교수가 경영을 담당하고 있다. 현대 서원이 전통
서원과 공유하지 않고 있는 유일한 것은 '과거시험'이다. 유학이 공식적인
과거시험 제도에서 탈피한 이후, 이러한 현대 서원은 일찍부터 이미 일반인
들 전반에 스며들어 대·소전통 문화와 융합하였고, 대만에서 서원 문화가 드
러내는 또 다른 새로운 풍모를 이루었다.

【참고문헌】

『白鹿洞書院學規』

『續修臺灣府志』

『海東書院學規』

『臺灣私法』

連橫, 『臺灣通史』

王啟宗, 『臺灣的書院』

曾作霖, 『重修藍田書院碑記』

周璽, 『彰化縣志』

曾曰瑛, 『白沙書院記』

鄧洪波, 『中國書院史』

張伯行, 『學規類編』

劉振維, 『止善學報』

盧德嘉, 『鳳山縣采訪冊』, 臺北市: 臺灣銀行經濟研究室, 1960年.

余文儀, 『續修臺灣府志』, 臺北市: 臺灣銀行經濟研究室, 1962年.

陳培桂, 『淡水廳志』, 臺北市: 臺灣銀行經濟研究室, 1963年.

李春熙, 『李朝書院文庫目錄』, 漢城: 大韓民國國會圖書館發行, 1969年.

高明士, 『唐代東亞教育圈的形成 – 東亞世界形成史的一側面』, 臺北: 國立編譯館中華叢書
　　　　編審委員會, 1984.

王鎮華, 『書院教育與建築 – 臺灣書院實例之研究』, 臺北市: 故鄉出版社, 1986年.

臺灣總督府民政部總務局學務課編, 『臺灣教育志稿』, 臺北: 臺灣日日新報社, 1902年.

唐贊袞, 『臺陽見聞錄』, 臺北市: 臺灣銀行經濟研究室, 1958年.

陳文達, 『臺灣縣志』, 南投: 臺灣省文獻委員會, 1993年.

陳昭瑛, 『臺灣傳統與文化』, 臺北市: 國立臺灣大學出版中心, 2005年.

張崑將, 「日本德川時代書院或私塾的學規特色」, 收入 高明士主編, 『東亞傳統教育與學禮
　　　　學規』, 臺北: 臺大出版中心, 2005年.

林慶弧, 「臺灣儒學與書院的藏書:以清代方志為中心」, 『臺灣文獻』 66卷 第2期, 2015年.

阮俊強, 「書院與木雕版在東亞儒家知識的傳播: 越南教育家阮輝瑩及其1766~1767年出使
　　　　中國的案例研究」, 『臺灣東亞文明研究學刊』, 第15卷, 2018年.

일제강점기 서원의 복설과 제반 비용:
안동 임호서당(臨湖書堂)을 중심으로

채 광 수

I. 머리말

"서원은 망국의 근본으로 서원의 효시인 소수서원을 없애야 나라가 나라답게 될 것이다."[1]

위는 흥선대원군이 1868년(고종 5) 8월 서원 훼철령 직전에 한 선언으로, 이후 일반적으로 서원이 지닌 역사적 의미는 일단락되었다는 것이 학계의 통설이다. 따라서 한말-일제강점기 서원은 객관적인 탐구와 연구 대상에서 배제되었고, 근대에 생성된 자료에 대한 관심도 또한 낮은 편이었다. 그러나 서원은 대원군 하야 직후부터 곧바로 신·복설되기 시작해 오늘날에 이르러서도 활발히 진행되고 있다.

그동안 서원 훼철령 이후 서원에 대한 연구의 초점은 크게 신·복설 추이와 개별 서원의 재정 운용에 있었다. 전자에 초점을 둔 연구로는 전북의 서원 훼철 후 복설과정과 미 복설·신설 원사의 성격과 특성,[2] 호남지역 신·복설 현황과 주도세력, 제향자 성분 및 통치권력과의 관계를 추적한 것을 들 수 있다.[3] 또 후자에 집중한 연구로는 남원 삭령최씨 문중서원의 훼철 후 서

---

1) 박주대(1999), 『羅巖隨錄』 1책, 무진 8월. 윤희면, 「고종대의 書院 철폐와 양반 유림의 대응」, 『한국근현대사연구』 10, 165쪽, 재인용.
2) 한문종(1992), 「전북 지방의 書院 祠宇의 復設 運動」, 『전라문화논총』 5.
3) 윤선자(2007), 「해방 하 호남지역 서원·사우의 복설과 신설」, 『한중인문학연구』

원 재산의 배분 방식 분석,[4] 일제강점기 도동서원의 인적구성과 재정 확보의 대응 방안 검토,[5] 1880년 돈암서원 이건의 재원 확보와 실상을 다룬 것을 꼽을 수 있다.[6]

이 글은 운천(雲川) 김용(金涌, 1557~1620)을 제향한 안동의 임호서원을 대상으로 하여 일제강점기 서원의 복설 과정과 제반 비용, 기능을 탐구한 것이다. 이 서원에는 복설 전후 작성된 고문서들이 잘 보존되어 있다. 이를 정치(精緻)하게 분석하는 것은 일제강점기 서원 복설을 파악하는데 유용한 방법론이 될 것이다.

따라서 먼저 이건 일기를 토대로 임호서원이 복설되는 과정을 재구성하였고, 다음은 현전하는 고문서를 분석해 제반 비용과 기능을 조명하였다. 물론 사례 연구라는 성격상 일정한 한계는 있겠지만 관련된 문제를 검토한 시도가 전무하다는 측면에서 서원 훼철령 이후의 서원사(書院史) 연구에 의미 있는 단초가 될 수 있지 않을까 한다.

II. 임호서당의 복설 과정 검토

임호서원은 김용을 제향하기 위해 1853년(철종 4) 설립된 서원이다. 김성일의 조카인 김용은 1590년(선조 23) 문과에 급제해 벼슬에 몸담았으며, 임란 전쟁기에는 안동 수성장(守城將)·선조(宣祖) 호종·이원익의 종사관으로 활약했다. 또 그는 일가의 보검(寶藏) 창포검(菖蒲劍)과 문장답(文章畓)을 전수 받은 특출한 인물이었다.[7] 유림들은 이런 점을 근거로 1644년(인조 22) 노림

22.

4) 김건우(2016), 「남원 삭녕최씨 문중서원 철폐와 재산 처리 – 노봉서원과 방산서원을 중심으로」, 『국학연구』 31.

5) 정수환(2022), 「일제강점기 현풍 도동서원의 현실과 대응」, 『大東漢文學』 71.

6) 이철성(2018), 「1880년 論山 遯巖書院의 移建과 재원확보」, 『역사와 담론』 88.

7) 김학수(2016), 「조선시대 사대부(士大夫) 가풍(家風)의 계승 양상 연구 – 의성김씨

서원(魯林書院)[향(享) 남치리(南致利)]에 첫 추향을 했고, 임천서원(臨川書院)
에까지 모시려 했으나 여의치 않았다. 1659년(효종 10)에는 묵계서원(黙溪書
院)[향(享) 옥고(玉沽)·김계행(金係行)]에 합향했으며, 1733년(영조 9)에는 다시
위패를 임천서원으로 이봉(移奉)했다. 위패는 이와 같은 몇 차례 이안(移安)
을 거치다가 안동부 임하현 북쪽 백운정(白雲亭)[8] 북록(北麓)에 독향처인 임
호서원이 낙성되면서 마침내 자리를 잡는다.[9]

당시 낙성식에 900여 명이 참석해 대성황을 이루었고, 영남의 종장 류치
명[1777~1861]이 고유문을 지어 그를 추념했다. 사당은 경현사(景賢祠)로, 강
당은 입교당(立敎堂)으로 이름했다.[10] 임호서원은 이후 대원군의 서원 훼철
령이 있기 불과 7년 전인 1862년(철종 13)에 임하현 남쪽 악사촌(岳沙村)으로
이건을 했다가 훼철 대상에 포함되면서 철폐에 이른다.[11]

대원군은 서원에서 파생되는 모든 특권을 제거하기 위해 대대적인 서원
훼철을 단행했다. 서원 훼철령은 1868년(고종 5) 미사액 서원 훼철, 1871년
(고종 8) 사액 서원 훼철로 크게 2차에 걸쳐 단행되었다.[12] 행정절차는 '대원
위분부(大院位分付)' 형식으로 예조의 훼철 관문(關文) 도착 ⇨ 위패 이봉(移
奉)·매안(埋安) ⇨ 수령 내방 ⇨ 건물 훼철 단계로 추진되었다.[13]

현장에서는 먼저 위판을 매안한 뒤 재실, 강당, 부속건물들을 차례로 진
행한 다음 최종적으로 묘우를 허물었다. 관에서는 훼철 결과 보고서를 '원기
도형(院基圖形)'을 첨부해 조정에 훼철을 보고했다.[14] 이때 나온 건축자재는

학봉가문(鶴峯家門)을 중심으로」, 『국학연구』 31, 87~88쪽.
8) 白雲亭 : 김용의 조부 김진이 서당을 세운 곳으로, 아들 金守一이 정자를 증축해
   백운정으로 이름하였다.
9) 『臨湖移建時日記』 현재 한국국한진흥원 소장.
10) 김용, 『운천집』 「부록 제1권 - 연보」.
11) 『臨湖移建時日記』
12) 윤희면은 만동묘 철폐를 포함해 대원군의 서원 훼철령을 3단계로도 구분하기도
   한다. 윤희면(1999), 「고종대의 書院 철폐와 양반 유림의 대응」, 『한국근현대사연
   구』 10.
13) 이수환(2001), 「大院君의 院祠毀撤과 嶺南儒疏」, 『조선후기 서원연구』, 일조각.

재활용하기 위해 관과 문중에서 보관했고, 일반적으로 서원 소유의 재산 역시 동일하게 처리되었다.[15] 서원 재산 곧 전답 및 원속(院屬)에 대한 정리가 이루어졌다. 이를 '위판매안(位版埋安)', '사우훼철', '보솔첨정(保率簽丁)', '전답출세(田畓出稅)'로 요약할 수 있다.[16]

> 화양동의 만동묘(萬東廟)를 철거한 것은 군신의 윤리가 무너진 것이요, 서원의 혁파는 사제(師弟) 간의 의리가 끊어진 것이며 …(중략) 신은 삼가 생각건대, 전하를 위하여 오늘날의 시급한 일을 거론하겠습니다. 만동묘를 복구하지 않을 수 없고, 중외의 서원들을 전대로 거행하지 않을 수 없으며 …[17]

위 문구는 대원군 하야의 도화선이 되는 1873년(고종 10) 올라온 최익현의 상소 중 일부이다. 대원군 하야 직후 1874년(고종 11) 2월 만동묘 복설을 필두로, 서원의 형태는 아니나 철폐된 많은 원사들이 서당·단소(壇所)·정사(精舍)·서재(書齋) 등의 이름으로 복설되어 그 명맥을 이었다. 이중 다수는 다시 승원(陞院)해 향촌·문중 활동의 근거지가 되었다. 선행 연구에 의하면 서원 훼철령 이후 해방 전까지 경북 66개소,[18] 경남 69개소,[19] 전북 46개소,[20] 충청도 30개소,[21] 경기 6개소, 강원 5개소[22]가 신·복설된 것으로 확인되었다.

---

14) 경주 章山書院(享 李全仁)의 경우 훼철한 다음 摘奸將校 安鍾範이 그린『章山書院基圖形』이 전한다. 채광수(2017),「경주 여주이씨 玉山派의 章山書院 건립과 운영」,『한국서원학보』제4호.

15) 윤희면(2004),「高宗代의 서원 철폐와 양반유림의 대응」,『조선시대 서원과 양반』, 집문당.

16) 김명숙(1993),「永興 龍江書院 硏究 - 朝鮮後期 書院 置廢의 한 事例 -」,『한국사연구』80, 24쪽.

17) 최익현(1978),『(국역)면암선생문집 1』,「疏 - 兼陳所懷疏」 민족문화추진회.

18) 임근실(2023),「경북지역 서원의 건립 현황과 추이, 성격」,『2023년 민족문화연구소 전반기국내학술대회 자료집』.

19) 박소희(2023),「근현대 경남 지역 서원의 건립 추이와 의미」, 앞의 책.

20) 이선아(2023),「호남지역 서원·사우의 건립 현황과 성격」, 앞의 책.

21) 홍제연(2023),「대원군 서원 훼철령 이후 호서지역 서원의 건립 추이와 성격」,

그런데 이처럼 다수의 서원이 복설되었다면 그것은 어떤 방식으로 추진되었을까? 이 물음에 답할 수 있는 조건의 서원이 있다. 바로 안동의 임호서원이다. 임호서원에는 일제강점기 복설 전후에 생성한 고문서들이 잘 보존되어 있다.[23] 아래는 임호서원에 소장된 고문서 목록이다.

- 복설관련 :『임호이건시일기(臨湖移建時日記)』,『임호서당중건시파록(臨湖書堂重建時爬錄)』,『시도(時到) 1』,『임호이건시자손배전(臨湖移建時子孫排錢)』,『임호이건시식상기(臨湖移建時食床記)』,『가역소도록(家役所都錄) - 신유』,『가역소도록(家役所都錄) - 임술』,『주초용하기(酒草用下記) 1』,『주초용하기 2』,『가역소지출부(家役所支出簿)』,『용하(用下)』,『역소용하(役所用下)』,『부조기』.
- 재정운용 :『임호도록(臨湖都錄)』- 1895년, 1912~1935년, 1937~1945년, 1946~1947년, 1949~1961년, 1963~1965년, 1972~1976년, 1977~1982년.
- 기타 :『임호청단시시도(臨湖廳斷時時到)』,『아양누계문부(莪洋樓稧文簿)』,『강당수리비기(講堂修理費記)』,『본당수리시하기(本堂修理時下記)』,『임호강당수리시용하(臨湖講堂修理時用下)』.

위의 고문서는 조선왕조 멸망 후 서원의 복설 형식과 재정 운용을 재구성할 수 있는 유의미한 기록물이다. 나아가 20세기 전반기 향촌사회의 성격까지 탐색하는 데 도움이 될 만한 자료이기도 하다. 이외 김용의『운천선생문집』에 실린 임호서원과 연관된 약간의 문자가 참조가 된다.

먼저 사료적 비중을 감안해 1921년 4월 22일~7월 13일까지 약 3개월간 복설의 여정을 담은『임호이건시일기』를 중심에 두고 여타의 자료들을 활용해 서술하려고 한다.[24]

앞의 책.

22) 이경동(2023),「경기·강원지역의 서원·사우 건립의 현황과 특징」, 앞의 책.

23) 2022년 현재 한국국한진흥원에 기탁 소장.

24) 이하 서술은『臨湖移建時日記』에 의거했기 때문에 특별한 경우를 제외하고는 주

조선후기 내앞의 의성김문은 사빈서원(泗濱書院)[향(享) 김진(金璡)부자], 도연서원(道淵書院)[향(享) 김시온(金是榲)·김학배(金學培)], 임천서원[향(享) 김성일], 임호서원[향(享) 김용] 4개의 문중서원을 각 지파별로 보유하여 경영했다. 4개의 서원은 대원군 서원 훼철령 때 모두 훼원(毁院)되었다가 1882년(고종 19)과 1909년 사빈·임천서원이 연이어 복설된다. 사빈·임천서원이 같은 내앞 김문의 서원이기는 하나 지파(支派)간 엄연한 격(格)이 존재한 만큼 서원을 복설하지 못한 김용의 후손들은 이에 자극을 받았을 것이다.[25] 다른 한편 복설의 경험과 지식을 공유할 수 있는 환경이 조성되었을 것임은 물론이다.

1920년 경 김용의 후손들은 임호서당(臨川書堂) 경내에 임호서원을 복설하기로 결의한다. 우선 발론(發論)을 담은 통문을 임천서원에 보내어 허락을 구했다. 이에 임천서원에서는 1921년 4월 22일 의견에 동의한다는 답통을 보내왔다. 답통에는 숙질이자 고제인 양자의 유풍이 있는 공간에 김용을 모신 서원의 복설은 당연하며, 물력까지도 의논하자는 긍정적인 답변이 담겨 있었다.

무엇보다 임천서원에 먼저 내락을 구했던 연유는 복설하려는 터가 임천서원·서당이 자리했던 구지(舊址)였던 까닭이다. 원래 임천서원은 1568년(선조 1) 연암사(緣巖寺) 터에 창건되었는데, 1620년(광해군 12) 김성일의 위패가 호계서원으로 옮겨가면서 서당으로 전환된 이래 치폐를 거듭했다. 1687년(숙종 13) 사빈영당(泗濱影堂)과 합병,[26] 1745년(영조 21) 건물 철거,[27] 1806년(순조 5) 재건, 1847년(헌종 13) 이건 및 승원,[28] 1868년(고종 5) 훼철,

---

를 달지 않는다.
25) 내앞의 의성김씨는 중흥조 金璡의 다섯 명의 아들이 파조로 분파가 된다. ①金克一：靑溪公宗派, ②金守一：龜峰派, ③金明一：雲巖派, ④金誠一：鶴峰派, ⑤金復一：南嶽派(예천 이거). 김용은 김수일의 장남으로 귀봉파 일원이다.
26) 사빈서원은 비교적 이른 시기인 1882년(고종 19)에 복설이 이루어진다.
27) 사빈영당 이건에 필요한 목재를 충당하기 위해 철거한 것이다. 『泗濱志』「己丑移建時日記」.
28) 이재현(2018), 「안동 임천서원(臨川書院)의 치폐와 사액 청원」, 『한국서원학보』 6

1909년 이건 복원되었던 것이다.[29] 따라서 복설지는 공터로 그대로 남아 있어 활용하기가 한결 용이했다.

임천서원의 지지에 힘입은 김용의 후손들은 다음날 호유(虎儒)를 대표하는 가문 중 한 곳인 전주류씨들의 세거지 안동 박곡(朴谷), 수곡(水谷), 대평(大坪)을 차례로 방문해 복설의 문제를 협의했다. 양가는 세칭 '천김수류(川金水柳)'로 불리며 세의가 돈독하기로 유명하다. 약간의 이견은 있으나 대체로 복설에 찬동하는 가운데 원활한 사업 추진을 위해 임천 구지(舊址)에 있는 분묘를 이굴하기로 뜻을 모았다. 특히 대면자 중에 대평에 사는 류동두(柳東斗)의 의론이 명확하고 온당했다고 평했다.

4월 27일 천전(川前)에 모여 임천의 터를 열시(閱視)한 뒤 기양서당(岐陽書堂)에서 5월 7일 복설 모임을 발의했다. 기양서당은 안동에 세거하는 전주류씨의 실질적인 중시조 류복기(柳復起, 1555~1617)가 세운 교학처로서 이 가문의 상징이자 구심처였다.[30] 사림과 김문 일족 80여명이 회합해 임호서원을 임천서당 경내에 복설하는 것으로 의론이 모아졌다.

이렇게 순전히 복설이 결정된 것에는 이 사안을 주도한 김·류 양가의 사회적 위상 그리고 기존에 보유한 경제력이 발판이 되었다. 이미 양 가문은 사빈서원 창건, 임천서원 중건과 사액, 도연서원 추향 등 여러 번 서원 제(諸)사업 경험을 공유하고 있었다. 그러나 무엇보다 경제 기반 보유가 복설 결의에 가장 중요한 요소로 작용했다. 일반적으로 철폐된 서원 재산은 속공(屬公), 향교 이속, 운영 문중의 자발적 처분 등으로 다루어졌다.[31] 그러나 임호

권, 132쪽.

29) 현재 경상북도 안동시 송현동 740에 위치하며, 경상북도 문화재자료 제16호로 지정되어 있다.

30) 양가의 서원 설립 연대는 1819년(순조 19) 道淵書院 건립과 추향 때도 빛을 발한 바 있다. 채광수(2020), 「서원의 특수 의례 종류와 실제」, 『한국서원학보』 제10호, 95쪽.

31) 이수환(2001), 『조선후기 서원연구』, 일조각, 354쪽; 김건우(2016), 앞의 논문, 『국학연구』 316.

서원은 훼철 이후에도 여전히 서원전을 보유하고 있었다. 이는 속공이 자비전(自備田)은 제외하고 국가에서 지급한 토지에 한정했기 때문이다.[32] 임호서원은 사액서원이 아니었거니와 소유 전답 중 불법적으로 면세되던 부분도 없었다. 또한 문중에서도 출자·매득·기부 등으로 어렵게 조성한 재산을 굳이 처리할 필요성을 느끼지 못했다.

임호서원은 이를 통해 일부 서원의 기능을 지속할 수 있었다. 김용의 9대손 김대진(金岱鎭, 1800~1871)이 서원훼철 후 임호서당을 지나면서 지은 시를 통해 그 정황을 엿볼 수 있다. 김대진은 9대조가 설정한 가훈인 '궁불실의(窮不失義) 원불리도(遠不離道)'를 벽에 붙이고 학업에 힘쓴 인물로 알려져 있다.

> 임호서당 시에 차운하다   次臨湖書堂韻[33]
>
> 촉령[34]에서 와서 해산금을 타니, 고요하며 넓은 가운데 임한 듯.
>
> 비 갠 뒤 구름과 산 천 길 높이 솟았고, 서리 내린 맑은 연못 한 결 같이 깊구나.
>
> 담장은 오랜 뽕나무[35]를 가까이 둘렀고, 글 읽는 소리 아무 나무[36] 그늘을 따르네.
>
> 꽃다운 향기 차지 않아 위엄 누리지 못해도, 냄새나는 풀이[37] 옷에 섞이지 않게

---

32) 이수환(2001), 앞의 책, 일조각, 354쪽.

33) 김대진, 『訂窩先生文集』권2, 「詩 – 次臨湖書堂韻」.

34) 촉령 : 촉령대(矗泠臺)를 말한다. 촉령대는 소백산 죽령(竹嶺) 아래에 있는 대(臺)로, 퇴계 이황이 풍기 군수(豊基郡守)로 체직되어 가면서 충청 감사로 부임한 형 온계(溫溪) 이해(李瀣)와 이곳에서 이별하였다.

35) 뽕나무 : 원문의 유상(維桑)은 《시경》〈소변(小弁)〉의 "어버이가 심어 놓으신 뽕나무와 가래나무도, 반드시 공경해야 하는 법이다. 그런데 하물며 우러러볼 분으로는 아버지 말고 다른 사람이 없으며, 의지할 분으로는 어머니 말고 다른 사람이 없는 데야 더 말해 무엇하겠는가[維桑與梓 必恭敬止 靡瞻匪父 靡依匪母]."라는 말에서 유래한 것으로, 어버이의 자취가 남아있는 향리를 가리킨다.

36) 아무 나무 : 고향 땅의 나무를 뜻한다. 한유(韓愈)의 송양거원소윤서(送楊巨源少尹序)에 이르기를, "이제 돌아가서는 그 나무를 가리키면서 '아무 나무[某樹]는 나의 아버님께서 심으신 것이고, 아무 물[某水]과 아무 언덕[某丘]은 내가 어린 시절에 낚시질하고 놀던 곳이다.' 하면, 고향 사람들이 모두들 공경할 것이다." 하였다.

37) 냄새나는 풀이 : 원문의 소애(蕭艾)는 쑥이나 냄새나는 풀을 가리키는 말로 바탕이 천한 사람을 비유하기도 한다. 굴원(屈原)의 〈이소(離騷)〉에 나오는 "어찌하여

하기를.

　　鼉冷來按海山琴　　窈窕中間怳有臨
　　霽後雲山千仞屹　　霜邊鏡水一泓深
　　宮牆近護維桑古　　絃誦移隨某樹陰
　　佩不芳馨儀不享　　莫敎蕭艾雜衣襟

　당시 임호서원이 보유한 전답의 소출량은 어느 정도였을까? 먼저 1895년을 보면 畓 22두락·전(田) 20두락에서 수취한 지대는 벼와 잡곡을 합해 모두 225.5두나 되었다.[38] 이 같은 규모는 임호서원 복설 때까지도 큰 변동 없이 유지되었는데, 복설 3년 전인 1918년에도 답 21두락·전 20두락에서 216두를 수취한 사실이 구체적으로 확인된다.[39] 구성원들은 매년 1~2회씩 관련 모임을 가졌고, 향중과 문중 대소사에 '임호서원' 명의로 부조하고 있었다.

　그런데 추진 과정에서 의외의 변수가 발생했다. 참석한 안현(鞍峴)측이 '전주류씨의 사론(私論)', '금계(金溪)와 논의 부족' 등을 내세워 복설 중지를 주장하며 소란을 일으킨 것이다. 사실 이는 표면적 주장일 뿐 그 본질은 앞서 안현인이 김·류에서 이굴을 합의한 분묘의 당사자였기 때문이었다. 안현은 스스로 김성탁 후손이라 칭한 것을 보면 그 후손 계열로 보인다.

　이에 대해 류씨쪽에서 안현인들이 사당 인근에 누차 매장과 이굴한 전력을 역설했음에도 쟁점이 해결될 기미가 없자 순사를 불러 겨우 상황을 진정시켰다. 안현인들의 반발은 다음날에도 이어졌다. 그들은 한발 더 나아가 '임천이 박실의 임천인가'라며 복설에 류씨가 관여하는 것을 상당히 불쾌히 여겼다. 이날도 순사가 동석했고, 안현인을 쫓아내는 일이 반복되었다. 복설이 마냥 쉽지는 않을 것임을 암시하는 순간이다.

옛날에는 향기롭던 풀들이, 지금은 다만 이리 냄새나는 풀 되었나[何昔日之芳草兮, 今直爲此蕭艾也.].'라는 구절에서 따왔다.
38) 『臨湖都錄-乙未』.
39) 『臨湖都錄-戊午』.

이러한 잡음 속에서도 5월 9일 천전에서는 도감(都監)으로 김동병(金東秉)·한락(翰洛)·진박(鎭博)·헌식(憲植)·조식(祚植)을 비롯해 공사원 40명을 의성김문 출신으로 임명해 임천서당에 게시했다. 공의에 의해 설립된 서원임을 강조하고, 특정 가문의 사유화를 피혐(避嫌)하기 위해 본손은 가급적 적게 차정하던 조선시대 전통과는 일정한 차이가 있는 대목이다.[40] 이와 동시에 이건 비용 19,000냥을 책정하고, 일족과 도내 문중에 협조를 청했다.[41]

안현인들의 방해와 도산의 이건 지지가 교차하는 가운데 5월 16일 임하에 거주하던 권영철(權永喆) 부자 이름으로 토지대장에 등재된 임천서원의 대지(垈地)를 운천 종손 김시응(金時應) 명의로 이전했다.[42] 이에 반발한 안현인들은 6월 8일 종손을 경찰서에 고소하였고, 복설은 새로운 국면으로 접어든다. 경관(警官)이 사세 파악에 나서, 안현 측이 내세운 대로 김성탁의 후예 여부를 조사했다. 이와 관련해 종손이 6월 15일 주재소에 출두해 김성탁 후예 문의에 대해 1명을 제외하면 모두 입계한 인물임을 진술했다. 1주일 뒤 다시 공초를 받았는데, 서장은 관이 개입할 일이 아니라고 전제한 뒤 순사를 보내 현장 순시 및 신덕주재소에서 지휘할 것이라고만 하달했다. 종원(宗員)들은 종손의 공초에 분노를 표했고, 이건 공사는 경찰서의 요청으로 일단 중지 상태에 놓이게 되었다. 안현인 종손 김성대(金聲大)가 김성탁의 후예가 아님을 자백했음에도 임천 구옥(舊屋) 철거 때 역정 구타, 종손 모욕, 여타의 폭력 행각이 빈발하자 경찰서에 금지를 요청하기에 이르렀다.

어려운 상황 하에서도 6월 24일 문중의 84세 노인이 선조 김용이 임천에 나타나는 현몽을 꾸었다며 공사를 독려했다. 이에 힘입어 7월 1일 안현인의 방해에도 임천서당 강당을 허물고 땅 다지는 작업에 돌입했다. 소나무 운반

---

40) 1803년(순조 3) 임천서당 중건 때는 都都監 柳廷燁·李重祖·金啓運, 成造都監 李宜秀·金明運·金纘運·權相基·金斗運 등 여러 성씨가 참여했다. 한국국학진흥원(2007), 「임천서당 중건일기」, 『국역 조선시대 서원일기』, 200쪽.

41) 서원 복설의 재원 구조와 지출 비용 등 세부적인 사항에 대해서는 다음 장에서 후술하겠다.

42) 『臨湖移建時日記』

을 마쳤고, 임천 남쪽에 가(假) 건물까지 설치해 본격적인 공사 준비를 마쳤다. 공사 강행의 움직임을 포착한 안현 측에서는 이번에는 토지 등기를 빌미삼아 재차 종손과 권태정(權泰定)을 검사국(檢査局)에 고소했다. 고소의 이유는 '사림의 공토(公土)요 선현의 묘허인데, 김씨와 권씨 두 사람이 사사로이 서로 매매'했다는 것이다. 이 문제를 두고 종중 내부에서도 작은 갈등이 생겼다. 유치명의 증손자 류동시(柳東蓍)가 안현인을 질책했다는 말을 들은 지례의 일부 족인들이 그에게 관여치 말 것을 권했다는 말을 접한 것이다. 섭섭했던 것일까? 유동시는 만약 사빈서원의 관련이었다면 과연 그렇게 했을 것이냐고 반문하며, 이를 안현 측을 돕는 이적 행위로까지 간주했다. 사빈서원은 청계공파(靑溪公派), 곧 김진의 장자 김극일 계열이 운영한 서원이다. 이 지파는 천전을 비롯해 지례(知禮)·임하(臨河)·국난(菊蘭) 등지에 분포했는데, 위에서 언급한 지례의 종원은 이 지파 일원이었다.

천전·망천·추월·임하의 70~80세 여러 노성들이 밥을 싸 와서 감역하는 비상한 관심 속에 이축(移築) 작업이 진행되었다. 한편 안현인 김병달도 수시로 찾아와 현장을 탐문했다. 여러 종원들이 안현인들에게 고소 문제를 질책하자 취하 의사를 밝혔고, 김성대는 종숙의 뜻일 뿐 본인과는 무관한 일이라며 발뺌했다. 7월 8일 마침내 의성김씨 대종가에서 종회를 열었다. 임천에 투매하고 종손을 고소한 안현인과 절연하기 위한 회합이었다. 의성김씨 대종회 차원에서 아래 4가지 항목으로 안현인에 대한 부벌(付罰)을 결정했다.[43]

一. 종당에 들어오는 것을 허락하지 않을 것.
一. 언배(言拜)하는 일이 없도록 할 것.
一. 무릇 귀조(龜祖)의 후예 된 자로 남몰래 안현과 서로 즐겁게 지내면 동일한 벌을 줄 것.

---

43) 一勿許入宗堂事, 一勿爲言拜事, 一凡爲龜祖後裔者 潛相唯諾 如鞍峴同罰事, 一凡於 文薄會帖上 切勿一紙着名事 事因設席于堂中.

一. 무릇 문부회첩 상에 절대 한 장의 착명도 하지 못하도록 하고, 일이 나면 당중에서 자리를 마련할 것.

이와 겸하여 기존 임원의 숫자를 거의 2배[72인] 가까이 늘렸다. 사업의 범주가 운천계 차원을 넘어, 범(凡) 의성김문의 현양(顯揚)으로 확대되었음 보여주는 대목이다. 당연히 안현의 항의가 뒤따랐다. 그러나 안현의 입지는 의성김문 내에서 점점 위축될 밖에 없었다. 종손을 고소한 일은 종중의 정서 상 도저히 용납되기 어려운 부도(不道)로 인식되었기 때문이다.

한편 이건 세력은 여기에 더해 향촌사회의 공론 규합을 위해 대규모 향회를 기획 및 개최했다. 7월 10일·11일 양일간 향청에서 안동군수 이윤영(李胤永)의 입회하에 300여 명이 운집했다. 이 자리에서 이건 임사(任司)를 아래와 같이 133명으로 대폭 확대시켜 다시금 선정했다.

도도감(都都監, 1인), 도감(6인), 성조도감(成造都監, 2인), 개기헌관(開基獻官, 1인), 축(祝, 1인), 도판(都辦, 13인), 척기(拓基, 9인), 구재(鳩材, 14인), 운재(運材, 12인), 운와(運瓦, 16인), 동역(董役, 12인), 시도(時到, 18인), 직일(直日, 20인), 조사(曹司, 5인), 공사원(3인).[44]

---

44) 。都都監前：參奉李忠鎬, 。都監：柳晦植 金翰周 李鐘均 李心求 洪永銓 權在中, 。成造都監：金瀅模 李胤永, 。開基獻官：前參奉金秉植, 。祝：柳廣鎬, 。都辦：柳淵龜 金庭植 李承奎 金益模 朴齊定 權秉博 權大應 李承杰 南極泰 金龜秉 裵秉旭 權相鶴 金鼙洛, 。拓基：李玄珪 河景淵 柳宗洛 鄭承român 鄭源達 金學圭 李義裕 朴齊洙 琴鎭圭, 。鳩材：李憙珪 權泰東 權載鉉 李鳳求 權厚永 柳佑永 孫達源 李亨逌 權仲夏 柳昱欽 玉相璉 張秉羲 邊魯建 南斗淵, 。運材：金亨圭 金赫淵 權準華 禹圭勳 李鎭杰 權泰斗 金道淵 朴齊龜 權用禩 河在弘 卓桂英 權載萬, 。運瓦：禹明禩 權秉準 李貞珪 李弘基 權憲奎 李義植 李圭燦 李鐘浩 徐光潤 裵應禩 柳弘植 權正植 南星煥 李用台 南極佑 鄭承禹, 。董役：金冑和 南發淵 柳淵必 薛鎭世 金道燮 金泰鎭 柳淵秉 李哲求 柳泰熙 李相求 權進憲 安孝達, 。時到：金奎五 河中煥 金鐘漢 金佑東 柳承春 李義哲 李泰義 李用甲 金達周 柳萬植 張琪燮 李承翊 鄭承憙 南炳斗 權星煥 李源淵 李承烈 李臣求, 。直日：柳東菁 李鉉穆 金瑛煥 柳璋植 李 李亨義 李蘭馥 李鉉杰 金斗

선정된 임사의 세부 성씨는 이 41인[한산·고성·재령·진성], 김 22인[의성·선성], 권 18인[안동], 류(柳) 16인[전주], 남 7인[의령], 정(鄭) 5인[영일·청주], 박[함양]·배[흥해]·장[인동]·하 각 3인, 변·우 각 2인, 금·서·설·손·안·옥·탁·홍 각 1인으로 순으로 구성되었다. 향중 호론계 가문이 망라된 구성이다.[45] 곧 복설에 대한 호론의 입장이 강하게 반영된 것이다. 운천계 ⇨ 凡 의성김문 ⇨ 호론계까지 공감대를 형성하는 절차를 거쳤다. 이축의 동력, 그리고 원활한 진행을 담보하는 확실한 토대를 구축하기 위한 일련의 조처였다.

더 이상의 반대할 명분이 사라진 안현 측에서는 향회 당일 오후에 곧바로 사당 터의 무덤 이굴을 약속하는 패(牌)를 내었고, 결국 승복을 하면서 인정을 구했으나 거절당한다. 시비가 일단락된 까닭일까? 일기는 여기까지이다.

여타의 기록을 추적해 보면 1921년 11월 14일까지 약 4개월 반 동안 공사가 진행되었으나 마무리는 이루어지지 못했다.[46] 겨울에 접어들면서 추위로 작업이 원활하게 시행되지 못했던 까닭이다. 복설은 이듬해 3월 12일에 재개하여 4월 15일에야 매듭지어졌다.[47] 비록 완전한 형태의 서원은 아니었지만 훼철 55년 만에 서당으로나마 복설이 이루어졌던 것이다.

이 시기 총독부는 단 42개소만을 서원으로 인정했고, 서원 건축 공사도 허가제로 하게 했다.[48] 임호서당은 그 범주에 속하지는 않지만 유사한 행정 절차를 밟았을 것이며, 낙성 후에는 등기도 병행했을 개연성이 높다.

煥 金漢植 權命燮 李廷馥 柳樹澤 南相滈 李錫演 柳運熙 李鐘求 李洙遠 邊鎔範 鄭會元。曹司 : 金萬周 李道善 張秉熹 裵漢根 柳泳熙。公事貟 : 李鐘淵 金學模 李壽必
45) 호론계 성관에 대해서는 한상우(2013), 「조선후기 鄕戰을 통해 본 양반층의 親族, 婚姻 - 안동의 屛虎是非를 중심으로 -」, 『대동문화연구』 81, 87~89쪽 참조.
46) 『臨湖移建時食床記』
47) 『役所用下 - 壬戌』.
48) 조선일보, 「孤雲先生의書院重修」, 1924.02.20.; 동아일보, 「杜門洞七十二賢 慕忠院設立問題」, 1929.11.20.

III. 임호서당의 복설 비용과 기능

1922년 4월 15일 준공된 임호서당은 중앙의 강당을 중심으로 하여 양편에 동재와 주사(廚舍) 3개의 건축물이 전부였다.[49] 서원의 공간 구성에서 마땅히 있어야 할 사당과 동·서재를 완비하지 못했던 것이다. 임호서당이 서원을 칭하지 못하고 서당에 머무른 것은 이러한 사정 탓이었다. 이마저도 동재는 기존 임천서당의 강당을 재활용 해야했고, 강당 역시 김대락(金大洛) [1845~1914]의 가옥 백하구려(白下舊廬)의 사랑채를 옮겨와 편액을 걸었다. 주사 증축이 있었을 뿐 별도의 신축 공사는 이루어지지 않았던 것이다.

비록 이축으로 복설된 것이나 임천서원은 제향자 김용과 밀접한 관계에 있는 바 그 정신은 계승했다고 볼 수 있다. 우선 임천서원의 주변은 김용이 어릴 적부터 왕래하며 소요하던 중지(重地)였다. 운천(雲川)으로 자호를 삼은 것도 백운정(白雲亭)의 '운'과 임천서원의 '천'에서 한 글자씩을 적취(摘取)한 데 따른 것이었다.[50] 또한 김용은 1618년(광해군 10)에 임천서원 창건 전반을 주도했고, 김성일의 의로운 삶과 제향 의의를 담은 봉안문을 손수 지어 봉안례를 주관했다. 만년에는 지근한 거리에 살며 수시로 내원(來院)했다. 1612년(광해군 4) 임천서원의 아양루에 올라 읊은 시가 문집에 전한다.

저물녘 옥 거문고 안고 장고진 건너, 아양루 누대 위에 홀로 올랐네.
실구름 다 걷히니 하늘은 멀고 먼데, 바람 소리 들려오니 경개 절로 깊어라.
첩첩 산봉우리에 빼어난 기색 이어지고, 아득한 물가 섬에 맑은 그늘 흩어지네.
못 한가운데 홀연 보름달이 비치니, 마치 선인의 깨끗한 마음 빈 듯 하여라.

晚渡長皐抱玉琴　峨洋樓上獨登臨
纖雲捲盡天逾逈　衆籟殘來境自深

---

49) 『만포김시박전집』 [임호서원]
50) 김용, 『운천집』 「부록 제1권 - 연보」.

立立峯巒連秀色　迢迢洲渚散澄陰
潭心忽見初圓月　如奉先人灑落襟[51]

이 같은 점이 한때 그를 임천서원에 모셨던 유서(由緖)가 되었다. 현재 게시된 '아양루' 현판은 1967년에 건물을 일신(一新)한 뒤의 것이다.[52]

임호서당 전경

한편 이건한 강당은 안동 최초의 근대식 중등교육 기관인 협동학교(協東學校)와 연관이 있는 역사적 의미가 담긴 건물이다. 김대락은 협동학교를 돕기 위해 1909년 천전리 우곡(雨谷)에 위치한 본인의 가옥 사랑채를 교사(校舍)와 기숙사로 제공했다.[53] 협동학교는 류인식·김동삼·김형식 등을 비롯해 다수의 독립운동가가 몸담은 학교로 유명하다. 김대락이 독립운동자금 조달

---

51) 김용, 『운천집』 권2, 「시 – 峨洋樓」.
52) 해방 이후에도 임천서원과 임호서당이 병존하다가 1967년 두 서당의 운영위원회는 운영 주체를 임호서당으로 통합시켰다. 김시박(2012), 『만포김시박전집 1』 「임호서원」, 경인문화사, 344쪽.
53) 『황성신문』 1909년 3월 19일.

을 위해 이 가옥마저 매각하려 하자 문중에서 4천 4백 냥을 주고 사랑채를 매입해 이건·보존하였다.[54]

　이와 같은 이건 사업은 막대한 인적·물적 비용이 소요되는 역사(役事)였다. 하지만 조선시대처럼 서원을 설립할 경우에 당연시되었던 관의 인적·물적 지원은 기대할 수 없는 처지였다. 임호서원이 중건이 아닌 이건을 선택한 것 역시 이러한 현실적 배경에서 발로한 것이라 하겠다. 이건의 재원을 확충하는 데는 되도록 많은 후손들과 여러 문중에 부조 받는 방법 외에 별다른 대안이 없었던 것이다.

　실제로 이건 비용의 명목으로 문중 구성원에게 배전 후 확보한 총액 현황은 『임호이건시자손배전』으로 정리되어 있다. 이를 도표화하면 아래와 같다.[55]

〈표 1〉 이건 시 자손 및 각소(各所) 부조 현황[56]

부조처	천전	외거(外居)	광산(匡山)	망천(輞川)	추월(秋月)	신당(新塘)	臨河(臨河)	오대(梧臺)	합계
금액	3,761냥5전	114냥5전	75냥	1,394냥	615냥	75냥	79냥	48냥	19,829냥
부조처	지례	귀현(龜峴)	율리(栗里)	천현(泉峴)	순호(淳湖)	소후(蘇侯)	각소(各所)	기타	
금액	190냥	10냥	422냥	110냥	265냥	50냥	11,925냥	695냥	

　〈표 1〉에 따르면 이건 비용으로 확보한 금액은 후손들의 적극적인 관심과 협력 덕에 책정액보다 765냥이 더 많은 총 19,765냥에 이르렀다.[57] 이 돈은

---

54) 『家役所都錄 - 辛酉』.
55) 『臨湖移建時子孫排錢』.
56) 조선 후기 화폐·유통의 권위자 한국학중앙연구원 정수환 박사의 조언에 따르면 1925년 무렵 전까지는 향촌사회에서는 여전히 엽전이 통용이 되었다고 한다.
57) 1887년(고종 14) 논산 돈암서원이 토지 3結[도지 41석 이상을 방매해 이건 비용을 확보하였던 사례가 참고된다(이철성(2018), 앞의 논문, 『역사와 담론』 88.) 두 사례를 단순 비교할 수는 없겠지만 〈표 1〉의 성과가 작은 금액이 아닌 것은 틀림없다.

14개 마을에 거주하던 246명에게 7,209냥, 각종 소에서 거둔 11,925냥, 기타 635냥으로 마련되었다.[58] 후손들 중에서는 김용의 후손이 거(居)하는 내앞에서 전체의 19%를 납입했다. 참고로 김용의 후손 즉 귀봉파(龜峯派)는 내앞 김씨의 5개 지파 중 족세가 가장 번창한 지파이다.[59]

개인으로는 운천의 주손인 김시응(金時應, 1887~1945)과 김화식(金和植, 1890~1970)[60]이 1천냥씩 쾌척했다. 1천냥이라는 거금을 납부한 양자의 경제력이 상당했음은 1913년~1914년에 작성된 『토지조사부』에서도 확인이 된다. 전자는 논 7,614평, 밭 5,189평, 임야 9,203평, 대지 2,469평을, 후자는 논이 12,126평, 밭 7,911평, 대지 2,257평, 1930년경 25,000원 가량을 소유했다. 김화식은 내앞 마을 최대 거부였고, 김시응은 3번째 가는 자산가였다.[61]

이어 문중 조직인 각소에서는 장고소(長皐所)가 최다 2,000냥을 납부한 것을 비롯해 신석소(申石所, 2,000냥)·송호소(松湖所, 1,500냥)·금수소(錦水所, 1,500냥)·소운암소(小雲庵所, 1,300냥)가 1천냥 이상씩 부담했다. 장고소는 김용의 차남 김시건(金時健, 1576~1596)을 파조로 하는 장고파의 조직이며, 소운암소는 장남계열 김시주(金時柱, 1575~1617) 가계의 조직이다.

그렇다면 이건 사업에 지출된 구체적인 비용은 어떠한 것이 있었을까? 그 내역은 ①『가역소도록 - 신유·임술(2책)』, ②『가역소지출부』, ③『임호이건시식상기』, ④『주초용하기 1~2(2책)』 등의 성책 자료를 통해 파악할 수 있다. 이중 『가역소도록 - 신유·임술(2책)』은 이건 비용의 총 지출과 세부 지출부이며, 나머지 3점은 이것에 대한 항목별 지출 장부라 할 수 있다. 이를 고려하여 ①을 중심에 두고, 이건의 제반 비용을 검토해 보고자 한다.

---

58) 『家役所支出簿』.

59) 정진영(2000), 「조선후기 내앞(川前) 金門의 정치 사회적 활동」, 『내앞(川前) 500년: 門戶形成에서 獨立運動까지(증보판)』, 청계선생탄신오백주년 기념논문집간행위원회, 143쪽.

60) 김화식은 김대락을 따라 만주로 망명하여 독립군 기지건설에 노력했다.

61) 신창균(2003), 「민족운동에 따른 傳統名家의 사회경제적 변화 - 安東 義城金氏 내앞(川前)문중의 경우 -」, 『한국근현대사연구』 27, 60쪽.

먼저 이건 공사비로 총 13,105냥 9전 5푼이 투입되었다.[62] 이 금액은 당시 물가로 환산하면 대략 쌀 1,310두에 해당한다.[63] 또 조선시대 1냥을 현재 기준으로 하면 7만원, 1전은 7,000원, 1푼은 700원 정도이니 환산해보면 917,416,500원에 이르는 액수이다.[64] 그리고 안정적인 재정기반을 위해 전답 매입에 6,034냥 8전의 비용을 썼다.[65]

〈표 2〉 이건 공사비 현황[66]

총계	자재비	인건비	식료품비	식비	기타잡비
13,105냥 9전 5푼	5,644냥 5전	3,234냥 3전	2,807냥 5전 5푼	943냥 5전	476냥 1전

〈표 2〉의 세부 항목을 자세히 살펴보면 먼저 자재비에는 재목(材木)과 건축 부재(部材) 구입에 5,030냥과 614냥 5전이 사용되었다. 이는 전체 공사비의 43%에 해당하므로 가장 큰 비중을 차지하는 항목으로 손꼽힌다. 여기에는 가옥 매입비 4,000냥이 포함되어 있으므로 이것을 제외하면 1,030냥 정도가 사용된 셈이다.[67] 신축이 아니기에 목재 수량이 많지 않았고, 부분적인

---

62) 『家役所都錄－壬戌』.
63) 1921년 이건경비를 계산할 때 쌀 1말 가격을 대략 10냥으로 환산했다. 『家役所都錄－辛酉』
64) 신병주(2009), 「역사에서 길을 찾다－(32) 조선시대 화폐 이야기」, 세계일보.
65) 川前畓 3두락 價 1,550냥, 碧?畓 4두락 買 1,000냥, 臨河田 6두락 加給 350냥, 景山畓 去沙 시 비용 94냥 8전, 朴谷宅 田 相換 加給 350냥, 濠村宅 畓 4두락 姑買 1,000냥, 海坪宅 畓 3두락 價 1,550냥, 垈地移轉費 140냥.
66) 『家役所都錄－辛酉・壬戌(2책)』에서는 「錢用下」, 「錢用下 兩穀任用」, 「材木價」, 「運材時用下」, 「雇人月費」, 「각工人임금」, 「床頭 및 누룩대금」, 「쌀 값」, 「누룩대금」, 「술 구입비」, 「담배 구입비」 등으로 지출 항목을 세분해 두었다. 이에 대한 자세한 현황은 【부록】 참조.
67) 材木價－5,030냥 : 邑 材木價 300냥, 龍溪 재목가 90냥, 읍내 千 木手店 門木價 先給 100냥, 同 再次 給 50냥, 同 3차 給 20냥, 門宣頭價 日人店 10냥, 新塘長門 4척 價 洞堂 60냥, 雨谷 屋子 代金 內 250냥, 읍 材木價 내 400냥, 雨谷 屋價 畢給

목재만 필요로 했기 때문이다. 19세기 초 400~500냥에 거래되던 목재 값이
보다 저렴해 졌을 가능성도 엿보인다.[68]

　전통적인 서원 건축 시에는 소나무를 직접 벌목하거나 영조(營造) 부조
및 구매 등으로 재목을 조달했는데, 이 공사에서도 재목을 비슷한 형식으로
확보했을 것 같다. 다만 재목의 구입처를 보면 제재소(製材所)와 같은 전문
목재소를 이용했고,[69] 그 중 목수와 일인(日人)이 운영한 상점에서 구입한 대
목이 눈길을 끈다. 부재의 품목은 못·끈·삽·철·석회·지석(砥石)·양철통 등인
데 못이 제일 많다. 못은 세정(細釘)·양정(洋釘)·중정(中釘) 종류로 구입을 했
다. 조선후기 철을 구입한 뒤 야장(冶匠)을 불러 쇠못을 제조하던 철물 수급
방식과는 일부 차이를 발견할 수 있다.[70]

　둘째, 인건비는 각 공인(工人) 임금 및 행자(行資), 운송비, 고용비, 하인
노자비 등으로 구성되어 있다. 이건 공사에는 목수를 비롯해 거도(巨刀)·석
수(石手)·토수(土手)·야장 등 여러 전문 장인들이 종사했다. 현장에 4명의 목
수를 고용했는데 이들에게는 총 1,700냥의 임금과 별도로 행자·휴가비·전별
금을 지급했다. 목수 중 총괄 책임자 대목(大木)은 250냥을 받은 권취빈(權取
彬)으로 보인다.[71] 나머지 장인들에 대해서는 노임 외에 별급은 없었다.

　박지원 등 실학자들로부터 비판을 받은 부실한 수레와 열악한 도로 사정
때문에 조선 후기에는 물자 유통에 큰 제약이 따랐다. 이 때문에 전통시대
건축에 가장 고역이 바로 목재 등의 물자 운송으로, 이는 사실상 관의 지원
없이는 불가능한 영역이었다.[72] 관의 지원이 전무했던 이 공역(工役)에는 재

　3,750냥.『家役所都錄 - 辛酉』.

68)　정약전,『松政私議』.

69)　우리나라에서 製材所는 1910년부터 운영이 된다. 전영우,『조선의 숲은 왜 사라
　　졌는가 - 조선후기 산림 황폐사』, 조계종 출판사, 2022, 281쪽

70)　이호열(2020),「안동 분강서원의 창원 및 造營에 관한 연구」,『건축역사연구』
　　29-1, 12쪽.

71)　각 목수에 지급된 임금은 林重基 150냥, 林斗淳 180냥, 權取彬 250냥, 姜大順 200
　　냥이다.

목, 기와, 돌, 나무, 흙과 재 등 물자를 운송하기 위해 고용인과 하인을 동원했다. 육지에서는 소와 말이 끄는 수레를 이용했을 것이고, 수운(水運)을 이용할 때는 뱃삯을 지불했다. 운재(運材) 비용 내역에 상점 구입용은 미기재된 것으로 보아 구입비에는 운송료 역시 포함된 것 같다. 나머지는 월·보름·일 단위로 작업한 10여명의 고인비(雇人費)와 심부름 보낸 하인에게 준 행자 등으로 지출되었다.[73]

셋째, 식료품비도 적지 않게 지출이 되었다. 그 세부 내역은 쌀 1,295냥 3전, 술·담배 1,215냥 7전 5푼, 육류 262냥 5전 3푼, 어물류 30냥 6전, 기타 3냥 3전 7푼이다. 쌀은 대체적으로 문중에 속한 18개 집에서 빌려온 것과 고직미(庫直米)를 사용 후 상환한 금액이다. 쌀은 모두 18斗가 소요가 되었는데 8두는 본소미를 이용했고, 10두는 구입한 것이다. 그 지출 내용은 아침·저녁 床에 7두 5되(301상), 上員 점심 3두 7되(184기), 역정 점심에 5두 4되(215器), 고직료(庫直料) 1두 4되(56상)를 썼다.[74]

한편 술·담배의 비율이 높게 나온 점이 흥미로운데 술이 934냥, 담배가 162냥 7전 5푼씩이다. 술은 망천, 천전, 천전 등에 소재한 23개 촌점(村店)에서 구입을 했거나 누룩을 사와서 직접 술을 빚었다. 담배는 일제가 1921년부터 연초전매제를 실시해 통제했으나 시장과 점(店)은 물론 여전히 개인에게 구입하기도 했다. 안동은 조선 3대 명품 담배의 생산지로도 명성이 높았던 고을이다.

육류에는 소고기, 개고기, 닭을 샀다. 이 가운데 개고기의 비중이 제일 크다. 소고기는 거개가 목수에게, 개고기는 각촌 장로들이 방문 시 접대용으로 사용했으며, 개기(開基)·상량·개옥(蓋屋) 등과 같은 특별한 의식이 있을 때에

---

72) 일례로 권상일의 『청대일기』 「1747년 12월 26일」 기사를 보면 '지난밤에 눈이 내려서 산과 들이 온통 하얗다. 들으니 흥암서원을 이건 할 목재를 운반하는 일로 백성들이 난리를 만나 각 면의 민정民丁들이 모두 식량을 싸 갖고 가서 며칠씩 운반하는데도, 목재가 크고 길어서 운반해 가는 것이 매우 어렵다고 한다.'라며 運材의 어려움을 말하고 있다.

73) 『家役所都錄 - 임술』.

74) 『家役所都錄 - 신유』.

도 고기를 장만했다. 공역을 관장하는 목수들에게는 이외에도 수시로 생선, 과일[복숭아·감] 등 별식을 공급하였다.[75]

넷째, 식비는 기본적으로 공사현장의 장인(匠人)·인부, 감역·임원과 방문객 및 심부름꾼들에게 지급한 공궤(供饋)이다. 식비 항목 중 눈여겨볼 점은 정지(整地)·운재 등 단순 노동에 사역시킨 역정들은 무임금이지만 급식은 이루어졌고, 심부름을 보낸 하인들에게도 식비를 챙겨준 대목이다.

이건 때 소용된 식대 수량을 정리한『식상기(食床記)』에 의하면 1921년 6월 22일부터 11월 14일까지 연인원 3,917명에게 식사와 술이 제공되었다. 식사류는 밥과 반찬을 차린 2,695상(床)과 비빔밥 1,222그릇이었다.[76] 만약 1922년의 통계를 합산한다면 더 많은 식대가 지출되었을 터이다. 그리고 주초(酒草)는 1921년 6월 22일부터 1922년 4월 15일까지의 기록이 남아 있는데 술이 2,039기(器) 반(半)이, 담배가 4,535속(束) 제공되었다.[77] 앞의 것은 노동주(酒)와 접대주로 쓰였고, 뒤의 것 역시 동일한 용도인데 손님을 대접할 때 담배를 권하는 연다(煙茶) 또는 연주(煙酒) 풍습에 따른 것이다.

손님 규모를 헤아려 보면 공사관계자 외에도 현장을 방문한 사람이 매우 많았다. 1921년 7월 10일에서 12월 5일까지 1,728명이 다녀갔다.[78] 하루에 약 12명이 방문한 꼴이다. 내방자의 성씨는 김씨를 필두로 권, 금(琴), 남, 류(柳), 박, 서, 손, 오, 우, 안, 이, 정(鄭), 조(趙), 최, 하 등 매우 다양하며, 그들의 거주지는 안동·의성·영양·영해·청송 등지에 분포했다. 경상도 동북부 지역에 거주하던 여러 문중인사들이 다녀갔다는 사실은, 임호서당의 이건사업이 안동뿐만 아니라 범 호론계 전체 관심사였음을 의미한다.

조선시대 강학, 제향, 교류, 유식(遊息), 도서관 등의 다양한 기능을 가졌던 서원이 훼철령 이후 존치 또는 복설된 곳에서는 대다수가 제향처로만 기

---

75) 『家役所都錄 - 임술』.
76) 『臨湖移建時食床記』.
77) 『酒草用下記』.
78) 『時到』.

능했을 따름이다. 우선 향교 등의 유학 교육기관들이 근대교육기관으로 변모를 하나 서원은 전통적 가치관을 끝까지 견지한 경우가 대부분이었다. 물론 일부 신문물을 수용하며 근대학교로 전환된 서원도 있었고,[79] 항일 저항의 거점으로 역할을 한 서원도 존재했다.[80] 다른 한편에서는 전통적 서원과 결을 달리하는 특수 서원도 등장한다. 이를테면 서원의 종교시설화, 여성과 당색을 불문한 제향자 서원, 한 고을 내 동일 서원명과 제향인 등과 같이 완연히 궤를 달리하는 서원들이 분명히 있었다.[81] 하지만 이러한 유형의 서원은 극소수에 불과했다.

그렇다면 임호서당은 어떤 기능을 수행했을까? 사당 건물이 없어 제향은 설행하지 못했던 것 같다. 자료를 통해 내면을 들여다보면, 주로 모임의 장소로 활용이 되었다. 매년 정례 모임을 비롯하여 문중 혹은 향중의 중요한 사안이 있을 때마다 자리를 가졌다. 회합에는 내앞의 문중 구성원들뿐 아니라 먼 곳에 거주하는 유림들도 동석했다. 1925년 4월 8일 임호서당에서 청단(廳斷) 모임이 있었는데, 권·김·송·신(申)·우·이씨 59명[82] 그리고 1949년 1월에는 권·김·금(琴)·류(柳)·문·박·손·오·조(趙)씨 80명 이상이 참석한 경우가 그러하다.[83]

임호서당은 사빈향약계(泗濱鄕約楔)·도연강학계(陶淵講學楔)·아양루계(峩洋樓楔)·삼술계(三戌楔)·향약계(鄕約楔)·경노당계(慶老堂楔) 등 내앞 김문과

---

79) 근대학교로 전환 또는 지원한 서원 : 성주 청천서원 ⇨ 星明學校, 봉화 삼계서원 ⇨ 朝陽學校, 안동 도산서원 ⇨ 寶文義塾, 경주 옥산서원 ⇨ 玉山學校, 안동 병산서원 ⇨ 병산교육재단 설립 ⇨ 풍산 중·고등학교.

80) 정읍 무성서원, 밀양 紫巖書堂(파리장서에 서명한 盧相稷의 강학처), 합천 老柏書舍(1896년 1월 8일 우도 유림들이 창의를 도모한 鄭載圭의 강학처)

81) ◦종교시설화 : 주 道統祠·산청 培山書堂.
   ◦여성 제향 서원 : 남원 春香祠, 柏山書院.
   ◦당색을 불문한 제향 서원 : 고창 迎勝書院.
   ◦한 고을 내 동일 서원명과 제향인 : 하양 琴湖書院.

82) 『臨湖廳斷時時到』

83) 『時到 - 乙丑 正月 日』.

관련한 다양한 계모임의 공간이기도 했다. 삼술계는 매년 7월 15일, 아양루 계는 대체로 매년 2월 18일, 경로당계는 매년 3~4월 경에 열렸다. 1935년 삼술계 모임에서 권·김·류(柳)·박·손·이·조(趙)·탁씨 성을 가진 사람 69명이 참석한 것에서 볼 수 있듯 내앞 김문에 한정되지는 않았다.[84] 이렇듯 임호서 당 복설 이후 그곳에서 여러 문중 사람들이 참석하는 각종 모임이 열렸고, 그때마다 자연스럽게 향중 대소사에 대한 의견 교환이 이루어졌다.[85]

끝으로 임호서당의 재정 출납문서 『도록』에 나타난 복설 후 지출 비용을 짚고 넘어가자. 이를 통해 서원에서의 대략적인 활동을 짐작할 수 있다. 남 아있는 『도록』은 모두 7책이며, 1895년부터 1982년까지 생산된 것이다. 도 록은 크게 수·지출 현황이 기재되어 있다. 이해를 돕기 위해 1929년의 도록 을 소개하면 아래 표와 같다.

1929년 임호서원 도록 내역

전용(錢用) : 168냥 5전		상용(床用) : 107상		청단시용하(聽斷時用下) : 106냥 2전 5푼	
3전	楓井客來時	10상	尹谷客來時 僉員 6월(5전 草)	3냥 7전 5푼	靑魚 二級一枚
13냥 2전 5푼	各村長老伏會	5상	大谷客來時 僉員 7월	5냥 5전	文魚 四脚
2냥 4전	大谷客來時	4상	靑松客來時 8월(3전 饌)	1냥 6전 5푼	常魚 半尾
4냥 1전	各村長老	4상	慶州客來時 9월	2냥 6전 5푼	可岑 一級一枚
5냥 5전	徑谷宅地主戶貰		(1냥 5전 饌草)	3냥 6전 5푼	窟醢 一器
6냥 6전 5푼	醴泉宅地主戶貰	2상	榮州客及以前一員 10월	2냥 5전	海衣 九帖
2냥 6전 5푼	川前長老		(1냥 3전 饌草)	1냥	葱
6냥 5전	大忌時 脯二尾	2상	院洞客來時 11월	2냥	菁根
2냥 9전 5푼	岳沙春收時 僉員	2상	新塘二員	6전 5푼	造薑
2냥 5전	丈子門 修改時	2상	忘川二員	3냥	苦草 二刀
2냥 6전	花樹契 勘簿時	10상	川前僉長老 庚午 2월(6전 饌)	4냥 5전	厚紙 二卷
26냥 6전 5푼	首任 遞代時	4상	川前二員	1냥	告目下人
1냥	右望記輪上時	4상	朴谷客來時(1냥 饌草)	24냥 5전	狗 二隻
1냥 1전	秋收後文簿時	6상	大口客來時 秋月一員	6냥	喜烟
9냥 1전 5푼	堂基地貰		(1냥 饌草)	5냥 5전	消酒

---

84) 『三戌稧時到』.
85) 임호서당에서 열리는 모임의 종류와 횟수는 줄어들어 현재는 봄과 가을 연 2회 정례회의가 개최되고 있다.

8냥 9전	客供別饌及草		4상	楓井客來時 己巳 3월		6냥 6전	酒	
20냥	酉谷冲齋刊所扶助			(3전 饌)		1냥 6전 5푼	堂長來時	
28냥 7전 5푼	三處 歲儀		7상	慈川客來時 僉員(2냥 2전 草)			川前酒	
1냥	右納上下人		3상	遞禮翌日 上一員 下二名		15냥	堂長往來行資	
1냥 6전 5푼	忘川僉長老		2상	虎溪下人		1냥 5전	安谷望記輪	
	臨河行時		7상	岳沙作人谷收來時			上下人	
2냥 4전	山木契會時		2상	安谷望記下人		1냥 5전	看市 午饒	
	僉員床頭		2상	川前參奉宅		5전 5푼	筆墨	
5냥	兩任履		22상	十月遞任時		8냥	鹽醬及菜	
10냥 7전	前後床頭		1상	虎溪下人		1냥	轎貰	
						5전	洞器貰	
						2냥 1전	勘簿時	

이 시기에 왜 서원을 복설하려고 했을까? 가장 큰 이유는 20세기 초에도 여전히 서원을 필요로 했던 사회적 분위기 때문이라 하겠다. 즉 전통시대 향촌에서 실력 행사의 매개가 되었던 서원이라는 문중 기반 상실에서 오는 위기감이 크게 작용하였던 것이다.[86]

서원의 향사가 훼철되고 부터 선비는 기대고 돌아갈 곳을 잃었고 백성들은 보고 느낄 곳이 없어져서 삭막한 세상이 되어버렸다. 그래서 이단의 무리들이 횡행하고 사학(邪學)이 무리 지어 일어나도 막을 길이 없어졌으니, 가생(賈生)은 이른바 '크게 한숨을 쉬며 눈물을 흘린다'고 한 것이 이것이요. 주자가 이른바 '싸늘한 마음을 시리게 한다'는 것이 이것이다.[87]

선산의 벌족으로 낙봉서원을 운용한 들성김씨 일원 김지원(金志遠) [1841~1906]이 몽유록 소설 형식으로 쓴 작품의 한 단락으로, 서원 훼철에 대한 안타까운 마음을 표하며 복설을 염원하고 있음을 알 수 있다.[88] 이 같은 서원

86) 지승종·김준형(2000), 「사회변동과 양반가문의 대응 : 산청군 단성면 강누리 안동권씨가문의 경우」, 『근대사회변동과 양반』, 아세아문화사, 87쪽.
87) 김지원 著·김혈조 譯(2009), 『앞의 책』, 2009.
88) 서신혜(2005), 「선산(善山) 지방 서원(書院)의 훼철(毁撤)과 〈오유거사전(烏有居士傳)〉」, 『퇴계학과 유교문화』 제37집.

관은 비단 김지원에게만 국한되지 않는 이 시기 향촌사회의 보편적인 정서를 함축하는 것이라 하겠다. 이는 선행연구에서 밝혀진 대원군 훼철 후 복설된 서원 지표에서 실증적으로 이미 확인이 되었다.

> 20세기 과학문명이 극도로 발단된 금일에 봉건시대의 유물인 서원이나 향교가 명색은 아직까지 지속해 옴도 이상하거니와 하물며 백주(白晝)에 헛소리를 희롱하여 무지한 촌민을 우기(愚欺)하여 조반석죽(朝飯夕粥)으로 겨우 생명을 이어가는 순량한 농부의 주머니에서 매명(買名)의 금전을 임의로 빼앗는 맹랑한 유배(儒輩)가 횡행함은 우리 사회에 얼마나 해독을 끼치는지 다 말할 수 없다. 이것이 우리가 수수방관의 태도로 대할 일이랴. 필자는 그 통례의 하나로 성진(城津) 임명(臨溟)의 명천서원(溟川書院)을 들지 않을 수 없나니 동서원의 의아한 바가 적지 않다. 수천원의 거액과 수천 명의 장래 장의·유사 역부들을 이용하여 며칠 안 걸려서 이룬 본원의 문루와 강당 이던지 수다한 여비를 들여 경성에서 써왔다는 현판은 막론하고라도 꿈꾸든 옛적의 허위로 행세하든 하마비를 새론 건립하고 근(近) 천명의 회원을 가진 이 서원은 과연 그 무슨 필요로 존재하며, 무슨 필요로 우민(愚民)의 금전을 이와 같이 낭비하는 그 진의를 알 수 없다.[89]

1929년 함경북도 성진군[김책시] 임란 의병장 조헌[1544~1592]을 모시던 명천서원의 민폐를 보도한 기사이다. 조선시대 함경도는 '하원지지(遐遠之地)' 즉 문화적으로 낙후된 지역이자 사족세가 미약함을 의미하는 표현이다.[90] 이러한 곳에 위치한 서원도 그러한데, 하삼도에 복설 된 서원의 지역 사회에서의 영향력은 짐작하기 어렵지 않다.

---

89) 조선일보, 「溟川書院掌議帖賣買問題에對하야」, 1929.06.27.
90) 강석화(1996), 「18세기 함경도 지역의 개발과 사족」, 『역사비평』 37, 역사비평사, 366쪽.

Ⅳ. 맺음말

대원군 서원 훼철령 이후 서원이 지닌 역사적 의미는 일단락되었다는 것이 통설이다. 따라서 한말-일제강점기 서원은 객관적인 탐구와 연구대상에서 배제되었고, 근대 생성된 자료에 대한 관심도 또한 낮은 편이었다. 그러나 서원은 대원군 하야 직후부터 곧바로 신·복설되기 시작해 오늘날에 이르러서도 활발히 신·복설되고 있다.

다수의 서원이 복설되었다면, 그것은 어떤 방식으로 추진되었을까? 이 물음에 답할 수 있는 조건의 서원이 있다. 바로 안동의 김용을 모신 임호서원이다. 이 서원에는 일제강점기 복설 전후에 생성한 고문서들이 잘 보존되어 있기 때문이다. 이를 토대로 먼저 이건일기를 토대로 임호서원이 복설되는 과정을 재구성하였고, 다음은 현전하는 고문서를 분석해 제반 비용과 기능을 조명하였다.

1920년경 김용의 후손들은 임천서당 경내에 임호서원을 복설하기로 결의한다. 복설이 결정된 주된 요인은 기존에 서원이 보유한 경제력이 발판이 되었다. 일반적으로 철폐된 서원 재산은 속공, 향교 이속, 운영 문중의 자발적 처분 등으로 다루어졌다. 그러나 임호서원은 훼철 이후에도 여전히 서원전을 보유하고 있었다. 그 과정에서 일부 잡음도 뒤따랐지만 운천계 ⇨ 범 의 성김문 ⇨ 호론계까지 공감대를 형성하는 절차를 거치면서 훼철 55년 만인 1922년 서당으로 복설되는 성과를 거둔다.

서원 이건사업은 막대한 인적·물적 비용이 소요되는 역사이다. 관의 인적·물적 지원을 크게 기대할 수 없는 처지에서 재원 확보는 후손들과 여러 문중에 부조가 전부였다. 다행히 임천서원은 후손들의 적극적인 관심과 협력 덕에 책정액보다 765냥이 더 모금되어 총 19,765냥을 수합하였다. 이건사업에 지출된 구체적인 비용은 공사비로 총 13,105냥 9전 5푼을 비롯해 인건비, 식료품비, 식비 등이 지출이 되었다.

그렇다면 복설된 임호서당은 사당이 없어 제향은 설행하지 못했던 것 같고, 주로 모임의 장소로 기능했다. 매년 정례 모임을 비롯하여 문중 혹은 향중의 중요한 사안이 있을 때마다 자리를 가졌다. 회합에는 내앞의 문중 구성원들뿐 아니라 먼 곳에 거주하는 유림들도 동석했다.

이 시기에 왜 서원을 복설하려고 했을까? 가장 큰 이유는 20세기 초에도 여전히 서원을 필요로 했던 사회적 분위기 때문이라 하겠다. 즉 전통시대 향촌에서 실력 행사의 매개가 되었던 서원이라는 문중 기반 상실에서 오는 위기감이 크게 작용하였던 것이다.

【참고문헌】

1. 원자료

『臨湖移建時日記』, 『臨湖書堂重建時爬錄』, 『時到 1』, 『臨湖移建時子孫排錢』, 『臨湖移建時食床記』, 『家役所都錄 - 辛酉』, 『家役所都錄 - 壬戌』, 『酒草用下記 1』, 『酒草用下記 2』, 『家役所支出簿』, 『用下』, 『役所用下』, 『扶助記』, 『臨湖都錄』, 『臨湖廳斷時時到』, 『羨洋樓稧文簿』, 『講堂修理費記』, 『本堂修理時下記』, 『臨湖講堂修理時用下』, 황성신문, 『조선일보』.

2. 단행본

김대진, 『訂窩先生文集』.
임호서원, 『만포김시박전집』.
윤희면(2004), 『조선시대 서원과 양반』, 집문당.
이수환(2001), 『조선후기 서원연구』, 일조각.
최익현(1978), 『(국역)면암선생문집』, 민족문화추진회.

3. 논문

강석화(1996), 「18세기 함경도 지역의 개발과 사족」, 『역사비평』37, 역사비평사.
김건우(2016), 「남원 삭녕최씨 문중서원 철폐와 재산 처리 - 노봉서원과 방산서원을 중심으로」, 『국학연구』 31.
김명숙(1993), 「永興 龍江書院 硏究 - 朝鮮後期 書院 置廢의 한 事例 -」, 『한국사연구』 80.
김학수(2016), 「조선시대 사대부(士大夫) 가풍(家風)의 계승 양상 연구 - 의성김씨 학봉 가문(鶴峯家門)을 중심으로」, 『국학연구』 31.
박소희(2033), 「근현대 경남 지역 서원의 건립 추이와 의미」, 『2023년 민족문화연구소 전반기국내학술대회 자료집』.
윤희면(1999), 「고종대의 書院 철폐와 양반 유림의 대응」, 『한국근현대사연구』 10.

서신혜(2005), 「선산(善山) 지방 서원(書院)의 훼철(毁撤)과 〈오유거사전(烏有居士傳)〉」, 『퇴계학과 유교문화』 제37집.

신창균(2003), 「민족운동에 따른 傳統名家의 사회경제적 변화 – 安東 義城金氏 내앞(川前)문중의 경우 – 」, 『한국근현대사연구』 27.

윤선자(2007), 「해방 하 호남지역 서원·사우의 복설과 신설」, 『한중인문학연구』 22.

이경동(2023), 「경기·강원지역의 서원·사우 건립의 현황과 특징」, 『2023년 민족문화연구소 전반기국내학술대회 자료집』.

이선아(2023), 「호남지역 서원·사우의 건립 현황과 성격」, 『2023년 민족문화연구소 전반기국내학술대회 자료집』.

이재현(2018), 「안동 임천서원(臨川書院)의 치폐와 사액 청원」, 『한국서원학보』 6권.

이철성(2018), 「1880년 論山 遯巖書院의 移建과 재원확보」, 『역사와 담론』 88.

이호열(2020), 「안동 분강서원의 창원 및 造營에 관한 연구」, 『건축역사연구』 29-1.

임근실(2023), 「경북지역 서원의 건립 현황과 추이, 성격」, 『2023년 민족문화연구소 전반기국내학술대회 자료집』.

정수환(2022), 「일제강점기 현풍 도동서원의 현실과 대응」, 『大東漢文學』 71.

정진영(2000), 「조선후기 내앞(川前) 金門의 정치 사회적 활동」, 『내앞(川前) 500년 : 門戶形成에서 獨立運動까지(증보판)』, 청계선생탄신오백주년 기념논문집간행위원회.

지승종·김준형(2000), 「사회변동과 양반가문의 대응: 산청군 단성면 강누리 안동권씨 가문의 경우」, 『근대사회변동과 양반』, 아세아문화사.

한문종(1992), 「전북 지방의 書院 祠宇의 復設 運動」, 『전라문화논총』 5.

홍제연(2023), 「대원군 서원 훼철령 이후 호서지역 서원의 건립 추이와 성격」, 『2023년 민족문화연구소 전반기국내학술대회 자료집』.

현대 서원의 건립과 운영 방식:
칠곡군 '화산서원'을 중심으로

정 재 영

I. 머리말

서원의 기능과 역할, 그리고 제 의미에 대한 논의는 학계에서 꾸준히, 심도 있게 다루어져 왔다. 서원은 성리학 교육과 선현의 제향을 목적으로 설립된 사립 교육기관으로서 오랜 역사의 흐름 속에서 제향, 강학, 교류와 유식 기능을 통해 성리학을 발전시키고 지역의 교육, 문화, 지성사의 수준을 제고[1]하였다. 또한 전통사회의 학문과 도덕, 역사, 그리고 정체성을 담지한 기관으로서 학문과 도덕적 인성을 갖춘 인간을 양성하고자 했으며, 지역의 여론과 공론을 조성하는 사회적 공간이기도 했다.

이처럼 그 의미와 위상이 역사적 논의를 넘어 다학문적 차원에서 조명받고 있는 서원은 유산적 가치를 인정받아 2019년 7월 제43차 세계유산위원회에서 세계유산으로 등록되었다. 이로써 그 관심이 괄목할 만큼 증대하여 연구도 더욱 심화하고 있다.

그런데 세계유산의 등재는 서원의 보존과 활용, 그리고 폭넓은 연구의 기반 조성이라는 긍정적 측면과 더불어 그 관심의 시기를 조선시대에 집중하게 하는 배경이 되기도 한다. '한국의 서원'을 조선시대 16세기 중반~17세기 중반의 교육기관으로 명문화하고 있기 때문이다. 물론 서원의 유산적 가치를 따지려면 역사성이 무엇보다 중요하며, 특히 당시의 서원이 그러한 면에

---

1) (재)한국의 서원 통합보존관리단(2021), 『세계유산 한국의 서원: 기록문화와 제향』, 7쪽.

서 특별한 위치를 점하는 것은 분명한 사실이다 하지만, 서원이 근대와 현대를 거치며 지역과 한국 사회에서 어떻게 형성·변화·재구성되고, 또한 어떠한 역할을 수행하며 지역민의 삶에 영향을 주고 있는지를 사회적 변화와 더불어 살펴보는 것도 중요한 의미가 있다. 이는 서원 연구의 지평을 확장한다는 의미와 함께 학제 간 연구의 기반을 조성한다는 점에서도 중요하다.

일반적으로 서원을 연구할 때 서원의 역사적 배경이나 근원, 교육적·사회적 기능에 관심을 가졌다. 이러한 연구에서는 서원을 그 자체로만 한정해서 이해한다는 문제가 제기될 수 있다. 지역사회와 한국사회의 차원에서 서원이 다른 서원이나 문중을 비롯한 종족집단, 그리고 내부 성원들과 다양한 관계를 맺으면서 의미재현된 공간으로서 조망하는 시선으로 서원에 대한 이해가 요구된다. 특히, 서원이 지역사회 문화정치의 장이라는 점에서 서원의 운영 주체로서 종족조직의 활동과 운영 방식이 현대사회에서 변화하는 양상에 대한 연구가 보완되어야 한다.

산업화와 도시화로 인한 제 변화가 집중된 현대 도시사회에서 종족조직의 변화 양상에 대한 연구가 진행된 바 있다. 이러한 연구들은 종족 활동이 약화되는 양상과 오히려 활성화되는 양상에 대한 연구로 구분된다.[2] 하지만 현대사회의 종족조직과 그 활동이 갖는 다양성을 고려한 맥락적 기술을 위해서는 소위 해체설과 지속설의 두 가지 측면을 종합적으로 검토하는 상보적 양상에 대한 이해가 요구된다. 더욱이 서원을 종족의 구심점으로 인식하고 활용하는 경우에 그 운영 방식이 변화하는 양상은 사회변동에 대한 종족집단의 대응과 실천이라는 측면에서 시사점을 제공할 수 있다.

---

2) 현대사회의 도시화가 종족활동을 활성화하는 데 영향을 주었다는 연구는 조강희(1988), 「도시화과정의 동성집단 연구: 대구지역 한 문중의 구조적 변화」, 『민족문화논총』 9, 영남대학교 민족문화연구소: 손대원(2010), 「군위 대율마을 계회(契會) 방식의 변화와 그 요인」, 『실천민속학연구』 15, 실천민속학회; 이창언(2013), 「도시화와 종족활동의 지속과 변화」, 『실천민속학연구』 21, 실천민속학회; 이창언(2014), 「종족촌락 해체 이후의 종족활동」, 『동아인문학』 28, 동아인문학회 등 참조.

이러한 입장에서 역사성을 갖춘 서원이 현대사회에서 작동하는 양상과 함께 현대에 건립된 서원의 건립 과정과 역할, 그리고 운영 방식을 이해하는 것은 중요하다. 그간 상대적으로 등한시되었던 서원의 '현대적' 의미에 대한 논의는 또 다른 가치의 확보로 연결되어 세계유산 서원의 위상을 더욱 공고히 만들어 줄 것이기 때문이다. 이와 같은 점들을 고려하여 경상북도 칠곡군 석적읍 중리에 위치한 화산서원을 중심으로 소위 현대 서원의 건립 과정과 활동 양상, 그리고 운영 방식을 살펴보고자 한다.

2007년 낙성한 칠곡군 소재 화산서원은 대원군 철폐령 당시 훼철된 것을 복원한 것이지만, 과거의 건물을 이용한 복원이 아니라 신축하였다는 점이 특징적이다. 특히, 그 전신인 화산서당을 유지한 채로 서원 건물을 새롭게 지어 복원하는 과정은 현대사회의 복잡한 논리가 결부된 건립 양상을 파악하기 위한 연구 대상으로 적합하다.[3] 게다가 소위 사액서원 급이 아니라 지역의 문중 중심의 서원이라는 점[4]에서 사회변화의 물결과 더불어 일렁이는 지역민의 생활에 더욱 긴밀하게 연결되는 양상을 조망하기에도 적합하다.

그리고 서원이 조선 후기로 접어들수록 한편으로 지식의 창출보다 지역의 권력이 집중되는 공간으로서 사회적 지위와 권력을 표징[5]한다는 점은 권

---

3) 기존의 서원 복원에 관한 연구는 소실된 서원의 복원이나 서원 주변지역의 개발에 관한 내용 등이 주를 이루었다(구본욱(2020), 「연경서원의 설립과 위상 및 의의」, 서원학보 10, 한국서원학회; 김재식·김정문·김정식(2007), 「무성서원 및 주변지역 복원에 대한 연구」, 휴양및경관연구 1(1), 전북대학교 부설 휴양및경관계획연구소). 반면에 훼철되었지만 일부 유지되고 있는 건물을 두고 신축 복원하는 경우, 특히 서원의 건립이나 복원을 도시화로 인한 지역사회의 변동과 관련지어 조망한 연구는 거의 이루어진 바 없다.

4) 조선후기 일반화한 종족마을은 문중활동의 기본단위였으며, 각 가문은 향촌사회에 영향력을 확보하기 위하여 다양한 문중활동을 전개하였다. 특히, 문중기구의 본체로서 서원과 사우를 건립하여 내적 결속을 도모하였다. 이에 문중 우위권을 경쟁하고, 사회경제권 권력기관으로 변모하였다(이수환(2001), 『조선후기 서원연구』, 일조각, 16~41쪽). 이러한 양상은 근대를 거치면서 오히려 더욱 첨예하게 작동한다.

5) 박성용(2000), 「지역사회의 문화지도: 청도의 서원·재실·정자를 중심으로」, 『민속학연구』 7, 국립민속박물관, 147쪽.

력유지의 문제라는 측면에서 상징적 자본[6]과 경제적 자본의 관계와 연결된
다. 이를 살피기에도 화산서원은 적절한 연구대상이 될 수 있다.

그리하여 화산서원을 복원하는 과정을 살펴 현대 서원의 건립과정을 이해
하고, 서원의 운영과 보존을 위한 조직으로서 보존회를 결성·운영하고 있는 점
을 살펴 그 역할과 운영 방식을 검토하고자 한다. 무엇보다 종족조직인 종중으
로부터 분리된 서원 보존회가 완벽한 분리의 양상이라기보다 종족조직의 지원
적 역할을 수행하는 상보적 구조의 이원적 운영체계로 작동되는 양상을 보이
는 점에 주목하여 그 특징을 살펴보고자 한다. 이를 통해 현대 서원의 건립양
상과 운영 방식에 대한 이해와 더불어 한편으로 종중과 서원 보존·운영 기구의
분리가 갖는 사회문화적 의미에 대한 확장된 논의를 이끌어낼 수 있을 것이다.
또한 전통사회와 달리 분산성이 점증된 현대사회에서 서원을 중심으로 종족
성원의 연대를 지향하는 과정과 변동성과 위험성이 상존하는 사회변화에 대응
하기 위하여 사회적 범주를 재구성하고, 기능과 활동에 변화를 부여하는 실천
을 통해 오히려 종족성이 유지되고 강화되는 양상을 이해할 수 있을 것이다.

II. 화산서당 이건과 화산서원 복원

1. 만회당 종중과 화산서당

칠곡군 석적읍 중리 진실 마을을 중심으로 형성된 인동장씨 화산서당 종
중은 만회당 종중으로도 불린다.[7] 화산서당 종중의 형성과 계보를 파악하려면

---

6) Bourdieu, Pierre(1984), *Distinction: A Social Critique of the Judgment of Taste*.
   Translated by Richard Nice. London: Routledge.
7) 인동장씨 화산서당 종중과 만회장 종중의 명칭이 함께 사용되는 것은 만회당의
   후손뿐만 아니라 시조공으로부터 내려오는 후손도 그 성원으로 인정하고 있기
   때문이다. 이는 인동지역을 중심으로 자리 잡은 종족의 지역적 특성이 반영된 것
   으로 볼 수 있다.

화산서당 종중을 비롯하여 소위 향내오파(鄕內五派)로 불리는 인동의 5개 지파가 형성되는 계보를 이해할 필요가 있다.

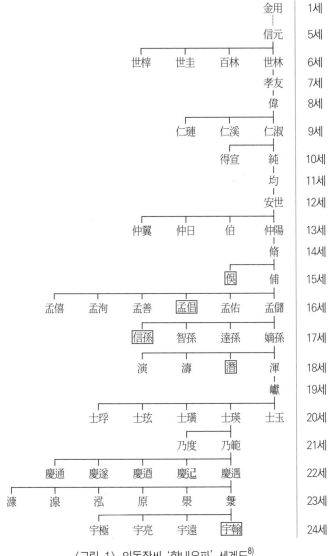

〈그림 1〉 인동장씨 '향내오파' 세계도[8]

인동장씨는 시조인 삼중대광공(三重大匡公) 금용(金用)이 고려 초 인동에 정착한 이래 역사적으로 뛰어난 인물을 다수 배출하면서 영남지역의 명문으로 자리 잡았으며, 그 후손이 38대까지 세계가 이어진다.[9] 그들의 계보를 살펴보면, 인동에 정착한 후 고려 중기로부터 분파되기 시작하여 조선 초기에 이르기까지 무려 22개 파가 타지로 분파하였다. 6세 신원(信元)은 아들 네 명을 두었는데, 세림(世林)은 인동(仁同), 백림(百林)은 함평(咸平), 세규(世圭)는 흥해(興海), 세재(世梓)는 화순(和順)에 각각 분파하면서 지파가 전국적으로 분파하기 시작하였다. 인동지역에서는 5개 파가 인동을 중심으로 칠곡, 선산 등지에서 종족집단을 형성하였다.

인동의 5개 파는 향내오파 또는 본향오파(本鄕五派)라 부른다. 향내오파는 중리(中里), 남산(南山), 진가(眞佳), 진평(眞坪), 황상(凰顙)의 5개 파로 나뉘어져 있다. 그중에서 중리파가 큰 집이다. 남산파는 15세(世) 우(俣)로 내려오는 파로서 여헌선생이 남산파이다. 진가파는 16세 맹창(孟倡)으로 내려오는 파이며 진평파는 17세 신손(信孫)으로 내려오는 파이다. 한편, 황상파는 18세 잠(潛)으로 내려오는 파이다. 인동장씨 중리파는 만회당 장경우 선생의 후손을 중심으로 만회당 종중을 형성하였고, 이는 화산서당 종중의 친족범주를 형성하는 근간이 되었다.

화산서당은 인조 5년(1627) 정묘호란과 인조 14년 병자호란 때 창의한 의병장 장경우(張慶遇)가 효종 2년(1651)에 성곡리 화산 아래 후진을 양성하기 위하여 건립하였다.[10] 그 후 헌종 6년(1840) 석적읍 중리로 이건하고, 철종 4년(1853) 사림들이 공의하여 묘우를 건립하고 화산서원으로 승격하였다.[11] 그러나 고종 8년(1871) 대원군의 서원 철폐령에 의해 묘우가 훼철[12]되고, 강

---

8) 이 세계도는 인동장씨대동보편찬위원회(1997), 『인동장씨대동보』 卷1을 참조하여 작성한 것으로 그림 내의 □는 향내 5파를 표시한 것임.

9) 인동장씨대동보편찬위원회(1997), 앞의 책.

10) 이해준(2019), 「칠곡 인동장씨 정사·서당·서원 건립 활동과 성격」, 『한국서원학보』 8, 한국서원학회, 54~55쪽.

11) 이해준, 앞의 논문, 59쪽.

당만 남게 되어 화산서당으로 지속되었다. 비록 서원이 서당으로 격하되는 아픔이 있어지만 중리의 인동장씨는 화산서당을 중심으로 종족활동을 활발하게 진행하면서 지역사회의 핵심적인 종족으로 자리잡을수 있었다. 그들의 정신적 구심처[13]로서 화산서당의 역할은 중요하다.

2. 화산서당의 기능과 이건 과정

조선후기의 서당 설립은 보족(保族)·의가(宜家)라는 향촌사회에서의 혈연적 기반과 연대강화가 주요 배경이었다. 양반층에게는 혈연적 유대를 튼튼히 하여 신분을 재생산하는 매개 기구로서의 의미를 지니며, 일반 농민층에게는 국가와 양반층의 교화확대, 스스로의 교육 요구의 실현이었다.[14] 특히, 이 시기의 서당은 종족마을을 중심으로 설립되는데, 이러한 서당은 친족관계를 통해 운영되면서 향사를 봉행하는 가묘적 성격을 겸하는 경우가 많았다. 이로써 서당이 향촌사회의 성리학적 질서를 구현하기 위한 교육기관으로서만 운영되는 것이 아니라 혈연적 기반을 바탕으로 권력을 재생산하는 측면이 강조되었다. 종전의 족계 혹은 족회 등을 통한 혈연유대가 서당이라는 구체적이고 사회적 유효성을 인정받는 기구를 매개[15]로 작동하였다. 이처럼 서당이 교육기구를 넘어 향촌사회의 중요한 중심기구로 기능한 것처럼 화산서당도 중리의 인동장씨는 물론, 인근 지역사회의 중심기구로 기능하였다. 이는 조선후기 서원들이 자신들의 종래 지위를 유지 혹은 강화하기 위해 경쟁적으로 건립되고, 그에 상응하는 기능과 역할을 담당하는 주체로 부각되면서 가문, 성씨, 문중과 같은 향촌세력에 의해 주도된다는 견해[16]와 부합

---

12) 화산서원지간행위원회(2008), 『화산서원지(증보판)』, 120쪽
13) 이해준, 앞의 논문, 51쪽.
14) 김무진(1995), 「조선후기 서당의 사회적 성격」, 『역사와 현실』 16, 한국역사연구회, 245쪽.
15) 김무진, 앞의 논문, 243쪽.
16) 이해준, 앞의 논문, 50쪽.

한다. 화산서당이 인동장씨 종족마을인 진실마을로 자리를 옮기고, 서원으로 승원하는 과정도 이러한 맥락에서 바라보아야 할 것이다.

그런가 하면, 서당의 사회·문화적 기능으로서 문중의 정체성 확보와 사회적 위세 과시라는 측면을 생각해 보아야 한다. 이는 서당뿐만 아니라 서원이나 재실과 같은 문중의 문화적 경관을 통해서 그들의 명예와 위세를 축적[17]해 가기 때문이다. 봄이 되면 종회(宗會)를 화산서당에서 개최하여 종중의 1년 행사를 논의하고, 화산서당에서 종중의 성원들이 모여 놀이를 함께 즐김으로써 단합을 도모하였다. 명절이면 여러 가지 놀이를 하기 위해 종원들이 화산서당으로 모여들었다. 특히, 설날에 하는 윷놀이에는 인동의 먼 일가도 참여하였으며, 시집간 딸네들도 참여하면서 지역의 큰 행사로 인식되었다. 화산서당은 인동장씨 만회당 종중의 정신적 구심처 역할을 하는 곳인 동시에 그들의 문화적 전통성이 축적된 문화경관으로서 지역사회에서 종중의 위세를 드러내는 기제로 작동하였다.

이처럼 화산서당은 2007년 화산서원이 복원되기 전까지 제향지소로 기능하였으며, 종중의 모든 대소사와 종중성원의 단합을 도모하는 행사를 개최하던 곳이었다. 그러한 가운데 1989년 5월 29일 문화재로 지정되었다.[18] 한 문중의 유물과 유적은 그 위치와 담긴 역사 및 고사로 인하여 후손들에게 있어서 자신들이 특별히 우수한 범주의 존재라는 인식을 갖게 하는 이념과 정서의 창출기제[19]이다. 소위 종족마을이라면 공통적으로 언급되는 문화경관

---

17) 정재영(2014), 「20세기 후반 양반의 성격변화와 재실의 건립: 청도군 수야리의 사례를 중심으로」, 『지방사와 지방문화』 17(1), 역사문화학회, 131쪽.

18) 화산서당은 1989년, 조선후기 건축양식의 특징을 인정받아 강당과 대문채가 경상북도 문화재자료 제220호로 지정되었다. 문화재 지정 당시 보고서의 조사자 의견을 보면, "書堂으로서는 비교적 規模가 큰 建物로서 架構手法도 견실하다. 1840년에 建立된 것으로 建立年代가 늦은 것이 다소 흠이 되나 翼工, 華盤 등 여러 요소가 朝鮮後期 樣式을 잘 나타내 주고 있어 文化財資料로 지정해 保存하는 것이 可하다고 思料됨"이라고 기술되어 있다(영남대학교 박물관(2010), 『화산서당 이전·복원 보고서』).

19) 김광억(1994), 「문화공동체와 지방정치」, 『한국문화인류학』 25, 한국문화인류학

을 형성하고, 그 자체가 대외적인 의미를 가지며, 주민들로 하여금 특별한 자부심을 느끼도록 한다. 즉, 화산서당은 만회당 종중의 사회적 격을 나타내 주는 상징체로서 종중성원들은 이러한 문화경관을 통해 장기적인 역사 속에서 그들의 전통과 문화를 계승, 창출하고 혹은 재구성하면서 이에 대한 의미와 질서를 부여한다.

그런데 1970년대 이후 시작된 대도시의 산업화·도시화는 주변 지역의 유·무형 문화유산을 해체 내지 소멸의 궁지로 몰아넣을 만큼 커다란 영향을 주었다. 이는 화산서당도 마찬가지였다. 칠곡군 석적읍 중리의 인동장씨 종족마을인 '진실' 마을에 위치한 화산서당은 구미 3공단 지역에 포함되어 구획사업 정리가 진행되면서 도로가 서당보다 높아져서 침수되는 일이 잦아졌고, 건물 자체에 대한 보수와 수리도 제대로 이루어지지 않으면서 문짝, 마루 등 건물의 훼손이 진행되었다. 또한 주변 지역의 공간이 도시개발과 함께 아파트 단지로 조성되면서 화산서당은 본래의 풍광과 자연경관에 어울리는 멋스러움을 잃어버렸다.

이러한 상황에서 인동장씨 화산서당 종중에서는 화산서당 이전의 필요성을 매일신문에 알리게 되었다. 이를 계기로 문화재의 보존과 교육공간으로의 활용을 염두에 둔 영남대학교와 이건(移建)을 협의하기에 이르렀다. 2005년 7월 최초로 영남대학교와 화산서당의 이건에 대한 협의를 진행한 후로 17회의 영남대학교 방문을 통해 그 논의를 진행하였다.

하지만 처음부터 영남대로의 이건이 원활하게 진행되었던 것은 아니다. 문화재 현상변경 문제가 결부되면서 영남대에서 화산서당의 이건을 거부하는 일도 있었다. 그리하여 화산서당 종중에서는 2005년 구미시에서 진행하는 박정희 대통령 생가 주변 공원화 사업의 일환으로 서당 이건 의견서를 구미시에 제출한 적도 있으며, 2007년 대구예술대학교와 이건을 협의한 적도 있었다.

결국, 민속경관의 지리적 범위에 대한 문화재위원회 심의 결과를 거쳐

___

회, 149~150쪽.

2008년 9월 12일 경산시로부터 현상 변경 기준변경안을 통보받았고, 그해 12월 영남대와 화산서당 기증 협약을 체결하였다. 화산서당 종중에서는 영남대학교에 발전기금 1억원을 전달하였다. 2009년 1월 이건 기공식을 영남대학교 민속촌 이건 부지에서 진행하고 공사를 시작한 이래 그해 11월 4월 화산서당 이건 고유 및 준공식을 진행함으로써 이건을 완료하였다. 화산서당 이건 기념사업으로 이듬해 2010년 5월『화산서당 이전·복원 보고서』를 발간하고, 이건 기념 전국 한시 백일장을 개최하였다.

강당 지붕 해체	강당 이건 후 모습

외삼문 해체 시 모습	외삼문 복원

이건 전 담장	담장 복원

〈그림 2〉 화산서당 이건 전후 모습

3. 화산서원의 복원

화산서당이 문화재로 지정되었음에도 중리지구 구획정리사업과 주변 개발로 인하여 보존을 위한 여건이 좋지 않았다. 이에 2009년 영남대학교 민속촌으로 이건하였다. 화산서당의 이건을 진행하면서 한편으로 도향유림과 후손들이 발의하여 2007년 석적읍 성곡리 봉두암 아래 화산서원을 복원하여 만회당 선생과 이전에 소암서원에 봉안되었던 만회당 선생의 선고 극명당 선생을 모셔 와서 두 분을 봉향하고 있다.

화산서당이 지역에서 인동장씨 화산서당 종중의 위상을 보여주는 상징적 경관임은 틀림없는 사실이다. 그럼에도 불구하고 종중에서는 유림과 공의하여 화산서당을 서원으로 복원하는 것이 아니라 서당과 별개로 화산서원을 새롭게 건립하여 복원하는 방식을 선택하였다. 서원을 건립하거나 복원하는 활동은 지역사회에서 종족의 사회·경제적, 정치적 위상을 정립하는 계기가 된다. 또한 현대사회의 위험성에 대한 종족의 대응을 위한 핵심 경관이 될 수 있다.

당초 화산서원의 복원은 화산서당의 이건에 대한 논의로부터 시작되었다. 1997년 석적읍 중리 진실의 윗마을인 웃골마을에 이건을 위한 토지 2,500여 평을 매입하고 이건을 추진하였으나 지정 문화재의 제약으로 인하여 한계에 직면하였다. 그리하여 2002년 화산서원 복원을 계획하기에 이른다.

화산서당의 이건이 원만하게 진행되지 않으면서 서당 이건 후에 서원의 복원을 추진하는 상황이 현실적으로 어려워지게 되어 화산서원의 신축 복원과 화산서당의 이건을 별건으로 동시에 추진하였다. '화산서당 이건추진위원회'와 '화산서원 복원추진위원회'를 각기 구성하고 추진위원도 분리하여 조직함으로써 두 사업의 추진에 효율성을 부여하였다. 당시 지역의 유림 대표로서 화산서원복원 발기인으로 참여한 42명[20]과 종중성원들이 서당 이건과

---

20) 각주 22)의 '복원발의 통문'에 기술된 발기인 명단 참조.

서원 복원을 위한 두 개 추진위원회의 추진위원으로 참여하였다.[21) 서당 이건 추진위원은 20명, 서원 복원 추진위원은 24명에서 보듯이 서원의 복원에 보다 비중을 크게 두고 있었다.

2002년 3월 화산서당 종중 정기총회에서 화산서원 복원에 관한 공식적인 논의를 시작하였다. 그해 5월 화산서당 종중을 국세청에 등록(513-80-△△△△△)하면서 서원 복원을 구체화하기 시작하였다. 6월 확대운영위원회에서 인근 성곡동으로 이건을 결정하고 강당 이건 외에 묘우와 동재, 서재, 내삼문, 외삼문을 신축하여 서원의 형태를 복원하기로 결정하였다. 7월 정우설계사무소와 이건 설계 계약을 체결하고, 9월 경상북도에 문화재 현상변경 허가신청을 하였다. 하지만 절개지의 붕괴 위험이 있다는 사유로 허가를 받지 못하였다. 이후 12월과 2003년 4월에 2차, 3차 현상변경 허가신청을 하였지만 부결되었다. 절개지 위험 요소와 묘우 등의 신축건물이 서당과 부합하지 않다는 사유였다. 그리하여 2003년 5월 화산서당을 반계동으로 이건하고, 화산서원을 성곡동에 신축 복원하기로 결정하였다.

2003년 11월 화산서당의 반계동 이건은 조건부 허가를 받았지만, 지역 주민들의 반대에 부딪히게 된다. 문화재 이건으로 인한 지가 하락과 재산권 제약에 대한 우려 때문이었다. 그해 12월 칠곡군청으로부터 민원 발생시 건축허가를 취소할 수 있다는 조건부 이건 건축 허가를 받으면서 주민들과 면담을 시도하였으나 완강한 반대에 직면하게 된다. 2004년 5월 묘우와 강당, 동재, 서재, 내삼문, 외삼문, 화장실까지 화산서원의 설계를 완료하고, 신축공사 도급계약을 체결한 상태였음에도 성곡동 주민들 또한 서원 신축을 반대하였다. 화산서원은 문화재 이전이 아니라 신축공사였지만 지역 주민들의

21) 화산서당 이건 추진위원은 장종수, 병태, 태식, 병필, 선기, 승휘, 정식, 재학, 응희, 달휘, 성년, 재윤, 동식, 원희, 재원(대구), 재원(왜관), 명기, 희국, 재훈, 병택이었고, 화산서원 복원 추진위원은 장석원, 화식, 용식, 두환, 상희, 수문, 대기, 효희, 남식, 수식, 경호, 병홍, 재진, 상기, 영걸, 영화, 영환, 지식, 화수, 지국, 기호, 재영, 병구, 문기였다.

동의를 쉽게 얻지 못하였다. 당시 서원과 같은 시설이 들어오게 되면 마을에 우환이 생긴다는 일부 주민들의 말이 전해지기도 했다. 그럼에도 불구하고 신축공사를 진행하면서 성곡동 주민들과의 마찰이 지속되었다. 주민들이 측량과 장비의 출입을 방해하면서 종중에서는 공사방해금지 가처분 신청을 제기한 적도 있다.

결국 2005년 11월 화산서원 상량 고유를 하기에 이르렀고, 성곡동 주민과는 종중소유의 토지를 기증하는 조건으로 2006년 1월 합의서를 작성하였다. 종중에서 주민들에게 희사한 부지는 현재 성곡리 경로당 부지로 이용되고 있다. 2006년 7월 화산서원의 당호를 결정하였는데, 묘우는 경덕사(敬德祠), 강당은 명정당(明正堂), 동재는 존양재(存養齋), 서재는 일신재(日新齋), 내삼문은 숭앙문(崇仰門), 외삼문은 진도문(進道門)으로 결정하였다. 신축복원 과정에서 건축도감은 장지식이 맡고, 재정담당은 장재진이 맡았다.

그 후 2007년 1월 도내 유림 42명이 참석하여 화산서원 복원발의인 회의를 개최하고, 금오서원(金烏書院), 낙봉서원(洛峰書院), 덕암서원(德巖書院), 봉산서원(鳳山書院), 옥산서원(玉山書院), 운양서원(雲陽書院), 청호서원(靑湖書院), 회연서원(檜淵書院) 등에 발의통문을 봉송하였다. 화산서원 복원발의 통문은 2월 13일부터 3월 5일까지 전달하였는데, 중중 회장단에서 전달자를 선정하였다. 덕암서원과 운양서원은 두환, 상희, 영화, 병홍이 전달하였고, 회연서원은 두환, 병홍이 전달하였으며, 옥산서원은 우환, 상희, 병홍, 지식이 전달하였다. 청호서원은 효희, 기호가 전달하였고, 봉산서원은 두환, 상희, 수문, 병홍이 전달하였으며, 금호서원과 낙봉서원은 두환, 상희, 병홍, 지식이 전달하였다.[22] 그 후 답통문을 접수하여 서원 복원에 명분을 확보할 수 있었다. 2007년 복원 건립을 마무리하면서 5월 서원의 현판을 부착하고, 10월 19일 중양절에 유림이 참제하여 향사를 올리고 복원 및 낙성행사를 하였다. 2011년 11월 사단법인 한국서원연합회에 회원으로 가입하면서 서원 복원과 한편으로 서당 이건을 마무리하였다.

이처럼 화산서원을 신축 복원하였지만, 그로 인해 오히려 화산서당의 관리는 더욱 어려워졌다. 그러한 상황에서 영남대학교로의 이건 논의는 종중으로서 무척 고무적인 상황의 전개였다. 당시 화산서당과 그 부지는 지가의 상승에도 불구하고 지정 문화재의 존치로 인해 처리할 수 없는 상황이었기에 종중에서는 서당의 이건에 전격적인 지원을 하였다. 하지만 현상변경의 문제가 다수 발생하면서 영남대학교에서도 이건 논의의 중단을 고민한 바 있다. 문화재 정면을 5층 이상의 건물로 가리지 않으면 건축 승인이 가능하

岡), 여헌(旅軒) 양 선생 문하에 종유하며 그 높으신 도학문장과 아름다운 행실, 훌륭한 덕이 당시에 떨쳐 빛났고 후세에 모범이 되었으니 모두 가히 백대토록 묘식(廟食)할 만하였습니다. 그래서 지나간 옛날 헌종 丁未년과 철종 癸丑년에 한 지방 사림에서 소암(嘯巖)과 화산(花山)에 서원을 창건하고 봉안 향사하면서 추모의 정성을 붙여 귀의할 곳으로 삼았었습니다. 그런데 천리에 들어나기도 하며 숨겨지기도 하는 기회가 있고 왕정(王政)에 덜고 더하는 마땅함이 있어서 불행케도 고종 辛未년(1871) 국가의 서원 훼철령에 의하여 훼철 되었습니다. 따라서 위패는 이미 황원(荒原)으로 돌아갔고 건물도 또한 잡초 우거진 폐허가 되어 다만 봄바람에 일렁이는 잡초만 보일뿐이니 원근 선비들과 지나가는 사람들이 어찌 방황하면서 슬퍼하지 않겠는가 더구나 후손들과 사림들이 한을 품고 개탄 우울해 온 것이 백 년이 넘었습니다. 장차 한 곳에 서원을 복원하여 두 어진 이를 봉향할 공론이 사림에서 크게 일어났습니다. 오직 이러한 막중한 공의를 끝내 민몰시킬수 없기에 이에 발의문을 통고하오니 엎드려 바라 옵건데 첨존(僉尊)께서 능히 여론을 채집하시고 적시에 의정하시와 한편으로는 우리고을 말세의 성대한 거사에 힘써주시고 한편으로는 거의 폐멸되어가는 세도(世道)를 일으켜주시면 천만다행이겠습니다. 단기 4339년". 당시 화산서원복원 발기인으로 참여한 인물은 이택기, 이인영, 이규식, 장인채, 조병욱, 여문환, 이현시, 송권달, 김규석, 이준영, 류길수, 송지선, 김교홍, 이준돈, 김태동, 장군섭, 조민희, 이승원, 이규동, 배재인, 고을무, 허연, 정병석, 이대열, 정완섭, 최열, 박동철, 류시창, 이종건, 정담, 손준헌, 박용완, 노서구, 이창우, 신동주, 길화수, 장두환, 장상희, 장대기, 장효희, 장병홍, 장영화의 42명이다.

다는 입장이 받아들여지면서 이건에 탄력을 받게 되었고, 마침내 2009년 이
건을 마무리 지을 수 있었다. 이처럼 문화재 지정으로 인한 이건 및 활용의
제한으로 서원을 신축한 것인데, 수 십 억원의 예산이 소요되었다. 그 예산
은 인근의 토지를 매매하여 확보하였다. 현재 영남대학교 민속촌으로 이건
한 화산서당 부지는 구획정리가 이루어졌다. 부지 내 12개 상가로부터 받는
임대료를 화산서원의 소득으로 확보하고 있다.

III. 화산서원의 운영 방식

1. 화산서원 보존회의 결성

예전부터 화산서당 종중은 만회당 종중으로도 불려왔다. 그런데 1988년
'화산서당 종중규약'을 제정하면서 그 명칭을 만회당 종중이 아니라 "인동장
씨 화산서당 종중"으로 명문화하였다. 화산서당 종중규약에서 "그 구성원은
시조공으로부터 22세 선조 만회당 부군(휘 경우)의 자손으로 구성한다."[23]고
명시하듯이 만회당과 화산서당의 명칭에 따른 차이는 보이지 않는다. 그럼
에도 종중 명칭을 화산서당으로 공식화한 것은 화산서당의 상징성과 더불어
서 신축 복원한 화산서원과의 관계 속에서 접근할 필요가 있음을 보여준다.
종족마을의 공간적 공유와 혈통 계승의 공통점을 갖지만 시조공의 후손과
만회당의 후손을 구분할 필요가 있기 때문인데, 무엇보다 화산서당, 화산서
원과 관련된 자산의 출처와 소유를 명확하게 규정짓기 위한 것이다. 한편으
로는 명확한 구분을 짓기 모호한 상황을 고려한 것이기도 하다.

이러한 정향은 종중규약의 목적을 부군의 유적보존과 의덕 선양, 친족 돈

---

23) 화산서당 종중규약 제1장 총칙의 제1조 명칭, 제2조 구성원의 내용임. 〈부록 1〉
   참조.

〈그림 3〉 화산서원 보존회 사무실

목 증진으로 두면서 종중의 사업으로 유적 보존의 위선사업과 종중재산관리 및 화산서원 보존을 위한 제반 사업으로 정하고 있는 모습에서 확인된다.[24]

특히, 화산서원을 신축 복원하면서 서원의 유지와 관리를 위한 기구로서 2007년 '화산서원 보존회'를 결성하였다. 화산서원 보존회는 사단법인이나 재단법인으로 등록은 하지 않았지만, 2013년 세무관계 법인 등록을 완료하였다. 이로써 서원 자산의 공정 관리와 법적 처리를 위한 기반을 구축하였다.

무엇보다 보존회는 화산서원 즉, 만회당 장경우 후손들의 서원과 서당에 관련된 자산의 관리 문제를 도맡고 있다. 주지하다시피 그들의 지리적·공간적 기반이 되는 칠곡지역은 구미공단을 비롯하여 대단지의 아파트가 조성되면서 택지개발이 이루어졌고, 이는 지금도 마찬가지이다. 따라서 토지를 중심으로 확보하고 있는 종중의 자산 규모가 급격히 증가하였으며, 일부 개발 계획에 포함된 지역은 매매가 이루어지기도 했다. 그 과정에서 종산에 도로가 개설되며 발생한 보상금에 대한 재산구분이 요구되고, 때로는 재산을 분할해줘야 하는 상황이 생겼다. 덩달아 세금도 발생하였다.

이러한 상황에 효율적으로 대응하기 위한 화산서당 종중의 전략적 선택이 화산서원 보존회의 결성과 법인화라고 할 수 있다. 화산서원과 화산서당이 분리되면서 과거 서당으로 등기된 자산은 물론 새롭게 서원으로 등기된 자산의 관리가 함께 이루어져야 했기에 이를 전담할 기구의 필요성이 증대한 것도 그 배경이 되었다. 이를 통해 서당 및 서원 자산의 나가고 들어옴이 세무서를 통해 공식적으로 이루어지면서 회원들이 종족활동에 더욱 주도적

---

24) 화산서당 종중규약 제1장 총칙의 제3조 목적, 제5조 사업의 내용임. 〈부록 1〉 참조.

으로 참여하는 바탕이 되었다. 서원의 본질은 제향과 교육이다. 하지만 "제사를 지내는 것보다 임대료 받고 세금 내는 것이 더욱 중요합니다"라는 일부 회원들의 언설은 현대사회에서 서원을 운영하는 방식에 대한 시사점을 제공한다. '경제적 가치로 전환되는 상징적 자본'이라는 또다른 시선으로 서원을 바라볼 필요가 있다.

2. 보존회를 통한 서원의 운영

"사람이 끊기고, 재정이 빈약하면 서원은 중단됩니다"라고 말하면서 "서원을 유지하기 위한 제1 법칙은 사람의 참여를 유도하는 것입니다"라는 서원의 운영에 대한 보존회 회원의 언설에 많은 이들이 동의한다. 이는 서원에서 진행하는 활동에 참여를 유도하는 것이 그만큼 쉽지 않음을 반증하는 말이기도 하다. 화산서원 보존회에서도 이러한 고민을 지속하고 있다.

화산서원 보존회에서는 서원과 종중 활동의 참여를 유도하기 위한 실천적 방법의 일환으로 행사 참가자들에게 여비를 지급하기로 결정했다. 이에 대하여 원로들은 종중 행사에 무슨 여비를 지급하냐며 화를 내기도 했다. 하지만 실제로 여비가 지급되고, 그 금액도 증가하면서 참여 인원을 지속시키는 결과를 얻을 수 있었다. 일부 회원들은 여비 지급으로 인해 참여 인원이 증가하였다고 하지만, 실제 양상은 다른 종족집단에서 흔히 확인되는 참여 인원의 감소증세가 확연하게 두드러지지 않으며, 참여 인원이 어느 정도 유지되고 있음을 알 수 있다.

필자가 확보한 화산서원 보존회와 화산서당 종중의 활동 내용 가운데 확인가능한 2016년 이후의 3월 마지막 주 일요일에 시행되는 정기총회와 음력 9월 9일 중양절에 시행되는 향사에 참여하는 인원의 현황을 통해서 이러한 양상을 파악할 수 있다. 2016년 정기총회 58명, 향사 39명, 2017년 정기총회 62명, 향사 40명, 2018년 정기총회 61명, 향사 42명, 2019년 정기총회 51명, 향사 42명이 참여하였다. 2020년에는 COVID-19로 인하여 정기총회를 시행하지 않았고, 향사는 2020년만 음력 9월 1일 고유제로 대체하였다. 2021년 정기총회에 35명, 향사에 23명이 참석하였는데, 이는 COVID-19로 종중행사를 중단하였던 여파가 영향을 미친것으로 보인다. 2023년 3월 26일에 시행된 계묘년 정기총회에는 50여 명이 참석하였다고 한다.

그런가 하면, 서원 활동에 대한 참여를 유도하기 위한 또 다른 방식으로 화산서원 향사의 '당일입제'가 보편화되고 있다. 향사는 서원 활동 가운데 가장 중요한 행사의 하나이다. 그래서 준비하는 이들과 참여하는 이들 모두 마음가짐부터 행동에 이르기까지 정성을 다한다. 향사일 전날 서원에 모여 하루 기거하고 익일 오전 향사를 지내는 '전일입제'가 일반적 방식이었다. 그러나 2020년부터 COVID-19로 인해 사람들의 모임과 행사가 전격적으로 제한되면서 전일입제의 시행이 어려워졌다. 당시는 일부 자손만 참여한 고유제 형태로 대체되었다. 이러한 상황에서 향사 당일 오전에 참제인원을 소집한 것인데, 많은 이들이 호응을 보였다. 바쁘게 돌아가며 시간을 경제적 가치와 동일하게 인식하는 현대사회의 생활방식에 적합한 "경제적 합리성과 사회적 시간의 효율성"[25]을 고려한 결과라 할 수 있다. 더욱이 이는 경비 절감의 효과도 있어서 당일입제는 보다 공고해지는 상황이다. 얼마 전까지만 하더라도 어른들에게는 당일입제란 말만 해도 혼나던 것을 생각하면 그 변화가 생각보다 빠르게 진행되고 있음을 알 수 있다.

화산서원은 1년에 한 번, 음력 9월 9일 중양절에 향사를 지낸다. 주로 경북지역의 서원을 출입하는 유림들에게 봉청장을 발송하는데, 집안사람이라 하더라도 봉청장을 받지 않으면 향사에 참석하지 않는 것이 원칙이다. 삼헌관과 축, 집례의 오집사, 그리고 제 집사를 비롯해서 30~40명이 향사에 참석하고 있다. 이처럼 제향 기능이 원활하게 작동하는 것과 대비하여 서원의 또 다른 주요 기능인 교육 기능은 약화 되어있는 실정이다. 이는 "현재는 제사

---

25) 정재영(2012), 「제수대행업체의 등장과 명절의례의 변화: 대구시 '제삿날'의 사례를 중심으로」, 『인류학·고고학논총』, 학연문화사, 198쪽.

만 지낼 뿐 교육 기능은 없는 반쪽 서원입니다."라는 회원의 말에서도 알 수
있다. 현재 화산서원 보존회에서는 서원의 교육기능을 어떻게 시행할 것인
가를 고심하고 있다. 반면에 화산서당은 이건하면서 관리주체가 영남대학교
로 이전되었기에 보존회에서 서당을 이용한 활동에 대한 계획은 고려하지
않는다. 다만 영남대학교의 활동을 지원하면서 상보적 관계를 구축하는 데
관심을 기울이고 있다. 화산서당에서는 2010년 6월 16일과 2013년 5월 22일
의 한시 백일장을 비롯하여 2013년 5월 22일과 2014년 11월 14일의 석채례
(釋菜禮), 그리고 2014년 11월 14일의 학술대회를 개최한 바 있다. 보존회는
이러한 학술 및 교육과 관련된 행사를 지원함으로써 서당의 본질을 담보한
지속성을 확보하고자 하며, 서원에서는 매년 향사를 개최함으로써 서원의
역할에 충실하고, 또한 종중 성원의 단합을 도모하고 있다.

한편, 화산서원 보존회에서는 울산의 구강서원(鷗江書院) 운영 사례를 검
토하고 이를 칠곡군청에 타진한 적이 있었다. 회재(晦齋) 선생과 퇴계(退溪)
선생을 배향하는 구강서원은 사단법인으로 조직을 정비하였다. 그 과정에서
울산시청에 서원을 기부채납함으로써 향사 등 서원 고유의 업무만 서원 측
에서 담당할 뿐 서원의 관리는 물론 교육을 비롯한 그 외 행사들은 시청에서
전담하고 있다. 화산서원을 활용한 교육활동에 지자체와의 협력체계를 모색
했던 것인데, 실행되지는 못하였다. 회원들은 현재 다각도로 구상하고 있는
교육기능이 활성화되면 서원의 본질을 지향하는 곳으로 거듭날 것이라 생각
하고 있다.

전술한 것처럼 화산서원 보존회는 화산서원의 유지와 관리를 목적으로
조직된, 종중으로부터 분리된 종족조직이자 운영기구이다. '화산서원 보존회
회칙'에서도 그 목적을 "극명당 선생과 만회당 선생의 학문과 사상을 연구
선양하여 유학발전과 전통윤리관을 고취하며 향토문화발전에 기여하는 한
편 위의 양 선생을 봉향함"으로 규정하고, 목적을 달성하기 위한 사업도 1.
양 선생의 학문과 사상의 연구 및 발표, 2. 제향 봉행(중양절), 3. 교육사업
(한문 및 예절과 전통문화교육), 4. 한시백일장, 5. 기타 필요한 사업으로 정

하고 있다.[26]

무엇보다 화산서원 보존회의 운영에 있어서 특징적인 점은 서원 자산의 관리에 관한 내용이 강조되는 점이다. 이는 회칙의 제5장 이사회의 내용 중에서 의결사항으로 1. 부동산 매매(취득, 처분) 및 임대에 관한 사항, 2. 사업 계획 및 예산 결산에 관한 사항, 3. 재정 수입 지출에 관한 사항, 4. 총회 부의사항 사전 검토, 5. 기타 중요한 사항[27]을 두고 있듯이 자산 관리에 대한 세부 내용을 구체적으로 명시하고 있는 것에서 확인된다. 또한 제6장 재산과 회계에서 "본회의 부동산은 반드시 화산서원 명의로 등기하여야 하며 금융 자산은 세무서에 등록된 화산서원 보존회장 명의로 제1금융권에 예치하여야 한다"[28]고 명시하며 재산의 명료화를 강조하는 것에서도 확인할 수 있다.

화산서원 보존회가 결성되기 이전에는 종중에서 서원 즉, 화산서당의 자산을 관리하였다. 하지만 보존회가 서원과 관련된 자산의 관리를 전적으로 도맡으면서 과거 종중에서 관리하던 시기의 자산 관련 문서도 일체 입수하여 보관하고 있다. 예컨대 계약서, 보관증과 같은 수입문서와 향사 추목기(秋牧記), 흥성기(興成記)와 같은 지출문서를 관리하면서 보존회의 역할을 분명하게 보여주고 있다.

이러한 양상은 보존회에서 '사무처리 규정'을 따로 제정하고 있는 것에서도 확인할 수 있다. 사무처리 규정은 전적으로 화산서원의 재무관리를 공정하고 효율적으로 처리하기 위한 것이다. 여기에서 비치 서류의 종류와 관리, 회계 처리 방식까지 규정하고 있다. 예를 들어 예산 결산은 복식부기로 정리한다. 단식부기가 입출금 즉, 현금출납부만 기입하는 것이라면, 복식부기는 대차대조표, 손익계산서, 시산서를 기입하는 소위 기업형 운영 방식으로서

---

26) 화산서원 보존회 회칙 제1장 총칙의 제3조 목적, 제4조 사업의 내용임. 〈부록 2〉 참조.
27) 화산서원 보존회 회칙 제5장 이사회의 제22조 이사회 의결사항의 내용임. 〈부록 2〉 참조.
28) 화산서원 보존회 회칙 제6장 재산과 회계의 제24조 재산의 명료화의 내용임. 〈부록 2〉 참조.

이를 통해 자산 운용의 효율성을 극대화하고 있다.

　뿐만 아니라 임대료 수입도 세무서로 즉시 신고하여 투명성을 확보하고 있다. 서원 건물뿐만 아니라 임차 건물 일체를 화재보험에 가입하여 안전성도 확보하였다. 실제로 화재가 발생한 상가 세입자가 보험으로 인한 보상을 받은 적도 있다. 2022년 보존회에서 관리하는 임대 상가 '돌OO계장'에서 화재가 발생하였는데, 보상을 통해 회복에 도움을 받을 수 있었다. 조직과 자산의 공정한 운영은 사고의 위험도 감소케 한다. 이로써 서원과 종중이 더욱 활성화될 수 있다. 화산서당 종중은 다른 문중에 비하여 자산 규모가 작지 않다. 이에 대한 관리의 제도화가 법인화로 연결되었으며, 이는 구성원의 결속을 더욱 단단하게 만들어주는 기제로 작동하고 있다.

임야경계확정계약서　　　　　보관증

경자년 추목기　　　　　정유년 흥성기

〈그림 4〉 화산서원 보존회 관리문서

3. 화산서당 종중과 화산서원 보존회의 상보적 분리

화산서원의 신축 복원을 계기로 서원의 관리를 전담하는 조직인 '화산서원 보존회'를 결성한 것은 한편으로 화산서당 종중에서 보존회를 분리한 것으로 이해할 수 있다. 이는 종중 자산과 서원 자산이 완전하게 일치하지 않기 때문이다. 서원은 만회당 후손들로 구성되는 반면 종중은 시조공 이하 후손들로 구성되어 그 범주가 더욱 크다. 또한 회원의 거주 지역에서도 차이가 있다.

여기서 중요한 점은 이러한 분리가 중중과 서원을 별개의 조직으로 나누어 관리하는 소위 '일반적' 분리라기보다 오히려 서원 운영의 효율성을 확보하기 위한 '전략적' 분리라는 것이다. 화산서원 보존회에서 개최한 총회의 주요 안건을 보면, 수익금 관리에 관한 것이 대부분이며 총회에서 회원들에게 제공하는 회의자료도 보존회의 활동 경과와 결산보고서, 수익금명세서, 임대료 입금명세서, 지출금명세서, 재무명세서, 부동산명세서, 잔액증명서, 부동산임대현황표, 예산서(안) 외에 화산서원 보존회 회칙이 아니라 '화산서당 종중규약'을 첨부하고 있는 점에서도 그러한 부분이 확인된다. 또한 구성원의 구별과 달리 중중의 임원진이 그대로 보존회의 임원을 겸임하는 것도 그러하다.

매년 3월 마지막 일요일 오전 11시 화산서원에서 개최되는 정기총회에서 논의되는 내용을 통해서도 화산서원 보존회의 결성이 종중과의 상보적 차원에서 이루어지고 있음을 알 수 있다(〈표 1〉 참조). 2021년 3월 28일에 개최된 신축년 정기총회의 내용을 보면, 2020년의 경과보고 안건 가운데 정기예금 만기와 법인세·재산세 납부, 임대차 계약 등 자산 관리에 관한 것이 대부분이다. 그 외에 서원 활동으로서 향사의 개최, 영남대 민속촌 소재 화산서당 점검 등이 있었다. 그런데 인동장씨 대종회장 후보로 중리파, 즉 화산서당 종중에서 후보자를 내는 건도 논의하였으며, 업무추진비 등의 지급도 검토하였다. 또한 종파 파보 제작 지원도 검토하였다. 2023년 3월 26일에 개최된 계묘년 정기총회에서 2022년의 경과보고 안건으로 제시된 내용 역시 정기예금 만기와 법인세·재산세 납부, 임대차 계약 등 자산과 수리 및 보수 등 서원의 관리에 관한 것이 주를 이루고 있지만, 인동장씨천년사를 작성하며 중리파의 내용을 논의하거나 중리파의 대종회장 후보 선임과 같은 활동을 논의하였다. 이처럼 화산서원 보존회의 활동이 서원의 관리와 활용에 국한하지 않고, 종중의 일을 함께 논의하는 장으로 기능하는 것은 이 둘이 분리된 것이라기보다 상보적 운영 체계를 구축하고 있음을 보여준다. 결국, 이는 화산서당 종중과 화산서원 보존회의 '상보적 분리'라고 본다.

〈표 1〉 2021·2023년 화산서원 보존회 정기총회 경과보고 내용

일자	내 용
2020.3.5.	정기예금 만기도래 1년 재 예치(대구은행상수도점)
2020.3.19.	불천위제사 대종가 100만원 지출
2020.3.23.	운영위원회 개최 화산서원강당 (12명 참석) - 2019년 결산보고 심의 의결 - 2020년 예산(안) 보고 심의 의결 - 2020년 정기총회 무기연기 (코로나19사태) - 코로나19사태 및 지역불경기 감안 공통분담 및 정부시책 호응에 임대료를 20년 3월부터 5월까지 한시적으로 20% 인하
2020.3.30.	2019년 화산종중 법인세 신고 납부
2020.5.21.	임대료를 20년 6월부터 8월까지 한시적으로 추가연장 20% 인하
2020.5.29.	정기예금 만기도래 1년 재 예치 (대구은행사동점)
2020.6.5.	정기예금 만기도래 1년 재 예치 (대구은행사동점)
2020.6.9.	서원관리사 1층 화장실 개·보수공사
2020.6.29.	운영위원회 개최 대구사무실 (16명 참석) - 2020년 향사 전일입제에서 당일입제로 변경 - 기타 업무보고 종무 논의
2020.7.17.	영남대학교박물관 방문 회장단, 감사 외 6명 - 영남대박물관 비치 좌경거울(大) 1점 기증 - 영남대민속촌 화산서당 방문 관리상태 양호
2020.7.30.	2020년 건물분 재산세 00원 납부
2020.8.21.	전주비빔밥 임대차계약 종료 재계약 - 보증금 00원 월 XX원 (임대기간 1년)
2020.8.28.	2020년 화산종중 법인세중간예납 신고 납부 2020년 중리종중 종합소득세 신고 납부

2020.9.20.	운영위원회 개최 화산서원강당 (15명 참석, 도유사·향유사 포함) -코로나19사태 지속으로 향사 취소하고 대신 자손 고유제로 대체함 1) 고유제: 음 9.1.(양 10.17.) 정기 알묘시 실시 2) 원장 조송희, 유사 윤수현, 이윤식 유임 -종파 파보 제작 족보편찬위원회에 운영자금 2천만원 입체 결의 -총예산 1억 중 반계정사, 화산서원, 삼우당, 남파공, 침류정 등 소문중 분담지원 파보 발간 후 회수
2020.9.29.	2020년 토지분 재산세 00원 납부
2020.10.10.	태성공인중개사회 임대차계약 종료 재계약 - 태○중개사: 보증금 00원, 월세 XX원 (1년) - 맛○국밥집: 보증금 00원, 월세 XX원 (1년) - ○○학원: 보증금 00만원, 월세 XX원 (1년)
2020.10.17.	코로나19사태로 향사 대체 고유제 실시 운영위원회 19명 참석
2020.11.7.	청장년회 총회 실시 서원방문 및 지원금 지급 - 화산서원방문 알묘 45명 - 지원금: 대종가 1백만원, 청장년회 30만원
2020.11.28.	만회당 묘사 (정산재) -본향 5파회장단 결의로 코로나 때문에 무축, 대종손 단헌 및 제수로 약식 시행
2020.12.6.	연○○휘날리며 임대차계약 종료 재계약 - 보증금 00원, 월세 XX원 (임대기간 2년)
2021.1.5.	불우이웃돕기 성금 50만원 기탁 (대종회에서 취합 KBS납부)
2021.1.18.	서원관리사 1층 보일러 교체공사
2021.2.10.	태○공인중개사 계약변경 김0성 → 이0복 - 보증금 00원 월 XX원 (임대잔여기간 21.10.10.)
2021.2.3.	소운영위원회 개최 대구사무실 (7명 참석) - 대종회장 중리(본)파 후보자 선출 건 운영위원회 개최 결정
2021.2.7.	중리종친회 및 화산운영위원회 개최 화산서원강당 (17명 참석) - 대종회장 중리(본)파 후보자로 화산 회장 장효희 선출
2021.2.22.	대종회장 선거 대책회의 대구사무실 (9명 참석) - 경파후보자 사퇴로 장효희 회장이 대종회장으로 무투표 당선 - 대종회장 당선자 대종회 업무추진비 및 천년사 지원금 지급 검토
2022.3.7.	정기예금 만기도래 1년 재 예치(대구은행대천로지점)
2022.3.11.	2021년 총회자료 및 결산보고서 정기감사 실시
2022.3.16.	재영 화산서원보존회장 별세
2022.3.23.	운영위원회 개최 대구사무실 (10명 참석) -2021년 결산보고서 및 총회자료 심의

	- 코로나 사태로 정기총회 무기연기 - 서원 아크릴창호지 개·보수공사 실시건 외
2022.3.27.	대종가 불천위제사 봉행
2022.4.10.	서원 창호 아크릴창호지 공사(4010~ 4.14) 총공사비 4,673,240원
2022.4.11.	서원 화장실 양변기 교체공사 공사비 700,000원
2022.4.13.	서원 외곽 아카시아 등 잡목 벌목공사 공사비 3,000,000원
2022.4.26.	대박포차 임대차계약 해지 보증금 3,000,000원 지급
2022.5.17.	2021년 법인세 환급 772,150원

2022.6.2. 통○뷔페(장○진) 임대차계약

구분	계약자	임대보증금	임대료	계약기간
신계약	통○뷔페	00원	XX원	22.6.2.-24.6.1.

산○들(박○철) 장기미수임대료 정산
 1) 미수임대료 8,900,000원 중 6,000,000원 입금
 2) 통○뷔페 중개수수료 1,000,000원 박○○ 부담
 3) 미수잔금 1,900,000원 결손처리

2022.6.7.	정기예금 만기도래 1년 재 예치 (석적농협중리점) 서원관리동 수도공사(관리동생활용수, 서원방화수) 총공사비 4,110,240원
2022.6.9.	서원 기와보수 및 지붕보완공사 총공사비 2,000,000원
2022.7.26.	건물분 재산세 00원 납부

2022.8.10. 돌0꽃게장(여0훈) 임대차재계약

구분	계약자	임대보증금	임대료	계약기간
재계약	돌○꽃게장	00원	XX원	22.8.10.-24.8.10.

2022.8.22.	서원 건물기둥, 벽면, 바닥 세척작업 (8.22!8.24) 작업비 1,214,280원
2022.8.27.	운영위원회 및 향사봉청위원회 개최 화산서원 명정당 (12명 참석) - 2022년 향사 실시 건 - 2022년 주요업무보고 산내들 미수금 회수 등 - 2022년 봉청위원회 5집사 봉청 외
2022.9.5.	2022년 향사 봉청장 발송 (원장 등 5집사)
2022.9.7.	운영위원회 개최 대구사무실 (13명 참석) - 인동장씨천년사 중리종파 자료작성 관련회의
2022.9.26.	토지분 재산세 00원 납부

2022.10.10. ㈜신○(이○규) 임대차계약

구분	계약자	임대 보증금	임대료	계약기간
신계약	㈜신○	00원	XX원	22.10.10.-23.10.10.

2022.10.13.	맛○○지국밥(정○민) 임대차계약				
	구분	계약자	임대 보증금	임대료	계약기간
	재계약	맛나○밥	00원	XX원	22.10.10.-23.10.10.
2022.10.17	운영위원회 개최 대구사무실 (11명 참석) - 인동장씨천녀사 중리종파 자료작성 관련회의				
2022.11.7.	만회당 묘제 봉행 (정산재)				
2022.12.1.	정기예금 신규 예치 (석적농협중리점) 이율 5.53%				
2022.12.22	연○○휘날리며(강○숙) 임대차 재계약				
	구분	계약자	임대 보증금	임대료	계약기간
	재계약	연○○휘	00원	XX원	22.12.22.-24.12.10.
2022.12.13.	종합부동산세 00원 납부				
2023.1.11.	대종회 신년교례회 기념타올 100매 협찬				
2023.1.28.	인동장씨청년장년회 정기총회 격려				
2023.2.6.	운영위원회 개최 대구사무실 (12명 참석) - 임대처 돌0꽃게장(여0훈) 화재발생 및 대책보고 - 서원 CCTV 교체공사 실시건 - 임대업체 건물 화재보험 가입 - 중리파종중의 차기 대종회장선거(20.2.22) 후보자 장정규 선임 - 화산서원복원추진위원회 장효희회장 장기입원위로금 지급 및 위문				
2023.2.27.	정기예금 만기해지 기업자유예급입금 대구은행대천로점				

이상에서 살펴본 바와 같이 화산서당 종중로부터 화산서원 보존회가 분리되어 두 조직이 개별적인 이원적 구조로 존재하는 것이 아니다. 두 조직은 오히려 상호보완적 구조 속에서 분리가 이루어진 상보적 분리의 새로운 운영 체계를 갖추고 있다.

다시 말해서 화산서원 보존회는 서원을 관리·운영하고, 보존과 활용의 방안을 모색하는 목적과 함께 종중의 법인체 대리의 성격을 띠고 있다. 화산서당 종중이 사회적으로 인동장씨 중리파를 대표한다면, 보존회는 기능적 역할에 집중함으로써 종족조직의 운영에 효율성을 확보하고 있다. 종가에서 조상제사권을 법인체로 양도하겠다는 계획이 논의되고, 그 역할을 법인체가 담당하더라고 크게 문제되지 않으며, 오히려 안정적인 계승체제를 구축할

수 있다는 주장[29]이 설득력 있게 다가오는 것도 이러한 양상이 보다 확대될
여지가 있기 때문일 것이다.

화산서원은 이건된 화산서당 부지의 소유권을 확보하기 때문에 그 수익
금이 서원의 자산으로 귀속된다. 따라서 서원재산의 공정하고 효율적인 관
리는 보존회 회원의 이익으로 환원된다. 하지만 이는 결국 종중의 이익으로
연결된다. 이를 위하여 종중에서는 규약으로 보상금, 수익금 등의 재산을 종
원들에게 일체 환원하지 않는다는 내용을 명문화하고 있다.[30] 실제로 종중재
산의 분배로 인한 갈등과 분쟁이 곳곳에서 심심치 않게 확인된다. 이는 종족
조직의 특성상 그 성립과 구성원의 범위를 명확하게 확정하기 어려운 점과
단체의사의 결정절차 또한 명확하지 않은데서 기인한다.[31] 따라서 화산서원
보존회의 분리 운영은 서원뿐만 아니라 종중의 자산은 물론 종족활동의 효
율성과 종족조직의 지속성에 힘을 준다.

Ⅳ. 맺음말

이상에서 경북 칠곡군 인동장씨 종중에서 화산서당을 영남대학교 민속촌
으로 이건하고, 화산서원을 건립하여 복원하는 과정과 그 서원의 효율적 운
영을 위해 화산서원 보존회라는 새로운 종족조직을 결성하여 운영하는 방식
을 살펴보았다.

화산서당의 이건과 화산서원의 복원은 일부 현대사회에서 확인되는 훼철
혹은 소실된 서원의 복원과는 상이한 과정을 보인다. 도시화로 인해 경제적

29) 김미영(2017), 「종가문화의 전승기반과 변화양상」, 『국학연구』 33, 한국국학진흥
원, 370쪽.
30) 화산서당종중규약 제4장 재정, 제14조 재산의 관리, 4항 "종중의 재산은 이유 여
하를 막론하고 분배할 수 없다."
31) 진상욱(2017), 「종중재산의 귀속과 분배」, 『토지법학』 33(2), 한국토지법학회, 195
쪽.

여건이 변화하고, 또한 기존의 서당이 구축되어 있던 주변 환경에도 변화가 생기면서 이건을 결정하였지만, 문화재로 지정되어 있는 점과 이건 예정지 주민들의 반대로 인해 오히려 서원을 신축하여 복원하였다. 그리고 그로 인해 존치된 서당은 이건 적합지를 물색하는 와중에 영남대학교 민속촌으로 이전하게 되었다. 2007년 낙성한 화산서원은 대원군 철폐령 당시 훼철된 것을 복원한 것이지만, 과거의 건물을 이용한 복원이 아니라 신축하였다는 점이 특징적이며, 특히 그 전신인 화산서당을 유지한 채로 서원 건물을 새롭게 지어 복원했다는 점에서 현대사회의 복잡한 논리가 결부된 양상을 확인할 수 있다.

이처럼 훼철로 인하여 기존의 서원에서 격하된 서당은 유지한 채 서원을 신설한 양상과, 그로 인해 존치된 서당을 지역의 대학 내로 이건하여 서원과 서당을 별개로 운영하고 있는 점은 현대 도시사회의 다변적 상황에 대한 종족조직의 대응이라는 측면에서 의의를 가진다. 구미공단의 개발과 함께 칠곡군 석적읍에 야기된 제 변화는 인동장씨 종족마을의 공간적 변화와 종족집단의 경제적 변화, 그리고 주변 종족집단과 종족성원 간 사회관계의 변화를 초래하였다. 더욱이 이러한 변화들이 개별적으로 나타나는 것이 아니라 상호 결부되면서 서원의 복원과 서당의 이건에 직간접적인 영향을 주었고, 이는 종족의 활동과 서원의 운영 방식을 변화시키는 배경이 되었다.

특히, 서원과 관련된 운영 사항 일체를 담당하는 조직으로서 화산서원 보존회를 결성하였다. 화산서원 보존회는 화산서당 종중에서 서원과 관련된 모든 역할을 분리하여 도맡음으로써 서원 운영의 효율성을 확보하는 동시에 한편으로 종중의 활동에 탄력을 부여하고 있다. 다시 말해서 보존회의 결성은 종중으로부터 서원을 분리한 것이라기보다 화산서당 종중과 화산서원 보존회가 상보적 관계 속에서 이원적 운영 체계를 구축한 것이라 볼 수 있다. 무엇보다 도시화로 인해 증가한 종중의 자산을 공정하고 효율적으로 관리하는 주체로서 보존회의 역할이 중요하게 인식되고 있다. '경제적 가치로 전환되는 상징적 자본'으로서 현대 서원의 의미가 부각된다.

이러한 서원의 운영 방식은 상대적으로 종가의 위상이 약화되고, 계보성
이 결여된 도시사회에서 종족조직의 현대화된 정체성을 확립하고 정서적 안
정감을 확보하는 데 기여한다. 또한 전통사회와 달리 분산성이 점증된 종족
집단의 연대를 지향하는 과정과도 관련된다. 결국, 현대 서원의 건립과 운영
에서 확인할 수 있는 양상들은 사회적 변화를 수용, 적응, 대응하는 과정에
서 종족집단의 지속성을 확보하고 종족성을 재강화하기 위한 문화적 능력의
전략적 선택과 실천으로 이해할 수 있다.

【참고문헌】

구본욱(2020), 「연경서원의 설립과 위상 및 의의」, 『서원학보』 10, 한국서원학회.

김무진(1995), 「조선후기 서당의 사회적 성격」, 『역사와 현실』 16, 한국역사연구회.

김미영(2017), 「종가문화의 전승기반과 변화양상」, 『국학연구』 33, 한국국학진흥원.

김재식·김정문·김정식(2007), 「무성서원 및 주변지역 복원에 대한 연구」, 『휴양및경
　　　관연구』 1(1), 전북대학교 부설 휴양및경관계획연구소.

박성용(2000), 「지역사회의 문화지도: 청도의 서원·재실·정자를 중심으로」, 『민속학
　　　연구』 7, 국립민속박물관.

손대원(2010), 「군위 대율마을 계회(契會) 방식의 변화와 그 요인」, 『실천민속학연구』
　　　15, 실천민속학회

영남대학교 박물관(2010), 『화산서당 이전·복원 보고서』.

이수환(2001), 『조선후기 서원연구』, 일조각.

이창언(2013), 「도시화와 종족활동의 지속과 변화」, 『실천민속학연구』 21, 실천민속
　　　학회

_____(2014), 「종족촌락 해체 이후의 종족활동」, 『동아인문학』 28, 동아인문학회.

이해준(2019), 「칠곡 인동장씨 정사·서당·서원 건립 활동과 성격」, 『한국서원학보』 8,
　　　한국서원학회.

인동장씨대동보편찬위원회(1997), 『인동장씨대동보』.

정재영(2012), 「제수대행업체의 등장과 명절의례의 변화: 대구시 '제삿날'의 사례를
　　　중심으로」, 『인류학·고고학논총』, 학연문화사.

_____(2014), 「20세기 후반 양반의 성격변화와 재실의 건립: 청도군 수야리의 사례
　　　를 중심으로」, 『지방사와 지방문화』 17(1), 역사문화학회.

(재)한국의 서원 통합보존관리단(2021), 『세계유산 한국의 서원: 기록문화와 제향』.

조강희(1988), 「도시화과정의 동성집단 연구: 대구지역 한 문중의 구조적 변화」, 『민
　　　족문화논총』 9, 영남대학교 민족문화연구소.

진상욱(2017), 「종중재산의 귀속과 분배」, 『토지법학』 33(2), 한국토지법학회.

화산서원지간행위원회(2008), 『화산서원지(증보판)』.

Bourdieu, Pierre(1984), Distinction: *A Social Critique of the Judgment of Taste.*
　　　Translated by Richard Nice. London: Routledge.

〈부록 1〉

화산서당 종중규약

제1장 총칙

제1조 (명칭) 본 종중은 인동장씨 화산서당종중이라 칭한다. (이하 본 종중이라
　　　한다)

제2조 (구성원) 본 종중의 구성원은 시조공으로부터 22세 선조 만회당 부군(휘
　　　경우)의 자손으로 구성한다.

제3조 (목적) 본 종중의 목적은 부군의 유적보존과 의덕을 선양하고 친족 상호
　　　간의 돈목을 증진하는 데 있다.

제4조 (위치) 본 종중의 위치는 본부를 경북 칠곡군 석적읍 중리 338번지에 두
　　　고 필요에 따라 타지에 사무소를 둘 수 있다.

제5조 (사업)

　1. 본 종중은 위선사업 유적보존, 종중재산관리 및 화산서원 보존을 위한 제
　　반사업을 한다.

　2. 위 사업을 위한 재원확보를 위하여 부동산임대업을 하며 모든 수익음은
　　제3조 목적과 제5조의 사업을 위하여 사용하고 구성원에게 배분하지 아니
　　한다.

　3. 기타 본 종중 발전을 위한 사업 등

제2장 임원의 임기와 임무

제6조 (임원의 구성) 본 종중의 임원은 다음과 같이 구성하며 화산서원보존회
　　　의 임원을 겸한다.

　1. 대종손
　2. 자문위원 약간명
　3. 회장 1명

4. 부회장 1명

5. 감사 2명

6. 운영위원 9명 (각 소문중 2명과 동락서원유사 1명)

7. 유사 2명 (총무유사, 재정유사)

제7조 (임원의 선출방법)

1. 회장, 부회장은 각 소문중에서 각각 1명씩 추천받아 당해 운영위원회에서 그중 1명을 총회에 추천한다. 단, 회장은 소문중별로 순환하여 추천하도록 한다.

2. 자문위원은 과거의 본 종중의 회장 경력이 있는 자가 된다.

3. 감사는 정기총회에서 추천하여 선출할 수 있다.

4. 운영위원은 각 소문중에서 2명씩 추천받은 자가 되며 동락서원에 파견권 유사는 자동 운영위원이 된다.

5. 유사는 회장이 지명하고 운영위원회에 보고한다.

제8조 (임원의 임기) 임원의 임기는 2년으로 하고 연임할 수 있으나 회장은 1회에 한하여 연임할 수 있으며 자문위원은 종신직으로 한다.

제9조 (임원의 임무) 각 임원의 임무는 다음과 같다.

1. 대종손: 본 종중의 상징으로 인동장문을 대표한다.

2. 자문위원: 본 규약 제7조 제2호에 따라 선임되고 종무가 원활하게 운영되도록 지도하며 향사와 봉헌 등 전통계승에 이바지한다.

3. 회장: 본 종중을 대표하며 본 종중의 회무를 총괄하고 각종 회의의 의장이 된다.

4. 부회장: 회장 유고시 회장을 대리하여 회무를 집행한다.

5. 감사: 본 종중의 규약에 따라 종무 전반을 감사하여 이를 총회에 보고하여야 한다.

6. 운영위원

가. 운영위원회에 참석하여 종무 전반에 대한 제반사항을 의결한다.

나. 동락서원 유사는 동락서원 운영현황을 종중에 보고하고 종중의 의견(종의)

를 동락서원에 전달할 의무가 있다. 단, 유사 개인의 소견은 불가하다.

    다. 동락서원에 참여할 유사와 운영위원은 본 종중의 4개 소문중에서 1명씩
      선임한다.

  7. 유사: 유사는 회장의 지시에 따라 운영위원회에서 의결된 사항을 집행하
    며 종중의 모든 사무를 처리한다.

제3장 회의 및 의결

제10조 (회의 및 정족수)

  1. 총회는 정기총회와 임시총회로 한다.

    가. 정기총회는 매년 3월 마지막주 일요일 11시 화산서원 명정당에서 대최
      하며 정일이므로 통지를 생략하고 개의정족수는 20명 이상 참석으로 성
      원하며 참석인원 과반수 찬성으로 가결한다.

    나. 임시총회는 운영위원 2/3 이상의 소집 요구가 있거나, 종인 50명 이상
      의 서면요구가 있을 때 일간지에 공고하여야 하고, 회장은 지체없이 임
      시총회를 소집하여야 하며 30명 이상 참석으로 성원하고 참석인원의 과
      반수 찬성으로 가결한다.

  2. 운영위원회의는 특별한 사유가 있으면 수시로 소집할 수 있다.
    운영위원회의 성원은 위원 2/3 이상의 출석으로 개최하고 참석위원 과반
    수의 참성으로 의결한다. 각 회의 소집은 안건을 명기하여 소집일 7일 이
    전에 서면통지하되 긴급할 시는 전화 또는 문자로 할 수 있다.

  3. 총회와 운영위원회의 의결은 서면으로 할 수 없다.

제11조 (각 회의 의결사항)

  1. 총회의 의결사항은 다음과 같다.

    가. 사업계획과 예산, 결산의 승인

    나. 규약개정

    다. 운영위원회에서 추천한 회장, 부회장의 승인과 감사의 선출

    라. 기타 중요사항 처리 승인

  2. 운영위원회의 의결사항은 다음과 같다.
   가. 종중재산의 관리 운영에 관한 의결
   나. 재산 취득 및 처분에 관한 사항
   다. 동산 및 부동산매매(취득, 처분) 및 임대에 관한 의결
   라. 재정의 수입 및 지출에 관한 의결
   마. 차기회장 및 부회장의 적임자를 총회에 추천
   바. 상벌에 관한 의결
   사. 총회로부터 위임받은 사항
   아. 기타 종무에 관한 사항

제 4장 재정
제12조 (회계연도) 본 종중의 회계연도는 매년 양력 3월 1일부터 익년도 2월말
   일까지로 한다.
제13조 (재정)
  1. 본 종중의 수입은 본 종중소유 재산의 과실금과 찬조금 기타수입으로 충
   당한다.
  2. 본 종중의 재산이라 함은 본 종중 명의의 모든 재산을 말한다.
  3. 봉 종중의 재정 지출은 예산안에 준하되 통상지출 외에는 어떠한 상황이
   라도 운영위원회의 의결을 거쳐 집행하여야한다. (예 기부금, 찬조금, 위
   로금 등) 단. 3백만원 이하의 금액은 예외로 한다. 여기에서 통상지출이라
   함은 제세공과금, 향사비, 업무추진비, 회의비, 여비 등을 말한다.
제14조 (재산의 관리)
  1. 현금은 종중명의로 금융기관에 예치하여 유사가 이를 관리하고 회장이 감
   독한다.
  2. 부동산은 종중명의로 등기하며 그 대장을 작성하여 유사가 관리한다. 단,
   부동산의 관리와 운영방법은 운영위원회에서 결정한다.
  3. 각종 유체동산과 비품 등은 유사가 관리한다.

4. 종중의 재산은 이유 여하를 막론하고 분배할 수 없다.

제15조 (수지결산서의 작성)

1. 유사는 매 회계연도의 수입, 지출 결산서를 작성하여 감사의 감사를 거쳐 총회의 승인을 받아야 한다.

2. 감사가 내용을 검토 및 확인할 서류와 감사사항은 다음과 같다.

  가. 결산보고서

  나. 금전출납부

  다. 총계정원장

  라. 예금통장

  마. 수입(임대료, 이자수입 등 포함)과 지출명세 및 증빙서류

  바. 등기권리증 및 등기부등본

  사. 총회 및 운영위원회의록

  아. 계약서

  자. 직인, 동산 및 비품 확인

  차. 종중에 관한 기록물

  카. 각종서류

  타. 기타 종무 전반

제16조 (문서의 작성과 보존) 다음 문서는 반드시 작성하여 보존하고 사무처리 규정에 따라 보존한다.

1. 재산목록(동산대장, 부동산대장, 등기필증, 등기부등본)

2. 은행거래통장

3. 금전출납부

4. 각종회의록(운영위원회의 회의록에는 운영위원 서명날인이 있어야 한다)

5. 결산서류와 증빙서철

6. 종사에 관한 기록문

제17조 (세부재정운영사항)

1. 제15조 및 제16조는 사무처리규정을 정하여 운영한다.

2. 각 임원의 경비지급은 다음과 같다. 회장은 업무추진비, 유사는 수당, 운영위원은 교통비를 지급하고 각각 금액 기준은 운영위원회에서 정한다.

제18조 (상벌) 종중의 발전과 질서를 유지하기 위하여 다음과 같은 상벌규정을 둔다.

1. 종중의 명예를 선양한 자와 종무에 헌신적인 노력을 하였다고 인정되는 자에게는 표창하고 상패를 수여하여 후손에게 귀감에 되도록 한다.

2. 종종의 명예를 훼손시킨 자이거나 종중의 재정을 손실케한 자에게는 최소한 10년 이상 종사에 참석을 못하게 하고 그 비상을 소상하게 파헤쳐 민, 형사상의 책임을 묻게 한다.

제19조 (규약개정) 본 규약을 개정코자 할 때 운영위원회의 결의를 거쳐 총회의 승인을 받아야 한다.

부칙

1. 본 규약은 1988년 3월 30일부터 시행한다.

11. 본 규약을 2021년 3월 28일 일부 개정함.

〈부록 2〉

화산서원 보존회 회칙

제1장 총칙

제1조 (명칭) 본회는 화산서원 보존회(이하 본회)라 칭 한다.

제2회 (사무소) 본회의 사무소는 경북 칠곡군 석적읍 성곡리418번지(성곡길
　　　8105)에 두며, 대구시내에도 분소를 둘 수 있다.

제3조 (목적) 본회는 극명당 선생과 만회당 선생의 학문과 사상을 연구 선양하
　　　여 유학발전과 전통윤리관을 고취하며 향토문화발전에 기여하는 한편
　　　위의 양 선생을 봉향함을 목적으로 한다.

제4조 (사업) 본회는 위의 목적을 달성하기 위하여 다음의 사업을 한다.

  1. 양 선생의 학문과 사상의 연구 및 발표
  2. 제향 봉행(중양절)
  3. 교육사업(한문 및 예절과 전통문화교육)
  4. 한시백일장
  5. 기타 필요한 사업

제2장 회원

제5조 (회원) 본회의 회원은 극명당선생과 형제분의 자손으로 구성한다.

제6조 (회원의 권리) 본회의 회원은 총회를 통하여 본회의 운영에 참여할 권한
　　　을 가진다.

제7조 (회원의 의무) 본회의 회원은 회칙 및 제 결의사항을 준수할 의무를 진
　　　다.

제8조 (회원의 상벌)

  1. 본회의 발전에 기여한 공로가 큰 자 이거나 본회의 명예를 크게 선양한
     자에게는 이사회의 결의로 포상할 수 있다.

2. 본회의 회원으로서 본회의 목적에 위배되는 행위 또는 본회의 재정을 손
   실케 하거나 본회의 명예를 훼손케 한 자는 총회의 결의로써 제명, 견책
   (몇 년 이상 본회 출입 제한) 등을 할 수 있으며 비행이 클 때는 형사고발
   하고 손실액을 회수하여야 한다.

제3장 임원

제9조 (임원의 구성) 임원의 구성은 당분간 회산서당 종중 규약의 정하는 바에
　　　따른다.

제10조 (임원의 선임) 임원의 선임은 회산서당 종중 규약에 따라 선출된 회산
　　　서당 종중 임원이 자동적으로 겸임한다.

제11조 (임원의 직무)

1. 회장은 본회를 대표하며 업무를 통활 하고 총회 및 이사회의 의장이 된다.
2. 부회장은 회장 유고 시에 회장을 대리하여 회무를 집행한다.
3. 이사는 이사회에서 발언권과 의결권을 가지며 이사회 또는 회장으로부터
   위임받은 사항을 수행한다.
4. 감사는 이사회 운영사항 및 재정 회계업무와 각종계약 등 집행부의 운영
   에 관한 사항을 감사하며 그 결과를 총회에 보고한다. 감사결과 부정 또
   는 부당한 점을 발견하여 이에 관한 보고를 필요로 할 때에는 이사회 혹
   은 임시총회소집을 요구할 수 있다.

제12조 (임원의 임기) 임원의 임기는 회산서당 종중 규약에 따라 선출된 회산
　　　서당 종중 임원의 임기로 한다.

제13조 (회장 직무대행) 회장과 부회장 모두 유고시에는 이사회에서 선출된 이
　　　사가 회장의 직무를 대행하며 조속한 시일 내에 회장선출 절차를 취해
　　　야 한다.

제4장 총회

제14조 (총회의 구성) 총회는 회원으로 구성하며 최고 의결기관이다.

제15조 (구분 및 소집)

 1. 정기총회는 매년 3월 마지막 일요일 11시 화산서원 강당에서 개최한다.

 2. 임시총회는 회장이 필요하다고 인정할 때 소집한다.

제16조 (총회소집의 특례) 회장은 제12조 4항에 의하여 감사가 총회 소집을 요
   구할 때 요구일로부터 20일 내에 총회를 소집하여야 한다.

제17조 (의결 정족수) 총회는 회원 20명 이상 참석으로 성원하며 참석인원 과
   반수 이상의 찬성으로 의결한다.

제18조 (총회의 기능)

 1. 임원의 선출 및 해임에 관한 사항

 2. 회칙 및 규정의 제정과 변경에 관한 사항

 3. 예산 및 결산의 승인

 4. 사업계획의 승인

 5. 상벌에 관한 사항

 6. 기타 중요사항

제5장 이사회

제19조 (이사회의 구성) 이사회는 회장 부회장 이사 감사 유사로 구성한다. 단,
   감사는 의결권은 없으나 의견을 개진할 수 있다.

제20조 (의결 정족수) 이사회는 재적이사 과반수 출석으로 개회하고 출석이사
   과반수의 찬성으로 가결한다. 다만 가부 동수일 때는 의장이 결정한다.

제21조 (서면결의 금지) 이사회의 의결을 서면결의로 할 수 없다.

제22조 (이사회 의결사항)

 1. 부동산 매매(취득, 처분) 및 임대에 관한 사항

 2. 사업계획 및 예산 결산에 관한 사항

 3. 재정 수입 지출에 관한 사항

 4. 총회 부의사항 사전 검토

 5. 기타 중요한 사항

제23조 (이사회 소집)

1. 이사회는 회장이 필요하다고 생각할 때 도는 재적이사 과반수 이상의 요구가 있을 때는 10일 이내에 소집하여야하며 통지는 서면 혹은 전화로 한다.

제6장 재산과 회계

제24조 (재산의 명료화) 본회의 부동산은 반드시 화산서원 명의로 등기하여야 하며 금융자산은 세무서에 등록된 화산서원 보존회장 명의로 제1금융권에 예치하여야 한다.

제25조 (재정) 재정 수입은 부동산임대 수입금. 헌성금. 예금이자, 도조 및 기타 수입금으로 한다.

제26조 (회계연도) 본회의 회계연도는 3월 1일부터 익년 말일로 하며 결산기준일은 2월 말일로 한다.

제27조 (결산) 회계연도 종료 후 결산 보고서를 작성하여 감사를 받은 후 이사회의 결의를 거쳐 총회의 승인을 받아야 한다.

부칙

1. (시행일) 이 회칙은 2008년 3월 30일부터 시행한다.

제2부

근대 교육과 서원

근대 중국 신식 서원(新式書院)의 교육관 및 실천 활동:
절강대학(浙江大學) 전신(前身) 구시서원(求是書院)을 중심으로

배 다 빈

I. 들어가는 말

이 글은 근대 격동기 속에서 중국의 교육·학술 기관인 서원(書院)의 변용·발전 양상에 주목한다. 고대 중국에서 발원한 이후 꾸준한 역사적 교섭과 더불어 동아시아 유학 교육 기관으로 확장된 서원은 각국의 역사 및 문화적 배경에 따라 다양한 형태로 지속·운영되었다. 그 가운데, 본문에서는 한국·일본·대만 그리고 베트남의 서원 문화에서 찾아보기 힘든 중국 근대 서원의 한 사례에 주목할 것인데, 즉 서원으로 시작되어 현대 교육기관인 종합대학교로 발전한 특이한 신형서원(新型書院)인 구시서원(求是書院)의 창건과 그 배경, 발전 추이를 살펴봄으로써 중국 서원의 제도적 과도기의 일단(一端)을 파악한다.

당대(唐代)로 그 기원을 소급할 수 있는 중국 서원은 북송(北宋) 이후 정식 교육 기관으로 운용된 이후 각 왕조의 정권 수요 및 영향력에 따라 다양한 방식으로 운영되었다. 국내 서원 학계의 시점에서 보았을 때 중국 서원의 운영 제도 및 건립 양상은 그 시기와 장소를 막론하고 상당히 다기적인 특징이 산견되는데, 특히 1901년 청대 말기 조정에서 하달된 소위 '서원개제령(書院改制令)' 전후의 개혁 양상을 주목할 필요가 있다. 청말 당시 유학 교육을 견지해오던 전통 서원의 위상은 지식인들의 봉건 체제에 대한 비판적 인식 및 새로운 민족의식의 발전과 더불어 나날이 하락했으며, 이러한 의식적 전환은 19세기 중엽부터 일어난 외세의 침략과 서학의 전래와 긴밀하게 연대하고 있었다. 중국 서원은 자발적으로든 타의에 의해서든 자구책을 모색해야 하는 상황에 직면해 있었고, 이에 따라 서원의 체제뿐만 아니라 그것의 본질적 의미 및 정의 범주 자체가 변하거나 확장되는 양상이 발생한다.

본고에서 주목하는 구시서원은 바로 이러한 근대 격변기 속에서 탄생한 신식 서원이다. 근대 중국의 신식 서원에 관한 국내 연구는 전무할 뿐 아니라 그 건립 및 운영 체제 또한 동아시아 전통 서원과는 완연한 차이를 보이는 바, 이러한 의미에서 특히 '서원'으로 출발하여 오늘날 '대학'이라는 고등교육기관으로 발전한 구시서원의 변천 양상을 통시적 시각에서 추적해보면서 동시에 그 주요 발전 동력 가운데 하나인 교육관을 살펴보는 것은 참신한 의미가 있을 것으로 생각된다. 근대 중국 서원사 가운데 구시서원의 가치를 부각하기 위해, 필자는 우선 근대 중국의 다양한 서원 변용 양상 및 신식 서원을 제외한 여러 유형의 서원 형태를 간요히 살펴보는 방식을 채택할 것이며, 나아가 이 서원의 건립 및 유지, 발전에 노력을 기울였던 원임 구성원의 교육 정신과 그 실천이 중국 근대사와 호흡을 함께 하였음을 밝힘으로써 근대 중국 서원 변용 양상의 일단을 밝히고자 한다.

II. 근대 격동기 중국 서원의 변용 및 신식 서원의 출현

북송(北宋) 이래로 체계적 발전이 이루어진 중국 서원은 역사상 각 왕조 조정과의 긴장 또는 지원 관계 위에서 끊임없는 변용을 거듭해왔다. 예컨대 북송 시기 서원은 건국 초기 불완전한 관원 임용 시스템 상황에 말미암아 조정의 관원 양성을 위한 대체 교육 기관으로 '활용'되는 경우가 많았으며, 남송(南宋)에 이르면 서원은 그 상당량이 민간화되었을 뿐 아니라 특히 주희(朱

熹)의 주도 아래 이학(理學) 사상을 전파하는 거점이자 그 전통의 총화로서 훗날 이학이 관학(官學)의 지위를 얻는 데 핵심적인 역할을 수행하였다. 명대 (明代) 이후 정주이학-육왕심학이라는 유가 학술 사조의 분열 및 삼교(三敎) 사상의 병행 추세와 연대하여, 중국 각지 서원은 이학이라는 큰 범주 내에서 정주(程朱)·양명학(陽明學) 교육 기관으로 정착하여 크게 융성하였다. 이후 청 대에는 조정의 적극적인 개입 아래 과거 시험을 준비하는 교육 아카데미로서 의 성격이 더욱 농후해져 마치 관리 양성소와 같이 대량 확장, 끊임없이 많은 서원이 건립된다. 현재 통계에 따르면, 청대 중국 서원의 설립 및 확장 규모 는 명대 이전과는 비교할 수 없는 미증유의 설립 수치를 확인할 수 있다.[1]

물론 이러한 전통 서원의 비약적인 발전 이면에는 각 시대의 정치·경제· 사회의 불안정 혹은 과도적 변화 형국과 더불어 발생한 부정적인 측면 또한 존재한다. 사실상, 청대 말기까지 존속되었던 수많은 전통 서원은 더 이상 남송 주희가 기획하였던 '정통 유가 학술의 전승과 전파의 거점'으로서의 의 미를 상실한 상태였고, 다만 조정과의 긴밀한 유착 속에서 과거 시험을 준비 하는 서생들을 위한 수단적 교두보에 불과하였다. 대표적으로 청대 서원 도 처에 내부 설립된 도교 우상신을 모신 사당이나 팔고문 암기 위주의 획일화 된 교육 체제에 관한 기록이 이러한 성격을 방증한다.

이뿐만 아니라, 청대 중기부터 점점 수직적 신분 구조가 와해되는 분위기 속에서 많은 부를 축적한 소금 상인(鹽商)과 같은 집단들은 신분 상승을 도 모하며 지방 관원과 결탁, 서원 신설에 공헌하거나 다양한 서원 관련 사업에 출자하는 방식으로 본인의 자제들을 입학시키기도 하였는데, 이러한 방식으 로 사회적 권위를 획득하려는 상인들, 즉 소위 '유상(儒商)'이라고 하는 집단 이 등장한 것도 꼭 이 시기였다. 이러한 무분별한 발전 세태 이면의 상황은

---

1) 청대에 중국 전역에 신설된 서원만 3,700여 개소에 달하며, 이와 별개로 과거 훼 철되거나 운영이 중단된 서원을 복설, 수복한 서원도 600여 개소에 달한다. 신설 된 서원의 수치는 唐代~明代에 걸쳐 신설된 서원 총량을 뛰어넘는다. 白新良(2012), 『明清書院研究』, 古宮出版社, 127쪽 참조.

사실상 주희를 포함하여 송대에 서원 발전을 도모한 유학자들의 의도와 반하는, 말 그대로 서원의 존재적 의의에 대한 본질적 훼손에 해당할 수 있다. 물론 전통적인 시각에서 보면, 근대 이전까지 중국 서원의 본질적 역할은 크게 변화하지 않았다. 어떤 교육 내용이나 제도로 무장하든 서원은 줄곧 당대 정사를 책임지는 관원 또는 지식인을 양성하는 교육의 중심지였고, 그 교육 내용은 언제나 유가 사상과 이에 기반한 지적 제반을 기준으로 두고 있었기 때문이다.

이러함에도 불구하고, 당시 교육계·정치계에서 활동하던 중국 지식인들이 내외 양면으로 근본적인 우환의 시기를 맞이하게 된 것이 바로 청말-근대 이행기라 할 수 있다. 우선 외부적으로는 양 차례에 걸친 아편전쟁을 포함하여, 서양 제국 열강의 침입과 다양한 외국 사상의 유입, 그리고 정치권력의 부패라는 삼중고 속에서 발생한 국가 존망의 위기가 뚜렷해지는 상황을 들 수 있다. 또한 내부적인 요인으로는 당시 교육 제도 자체, 특히 서원 운영 차원에서의 오랜 폐단이 점점 곪아가는 형국이 문제시되었다. 상술한 사상적 문제 이외에도, 청대 전반에 걸쳐 서원이라는 기관은 서생들에게 그저 과거 급제·이록을 위한 '수단'에 불과하였을 뿐만 아니라, 운영 방면에 있어서도 지방 관아 및 유지들과의 심각한 유착관계로 인해 심각하게 남설되었거니와 그 존재적 본질, 즉 원생들의 도학(道學) 체득으로부터 경세치용(經世致用)에 적합한 인재를 배양하는 거점으로서의 의미를 상실한 상태였다. 이에 당대 지식인·관료는 정치-사회적 불안정에 대한 전반적인 문제의식과 더불어 교육 시스템의 개방·개혁에 노력을 기울였으며, 19세기 중·후반부터 20세기 초반에 이르기까지 전통 서원 제도는 근본적인 변용·변화를 이루게 된다.[2] 등홍파에 따르면, 갑오전쟁 이후 다양한 계층 및 지식인들에 의해 추

---

2) 다른 한편으로, 중국 내의 전통 서원의 변용과는 별개로 청대 후기 무렵, 아편전쟁 전후로 약 70여년의 기간 동안 발생한 '敎會 書院'도 주목된다. 교회 서원은 당시 在中하고 있었던 외국 교회 단체 또는 선교사 개인이 '서원'이라는 교육 조직 형식을 차용하여 서양의 기독교 이념과 학문 및 언어에 대한 교육과 그 전파를

진된 서원 제도 변화는 크게 세 가지로 나눌 수 있다. 첫째, 기존 서원 내부 장정(章程)을 수정하여 제도적 쇄신을 이루어 지속 운영한다. 둘째, 신형 '실학(實學)' 위주 서원을 창건한다. 셋째, 서원을 '학당(學堂)'으로 변경한다.[3] 이러한 개혁 추진은 기존 전통 서원이라는 교육 기관을 시류에 맞게 변용하려는 움직임에 해당한다. 그 일환으로, 제도적으로 개혁되거나 새로이 건립된 서원은 중학·서학을 겸하거나 서양학을 위주로 가르치는 소위 '신식 서원'의 형태를 띠는 경우가 많다.

이에 관한 몇몇 사례를 살펴보면, 1883년에 산서(山西) 순무(巡撫) 장지동(張之洞)이 창건한 영덕서원(令德書院)은 초창기부터 중·서 겸용(兼用)을 교육 이념으로 운영된 대표적 서원이라 할 수 있다. 영덕서원에서는 경사(經史)·고거(考據)와 같은 전통 학문 관련 과목을 주로 편성하였지만 농공(農工)·지리(地理)와 같은 실용 학문도 교과목에 포함되어 있었으며, 나아가 서양의 수학·신학과 같은 학문도 후속적인 제도 개편을 통해 추가되었다. 같은 맥락에서, 무술변법운동의 주동자 강유위(康有爲, 1858~1927)가 광서 7년(1881) 광저우에 건립한 만목초당(萬木草堂)도 주목된다. 만목초당은 설립 초기부터 중국 전통 학문을 중시하였지만 기존 전통 서원과는 차별화된 측면이 많다. 이곳에서는 기존 과거제도에서 요구하던 송대 이래 유가 경전 학습 외에도, 제자백가·불교 경전에 대한 학습까지 포함하였다. 이러한 측면은 분명 구식

목적으로 삼아 건립한 사설 교육 기관을 말한다. 예컨대 英華書院(Angl-Chinese Boarding School, 1850)·眞光書院(True Light Academy, 1851)·巴陵書院(1851)은 각각 영국·미국·독일 선교사의 주도로 창건되었으며, 비교적 초창기에 설립된 대표적 교회 서원에 해당한다. 선교사들이 대부분 개항 지역을 중심으로 활동하였기 때문에, 1901년 청 조정에서 발포된 서원개제령과 더불어 전통 서원이 대부분 학당으로 개조되기까지 교회 서원들은 광저우, 샤먼, 홍콩과 같은 특정 지역을 중심으로 확장되었다. 그러나 20세기 초 대부분 전통 서원이 신식 교육 제도를 포함한 학당으로 개조되면서 교회 서원의 영향력은 미미해졌다.

3) 舒新城(1979), 『中國近代敎育史資料』上, 人民敎育出版社, 418~419쪽. "著將各省所有書院, 於省城均改設大學堂; 各府廳直隸州均設中學堂; 各州縣均設小學堂; 並多設蒙養學堂. 其敎法當以四書五經綱常大義爲主, 以歷代史鑑及中外藝學爲輔."

봉건체제와 긴밀하게 유착되었던 교육 제도를 벗어나 더욱 넓은 시야에서 중국학 전반을 중시하는 태도를 보여준다. 덧붙여 만목초당에서는 세계사·지리·자연과학·음악·서양식 체조와 같은 과목도 점진적으로 편성하기 시작하였는데 이는 당시 유신파(維新派) 특유의 개방적 교육관을 보여준다.

다른 한편으로, 실용학·서학에 대한 주목이 높아지는 가운데 신설된 신식 서원을 살펴볼 필요가 있는데, 그 가운데 가장 이른 것은 1876년 상해에 건립된 격치서원(格致書院)이다. 격치서원은 중국 학자 서수(徐壽)와 영국 선교사 존 프레이어(John Fryer)가 이홍장(李鴻章)에게 보고하여 출자를 요청, 협동 건립한 교육 기관이다. 이 서원에서는 주로 서양 학자들을 초빙하여 서양의 자연과학 및 기술을 가르쳤다. 1878년에 장환륜(張煥綸)이 같은 지역에 건립한 정몽서원(正蒙書院)이나 1896년 섬서(陝西)에 건립된 숭실서원(崇實書院)도 모두 마찬가지로 서양학 위주의 교육으로 운영되었다.

위에 제시된 다양한 변용 양상 가운데, 서원을 '학당'으로 개명하는 것은 위로부터 아래로의 전면적 개혁에 속한다. 물론 이 시기 몇몇 전통 서원의 개혁이나 신형 서원의 등장 또한 당시 정치 활동에 적극적으로 참여하고 있었던 관료·지식인 계층으로부터 시작된 것이긴 했지만, 1901년(광서 27년) 청 조정으로부터 하달된 『서원개제상유(書院改制上諭)』[4]는 더욱 전면적인 개혁의 계기로 작용하였다. 그 명령의 주요 내용은 아래와 같다.

> 인재는 정사(政事)를 근본으로 하니, 인재를 배양하는 일의 단서는 학술을 밝게 닦음에 있다. 역사적으로 학교의 융성은 모두 궁행(躬行)·도예(道藝)를 중요한 것으로 삼았기에 당시에는 체용(體用)이 겸비된 인재가 많았다. 오늘날 선비들은 공소무용(空疏無用)하거나 또는 천박하고 내실이 없다. 마치 이 폐단을 제거하고자 개혁하기를 원하나 스스로는 가르침에 경건하거나 삼가 배우지를 않으니 크게 발흥할 도리가 없다. 북경에 이미 설립된 대학당(京師大學堂)에서는

---

4) 이하 속칭 '서원개제령'으로 칭함

스스로의 과업을 잘 수행·정돈하도록 하며, 그 외 각 성(省)의 모든 서원(書院)은 성성(省城)에서는 대학당(大學堂)으로 변경하고, 각 부청(府廳)에 예속된 주(州)에서는 모두 중학당(中學堂)으로 설립하며, 각 주현(州縣)에서는 모두 소학당(小學堂)으로 개설하도록 한다. 아울러 몽양학당(蒙養學堂)을 도처에 많이 설립하도록 한다. 그 교학 내용 및 방법은 마땅히 사서오경(四書五經)과 강상(綱常)의 대의(大義)를 주로 삼아야 하며, 역대 사료와 중국·외국의 예학(藝學)을 보조로 삼는다.[5]

이러한 개혁 명령은 일견 진보적으로 보이지만, 사실 당대 정권의 피상적인 조치에 불과하였다. 즉 1900년 의화단운동의 실패로 인해 추락한 조정의 권위를 회복해야만 했던 서태후가 장지동(張之洞)·류곤일(劉坤一)의 교육 체제 개편에 관한 의견을 받아들임으로써 그 정치적 안정을 도모하였던 소위 '신정(新政)'의 일환이었다. 따라서 서원을 학당으로 개명하라는 명령은 단순한 명칭 변경의 일환에서 크게 벗어나지 않으며, 그 근저에는 이미 지배 계층의 집권 체제를 안정화하려는 계산적인 작업의 일환이었던 셈이다. 이러함에도 불구하고, 서원개제령은 구 전통 교육기관의 구습을 강제적으로 억누르면서 전면적인 학제 개편을 촉진하는 결과를 낳았다.

아울러 위의 문장에서 근대식 '학당'은 신식 교육, 즉 서학과 '실용학(實用學)'을 주요 교과목에 편입한 교육 제도 및 기관을 의미하며, 따라서 팔고(八股)·첩괄 및 시문 암기로 점철된 과거시험을 위한 학업에서 벗어날 뿐만 아니라 시류에 적절이 조응, 수시로 필요한 인재를 양성하는 제도의 시작을 알리는 것이었다. 항주 구시서원은 이러한 전면적인 개혁 시기에 탄생한 신식

---

5) "人才爲政事之本, 作育人才, 端在修明學術. 曆代以來學校之隆, 皆以躬行道藝爲重, 故其時體用兼備, 人才衆多. 近日士子, 或空疏無用, 或浮薄不實, 如欲革除此弊, 自非敬教勸學, 無由感發興起. 除京師已設大學堂, 應行切實整頓外, 著各省所有書院, 於省城均改設大學堂, 各府及直隸州均改設中學堂, 各州縣均改設小學堂, 並多設蒙養學堂. 其教法當以四書五經綱常大義爲主, 以曆代史鑒及中外政治藝學爲輔." 陳穀嘉, 鄧洪波 (1998), 『中國書院史資料』, 浙江教育出版社, 2489쪽.

서원일 뿐 아니라 그 창건과 운영·발전 양상에 있어서 근대 중국 서원의 핵
심 모델로 여겨진다.

Ⅲ. 구시서원(求是書院)의 창건과 교육·운영 양상

1. 구시서원의 창건과 운영 추이

항주 구시서원은 오늘날 절강대학의 전신으로, 1897년(광서 23년) 절강성
항주시 상성구 항주대학로(蒲場巷)에 세워졌다. 당시 항주의 지부(知府)였던
임계(林啟)가 절강 순무 요수풍(廖壽豐)의 지원을 받아 남송(南宋) 소흥(紹興)
연간에 창건된 보자사(普慈寺)를 활용하여 지었다. 임계는 절강성의 근대식
교육 부흥의 선구자로서 저명한 인물로, 구시서원 외에도 그가 창건한 잠학
관(蠶學館)과 항주부중학당(杭州府中學堂)은 훗날 각각 절강이공대학(浙江理
工大學)·항주고급중학(杭州高級中學)·항주제4중학(杭州第四中學)으로 발전하
였다.

구시서원의 건립은 사실상 당시 유신파 인사들의 직·간접적인 노력이 종
합되어 이루어진 것이었다. 서양 열강의 침략과 무력한 중국 봉건 정권의 붕
괴를 극복하려 했던 강유위·양계초·엄복·담사동과 같은 유신파 인사들은 구
국(救國)·변법(變法)을 기치로 내걸고 이른바 '새로운 지식인'의 배양에 노력
을 기울였으며, 그 실천은 주로 구식 전통 서원의 전면적인 학제 개편 또는
신설 학당 설립으로 실현되었다.

한편으로 본 서원명에서도 창건정신이 직접 반영되어있음을 확인할 수
있다. 사실 '구시'와 '서원'에는 모두 나름대로 명칭의 연유가 있다. 우선 '구
시'에 관하여 살펴보면, 『구시서원장정』에는 다음과 같은 설명이 보인다.

  본 서원의 명칭을 '구시'라고 한 것은 모든 것을 '실사구시(實事求是)'를 중심

으로 삼기 때문이다. 중국·서양 막론하고 각자의 체용이 있으니 취사할 것 없이 모든 것을 배워 반드시 그 옳음을 구하여야 한다. 사람이 얼마나 많고 적든 반드시 성실하고 경건하여야 하며, 태만하고 방종하지 않으며 반드시 그 옳음을 구하여야 한다.[6]

주지하듯, '실사구시'는 동한(東漢) 반고(班固)의 『한서·하간헌왕전(漢書·河間獻王傳)』에서 유래된 말로 "실제 사실에 근거하여 믿을 수 있는 지식을 추구하는 태도 및 이념"을 의미한다. 따라서 종래 중국 학술의 가치와 의미가 더 이상 외세의 침략에 저항하지 못하고 퇴보하는 상황에서, 허황된 민족 우월주의에 취해 맹목적으로 전통만을 보수하는 입장을 과감히 버리고 작금 세태의 개선을 위해 유용한 것이라면 무엇이든 배워야 한다는 가치관을 지향하는 것이다. '실사구시'는 비단 19~20세기 무렵 근대 동북아시아 지식인들의 주요한 시대 의식으로 보편화되었을 뿐만 아니라, 그 이전부터 소위 '명실(名實)'의 합치와 이로부터 보장되어야 하는 '경세치용'의 인재 배양을 중시하는 유교 지식인들의 다양한 실천 정신을 고취하는 어구로서, 중국 역대 왕조 교체기 혹은 사상적 전환기 가운데 비교적 진보적 색채를 지니고 있던 유가들에 의해 반복적으로 개진된 바 있다. 그리고 당시 구시서원 창건 이념으로서의 '구시'란 단순히 공맹학(孔孟學)으로 대표되는 전통 학문의 가치를 부정하는 것이 아니라, 국가를 구하는 데에 유용하다면 무엇이든 반드시 습득·활용하여야 한다는 실용 정신에 가깝다고 볼 수 있다.

다음으로, 구시서원을 '서원'이라 명명한 데에는 단순히 전통 서원을 계승한다는 의미와는 몹시 거리가 있다. 1895년, 유신파의 일원인 왕강년(汪康年)은 보자사에 새로운 학당을 짓기 위해 갖가지 노력을 기울였으며,[7] 이는 마침내 2년 뒤 1897년 2월, 지부 임계와 순무사 요수풍의 협력에 힘입어 구

---

6) 鄧洪波(2011), 『中國書院學規集成』 第1卷, 中西書局, 318쪽.
7) 許建平(1987), 「浙江近代最早的高等學校──求是書院」, 『杭州大學學報』 第17卷, 111쪽 참조.

시서원의 창건으로 이어졌다. 당시 서원 건립에 반대하는 지방 세력들이 많았는데, 주로 지방 저명 인사들이나 보자사의 승려들, 그리고 외국인 세력들이 서원 창건에 반대하였다.[8] 이는 구시서원이 '서원'의 명칭을 지니게 된 것과 일련의 관계성을 지닌다. 즉 서원 개제령 이전 개방적인 학술 의식을 지닌 인사들이 건립한 신식 교육 기관임에도 불구하고, 구시서원이 '서원'이라는 명칭으로 출범하게 된 것은 당시 보수 세력의 압력을 무시할 수 없었기때문이다.[9][10] 그러므로, 한편으로 구시서원은 당시 중국 곳곳에서 개혁적사고를 지니고 있던 인사들에 의해 설립되었던 신식 교육 기관의 전형과 크게 다르지 않다고 할 수 있다. 하지만 특기할 만한 점은, 1차 아편전쟁 이후부터 1910년 무렵까지 주로 선교사 집단에 의해 꾸준히 신설되었던 교회 서원이나, 양무운동을 주도하였던 양무파(洋務派)가 서양 열강의 자본 출자에힘입어 건립한 경사동문관(京師同文館, 1862)과는 달리 구시서원은 순수하게중국인 관료 및 지식 계층에 의해 건립되었을 뿐만 아니라, 그 운영 경비 또한 절강 지역 관부(官府)로부터 수급되었다. 따라서 본 서원은 당대 다양한신식 학당 가운데 창건 주체 및 운영 방식 차원에서 상당히 주동적 특징을지닌다.[11]

---

8) 劉伯縉 外 『杭州府志』 卷122, 「名宦」 7, 7쪽 참조.

9) "항주 官臣이 또다시 저지할까 우려하여, 이에 명칭을 구시서원으로 정하였다." 陳仲恕(1947) 『國立浙江大學同學會會刊』, 9쪽.

10) 당시 다른 유신파 인물들이 창건하거나 그에 일조한 신식 학당은 초창기부터 서원이 아닌 학당식의 명칭으로 출범했다. 예컨대 강유위의 萬木草堂(1881), 盛宣懷의 北洋西學堂(1895), 嚴復·張元濟의 通藝學堂(1897), 같은 해 譚嗣同의 瀏陽算學館 또는 유신파 핵심 인사들이 함께 창건한 湖南 時務學堂(1897) 등이 모두 같은 유형에 속한다.

11) 근대 신식 학당의 특징을 비교하는 맥락에서 萬佳의 다음 언급이 주목된다. "(서양 열강은) 중국 官府에서 건립한 신식 학당에 대해 금전적 이윤을 취하였을 뿐만 아니라 강제적으로 운영에 개입하고 있었다. 구시서원 이전에, 상해제조국 부설 廣方言館이 이미 운영되고 있었고, 또 그 이전에 북경에는 同文館이 있었다. 이 두 관립 신식학당은 비록 모두 해외 관련 업무를 보조하는 인재를 배양하기위한 어학당이었지만, 처음부터 반식민지 교육으로 낙인찍혔다. 예컨대 동문관의

그러나 서원의 운영 추이를 살펴보면, 외부적 환경의 영향 아래 끊임없는 명칭 변화가 있었다. 1901년(광서 27년) 11월, 중국 각 성급 지역에서 '대학당(大學堂)'을 건립하는 조류에 힘입어 구시서원 또한 절강성 구시대학당(求是大學堂)으로 개명하였고, 이듬해 다시 절강대학당(浙江大學堂)으로 개명하였다. 1904년, 청 조정의 『흠정고등학당장정(欽定高等學堂章程)』 명령에 따라 절강고등학당(浙江高等學堂)으로 개명하였다. 중화민국 성립 당해(1912년)에는 정부 교육부의 규정에 근거하여 절강고등학교(浙江高等學校)로 개명하였으나, 이 당시 정부로부터의 운영 중지 명령으로 인해 1914년 마지막 졸업생 차수를 끝으로 운영이 중단되었다.[12]

2. 구시서원의 교육 이념과 학제·조직

구시서원의 교육 이념은 창건자 임계가 요수풍에게 서원 창건 당시 자신의 교육관을 전달하였던 대목에서 잘 드러난다. "오늘날을 살면서 나라를 다스리는 데 인재를 배양하는 것을 첫째 의의로 삼고, 오늘을 살면서 인재를 배양함에 실학을 강구하는 것을 첫째 의의로 삼아야 합니다."[13] 이러한 아이

건립 經費는 세관의 공동 경비에서 출자하여 마련된 것이며, 세관의 세무 총괄 담당자는 영국인 허드였다. 그는 동문관에서 재정권을 행사하였고 약 25년간 동문관을 제멋대로 통제하였다. 동문관의 교사들을 살펴보면, 한문·수학 교사가 중국인인 것 외에 다른 교원들은 모두 외국인들로 구성되어 있었으며, 그 교육 내용 또한 식민주의 '노예화' 사상으로 점철되어 있었을 뿐 아니라 기독교 관념 또한 깊이 스며들어 있었다. 근대 문화 가운데 일련의 교과목 과정, 즉 수학·천문·화학 등에 있어서도 그저 피상적인 교육만 진행할 뿐이었기에, 그 (교육의) 지적 수준은 매우 낮았다." 萬佳, 當眞(1987), 「求是書院在我國近代敎育史上的地位及其辦學經驗」, 『杭州師院學報(社會科學版)』, 第3期, 55쪽.

12) 즉 '구시서원'이라는 명칭은 창건 이래 만 4년을 넘기지 못했다. 본고에서는 절강대학 성립 이전까지 변화하였던 이곳의 명칭을 구시서원으로 통일 표기한다.

13) 浙江大學校史編寫組(1996), 『浙江大學簡史』 第一卷, 浙江大學出版社, 6쪽. "居今日而圖治, 以培養人才爲第一義. 居今日而育材, 以講求實學爲第一義."

디어는 곧 '구망도강(救亡圖强)'이라는 구시서원 특유의 슬로건으로 표제화되
었다. 이는 서원 창립의 주요 목적이 '학술적 인재'가 아니라 '정치적 인재',
즉 구국(救國) 활동에 즉각적으로 참여할 수 있는 인재를 배양하려는 것이었
음을 표명한다. 당시 임계를 포함한 서원 창립 주체들은 모두 유신(維新)·변
법(變法)이라는 뚜렷한 목표를 가지고 있었기에, 교육 차원에서도 중국의 학
문을 중심으로 삼되 서학의 중요성을 충분히 반영하는 학제 및 조직 체계·
교과목 과정을 구상하였다. 여기에서는 구시서원의 원임 조직과 교과목 구
성, 그리고 서원의 성격을 드러내는 몇몇 사실 요소에 관하여 파악해본다.

　　우선 창건 당시 구시서원의 원임 구조는 총판(總辦) 1명·감원(監院) 1명·
사사(司事) 2명·정교습(正教習) 1명·부교습(副教習) 2명을 두었다. 총판은 서
원 경영을 총괄하는 지위로, 전통 서원의 산장에 상당하는 최고 직책이다.
이하 감원 및 사사는 서원의 운영·행정 업무를 총괄하며, 정교습과 부교습은
정식 교사로서 화학 및 각종 서학을 주로 가르치고 이 외에도 언어·산문 등
교육을 총괄하였다. 원생 수로는 1897년 5월 정식 개원 당시 30명을 모집하
였고, 이듬해 인원을 확충하여 내원(內院)·외원(外院)으로 분립하였다. 원래
30명을 내원생으로 두고, 외원생 60명을 더 모집한 것이다. 외원생은 정기
시험 성적 및 평소 품행 태도, 그리고 내원 충원 수요에 따라 내원으로 편입
될 수 있었다.[14] 이러한 원생 모집이나 원임 구조는 그 명칭만 소략하게 바
뀌었을 뿐 당시 전통 서원의 체제와 크게 다르지 않았다.

　　구시서원의 교과목은 필수과목과 선택과목으로 나뉘었는데, 필수과목으
로는 중문(中文)·영어·산수·역사·지리·격치(格致, 물리)·화학·체조 등의 과
목으로 구성되었다. 선택과목으로는 일본어·외국사지·음악 등이 있었으며,
서원의 수학 기간은 총 5년이었다. 개원 당시 항주 지부를 맡고 있었던 임계
가 서원의 총판을 겸임하면서 중국 학문을 가르쳤고, 미국인 선교사 엘머 매
톡스(Elmer L. Mattox)를 정교습으로 초빙하고 각 과목을 담당하는 중국인

---

14)　鄧洪波(2011), 『中國書院學規集成』 第1卷, 中西書局, 327~328쪽.

교사를 다수 초빙하였다. 그러나 정교습의 국적과는 별개로, 서원 운영 주체들이 자국민을 운영 주체로 두는 것과 더불어 중국 학문을 더욱 중시하였다는 사실은 분명하다. 대표적으로 서원의 교원 편성을 살펴보면, 비록 매톡스가 주요 서양 학문 교과목을 가르치기는 했지만 그 외의 수업은 서양 학문이라 할지라도 대부분 중국인 교사가 담당하였는데,[15] 특히 육강화(陸康華)·노보인(盧保仁)은 각각 영어와 산수를 가르쳤다는 점이 눈에 띈다. 그리고 학문의 경중(輕重)을 분별하는 데 있어서도 그 본질은 중국 문화 및 학술의 부흥에 있었음이 다양한 자료 속에서 산견된다. 그 가운데 대표적으로『구시서원장정』의 "본 서원에서는 공맹정주(孔孟程朱)의 학문을 주로 삼고, 서양의 각종 유용한 학문을 보조적인 것으로 삼는다. 서원의 원생들 가운데 배움에 많은 성취가 있는 학생들로 하여금 경사(經史)·성리(性理)·정치(政治)·장고(掌故)를 가르침으로써 옛것에 박학하게 하여 그 기틀을 심고, 오늘날의 상황에 통달하여 그 쓰임을 다 할 수 있도록 한다."[16]라는 명시적 대목을 들 수 있다.

위 장정 문구에서 중요한 점 두 가지는, "뛰어난 원생들을 중심으로 중국의 학문을 통달하게 한다"는 것과 그 "쓰임을 다 할 수 있도록" 한다는 부분이다. 이는 곧 구시서원의 교육 이념이 일견 중·서학을 통합하는 것 같으면서도 그 근저에는 원내 교사·원생 모두 중국인으로서 자국의 학문 및 민족의식, 정치적 실천 역량을 더욱 발전·고취할 수 있는 방향성을 지향하고 있었음을 의미한다. 그 근거로 서원 개원 이후 확정된 원생들의 필독서를 들 수 있는데, 예컨대 북송오자(北宋五子)의 이학 사상이 담긴 다양한 저술 외에도 황종희(黃宗羲)의『명이대방록(明夷待訪錄)』과 왕부지(王夫之)의『황서(黃書)』, 그리고 엄복(嚴複)이 번역한 영국 생물학자 헉슬리의『천연론(天演論)』[17] 등이 선정되어 있음이 확인된다. 주지하듯,『명이대방록』과『황서』는 명말청초 정권 교체기 나라를 잃은 지식인의 애국정신과 구체제의 악폐습 및 부패

---

15) 일본·미국 국적의 교사도 몇몇 초빙되어 博物·生物과 같은 교과목을 담당하였다.
16) 鄧洪波(2011), 앞의 책, 318쪽.
17) 원제,『Evolution and Ethics』

상황에 대한 비판적 의식을 담고 있으며, 『천인론』은 진보적인 과학·정치론을 담고 있는 서적으로 당시 지식 계층의 많은 주목을 받았다. 따라서 구시서원의 필독서는 전통 중국 사상서뿐만 아니라 원생들이 당대의 난국을 타파하는 데 필요한 사상적·지적 동력을 불어넣을 수 있는 것으로 구성되었다고 볼 수 있다.

이에 더하여, 당시 중국 전역에서 유행하기 시작하였던 정기 학술지·학간(學刊)·학보(學報)[18]를 구독·파악하는 것 또한 원임 전체에게 권장되었다. 1897년 제정된 장정에는 다음과 같은 대목이 발견된다.

> 학생들은 한문을 익히면서 열심히 복습하여야 하며, 시무(時務)에는 더욱 마음을 쏟아야 한다. 매일 저녁 또는 휴일에 공식 수업이 없으면 스스로 경사(經史)·고문(古文)을 학습하여야 하며, 아울러 중국·외국의 각종 신문(또는 학간)을 읽고 각자의 성정(性情)의 가까운 바에 따라 뜻을 고취하고 모든 유용한 서적들을 강구(講究)하여야 한다.[19]

이러한 교과목 편성 및 교육안은 원생들을 학업 수료 후 중국의 독립적 발전을 위한 정치적 실무에 참여할 수 있는 인재로 배양하는 데 초점이 맞추어져 있다. 실제로 이런 교육은 실천적 측면으로 확장되어, 교사·원생을 막론하고 구성원들의 자발적인 사회 운동 참여를 촉진한 것으로 보인다.

---

18) 蔣建國는 당시 서원을 포함한 각 지역 다양한 기관에서 간행하던 학술지·학보에 대한 인식 양상을 다음과 같이 기술한다. "서원에서 발행한 정기 학술지에 대한 지방 관료들의 높은 관심은 자연스럽게 각급 서원 실무자들의 관심을 불러일으켰다. 더욱이 維新 사조가 비교적 활발했던 湖南·湖北 및 浙江·陝西·江西·四川 등지의 많은 서원에서는 학보에 관한 구체적인 규정을 제정하였으며, 지식인들의 정기 구독을 촉진하여 時政과 新學을 학습할 수 있도록 하였다." 蔣建國(2017), 「晚清書院讀報活動與時務新知的傳播」, 『學術月刊』第49卷, 171쪽.
19) 鄧洪波(2011), 앞의 책, 317쪽.

3. 구시서원의 정치·사회 활동

구시서원은 교육적 차원에서 '실용적 인재' 배양에 초점을 맞춘 만큼, 다양한 대외·사회 활동을 전개함으로써 근대 중국사와 긴밀하게 연대하였다. 그 실천 준비의 일환으로는 우선 뛰어난 원생들을 선발하여 해외 유학을 보낸 것이 눈에 띈다. 대략 1898년에서 1902년 사이, 대략 5년의 기간 동안 서원 자체에서 출자한 경비를 통해 하율시(何燏時)·허수상(許壽裳) 등 총 32명의 원생을 일본으로 유학을 보내 해외에서 지식을 습득하도록 하였다. 예컨대 1899년 4월 하율시(야금), 진황(陳榥, 병공), 육세분(陸世芬, 상업), 전승지(錢承志, 법률) 네 명의 원생을 각기 다른 전공으로 유학 보냈으며, 1901년에는 장백기(蔣伯器), 장백리(蔣百裏)를 포함한 10명을 유학 보냈다. 1902년에도 허수상, 전균부(錢均夫), 주적침(周赤枕), 심계방(沈啓芳) 등 18명의 원생을 일본으로 보냈다. 이들 가운데 장백기는 훗날 절강성 도독(都督)을, 장백리는 도독참모장을 역임하였으며 다른 원생들도 대부분 신해혁명에 가담하거나 이후 교육·학술 관련 업무에 종사함으로써 구시서원의 대표적 인물들이 되었다.

다른 한 편으로, 1900년대 초는 청 조정의 '신정(新政)'이 근본적인 정치 체제 개혁 및 실질적 효과를 거두지 못한 상황 속에서 아래로부터의 개혁 의식이 점차 팽배해지는 상황이 심화되고 있었다. 구시서원의 교사와 원생들 또한 이에 조응하여 끊임없이 국가의 시무에 비판의식을 갖고 다양한 활동을 벌였는데, 그 가운데 원생 장백리와 사수백(史壽白) 등의 적극적인 활동이 눈에 띈다. 1900년, 유신파 수뇌 인물 당재상(唐才常)이 무한에서 운동을 도모하다가 실패한 이후, 원생 장백리가 당재상을 추모하는 시를 지어 배포하였다.[20] 1903년 2월, 그는 구시서원의 젊은 원생 여수지(厲綏之) 등과 협력하여 월간 종합 학술지 「절강호(浙江潮)」를 창간하였는데, 여기에서 그는 「국

---

20) "君爲蒼生流血去, 我從君後唱歌來."

혼편(國魂篇)」·「민족주의론(民族主義論)」과 같은 글을 게재하여 민주혁명의
필요성을 선양하였다.

1900년 가을, 구시서원의 몇몇 교사와 원생들이 협력하여 조직한 '여지사
(勵志社)'의 존재도 특기할 만하다. 이는 훗날 절학회(浙學會) 또는 절회(浙會)
라고 불리는 반청(反淸) 혁명 운동 조직이다. 구시서원의 교사와 원생, 예컨
대 진한제(陳漢弟), 손익중(孫翼中), 왕유침(王維忱), 장존궤(蔣尊簋), 장방진(蔣
方震), 허수상, 사수백 등은 모두 이 조직의 핵심 활동 인원들로, 그 가운데
서원의 감원이었던 진한제는 훗날 여지사를 '철학회(哲學會)'로 개명하고 암
암리에 반청 운동을 지속하였다. 1901년 여름, 여지사 구성원들은 『죄변문
안(罪辯文安)』을 작성·반포함으로써 청 조정의 부패와 무능을 폭로하면서 혁
명의 필요성을 대중에 설파하였다. 당시 운동을 조직·주도하였던 구시서원
원생 사수백은 반청 운동의 슬로건인 "示意漢裝束發, 滿淸垂辮, 被髮左衽, 實
一辮之罪也"라는 문장에서 "만청(滿淸)"을 "적청(賊淸)"이라 고치고, 부패한 청
조정에 대한 폄하의 뜻을 명확히 드러냈다. 이후 1903년, 몇몇 여지사 인원
들은 일본으로 건너가 재일 '절학회'를 조성하고 반청·광복 활동을 지속하였
으며, 또 1904년에는 절강성 출신의 일본 유학생 및 상해를 근거지로 하는
중국 혁명파 단원들이 모여 상해에서 '광복회(光復會)'를 설립, 채원배를 초
대 회장으로 추대하여 신해혁명의 토대를 마련하였다.[21]

이러할 뿐만 아니라, 구시서원 원생들은 여지사에서 발행한 포고문을 구
매하여 지역 주민들에게 그것을 무료로 배포하는가 하면 학교 부근의 채시
교(菜市橋)·태평문(太平門) 일대 찻집에서 『항주백화보(杭州白話報)』를 강설
하거나 과학적 지식을 가르치기도 하였다. 아울러 당시 신진 지식을 가르치
던 '채성사숙(蔡姓私塾)'을 '신민소학(新民小學)'으로 개명하고, 그곳에서 자신
들이 직접 편집한 새로운 교재로 어린 학생들을 가르쳤다. 신민소학에서는

---

21) 이 때문에 중국학계에서는 근대 중국의 '광복회'가 '절학회'로부터 발전한 것이라
는 보는 관점도 있다. 張淑鏘(2013), 「求是書院與辛亥革命」, 『浙江大學學報(人文社
會科學版)』 第3期, 200쪽 참조.

학비를 받지 않았고, 교사들의 임금은 서원 원생들이 스스로 수급하였다.[22]

이상 신해혁명 이전 구시서원의 교사·원생들의 실천 활동은 당시 중국 전역에 걸쳐 범람하던 혁명 운동의 물결을 촉진하는 핵심 동력으로 작용하였다.

IV. 절강대학의 구시서원 계승과 그 역사적 의의

1912년 새로이 성립된 중화민국 정부에서는 각 성의 학제 편성이 적절하지 않다는 이유로 각 성의 고등학교의 폐교를 단행하였고, 그 대상 가운데 이미 '절강고등학교'로 개명하여 운영되고 있던 구시서원도 포함되었다. 이 때문에 1914년, 마지막 학생들이 졸업하고 나서 절강고등학교는 문을 닫았고, 이에 대략 15년간 지속되어 오던 교사(敎史)가 돌연 단절되었다.

이후 1927년에 이르러, 원래 절강고등학교가 있던 장소에 '국립제3중산대학'이 건립되었으며, 이듬해 4월 '중화민국대학원절강대학(中華民國大學院浙江大學)'으로 개명을 거쳤다가 7월에 다시 '국립절강대학(國立浙江大學)'으로 정착되었다. 여기서 문제는, 13년의 기간 동안 학교의 명맥이 완전히 끊어졌기 때문에, 일견 오늘날 절강대학과 구시서원 간의 계승성이 모호해 보일 수 있다는 점이다. 그러나 이러한 교사 단절에 관한 의문은 1) 서원-대학의 지역적 동일성, 2) 교육 이념의 계승성, 그리고 3) 인사 구조의 연속성에서 충분히 해소되는 것으로 보인다.

우선 제3중산대학의 설립 검토 단계에서 당시 절강성 교육감이었던 장몽린(蔣夢麟)을 비롯하여 이전부터 구시서원에 연고를 두고 있었던 교사와 학생, 즉 소배자(邵裴子), 진대제(陳大齊), 정효창(鄭曉滄), 하병송(何炳松), 탕조

22) 萬佳, 當眞(1987), 「求是書院在我國近代敎育史上的地位及其辦學經驗」, 『杭州師院學報(社會科學版)』, 第3期, 55쪽 참조.

풍(湯兆豊), 마서환(馬敍倫), 소원중(邵元沖), 진황(陳槐) 등의 인물들이 대학 설립 준비 조직의 이사 또는 구성원으로 업무를 맡고 있었고, 이에 직접적인 의도성을 갖고 학교 부지를 구시서원 터로 채택하여 대학을 설립하였다는 사실이 확인된다.

그리고 교육 이념의 계승성을 가장 잘 입증할 수 있는 일례로는 절강대 교장 축가정의 행적을 추적하는 가운데서 잘 드러난다. 1938년, 절강대학 교장이자 당대 가장 저명한 교육가·학자로 활동하였던 축가정(竺可楨)은 교무회의에서 교훈을 '구시(求是)'로 확립하였다.[23] 또한 1939년 2월 4일 절강대학 신입생들을 대상으로 축가정이 담화한 내용을 수록한 『구시정신과 희생정신(求是精神與犧牲精神)』에는 다음과 같은 문구가 있다. "소위 '구시'라는 것은 독서에 몰두하거나 실험실에서 실험을 진행하는 것에 그치지 않는다. '사실(事實)'을 추구하는 일에 있어서 가장 좋은 방법은 '중용(中庸)'이니, 즉 '넓게 배우고, 깊이 물으며, 삼가 생각하고, 밝게 변별하고, 독실하게 행하는 것(博學之, 審問之, 愼思之, 明辨之, 篤行之)'을 중용이라 한다 … 즉 시비·득실을 마음에 분명하게 한 연후에 나의 온 힘을 다하여 그를 실천하는 것이니, 이는 제갈량이 말한 '나라를 위해 온 힘을 다하기를 죽어서야 그만두는 것이다(鞠躬盡瘁, 死而後已)'로서, 일의 성패와 운은 예상할 수 있는 것이 아니다"[24]라고 말하고 있다. 즉 실제에 기반한 명확한 지식 습득과 사유, 그리고 옳고 그름에 대한 도덕적 판단에 기반하여 실천까지 나아가는 '지행합일'의 사유를 강조하는 것으로 보인다. 이후 그는 『과학의 방법과 정신(科學之方法與精神)』(1941)[25]에서도 '구시' 정신을 구현하는 구체적인 방법을 개진한 바 있다. 이상 축가정이 다시금 개진하고 확립한 '구시' 정신은 "옳음을 구하고

---

23) 張彬, 付東升, 林輝(2005), 「論竺可楨的教育思想與"求是"精神」, 『浙江大學學報(人文社會科學版)』, 第6期, 185~188쪽 참조.

24) 竺可楨(2011), 「求是精神與犧牲精神」, 『語文世界』, 第11期, 2쪽.

25) 竺可楨(2004), 「科學之方法與精神」, 『竺可楨全集』第2卷, 上海科技教育出版社, 539쪽.

새로운 것을 창조해낸다(求是創新)"라는 문구로 확정되어 오늘날까지 절강대학 교훈으로 이어져 내려오고 있다.

다른 한편으로, 절강대학 성립 이후 교내 인사 조직을 살펴보면 정효창·축문백(祝文白)·조정병(趙廷炳) 등 과거에 구시서원을 졸업한 인사들이 대부분 절강대 교수를 역임하였음이 파악된다. 또한 구시서원 원생이었던 장몽린은 절강대 초대총장을, 소배자는 제2대 총장을 지냈기에 인사 차원에서도 구시서원과 절강대학의 계승성이 입증된다. 이후 1947년, 절강대학에서는 개교 20주년·구시서원 설립 50주년 행사를 개최하였으며, 당시 절강대 교수인 장기윤(張其昀)은 구시서원을 절강대학의 전신으로 명시하면서 1897년으로 교사(校史)의 기원을 소급하였다.[26]

이처럼 중국 서원 가운데 오늘날 대학 기관으로까지 발전한 경우는 매우 드물다. 상술하였듯 전통 서원이든 신식 서원이든 막론하고, 그 절대다수는 1901년 발포된 서원개제령에 따라 중학당 또는 소학교로 개편되거나 지역 도서관·서고·소형 학당과 같은 자료 시설· 군소 교육 기관으로 개편되었기 때문이다. 근대 중국에서 '서원'의 명칭을 지니고 있던 교육 기관이 오늘날까지 존속되고 있는 대학으로 발전한 경우는 다음과 같다.

〈표 1〉 근대 중국 주요 서원－대학 명칭 변천 일람[27]

서원명(건립 연도)	명칭 변천(개명 연도)	대학 명칭(개명 연도)
악록서원 (嶽麓書院, 976)	장사(長沙) 시무학당(時務學堂)과 병합, 호남고등학당(湖南高等學堂, 1903)	호남대학(湖南大學, 1926)
문화서원(文華書院), Boone Memorial School(1871)	사립무창화중대학(私立武昌華中大學, 1924)	화중사범대학(華中師範大學, 1985)

---

26) 張其昀(1947),「本校二十周年成立紀念」,『校慶特刊』; 張淑鏘(2014),「浙大校史: 源於何處?」,『浙江大學學報(人文社會科學版)』第44卷, 第6期, 84쪽 참조.
27) 구시서원 이외의 서원들은 상기 내용보다 더욱 많은 명칭 변화가 있었으나 모두 표기하지 않음.

휘문서원 (彙文書院, 1888)	기독서원(基督書院, 1891) 굉육서원(宏育書院)과 병합, 금릉대학당(金陵大學堂, 1910) 공립금릉대학(公立金陵大學, 1951)	국립남경대학(國立南京 大學)과 통합, 남경대학(南京大學, 1952)
아주문상학원 (亞洲文商學院, 1949)	신아서원(新亞書院, 1950)	숭기학원(崇基學院)·연 합서원(聯合書院) 통합, 향강중문대학(香港中文 大學, 1963)
구시서원 (求是書院, 1897)	구시대학당(求是大學堂, 1901) 절강대학당(浙江大學堂, 1902) 절강고등학당(浙江高等學堂, 1903) 절강고등학교(浙江高等學校, 1912) (폐교) 국립제삼중산대학(國立第三中山大學, 1927) (개교)	절강대학(浙江大學, 1928)

이로 보건대 구시서원은 근대 중국사에서 순수하게 중국인·중국 관부 출자금으로 건립된 신식 교육 기관 가운데 유일하게 대학으로까지 발전한 사례에 속한다. 위에서 문화서원과 회문서원은 모두 외국 선교사의 주도로 건립되었으며, 홍콩중문대학은 영국령으로 예속된 이후 생겨났을 뿐만 아니라 건립 시기가 매우 늦다. 비록 구시서원이 '서원'이라는 명칭으로 창건된 데에는 전통 서원과는 무관한 이유로 이루어진 것이지만, 전통 교육을 받은 중국 지식인·관료들에 의해 창건되었고 또 시대적 요청에 조응하여 발전을 거듭하였다는 점에서는 과거 전통 서원의 변천 양상과 크게 다르지 않다.

V. 나가는 말

이상 구시서원의 창건과 조직 및 활동을 종람해보면, 중국 근대 서원사에서 구시서원이 가지는 비중과 역할이 학술·정치·교육사 차원에서 모두 상당한 공헌이 있었음이 노정된다. 이러한 공헌에 비추어 구시서원의 태생적 특징과 운영 체제가 오늘날에 이르러서도 중국 근대 신식 서원의 이상적 모델을 보여준다는 평가가 많은데, 그 이유는 아래와 같은 몇 가지 특징으로 요약될 수 있다.

첫째, 아편전쟁 전후 무렵부터 주로 선교사에 의해 건립된 교회 서원이나 서양 열강의 자본에 의존하여 건립·운영되었던 서양식 교육 기관과 달리, 구시서원은 건립 주체·운영·발전 차원에서 모두 중국인 관료 및 지식계층에 의해 주도되었다는 점에서 독자성을 지닌다.

둘째, 구시서원의 교육 이념 '실사구시(實事求是)'는 당시 급변하는 세태에 조응하여 정치적·학술적 쇄신의 필요성을 절감한 지식계층의 시대정신을 반영한 것으로, 주요 교육관을 개방성·유용성에 토대하되 궁극적으로는 중국 고유의 민족정신과 문화의 개선·부흥에 초점을 두고 있었다는 점에서 전통 서원의 보수성을 탈피하였을 뿐 아니라 중체서용(中體西用)의 허구적 이상을 벗어난 시의적·실용적 교육 정신을 보여준다.

셋째, '구망도강(救亡圖强)'이라는 표제에서 엿볼 수 있듯이, 구시서원 운영의 궁극적 목표는 실용적 인재 배양에 기반한 구국 활동에 실질적으로 공헌하는 것이었다. 이러한 운영 주체의 기획과 원생들의 노력은 신식 교육을 위한 유학 파견, 대중 교육 및 사상 선전, 학술지 창건 및 사회 운동 조직 성립 등으로 구체화되어 20세기 전후 반청·항일 운동의 핵심적인 동력으로 작용하였다.

넷째, 현대 대학 기관으로 발전한 '서원' 가운데, 구시서원은 현재 호남대학교 전신인 악록서원과 더불어 '서원'으로부터 '대학'까지 그 교육 조직의 규모를 대폭 확장·발전하면서도 교육 이념을 안정적으로 유지해 왔다. 서원 개제령을 포함하여 20세기 전후에 조정 및 중앙 관료에 의해 끊임없이 하달·조치된 근대 신식 학당 개편의 결과 수치에 빗대어보면 이는 매우 희소한 경우로, 그 근저에는 구시서원·절강대학 구성원들의 '실사구시(實事求是)' 정신의 발휘와 지속적 계승에 대한 노력이 있었기에 가능했던 것으로 판단된다.

【참고문헌】

『杭州府志』

鄧洪波(2011), 『中國書院學規集成』第1卷, 中西書局.

陳穀嘉·鄧洪波(1998), 『中國書院史資料』, 浙江敎育出版社.

白新良(2012), 『明淸書院硏究』, 古宮出版社.

舒新城(1979), 『中國近代敎育史資料』上, 人民敎育出版社.

浙江大學校史編寫組(1996), 『浙江大學簡史』第一卷, 浙江大學出版社.

陳仲恕(1947), 『國立浙江大學同學會會刊』.

萬佳·當眞(1987), 「求是書院在我國近代敎育史上的地位及其辦學經驗」, 『杭州師院學報
　　　　(社會科學版)』, 第3期.

蔣建國(2017), 「晚淸書院讀報活動與時務新知的傳播」, 『學術月刊』第49卷.

張彬·付東升·林輝(2005), 「論竺可楨的敎育思想與"求是"精神」, 『浙江大學學報(人文社會
　　　　科學版)』, 第6期.

張淑鏘(2013), 「求是書院與辛亥革命」, 『浙江大學學報(人文社會科學版)』, 第3期.

張淑鏘(2014), 「浙大校史: 源於何處?」, 『浙江大學學報(人文社會科學版)』第44卷, 第6期.

竺可楨(2011), 「求是精神與犧牲精神」, 『語文世界』, 第11期.

竺可楨(2004), 「科學之方法與精神」, 『竺可楨全集』第2卷, 上海科技敎育出版社.

許建平(1987), 「浙江近代最早的高等學校――求是書院」, 『杭州大學學報』第17卷.

중국 근대 학제(學制) 설립 과정에서 서원의 제도 개혁:
호남성을 중심으로

사풍(謝豊)

'학제(學制)'라는 용어는 내용상으로 두 가지 의미를 함축한다. 우선 '학교 교육 제도'의 약칭이다. 그리고 국가가 규정한 교육 체계 전반에 대한 총칭이다. 즉 한 국가 내부의 각계 각급 학교의 성질, 임무, 입학 조건, 학습 연한 및 그것들 간의 입체적 관계를 모두 가리킨다. 근대 중국 학제 설립의 주요 내용은 전반적으로 서양의 것을 학습하고, 국가 교육 체계를 건립하는 것으로 구성된다. 광서 28년(1902) 7월 청 조정에서는 『임인학제』를 공포하였다. 이는 근대 중국에서 최초로 발포·실시된 교육 법령 성질의 학제 방안이었다. 약 1년이 지난 광서 29년 11월, 더욱 영향력이 크면서도 완비된 개혁 방안인 『계묘학제』가 공포되었다. 이렇듯 학제 방안을 공포하기 이전에는 관부·민간을 막론하고 중국 도처의 모든 지식인은 과거의 학문 체제를 개편하는 한편 신학(新學) 교육 기관을 설치하였다. 주로 서양 학교 교육 제도를 모방하여 신학교(新學校)를 설립하거나 전통 학교를 개혁하는 방안을 시행하였다. 이로써 중국은 근대 국가 교육 시스템을 만들기 위한 일련의 경험을 축적한 것이다.

중국에서 천 년이 넘게 이어져 내려온 서원 제도는 근대 학제를 건립하는 과정에서 폐지되어 역사의 뒤안길로 사라지고 말았다. 제도적 개혁의 구체적 양상으로 말하면, 우선 서양 학문을 서원 시스템 속으로 받아들이는 방식으로 시작되어 점차 서원 자체를 학당으로 개조하는 방식으로 나아갔고, 동시에 서원 내부 차원에서는 제도적 변화를 시행하는 방식으로부터 점차 서원 제도 자체를 완전히 신식으로 전환하는 방식으로 나아갔다. 이러한 변천 양상이 중국 근대 학제 건립 흐름의 주요 면모라 할 수 있겠다. 서원의 제도 개혁으로 말미암아 생겨난 각급 학당들은 근대 국가 교육 시스템 최초의 기초 단위이자 주체로서 자리매김하였고, 나아가 근대 중국 학제 방안을 시행하기 위한 전면적인 토대를 마련하였다.

본문에서는 호남성을 중심으로, 서원을 주체로 한 전통 교육이 근대에 이르러 어떻게 변화되어 왔는지, 그리고 이러한 변혁을 바탕으로 근대 중국의 학제가 어떻게 전개되어 왔는가를 정리·고찰할 것이다. 아울러 그 변화 과정에서 서원의 전통이 근대 교육 체계 위에서 어떻게 발현·변화되어 왔는지에 주목할 것이다.

I. 시대에 따라 변화하다: 청대 말기 서원의 자체적 조응

1. 서원 교육의 위기와 '구실치용(求實致用)'의 새로운 변화

청대 말기, 서원은 관학을 대신하여 국가의 주요 교육기관으로 자리매김하였다. 그런데 그 관학화의 정도가 심화되면서 과거제와 더욱 긴밀하게 유착되었고, 서원 교육에 위기가 발생하면서 그 체제 또한 나날이 경직되었다. 이에 서원에서는 적잖은 폐단이 발생하였다. 구체적으로 대부분 서원에서 시행하였던 교육 내용은 과거 시험의 시문(詩文)·제예(制藝)에 대한 것이 주를 이루었기에, "과거 시험의 체제를 위한 서원이 되었으니, 첩괄로 공명을 취하려는 이외에는 학문을 하는 이가 없는" 상황이 출현하고 말았다.[1] 이뿐

---

1) 郭嵩燾, 養知書屋詩文集·送朱肯甫學使還朝序, 卷十四, 臺灣文海出版社, 1983年版, 第714-715頁 : "一擧科擧程式被之書院, 視若帖括取科名外無有學問者."

만 아니라 서원 내부에서도 다양한 폐단이 발생하였는데, 학업에 매진하는 원생들은 그저 서원에서 시상하는 상금을 탐하거나 과거 급제에 혈안이 되어 사실상 순수하게 학술적인 의도는 없어져 훌륭한 학풍이 전혀 조성되지 못하고 있었다. 서원에서 초빙한 산장 역시 예외는 아니었다. 그들 대부분은 "향리의 대부들로서 전혀 학식이 없고, 경사(經史)에 관하여서도 결코 성숙하지 못한" 이들뿐이었다.[2] 이에 당시 많은 학자가 서원의 각종 혼란함에 통탄하면서, 인재의 쇠퇴와 중국의 나약함이 모두 여기에서 비롯되었다고 여겼다.[3]

도광(道光) 연간 이래로, 당장의 민족적 위기 문제에 직면한 학자들은 그 해결책을 모색하는 과정에서 가장 먼저 전통적인 학술 자원으로부터 '경세술(經世術)'을 발굴, 즉 중국 전통의 경사(經史)·장고학(掌故學)으로부터 경세(經世) 방안을 도출해 내려 하였다. 서원이 그저 시문에만 착목하는 공소한 교육 현장으로 전락하는 것을 방지하기 위하여, 각급 행정 관료와 지방 유지들의 지지·지원 하에 제도적으로 많은 변화가 일어나기 시작했다. 특히 한학을 강구하면서도 '통경치용(通經致用)'을 중시하는 실학 서원이 흥건하기 시작한 점이 주목된다. 예컨대 광서 초년, 사천(四川)에서는 존경서원(尊經書院)이, 호남(湖南)에서는 상수교경당(湘水校經堂)·원수교경당(沅水校經堂)·선산서원(船山書院) 등이 창건되었는데, 이들 서원에서는 더 이상 시문 교육을 시행하지 않고, 경의(經義)·사장(詞章)만을 다루었다.

청일전쟁 패전 이후, 전통적인 경세학으로는 중국이 직면한 위기를 조속히 해결할 수 없다는 사실이 실감하였다. 이에 서양 국가들의 부강한 기술 또는 물리학 등이 구국(救國)·생존(生存)과 관련을 지닌 유용한 학문으로 간주하였고, 서학을 배워야 한다는 목소리가 더욱 커지기 시작했다. 이에 '구실(求實)'·'치용(致用)'을 목표로 삼는 교육 개혁이 시작되었다. 경세학·실학에 관한 교육 내용이 전통적인 경사 실학으로부터 서학으로까지 확대되면

2) 黃以周, 史說略·論書院, 卷四, 光緒年間刊本.
3) 張亨嘉, 守沅集·複朱其懿書, 香山慈幼院1936年刊本, 第56頁.

서, 전통서원에도 점차 서양 학문이 도입되었다. 이뿐만 아니라 전통 서원에서는 기존 서원 제도와 장정에 대한 일대 개혁을 단행하였다. 특히 당시 지식인들은 전통 서원의 '분재교법(分齋敎法)'을 매개로 삼아, 전통 속에서 서학과 유사한 '분과(分科)'라는 관념을 도출해 냈다. 예컨대 진수장(秦綬章)이 제시한 소위 '육재분학(六齋分學)'과 같은 방안이 이에 해당하는데, 이는 예부(禮部)의 의론을 거쳐 각 성(省)에 분포되었으며, 청대 말기 서원 개혁의 공식 표준으로 자리매김하였다. 이러한 방안은 전통적인 지식 구분 프레임을 기초로 삼되, '서학중원설(西學中源說, 서양의 학은 중원에서 비롯됨)'에 따라 서양의 지식 범주를 전통과 통합하였고, 서양의 모든 전문 학술은 이에 근거하여 전통적인 학술 체계 속에서 자신의 존재적 당위를 획득하였다. 이로써 "청대 말기 고등 교육 체제의 전반적인 변혁을 끌어냈다."[4]

양무운동·유신운동의 끊임없는 심화·고조와 더불어, 영남 문화의 중심인 광주(廣州), 중국의 정치·경제 중심이었던 북경과 상해는 물론이요, 호상(湖湘) 문화의 요람 장사(長沙), 심지어는 조금 떨어진 지역인 서북 지역에 이르기까지, 어떤 지역을 막론하고 중국에 소재한 주요 서원들은 모두 실학을 신학 교육으로 전환하려는 개혁의 조류에 휩싸였다. 일부 통찰력을 갖춘 호남 지역 관료 및 명사들은 서양의 것을 배우고 변법·유신을 시행해야 할 뿐 아니라, 교육 개혁을 최우선으로 이루어야 한다는 보편적 인식을 지니고 있었다. 교육 개혁에 대한 탐구, 그리고 실천은 호남 지역 유신 운동의 기점이 되었을 뿐 아니라, 호남 유신 운동 과정 가운데 시행된 '신정(新政)' 정책의 주요 일환이 되어 강력하게 그 발전을 촉진하였다. 이 시기에 관료·명사들은

---

4) 程歗, 談火生, 分科設學和清末民初中國的學術轉型, 山西大學學報(哲學社會科學版), 2002年第2期 ; 荀淵亦認爲高等教育轉型的思想轉型前提中, "先是以江浙知識分子的學術專門化傳統, 借助分齋教學這一傳統, 以西學中源爲路徑將西學置於書院教育之中, 引致了清末高等教育體制的整體性轉型"(荀淵, 中國高等教育從傳統向現代的轉型 – 對 1901~1936年間中國高等教育變革的考察, 華東師範大學2002年度博士學位論文, 上海: 華東師範大學圖書館, 2002年)

상호 협력하여 신식 학당·서원을 건립하거나 전통 서원의 장정을 개정하였다. 이것이 바로 당시 교육 개혁에 대한 탐구·실천에 해당한다.

2. 호남 서원 장정 개정의 대표적 사례

상술한 것처럼, 청일전쟁 이전부터 호남 일대 서원에서 이미 '실학' 개혁이 시작되었다. 이는 전통 서원의 과거 교육 폐단을 바로잡는 데 긍정적인 작용을 하였다. 이러한 실학 개혁은 모두 전통 교육의 프레임·체계 안에서 이루어진 것이다. 만약 서학이 서원 교육 내용에 포함된 것을 중점으로 삼는다면, 근대적 의미를 갖춘 서원 개혁은 바로 유신운동 시기부터 시작된 것이라 말할 수 있으며, 류양(瀏陽) 남태서원(南台書院)을 상징적인 시작점으로 논할 수 있겠다.

광서 21년(1895), 담사동은 변법이 산학(算學)으로부터 시작되어야 한다는 주장을 개진하였다. "청컨대 경과(經課)를 폐지하시고, 남대서원에 고화(膏火)를 할당하시고 산학(算學)·격치학(格致學, 물리학)을 흥하게 해주십시오." 아울러 그는 『개창장정팔조(開創章程八條)』, 『경상장정오조(經常章程五條)』를 작성하였다. 그의 스승 구양중곡(歐陽中鵠)는 일찍이 류양 지역에서 오래된 서원을 개혁한 바 있었으니, "호주(湖州)의 방식을 모방하여 각각의 부분에 전념하는" '치용'에 초점을 맞춘 서원을 창건하려는 구상을 하고 있었다. 구양중곡은 도계선(塗啟先), 유인희(劉人熙)와 더불어 유양현에서 명망이 높았던 학자로서, 이들 모두 현에서 가장 유명한 남태서원을 삭학관(算學館)으로 개조하는 것에 동의하였다. 이 개혁 작업은 매우 치밀한 숙고를 통해 진행되었다고 말할 수 있겠다. 산학은 서양의 각종 물리학을 배우는 기초였으며, 명칭상으로는 전통 육예(六藝)의 내용으로 소급될 수 있었다. 또한 과거시험이나 공명(功名) 획득을 위한 학업 내용으로 분류될 수도 있었기에, 조정에서는 각 대신에게 적절한 인사가 상주(常住)할 것을 하명하였다. 이러한 방식으로 산학관을 설치하면 그 실효가 보장될 뿐만 아니라, 변법의 저항을 줄일 수도 있었기에 비교적 적은 비용으로 훌륭한 선생을 초빙할 수 있었다. 그럼에도 불구하고, 남태서원을 산학관으로 바꾸자는 건의는 여전히 현지에서의 많은 반발을 초래하였다. 그러나 상무(湘撫) 진보잠(陳寶箴)과 학사(學使) 강표(江標)는 이 개혁안을 승인하였을 뿐만 아니라, 『흥산학의(興算學議)』를 "천 권 인쇄하고, 각 서원에 배포함"으로써 아주 강력하게 개혁을 지원하였다. 그러나 당해 건립 경비를 이재민을 구휼하는 데 소모하였기 때문에, 광서 23년(1897)에 이르러서야 비로소 남태서원에 경비를 배정할 수 있었고, 이에 남태서원에서도 산학·시무 과목을 증설할 수 있었다. 이러한 "류양에서 산학의 흥성"은 과거 호남성에서 일어났던 양무운동에 대한 증오를 일소할 수 있었기에, 가장 먼저 개방적 분위기를 끌어내는 효과를 보았다고 말할 수 있었다.

상향(湘鄉) 동산정사(東山精舍)는 실질적으로 전통 서원의 근대 개혁에 앞장선 곳으로, "청일전쟁 이후 호남에 건립된, 나라를 구하고 생존을 도모하는(救亡圖存) 목표를 가진 신식 학교"[5]에 해당한다. 광서 21년(1895), 지방 명사 허시수(許時遂) 등 10명의 인사가 함께 호남 순무 진보잠에게 상소하여 "호북(湖北) 자강학당(自強學堂)을 모방하여 법도를 세워 학과를 나누어 인재를 배출할 것"을 요청하였다.[6] 그리고 동산서원 창건을 기반으로 '동산정사'를 건립, 지원을 받게 되었다. 동산정사의 개혁은 일련의 변통적 특징을 띠고 있는데, 이곳의 교육 목적은 다름 아닌 사회적 위기를 다스릴 수 있는, 전문성을 갖춘 실용적 인재를 배양하는 데 있었다. 따라서 교육 내용 차원에서 "실학을 드높이는(崇實)" 기조를 강조하였을 뿐만 아니라 "실질적 일을 가르치고, 실질적 효과를 헤아리는(教之以實事, 程之以實功)" 데 초점을 맞추었다. 아울러 산학·격치·방언(方言)·상무(商務) 총 4개소 재(齋)를 설치하여 학생들로 하여금 "사람마다 한 과목에 전념·정진토록 한 이후에 정미함에 이

---

5) 教育部民國二十三年編, 第一次中國教育年鑒·教育概況, 轉引自馮象欽等編, 湖南教育史, 長沙: 嶽麓書社, 2002年版, 第116頁

6) 陳寶箴, 陳寶箴集·東山精舍改章興辦稟, 北京: 中華書局, 2003年版, 第1312頁: "仿湖北自強學堂成法, 分科造士."

르도록" 하는 데 초점을 맞추었다. 이러한 동산정사의 교과목 내용과 전문성을 띤 교육 방법은 이미 전통 서원과는 확연히 차별되는 점이었다.

유양서원·상향서원의 개혁 이후, 성급 관료·명사들도 교육 개혁을 옹호하고 분분히 서원의 장정·제도를 개편하는 데 동참하였다. 나아가 그들은 학당·학회를 새로이 건립하거나 간행처를 설치하여 간행물을 배포하는 등의 교육 개혁을 추진하였다. 한때 유신의 바람이 성부(省府)로부터 시작되어 모든 성을 휩쓸었는데, 그 가운데 개혁의 영향이 가장 크게 반영된 것은 바로 산장 왕선겸이 다스렸던 악록서원의 장정 개편이라 할 수 있다.

광서 22년(1896)에서 23년까지, 왕선겸은 『유악록제생(諭嶽麓諸生)』이라는 친서를 발표하고 『시무보(時務報)』를 확대하는 등 교육 개혁에 있어 개방적 풍조를 마련하였다. 아울러 『월과개장수유(月課改章手諭)』·『악록서원신정역학회과정(嶽麓書院新定譯學會課程)』을 공포하였는데, 이들 장정 내용은 다양한 변화를 함축한다. 대표적으로 이들 장정에서는 교육 차원에서 서학의 '과정(교과목 과정)'이라는 개념을 도입하여, 서원 교육 과목을 경(經), 사(史), 장고(掌故), 산학, 번역학 5개 부문으로 나누었다. 그리고 "산학에는 별도로 재장(齋長)을 두고, 번역학에는 교습을 초빙하여" 이에 산학과 번역학을 전문적으로 공부하는 학생들을 모집하였다. 또 교육 형식에서도 『신정역학회과정(新定譯學會課程)』과 유사한 외국어 교육 방안을 활용하여 분반제, 만점제, 시간제 등하고, 학비 납부, 수업 연한과 같은 서양식 교육 개념들을 도입하였으며, 어떻게 외국어 교육을 실시할 것인가에 대하여서도 비교적 상세한 규정을 마련하였다. 그리고 시험 내용 및 형식에 있어서도 변화가 있었는데, 그 가운데 번역학 시험은 서양학 형식을 본떠 만든 것으로, 퀴즈 시험, 소규모 시험, 대규모 시험을 결합하여 학생들의 성적을 백점만점제로 평가하였다. 피석서(皮錫瑞)의 일기에는 다음과 같은 기록이 실려 있다. "악록서원에서 장정을 개편한 이후, 별도로 두 개의 공간을 마련하여 서양식 교육을 본떠 산학·방언을 가르쳤다."[7] 또 장서 차원에서는 수학·물리·정치·공제·공학·의학·군사 분야의 서적 및 시사 관련 잡지를 비치하여 학생들이 열람할 수 있는 환경을 조성하였다.

왕선겸이 시행한 『월과개장수유』·『신정역학회과정』은 중국에서 가장 오래된 전통 서원이 실제로는 이때 이미 근대화의 여정에 들어섰음을 의미한다. 이에 대해, 피석서는 광서 23년(1897) 9월 초6일 일기에서 다음과 같이 찬미한 바 있다. "악록서원의 교사와 과목에 이미 변화가 있었으니, 시문을 가르치지 않고 경·사와 산학을 함께 가르친다. 이러한 기풍이 일어남에 소리를 듣고 궐기하는 이들이 있다."[8] 이러한 악록서원의 개혁을 통해 보건대, 이곳의 교육제도(교육 내용과 조직 방식 등)는 이미 근대화되기 시작하였다고 볼 수 있겠다.

3. 호남 서원 장정 개편의 대략적인 정황

악록서원은 그 위상에 걸맞게 호남 일대의 근대적 개혁에 상당한 영향력을 끼쳤다. 성부 서원들이 개혁의 바람을 주도한 이래로, 전 성의 여러 지역에서도 분분히 이를 모방하여 개혁을 실시하였다. 현존하는 자료에 근거하여, 호남 신정 기간 동안 호남성 서원 개혁 정황은 본고 말미에 정리해 두도록 한다(〈표 1〉 호남 유신 운동 시기 서원 개혁 일람표).

〈표 1〉의 통계에 따르면, 광서 22년~24년(1896~1898) 3년의 기간 동안, 호남성에서는 최소한 39개소의 서원이 "형식적인 차원에서" 다양한 개혁을 실시한 바 있다. 예컨대 장정을 개편한 곳으로는 보경(寶慶)의 오산서원(鰲山書院), 관란서원(觀瀾書院), 협강서원(峽江書院), 악주(嶽州)의 악양서원(嶽陽書院), 평강(平江)의 천악서원(天嶽書院), 파릉(巴陵)의 금악서원(金鍔書院), 상덕(常德)의 덕산서원(德山書院)이 있다. 그리고 서원을 학당으로 개조하거나 학

---

7) 皮錫瑞, 師伏堂未刊日記(1897~1898年), 湖南省志學術志編輯小組輯, 湖南歷史資料, 1958年, 第4期, 第74頁: "嶽麓書院改章後, 別造房屋二間, 仿西學式敎算學, 方言."

8) 皮錫瑞, 師伏堂未刊日記(1897~1898年), 第68頁 : "嶽麓師課已改, 不用時文, 課經史兼算學. 此風旣動, 當有聞之而興起者."

회를 설치한 곳으로는 유양의 금강서원(金江書院), 보경의 희현서원(希賢書院), 청운서원(靑雲書院), 악주의 신수서원(愼修書院), 형주(衡州)의 연경서원(硏經書院) 등이 있다. 새로운 실학 서원을 건립한 곳으로는 검양(黔陽)의 보산(寶山) 교경정사(校經精舍)를 꼽을 수 있겠다. 어떤 서원의 경우 2차례 이상 개혁을 단행하기도 하였는데, 성성(省城) 구현서원(求賢書院)이 그 대표 격이다. 이 외에도 수많은 학당·학회가 건립되었다. 그 가운데 가장 영향력이 큰 시무학당(時務學堂)과 남학회(南學會)가 바로 이때 건립되었다. 광서 24년, 장사에만 각종 학당이 16개소, 학회가 23개 설립되었다. 호남 유신 운동 기간 동안 교육 개혁은 기풍을 개화시키고 실학·신학의 제창을 목표로 하였으니, 그 결과는 이처럼 매우 뚜렷하게 나타났다.

서원의 개혁 발전 추세를 보면, 장사부(長沙府)에는 장사, 유양, 영향, 상향이, 상덕부(常德府)에서는 상덕, 원주(沅州)가, 그리고 보경부(寶慶府)에서는 무강서원(武岡書院), 신화서원(新化書院) 등이 선구적 역할을 하였다. 이는 중심도시를 기점으로 시작된 교육 개혁의 흐름이다. 이러한 추세가 형성된 원인은 개혁을 지지한 관료·인사들의 관심도 및 여론의 개방성, 그리고 개혁으로 얻을 수 있는 기대 자원 등과 관련이 있다. 성부와 중심 도시에서 시작된 교육 개혁은 이러한 기풍을 조성하는 역할을 담당하였으며, 주·현의 개혁은 성의 서원 개혁 및 학당·학회 설립의 영향을 받았다. 또한 일부 개혁은 상호 참고를 통해 이루어졌다. 표1을 보면, 악록서원·교경서원·남학회 및 시무학당의 선례를 참고하여 개혁을 진행한 서원이 총 15개소에 달한다.

서원의 장정 개편은 몇 가지 특징을 지니고 있다. 우선 교과목 과정 개편을 주요 내용으로 삼았으며, 신설한 산학·역학 교육이 제도화되어[9] 전문 학재 또는 전문 학회를 분립·설치하였다. 이로써 전문 교사를 두거나 심지어

---

9) 田森在, 『淸末數學敎育對中國數學家的職業化影響』, 一文中提出, 淸末數學敎育與前代數學敎育相比有兩點明顯不同: 其一, 淸末數學敎育開始向制度化過渡, 其二, 此一階段的敎育較諸前代更具專業化. 對本節論文有啟發, (田森, 淸末數學敎育對中國數學家的職業化影響, 自然科學史硏究, 第17卷, 1998年第2期, 第122頁)

산장이 신학 교과목을 담당하도록 하였다. 또 시험 내용·방식을 개편하였다. 관과(官課)·사과(師課)에 신학(新學) 시험을 추가하거나, 과시(課試) 시문을 없애는 사례도 있다. 다른 한 편으로, 장서 유형이 몹시 풍부해졌다. 예컨대 음향·광학·화학·전기·군사학 등의 서양 물리에 관한 새로운 서적 및 잡지를 소장하기 시작하였다. 이 외에도, 호남 교육은 다양한 형식을 취하였다. 서원 장정 개편 및 신식 학당·학회 건립을 병행하는 한편, 호남 유신 운동 기간 동안 학당이 흥성하고 학회가 잇달아 설립되었으며, 서원이 분분히 장정을 개편하는 등 개혁이 일대 성황을 이루었다.

이렇듯 다양한 교육 개혁 가운데 악록서원과 같이 유명하면서도 오래된 서원이 장정을 개편하는가 하면 시무학당과 같이 유신·변법의 기치를 들고 시대의 물결을 헤쳐 나가는 신식 학당의 설립 사례가 특히 돋보인다. 호남 지식인들은 개혁을 위해 분분히 변혁을 주동하거나 변화를 모색하였는데, 특히 관원이 주도하고 명사들이 주체가 된 관민 협력은 서원 개혁과 호남 유신 운동의 순조로운 진행에 있어서 핵심 동력으로 작용하였다. 개혁은 교육으로부터 사회·정치·경제·군사 각 방면으로 확대되었으며, 다양한 개혁 정책의 발안·시행과 더불어 마침내 강력한 호남 유신 운동으로 변천되기에 이른다.

II. 쓸모없는 것을 버리고 새로운 것을 찾아내다: 학제의 혁신, 그리고 서원 제도의 쓸쓸한 퇴장

양무운동의 일환으로 설립된 외국어문학당, 실업학당, 군사학당과 같은 신식 학당들은 중국의 전통 교육 제도에 영향을 미치지 못했을 뿐만 아니라, 정식 교육 제도에 편입되지도 않았다. 이들은 다만 중국 고유의 교육을 이미 상당히 받은 학생들을 선별하여 일종의 속성 직무 교육을 시행하였을 따름이었다.[10] 서원 장정 개혁의 점진적인 발전은 서양 학문이 공식적으로 전통 교육 기관 내부에 편입되었음을 의미한다. 즉 중국의 보통 교육 기관 내부에 새로운 변화가 이루어진 것이다. 그러나 서양식 학당을 신설하였든, 아니면 전통 서원의 장정을 개편하였든 간에, 이는 모두 각 교육 기관 개체의 변화일 뿐이었지 정작 교육 기관 간에는 어떠한 체계적·제도적인 계획이나 시스템이 없었다.

　시대적 변화에 따라 서양학에 관한 기초적 지식을 갖춘 인재의 질적·양적 수요가 나날이 상승하였으며, 교학 이념 또한 "한 가지 능력이 출중한 인재 한 사람을 추구하는" 것으로부터 "교육의 전반적인 보급"으로 나아갔다. 즉 실용적인 지식을 잘 갖춘 소수의 인재를 양성하는 개별 전문교육의 수립으로부터, 새로운 다수 인재를 양성할 수 있는 일반 교육을 수립하는 방향으로 전환한 것이다. 교육 개혁에 있어서도 국지적 개혁으로부터 인재 양성·선발을 포함한 전면적인 교육제도의 개혁을 요청하게 되었다. 당시 많은 사람은 변법을 통해 당면한 부정적, 위기 국면을 신속하게 타파하고자 하였는데, 특히 일본의 경우 메이지유신을 통해 교육 개혁을 단행하였을 뿐만 아니라 서양학 교육으로 변화를 이루었으며, 시간적으로는 단 30년 만에 부국강병을 이루었기에 개혁의 지표·모범으로 간주되었다. 이에 정관응(鄭觀應)·이단분(李端棻)에서 강유위(康有爲)·양계초(梁啟超)에 이르는 관료·명사 지식인들이 분분히 교육 개혁 방안을 개진하였다. 이들이 개진한 방안들을 순차적으로 살펴보면, 서양 교육 제도를 모방하여 국가 교육 시스템을 설립하고, 나아가 학제 개혁을 진행한다는 구상이 뒤로 갈수록 명확해지고 있으며, 동시에 개혁을 주장한 인사들 간에 이미 이러한 공식이 정립되어 있었음을 확인할 수 있다. 또한 하루빨리 국가 교육 시스템을 구축하기 위해서는 이미 전국 어디에나 그 수가 많고 여러모로 기초가 견실한 서원을 중심으로 교육 개혁을 진행하는 것이 가장 훌륭한 방법으로 여겨졌다.

　학제 개혁 방안은 광서제가 유신 변법의 일환으로 추진하였다가 중단한 후, 서태후가 신정 시행 과정에서 재차 추진하였다. 비록 이는 갑작스럽게

---

10) 田培林, 『教育與文化(下)』, 台北市: 五志圖書出版公司, 第572-573頁.

시행되긴 했지만, 후속 시행 과정에서 지속적으로 개선을 거듭하였고, 마침내 정식 방안으로 발전하였다. 학제 창설 과정 가운데, 서원은 교육 자원의 역할을 담당하면서 새로운 교육 시스템으로 통합되었다. 이로써 하나의 교육 제도로서 오랜 세월 시행해 왔던 서원의 교육은 역사의 뒤안길로 사라지게 되었다.

1. 100일 유신: 국가 교육 시스템의 설계와 최초 건설

양무운동 이후, 사람들은 다양한 경로를 통해 서양을 비롯하여 서양을 성공적으로 학습해 낸 일본에 대해 알게 되었다. 이에 이미 잘 알려진 서양의 교육 제도로부터 일련의 법칙을 탐색하여 활용하기 위해 노력했다. 무술변법 시기에 사람들이 이해한 서양 학제는 대체로 다음과 같은 내용을 포함한다. 1. 유럽에서는 학교가 보편적으로 설치되어 있을 뿐만 아니라, 그 수가 매우 방대하여 배우지 못하는 이가 없으며, 서양인들은 어릴 때부터 강제적으로 교육 받는다. 2. 각종 전문학교가 설립되어 있기에, 서양인들은 모두 각기 하나의 기예에 능통한 바가 있다. 3. 학교는 순서대로 소-중-대 3단계로 구성되어 있으며, 각급 학교의 수업 연한, 교육 수준에 관하여 모두 규정화되어 있다. 청대 말기에 시행된 다양한 학문 진흥에 관한 조치는 모두 이러한 서양 이해를 중심으로 이루어졌다.

무술변법 시기, 유신파가 개진한 교육 개혁의 목표는 바로 하나의 표준화·규범화된 국가 교육 시스템, 즉 단계적이면서도 순차적으로 상승하는 3단계 학당 제도를 구축하고, 과거제도와 학교를 점진적으로 통일하는 것이었다. 그래서 유신파는 수많은 신식 학당을 설립하였을 뿐만 아니라, 광서제의 지원에 힘입어 전국 최고 학부, 경사대학당을 창건하였다. 양계초가 초안을 작성한 『경사대학당장정(京師大學堂章程)』은 경사대학당을 전국 최고 학부이자 전국 최고 교육 행정 관리 기구로 규명하고 있으며, 각 성의 학당은 모두 대학당의 관할 하에 귀속되며, 모든 규약과 교과목은 이 규정을 준수해

야 한다. 또한 각 성은 1년 이내에 성내의 모든 현에 학당을 설립할 것을 요
구하였다. 학당의 교과목은 서양과 일본 학교의 교과목 과정을 참고하여야
하며, 이는 일반학(溥通學) 10개 과목, 그리고 전문학(專門學) 10개 과목 및
외국 언어·문자학 5개 과목으로 구성되었다. 그리고 각 성의 중학당에서 학
업을 이수하고 북경에 온 수료자를 대상으로 학생을 모집하며, 졸업한 학생
은 진사(進士)로 삼아 임관시키고, 학생의 전공과 장기에 근거하여 신정 시행
을 보좌할 수 있는 관직을 부여한다. 이 장정은 양계초가 제안한 학교와 과
거의 융합, 그리고 신정에 걸맞은 인재 배양이라는 목표를 잘 보여주고 있
다. 광서 24년 5월 15일, 조정에서는 경사대학당의 장정을 승인하였으며, 손
가내(孫家鼐)를 경사 대학당의 초대 관학 대신으로 임명하였다.
　　같은 날, 강유위를 필두로 한 유신 인사들은 광서제에게 서원·의학·사학
을 개혁하여 학교 시스템을 조속히 구축하는 방안을 제시하였다.

　　　　각 성 및 부·주·현에는 서원이 있으며, 많은 곳은 십수 곳에 이르며, 적은
　　곳은 한두 개소가 있습니다. 또한 민간에도 공립서원(公立書院), 의학(義學), 사
　　학(社學), 학숙(學塾)이 있으니, 모두 교사와 학생, 경비가 마련되어 있습니다. …
　　지금 팔고(八股)를 버리고 대학당의 경제상과(經濟常科)에서는 반드시 소학·중학
　　의 단계를 거쳐 오도록 하여야 합니다. 그런데 중학·소학이 직성(直省)에 없으
　　니, 현존하는 성·부·주·현·향·읍의 공립·사립 서원·의학·사학·학숙을 중국학
　　과 서양학을 함께 배우는 학교로 고치는 것이 가장 바람직합니다. 성회(省會)의
　　대형 서원은 고등학으로 바꾸고, 부·주·현의 서원은 중등학으로 바꾸며, 의학·
　　사학은 소학으로 바꾸면 됩니다.

　　이렇듯 강유위는 경사대학당과 조화를 이룰 수 있는 신식 교육 기관 시스
템을 구축할 것을 제안하였는데, 이러한 교육 기관들은 서원과 같은 전통 교
육 기관을 개조함으로써 성립될 수 있는 것이었다. 7일 후, 강유위의 상소를
저본으로 한 광서제의 조령이 하달되었다. 이에 따르면 서원을 중·서학을 모

두 배우는 학교로 바꾸고, 경사대학당의 장정을 보급, 각 지역에서는 이를 참고하여 따르도록 하였으며, 아울러 소속 행정 구역 단위에 따라 대·중·소 3개 등급의 학교를 건립하도록 하였다.

유신파는 변법 활동을 하면서 교육 개혁을 중시하였고, 완전한 국가 교육 시스템 구축을 위한 새로운 방안을 제시하였다. 또한 황제의 적극적인 중국 학·서학 통합 교육 학교 건립 추진에 힘입어 폭넓은 호응을 얻었고, 국가 교육 차원에서 새로운 분위기를 조성하면서도 객관적인 차원에서 교육의 근대적 전환을 촉진하였다. 이 조령에 의해 각 성에서는 잇달아 서원을 각급 학당으로 개축하거나 전환할 준비를 시작하였다. 예컨대 강소(江蘇) 남청서원(南菁書院)은 고등학당으로, 호북 산하 모든 67개 주·현에서는 일률적으로 서원을 학당으로 바꾸었으며, 산서에서는 영덕서원(令德書院)을 진성(晉省) 성회학당(省會學堂)으로, 직례(直隸)에서는 연지서원(蓮池書院)을 성회 고등학당(高等學堂)으로 개조하였다. 또 집현서원(集賢書院)을 북양(北洋) 고등학당(高等學堂)으로, 회문(會文), 삼취(三取), 계고(稽古) 3개 서원은 각기 병합·분리하여 천진부(天津府) 중학당(中學堂) 및 천진현 소학당(小學堂)으로 바꾸었다. 강서에서는 우교서원(友教書院)을 산학당으로, 순천부에서는 금태서원(金台書院)을 중학당으로 바꾸었으며, 호남 금강서원(金江書院)은 양등소학당(兩等小學堂)으로, 도계서원(桃溪書院)은 도계 고등소학당(高等小學堂)으로, 그리고 봉황청(鳳凰廳) 존경서원(尊經書院)은 자치학당(資治學堂)이 되었다.

2. 명(名)·실(實)의 분열: 학당 서원에 관한 신·구 갈등[11]

교육의 혁신은 교육 기관이라는 개념을 끊임없이 변화시켰다. 서원·학당이라는 명칭 및 그 함의에 있어서 혼용 및 분열이라는 대립 현상이 발생하기

---

11) 關於書院學堂的名實關系變化, 作者有另文討論, 見謝豐, 『從書院到學堂的三重變化』, 湖南大學學報(社科版), 第25卷, 2011年第6期, 第12-17頁

시작하였는데, 서원과 구학, 학당과 신학은 뚜렷한 대응 관계를 이루게 되었다. 그런데, 이미 혁신을 이룬 서원은 어째서 '옛것'으로 인식되었으며, 또 서원 학당은 어째서 양자가 모두 공존하는 상황에서 상호 대립하는 형국이 되어버린 것일까?

교육의 개혁 과정 차원에서 볼 때, 당초에 사람들은 서양의 학교 제도 자체를 배우고 모방함으로써 신식 학교를 설립하는 한편, 구식 학교에 대한 개혁 모두를 병행하는 것을 강조하였다. 무술변법 이전 건립된 신식 교육 기구들 가운데 몇 가지는 '학당'이라는 명칭으로 불리거나 또는 '격치서원'·'실학서원'이라는 이름으로 불리는 경우도 있었다. 양자는 자주 통용·혼용되었는데,[12] 사람들은 이에 대하여 특별한 구분을 두지 않았다. 서양 교육을 이해하는 두 가지 주요 프레임으로 이를 살펴보면, 이는 외국 선교사가 창건한 각종 서양 학교에서 그 교명을 항상 서원 또는 학당으로 혼용하였던 것과 관련이 있어 보인다.[13] 그리고 당시 각종 번역서와 서양 견문 기록에 관한 서적들에서도 서양 학교를 '서원'으로 기록하는 경우가 흔했다.[14] 서원-학당이라는 명칭을 통용하는 현상은 무술변법운동 실패 이후에도 여전히 산견되는

---

12) 例如, 潘克先, 『中西書院文藝兼肄論』中談到: "今兩湖督憲張香帥於楚北建一書院, 曰 '自强學堂', 設立課程有算學, 格致, 商務等類, 振興西學, 莫善於此. 倘各省倣照此法 多建學堂, 以資造就, 行見人文蔚起, 必有日省月盛者. 竊議各省所建學堂可名曰'通藝 書院', 以示本末並用, 不稍偏頗"(陳忠倚, 皇朝經世文三編, 卷四十二, 轉引自陳穀嘉, 鄧洪波, 中國書院史資料, 第1970頁). 上海建格致書院, 正蒙書院, 陝西巡撫張汝梅等 奏請設立實行分科教學的陝西格致實學書院, 浙江巡撫廖壽豊等建求是書院, 等等, 皆 系新型實學書院.

13) 從敎會所辦書院看, 到維新時期爲數已不少, 如在上海有英華書院, 淸心書院, 聖芳濟 書院, 中西書院, 聖約翰書院, 北京有潞河書院, 南京有彙文書院, 廣州和福州有格致書 院, 蘇州有博習書院等等, 敎會學堂的數量就更多了.

14) 鄧洪波先生認爲: "西學東漸之時, 來華的外國人將其創立的School, College, Institute, University, Academy等文化敎育機構都叫做書院, 而且, 走向世界的中國士人也將他 們在西方見到的近代學堂, 學校, 圖書館, 實驗室, 甚至科學博物館, 展覽館等都稱作 '書院', 而介紹給國人. 這表明, 當時的中西人士對'書院'有著一種文化交流的認同感." (鄧洪波, 中國書院史, 第544頁)

데,[15] 예컨대 왕선겸은 『학당론』에서 학당이 곧 서원이라 여겼던 당시 사람들의 관점을 비평한 바 있다.[16] 이처럼 당시의 양자에 대한 인식은 매우 보편적이었던 것으로 보인다.

호남의 상황을 보면, 유신 운동 가운데 각계 관료·인사들은 신식 교육의 부흥에 함께 힘썼으며, 성 전체의 교육 개혁을 달성하고 전통 교육을 새로이 탈바꿈하는 데 여력을 아끼지 않았다. 그러나 유신운동 말기에 이르러, 시무학당과 악록서원 사이에서 벌어진 일련의 쟁투가 사람들의 이목을 끌게 된다. 이는 신구 파벌의 분열을 드러내었을 뿐만 아니라 양자 갈등의 중심이 되었는데, 사실상 서원-학당의 명실(名實)에 관한 의론은 바로 이때부터 시작되었다고 볼 수 있다.

광서 23년(1897) 8월, 시무학당에서는 입학시험을 실시하였고, 연말에는 방학을 실시하여 학생들이 귀가하였다. 몇 개월 후, 호남성에서는 구파(舊派)가 학당 세력을 조롱하기 시작했다. 그 이유를 살펴보면, 신-구 논쟁의 초점이 교육 시스템의 신-구 여부에 있었던 것이 아니라, 시무학당을 주관·운영하는 이들이 선전하였던 유신 사상 때문이었다. 특히 '민권혁명' 학설이 문제시되었는데, 이는 구파의 교육 개혁에 대한 사고방식과는 너무나도 달랐던 것이었다. 구파는 시무학당에서 교편을 잡고 있었던 강유위의 학설에 반대하였는데, 그들이 보기에 실상은 강유위의 학문이 서학을 대신하고 있거니와 나아가 이것이 중국학 자체를 혼란스럽게 하고 있었다. 그런데 당시 시무학당이 일으킨 사상적 조류의 파급력은 점점 거대해져만 갔고, 이는 당연히 호남 지역 구파 인사들의 거센 반발을 불러일으켰다. 구파 인사들은 유신파의 사상이 전통 질서의 몇몇 중요한 제도, 가치관에 대하여 실질적이면서

---

15) 陝西巡撫魏光燾於淸光緒二十三年(1898)十二月二十二日奏稱 "現在款項未充, 難於別建書院, 擬暫借省城崇化書院房舍, 創設格致學堂一所, 名曰'遊藝學塾'."(魏光燾, 奏設遊藝學塾, 轉引自陳穀嘉, 鄧洪波, 中國書院史資料, 第2254頁)

16) 卽如王先謙等認爲學堂與書院有區別, 也只是在於兩者敎學的分職, 卽分別承擔實業敎育與普通敎育不同職能, 而不是兩者有新舊之別.

도 잠재적인 위협이 될 수 있음을 깨달았고, 이에 협심하여 강유위·양계초의 '이단사설(異端邪說)'을 척결하려 하였다. 이렇듯 정치적 주장이 다르다는 이유로 분열된 신-구 양파는 각각 학당과 서원을 자신의 주장을 선전하는 진영으로 삼았다. 그리하여 학당과 서원은 점점 서로가 비판·비난을 가하는 표적이 되고 말았다. 웅희령(熊希齡) 등 유신파 인사들은 대부분 전통 서원의 폐단을 비판하였으며, 각 서원의 산장 자리가 왕선겸 등과 같은 구파 인사가 장악하고 있는 것에 대해 비판하고, 개혁을 요구하였다. 한편 유신파 인사들이 학당 창건에 힘을 쏟는 것에 대해, 수구파 인사들은 그들이 서학의 이름을 빌려 강유위의 학설을 전파함으로써 인심을 미혹시키고 있다고 비판하거나, 혹은 서학을 진흥시킬지언정 중국학을 폐기하는 오류를 범하고 있는 것으로 간주했다. 이렇듯 신·구파의 유신변법에 대한 엇갈리는 주장은 학당과 서원에서의 논쟁으로 집중되면서, 학당-서원의 공존에 분열이 발생하게 되었다. 말하자면 신구파의 정쟁이 더욱 치열해지고 노골화되는 과정에서, 서원과 학당은 각기 서로 다른 정치적 상징, 즉 보수와 급진, 구-신이라는 의미를 부여받게 됨으로써, 양자의 분화 및 대립 국면이 정형화된 것이다. 신구파는 서로 일련의 투쟁을 일으켰고, 그 충돌은 빠르게 학당-서원뿐만 아니라 신문사와 학회라는 영역으로까지 확장되었다. 이는 결국 호남성 교육 개혁 또는 유신운동의 중단으로 귀결되었다. 호남에서 일어난 신-구파 또는 서원-학당 쟁투는 수도의 신구파의 정쟁과 서로 맞물리는 바가 있는데, 관련 연구자들은 무술변법운동의 실패 근저에는 바로 호남 유신 운동 가운데 신-구파 정쟁이 그 발단으로 작용하였다고 본다.

무술변법의 실패 이후, 서태후는 옛 제도를 부활시켰고 유신파 인사들은 잔혹하게 탄압받았다. 유신파 인사들은 수많은 신식학당을 건립하였고, 아울러 학당에서 변법 사상을 선전하였다. 그리하여 '학당'은 유신파와 일련의 의심스러운 관계를 맺고 있는 불순한 장소로 간주되었고, 이 때문에 정부 관원들은 학당의 폐교를 요구하였다. 반면, 서원은 과거의 방식대로 처리되었다. 이로 인해 각지에서 이미 준비를 마쳤던 서원 제도 개혁 방안은 좌초되고 말았다. 정변이 갑작스럽게 발생한 데다 그 조치 또한 엄중하였던 탓에 호남의 교육 개혁 환경은 큰 피해를 보았다. 당화(黨禍)를 두려워한 몇몇 인사들은 유신파들이 대대로 추진한 학당·신학·신서에 대해 우려하는 바가 있었고, "학당이 설립되었다는 이야기가 들리면, 그 소식을 듣는 사람이 의심하도록 만들었다"[17]는 말도 있었다.

유신운동 후기부터 신축년에 시행된 서원 제도 전면 개혁 이전까지의 시기를 통시적으로 조망하면, 호남의 서원 교육은 몇 가지 특징을 보인다. 첫째, 유신 운동의 정쟁으로 말미암아 서원과 학당의 공존 세태가 무너지고, 신-구파 쟁투가 서원-학당 사이에서 벌어지면서 다른 영역으로까지 확대되었다. 둘째, 신-구 양파의 정쟁을 통해, 광서제가 서원을 학당으로 바꾸라고 조령을 내리고, 서태후가 예부의 학당을 중단하고 서원을 복원해달라는 소청에 조응하였는데, 서원-학당 양자의 명실이 서로 구별·분리되었고, 그것이 정치 투쟁 가운데 상징화되어 각각 전통 교육과 신식 교육을 지향하게 되었다. 특히 팔고문이 폐기되었다가 다시 복구되었고, 새롭게 건립한 학당은 억제되었는데, 이로 인해 무술년 이후 서원에서는 원생들이 시문·첩괄을 배움으로써 과거시험에 응시하였던 과거의 기능이 여전하면서도 상당 보전된 모습을 보이게 되었다. 즉 서원의 과거제·팔고문과의 관련성이 더욱 긴밀해지게 된 것이다. 셋째, 호남 유신 운동 가운데 일어난 교육 개혁은 인심에 깊이 뿌리를 내렸다. 정변 실패 이후, 전국 각지의 수구적인 분위기가 강해졌고, 호남에서 권력을 지닌 관료들과 지방 명사들은 신학 교육에 대해 여전히 긍정적인 태도를 유지하고 있었다. 특히 정치 투쟁으로 말미암아 분열된 신-구양파 또한 그 파벌을 막론하고 학문을 흥성하고 인재를 배양하여야 한다는 관점으로 되돌아갔으며, 이러한 관점은 정변 이후 호남 교육의 신학으로의 추세를 상당히 촉진하게 되었다. 이에 호남 서원의 신학 교육은 지속 시행될 수 있었으며, 신식 인재를 양성하는 거점이 되었다. 동시에 호남 신식 학당

---

17) 王先謙, 葵園四種·師範館講義序, 長沙: 嶽麓書社, 1986年版, 第114頁

또한 점차 흥성하였고, 심지어 관부에서도 3급 학제 국가 교육 시스템 방안에 근거하여 각급 학당을 설립하기 시작했다.

3. 개혁으로 되돌아가다:
   서원 제도의 개혁으로부터 신학 제도의 확립으로

유신파가 주장하는 국가 교육 시스템 구축 방안은 서구 교육 시스템에 대한 청나라 사회의 주류 인식 및 서구 학습에 대한 절실한 요청을 반영한다. 비록 당시 서원 제도 개혁이 변법으로부터 일어났고, 또 변법으로 인해 돌연 중단되었지만, 오래지 않아 서원이 전면적으로 제도 개혁을 하게 된 근거 및 발상 또한 그 근저에 복선이 깔려 있다.

경자거변(庚子巨變) 이후, 서태후의 서원·학당에 대한 태도가 바뀌었다. "권화(拳禍)가 돌연 일어나면서 양궁(兩宮)이 몽진하였으니, 안으로는 여론의 반발이 우려되고 밖으로는 강국의 부담이 있으니 무(戊)·기(己) 2년간 처음 들었다가 폐한 정책을 취하여 계속 시행토록 함으로써 우리나라가 실제로 유신의 뜻을 지니고 있음을 드러내도록 하라."[18] 이때의 개혁은 청 정부로 말하자면 부흥을 위한 절실한 희망과 더불어 내정 쇄신을 요구하는 국내·외의 압박에 의해 발생한 것이기도 하다. 장지동 또한 이 시기의 변법은 "중국의 구법을 서양의 법으로 바꾼 것"이지 "표면적으로 장정을 개정하고 정돈하는 것"이 아니라고 여겼다. 장지동과 류곤일이 함께 상소한 『강초회주변법삼절(江楚會奏變法三折)』에 근거하여, 광서 27년(1901) 청 정부는 '신정'의 실행을 선포하였다. 그리고 8월 초2일 서원 개제령을 내려 "각 성의 모든 서원에 대하여, 성성에서는 모두 대학당으로 바꾸고, 각 부·직례주에서는 모두 중학

---

18) 論中國必革政始能維新, 中外日報, 1903年12月, 轉引自宋艶麗, 慈禧太后與淸末新政, 首都師範大學學報(社科版), 1998年第1期, 第46頁: "及乎拳禍猝起, 兩宮蒙塵, 旣內恐輿論之反側, 又外俱強領之責, 乃取戊己兩年初擧而得廢之政, 陸續施行, 以表明國家實有維新之意."

당으로 바꾸며, 각 주·현에서는 모두 소학당으로 바꾸며 아울러 몽양학당(蒙養學堂)을 다량 설치하도록 하라"[19]고 하였다. 청 정부가 당면한 곤경을 조속히 해결하기 위해 급히 반포한 이 조서를 살펴보면, 이는 다만 성에서 부·주·현에 이르기까지의 서원들을 학업 체계가 잡힌 각급 학당으로 개조할 것을 분명히 요구할 따름이며, 실제로는 유신파가 제시한 방안과 비교하여 봤을 때 새로운 것이 없는 내용이다. 너무 서두른 탓일지, "예의로써 교원을 초빙하고 학규를 온당하게 작성하며, 학생을 가르치는 데는 마땅히 어떻게 격려할 것인지를 숙고하여 택하라"는 등 세부 규정에 대해서는 각 성에서의 협의를 기다릴 뿐 구체적인 방법을 제시하지는 못했다. 정부는 낡은 교육의 상징인 서원을 반드시 '학당'으로 개명함으로써 '정명(正名)'[20]할 것을 요구하였는데, 이는 정부가 '신정'을 거행한 일종의 '태도'적 표명에 가깝다. 이로부터 천 년 이상 이어져 온 중국 서원 제도는 폐지되었으며, 1880~90년대에 서원 장정을 개정하거나 신식 서원을 건립하려는 시도는 실질적으로 중단되었다.

새로운 교육 체제를 구축하려는 상황에서 청 정부가 당면한 그리고 처리해야 할 상황은 다음과 같았다. 첫째, 전국의 교육 자원을 신속하게 집중시켜 대량의 신형 학교를 건설하여야 했다. 둘째, 국가 교육 시스템 구축에 대한 정부의 경험 미숙에도 불구하고, 새로운 학제에 대한 추진이 모색되고 있었다. 그래서 당시 서원의 인적·물적 자원 및 운영 경험을 활용하여, 서원을 직접 학당으로 개조하는 것이 가장 편리하면서도 실현 가능한 방안이었다.[21]

---

19) 對詔令的內容不乏疑惑者, 他們認爲西方學校層次不止三級, 而學堂, 書院名稱並用, 制度略殊, "未嘗廢書院而概稱爲學堂, 仿西制者所宜知之"(山西學務處所訂學堂章程, 湖南官報, 第57號).: "各省所有書院, 於省城均改設大學堂, 各府及直隸州均改設中學堂, 各州縣均改設小學堂, 並多設蒙養學堂"

20) 此次會奏中張即明確指出"惟成事必先正名", 但"今日書院積習過深, 假借姓名希圖膏獎, 不守規矩, 動滋事端, 必須正其名曰學, 乃可鼓舞人心, 滌除習氣. 如謂學堂之名不古, 似可即名曰各種學校, 旣合古制, 且亦名實相符"(張之洞, 張之洞全集·變通政治人才爲先遵旨籌議摺, 第二冊, 第1401頁)

21) 謝豐, 淸末新政初期湖南改制書院興辦學堂的章程問題, 大學敎育科學, 2016年第1期, 第21-27頁

같은 해, 산동(山東) 순무(巡撫) 원세개(袁世凱)는 『산동대학당장정(山東大學堂章程)』 초안을 작성, 구체적으로 어떻게 성성대학당(省城大學堂)을 창건할 것인가에 대한 상세한 규정을 마련하였고, 10월에 난원서원(濼源書院)을 산동대학당(山東大學堂)으로 개칭하고 정식 개학하였다. 『산동대학당장정』은 서원을 학당으로 개조하는 방법, 그리고 학당을 어떻게 처리할 것인가에 대한 구체적인 방법을 제시하였다. 이는 청 정부의 학제 정책이 공포되기 이전 중요한 역할을 하였다. 10월 15일 청 정부는 『속판학당상유(速辦學堂上諭)』를 발포하여, 산동에서 서원을 학당으로 개조한 방법을 전국에 보급하였다. 강소(江蘇), 강남(江南), 절강(浙江), 복건(福建), 광동(廣東), 안휘(安徽), 호북(湖北), 호남(湖南), 섬서(陝西), 사천(四川), 귀주(貴州), 광서(廣西) 등 지역에서 이를 본받아 분분히 학당으로 개설하기 시작하여 전국적인 열기를 일으켰다.

교육 제도 개혁 및 학교 진흥을 위한 정책을 시행하는 과정에서 성도로부터 지방에 이르기까지 모든 현장에서 수많은 그리고 각기 특수한 어려움들에 직면하였다. 예컨대, 서원을 어떻게 각급 학당으로 바꾸어야 하는가? 각급 학당의 학습 연한, 교과목 과정은 어떻게 설정해야 하는가? 학당의 각 단계 간의 연결은 어떻게 이루어내는가? 서원의 존치 자금으로는 새 학당을 짓기에 부족한데, 자금은 어떻게 마련하는가? 서원에 본래 있던 교사와 원생들은 어떻게 배치하여야 하며, 또 어떻게 학당의 시스템에 편입시킬 수 있는가? 학당의 교재는 어떻게 획득하고, 해당 교사는 어떻게 양성해야 하는가? 등등 실로 수많은 문제가 있었다. 신정의 목표는 완전 통일된 국가 교육 시스템을 구축하고, 각급 인재를 순차적이고, 점진적으로 양성하는 데 있었다. 이것은 다양한 수준의 학당이 그 명칭부터 규모·교육 내용 및 수준·학생의 학습 연한 등 차원에서 반드시 상호 부합하는 조건 및 규정을 요구하였다. 그렇지 않으면 학생들은 이 학당 시스템 내에서 순차적으로, 원만히 진학할 수 없을 것이었다. 이러한 상황에서 통일된 학교 운영 규정을 제정하고, 이를 통해 성 전역이 규정에 따라 학교를 설립하도록 지도·촉구하는 일이 급선무였다. 광서 28년(1902) 8월, 정부에서는 『흠정학당장정(欽定學堂章程)』(『임인

학제, 壬寅學制)을 반포하였으며, 이듬해 11월에는 개정된 『주정학당장정 (奏定學堂章程)』(『계묘학제』)을 반포하였다. 이 장정은 교육 목적·학습 연한· 교과목 설정·교육 방법·교육 기자재·교사 건물에서 시험·장학금에 이르기 까지 모든 방면에서 학당에 관한 상세한 규정을 마련했다. 이 두 장정을 순서대로 추진하여 서원을 각급 신식 학당으로 개편하는 한편, 기준이 되는 규정을 마련하여 신식 학당의 발전을 촉진하였다.

Ⅲ. 신구의 공존: 서원·학당의 형식 – 내용에 이르는 변화·전승

제도적 개혁 및 교육 진흥 정책은 주로 각 성급 정부에서 조직·시행하였지만, 지방 관료와 명사들의 정책에 대한 태도, 사고방식 및 관행이 곧 성패의 관건이었다. 서원의 존폐와 학당의 처리에 관한 문제는 정책 집행 차원에서의 문제일 따름이며, 신학의 실효성과 중학의 보존과 같은 문제의 후폭풍을 우려한 사람들은 지속적으로 비판을 일삼았다. 교육 사업을 주관하였던 지방 관료·명사들은 개혁에 대해 다양한 견해 및 발상을 지니고 있었으며, 더욱이 실제 행정 과정에서 학교 운영 정책의 미비·학교 운영 자원의 부족 등 여러 원인으로 인해 정부에서는 황급히 개혁 정책을 개편, 두 개의 신학 제도를 잇달아 추진하였다. 중국 교육은 이 개혁 기간 3년 또는 더욱 오랜 기간에 걸쳐 신-구가 뒤섞인 상황을 보였는데, 이는 주로 서원·학당이라는 형식 차원에서의 신-구 공존 현상으로 나타나거나, 또는 기존 서원을 학당으로 개조한 뒤 그곳의 교육 차원에서 다양한 내부 요소들이 신-구가 뒤섞인 상황을 보였다. 여기에서는 호남성을 중심으로 그 구체적인 정황을 살펴보도록 하겠다.

1. 서원 제도 개혁 과정에서의 서원·학당의 공존

등홍파 교수가 총괄한 『청사(淸史)·서원학교연표(書院學校年表)』 연구 프로젝트 통계에 따르면, 당시 중국 전역에서 최소 1,606개의 서원이 각급 학당으로 변경되었으며, 그 개편 기간은 청대 말기에서 민국 초기까지 지속되었다. 필자의 대체적인 통계에 따르면, 청대 말기 호남성에서는 150개의 서원이 제도적 개편을 이루었다.[22] 그 목록은 본고 말미 표2: 청대 말기 호남 서원 개제 일람표에서 확인할 수 있으며, 연도에 따른 통계표는 아래와 같다.

〈표 3〉 청대 말기 호남 서원 개제 연도별 통계표

연도	수량(개소)	백분율
광서 24년(1898)	4	2.67%
광서 27년(1901)	2	1.33%
광서 28년(1902)	61	40.67%
광서 29년(1903)	23	15.33%
광서 30년(1904)	4	2.67%
광서 31년(1905)	7	4.67%
광서 32년(1906)	7	4.67%
광서 33년~37년 (1907~1911)	13	8.67%
민국 이후	19	12.67%
미상	10	6.67%
합계	150	100%

---

22) 資料來源: 以鄧洪波著, 『中國書院史』, 第590-596頁 "湖南書院改制一覽表"爲主體, 參照『湖南官報』『民國湘潭縣志』『醴陵縣志』(民國)『郴州鄉土志』『永順縣志』等曆史文獻資料及新修『瀏陽縣志』, 鄉鎭志, 部分湖南省文物檔案增訂.

이상 통계에 따르면, 1902~1903년은 호남성 일대의 제도 개혁 속도가 가장 빨랐던 시기이며, 1904년 1월에 두 번째 개제령이 발포되기 이전까지 호남 일대 서원이 대부분 제도 개혁이 완료되었다고 말할 수 있다. 그러므로 이곳의 제도 시행은 매우 능동적이었을 뿐만 아니라, 신속하면서도 상당한 효과를 거두었음을 알 수 있다. 특히, 개제 진행을 확정한 150개 서원 가운데 상당수는 지속적으로 운영되었다가 민국 초기에 이르러서 비로소 제도 개혁을 진행한 경우도 있는데, 바꿔 말하면 이는 서원과 학당의 공존 상황이 상당히 오랜 기간 지속된 것이다. 다른 한 편으로, 서원 개제가 가장 빨랐던 1902년의 경우, 호남 일대에서는 수많은 서원이 소학당으로 개편되었으며, 가장 상징적이면서도 재원이 풍부하였던 성성 서원의 경우 오히려 한 군데만 개편하여 "마지못해 조령에 순응하였는데", 1903년, 신임 순무가 호남 지역에 부임하고 나서야 비로소 제대로 개제가 시행되었다. 서원-학당이 장기간 공존하였던 원인과 관료·명사들이 서원 제도 개혁을 '지체'하거나 결단한 이유를 이해하기 위해서는 당시 서원 개혁에 대한 호남 인사들의 다양한 생각과 관행을 면밀히 살펴볼 필요가 있다.

개제령 하달 이후, 호남 서원의 개편 과정에 영향을 미친 대표적인 주요 인물로는 순무 유염삼(俞廉三)과 그 후임 조이손(趙爾巽), 그리고 호남 명사 왕선겸(王先謙)이 있다. 성성 서원의 개편 문제를 두고 이들 간의 의견이 여러 차례 엇갈렸는데, 연구자들은 각각의 의견에 따라 이들을 각각 '혁신파' 또는 '보수파'로 분류하곤 한다. 예컨대 유렴삼과 왕선겸은 회의를 거쳐 성(省)의 대형 서원을 그대로 두고, 구실서원(求實書院)만 성성대학당으로 바꾸기로 하였다. 이에 그들은 "직무 태만에 빠져 일을 졸속으로 처리하였다(辦事疲玩, 逢場作戱)"는 비난을 받았다. 왕선겸은 성급하게 서원을 개조하는 것에 반대하였으며, 학문 진흥을 열심히 하였던 순무 조이손과 충돌하였다. 이에 분개하여 사범관장직에서 물러난 그는 보수파의 전형으로 여겨지게 되었다. 다른 한 편으로, 조이손은 몇몇 성급 대형 서원을 강제로 학당으로 개편하였기 때문에 혁신파의 대표주자로 간주된다. 그러나 신정 기간 동안 각 인물의 행적을 상세히 살펴보면, (상술하였듯) '보수파'라고 해서 신식 교육에 반대한 것은 전혀 아니며, 사실 그들 또한 혁신파와 함께 교육 진흥과 개혁에 힘을 쏟으면서 호남 교육의 근대적 전환에 일대 공헌을 하였다는 것을 알 수 있다.

유렴삼은 광서 24년 8월(1898년 10월)부터 광서 28년 12월까지 호남 순무를 지냈다. 그는 학풍을 진작하고 각지에서 적극적으로 교육 진흥을 이룰 것을 촉구하였다. 그가 재임한 동안 전 성에서 서원을 중·소학당 및 몽양학당으로 개편, 운영이 적극 실시되었다.[23] 성부 소속이었던 그는 성실하게 임무를 수행하였으며, 견실하면서도 세심한 학문 진흥 정책을 실시하였다. 구체적으로는 다음 몇 가지 사실을 열거할 수 있겠다. 첫째, 학문 진흥에 관한 내용이 주를 이루는 『호남관보(湖南官報)』[24]를 총괄함으로써 성 전역에 광범위한 학문 진흥 풍조를 조성하였다. 둘째, 호남성 학당의 장정을 신속하게 제정하고[25] 각 지역에서 장정을 엄격히 준수할 것을 명하였다. 셋째, 구실서원을 성성대학당으로 개편하고 이곳을 성 전역의 제도 개혁의 모범으로 삼았다. 넷째, 성 전역의 각급 학당의 업무를 관리하는 전문기관으로서 '학무처(學務處)'를 설치하였으며, 별도로 감찰위원을 각 현에 파견하여 시행 정황을 조사하도록 하였는데, 서원 개편 성공 수치를 담당 지방관들의 연말 공과·상벌 심사 집행의 근거로 삼았다.[26] 다섯째, 학당 설립 경비 출자 방법을

---

23) 因俞廉三在戊戌變法後期負責收拾湖南局面, 並有鎮壓反淸起義之擧, 常被認爲保守官僚而延及對其新政辦學的評價. 論者謂"地方官員辦事疲玩, 逢場作戲", 辦學不力, 又對書院改制的詔令多有拖延, 敷衍之責, 以至於常常將他進行敎育改革的成績歸之於繼任的趙爾巽, 實則有誤.

24) 『湖南官報』開辦於光緒二十八年三月, 第一號即刊登設學諭旨及各省歸並改制書院的報道, 之後又登載了大量湖南撫院或學務處的興學告示, 各地方辦學具體情形及經驗, 對地方官員辦學成績的考核獎懲等報道.

25) 內容包括學堂學級, 各級各類學堂學科, 學堂敎授, 學堂書籍, 學堂規則(即學期學費放假入學等), 學堂管理, 學堂經費, 學堂獎勵等八條, 及另設校士館方法等.

26) 永綏廳同知吳傳綺自奉飭辦學堂, 實事求是, 不僅因地制宜變通辦理蒙養及小學堂, 學堂章程周備, 又開辦了官書局, 凡道廳月課佳卷及公牘報章有關要務者, 月刊一冊, 名

중시하여, 지방의 교육 진흥이 백성들에게 미치는 부정적인 영향을 일소하
는 데 주의를 기울였다.[27] 특히 기부금을 장려하여, 기부금을 많이 낸 인사
들에게 포상을 내렸다. 여섯째, 교사 양성을 중시하였다. 그는 유학파 인사
를 채용하고 사범관을 운영하였으며, 재원을 경사대학당에 입학시키는 방식
으로 교원을 양성하였는데, 이러한 양성 계획은 단기 비상 대응과 장기 계획
으로 구성되었다. 이렇듯 유렴삼은 학문 진흥을 중요시하고 그에 따른 면밀
한 조치를 취하였기 때문에, 그의 적극적인 지원과 독려는 즉각 효과를 낳았
다. 조령 반포 이듬해, 호남 일대 46개소 서원이 대·중·소 각급 학당, 사범관
및 교사관으로 개편되었으며, 이는 기본적으로 『흠정장정』에 근거하여 호남
의 새로운 학제를 구축한 것이다. 유렴삼이 퇴임하기 전, 개혁 정책을 반포
한 지 16개월 만에 호남부·청·주·현에 개설된 학당은 총 87개소에 달했으
며, 그 가운데 61개소는 서원 개제령으로 말미암아 성립된 곳이다. 각급 학
당이 갖추어졌으며, 학당 시스템 또한 기본적으로 구축되었고, 사범·실업 교
육이 처음으로 일정 규모를 형성하여 성과를 거두기 시작했다.

　이렇듯 순무 유렴삼은 서원의 개조와 학당 설립에 심혈을 기울였던 반면,
교육 개혁에 여력을 아끼지 않았던 향신 왕선겸은 서원을 학당으로 개조하
라는 조령에 저항하는 태도를 보였다.[28] 왕선겸은 과거제를 폐지하고 학교를
개혁하여 서학을 도입함으로써 국가 차원에서 유용한 인재를 배양할 것을
주장하였을 뿐만 아니라, 유신 운동 초기에 호남 일대의 교육 개혁의 흐름을

日『經濟雜錄』, 隨時發給學堂, 以開風氣. 撫部院令布政司連記兩次大功, 並通飭各該
府廳州縣, 以示勸勵. 安化縣令顧玉成擬改濱資書院爲後鄕小學堂, 但尙無章程, 籌集
辦學經費無實在辦法, 辦理蒙學又欠切實. 對此, 俞撫令學務處移明藩司, 將該令記過
一次, 並嚴飭該令寬爲籌劃, 不得再次敷衍.

27) 俞廉三不允許地方官員開征新稅, 必須抽收學捐時, 要求通過士紳公議制訂收捐措施,
並要求區別對待家境殷富及貧窮者, 強調不要累及貧民, 嚴厲申斥那些擾累百姓者.

28) 當湖南巡撫俞廉三會同署布政使兪湘良等與他籌議書院改制時, 王先謙只提議將求實
書院改爲學堂, "以勉應詔書". 這一現象在全國上下紛紛改制書院的潮流中尤顯醒目,
更加深了湖南維新運動以來人們對王先謙和俞廉三保守頑固的印象.

주도하였다. 또한 청 조정에서 신정을 시행할 당시 그는 더욱 적극적으로 학문 진흥에 조응하여 농무공예학당(農務工藝學堂)을 운영하고 성성사범관(省城師範館)을 관리하였을 뿐만 아니라, 개인적으로 기부금을 조성하여 빈민을 위한 소학당 18개소를 창건하였다. 또 조정에 상소를 올려 일본의 방식을 참조, 교육 개혁을 시행할 것을 주청하고, 전관(專官) 및 성급 전문 학관을 설치함으로써 서학 교육 도입 및 시행이 효과를 거둘 수 있도록 요구하였다. 이렇듯 교육 개혁을 적극 지지하였던 그는 어째서 서원을 학당으로 바꾸는 것에 반대하였을까?

우선 왕선겸은 오랜 세월 교육계에 종사·주도한 풍부한 경험을 가지고 있었다. 그가 보기에, 중국학과 서학의 학제 및 과목은 매우 다양하여, 사인(士人)으로서 모든 과목에 통달하는 것은 "필경 불가능한(必不可得)" 일이었다. 그래서 그는 "중-서학의 구분을 명료하게 해야 한다(將中西學界劃淸)"고 강조하였으며, 그렇게 하지 않으면 가장 총명한 학생일지라도 학문에 전념·정통할 수 없을 것이라고 보았다.[29] 그는 서원과 학당 각각의 교육 내용 차원에서 나름의 교육 중점을 두었다. 서원에 서학 교과목 과정을 편입시키고, 서양의 교육 방식을 도입시켰으나, 여전히 중국학 학습을 중점으로 삼았다. 또한 학당을 설립하는 데는 서양학(工藝 영역)을 전문적으로 가르치도록 하였으며, 여기에서는 중국학 교과목을 편성하지 않았다. 왕선겸은 서원·학당의 건설이 병행되어야만 중국-서양의 학문을 구별할 수 있으며, 이로써 서양을 보존하면서도 중국을 지키는 목적을 달성할 수 있다고 여겼다. 이러한 관점에 기반하여 중국의 실정에 비추어 보건대, 조정에서 갑작스럽게 서원을 전부 학당으로 개조하거나 학당을 도처에 설치하는 것은 왕선겸의 입장에서는 많은 폐단을 발생킨 처사였다. 첫째, 무엇보다도 먼저 관부에서의 교육 경비 출자 및 마련이 어려운 실정이었으며,[30] 가난한 독서인들 또한 학업을

---

29) 王先謙, 葵園四種·與俞中丞, 第894頁. 光緖三十三年, 皮錫瑞亦有類似觀點, 他看到學堂敎學"意欲兼攬中西, 以臻完備, 而學者顧此失彼, 未免務廣而荒, 名爲各學皆通, 實則皆不精通", 主張"科學太多, 宜分設也".

위한 경비를 지원받을 방법이 전무하였다.[31] 둘째, 공장을 설치하질 않으면
애초에 학당이 실용성을 발휘할 수 없다. 즉 실효가 없는 것이다.[32] 셋째, 각
급 학당의 단계와 절차가 확정되지 않은 상황에서 이를 "천하에 널리 알리는
것"에 급급해서는 곤란하다.[33] 넷째, 학당에서 공부하는 이들이 중국학을 자
득해 내지 못하면 결국 중국학은 보존되지 못하게 된다.[34] 다섯째, 각급 학
당에서 입학 연령에 제한을 두었기에, 기존 학생들을 재배치하는 데 있어서
곤란함이 발생한다.

　이렇듯 왕선겸은 교육 운영의 성과를 고려하였기에 서원의 전면 개편에
반대한 것이다. 그가 호남 순무 유렴삼과 더불어 서원 개편을 계획할 때, 오
직 구실서원 하나만 대학당으로 바꾸자고 하였는데 이는 그가 "어쩔 수 없이
조령을 따른" 것이다. 마찬가지로 교육 운영의 효과를 중시한 유렴삼은 왕선
겸의 건의를 받아들였고, "비록 학당의 등급이 복잡하나 반드시 각급 소몽학
(小蒙學)을 먼저 다스린 연후, 시기에 맞게 교육을 보급할 수 있다"고 여겼다.
말하자면 비록 대학당이 성립되긴 했지만, 충분한 자격을 갖춘 학생 자원이

30) 王先謙, 葵園四種·與但方伯, 第888頁, 將書院改制爲學堂, 也是淸政府急於在短期內
建立大量新式學堂而采取的應急方式, 實際上仍未能擺脫經費奇絀的困境, 從當時朝廷
的諭旨, 各省設學的奏折以及各種官方, 民間的報刊可見, 敎育方面的話題多圍繞解決
"經費"與"師資"兩個問題進行,
31) 王先謙, 葵園四種·王先謙自定年譜, 第774頁. 王先謙的擔憂不無道理, "據張謇對江蘇
南通地區的估算,在20世紀初, 一個家庭要送一個孩子上初等小學, 每年需花35-50元的
總學費(而傳統私塾的學費不過是幾元). 當時, 一個普通農民每年平均收入僅12-15元,
而在張謇工廠的工人每年也只有50-100元的收入. 而湖南西路學堂每學期的膳宿及雜
費就高達50多元, 一年即要100多元"(M.Bastid,1988: Education Reform in Early
20th-Century: Harvard University Press, 轉引自應星, 廢科擧, 興學堂與中國近代社
會的轉型, 戰略與管理, 1997年第2期, 第81頁)
32) 王先謙, 葵園四種·學堂論下, 第14頁
33) 王先謙, 葵園四種·與瞿彙若敎諭, 第924頁
34) 王先謙, 葵園四種·學堂論上, 第14頁. 當時這個問題已經出現, 1898年4月, 皮錫瑞在
其日記中寫道, "前日洋學生不先通中文, 多染習氣, 僅爲買辦, 通事之用, 以致議者謂
此中無人才", 與王先謙的憂慮不謀而合.

없으면 해당 수준의 과정을 제대로 개설·운영할 수 없었다. 따라서 호남 지역 교육 진흥의 초기 단계에서는 먼저 초등교육을 견실히 구축하여야 하지, 성성 서원의 개편은 서둘러서는 안 된다는 생각이었다.[35]

조이손은 광서 28년 12월(1903년 1월)부터 30년 4월까지 호남 순무를 역임하였다. 재임 기간 동안, 그는 호남의 학문을 진흥하는 데 힘을 쏟는 한편 신정(新政)을 엄격히 시행하였는데, 교육 발전을 신정의 "첫째 임무"이자 "급선무"로 간주하여 서원의 개편 및 기존 학당의 정돈, 그리고 신식 학당 창건 등 적극적인 활동을 펼쳤다. 조이손이 보기에 국가 정세가 위급한 이 시국에서는 조속히 학당을 개설하고 실학 교육을 시행하는 것이 가장 중요하며, 또한 연령이 높은 학생들이 학당에 입학하지 못하는 문제가 해결되기 어렵다고 하여 서원을 그대로 놔둬서는 안 된다고 여겼다.[36] 이를 위해, 그는 연령이 높은 학생들에게 활로를 제공하는 방안을 제안했다. 첫째, 사범학이나 전문학 또는 일반학을 연구하는 이들은 중·소학당의 교사로 일할 수 있다. 둘째, 식견이 트여 있고 심지가 곧으며, 말주변이 좋고 비유 능력도 있는 인재의 경우 시험을 통해 장차 '선강단(宣講團)'의 일원으로 채용, 정부의 대중 계몽 사업에 종사할 수 있으며, 급여 또한 우대받을 수 있다. 특히 그는 악록·성남·구충 3개 서원의 시험을 주관하였으며, 서원의 학당으로의 개편을 목적으로 학생들에게 실학을 교육하라는 간곡한 권유의 내용이 담긴 공고를 내었다. 오래지 않아, 그는 성도의 모든 서원을 학당으로 강제 개편하는 상소를 조정에 올렸다.[37] 이렇게 악록서원을 호남고등학당으로, 성남서원을 사

35) 俞廉三上奏朝廷, 稱: "湖南人文向來稱盛, 省城原有嶽麓, 城南, 求忠諸書院, 生徒常各數十百人, 院長訓飭認真, 近亦商令分齋設額, 課以經史及各國圖籍, 最爲通練之材. 若改設學堂, 則須指定學年以爲遞升之地, 其年歲稍長者, 雖極意向學, 亦不得與其選, 似轉無以宏樂育之途."(俞廉三, 改書院爲學堂並派人出洋留學折, 光緒朝硃批奏折第105輯, 第480-483頁)
36) "中年失學之輩自知爲學堂所不取, 又以科擧未廢, 思抱空文以求萬一之幸, 而在上者複不能代爲之謀, 而以書院爲位置若輩之地."(撫院趙諭嶽城求三書院告示, 湖南官報, 第391號)

범관으로, 교경서원과 효렴서원을 각각 성덕교사관(成德校士館)·달재교사관(達材校士館)으로, 구충서원을 충예중학당(忠裔中學堂)으로 바꾸었다. 악록서원의 개편을 중심으로, 광서 29년에 이르러 조이손이 성성서원을 개편해 냄으로써 호남 일대 서원의 서원-학당 개혁은 대략적으로 마무리되었다.

이상 유렴삼, 왕선겸, 조이손 세 사람의 서원 제도 개혁에 대한 다양한 태도는 당시 교육 개혁에 대한 대표적인 인물들의 다른 생각들을 잘 반영하고 있다. 유렴삼의 경우 조령의 내용에 따라 엄격하게 서원 개제를 하되, 학문 진흥을 개혁의 중점으로 삼는 한편 만약 여건이 따라주지 못할 때는 전체 서원의 개편을 서두르지 않으려는 모습을 보였다. 오랜 세월 교육계에 종사한 왕선겸의 경우 황급한 학당 설립이 야기하는 폐단을 인지하였다. 그는 중국학이 보존되지 못하는 상황에 대해 상당히 우려하였으며, 이에 서원-학당의 분리 병행을 주장하였다. 말하자면 서학을 추진하는 동시에 중국학 또한 보전하려 하였고, 따라서 모든 서원을 일률적으로 학당으로 개편하는 것에 반대한 것이다. 조이손은 오히려 학당 체계 구축 및 신학 교육 추진에 더욱 초점을 맞추었다.

상술한 성급(省級) 관료 및 인사들의 서원 제도 개편 및 교육 진흥 정책에 대한 다양한 견해들과는 별개로, 사실 당시의 보편적인 상황은 이러했다. 지방 관료·인사들의 신식 학당 건설 필요성에 대한 인식은 몹시 희미했으며, 대부분은 무술정변 이후 두려움에 빠져 상황을 관망하거나 주저하기만 하였다. 더욱이 실질적인 차원에서 교육 운영이 어려웠던 점, 또는 과거제가 아직 폐지되지 않은 등의 이유로 서원 개편 진행은 몹시 어려웠다. 그리고 지방 인사들은 여전히 '부세익교(扶世翼敎)'를 모토로 전통을 고수하였고, 서원을 옛 학문의 기치로 여겨 교육을 지속하였다. 예컨대 증염(曾廉)이 교편을 잡은 양당서원(楊塘書院)이나 왕개운(王闓運)이 가르쳤던 선산서원(船山書院)

---

37) 趙爾巽, 湖南省會書院分別改爲學堂, 校士館折, 光緖朝朱批奏折, 第105輯, 第609-610頁

등의 경우에는 과거제가 폐지된 이후에도 여전히 기존 교육 방식을 지속하였다. 그러므로 비록 서원 제도 개혁이라는 거대한 조류는 거스를 수 없는 것이었지만, 성·지방을 막론하고 중국 도처에서 일정 기간 서원과 학당이 소위 '新-舊 공존'하는 상황은 여전히, 그리고 생각보다 더 보편적이었다.

2. 학당 건립 초기 학당의 서원적 요소

학제 장정의 규정에 따르면, 신설된 학당은 학급 수준·교과목 설치·교원 초빙 및 임용·시험·시설 등 방면에서 서원의 그것과 확연히 구분되는 요구 사항들이 존재했다. 학당의 경우 진흥 목표는 다양했다. 우선 점진적으로 체계적 장정을 갖추고, 규정된 학급 단계를 구축하고, 교과목 과정의 설치, 학당 건설, 학생 배양 또한 통일, 표준화시키도록 한다. 또한 전문화된 교사 양성 시스템을 갖추되 교원 채용에 있어 학당 교육에 부합하도록 하면서 과거 시험과는 점진적으로 분리되도록 한다. 당시 청 조정은 이미 팔고문을 폐지하였으며, 이후 과거제 정원을 점진적으로 감소·폐지하는 논의를 진행하였으며, 각급 학당을 사회에서 원하는 인재 양성을 할 수 있는 주요 원천으로 삼고자 하였다.

앞서 언급한 것처럼, 학당을 운영하는 과정 가운데 많은 어려움이 있었다. 가장 먼저 당면했던 문제는 학당 확충·서적·기기 구비 및 교원·학생에 대한 경비 전반에 대한 긴급 자금 준비와 조달이었다. 이는 다만 단일 학당 내부 건설에 소요되는 경비 문제에 한정되는 것이 아니었다. 전체적으로 보면, 단기간 내에 수많은 그리고 다양한 등급의 학당을 설립함으로써 신속하게 국가 교육 체계를 구축해야 했고, 제한된 교육 자원 또한 심각한 문제였다. 그래서 이미 널리 분포되어 있는 수많은 서원을 활용하는 것이야말로 자금·교사·학생·교육 설비 등 다양한 수요의 압박을 완화할 수 있는 가장 빠르고 실현 가능한 방안이었다. 당시 대부분 지방 장관들은 서원의 원래 건물과 자금을 기반으로, 기존 자금을 활용하여 학당으로 개조할 계획을 세우거

나, 한편으로는 개학은 연기하고 자금이 충분해지면 다시 건설을 시행하거
나 하였다. 또한 경비 관리, 학당 관리 차원에서도 대부분 서원의 본래 제도
를 운용하였으니, 이미 갖추어진 서원식의 방법으로 학당을 운영한 셈이다.
이를 구체적으로 조망하면 다음과 같다.

1) 경비

학당은 설립 당시부터 장정에 근거한 규정이 필요했기 때문에, 반드시 건
축·설비·교원 등 일체 조건이 완비되어야 했다. 그러나 학당 설립 자금이 마
련되더라도, 연간 경비가 준비되지 않는다면 학당이 대량 설립된 이후 지속
운영할 수 없게 된다. 이렇듯 자금이 부족하였기 때문에 지방 관료들은 교육
진흥 관련 업무를 대충 처리하거나 요식적으로만 진행하였으며, 일부 학당
의 경우에는 건립된 이후에도 유명무실한 상태가 되었다.[38] 이러한 학당의
연간 경비 부족 문제를 해결하기 위해 창건자들은 종종 서원의 원래 고정 수
입원인 임대료 수입 또는 상인의 납출 등으로 조성된 연간 자금을 학당의 연
간 자금으로 직접 전환하였다. 예컨대 원강현(沅江縣) 경호서원(瓊湖書院)은
소학당으로 개편하였는데, 서원이 본래 보유하고 있었던 토지 자산을 연간
경비로 출자하여 활용하였다.[39] 임상현(臨湘縣) 순호서원(蓴湖書院) 또한 소
학당으로 개편한 사례로 서원이 가지고 있었던 차(茶)를 학당 경비로 전환하
였다.[40] 학당은 서원보다 요구사항이 더욱 복잡했기에 여러 서원의 연간 경

---

38) 如靖州分別將渠水校經堂, 鶴山書院改爲中學堂, 校士館, 卻僅以一名學正兼充兩處教
　　授, 課程亦以課藝爲重, 中學堂僅招二十四名學生(院批靖州羅牧稟開辦學堂由, 湖南官
　　報, 第94號. 一位外國人曾談其在華觀感, 道: "甞見中國北部某城, 其廣袤僅與吾英典
　　地域相峙, 乃五六年間, 所謂學堂驟達二十七所, 初, 高等兩等小學外, 如農業, 如法律,
　　如陸軍, 如巡警, 如女子, 固無不應有盡有, 乃辦理辦法, 無一適宜, 曾無幾時, 相繼閉
　　歇, 其碩果僅存者, 亦只餘五六所而已".
39) 學務處批沅江縣賀令稟籌備開辦學堂購置經費由, 湖南官報, 第100號
40) 學務處批臨湘縣羅令稟開辦學堂情形由, 湖南官報, 第102號

비를 합쳐서 학당에 사용한 경우도 있다. 예를 들어 형산현(衡山縣)에 설립된 사범관(師範館)은 문봉서원(雯峰書院), 집현서원(集賢書院), 관상서원(觀湘書院)의 기존 자금을 내고 무과 시험 시행을 중단하여 발생한 자금을 합쳐 연간 경비로 활용하였다.[41] 이러할 뿐만 아니라, 학당 창건자들은 서원 건설 과정에서도 자금 조찰·관리 차원에서 일련의 노련한 능력을 보여주었다. 그들은 지방 재정으로 지방의 일에 대응할 것을 주장하여 관부 자금 출자, 지방 잉여 공공재산 활용, 지방 관료·인사의 기부 권고, 교육세·상업세 징수 등의 방식을 통해 자금을 모았으며, 전문성을 갖춘 인사들로 하여금 학당 경비를 관리하도록 하거나 또는 경비국(觀湘書院)을 설립하여 자금 관리를 맡겼다. 서원에서 대중에 대해 기부를 권유할 때는 항상 상응하는 보답을 취함으로써 독려하거나, 기부자의 비석을 세우거나, 정부 차원에서 포상하거나, 심지어는 기부 액수에 따른 정원 혜택을 주어 기부자의 자제들에게까지 혜택 범위를 확장하기도 하였다.[42] 학당 또한 마찬가지로 이러한 인센티브 방식을 채택했다. 예컨대 『검양현장대령몽양학당공과장정(黔陽縣章大令蒙養學堂功課章程)』에는 다음과 같은 규정이 있다.

　명사(名士)·상인(商人)이 학당 경비로 이백관(二百串) 이상 기부할 경우 현(縣)에서 표창하고, 오백관(五百串) 이상 기부하면 부헌(府憲)에 표창할 것을 소청하며, 1,000관 이상 기부하면 무헌(撫憲)에서 표창할 것을 소청하며, 5,000관 이상 기부하는 이에게는 조정에서 표창할 것을 소청하여 (기부를) 장려토록 한다.[43]

41) 紀衡山師範館, 湖南官報, 第427號
42) 黔陽縣章大令蒙養學堂功課章程, 湖南官報, 第154號 ;『奏定學堂章程』中即有相應獎勵規定. 張小莉總結各省對於捐助學堂經費者的獎勵方式爲三種: 給以精神和榮譽方面的獎勵 ; 比照賑捐章程給以貢監銜封翎枝等職銜的獎勵 ; 由皇帝特旨批准按照十成實銀賞給實官(張小莉, 淸末"新政"時期政府對敎育捐款的獎勵政策, 歷史檔案, 2003年第2期, 第114-115頁).
43) 黔陽縣章大令蒙養學堂功課章程, 湖南官報, 第154號 ;『奏定學堂章程』中即有相應獎勵規定. 張小莉總結各省對於捐助學堂經費者的獎勵方式爲三種: 給以精神和榮譽方面

그러므로 서원 개편을 통해 학당 설립 차원에서의 자금난을 어느 정도 해소하고, 근대 교육 시스템의 수립을 위한 기본적인 물질적 제반을 마련하였다. 나아가 이러한 서원의 효율적인 경비 조달 및 관리 방식은 제도 개혁 이후에도 유지되어 지속적인 발전의 동력으로 작용하였다.

2) 교과목 과정 및 교원

경비·교원·설비 지원에 관한 어려움으로 말미암아 학당에서의 교과목 개설에 관한 규정은 백지화되었으며, 관할 순무사는 부득불 학당의 교과목 과정에 대한 최소한의 개설 기준만을 제안할 수밖에 없었다. 임상현의 경우를 보면, 이곳에서는 순호서원을 소학당으로 개편하고자 하였지만 그 규모를 순식간에 확장하기란 어려웠다. 이에 순무사는 소학당에서 최소한 교습 3인을 초빙하여 "경학·작문은 필히 교습한 사람이, 사학·지리 또한 한 교습이, 그리고 산학·물리·화학도 한 명의 교습이 반드시 담당하여야 한다. 서양 어문은 한동안 적절한 사람을 찾기 어려우니 천천히 초빙하여도 된다."라고 말한 바 있다. 또한 학당의 경비와 정원에 관하여서는 기존 서원의 것을 따랐으며, 임명된 원장을 중국학 교습으로 초빙하였다. 그럼에도 불구하고, 순무사는 여전히 다음과 같이 강조하였다. "명분을 조금 바꾸고 장정을 약간 고친다고 하여 책임을 회피할 수 있는 것은 절대 아니다."[44] 상황이 비교적 나았던 지역의 경우 교과목 내용에 대한 요구가 약간 높았다. 예를 들어 검양현(黔陽縣) 소재의 용표서원(龍標書院)·보산서원(寶山書院)은 소학당으로 개편

的獎勵; 比照賑捐章程給以貢監銜封翎枝等職銜的獎勵; 由皇帝特旨批准按照十成實銀賞給實官(張小莉, 清末"新政"時期政府對教育捐款的獎勵政策, 歷史檔案, 2003年第2期, 第114-115頁): "紳商捐助學堂經費至二百串以上由縣嘉獎, 五百串以上詳請府憲嘉獎, 一千串以上者詳請撫憲嘉獎, 五千串以上者詳請撫憲奏獎以示鼓勵."
44) 院批臨湘縣羅令稟開辦小學堂及蒙養學堂由, 湖南官報, 第108號: "迭次欽奉嚴諭旨飭辦, 斷非稍爲變易名目, 略改章程所能塞責."

되었는데, "이 현의 두 소학당은 존치된 경비로 정원을 확충하였으며, 교습을 더욱 증원 초빙하여 동-서 어문 및 체조를 가르치게 하였고, 수시로 도서를 구매하였다."[45]고 한다.

비록 관부 차원에서는 학당 운영 기준을 낮추었지만, 각지에서 초창기에 건립된 학당들을 살펴보면 대부분은 여전히 그 기준에 미치기 어려웠다. 일부 학당은 기본적으로 서원 장정을 개정한 이후에 교과목 과정 설치를 진행하였고, 또 몇몇 학당은 창건 초기에 명칭만 서원에서 학당으로 개정할 뿐 교과목은 거의 변화를 이루지 않았다. 예컨대 숭정서원(崇正書院)은 이름만 관학당으로 바뀌 개학하였으며, 안동현(東安縣)의 소학당은 "다만 자계서원(紫溪書院)을 바꿔 설립하고 산장을 교습이라 바꿔 불렀으며, 매월 1과목을 추가하였을 따름"[46]이었다. 이는 당시 성 전역에서 매우 일반적인 상황이었다. 전체적인 흐름으로 보면, 서원 교과목 개혁 이래로 학당의 분과 설치에 이르기까지, 사인들의 학습 내용의 무게 중심이 기울기 시작했다고 볼 수 있다. 서학은 중국 전통 교육 지식 시스템 속에서 적법한 위상을 차지하였고, 동시에 지식 시스템의 구성을 변화시켰다. 학당의 교과목 개혁은 사실 서원 교과목 개혁의 연속선상에 있었다.

학당 설립 초기, 중국학 교습들은 주로 서원에서 주강(主講) 직위를 맡은 이들로 개편·충원되었다. 비록 교사들은 매일 수업 및 구술·분반 등 완전히 새로운 교육 형식을 적용하긴 했지만, 그들이 귀동냥 등을 통해 오랜 기간에 걸쳐 체득·형성한 일련의 서원 교육 방식들은 여전히 학당 안에서도 운용되고 있었고, 충분히 효과가 있는 것으로 여겨졌다. 예를 들어 일기(日記) 교육법이나 학생의 질의응답·토론과 같은 방식이 이러한 기존 방식들에 해당한다.

---

45) 院批署黔陽縣章令偉漢稟辦蒙養學堂並請創設工藝學堂情形由, 湖南官報, 第129號: "該縣兩小學堂以經費有著, 推廣學額, 並添聘教習分教東西文及體操, 隨時添購圖書."

46) 院批東安縣桑令稟辦小學堂情形由, 湖南官報, 第128號: "僅擬就紫溪書院改設, 卽以山長改爲教習, 月加一課."

3) 학당 관리

호남성 각 부청·주·현 소재 소학당의 관리는 서원과 마찬가지로 주로 지방 인사들이 담당하였다. 경비 관리에 있어서도 정직한 인사가 담당하도록 하였으며, 별도로 품행과 학덕이 훌륭한 인사를 학당의 감원으로 선별하여 일체 사무를 관리하고 급여를 적절하게 지급하며, 학당에 상주하도록 하였다. 장정을 관리하는 것 또한 각급 행정 구역의 장관이 감원과 회동하여 협의했다. 서원 개제 이후에도 서원 행정 관리 인원이 여전히 유지되어 학당의 업무를 관리하는 경우가 많았다. 거주·식사·출입 등 다양한 학당의 관리 시스템 또한 대체로 기존의 서원 규정을 따른 것이다. 호남성이 아닌 전국 차원에서 모두 그러했는데, 광서 34년(1908) 2월, 경사대학당에서는『주자백록동계시(朱子白鹿洞揭示)』를 전당(全堂)에 게시하기도 하였다.[47] 『청사고(清史稿)·학교(學校)』에는 다음과 같은 글귀가 있다. "각 학당의 관리 통칙(通則) 규정은 대체로 옛 (서원의) 장정과 동일하다."[48]

이상 열거한 내용은 서원-학당의 형식적인 변화 하에서의 중국 교육 발전의 내재적 연속성을 보여준다. 한 편으로, 초기 서원 개혁은 중국학과 서학의 결합 위에서 행해진 유익한 시도로서, 형식적인 차원에서도 신식 교육의 건립에 필요했던 준비였다고 볼 수 있다. 서원 제도 개혁을 통해 교원·학생·경비 등 여러 방면에서 서원의 교육 자원들을 정합해 낸 뒤 단계적이면서도 서학 과정을 도입한 분반 체계를 갖춘 학당 시스템이 마련되었다. 이 중에는 수평적 발전을 거듭한 각급 사범학당도 포함되어 있다. 다른 한 편으로, 현실적인 여건의 한계로 인해 새로 건립된 학당은 명칭상 단계적 구분을 두었던 것 외에도 대부분 학당은 장정의 규정에 걸맞은 요구 기준에 도달하지 못했다. 그들은 그저 서원이라는 기초 위에서 '최소한 요구' 또는 그 이상

---

47) 舒新城, 中國近代教育史資料, 上冊, 北京: 人民教育出版社, 1961年版, 第159頁.
48) 趙爾巽, 清史稿, 卷一百七, 北京: 中華書局, 1977年版, 第3141頁.

의, 약간의 개조를 가했을 따름이며, 학당의 초기 교육 내용 또한 여전히 경학 중심이었다. 학당은 운영·교육·관리 등 구체적인 방법이나 제도적 부분에서 대부분 서원의 오랜 경험을 흡수·활용하였으며, 심지어 학당을 설립하는 과정에서도 몇몇 지방관들은 학당 보급을 위해 서원의 과거 청액(請額) 사례를 참고하여 황제에게 친히 행차해 줄 것을 소청하거나 각급 고등학당에 대한 사액을 요청하기도 하였다.[49] 이러한 사실들은 초기에 건립된 학당들의 과도기적 성격을 보여주는데, 특히 서원 개혁에서의 계승적 측면과 교육의 근대적 전환이라는 면모가 두드러진다. 바꿔 말하면, 서원 개혁이 시행된 이래로 전통 교육의 근대적 전환은 또 다른 명칭으로 지속적인 발전을 거듭하였으며, 점점 더 근대적 특징을 갖추어나가게 되었다. 이런 의미에서 보면, 서원 제도의 개혁은 전통 교육과 근대 교육 간의 단절을 의미하는 것이 절대 아니라 그저 '서원'이라는 명칭이 어느 한 시점에서 끝났다는 의미에 불과할 뿐이며, 사실 그 변화의 역사는 오히려 다른 방향 선회, 다시금 전개되고 있었다. 그러한 '단절'의 시점 사이에서도, 중국 전통 교육은 끊임없는 근대화를 거듭하고 있었다.

Ⅳ. 결론

과거제 폐지 이외에도, 교육 차원에서 볼 때 서원 제도 개혁·학제 건립은 청대 말기 신정(新政) 기간 이루어진 양대 사건이라고 할 수 있다. 이는 근대 이후 중국 교육 제도 개혁에 대한 모색을 상징하는데, 서양을 중국으로 편입시켰을 뿐만 아니라 마침내 서양으로써 중국을 개혁해 내었고, 나아가 서양을 전면적으로 모방하여 중국 교육 제도를 구축하는 길로 들어서게 되었다. 청대 말기 시행된 신정의 서원 개혁은 기실 불가피하게 단행된 일이며, 이는

---

49) 學務大臣奏議覆推廣學堂辦法摺, 湖南官報, 第698號.

상징적인 전환점이라는 점에 주의해야 한다. 사실 중국 교육의 혁신은 이전부터 이미 발생하였고, 이 이후에도 줄곧 연속되었다. 서원의 발전은 천 년 동안 거대한 역사적 관성을 형성하였으며, 풍부한 교육 사상적·제도적 성과 그리고 물질적 기반을 축적하면서 서원 개제라는 단계에 이르렀다. 이는 중국 교육 제도가 새로운 시대를 맞이하여 이룬 자아 적응인 것이다.

중국 전역의 상황을 종람해 보면 서원의 제도 개혁·교육 진흥은 상호 비슷하면서도 다르고, 또 다르면서도 같은 부분들이 도처에 보인다. 호남성을 중심에 놓고 보면, 중국 교육의 근대화 전환 과정에 있어서 옛것 위에 새것을 세우거나 새것 가운데 옛것이 보전되는 등 매우 복잡한 양태가 보인다. 이는 우리가 제도 개혁이라는 문제를 통찰하는 데 있어서 구체적이면서도 풍부한 시각을 제공하며, 전체 흐름을 조망하고 이해하는 데 상당한 의의를 준다. 우선 새로운 학제가 관련된 관련 교육 기관의 내부적 변화와 전체적 변혁은 신-구 공존의 연속성을 보여주며, 옛 서원 제도의 경험·방식·자원이 새로운 제도 위에서 여전히 지속될 뿐만 아니라 그 교육 시스템 가운데 생명력을 발휘하였음을 확인할 수 있다. 다음으로, 국가 교육 제도 수립 과정에서 지방 관료·인사들이 중요한 역할을 수행하였다. 그들은 중국 교육의 근대화를 위한 구체적인 방법을 끊임없이 모색하였고, 지방 교육이 더욱 성과를 낼 수 있도록 노력하였다.

주의해야 할 점은, 이러한 역사적 연속성·복잡성을 통해 보면 소위 신(新)·구(舊)라고 하는 것은 그저 당시의 기준이자 목전의 판단일 뿐, 시대가 바뀌었다고 해서 반드시 후세에도 신·구로 불릴 수 있다는 것은 아니라는 점이다. 당시 시류에 조응한 조치는 후세, 어쩌면 좀 더 이른 시일 내에 "내일의 꽃"이 되었겠으나, 당시 급하게 제거하고자 하였던 시스템은 후세에 오히려 점진적으로 하나의 흐름을 형성함으로써 많은 추앙을 받았다. 근대 교육의 발전은 하루빨리 성취를 이루려는 성급한 심리에 사로잡혀 있었다. 수많은 학당의 빠른 성립과 더불어 학당 운영의 체계화·표준화에 대한 강조가 있었고, 교육 관리에 관한 권력이 점점 정부로 집중되었다. 이에 기존 서원이 가지고 있었던 일련의 우수한 교육 이념 및 전통은 자유롭게 생장할 수 있는 토양을 잃고 말았다. 100년의 세월이 지난 오늘날, 중국의 대학들이 서원 제도를 적극 옹호하고 추진하는 것은 지난 100년 동안 이루어진 교육 개혁에 대해 반성한 결과이며, 또한 중국 교육 제도가 그간의 착오를 바로잡고 스스로 세태에 적응을 위한 조치이기도 하다.

〈표 1〉 호남 유신 운동 시기 서원 개혁 일람표

長沙府

서원 명칭	개제 시기		개제 내용	개제 유형	주요 참여자 및 신분	비고
校經書院[50]	광서 23년 정월	교과목	史學·算學·輿地, 掌故, 商務	서원 장정 개정; 내부 실학당 건립	湖南 學政 江標가 개혁 주도	경비 출처: 官은 加俸 기부, 湘紳: 准南 및 인사들의 기부; 상업 이자
		교육 관리	實學으로 과목을 구분하여 심사			
		장서·기기 설비·시설 등	서원 곳곳에 書樓를 짓고 널리 經書를 구매하였으며, 天文, 輿地, 測量 및 光, 化, 礦學·電氣學 관련 실험 설비 포함 추가 구입			
		章程				
	광서 22년 12월[51]	學會	實學堂을 새로 짓고 算學, 輿地, 方言學會 설립			
	광서 23년 3월	간행물	『湘學新報』 창간, 이후 『湘學報』로 개명			
		교육 직제	實學堂 算學總敎: 許兆魁 3개 학당에는 각기 학장직을 설치			
嶽麓書院		교과목	經學, 史學, 掌故學, 算學, 譯學, 輿地學은 史學에 통함	서원 장정 개혁	악록서원 원장 및 호남 巡撫 왕선겸이 개혁 주도	撫院에서 도서 및 기물에 대한 연간 소요 경비를 조달하였으며

시기/서원	항목	내용	비고
광서 23년 6월	학생 정원 및 자격요건	신학 정원 50명; 번역학 정원 40명 / 신학·역학은 童生이 附學에 신청할 수 있도록 허가	신학·역학 학생 1인당 학비 二十串文씩 수납
	교육 관리	師課를 經史·掌故로 바꾸고, 신학을 배우는 이 모든 月課를 시행; 신학/역학은 3년제 1개반으로 구성하고 童生은 經, 史, 掌故 세 과목을 수강할 수 없음	
	장서	熊希齡 등이 新學 서적 120종 기증	
	장정	『嶽麓書院院長王先謙月課改革議』[52] 『嶽麓書院新定譯學會課程』[53]	
광서 22년	학회	學戰會에서 書院篤志를 빌려 新齋 창설[54]	
	간행물	『時務報』를 구입하여 원생 대상 공개 열람[55]	
	교육 직제	경·사·장고학은 원장이 감독하며, 별도로 신학 재장을 두고 번역학 교습을 초빙	
광서 24년	교육 관리	官課에서 詩文을 쓰지 않도록 소청하고 經濟特科를 모방하여 內政, 外交, 理財, 武, 格致, 考工 6개 부문 학제도 구성; 山長 館課에서는 여전히 『四書』 문장을 활용하되 時務 관련 학제도 겸하여 교육	
城南書院[56]		서원 장정 개정 시도	당시 산장 劉鳳苞	士人들이 약록서원을 모방하여 각종 학문을 나누어 학습할 것을 요청함

서원 (날짜)	구분	전문화 과목 비설치			
孝廉書院[57] (孝廉堂) 광서 24년 2월 초1일	학생 정원	정원 없음; 모든 진료·진료·사인이 참여할 수 있음	남학회 성립	처음에는 皮錫瑞가 主講 담당; 陳寶箴, 徐仁鑄, 黃遵憲, 熊希齡 등 관료·명사·명사 300여 명이 수강	
	교육 관리	南學會 강론을 學人 月課와 병행			
	장서	장서루 설치			
	장정	『南學會大概章程十二條』『南學會總章程二十八條』『南學會入會章程十二條』			
	학회	南學會			
	교육 직책	議事會友, 講論會友, 通信會友; 坐辦 2인			
求忠書院 광서 24년	교과목	經學, 藝學, 譯學, 律學, 雜學, 商學, 兵學, 算學 8개 부문으로 개편 시도	서원 장정 개정 시도		학생들이 악록서원을 모방하여 각종 학문을 나누어 학습할 것을 요청함
	교육 관리	齋에 교과목을 구분하여 課試 시행 요청			
求賢書院 광서 21년 8월 이후~22년 간[58]	교과목	광서 21년 경사·산학 설치, 이듬해 격치·제조학 등 추가 설치	서원 장정 개정	陳寶箴 湖南巡撫	
	정원	신학 20명 증원			
	장서 및 교육 설비 설치	기기 및 서적 구비			
	교육 관리	매일 신학 수업 시행			

	광서 24년 2월 23일[59]	교육 직제	광서 21년 經史山長, 算學山長 각 1명 배정: 이듬해 신장 1명을 두어 교육 총괄, 또한 신학 감원(幫辦提調라고도 정함) 1명 배정			
		교과목	신식 무기 학습·陳算測量 연구·기용 교육 진행	武備學堂으로 개면	陳寶箴 湖南巡撫	천진·호북을 야간 모방하여 규제 신설
		교육 관리	교육 목적: "備將才而辭武事"			
善化縣[60]						
玉潭書院 雲山書院	광서 23년 말	교과목	經史·掌故·算學	서원 장정 개정		악록서원을 모방하여 장정 개정
		교육 관리	齋별로 課를 나누어 考試 시행			
瀏陽縣[61]						
南台書院[62]	광서 22년	교육 관리	신학·시무 증설	서원 장정 개정	지방 관료·명사 주도	
	광서 24년	교과목 정원	사학·장고·여지학 등 과목 설치 내과생 40명·외과생 80명	서원 장정 개정	지방 관료·명사 주도	시무학당의 영향을 받음: 경비는 매년 五千緡 함당
		교육 관리	內課生: "習中學, 兼治時務" 外課生: "治西文, 必兼中學"			
洞溪書院	광서 연간	교과목	講, 看, 問, 記 4개 과목 증보	서원 장정 개정		
		교육 관리	분반·구별 과목으로 수업 진행: 六經·前			

서원	시기	항목	내용	변용	비고	출처
金江書院63)	광서 24년	장서	소장 도서 확장 四史, 『明史』를 필독 전공서적으로 규정; 性理, 諸子, 掌故, 輿地及『泰西政書』, 史志를 필독서로 규정 金江小學堂(高等, 初等 2개 등급으로 개편	서원 개편		1994年版『瀏陽縣志』七中簡歷
圍山書院	광서 24년	교과목		서원 장건	瀏陽 土紳 塗啟先이 장건	
獅山書院	광서 24년	미상		서원 장정 개정		
文華書院	광서 24년	미상		서원 장정 개정		
文光書院	광서 24년	미상		서원 장정 개정		
湘鄉縣						
東山精舍64)	광서 21년 12월 초6일	교과목	신학·격치·방언·상무 四齋 설치	서원 장정 개정	湘鄉 開明 명사 許明遂 등 10여 명의 인사가 함께 참여; 개혁·호남 순무 진보잠이 설립 승인	湖北 自強學堂 모방
		정원	20명			
		교육 관리	응시생 구분 없음; 時事論說 교육, 학생 1인당 한 과목만 이수 가능			
		장서·교육 설비	天算, 地礦, 醫, 律, 聲, 光, 重, 化, 電, 汽 學 관련 서적 및 유럽산 기기·물리 제조 기기 등 구입 시도			
		장정	『東山精舍學規章程』			

| | 간행물 | 『萬國公報』, 『格致彙編』, 『早報』, 『漢報』 등 경비 구입, 時務 전반에 대한 이해를 목표로 함 | | |
| | 교육 지책 | 중국학과 서양학 모두에 정통한 士人을 산장으로 초빙; 가장 먼저 산장을 초빙함 | | |

茶陵州

| 淶江書院[65] 광서 24년 | 장서·교육 설비 | 서학 서적 대량 구매 시도 | 서원 장정 개정 | 풍조가 바뀌지 않아 士人들이 新學의 유익성을 깨닫지 못함; 의심과 우려하는 바가 대단다. |
| | 장정 | 기존 장정 변동 | | |

寶慶府[66]

| 龜山書院 觀瀾書院 峽江書院 광서 24년 | 교과목 | 經義, 史事, 時務, 輿地, 兵法, 算學, 方言, 格致 8개 과목 설치; 經, 史, 時務, 輿, 兵 5개 과목 선행 개설; 算學, 方言, 格致 과목 교습 조빙 | 서원 장정 개정 | 이 邑의 명사들을 개편 주도; 이전에 서원을 관리했던 교원·생원 등이 실무 담당 예정; 순무 진보잠이 지지 |
| | 교육 관리 | 매월 3개 과목을 一課로 함하여 3과 성적을 종합, 1과 상금 시상; 課試는 1과 과목당 한 문제; 매 권당 二兩을 | | |

希賢精舍 靑雲書院	광서 24년	교과목	기준으로 함. 수업 개시 이전에 主經·兼習을 각기 한 과목씩 신청·등록. 그러나 經·史는 함께 신청 불가. 등록된 과목은 이후 정정불가. 전문 교육 시행.		
		장서·교육 설비	모든 유용한 政敎之學 강습 지역 명사들에게 서적 기증 권고·도서 및 기기 구비 시도	南學會 分會 설립	남학회 장정 모방
		학회	남학회 설립		
		교육 지책	學長 조빙 시도		
嶺州府					
嶺陽書書院	광서 22년 2월[67]	장서	經史子集으로 분류, 史部, 특히 子部에는 가능 상양 응리하에 관련된 새로운 서적들이 편입됨 『新定藏書草程』	서원 장정 개정	광서 22년 전문 명사들의 기금을 조성하여 서원을 중수, 임여 자금으로 서적 매입. 24년 아주부 인사들이 정원·개편; 홍남 진보잠 지지
		장정			상수교정서원 모방하여 개편; 아주에서 수증하는 쌀·잡곡 통과세로 자금 조성
	광서 24년[68]	교과목	經學, 史學, 時務, 輿地, 算學, 詞章		
		정원 및 학생 자격 요건	生童		
		교육 관리	과목별 시험 시행		

서원	광서 24년	학생 자격 요건	어릴 적 잠재력이 뛰어난 선도유망한 자	實學으로 개편	아주부 명사들이 정원 개편 ... 무 진보와 지지	교경당 실학회 정정 모방; 아주 수출 쌀·잡곡 통과세로 자금 조성
慎修書院	광서 24년		교과목: 輿地, 掌故, 格致, 算學 4과목 설치; 경비가 충분해진 이후 변역과 과목을 증설하고 적지 적지 과목을 산학에 포함시키고자 하였음			
凹陵縣						
金鄂書院69)	광서 23년	교과목	학생은 특정 과목을 전공하되 과목을 齋에 따라 구분·교육; 매일 동시에 경학 과목을 진행하는 것 외에도 각 과목을 병행 학습할 것을 제안함.		匯金局에 제직 중이었던 吳泰山이 縣丞 周鑒의 조방으로 서원에 임용되었으며, 장정을 개혁함. 당시 周 현령은 현지 인사들이 縣試를 변통해달라는 요청을 승인함	
		교육 관리	官課의 남은 장정을 개정하고 기부금을 조성하여 시상함	서원 장정 개정		
		장서 및 교육 실비	지금이 충분해지면 기증 기기·각종 도산 품 및 광물·채광을 구비하여 연구 자료로 활용할 계획이 있음 『金鄂書院新言章程』			
		장정				
		간행물	『時務報』, 『農學報』, 『格致報』, 『湘學報』 등 간행물을 구독하여 교원·학생의 식견을 넓힐 수 있도록 하였음			

	교육 지책	우선 산학 교습을 준비하고, 그 지책는 현장 바로 아래로 둠		
		平江縣		
天嶽書院70) 광서 24년 윤3월	교과목	우선 經史 각 학문에 입문시켜 학생들이 각각 책 한 권에 정통하게 한 후, 산하·번역학 등 중에서 먼저 산학을 개설할 예정이었음	平江縣令 沈寶鉡이 개혁 주도, 湖南 巡撫 陳寶箴의 지지를 받음	교과목은 악록서원의 장정을 본떠서 설치하고자 하였음.
	교육 관리	經, 史, 子, 集, 輿地, 兵法 및 모든 유용한 책은 각각 그 성질이 비슷한 것들을 취하여 한 가지 기예를 전문적으로 익히도록 하고, 매일 조순에 시행하는 師課를 實學課로 개변함. 즉 모든 학생들이 각기 익힌 재으로 시험을 치름으로써 하나의 기술을 갖추도록 함. 중순의 官課 및 하순의 師課는 여전히 기존의 1文 1詩 방식을 고수	서원 장정 개정	公車 대출은 시무학당 장서루의 장정을 참조하여 처리할 계획이었음.
	장서 및 교육 설비	양계초의 저서 목록표를 참고하여 중구하는 정치서적을 추가 구매하는 한편, 서학 서적도 대량 구매하고자 함. 또한 산하에 필요한 기기를 먼저 구비할 예정이었음		정비 출처: 기존 서원의 시상·경비 가운데 석감이 필요한 항목 처리, 그리고 관료들의 기부금

書院	년	구분	내용		
德山書院	광서 23년	장정	『沅江天嶽書院課程表』『彭麗松先生學規四則』		
		간행물	『時務報』 등의 간행물로 지방의 기풍을 개화		
		교육 직책	먼저 산학 교습을 중비하고, 그 직위를 인장 아래에 둘 예정이었음		
常德府					
		교과목	算學	서원 장정 개정	
		장정	新定學算生童課章		
		교육 직책	算學 主講, 許崇垣		
桃源縣					
桃溪書院	광서 24년		고등소학당으로 개편	서원 개편	
衡州府 / 衡山縣[71]					
愛峰書院 集賢書院 觀湘書院	광서 24년 6월	교과목	經義, 史學, 時務, 輿地, 算學, 方言	서원 장정 개정	校經堂學會의 선례를 모방. 학업 성금은 종전 관례에 준함
		교육 직책	산장은 옛 관례 및 관례를 따르고, 매 과목마다 學長 1인을 둠		
研經書院	광서 24년 6월	교과목	모든 유익한 정치·종교학 강구	南學會 "實學"회 설립	본 山長 吳獬가 實學을 주로 강의. 남학회 장정 모방

서원명	연도	항목	내용	비고	주관 및 설명
		장서 및 교육 설비	지금을 조성하여 서적·기기를 널리 구비 하고자 하였음		
永州府 / 永明縣72)					
	광서 24년	교과목	산하 설치 예정	서원 장정 개정	永明縣令 何紹(이사) 주관: 기부금을 조성하여 산하 산장을 초빙 할 예정이었음 / 永明縣令 何紹(이사)에게 대리 산하 산장으로 초빙 요청하였으며, 기풍 진작을 위해 시무학당 장정 40 권을 요청하였음
		정원	20여 명		
		교육 관리	교육 목차: "지금이 정마할 필요는 없으나, 時務에 정통한 이가 될 수 있다면 충분하다(不必極備, 但求兼通時務用經者即可)"		
		교육 직제	산하 산장 초빙 예정		
沅州府					
沅水 校經書院73)	광서 24년	교과목	經學, 史學, 算學, 掌故, 輿地, 譯學	서원 장정 개정	沅州府 知府 連培基 가 개혁 주도, 湖南 學政 江標의 승인 을 받고 호남 순무 進寶箴의 지지를 받음
		장서 및 교육 설비	민간 부자를 매입하여 商房 24섬을 증건 하고 갱당을 보수함		
黔陽縣					
黔山 校經精舍74)	광서 22년 건립 시작:	교과목	經學, 算學, 譯學		黔陽縣令 蘇某 / 새로운 실하 서 원 건립 / 경비는 현령 기부 및 명사들의 찬조
		장서 및 교육 설비	서하 서적 및 기기를 구비하고 書樓 및		

	구분	내용		비고
道水書院 광서 21년 23년 개강; 24년 龍標書院과 합병	설비 / 교육 직권	산하·변역학 산장의 房舍를 건축 / 경학 산장 외에도 변역학·산학 산장 배정 · 산학 교과 2인을 초빙		林伯渠의 부친이 산장으로 초빙됨

澧州直隷州 / 安福縣

	구분	내용		비고
道水書院 광서 21년	교과목	四部(經·史·子·集)精選·四部專讀·萬國坤輿(地理)·萬國史記·算學·格知初步 등	서원 장정 개정	현지 명사 주도
	간행물	「申報」·「萬國公報」 구독		

藍山縣

	구분	내용		비고
鰲山書院 광서 24년	장서			知縣 王兆溶이 장서 구매

鳳凰廳

	구분	내용		비고
尊經書院[75] 광서 24년		資治學堂으로 개편. 장서는 신무·서학에 관련된 여러 서적을 추가 소장	서원 개편	辰沅道 陳家述 觀察
敬修書院 광서 24년	교육 관리	선발 시험 개혁. 각 반마다 2개 藝를 증중하지 못하거나 모든 卷을 작성하지 못한 사람은 優等에 들 수 없음. 각 부문에 정통한 이를 구분하여 시상	서원 장정 개정	辰沅道 陳家述 觀察

注: 자료 출처로 인해 구체적인 개혁 시기를 특정할 수 없는 경우가 있음. 만약 개혁에 관한 상주문 또는 승인 내역이 있을 경우, 승인 자료를 우선 채택하되 그 자료가 없을 경우 상주문의 시간을 채택함. 상주문 등이 부재한 상황에서 신문 등의 보도 자료에서 시기가 확인되면 신문 보도 날짜를 제재일 시기로 채택하여 표기함. 이상 모든 정치는 본 논문 하단 각주로 표기.

50) 田伏隆主編, 湖南近150年史事日志(1840-1990)·論叢彙存·湖南學政江標奏推廣書院章程, 北京: 中國文史出版社, 1993年版, 第40頁; 錢基博·李肖聃, 近百年湖南學風·湘學略·湘綺學略第二十四, 第600頁, 時間系由此書編者推斷

51) 關於求經書院管學參見: 陳寶箴·江標上陳寶箴奏第二十二, 第222頁

52) 湘學新報, 第9冊, 光緒二十三年八月十一日

53) 湘學新報, 第10冊, 光緒二十三年六月二十一日

54) 學戰會章程, 湘報, 第59號

55) 王先謙, 購《時務報》給諸生公閱手識, 時務報, 第18冊, 光緒二十三年正月二十一日

56) 肆業城南書院附生未復等稟請酌改城南書院課程並嚴立學規稟批, 湘報, 第48號

57) 俞廉三·孝廉書院公協辦理片, 光緒朝硃批奏折, 第105輯, 北京: 中華書局, 1995年影印本, 第450-451頁; 湘報, 第34-36號

58) 依據『照會招攷攷爲攷選求賢書院算學監院照會』·『聘委中舉「振務完畢請截存旅指餘款辦理獎勵善後事宜呈撫部院』(『湖南審史資料』1959年第3輯, 第1139-1140頁, 且均在光緒二十三年一月自省城書院照別之前, 又據陳寶箴爲光緒二十一年八月起任湖南巡撫, 故在表中推斷其大致改章時間. 光緒二十一年七月吳大澂奏將求賢館改爲求賢書院(吳大澂, 湖南省城添設求賢書院折, 光緒朝末批奏折, 第105輯, 第399-400頁. "仿宋儒明廢教授蘇湖之法, 以經義, 治事分齋, 不進入本文設定的書院近代化改革之列)

59) 陳寶箴, 陳寶箴集, 武備學堂請設常年經費摺, 第592頁; 『戊戌變法檔案史料』(國家檔案局明清檔案館編, 戊戌變法檔案史料, 北京: 中華書局, 1958年版, 第244頁

60) 長沙府善褒縣紳捐開辦設算學堂稟, 湘報, 第9號

61) 光緒二十四年, 瀏陽有改並六書院爲一致用學堂之議, 因戊戌政變失敗而停止, 見: 譚嗣同, 改並瀏陽城鄉各書院爲致用學堂公啟, 湘報, 第11號 ; 瀏陽縣創設致用學堂案並批, 湘報, 第83號, 擬「獄屬士紳請變書院興學會稟」(2004年9月28, 10月10日, 10月19日, 10月28日)亦有報道瀏陽八書院除石山外均爲維新以後改革, 故殊已查得資料外, 尤注重王韻「文光」, "文華", "獅山", 存「獅山」, "三書院欄目待考,

62) 湘報, 第83號; 季嘯風等編, 中國書院辭典, 杭州: 浙江教育出版社, 1996版, 第211頁

63) 瀏陽市普跡鎮修志辦公室編, 瀏陽市普跡鎮志, 2004年版, 第201頁

64) 陳寶箴, 陳寶箴集·湘鄉東山精舍學規章呈, 第1310-1316頁

65) 茶陵州稟奏搜求應變學堂間未得人請求由批, 湘報, 第81號

66) 寶慶府武岡州士紳公懇變書院, 仿立學會稟, 湘報, 第46號

67) 趙所生, 薛正興主編, 中國歷代書院志, 第五冊, 南京: 江蘇教育出版社, 1995年版, 第79-106頁

68) 嶽州府巴陵, 平江, 臨湘, 華容等縣士紳公懇改變書院章程及推廣學會稟, 湘報, 第43號

69) 巴陵拔貢王務祺等請變通稽課試稟並批示, 湘報, 第79號; 吳季白, 金鄂書院新訂章程, 湘報, 第132號

70) 平江縣先寶箏大令設時務學堂梁治長書, 湘報, 第50號; 平江縣先大令變通書院通課程告示, 轉引自陳縠嘉, 鄧洪波主編, 中國書院史資料, 下冊, 杭州: 浙江教育出版社, 1998年版, 第2011頁

71) 衡山縣士紳請改書院爲學會稟, 湘學報, 第45號

72) 永明縣同紹珖仙大令致時務學務總教習托賜算學山長函, 湘報, 第98號

73) 沅州府知府連培塏仙水校經堂學稟稿, 湘報, 第14號

74) 黔陽縣蘇大令籌辦校經精舍稟稿, 湘報, 第82號

75) 辰沅道陳觀察沆郵刑儆修書院並改設賓治學堂告示, 湘報, 第94號

〈표 2〉청대 말기 호남 서원 개제 일람표[76]

행정구	서원명	改制 시기	학당·학교 명칭	비고
長沙府	求賢書院	光緒二十四年(1898年)	武備學堂	1903년 高等學堂으로 개편; 1926년 湖南大學으로 개명. 현재 湖南第一師範. 민국 시기 兌澤中學으로 개편
	求實書院	光緒二十八年(1902年)	省城大學堂	
	嶽麓書院	光緒二十九年(1903年)	湖南高等學堂	
	城南書院	光緒二十九年(1903年)	湖南師範學堂	
	求忠書院	光緒二十九年(1903年)	忠裔中學堂	
	孝廉書院	光緒二十九年(1903年)	校士館	
長沙縣	湘水校經書院	光緒二十九年(1903年)	成德校士館	
瀏陽縣	南台書院	光緒二十八年(1902年)	小學堂	현 瀏陽一中 『瀏陽鄉土志』 洞溪中心完小校志 『瀏陽鄉土志』
	文華書院	光緒三十三年(1907)	文華公立高等小學堂	
	洞溪書院	光緒二十九年(1903)	小學堂	
	獅山書院	光緒三十三年(1907)	獅山公立高等小學堂	
	金江書院	光緒二十四年(1898年)	金江兩等小學堂	
	文光書院	光緒三十四年(1908年)	文光高等小學堂	
	圍山書院	光緒三十一年(1905年)	上東圍山高等小學堂	
湘潭縣	昭潭書院	光緒二十八年(1902年)	縣立昭潭高等小學堂	民國湘潭縣志
	龍潭書院	民國	龍潭鄉立高等小學校	
醴陵縣	淥江書院	光緒二十七年(1901年)	淥江中學堂	1903년 高等小學堂으로 개편, 현재 醴陵教師進修學校. 여학교로 개편되었다. 陳鯤修 『醴陵縣志·教育志』, 民國三十七年(1953년)
	近思書院	淸末	朱子祠小學	
湘鄉縣	東皐書院	光緒二十九年(1903年)	中學堂	
	漣濱書院	光緒二十九年(1903年)	師範館	현 湘鄉市第三中學
	東山書院	光緒二十八年(1902年)	校士館	현 東山學校
	連璧書院	光緒二十八年(1902年)	校士館	현 婁底市第二小學
	雙峰書院	光緒二十八年(1902年)	校士館	현 雙峰一中
茶陵縣	洣江書院	光緒二十八年(1902年)	官立小學堂	현 茶陵一中
寧鄉縣	玉潭書院	光緒二十八年(1902年)	高等小學堂	
	雲山書院	光緒二十八年(1902年)	高等小學堂	현 雲山學校

76) 자료 출처: 鄧洪波, 『中國書院史』, 590~596쪽. "호남 서원 개제 일람표(湖南書院改制一覽表)"를 저본으로 두고 『湖南官報』, 『民國湘潭縣志』, 『醴陵縣志』(民國), 『郴州鄉土志』, 『永順縣志』 등 역사 문헌 자료 및 新修 『瀏陽縣志』, 鄕鎭志 그리고 일부 호남성 문물 문서를 참조하여 추가·보완함.

행정구	서원명	改制 시기	학당·학교 명칭	비고
益陽縣	龍洲書院	光緒三十二年(1906年)	益陽學堂(小學堂)	현 益陽市二中
	箴言書院	光緒三十年(1904年)	校士館	현 益陽縣一中
	路德書院	清末	不詳	教會書院, 民國시기 華中大學에 병합
安化縣	濱資書院	光緒二十八年(1902年)	後鄉小學堂	官報229號
	崇文書院	光緒二十八年(1902年)	高等小學堂	현 安化縣第一中學
衡 陽	石鼓書院	光緒二十八年(1902年)	中學堂	中學堂→ 이후 南路師範學堂으로 개편
	西湖書院	光緒三十三年(1907年)	衡淸中學	
	蓮湖書院	光緒二十八年(1902年)	小學堂	
淸泉縣	嶽屏書院	光緒二十八年(1902年)	小學堂	存古學堂→ 이후 衡陽市第一中學으로 개편
	船山書院	光緒三十一年(1905年)	存古學堂	
衡山縣	集賢書院	光緒二十九年(1903年)	상위 3개 서원 경비는 校士館으로 편입	→ 民國시기 高等小學校로 개편
	觀湘書院	光緒二十九年(1903年)		
	雯峰書院	光緒二十九年(1903年)	民立小學堂	
	白山書院	光緒二十九年(1903年)	向氏尚德小學	현 白蓮中學
	愛蓮書院	宣統三年(1911年)	景賢高等小學	
	景賢書院	民國	小學堂	
	硏經書院	光緒三十年(1904年)	小學校	현 城關鎭中學
	中洲書院	民國	文炳高等小學校	
	文炳書院	民國	胡氏文定小學	
	文定書堂	民國		
安仁縣	宜溪書院	光緒二十八年(1902年)	小學堂	校士館으로 개편
常寧縣	雙蹲書院	光緒二十八年(1902年)	小學堂	
酃 縣	洣泉書院	光緒三十四年(1908年)	洣泉第一高級小學堂	
耒陽縣	杜陵書院	光緒末	縣立高等小學堂	
巴陵縣	嶽陽書院	光緒二十八年(1902年)	상위 2개 서원은 府中學堂으로 통합	教會書院
	愼修書院	光緒二十八年(1902年)		민국 시기 華中大學으로 병합
	湖濱書院	光緒三十三年(1907年)	不詳	
臨湘縣	蓴湖書院	光緒二十八年(1902年)	小學堂	
平江縣	天嶽書院	光緒二十九年(1903年)	高等小學堂	현 平江起義紀念館
武陵縣	德山書院	光緒二十八年(1902年)	小學堂	
	朗江書院	淸末	校士館	
桃源縣	漳江書院	光緒三十年(1904年)	速成師範學堂	第一高等小學堂으로 개편
	桃溪校經書院	光緒二十八年(1902年)	小學堂	
龍陽縣	龍池書院	光緒二十八年(1902年)	小學堂	
沅 江	瓊湖書院	光緒二十八年(1902年)	小學堂	
澧 州	澧陽書院	光緒二十八年(1902年)	官立中學堂	
	深柳書院	光緒二十九年(1903年)	小學堂	
	澹津書院	民國元年(1912年)	澹津女校	

행정구	서원명	改制 시기	학당·학교 명칭	비고
慈利縣	漁浦書院	光緒三十三年(1907年)	漁浦高等小學校	
	兩溪書院	光緒三十二年(1906年)	兩溪高等小學校	
安福縣	道水書院	光緒二十八年(1902年)	小學堂	
永定縣	崧梁書院	光緒二十八年(1902年)	小學堂	
永州府	濂溪書院	光緒二十八年(1902年)	中學堂	이후 官立高等小學堂으로 개편
零陵縣	萍洲書院	光緒二十九年(1903年)	中學堂兼師範館	경비는 濂溪와 합병
	群玉書院	光緒三十年(1904年)	官立高等小學堂	현 永州市第三中學
道 州	濂溪書院	光緒二十八年(1902年)	校士館	현 永州三中
	玉城書院	光緒二十八年(1902年)	小學堂	
	四鄉書院	光緒二十八年(1902年)	校士館	
東安縣	紫溪書院	光緒二十八年(1902年)	小學堂	
寧遠縣	崇正書院	光緒二十八年(1901年)	寧遠縣官學堂	
	泠南書院	光緒三十三年(1907年)	師範館	
永明縣	桃溪書院	光緒二十四年(1898年)	官立高等小學堂	
江華縣	三宿書院	民國	洞尾小學	
祁陽縣	永昌書院	光緒二十八年(1902年)	小學堂	현 祁陽師範學校
	浯溪書院	民國	經館	
郴州直隸州	東山書院	光緒三十二年三月(1906)	郴州官立中學堂	현 郴州一中(光緒『郴州鄉土志·學堂錄』)
興寧縣	漢寧書院	光緒二十九年(1903年)	漢寧高等學堂(大學堂)	현 資興一中
	文昌書院	民國	高等小學堂	현 青市中學
	蘭溪書院	光緒三十一年(1905年)	高等小學堂	현 蘭市中學
	崇義書院	清末	鳳凰高等小學堂	
	程水書院	光緒三十一年(1905年)	程水高等小學堂	
	郴侯書院	光緒三十二年(1906年)	郴侯高等小學堂	현 蓼市中學
	樂城書院	光緒二十九年(1903年)	樂城高等小學堂	
	崇正書院	光緒三十二年(1906年)	二都高等小學堂	
	成城書院	民國	成城高小	현 香花中學
	辰岡書院	光緒三十一年(1905年)	程水高等小學堂	
宜章縣	養正書院	光緒二十八年(1902年)	高等小學堂	
	西山書院	民國二年(1913年)	高等小學堂	현 巴力中學
	栗源書院	民國三年(1914年)	高等小學堂	현 栗源完小
	謙岩書院	光緒三十二年(1906年)	初等小學堂	
	承啟書院	清末	高等小學堂	현 承啟學校
	白沙書院	宣統元年(1909年)	高等小學堂	현 白沙完小
	沙城書院	光緒三十二年(1906年)	初等小學堂	현 黃沙堡完小

행정구	서원명	改制 시기	학당·학교 명칭	비고
桂陽縣	朝陽書院	光緒二十八年(1902年)	小學堂	
	雲朝書院	光緒二十八年(1902年)	小學堂	
	雲頭書院	民國	第一鄉高小	
	濂溪書院	光緒三十三年(1907年)	濂溪高等小學堂	郴州文物局檔案材料
	鑒湖書院	宣統元年(1909年)	高等小學堂	현 佘田鑒湖初級中學
桂陽州	鹿峰書院	光緒二十九年(1903年)	小學堂	
	龍潭書院	光緒二十九年(1903年)	中學堂	
臨武縣	雙溪書院	光緒二十八年(1902年)	官立小學堂	현 縣一中
	清漪書院	民國八年(1919年)	東區高小	
	淵泉書院	民國八年(1919年)	西區高小	
藍山縣	鰲山書院	光緒三十一年(1905年)	小學堂	
嘉禾縣	珠泉書院	光緒二十九年(1903年)	小學堂	현 縣一中
	金鼇書院	民國元年(1912年)	四鄉聯合高小	현 普滿中心小學
新化縣	資江書院	光緒二十八年(1902年)	小學堂	현 城關鎭第三小學
	求實學堂	光緒二十八年(1902年)	求實小學堂	
武岡州	峽江書院	光緒二十八年(1902年)	鄉間小學堂	
	雙江書院	光緒二十八年(1902年)	鄉間小學堂	
	希賢精舍	光緒二十八年(1902年)	官立小學堂	
城步縣	靑雲書院	光緒二十八年(1902年)	小學堂	
新寧縣	求忠書院	光緒二十八年(1902年)		
	金城書院	光緒二十八年(1902年)	二院合改爲小學堂	
靖 州	鶴山書院	光緒二十八年(1902年)	校士館	
	渠水校經堂	光緒二十八年(1902年)	靖州中學堂	
會同縣	三江書院	光緒二十八年(1902年)	小學堂	
通道縣	恭城書院	光緒二十八年(1902年)	小學堂	
沅 州	明山書院	光緒二十八年(1902年)	校士館	
	沅水校經書院	光緒二十八年(1902年)	沅州府中學堂	
芷江縣	秀水書院	淸末	官立高等小學堂	
黔陽縣	龍標書院	光緒二十八年(1902年)	小學堂	현 黔陽縣第三中學
	寶山書院	光緒二十八年(1902年)	小學堂	
鳳凰廳	三潭書院	民國三年(1914年)	存誠學校(小學堂)	苗疆六書院은 학당으로 개편
	敬修書院	不詳		
	尊經書院	光緒二十四年(1898年)	資治學堂	
乾州廳	立誠書院	光緒二十八年(1902年)	小學堂	
永綏廳	綏陽書院	光緒二十八年(1902年)	中學堂	
	綏吉書院		不詳	
永順府	靈溪書院	光緒二十八年(1902年)	永順中學堂	

행정구	서원명	改制 시기	학당·학교 명칭	비고
永順縣	大鄕書院	光緖二十八年(1902年)	永順官立第一高等小學堂	현 永順民族師範
保靖縣	雅麗書院	光緖二十八年(1902年)	小學堂	
龍山縣	白岩書院	光緖二十八年(1902年)	高等小學堂	
桑植縣	澧源書院	光緖二十八年(1902年)	澧源高等小學堂	현 桑植縣一中
辰州府	虎溪書院	光緖二十九年(1903年)	辰州府中學堂	
瀘溪縣	南溪書院	光緖二十八年(1902年)	小學堂	현 縣一中
	浦陽書院	光緖二十九年(1903年)	官立浦市高等小學堂	
沅陵縣	鶴鳴書院	淸末	沅陵高等小學堂	
辰溪縣	大西書院	光緖二十八年(1902年)	校士館	
漵浦縣	盧峰書院	光緖二十九年(1903年)	縣立高等小學堂	舒新城
	正趨書院	光緖三十五年(1909年)	初等小學堂	
	鄖梁書院	民國	二區區校(小學堂)	
	三都書院	光緖三十一年(1905年)	三區區校(小學堂)	
	鳳翔書院	民國	四區區校(小學堂)	

【참고문헌】

『湖南官報』

民國『湘潭縣志』

民國『醴陵縣志』

『郴州鄕土志』

『永順縣志』

新修『瀏陽縣志』

『鄕鎭志』

王先謙,『葵園四種·師範館講義序』.

王先謙,『葵園四種·與兪中丞』.

王先謙,『葵園四種·與但方伯』.

王先謙,『葵園四種·學堂論』.

潘克先,『中西書院文藝兼肄論』.

陳忠倚,『皇朝經世文三編』.

鄧洪波,『中國書院史』.

皮錫瑞,『師伏堂未刊日記』, 1897~1898年.

張亨嘉,『守沅集·複朱其懿書』, 香山慈幼院, 1936年.

『湖南歷史資料』, 湖南省志學術志編輯小組輯, 1958年.

舒新城,『中國近代敎育史資料-上』, 北京 人民敎育出版社, 1961年.

鄧洪波,『中國書院史資料』, 1970.

郭嵩燾,『養知書屋詩文集』, 臺灣文海出版社, 1983年.

黃以周,『史說略·論書院』, 光緒年間刊本.

田培林,『敎育與文化(下)』, 臺北市, 五志圖書出版公司.

趙爾巽,『光緖朝朱批奏折』, 「湖南省會書院分別改爲學堂」, 中華書局, 1995年.

田森在, 「淸末數學敎育對中國數學家的職業化影響」, 『自然科學史硏究』, 第17卷, 1998年.

陳寶箴,『陳寶箴集·東山精舍改章興辦稟』, 北京 中華書局, 2003年.

見謝豐, 「從書院到學堂的三重變化」, 『湖南大學學報』, 第25卷, 2011年.

謝豐, 「淸末新政初期湖南改制書院興辦學堂的章程問題」, 大學敎育科學, 2016年.

청대 말기 서원 장서(藏書) 목록의 제(諸) 유형 및 그 성립 원인

장효신(張曉新)·등홍파(鄧洪波)

I. 청대 말기 서원 장서 목록의 여러 유형

1. "변장학술(辨章學術), 고경원류(考鏡源流)" 기준 편제에 근거한 요점식 목록

전통 서지학의 관점에 근거하면, 서지학사와 학술사는 불가분의 관계를 맺고 있다. 장서 목록이란 서적에 대한 간략한 나열이라 할 수 있으며, 동시에 일련의 지식 배열 프레임을 통해 서적 배후에 함축된 지식의 논리 구조를 드러내면서 "변증의 원칙에 따라 체계적으로 분류함으로써 학파/유파의 논저를 정리하는 변장학술(辨章學術), 고경원류(考鏡源流)" 분류 목적을 달성하는 데 초점이 맞추어져 있다. 그 전형으로는 『군재독서지(郡齋讀書志)』·『직재서녹해제(直齋書錄解題)』·『사고전서총목제요(四庫全書總目提要)』 등의 목록을 꼽을 수 있는데, 이들은 모두 특정 유형에 따라 서명(書名)을 구분하면서 해당 서적의 학술적 기원을 변별하고 있다. 청대 말기의 몇몇 서원은 이러한 목록 작성 기준을 따르고 있었는데, 그들은 서적을 분류·소장함과 동시에 전통적인 '4부(部)' 분류 체계에 따라 일정한 학술적 정리 작업도 수행하였다. 이 측면에서 비교적 두드러지는 것은 동치 연간의 잠언서원(箴言書院)과 광서 연간의 선원서원(仙源書院)의 장서 목록이다.

잠언서원의 장서 목록은 경·사·자·집으로 나뉘어 있으며, 각각 서명, 수량, 작자의 성씨·본적 및 성서(成書) 시기, 판본, 부수 등의 내용이 수록되어 있다. 특히 주석으로 서명과 작자, 서적의 수준에 대한 평가 및 전래 정황, 장서 현황 등을 추가하였는데, 이는 서적의 학술적 기원을 변별하는 기능을 갖춘 일종의 '원장(院藏)' 목록에 속한다. 그 수록 양식 예시는 다음과 같다. "『주역본의통석』 제12권, 원(元) 무원(婺源) 호병(胡炳) 문중호(文仲虎) 편찬, 원본은 상·하경만 남아 있음. 「십익」은 9세손 공(珙)·개(玠)이 다른 책에서 인용한 병문(炳文)의 설을 잡박하게 취하여 엮어냄. 통지당(通志堂)에서 경해(經解)함."[1] 『사고총목(四庫總目)』과 비교해봤을 때, 잠언서원에서 서술한 서적의 원류는 매우 간결하다. 그러나 양자는 기능 및 목적에 있어 상호 유사한 부분이 있다.

　잠언서원은 서지 목록이 상세하면서도 또 어떤 부분은 간략하기도 한데, 상술한 『주역본의통석(周易本義通釋)』은 비교적 그 개요가 상세하지만 또 일부 서적의 경우에는 비교적 설명이 간략하여 다만 서명·권수·편찬자 및 판본만 기록하고 있다. 예컨대: "『예설(禮說)』 제14권, 국조(國朝) 혜사기(惠士奇) 편찬, 황청(皇淸) 경해(經解)"·"『춘추전설례(春秋傳說例)』 제1권, 송(宋) 유창(劉敞) 편찬, 무영전(武英殿) 취진판(聚珍版)."[2] 등이 이에 해당한다. 이러한 상세한, 그러나 때로는 간략한 여러 양식은 잠언서원에서 장서 목록을 편찬하는 과정에서 주로 실용성을 강조했으나 그 종합성 또는 완벽함을 기하지는 않았음을 방증한다. 즉 『사고총목』처럼 모든 서적에 대해서 엄격한 고증 작업을 진행하지 않고 선별적으로 그것을 적용한 것이다. 이는 편찬자가 한편으로는 『사고총목』을 지표로 삼으려 하였지만, 또 다른 한편으로는 현실적 문제에 기인하여 부득불 절충 방안을 채택, 선택적으로 서적의 개요를 명시하는 서술 방식을 취한 것으로 보인다. 그러므로 장서 목록 편집·제작에는

1) 胡林翼. 『箴言書院志』卷中, 淸同治五年刊本. : "『周易本義通釋』十二卷, 元婺源胡炳文仲虎撰, 原本僅存上下經, 其『十翼』乃其九世孫珙, 玠雜采他書所引炳文之說以成編. 通志堂經解."
2) 胡林翼. 『箴言書院志』卷中, 淸同治五年刊本. : "『禮說』十四卷, 國朝惠士奇撰, 皇淸經解", "『春秋傳說例』一卷, 宋劉敞撰, 武英殿聚珍版."

여러 중층적 영향 요인이 있었으며, 때로는 실용성이 최우선 고려 요소로 작
용하였음을 알 수 있다.

그러나 선원서원의 장서 목록 편집 및 제작의 목적에는 더욱 학술적 정보
제공이라는 경향에 치우쳐있음이 확인된다. 선원서원의 목록으로는 초편(初
編)과 속편(續編)이 있는데, 광서 4년(1878) 『선원서원서목초편』에서는 경사
자집 분류 방식에 의거, 목록을 세 등급으로 나누었고 대분류와 소분류 앞에
는 서(序)를 달고, 서명 하단에는 해제를 작성하였다. 각 류마다 우선 서적의
학술적 원류를 진술하고 있으며, 각 서적 아래에 권수와 작자, 그리고 그 서
적의 전래 정황에 관하여 수록하고 있기에 지시성이 매우 강할 뿐 아니라 편
집자의 뛰어난 서지학 역량을 보여주고 있다. 이는 중국 서원 장서의 '요점
식' 서지 양식을 대표한다. 이 장서 목록은 그 체제상으로 보면 명확히 학술
적 특징을 지니고 있는데, 잠언서원의 실용적이면서도 간략한 특징과 뚜렷
한 차이를 보인다. 예컨대 『장서목록초편총목』 하단에는 다음과 같이 작은
글씨로 적혀 있다. "이 편서(編書)는 상당히 미비하기에 분류 유형을 갖추어
둠으로써 다음 속편이 나올 것을 기대한다."[3] 이 말은 목록의 분류 설정이
실제 책 수집 상황에 영향을 받지 않았으며, 그보다는 학술적 방법을 지시하
는 것을 더욱 강조하고 있다.

선원서원의 장서 분류법은 대체로 『사고총목』의 체계를 따르고 있으되
약간의 변통을 가하였다. 예컨대 4부 앞에는 '휘각서류(彙刻書類)'를 배치하
여 각기 '경부휘각류(經部彙刻類)' · '사부휘각류(史部彙刻類)' · '자부휘각류(子部
彙刻類)' · '집부휘각류(集部彙刻類)' · '사부휘각류(四部彙刻類)'로 구분해두고 있
는데, 이는 의심의 여지 없이 청대 말기 대부분 출판계에서 총서를 만들 때
채택한 일종의 편법이다. 소위 '휘각서류' 아래에는 작은 서문이 있는데, '휘
각류' 서적의 원류에 대해 일종의 고증과 정리를 담은 내용으로 이루어져 있

---

3) 陳之澍等, 『仙源書院藏書目錄初編』, 清光緒六年啟元堂刊本. : "此編書多未備, 備存
　門目, 以待續編."

으며, 종래의 이러한 종류의 서적은 혹 "유서(類書)가 첨부되어 있으되 또한 예서(隸書)의 잡가(雜家) 부류도 있기 때문에 과연 불편하다"고 지적하면서, 그러므로 "제목은 권수에서 땄으며, 그것을 일러 휘각서류라 부른다. 자목(子目)은 사고(四庫)의 범례에 근거하였고, 분(分)·예(隸)으로 종류를 나누어 학자들이 편리하게 회람할 수 있도록 한다."[4]고 명시하고 있다. 이 글로 보건대, 선원서원의 장서 목록은 '사고' 체계에 준하였으나 그 분류 체계를 살펴보면 세목의 순서와 속목(屬目)에 있어서 사고(四庫)의 그것과는 약간 구별되는 부분이 있다. '경부(經部)'를 예로 들면, '낙류(樂類)'는 '춘추'류의 앞에 위치해 있고, '춘추'류 아래에는 '좌전지속(左傳之屬)'·'공양전지속(公羊傳之屬)'·'곡량전지속(穀梁傳之屬)'·'춘추총의지속(春秋總義之屬)'·'춘추별전지속(春秋別傳之屬)'과 같은 것들이 나온다. 또한 '효경(孝經)'류 뒷부분에는 '논어류'·'맹자류'·'사서류(四書類)'·'군경총의류(群經總義類)'가 많이 나오고, '소학류' 아래에는 '운서지속(韻書之屬)'이 있으며, 재차 '강좌음운지속(江左音韻之屬)'·'등운지속(等韻之屬)'·'고음지속(古音之屬)'으로 나누고 있으며, 추가로 '소학구수류(小學九數類)'·'소학오사유(小學五射類)'를 추가하여 그 아래에 다시 '산서지속(算書之屬)'·'추보지속(推步之屬)'으로 나누고 있다. '사부(史部)'와 '자부(子部)'는 세목의 순서에 약간의 변동이 있는 것을 제외하고는 큰 변화가 없으나, '집부(集部)'에서는 비교적 큰 차이가 보인다. 선원서원에서는 이 집부를 다시 '별집류'·'총집류(總集類)[초사(楚辭)도 함께 편입되어 있음]'·'시문평류(詩文評類)'·'사곡류(詞曲類)'·'집부부록(集部附錄)' 제예(制藝), 시율(試律), 율부(律賦), 책론(策論)'으로 나누고, '초사'를 '총집'에 포함하였다. 이렇게 본다면, 선원서원의 장서 목록은 체례 차원에서는 사고(四庫)의 그것에 매우 가까워서 학술적 요점을 드러내는 것을 주요 목표로 두고 있는 것으로 보인다. 그러나 서원 장서 목록의 실용 지향적 성격으로 인해, 완전히 현실적

---

4) 陳之澍等, 『仙源書院藏書目錄初編』, 清光緒六年啟元堂刊本. : "以附類書, 亦有隸之雜家者, 究非所安", "題總名於卷首, 謂之彙刻書類, 其子目俱依四庫目例, 分隸各類, 以便學者會覽."

인 장서 형태를 버릴 수는 없었다. 이에 따라 그 카테고리의 설정에 있어서도 상황에 조응하는 일련의 조정을 가할 수밖에 없었을 것이다. 이것이 청대 말기 서원 장서 가운데 요점식 서지 방식의 주요 특징이라 할 수 있다.

선원서원에서 장서 목록을 작성할 당시에는, 이미 4부 체계가 현실의 장서 상황에 완벽하게 부합하기 어렵다는 것을 의식하고 있었다. 만약 전통적인 4부 규범을 따르고자 한다면 그 분류 구조 또한 반드시 이에 상응하도록 조정해야만 현실적인 적용이 가능했을 것이다. 그럼에도 불구하고, 4부 체계는 여전히 청대 말기 서원들의 장서 분류 작업에 있어서 중요한 위상을 차지하고 있었으며, 대부분 서원들은 책을 분류하는 과정에서 이 체계를 준용했다.

2. 4부 분류 체계를 따른 청대 말기 서원 장서 목록

청대 말기 4부 분류 체계[5]에 근거하여 장서 목록을 편성한 서원으로는 동치 연간에는 악양서원(嶽陽書院)이 있으며, 광서 연간에는 천주(天柱)·묵향(墨香)·명도(明道)·미경(味經)·김화(金華)·용유(龍遊)·봉오(鳳梧)·청진(淸鎭)·봉오서원(鳳梧書院) 등이 있었으며, 이후 광서 27년(1901)의 광아서원(廣雅書院)에 이르기까지 여전히 4부 체계를 사용하여 서적을 분류하고 있었다. 이는 전통 분류 체계의 왕성한 생명력과 강력한 영향력을 보여준다. 전체적으로 이 유형의 장서 목록은 경·사·자·집이라는 네 가지 체계에 따라 책을 분류하며, 세목과 속목에 있어서는 큰 변화가 없으나 그 기록 형태에 있어서는 세부적인 차이를 보인다. 비교해보자면, 간략한 장서 목록으로는 광서 15년(1889) 『천주서원구존서적목록(天柱書院購存書籍目錄)』이 있는데, 각 류 하단에는

---

5) 此處劃分按四部分類的院藏目錄, 選取較爲寬泛的標准, 以"經史子集叢"爲分類主體的院藏目錄均屬於此類, 暫不涉及目錄類中收藏的各方書籍, 如廣雅院藏書目錄中的部分日文書籍, 以及撥入康有爲萬木草堂書籍中的西學西藝圖書, 將在以下章節再予詳細討論. 爲表述方便, 行文中仍冠以"四部"分類體系. 箋言書院藏書分爲"經, 史, 子, 集, 碑帖", 按"碑帖"乃爲了形制上有所區分, 不涉及知識分類, 因此也歸入"四部"分類體系, 特此說明. 同治年間嶽陽書院所載書籍目錄, 只有經史子部書籍, 也歸入此類.

다만 수록된 서명만 보이며, "경지속(經之屬)" 11종, "사지속(史之屬)" 8종, "자지속(子之屬)" 7종, "집지속(集之屬)" 15종[6]이 있다. 광서 18년(1892)의 『묵향서원장서목록』에서는 "경부(經部), 사부(史部), 자부(子部), 집부(集部)" 하위에 각각 서적 33종·13종·13종·6종을 수록하고 있으며, 각 서적마다 권수와 판본수를 명시하고 있다.[7]

광서 25년(1899) 귀주 청진 봉오서원 장서 목록 또한 마찬가지로 "경부, 사부, 자부, 집부" 하단에 서명과 권수를 수록하고 있으며, 간혹 수록 서적 책수 또는 부록 등을 설명하는 문구도 보인다. 예컨대 "『상서정의(尙書正義)』 20권", "『대학연의』 43권(都10책)", "『자치통감』 294권(附『목록』 30권)"[8] 등이 있다. 이러한 목록 및 요점식 장서 서지 사항의 특별한 점은, 우선 편찬자가 서적을 유형별로 분류하는 것을 학술적 정돈 작업의 수단으로 삼지 않았다는 것이며, 그저 서적 목록을 상응하는 부류에 포함하기만 할 뿐 부류 내에는 소서(小序)와 같은 것이 추가되어 있지 않고, 아울러 서명 하단에도 해제가 따로 없기에 구조가 비교적 간단하다고 할 수 있다.

서학(西學) 서적이 청대 말기 선비들의 독서 대상이 되기 전에, 중국 서원은 주로 전통 4부 저작들을 소장하고 있었다. 현존 서원의 장서 목록을 조사해본 결과, 가경 25년(1820) 장사(長沙) 성남서원(城南書院)의 『신치관서총목록(新置官書總目錄)』, 그리고 도광 연간 『월수서원장적(粤秀書院藏籍)』에 이르기까지 서학에 관련된 서적 소장 현황이 발견되지 않는다.[9] 가경 연간, 오봉서원(鼇峰書院)에서 제작한 『장서목록』 4권(『보유(補遺)』 1권) 또한 모두 전통 중학(中學) 관련 목록으로 구성되어 있다.[10] 청말 서학 유입이 점차 가

---

6) 熊壽錢, 『平山縣續志』卷二, 淸光緖二十四年刻本.

7) 張九章, 『黔江縣志』卷三, 淸光緖二十年刻本.

8) 民國 『淸鎭縣志稿不分卷』卷四, 民國三十七年鉛印本.

9) 餘正煥等, 『城南書院志·校經書院志略』, 長沙: 嶽麓書社, 2012年, 第98-117頁.

10) 遊光繹等編, 『鼇峰書院志』卷之七至卷之十, 淸嘉慶十二年初刊, 道光中正誼堂重刊本. 在『藏書目錄』和『補遺』後, 院志還載有『續增書目』, 分"經史子集"四部著錄, 全部爲傳統中學著作. 道光年間鼇峰書院重修院志, 卽『鼇峰書院紀略』, 其卷首雲: "鼇峰書院有

속화됨에 따라, 도서 시장에도 서학 관련 서적이 증가하였다. 잇따라 서원 장서 목록에도 서학 관련 서적이 생겨나기 시작했는데, 예컨대 용유 봉오서원의 장서는 비록 전통 경사자집 저작이 대부분이긴 했지만,『전체신론(全體新論)』또는『외국지리비고』처럼 비교적 일찍이 서양 의학 또는 지리학을 소개하는 서적을 소장하고 있었다. 강소(江蘇) 흥화(興化)의 문정서원(文正書院)에서는 경사자집 서적 소장 외에도, 소위 '시무(時務)'와 밀접한 관련이 있는 서적 소장을 강조하였다.

또한 격치서원(格致書院)의 장서는 경사자집 및 총서 외에도 동서학(東西學) 카테고리를 증설하여 신학(新學)·시무 관련 서적 및 잡지·학간 400여 종을 배치하였는데, 여기에는 다국어 서적 또한 포함된다.[11] 하남(河南) 장갈(長葛) 형산서원(陘山書院)의 경우, 지현(知縣) 주운(周雲)이 기부금을 출자하여 재사(齋舍) 9칸을 증건하였으며, 중국·서양의 시무 관련 서적 100여 종을 구매하여『형산서원서목』에 수록하였다. 비록 "관리하는 이가 없어 태반이 소실되었으나"[12] 이 서원의 장서 목록 가운데 중·서학 서적이 함께 포함되어 있었음을 알 수 있다. 한편으로, 청대 말기에는 서학 서적만 소장한 장서 목록도 있었다. 예컨대 광서 24년(1898)『연조악록서원서적제명(捐助嶽麓書院書籍題名)』[13]을 살펴보면, 기부자들 모두 서학 서적을 기부한 것으로 파악되는데, 이는 순수하게 서학 서적만 기록한 장서 목록에 해당한다. 종합적으로 보면, 이상 서원 장서 목록은 비록 서적에 관한 정보 등록을 주로 삼긴 하였으나 분류 체계의 완비를 중시하였기에 소위 '장부식' 장서 목록에 비하면 더욱 학술성 및 서지학적 특징을 갖추었다고 볼 수 있다.

志而久不修, 所載書籍經費多非其舊, 如內府本『淳化閣帖』被人易作陝本, 而書籍尤多損失, 院產契據半隱沒於書史之手.『紀略』中載藏書目錄略少於『書院志』中所載, 但『紀略』除『藏書目錄』外, 還有『續增書目』『再續增藏書目』, 均只著錄了中學著作.

11)『上海格致書院藏書樓書目』, 清光緒三十三年格致書院刊本.
12) 陳鴻疇,『長葛縣志』卷四, 民國二十年刻本. : "管理無人, 遺失殆盡"
13) 此目分別載於『湘報』第六十一, 六十五, 六十九, 七十號. 著錄書名, 本數二項, 計西學書籍一百二十種, 凡三百七十九本.

4부 체계로 장서 목록을 정리하였던 청말 서원 장서 목록 가운데, 서학 서적만 독립적으로 분류한 경우는 없었으나 4부 체계 가운데 그것들이 편입된 경우는 있었다. 예컨대 『예남서원서목(豫南書院書目)』에서는 전통 경사자집 분류 체계로 장서를 수집하였는데, 그 '집부' 항목에 몇몇 새롭게 출판된 산학(算學) 도서들을 수록하였다. 여기에는 동치 연간에 정취충(丁取忠) 및 그 학생들이 함께 편찬한 『백부당산학총서(白芙堂算學叢書)』・『중학(重學)』과 같은 서적이 포함된다.[14] 광서 27년(1901)의 『광아서원장서목록(廣雅書院藏書目錄)』에 기록된 서학 서적 내용을 살펴보면, 여기에는 사지(史地)・서정(西政)・서예(西藝)・교섭(交涉)・수육사(水陸師)와 같은 것들이 있었는데, 예컨대 『환영지략(環瀛志略)』・『서정총서(西政叢書)』・『산학십서(算學十書)』・『수리정온(數理精蘊)』・『성세위언(盛世危言)』・『열국육군제(列國陸軍制)』・『통상약장류찬(通商約章類纂)』・『동방시국론(東方時局論)』・『중아계약(中俄界約)』[15] 등이 이상 유형의 서학 서적에 속한다. 이 목록에는 일부 일어(日語) 서적도 포함되어 있었으나, 여전히 그 체계상으로는 4부 체계, 즉 경・사・자・집・총서라는 분류법에 의거하였다. 또한 서명의 뒷부분에는 권수・작자・판본・부수 또는 책수를 기입하고 있다. 일례로는 다음과 같다. "『주역공의집설(周易孔義集說)』 20권, 국조심기원(國朝沈起元), 강소서국본(江蘇書局本), 2부(二部), 매부8책(每部八冊)."[16] 즉 소장 목록에 서학 서적이 포함되어 있기는 했지만, 서학 서적 자체가 장서 목록 분류법에 어떠한 영향을 끼치지는 않은 것으로 보인다.

다시 선원서원의 경우를 살펴보면, 광서 5년(1879)에 관부와 지방 유지들의 공동 출자에 힘입어 "장사, 강녕(江寧), 소항(蘇杭), 양광(楊廣), 상해 등지 및 일본 나가사키로부터 서적을 구입하였으니, 총 2,153종, 27,353권에 달했다. … 잇달아 서목을 편찬・간행하였다."[17]라는 기록이 보인다. 이 목록의 이

---

14) 『豫南書院書目』, 光緒十七年刊本.

15) 肖東發, 趙連穩『中國書院藏書』, 貴陽:貴州人民出版社, 2009年, 第:122-123頁.

16) 廖廷相, 『廣雅書院藏書目錄』, 淸光緖二十七年廣雅書院廣州刻本.

17) 實際筆者統計數量爲2154種, 27353卷. 參見『仙源書院藏書目錄續編』, 淸光緖六年啓

름은 『선원서원속편서목』으로, 그 작년에 편찬되었던 목록과 비교하면 이 목록의 장서 내용이 더욱 많이, 서학 서적의 포함과 더불어 확장되었음을 확인할 수 있다. 예컨대 '사부(史部)' - '지리류외기지속(地理類外紀之屬)' 항목에 『사예편연표(四裔編年表)』·『승사필기(乘槎筆記)』·『사서기정(使西紀程)』[18] 등과 같은 서양사 및 서양 국가 견문록과 같은 서적을 포함하여 유럽인이 편찬한 『외국지리비고』도 수록되어 있다. 이 외에도 유럽인이 편찬한 『개매요법(開煤要法)』이라는 책은 사부(史部) - 정서류방계지속(政書類邦計之屬) 항목에, 또 다른 유럽인의 저작 『전체신론』은 자부(子部) - 의가(醫家) 항목에 수록하고 있다. 비록 전체 비율상으로 보면 서학 서적의 비중은 매우 적지만, 이 변화 자체는 선원서원의 장서 담당자가 4부 체계 내에서 임의로 서학 서적을 분류하였음을 보여준다.

『선원서원속편서목』에는 또 다른 중요한 변화가 있었다. 목록 가운데 '천문산법(天文算法)' 항목은 장지동(張之洞)이 편찬한 『서목답문(書目答問)』에서의 '천문산법' 구분법을 참고한 것임이 분명하며, 이 양자는 모두 '자부(子部)'에 속해 있었다. 또한 '중법(中法)'·'서법(西法)' 또는 '겸용중서법(兼用中西法)'을 구분 기준으로 삼고 있는데, 양자의 분류 상태는 〈표 1〉과 같이 비교하여 살펴볼 수 있다.

〈표 1〉의 수록 서적을 살펴보면, 서적 판본에 약간의 차이가 있는 것을 제외하면 대부분 중복되는 부분이 많다. 이는 선원서원이 4부 체계에 근거하여 장서 목록을 편성할 당시에 『사고전서』와 같은 관방의 목록 양식을 참고하였을 뿐만 아니라, 또한 『서목답문』과 같은 개인이 제작한 저술 목록 양식

元堂, 景元堂合刊本. : "長沙, 江寧, 蘇杭, 楊廣, 上海等處及日本之長崎購辦書籍, 計得二千一百五十三種, 二萬七千三百五十三卷…並爲續編書目梓行."
18) 『四裔編年表』是由來華的美國傳敎士林樂知(Young John Allen, 1836-1907)與中國學者嚴良勳(1845-1914), 李鳳苞(1834-1887)共同編譯的介紹西方歷史的年表體著作, 複旦大學圖書館有藏本. 『乘槎筆記』是斌椿(1803- ?)在同治五年(1866)前後出使歐洲所著見聞. 『使西紀程』是郭嵩燾(1818-1891)光緒二年(1876)出使英國, 途中經歷新加坡, 暹羅, 波斯, 土耳其, 希臘, 意大利, 法國, 埃及, 摩洛哥等十八國的旅程紀聞.

도 참조하였음을 보여준다. 즉 중국식의 방법을 지키면서도 나름의 혁신적인 모습을 보여주고 있다. 이는 말하자면 청대 말기 서원이 기존 서지학의 성과를 완전히 종합해내었다는 강력한 증거가 된다.

〈표 1〉『선원서원속편서목』・『서목답문』의 '천문산법' 항목 관련 내용

『선원서원속편서목』 "子部" – "천문산법류"에 수록된 서적	『서목답문』 "子部" – "천문산법"류 선원서원의 목록과 동일한 서적
천문산법: '중법' 항목	'중법' 항목
『星經』・『孫子算經』・『五曹算經』・『張邱建算經』・『緝古算經』・『輯古算經細草』・『透簾細草』・『續古摘奇算法』・『算法』・『測圖海鏡細草』・『益古衍段』・『弧矢算術細草』・『算略』・『周髀算經述』	『孫子算經』・『五曹算經』・『張邱建算經』・『緝古算經』・『弧矢算術細草』・『透簾細草』・『續古摘奇算法』・『緝古算經細草』
'천문산법': '서법' 항목	'서법'
『幾何原本』・『測量異同』・『測量法義』・『句股義』・『同文算指』・『圓容較義』・『測天約述』	『測量異同』・『測量法義』・『句股義』・『同文算指』・『圓容較義』
'천문산법': '겸용중서법' 항목	'겸용중서법'
『勿庵曆算書目』・『翼梅』・『疇人傳』・『算迪』	『勿庵曆算書目』・『江慎修數學』[19]・『疇人傳』

3. 새로운 분류 체계가 적용된 서원 장서 목록

4부 체계를 따르는 서원 외에도, 청대 말기의 일부 서원들은 그들이 소장하고 있는 서적의 구체적인 내용에 근거하여 4부와 구별되는 다른 체계를 설치하기도 하였다. 예컨대 관산서원(冠山書院)에서는 장서를 경의(經義), 자사(子史), 치사(治事), 사장(詞章), 도(圖) 총 다섯 종류로 분류하였으며, 여기에서 그림에 속하는 것으로는 『해도총도(海道總圖)』한 장, 『해도분도(海道分

---

19) 『書目答問』中著錄爲 "守山閣本", 其題名後有注 "海山仙館本用原名, 題曰『翼梅』". 『仙源書院續編書目』中『翼梅』著錄作者爲江永, "海山仙館本", 則『江慎修數學』與『翼梅』當爲同一本書.

圖)』 여섯 장, 『지구도(地球圖)』 두 장을 소장하고 있었다.[20] 이는 그림류가
일종의 새로운 서적 유형으로 간주되어 서원 장서 담당자의 구축 범위 내에
포함되기 시작했음을 의미한다. 사실상, 이러한 범주화 방식은 분류 표준에
혼선을 빚기도 하였는데, 왜냐하면 경의, 자사, 치사, 사장은 내용적 분류에
속하지만 그림은 형태학적 분류에 속하기 때문이다. 이렇게 목록을 편제할
당시의 기준으로 말미암아 발생하는 혼란한 현상은 청대 말기 서원의 서적
분류 차원에서의 다양한 태도 또는 입장을 노정하는데, 그 중 하나는 바로
목록 분류 기준의 다양화라 할 수 있겠다.

필자는 기존의 청말 서원 도서목록에 근거하여, 4부 체계와는 다른 도서
목록을 아래와 같이 정리, 후속 분석을 진행하였다.

〈표 2〉 새로운 분류 체계를 설치한 청말 서원 장서 목록

서원	시기	분류 상태
求志書院	광서 2년~10년[21]	經學, 史學, 掌故, 輿地, 算學, 詞章, 叢書
관산서원	광서 13년	經義, 子史, 治事, 詞章, 圖
嶽陽 愼修書院	광서 22년	甲部一, 甲部二, 乙部一, 乙部二, 乙部三, 丙部, 丁部一
天嶽書院	광서 24년	目錄部, 經部一(經), 經部二(理學), 經部三(數學), 經部四(制藝), 史部一(史), 史部二(輿地), 史部三(掌故, 百家叢書附), 史部四(辭章), 國史部一(國史, 方略, 會典, 則例), 國史部二(文集, 雜議), 國史部三(各國事務)
용유 봉오서원	광서 25년	欽定類, 叢書類, 經類, 史類, 子類, 集類
正義書院	광서 25년	經籍, 歷史, 諸子, 專集, 掌故, 農學書, 算學, 輿地, 理學, 敎育, 報章, 詞章, 雜著, 輿圖
격치서원	광서 33년	經, 史, 子, 集, 叢, 동서학
흥화 문정서원	광서 연간	經, 史, 子, 集, 時務
複初講院[22]	광서 연간	經學類, 理學類, 九流類, 史學類, 國朝掌故, 六律令, 輿地, 詞章學, 金石, 兵家學略, 算學, 醫方本草攝生, 洋務, 梵冊, 類書, 叢書

20) 葛士達編, 『平定州志補』不分卷, 淸光緖十八年刻本.
21) 書目後說明此批書籍在光緖十年移貯龍門書院, 再據『上海續志』卷九記載: "光緖二年

〈표 2〉에 열거된 서원 장서 목록 분류법은 청말 서원 장서법의 지속적인 성장·발전의 소산이라 할 수 있다. 즉 장서 내용의 변화로 말미암아, 새로운 범주를 설정하여 책을 분류해야 하는 것이 당시 장서 영역에서의 보편적인 추세였던 것이다. 그러나 이러한 새로운 분류 체계를 잘 살펴보면, 대부분은 여전히 4부 체계를 근간으로 한 확장·변형임을 확인할 수 있다. 예컨대 용유 봉오서원의 경우, 흠정류·총서류를 4부보다 앞에 두고 있다. 그리고 격치서 원과 흥화 문정서원의 경우, 4부 뒤에 동서학 및 시무에 관련된 서적을 두는 방식을 채택하였다. 구지서원의 경우 4부 체계와는 판이한 차이를 보이는 것 처럼 보인다. 그러나 잘 살펴보면, '장고(掌故)'·'여지(輿地)'류의 경우 '사부 (史部)'에서 분화되어 나온 것이며, '산학'은 전통적인 4부 체계 가운데 '자부 (子部)'에 속하는 것이다. 그리고 '사장'은 '집부'에 속한다. 이렇듯 그 실질적 인 원류를 따져본다면 여전히 4부 체계의 범위에 귀속되어 있었다고 볼 수 있다. 악양 신수서원의 장서는 갑·을·병·정으로 분류하고 있으나, 그 내용은 대체로 경사자집에 해당한다. 이 장서 목록의 가장 두드러진 측면은 '병부' 에 100여 종에 가까운 서학 서적을 수록했다는 점이다. 이 서학 서적들은 내 용에 따라 외교·건축·군사·광업·의학·선박·항해 등 수많은 학문 분야를 포

巡道馮焌光捐建廳樓房屋五十餘間, 分置經學, 史學, 掌故, 算學, 輿地, 詞章六齋, 置 備書籍, 延聘齋長."則其編撰年應在光緒二年至十年之間.

22) 『複初講院藏書目錄不分卷』, 收入南京圖書館編『南京圖書館藏稀見書目書志叢刊』第 四十七冊, (編鈔本二〇五), 北京: 國家圖書館出版社, 2012年. 此目筆者暫未得見, 分 類信息來自袁昶『複初講院藏書記』, 見袁昶『於湖文錄』文三, 清光緒湛然精舍鉛印本. 按『複初講院藏書記』雲: "昶規舍宅爲複初講院而藏書於其中, 禮聘嚴師, 導鄕人士以 務植根蒂明體達用之學, 其地位先大父資政大夫複初府君講學處, 故榜以大父字焉. 又 旣以永慕堂爲複初講院, 自予高祖以下, 本支子孫鹹可延師受業解惑其中, 以家祠潤德 堂之屋, 設一義學, 延五經之師, 族人鹹就學焉. 而別籌經費三千金, 作爲邑中朝陽書院 膏火, 以敎城鄕之長材秀民, 於是家塾, 族塾與本縣學舍次第戚疏秩然分矣. 而儲書數 萬卷, 則皆庋之永慕堂閣上, 經營拮據, 甫半尙未集, 事姑記厓略於此."則複初講院藏書 也有類似於書院藏書的性質, 姑列於此. 再按『袁昶日記』的記載, 袁氏一直致力於設置 一個不同於四部的書籍分類體系, 『複初講院藏書記』中所記錄的十六門分類目錄, 他後 來又有所改進, 袁昶的目錄學思想值得關注, 將在下面的章節中再加以詳細討論.

함하고 있다. 정의서원에서는 서적을 14종류, 그리고 복초강원은 16종류로 분류하고 있는데, 그 분류 설치 차원에 있어서는 4부 범주에서 벗어난 것 같아 보이지만 자세히 살펴보면 이 수많은 범주는 여전히 4부의 목록으로부터 비롯된 것이다. 이로부터 곧 청말 서원에서 장서 목록 범주를 편성할 때, 서학 서적을 수용할 수 있도록 4부 체계를 확장하려는 의도를 반영했음을 알 수 있다. 그러나 어느 정도의 세월이 지나도록 4부 체계의 오랜 관성에서 벗어나지 못하였다. 이러한 노력들 가운데, 천악서원에서는 양계초의『서학서목표(西學書目表)』에 대한 충분한 참고를 토대로 독특한 범주를 구성해내었다. 그러므로 천악서원을 모범 사례로 삼아 그 장서 설치 및 목록 편성의 경과에 관하여 고찰해본다면, 새로운 장서 분류 체계를 완비한 정황에 대한 전체적인 이해가 가능할 것이다.

광서 24년(1898), 당시 평강(平江)의 지현 세보간(洗寶幹)은 천악서원의 교과과정 개혁, 규장 제정, 장서 구입 등 다양한 방면에서의 개혁 실현을 촉진하였다. 아울러 그는 천악서원에서 서학 교육을 추진하고자 하였지만, 달리 참고할 만한 경험이 없었다. 나름의 각고의 노력을 통해 그는 양계초의 저서 및 일부 서학 서적을 숙독해내었고, 서원 교학을 개혁하는 동시에 장서 체계 구성을 결정하였다. 자신의 목표를 잘 달성해내기 위해, 그는 직접 양계초에게 이에 관한 각종 업무에 대한 조언을 구하는 편지를 썼다. 이 편지는『평강현승보간대령치시무학당량원장서(平江縣洗寶幹大令致時務學堂梁院長書)』라는 제목으로 보내어졌으며, 같은 해『상보(湘報)』에 발표된 바 있다. 서신 내용에 따르면, 선보간은 세 가지 사항에 대하여 양계초에게 조언을 구하였는데, 즉 도서 구입, 기자재 설비 및 교사 초빙이었다. 선보간의 서원 장서 구입에 대한 곤혹스러움을 보여주는 단락 또한 보이는데, 아래 내용이 바로 그의 장서 관련 언급이다.

一. 도서 구매
(우리) 읍의 서원에서는 오래간 장서를 두고 있었는데, 모두 고거(考據)·사장

학(詞章學)에 관련된 것들입니다. 고금의 경제(經濟)에 관한 각종 서적도 아직도 구비되질 않았으되 어찌 서학에 관한 것이 있겠습니까? 이에 중국 학정(學政) 서적의 추가 구매에 더하여, 새로운 서학 서적을 다량 구매하고자 하여 대저(大著)의 목록표를 참조하였으니, 대략 동그라미를 친 것들은 모두 다 구매한 것들입니다. 그러나 자본을 모아 구매하는 데 몇몇 곤란함이 있습니다. 하나는 전국 각지에 책이 흩어져 있다는 것이요, 다른 하나는 총서와 단행본 두 종류로 간행되는 경우에 책이 중복될 수 있습니다. 만약 확실히 구매처를 알지 못하여 중복으로 서적을 사게 되면, 시간과 재화를 낭비하게 될 것입니다. 표에 열거된 동문관(同文館)·제조국(制造局)·세무사(稅務司)·광학회(廣學會)·익지학회(益智學會)는 상해에 있는 것인지요? 북경·금릉(金陵)·광주(廣州)에서 판각된 판본들은 상해에도 위탁 판매처가 있는지요? 『격치휘편(格致彙編)』·『서예지신(西藝知新)』·『서학집존(西學輯存)』·『서학계몽(西學啟蒙)』이상 총서 가운데 무엇이 중요하고, 어디에서 구입할 수 있으며, 또 각 서적의 가격은 어떻게 되는지요? 구입의 편의를 위하여 부디 변별하여 알려주시기를 바랍니다. 각 서적을 모두 구매한 다음, 뛰어난 영재들을 모은 뒤 원래 표에 따라 근거하여 분류를 진행, 편리하게 공부할 수 있도록 하겠습니다. …[23]

위 서신을 보면, 선보간은 우선 양계초에 대한 학문적 존경을 표하고 있으며, 동시에 자신이 평강현에서 추진하고 있는 신학에 관한 계획을 밝히면서, 시급히 '지도' 받아야 하는 서원 개혁 조치에 관하여 열거하고 있다. 그

---

23) 『平江縣先寶幹大令致時務學堂梁院長書』, 『湘報』第五十號, 清光緒二十四年閏三月十三日出版. : "邑書院舊有藏書, 皆考據·詞章之學, 於古今經濟各書, 尚未購備, 何有於西學? 茲擬於添購中學政書外, 多購西學新書, 查照大著書目表, 凡有圓圈者, 悉數買取. 但集資尚易, 購致尤難. 一則京吳齊粤, 局各殊方, 一則叢本單行, 書有重出, 若非確知買處, 去其重本, 不免曠日耗資. 表內所列同文館·制造局·稅務司·廣學會·益智學會, 是否同在上海? 北京·金陵·廣州各刻本, 是否上海亦有寄售? 『格致彙編』『西藝知新』『西學輯存』『西學啟蒙』各種叢書, 以何種爲要, 買自何地, 各部書價若幹? 統祈分別示知, 以憑購取. 俟各書買齊, 然後集其菁英, 按照原表, 分門歸類, 俾便學習."

가운데 첫째는 바로 도서 구입이었다. 그의 의문은 요약하자면 다음과 같다. 서원에서 서학 서적을 소장할 의사가 뚜렷하다는 전제 하에, 과연 어떤 서학 서적을 구매해야 하는가? 이 문제에 대하여 그가 내놓은 해결책은 "대저 목록표를 참조하여 동그라미가 쳐져 있는 것은 모두 사들여야 한다."이다. '대저'란 양계초의 『서학서목표』를 가리키며, "동그라미를 친 것"은 편집자가 중요하다고 여긴 서적들로 서명 아래에 동그라미 표시를 한 것이다. 양계초의 말에 의하면, "표 하단에 알아볼 수 있는 표시를 추가하고 표 위에 원을 그리는 것은 모두 독자들의 구입을 위해 표시하는 것이다."[24] 이는 당시 서학 서적이 팽창하던 출판 시장을 의식한 미봉책임이 분명하다. 그러나 선보간의 의혹은 여기서 그치지 않았다. 그는 서학 서적 구입에 대한 방침을 확정한 뒤, 이어서 서적 구입 경로에 대한 의문을 제기했다. 우선 출판사와 서적의 판본이 너무 많아 섣불리 선택하면 서적을 중복 구입할 우려가 있었다. 둘째로 양계초가 『서학서목표』에서 열거한 각 출판 기관에 관하여 아는 바가 거의 없었다. 이 기관들이 모두 상해에 있는지, 아니면 다른 곳의 서적들은 상해에 위탁 판매처가 있는지, 또 크게 유행한 몇몇 총서의 경우 어떤 것을 우선적으로 선택하고 어디서 구입해야 하는지, 책 가격은 어떻게 되는지 등등 모두 그가 긴요히 알고자 했던 내용들이 보인다. 선보간의 이러한 의혹은 청대 말기 서원에서 서학 서적 수집을 준비하는 단계에서의 어려움을 잘 반영하고 있다. 객관적인 정보망이 발달하지 않은 탓에, 서원 실무자들의 서학 서적 소장 및 서학 교육 실행에 대한 열망은 그 실천 단계에서 상당히 어려움을 겪었을 수 있다.

선보간이 『상보』에 공개한 이 자문 서신에 관하여, 과연 양계초 본인의 응답을 받았는가에 대하여 의문스러울 수 있다. 필자가 나름대로 사료를 검토한 결과, 양계초가 당시 '100일 유신' 운동에 깊이 관여하고 있었다는 점을 고려한다면 아마 이 서신에 응답할 겨를이 없었을 가능성이 있다. 천악서

24) 양계초, 『西學書目表』, 北京: 朝華出版社, 2018年, 第9頁.

원에서 훗날 편찬한 장서 목록을 살펴보면, 선보간은 천악서원을 위하여 상당한 규모의 장서를 설치하였고, 그 내부에 수록된 서학 서적 분류 체계는 완전히 『서학서목표』를 참고한 것으로 보인다. 이는 선보간의 서신 말미의 "각 서적을 모두 구매한 다음, 뛰어난 영재들을 모은 뒤 원래 표에 따라 근거하여 분류를 진행, 편리하게 공부할 수 있도록 하겠습니다"라는 언급과 일치하는 것으로 보인다. 『천악서원장서목록·서언』에는 장서 분류 체계에 관한 상세한 설명이 보인다.

> 목록 작성의 예는 학문에 따라 분류한다. 경(經)·사(史)·국사(國史) 3대부(三大部)로 나누어 책들을 통합한다. 경(經) 목록은 4종류로 나누는데, 경(經)·이학(理學)·수학에 제예를 포함한다. 사 (史)또한 4종류인데, 사(史)·여지·장고에 사장(詞章)을 포함한다. 실록·회전(會典)·방략(方略)·칙례(則例)·각관(各館)의 장고 및 각국의 사무·최근 몇 년 동안의 신문은 국사에 속한다. 백가총서(百家叢書)는 모두 장고로 넘기고, 산집(散集)은 각 학문의 하위에 두고 따로 목록부를 편성하여 『사고제요(四庫提要)』라 이름 붙인다.[25]

이 구체적인 분류법에 근거한 내용은 다음과 같다.

> 目錄部·經部一(經)·經部二(理學)·經部三(數學)·經部四(制藝)·史部一(史)·史部二(輿地)·史部三(掌故·百家叢書附)·史部四(辭章)·國史部一(國史·方略·會典·則例)·國史部二(文集·雜議)·國史部三(各國事務)

이를 살펴보면 4부 체계 가운데 '경사(經史)'만 유지하고 나머지는 새로운

---

25) 『平江天嶽書院藏書目錄』, 光緒二十八年刻本. : "編目之例, 依學爲類, 分經·史·國史三大部, 以統群書. 經之目四, 曰經, 曰理學, 曰數學, 制藝附焉. 史之目亦四, 曰史, 曰輿地, 曰掌故, 詞章附焉. 實錄·會典·方略·則例·各館掌故, 及各國事務·近年報章則屬之國史. 百家叢書槪付掌故, 而散集部於各學之下, 另立目錄部, 冠以『四庫提要』."

분류 체계를 구축하려는 의도가 엿보인다. 이 목록의 특징으로 말하자면, 첫째, '목록부'를 '경부' 앞에 두고 '제예'를 '경부4(經部四)'로 분류하였으며, '사부3(史部三)'을 '백가총서'에 편입하였고, '사부4(史部四)'를 '사장(詞章)'에 포함하였다. 이는 부분적으로는 더 이상 전통적인 '경사자집' 체계를 따르지 않는 것이다. 또한 '국사부(國史部)'를 편성하여 '국사부1(國史部一)'에는 『성유광훈(聖諭廣訓)』·『십조동화록(十朝東華錄)』·『개국방략(開國方略)』·『상군기(湘軍記)』·『역대직관표(歷代職官表)』·『대청율례(大淸律例)』·『학정전서(學政全書)』와 같은 정사·규칙에 관한 서적을 편입하였으며, '국사부이(國史部二)'에는 『하씨경세문편(賀氏經世文編)』·『권학편(勸學篇)』·『교빈려항의(校頻廬抗議)』 등과 같은 경세 관련 서적을 편입하였다. 그리고 '국사부3(國史部三)(各國事務)'에는 천악서원에서 매입한 서학 서적을 편입하였는데, 이는 사지(史志)·관제(官制)·학교·공법(公法)·농정(農政)·공정(工政)·상정(商政)·병정(兵政)·잡저 총 9종류로 나뉜다.

천악서원의 '국사부삼' 분류 체계는 양계초의 『서학서목표』의 '서정(西政)' 분류법을 따르고 있으며, 그 카테고리 하위에 수록된 도서들도 대부분 양계초의 저록에 포함되는 것으로 구성되어 있다. 이처럼 청말 서원에서는 서지학 전문도서를 도서 구입 및 분류 지침으로 삼았음이 명확하게 기록으로 남아 있다. 그러나 좀 더 상세하게 비교해보면, 천악서원의 장서 분류 방식은 대체로 『서학서목표』를 따르기는 하지만, 여전히 카테고리 명칭과 순서상에서 차이가 있다. 좀 더 직관적인 이해를 위해 아래에 두 가지 분류 설정을 〈표 3〉을 통해 살펴보겠다.

〈표 3〉을 분석해보면, 우선 천악서원의 장서 카테고리가 감소하였고, 각 카테고리에 수록된 도서 또한 『서학서목표』보다 적었다. 이는 천악서원이 서적을 구매하는 데 있어서 선보간이 서신에서 언급된 "자본을 모아 구매하는 데 몇몇 곤란함이 있습니다"라는 구절을 상기시킨다. 설령 참고할 수 있는 목록이 있었을지라도, 사고 싶은 서적을 다 구입하여 서원에 비치할 수 있는 것은 아니었던 것이다.

〈표 3〉 『서학서목표』와 『천악서원장서목록』의 서학 서적 수록 비교[26]

『서학서목표』	천악서원의 '국사부삼'	공통 수록된 서적
史志	史志	『希臘志略』『羅馬志略』『德國合盟紀事本末』(양계초는 『德國合盟本末』에 수록)
官制	官制	『덕국의원장정』
學制	學校	『肄業要覽』『西國學校』『西學課程彙編』
法律	公法	『陸地戰例新選』
農政	農政	『農學新法』『農學略論』『蠶務圖說』『紡織機器圖說』
礦政	없음	
工政	工政	『工程致富論略』『考工記要』
商政	商政	『富國養民策』
兵政	兵政	『德國軍制述要』
船政	없음	
雜著	雜著	

　다음으로, 천악서원 장서 분류법은 『서학서목표』와 대동소이하였으나, '학제'를 '학교'로, '법률'을 '공법'으로 고쳤다는 점이 눈에 띈다. 동시에, 천악서원 장서에는 '광정(礦政)'·'선정(船政)'에 관한 서학 서적이 없었다. 마지막으로, 천악서원은 장서 서지사항을 비교적 간결하게 하였는데, 예컨대 『나마지략(羅馬志略)』이라는 책을 살펴보면, 『서학서목표』에서 이 책은 다음과 같은 양식으로 소개되어 있다. "광서 12년(여기에는 두 개의 동그라미가 쳐져있다. 이는 중요한 서적임을 표시하는 것이다), Joseph Edkins(艾約瑟), 세무사본(稅務司本), 한 권, 이상 세 책은 古史 가운데 으뜸이다(이 세 책은 각

---

26) 『天嶽書院藏書目錄』 "國史部三"類下, 在"史志"之前著錄了四十八種書籍, 未分小類. 這四十八種書籍從分類角度來看, 分屬多個部類, 包括『西學書目表』中分入"史志"的 『萬國史記』『華盛頓傳』『泰西新史攬要』『列國歲計政要』等, 分入"格致總"的『格致啟蒙』 『格致須知』『格致入門』等, 以及양계초『西學書目表』『讀西學書法』等, 筆者猜測出現 這種現象的原因, 有可能是目錄編制者是在著錄了這四十餘種著作之後, 才決定在後面 的書籍著錄中采用梁氏的西書分類體系.

각 『구주사략(歐洲事略)』·『희납지략(希臘志略)』·『나마지약』를 가리킨다. 천악
서원에는 『구주사략』을 소장하고 있지 않았다).”[27] 그런데 천악서원에서는
다음과 같은 양식으로 기록되어 있다. “『나마지략』, 13권, Joseph Edkins[艾約
瑟] 著”[28] 이는 다만 책 이름과 권수, 저자만 보여주고 있다. 사실상 『서학서목
표』에 실려 있는 대부분의 서적들은 그 가격 또한 명시하고 있었는데, 예컨대
『덕국의원장정(德國議院章程)』이라는 책은 “광서 8년(이 또한 2개의 동그라미
로 표시되어 있다), 서건인(徐建寅), 자각본(自刻本), 1본(一本), 2각(二角)”[29] 그
런데 천악서원에서는 다만 “『덕국의원장정』 1권, 서건인 저(著)”[30]라고 쓰여
있을 뿐이다. 천악서원의 장서 체계가 완성되고, 그 목록을 편찬한 시기는 광
서 25년(1899)으로, 이는 양계초의 『서학서목표』가 완성·발표된 지 불과 1~2
년 남짓 이후이다. 그러나 이 사이 시중에 출판된 많은 서적의 판본이 바뀌었
을 것으로 추정된다. 천악서원은 서명과 권수, 저자만 작성하였으며 판본에
관하여서는 명시하지 않음으로써 판본 작성에 관한 고민을 피할 수 있었다.

이처럼, 서원 장서 목록과 보편적으로 적용될 수 있는 서지 목록은 그 편
성 목적이 서로 달랐기에, 비록 분류 차원에서는 어느 정도 참고할 만한 부
분이 있었다 할지라도 구체적인 목록 편성 및 서지 체례 차원에 있어서는 여
전히 비교적 큰 차이가 있었음을 알 수 있다.

4. 간략한 등기(登記) 기능만 지니고 있는 장부식 목록

현재 잔존해 있는 청대 말기 서원 장서 목록을 살펴보면, 대부분 서원은

27) 양계초, 『西學書目表』, 北京: 朝華出版社, 2018年, 第29頁. : “光緒十二年(並列畫有
兩個圓圈, 以示其重要), 艾約瑟, 稅務司本, 一本, 以上三書, 古史之佳者(指『歐洲事略』
『希臘志略』『羅馬志略』, 天嶽書院未藏『歐洲事略』)”
28) 『平江天嶽書院藏書目錄』, 光緒二十八年刻本. : “『羅馬志略』, 十三卷, 艾約瑟著”
29) 양계초, 『西學書目表』, 北京: 朝華出版社, 2018年, 第31頁. : “光緒八年(並列畫有兩
個圓圈), 徐建寅, 自刻本, 一本, 二角”
30) 『平江天嶽書院藏書目錄』, 光緒二十八年刻本.

서적의 분류나 순서 정리에 대해 신경 쓰지 않고, 다만 서명과 그 수량 표기만 하는 경우가 많다. 이는 상세함이라는 측면에서 상술한 장서 목록과는 많이 다르다고 할 수 있다. 예컨대 동치 연간의 균양서원(筠陽書院)·봉의서원(鳳儀書院), 광서 8년(1882)의 금호서원(金湖書院), 그리고 광서 22년(1894) 무렵의 임진서원(臨津書院) 등에서는 모두 서원 장서의 서명과 수량만 등록하여 冊으로 편집하였다. 이는 그 성질로 보면 서적의 학술적 원류를 판별·분석하는 전통적인 서지학 기능을 완전히 결여하고 있으며, 다만 '장부'의 성격에 편중되어 있는 것으로 보인다.

균양서원과 금호서원의 장서 목록을 예로 들면, 양자의 소장 목록에는 서명·수량만 표기되어 있다. 가장 상세한 경우에도 그저 일련의 설명문이나 간단한 서적 이용 규정에 대해서만 첨부되어 있다.

균양서원 장서 목록

『文獻通考』一部, 計一百八十本

『性理大全』一部, 計三十本

『玉堂通鑒』一部, 計三十四本

『二十一史』一部, 計(注: 원본 목록은 소실, 본래 양식에 따라 기록함)

『諸子彙函』一部, 計十四本

『李忠定公文集』一部, 計八本

총 8부, 현재 殘缺.[31]

금호서원 장서 목록

『四書經注集證』二十本　　『欽定周易折中』十二本

『欽定書經傳說彙纂』十八本　　『欽定詩經傳說彙纂』二十本

31) 孫家鐸, 『高安縣志』卷七, 清同治十年刻本.

『欽定春秋傳說彙纂』二十四本	『欽定禮記義疏』五十五本
『欽定儀禮義疏』三十本	『欽定周官義疏』四十二本
『欽定淵鑒類函』二百本	『史記』四十本
『資治通鑑』二百零四本	『續資治通鑑』六十本
『歷代名臣言行錄』三十二本	

　　이상 각 서적은 서원에 기거하는 제생(諸生)의 학습을 위해 구비됨. 외부인
은 대출·열람 불가함. 주강(主講) 또한 사적으로 지닐 수 없음. 광서 8년 품현(稟
縣)에서 입안하였고, 비문을 새겨 원청(院廳)에 세움. 이후 서적이 추가 구비되
면, 수시로 규정에 근거하여 보고문을 작성하도록 함. [32)]

　　균양서원과 금호서원의 장서 목록은 전형적인 등기식 목록의 성격을 띠고
있다. 균양서원 목록을 살펴보면, 우선 『이십일사』 아래에 각 서적 수량 수가
원래 목록에 누락되어 있다고 명시하고 있는데, 이 목록 자체는 본래 양식에
따라 등록된 것으로, 『이십일사』의 수량 자체는 확인할 수가 없다. 이와 같이
"원래 목록에 근거하여 등록하는" 방식은 당시 장서 목록의 편집·제작자가
실제 장서 상황에 대한 실질적인 이해가 부족했으며, 동시에 현장 실사를 진
행할 의사가 없었다고 볼 수 있다. 즉 그들이 서지학에 관련된 기본적인 소양
을 갖추고 있었는지조차 판단하기 어렵다. 요컨대 이는 형식적으로 너무 간
략한 탓에, 마치 '출납부'와 같은 서지 목록에 해당한다. 금호서원 장서 목록
의 경우, 책의 제목과 그에 상응하는 수량을 간략하게 기록하고 있다. 그리고
마지막에는 간결하게 장서 이용 대상·편집 시기·감독 기구·후속 조치 방안
을 규정하는 내용을 간략하고도 실용적인 문체로 작성해두었다. 이를 보면
금호서원의 것은 균양서원에 비해 더욱 실용적이라 말할 수 있겠다.
　　도서 인쇄 기술의 발달에 힘입어, 장부식 장서 목록은 서지 내용에 서명·

---

32) 林佐, 『大冶縣志續編』卷五, 光緒二十三年刻本.

수량에 더하여 서적의 인쇄 판본 유형에 관한 내용이 추가되었다. 대표적으로 임진서원의 장서 목록은 각 서적의 수량을 기록하지 않고 다만 서명과 인쇄 유형만 기록하였다. 이곳의 소장 목록은 총 67종의 서적을 기록하고 있는데, 몇 가지 예를 들면 다음과 같다. '목판' 서적 19종: 목판『사서경주집증』·목판『고씨음학오서(顧氏音學五書)』. '국판(局板)' 서적 26종: 국판『단씨설문해자(段氏說文解字)』·국판『주자전서』. '석인(石印)' 서적 14종: 석인『해국도지(海國圖志)』·석인『연병실기(練兵實紀)』. '연판(鉛板)' 서적 1종: 연판『이십사사(二十四史)』.[33] 또 광서 23년(1897)의 『화양서원저원서목(華陽書院儲院書目)』에서는 소장 서적 30종을 기록하고 있는데, 그 가운데 10종은 石印 서적이다. 이 서적들은『정속황청경해(正續皇淸經解)』·『패문운부(佩文韻府)』와 같은 전통 중국학 서적뿐만 아니라『영환지략(瀛寰志略)』과 같은 신학(新學) 계몽 서적, 심지어『사서문(四書文)』과 같은 과거시험용 서적도 포함되었다.[34] 이 목록들을 살펴보면, 청말 서원은 서적 인쇄 방식에 있어 선택의 폭이 다양했음을 확인할 수 있다. 이는 당시 출판 시장의 번영과 발달을 노정하며, 또한 서원 장서 양식이 발전할 수 있었던 전제로 작용했다고 볼 수 있다.

청말 서원의 장부식 목록에는 책의 가격을 기록한 항목도 있었다. 일반적으로 청대 서원에서는 장서의 서문 및 발문, 격문 또는 '고시(告示)'에서 구체적인 구입 경비를 알려주는 경우가 가장 많이 보이지만, 이러한 기록들은 서적을 대량으로 구입하는 데 소요된 전체 금액만을 기록하는 경우가 많았다. 예컨대 건륭 연간 이불(李紱)의 『행지서원장서격(行知書院藏書檄)』에서는 다음과 같이 말한다. "선성서원(宣城書院)을 수복하고 나서 선달(先達)들에게 제생을 가르치도록 요청하였으되, 먼저 이곳의 장서를 학습자들을 위해 분할하여 서원에 보내어 은 170냥을 지급하였다. 계림장(桂林章) 태수가 소주에서 각 서적을 구입하여 또 은 100냥을 지급하였으며, 전주의 장목(張牧)이 강

33) 祝嘉庸, 『寧津縣志』卷四, 淸光緒二十六年刻本.
34) 張紹棠, 『續纂句容縣志』卷三, 淸光緒三十年刊本.

녕에서 서적을 구입하여 미비된 경사자집을 보충하였으니, 이미 충분히 쓸
것이 갖추어졌다."[35] 이 문구는 선성서원이 서적을 대량 구입하는 데 드는
전체비용을 설명하고 있다. 광서 25년(1899), 황정지(黃庭芝)의『정의서원구
치도서이비열람유(正義書院購置圖書以備閱覽諭)』에서 기록하기를: "서원에서
수학 중인 모든 원생은 실학을 배워야 하지만, 여러 책을 구매하여 소장해두
지 않으면 널리 읽기에 부족하다. 현재 서원 빈흥(賓興)에서 76,000전을 경비
로 지출하고, 전임 현 장관이 39,000전을 마련하였으니 총 은(銀) 100냥에 달
한다. 그 수에 맞게 경사 및 시무에 관한 서적들을 구입하여 서원에 소장함
으로써 원생들이 돌아가며 볼 수 있도록 하였다."[36] 여기에서도 정의서원에
서 책을 구입하는데 지출한 총 경비가 기록되어 있다. 서적을 대량 구매하는
데 드는 총 비용을 기록한 것은 서원 자금의 구성 비율 및 운영 방식을 이해
하는 데 훌륭한 참고가 되지만, 단일 도서의 가격 등기에 관하여서는 기록하
기에 너무나 복잡한 곤란함이 있다.

　　광서 24년(1898) 숭의서원(崇義書院)의 목록을 보면, 여기에서는 당시 단
일 서적의 가격을 등재하고 있다. 즉 책 제목과 수량, 그리고 각 서적의 가격
을 표기하고 있는데, 예컨대 서지의 일부를 살펴보면 다음과 같다. "『황청경
해속편(皇清經解續編)』 1부, 360권, 은 34원정."·"『오례통고(五禮通考)』 120
권, 은 13원."[37] 이처럼 상세하게 서적별 가격을 기록한 것은 매우 귀중하다.
이러한 사료를 이용하여 우리는 서원 장서제도 설치와 도서 가격 간의 관계,

---

35) 李紱, 『穆堂別稿』卷四十七, 清道光十一年奉國堂刻本. : "照得本部院修複宣城書院,
　　敦請先達教授諸生, 先將本衙藏書切於誦習者發給書院, 又發銀一百七十兩, 委桂林章
　　太守於蘇州購買各書, 又發銀一百兩, 委全州張牧於江寧購買各書, 增所未備經史子集,
　　頗已足用."
36) 姚家望, 『封丘縣續志』卷二十, 民國二十六年鉛印本. : "書院肄業諸生須講實學, 然非
　　購儲群書不足以資博覽. 現由書院賓興款項提錢七十六千, 前縣王籌錢三十九千, 統計
　　合銀百兩, 照數購得經史·時務各書, 存儲書院, 以備諸生輪流領看."
37) 『崇義書院傳書』卷一, 清光緒間刊本: "『皇清經解續編』一部, 三百六十本, 價銀三十四
　　元正"·"『五禮通考』一百二十本, 價銀十三元".

그리고 도서 시장이 서원 장서에 미치는 영향 등의 과제에 관하여 탐구할 수 있겠다. 이러한 목록 뒷부분에는 다음과 같이 간단한 규정이 첨부되어 있다. "이상 각 서적을 정리하였으니 빌려보는 이들은 반드시 귀중히 다루어야 하며, 만일 오염되거나 분실한 경우 공의에서 서적의 본래 가격을 참조하여 즉시 은전으로 배상하되 연체는 불허한다. 집무자 또한 사사로운 편애 등을 이유로 두둔하여서는 안 된다. 도서 대출에 관한 조항이 있으므로, 이후의 담당자들이 상황에 따라 적절하게 협의를 하여야 한다."[38] 추측컨대 서지 목록 편집자가 각 서적의 가격을 기록하는 목적은 이후 서적 배상 업무와 관련된 증빙으로 삼기 위함에 있었던 것으로 보인다. 이러한 관점에서 봤을 때, 장부 형식을 취하고 있는 서지 목록은 그 활용 효율에 있어서 더욱 많은 의미를 두고 있었다고 볼 수 있다.

개요식 또는 분류식 장서 목록과 서로 비교하여 보면, 장부식 목록은 일반적으로 구조가 간결하고 그 기능이 단일할 뿐 아니라 학술적인 정리 조건이 갖추어져 있지 않았지만, 이 목록 양식에 포함된 일부 정보들은 서원 장서 목록에 관한 또 다른 연구를 촉진하는 데 중요한 역할을 할 수 있는 것으로 보이기에 충분한 가치가 있는 것으로 생각된다.

5. 기증자들을 주요 항목으로 삼은 서원 장서 목록

청말 서원에서는 또 다른 하나의 특수한 장서 목록이 있었다. 이는 바로 기증자들을 항목에 포함하여 정리한 목록이다. 이러한 목록이 발생한 원인은 서원 장서의 출처와 깊은 관련이 있는데, 장서는 일반적으로 황제의 하사, 관부의 할당, 서원 자체적 판각 및 구매, 그리고 사회 전반으로부터의 기증 등등 여러 출처를 보인다. 그 가운데 황제가 서적을 하사하는 것은 일종

---

38) 『崇義書院傳書』卷一, 淸光緒間刊本: "以上所辦各書, 借看者務須珍重, 如有汙壞遺失, 公議照書原價即速賠補銀錢, 不許推延, 執事者亦不得徇情袒護, 其有借書條規, 俟後之君子因時制宜, 斟酌僉議."

의 의도성을 지닌 정치적 행위로 볼 수 있는데, 사실 황제가 하사한 서적은 양적으로나 종류에 있어서나 서원 장서의 주체가 될 수는 없었다. 그런데 관부에서 보내주거나 서원에서 자체적으로 구매·판각한 서적의 경우에는 장서 출처의 주체가 명확하여 따로 변별이 필요하지 않았다. 사회 전반으로부터 기부 받은 서적은 상황이 달랐는데, 기증 주체가 명확하지 않고 다양하였기 때문에 그 장서 목록을 작성하는 과정에서 각 서적의 기증자를 명확히 기록, 책의 전모를 드러내고 아울러 이후 지속적인 기증을 독려할 필요가 있었다. 이로써 장서 규모의 증진이라는 목표 달성을 기대할 수 있었기 때문이다. 일부 서원에서는 장서 목록의 서문에 기증자를 기재하고 있는데, 상술한 천악 서원의 『장서목록 서(序)』에는 다음과 같이 기록하고 있다. "교유(教諭) 성원 개(盛元愷) 『선산유서(船山遺書)』 1권 기부, 생원 장장(張長) 『연감휘함(淵鑒彙 函)』·『서법휘원(西法彙源)』 각 1권 기부."[39] 이러한 방식은 실행 가능한 것이었으나, 만약 장서의 수량이 너무 많아졌을 경우 이 방식으로 모든 것을 기록할 수는 없었다. 이 때문에, 기증자의 명의로 장서 목록을 정리하는 것은 사실상 청말 서원 서지 목록 전체 차원에서는 상당히 특수한 유형에 속한다.

기증 목록은 기부자를 기준으로 서적을 정리한다. 일반적으로 기증자의 직책, 본적, 성명, 기증된 서적의 명칭 및 권수 등의 정보를 기록하였다. 그 가운데, 장서 규모가 비교적 작고, 기본적으로 한 사람 또는 몇몇 소수 기증 자만 있는 일부 서원도 살펴볼 수 있다. 예컨대 광서 8년(1882), 하북 준화 (遵化) 경주서원(經州書院)에서는 4종의 장서를 기록하고 있는데, 이는 정씨 성을 가진 지방 유지가 기증한 것이다.[40] 또 호남 계양의 용담서원(龍潭書院) 의 경우를 보자. 이곳은 광서 13년(1887) 진사걸(陳士傑)과 지주(知州) 진국중 (陳國仲), 그리고 안석번(顏錫蕃) 등이 서원을 창건하였으며, 진사걸이 서적을

39) 『平江天嶽書院藏書目錄』, 光緒二十八年刻本. : "教諭盛元愷亦捐置 『船山遺書』一部, 生員張長捐置 『淵鑒彙函』·『西法彙源』 各一部."
40) 光緒 『遵化通志』卷十七, 清光緒十二年刻本. 據記載, 光緒八年, 經州書院紳董丁捐置 經州書院書籍, 共四種 『十三經注疏』『皇淸經解』『二十四史』『佩文韻府』.

408 근대 이후 동아시아 서원의 변용과 전개

기증하였다. 이에 본 서원 장서 목록명은 『용담서원진시랑연서명목(龍潭書院陳侍郎捐書名目)』으로 지어졌으며, 수록 도서는 총 156종 213권에 달한다.[41] 광동 사회(四會)의 수강서원(綏江書院)은 광서 18년(1892) 현사(縣事)를 대리하던 조경부(肇慶府) 경리(經理) 진응태(陳應泰)가 서적 30종 931권을 기증하였다.[42] 이러한 유형의 목록은 기본적으로 서명과 권수만 기록되어, 많은 지방유지 및 관리들이 기부한 장서 목록에 비해 체계가 상대적으로 간단하다. 이제 대형에 속하는 기증 목록을 살펴보자. 대표적으로 광서 6년~8년(1880~1882) 사이에 이루어진 『상수교경당서목(湘水校經堂書目)』(총 3권)을 꼽을 수 있는데, 여기에서는 총 4,504책 15,998권에 달하는 서적을 기록하고 있다. 이 목록의 특징은 전·후 두 파트로 나누고 있다는 점을 들 수 있는데, 전반부(제1권)에서는 분류법에 근거하여 경·사·자·집·총(叢) 5종류로 나누어 수록하고 있고, 후반부(제2·3권)에서는 기증자를 목록 표준으로 삼고 있다. 즉 두 가지 상이한 기준으로 장서 목록을 전개한 것으로, 이는 매우 드문 경우에 속한다. 『상수교경당』권2의 서문 부분을 살펴보면, 편찬자는 제1권을 분류법에 의거하여 작성하는 한편 제2·3권에서는 기증자를 기준으로 작성하게 된 이유를 다음과 같이 설명하고 있다.

> 광서 6년에서 8년 겨울에 이르기까지, 3년간 우리 도의 장관 및 본성(本省)의 유지들이 각종 서적을 기증하여 수천 권의 서적을 보관하였다. 이에 각 서적을 상세하고 엄밀하게 편성하여 목록을 작성하였으며 기증자의 직함·향관(鄕貫)·성명을 기록하여 밝히고, 사람들의 선의와 관서(官書)의 전파가 영원할 것을 기대한다. 다만 어떤 사람이 어떤 책을 기증하면 당연히 한 곳에 한꺼번에 귀속시

---

41) 載湖南省檔案館全宗59-4卷號83之『龍潭書院記』中, 轉引自鄧洪波『湖南書院藏書目錄輯略』,『圖書館』, 1998年第4期.

42) 參見陳志喆, 『四會縣志』編二上, 淸光緖二十二年刻本. 按, 書院接受官員的捐置書籍, 在大多數情況下難以辨別出自公款還是私款, 而從晚淸書院的相關記載和描述來看, 以官員個人名義爲書院所置辦的書籍, 基本歸入捐置一類.

킬 수 없고, 관서(官書)를 보관하는 것처럼 그렇게 분류하여 보관할 수도 없다.
특별히 매년 기율을 구분하여 서적이 기증되는 날짜에 근거하여 선후를 정리하
였으며, 도(道) 장관과 본성(本省)의 현환(顯宦)들의 성명을 모두 작성하여 정보
가 오랫동안 남도록 한다. 이 당(堂)이 철폐되지 않는다면 서적 또한 불후할 것
이고, 기증자의 성명 또한 영원히 남을 것이니 훗날 좋은 뜻을 이어가는 이들
또한 매년 그 성명이 기록될 것이다.[43]

　『상수교경당』에서는 목록에 기증자 성명을 기재하였는데, 그 이유는 "여
기에 명시하여 사람들의 선의와 관서(官書)의 전파가 영원할 것을 기대한다"
고 말하고 있다. 이는 편찬자의 배려심을 잘 보여주고 있다. 이 목록의 기증
목록 상황을 종합적·직관적으로 이해하기 위해, 필자는 다음과 같이 제2·3
권의 기증자 및 기증도서 정황을 표로 구성하였다.

〈표 4〉『상수교경당서목』 제2·3권 내용

시기	기증자	기증 서적 수량	기증 서적명
광서 6년	江西 補用 直隸州知州·前鉛山縣 知縣 攸縣 熊汝霖	2부(部), 46본(本), 117권(卷)	『宋元學案』『敎藝齋遺書』
	四品 銜分部郎中·黔陽 黃作梃	1부, 10본, 17권	『蟠龍庵集』, 附『曆算合要』, 著錄分卷篇目信息
	鹽運司同銜·江蘇 侯補知縣 善化 文煒	1부, 600본, 1792권	『通志堂經解』

---

43) 『湘水校經堂書目』, 民國二十六年國立北平圖書館傳抄淸光緒八年刻本. : "自光緒六年
至八年之冬, 三載之間, 當道長官及本省士紳捐置各種書籍, 充堂中官書者, 不下數千
卷. 玆將各書詳悉編錄, 並捐書者之職銜·鄕貫·姓名一一開載, 昭示來玆, 期不沒人之
善而永官書之傳. 惟非人捐置某書, 自當並歸一處, 勢不能如自置官書之例, 分類開列,
用特逐年分紀, 每年之書, 依捐書之時日, 第其先後, 當道長官及本省顯宦均直書姓名,
以傳信久遠, 此堂不廢, 即此書不朽, 捐書者之名氏亦永垂不朽, 後之好義繼起者, 亦可
逐年續紀於後雲."

시기	기증자	기증 서적 수량	기증 서적명
광서 7년	兵部侍郎 兼 都察院 右副都禦使·巡撫·湖南 등 지역의 지방 提督 軍務 兼 理糧餉 德化 李明墀	10부, 806본, 1976권[44]	『武英殿聚珍版叢書』『欽定三經全部』『欽定淸漢對音字式』『禦批續資治通鑑綱目』『琉球國志略』『閩政領要』
광서 8년	二品銜湖南按察使·司按察使 糧儲道·新建 夏獻雲	6부, 20본, 35권	『賈太傅祠志』『長沙定王台志』『賈子新書』『屈賈文合編』『蔡忠烈公遺集』『湘中校士錄』
	提調 湘水校經堂 事務·二品銜湖南候先前即補道前署辰沅水靖兵備道·蒲圻但湘良	3부, 376본, 2424권	『學海堂經解』『但氏制藝合稿』(2부)
	湘水校經堂 監院·五品銜長沙府 教授·郴州 陳善墀	10부, 50본, 116권	『金石摘』『淮南許注異同詁』『飮冬敘錄內外篇』『陶靖節集』『湘英文抱』『擬古樂府』『燕泉集』『撼山草堂遺稿』『劍溪文集』『陳劍溪稿』
	前 直隸棗強縣 知縣·桐城 方宗誠	13부, 29본, 105권	『夏氏三書』『儀衛軒集』(附『許玉峰集』『陳松田遺文』)『詩傳補義』『書傳補義』『禮記集說補義』『春秋正誼』『讀易筆記』『讀學庸筆記』『讀論孟筆記』『讀論孟補記』『柏堂讀書筆記』『志學錄』『俟命錄』
	兵部侍郎 兼 都察院右副都禦史·巡撫 浙江 등지 提督 軍務 兼 理糧餉·桂陽 陳士傑	1부, 120본, 520권	『續資治通鑑長編』
	候選 同知·黔陽 黃作珍	3부, 22본, 91권	『三國志』『楊忠節公遺集』『三魚堂集』
	湖南 寶慶府 武岡州 知州·江陵 黃世煦	1부, 1본, 1권	『退學齋家刻墨刻』
	五品 頂戴 湖南分缺先補用按察司 司獄·黃陂 萬文鬥	2부, 6본, 22권	『四書反身錄』『四書駢字集解』
	同知 甘肅 候補州判署理 階州·直隸 州判·寧鄕 黃忠恕	3부, 10본, 13권	『四書字義』『松陽鈔存』『松陽講義』
	湘潭 縣學 稟生·王啟原	8부, 13본, 38권	『圖民錄』『捕蝗考』『蠶桑輯要合編』

시기	기증자	기증 서적 수량	기증 서적명
		(실제로는 42권)	『蠶桑備覽』『人海記』『杭氏七種』『心史』『亭林詩集』
	湘潭 縣學 生員 羅正鈞	1부, 51권[45]	『麓山寺碑考』『綠綺草堂文集』『綠綺草堂詩集』
	候選 知府·世襲雲騎尉·湘潭 羅承恩	1부, 100본, 200권	『湖南文征』
	五品銜候選·布政司理問·桂陽江修	1부, 6본, 31권	『駢體文鈔』
	候選從九品·桂陽何政安	2부, 23본, 43권	『桂陽州志』『王陽明集』
	재학생 長沙 府學 稟生·湘潭 胡元儀	4부, 15본, 25권	『古刻叢鈔』『皇清地理圖』『孫子注箋』『杜詩鏡銓』(『杜工部文集注解』)
	재학생 漵浦 縣學 稟生·舒國椅	5부, 15본, 40권	『洪範圖說』(附『系辭』)『四聲功韻表』『範家集略』『先正遺規』『張揚園先生全書』
	재학생 桂陽 州學 稟生·何嶽立	5부, 18본, 42권[46]	『呂子節錄』『禦纂性理精義』『吾學錄』『國朝先正學規』
	재학생 武陵 縣學 稟生·唐家燮	1부, 5본, 16권	『移芝室集』
	재학생 寧鄕 縣學 稟生·成克襄	4부, 64본, 164권	『儀禮鄭注句讀』(附『儀禮石本誤字』『儀禮監本正誤』『周子全書』『二程全書』『欽定朱子全書』)

〈표 4〉의 통계에 따르면, 제2·3권에 기록된 기증 서적의 수는 총 90부·2355본·7883권에 달한다. 권수를 기준으로 보면, 총 수의 거의 49%를 차지한다. 또한 일부 중요한 장서의 경우, 앞에 '소서(小序)' 판본의 원류 또는 장서가 일실 된 정황을 기록하고 있는데, 일반적으로는 권과 편목을 나누어 정보를 등록하여 독자들이 살펴볼 수 있도록 하였다. 예컨대 『무영전취진판총서』·『통지당경해』의 경우가 이에 해당한다. 이로부터 기증 목록에 등록된

---

44) 實際上目錄只著錄6部書籍.
45) 目錄載明存書1部, 但著錄了3部書籍, 『麓山寺碑考』1卷, 『綠綺草堂文集』30卷, 『綠綺草堂詩集』20卷, 均爲羅汝懷撰.
46) 目錄上只著錄了4部書籍.

서적 비율도 상당하였음을 알 수 있다. 이는 청대 말기 서원 장서 목록의 중요한 유형 가운데 하나로, '분류' 목록법과 더불어 당시 장서 목록법의 양대 산맥으로 간주할 수 있겠다. 양자의 차이점으로 보면, 한 쪽에서는 사람을 기준으로 책을 나누고, 다른 하나는 류를 기준으로 책을 나누어 정리한다. 상수교경당의 장서 목록은 두 종류의 편제 기준을 모두 겸하고 있는데, 이는 청말 서원 장서 관리에 있어서 양자 가운데 무엇을 채택할지에 대한 곤란한 상황이 발생하였음을 암시한다. 말하자면 당시 시대적 특징에 말미암아 생겨난 상황인 것이다.

II. 청대 말기 서원 장서 목록 유형의 다양성의 원인

1. 청대 말기 서원 장서 내용의 단계적 팽창

아편전쟁 이후, 문호가 개방되면서 서원 장서 분야에서는 점차 서학 서적에 대한 수요가 생겨났다. 그러나 당시 서원에서는 서학 서적 소장과 교육 개혁 간에 상호 충돌하는 상황이 발생하였다. 구체적으로 말하면, 서원의 교육 개혁을 외치는 목소리는 이미 일찍부터 있었지만, 서학 서적 수집 이행은 그리 빠르게 진행되지 않았다. 즉 청말 서원의 장서의 확장은 분명 교육 개혁에 비하면 어느 정도 뒤쳐져 있었지만, 청일전쟁 무렵부터 장서가 비약적으로 확장되었다. 이러한 단기간 급속도로 이루어진 장서 내용 및 구조 변화로 인하여, 장서 목록의 편성은 대부분 몹시 급하게 진행되었고, 각 서원은 자신의 장서 상황을 고려하여 독립적으로 장서 방식을 구성하였다. 이에 다양한 유형의 서지 목록이 쏟아져 나왔다.

연구 통계에 따르면, 청대 말기 실학 또는 서학 과정을 개설한 신형 서원은 36개소에 달했으며, 그 가운데 호남 지역에는 9개소, 강소·광동은 각 4개소, 사천·강서·하남은 각 3개소, 절강·섬서 각 2개소, 호북·안휘·복건·광서·

귀주·운남에는 각 1개소가 있었다.[47] 광서 7년(1881) 작성된『중서서원과정
규조(中西書院課程規條)』에는 이미 다음과 같은 조항이 출현한다: "서원의 장
정(章程)으로 말하자면 서양의 법을 버리고 중국의 법만을 중시하는 것은 불
가하다. 중국의 법을 버리고 서양의 법만을 중시하는 것도 불가하다."[48] 서
학을 서원의 교육 내용에 포함시키고 양자를 병행하는 것은 당시 서원 교육
개혁에 있어서 중·서학 양립이 요구되었음을 반영한다. 그런데 주의해야 할
점은, 서학 과정의 개설은 이에 상응하는 서학 서적의 설치를 요청하였다는
것이다. 그래서 광서 10년(1884) 소의서원(昭義書院)과 광서 18년(1892) 묵향
서원의 장서목록에는 모두『영환지략』과 같이 외국 지리 상황을 소개하는
서적이 보이긴 하지만, 두 서원의 장서 체계는 여전히 전통적인 경사자집(4
부) 서적을 위주로 정리되어 있다.[49] 바꿔 말하면, 서원에서 교육 개혁 및 서
학 도입에 막 착수할 무렵에도 서학 서적 소장 사업은 아직 정착 단계에도
진입하지 못하고 있었다.

   청일전쟁 이후, 서원의 장서 목록이 비약적으로 확장되었고, 서원 실무자
들 대부분은 서학 서적 소장을 중요한 교육 수단으로 간주하였다. 광서 24
년, 선보간은 천악서원 교과목 과정 개혁에 착수하면서 더 이상 팔고문이 아
닌 경사(經史)·여지·역학·산학 등 실학을 원생 교육을 위한 수단으로 삼을
것을 규정지었다.『변통천악서원과정고시』에서는 다음과 같이 말하고 있다.
"(원생들은) 경·사·자·집·여지·병법 및 일체 유용한 서적에 대하여 각기 그
성질이 가까운 것끼리 취하여 전문적으로 학습하도록 한다."[50] 또한 광서 25

---

47) 鄒桂香, 高俊寬,『我國書院藏書事業近代化的曆程·特征與意義』,『圖書館建設』, 2021
   年第6期, 第6-13, 25頁.

48) 鄧洪波,『中國書院學規集成』, 第一卷, 上海:中西書局, 1999年第133頁. :"書院章程,
   舍西法而專重中法不可, 舍中法而專重西法亦不可."

49) 昭義書院藏書目錄, 載光緒『睢寧縣志稿』卷八, 清光緒十二年刻本 ; 墨香書院目錄, 載
   『黔江縣志』, 卷三, 清光緒二十年刻本.

50) 鄧洪波,『中國書院學規集成』, 第二卷, 上海:中西書局,1999年, 第1196頁. :"經·史·
   子·集·輿地·兵法及一切有用之書, 各就性之所近, 專習一業."

년(1899), 그는 『평강천악서원장서목록서(序)』에서 다음과 같이 말한다. "서원의 설립은 국가의 인재들을 다방면으로 배양하기 위함이니 반드시 먼저 도서를 널리 구비해두어야 한다."[51) "인재를 다방면으로 배양하고 도서를 널리 구비해두어야 한다"라는 말에는 더 이상 중·서양의 구별이 강조되지 않는다. 같은 해, 사원홍(謝元洪)이 지은 『흥화문정서원장서서』에도 다음과 같은 말이 보인다. "배움에는 중·서를 판단함이 없어야 하니, 다만 유용한 것을 선택하여 취함이 있을 따름이다. 조훼(鳥喙)에는 독이 있는데, 이는 숙질(宿疾)을 고친다. 등사(螣蛇)의 독은 경련을 치료한다. 서학에는 독이 있으니 '유완(儒緩)'을 치료한다."[52) 이로 보건대, 청일전쟁 전후 서원 실무자들은 이미 서학의 도입을 필수적으로 여겼으며, 서학의 유용한 측면을 강조하고 있었다. 이런 태도는 자연스럽게 서원의 서학 서적 수집을 촉진하였다. 청대 말기에 비해 청일전쟁 무렵 장서 설치는 더욱 빨랐는데, 다량의 서학 서적을 수집 대상에 포함하였기에 당연히 책의 내용 및 구조에 대한 조정 또한 필수적으로 요청되었다. 즉 장서 목록은 장서 체계의 실질적인 모습을 반영하는 것으로, 그 내용과 구조는 체계를 어떻게 구성하느냐에 따라 변화될 수밖에 없는 것이었다.

광서 17년(1891) 하남 신양(信陽) 예남서원에 보존된 소장 목록을 보면 당시 장서가 확장되어 가는 과정을 확인할 수 있다. 예남서원의 장서 목록에는 현재 참고할 만한 것이 크게 두 가지 있는데, 각각 『예남서원장정(章程)·예남서원서목』과 『창건예남서원존략(創建豫南書院存略)』이 그것이다. 이들은 모두 국가도서관에 소장되어 있다. 광서 17년, 예남서원은 지방 유지들의 기부를 받아 창건되었는데, 그 서문에는 "서원을 예남(豫南)이라 이름 지었다. 명

51) 『平江天嶽書院藏書目錄』, 清光緒二十八年刻本. : "竊維書院之設, 所以爲國儲材而培植多方, 必先廣購圖籍."
52) 謝元洪, 『興化文正書院藏書序』, 見 『文正書院藏書目』, 清光緒二十五年刻本. : "竊謂學無判中西, 擇取有用而已. 鳥喙有毒, 起沈痼 ; 螣蛇有毒, 療拘攣 ; 西學有毒, 藥儒緩."

사들을 초빙하여 강학하도록 하고, 경사자집을 구비하여 연구하도록 하며, 학규와 장정을 제정하고 경비를 출자하여 그 성취가 오래 이어지기를 기대한다."[53]라고 쓰여 있다. 『예남서원장정·예남서원서목』과 『창건예남서원존략』은 모두 『예남서원서목』에 등록되어 있는데, 내용상으로는 양자의 체례와 내용이 거의 동일하다. 서적 목록 외에도 앞부분에는 서언·서원도(書院圖)·비기(碑記)·학규·장정(章程)·그리고 무헌(撫憲) 등의 관원과 서원 창건과 관련된 왕래 상주문, 기부 경비 제명(題名) 등이 실려 있다. 양자의 유일한 차이점이라면 전자의 경우 경사자집 4부만 있는데 반해 후자에 실려 있는 서지 목록에는 경사자집 외에도 '제예'와 '서학서목'이 있고, '제예부' 아래에는 서적 5종 33본이, 그리고 '서학서목(西學書目)' 하단에는 서적 87종 385본이 수록되어 있다. 여기에는 『관서국휘보(官書局彙報)』 또는 『시무보(時務報)』 등과 같은 간행물도 포함되었다.[54] 이 간행물들이 출판된 시기와 상술한 서문의 내용을 고려해보면, 예남서원 창건 당시 구입했던 서적들은 대체로 전통적인 경사자집 범주에 국한되었으나, 광서 22년(1896) 무렵부터 서학 서적을 소장하게 된 것으로 보인다. 이는 청말 서원이 서학 서적을 확보·소장해나가는 점진적인 과정의 일환을 노정한다. 또 다른 일례로는 상해 용문서원(龍門書院)에서 전래된 동치·광서 연간에 각각 이루어진 장서 목록 두 부가있다. 이 두 장서목록을 상호 비교해보면, 동치 연간의 장서 목록에 등재된 것은 전부 경사자집 작품이었다.[55] 그런데 광서 연간의 장서 목록에는 서학 서적이 등장하는데, 그 목록에는 서학 서적 118종이 등록되어 있으며, 책의 수는 알 수 없지만 내용 범위로는 군사·지리·교육·수학 등 다양한 방면에

---

53) 『豫南書院章程·豫南書院書目』, 淸光緖二十年刻本. : "顔曰豫南, 聘名師爲主講席, 購經史子集以備硏求, 設學規·定章程·籌經費, 以期久遠於其成也"

54) 趙所生·薛正興所編, 『中國歷代書院志』第6冊收錄『創建豫南書院存略』一卷, 其前部分內容與國家圖書館所藏『創建豫南書院存略』內容一致, 但所收錄的『豫南書院書目』與『豫南書院章程·豫南書院書目』相比多出"制藝"部類, 與國家圖書館『創建豫南書院存略』相比少"西學書目"部類. 參見『中國歷代書院志』第6冊, 第304到311頁.

55) 應寶時(同治), 『上海縣志』卷九, 淸同治十年刻本.

미치고 있다.[56] 이 두 장서 목록은 용문서원의 장서 목록이 시대의 흐름에 따라 점차 확장되었음을 보여준다. 즉 청말 서원의 장서 확장이 일종의 점진적인 특징을 지니고 있음을 나타내고 있는 것이다.

청말 서원 서적 내용 확장의 점진성은 서학 집성 자료 수집 차원에서도 잘 나타난다. 당시 과거시험 개혁으로 말미암아 시험 합격 기준에도 변화가 발생했다. 이에 학자들은 그에 걸맞은 서학 지식을 습득하여야만 비로소 급제할 수 있었다. 서학은 당시 전통적인 교육만 받았던 대부분 사인들에게 완전히 낯선 분야였다. 따라서 참고할 만한 관련 집성 자료들을 찾아 학습하는 것이 가장 편리한 방법이었다. 서적 시장에는 수많은 서학 집성 자료들이 광범위하게 유통되기 시작했다. 만약 청대 말기 서학 집성 자료의 출판이 과거시험 개혁이라는 거대한 국면에 조응하는 것이라고 말한다면,[57] 과거시험의 메카였던 서원에서 서학 집성 서적을 소장하려 했던 것은 바로 이러한 거대한 흐름에 대한 조응이었다고 말할 수 있겠다. 당시 서원의 일부 장서 목록을 살펴보면, 소장된 서학 서적 가운데 '자료 집성' 유형의 책이 적잖이 발견된다. 예컨대 『천악서원장서목록』에는 『서국근사휘편(西國近事彙編)』(10권)·『시사휘편(時事彙編)』(18권)·『중서기사(中西紀事)』(24권)·『서학과정휘편(西學課程彙編)』(1권)·『열국변통흥성기(列國變通興盛記)』(1卷)·『유역휘간팔종(遊曆彙刊八種)』(8권) 등이 등록되어 있는데, 이들은 모두 집성[휘편[彙編]]이라는 이름으로 편찬된, 외국 政事를 총람할 수 있는 유형의 서적들이다.[58] 이러한 장서 내용의 변화는 청대 말기 집성서의 번영을 노정할 뿐만 아니라, 시대 변화에 조응하여 장서 내용을 지속적으로 확장하려는 노력을 보여준다.

청말 서원 장서의 내용적 확장은 점진적이면서도 급속도로 변화하는 과정을 보여주고 있는데, 이 과정은 청일전쟁 전후로 대대적으로 추진된 것이

---

56) 吳馨, 『上海縣續志』卷九, 民國七年刻本.
57) 章淸, 「晚淸西學"彙編"與本土回應」, 『複旦學報(社會科學版)』, 2009年第6期, 第48-57頁.
58) 『天嶽書院藏書目錄』, 光緒二十八年刊本.

다. 이러한 단기간의 구조적 변화로 인해 종래의 전통적인 서지 방식을 지속
할 수 없었고, 또한 기존의 형식에 적합한 새로운 전통을 세울 수도 없었다.
서원의 실무자들은 현실적인 서적 활용을 고려하여, 장서 체계에 부합하는
서원 목록을 편성함으로써 사용하도록 해야 했다. 뭔가 근거할 수 있는 제도
가 없는 상황 속에서, 당시의 구체적인 장서 목록 정황에 근거하여 목록 편
성을 시도할 수밖에 없었던 것이다. 이에 몹시 다양하고 풍부한 서지 방식이
출현하게 되었다.

2. 참고 가능한 장서 분류 체계의 부족

서양 과학 지식과 학문이 중국에 점차 유입되기 시작하면서, 청대 말기 학
자들은 서양 학문·지식의 분류에 대한 논의에 관심을 기울이게 되었다. 대표적
으로 정관응(鄭觀應)이라는 사람을 거론할 수 있겠는데, 그는 광서 18년(1892)
『서학』이라는 글을 쓰면서 아래와 같이 서양 지식 체계에 관한 언급을 하였다.

> 유럽의 학문을 논하자면 그것을 구분하여 나누는 방식으로는 상정(商政)·병
> 법·조선(造船)·제기(制器) 및 농·어·목·광업 등이 있지만, 실로 하나도 정밀하지
> 않은 것이 없다. 또한 그 모든 것을 이끄는 근본으로는 기학(汽學)·광학(光學)·화
> 학·전학(電學)이 있다. 이로써 물·불·바람·전기의 균형을 다스리기 때문에 사람
> 을 혼란한 상태에서 벗어나게 하여 마치 창조주와 같은 성과를 거둘 수 있게
> 한다. (유럽의 학문을) 배우기 시작할 때에는 쉽게 알고 할 수 있는 것부터 시작
> 하되 얕은 지식이라 부끄러워해서는 안 되며, 또한 좋은 성적을 받는 것을 목표
> 로 해서는 안 된다. 해를 거듭하면 점점 배움이 깊어지고 발전하여 사기(史記)·
> 산법(算法)·격치(格致)·화학 등 여러 학문에 빠져들게 된다. 이처럼 학문에 힘쓰
> 는 이들이 많았기에 명성을 떨친 이들도 많아지는 것이다.[59]

---

59) 鄭觀應, 『盛世危言·西學』, 『鄭觀應集』上冊, 上海: 上海人民出版社, 1982年, 第274

정관응은 서양학문의 장점을 인지하고 그 응용이 실제로 기학(汽學)·광학(光學)·화학·전학(電學) 등 기초 학문으로부터 비롯된 것임을 지적하였다. 이러한 인식은 분명 청일전쟁 전후 청말 지식인들의 통념이었을 것이며, 또한 서원에 소속된 학자들의 서적 분류 체계에 대한 생각에 영향을 미쳤을 것이다.

일찍이 청대 말기 서원 분야에서 서적 분류에 관한 논의·실천을 했던 인물이 있었다. 바로 안휘(安徽) 무호(蕪湖)의 중강서원(中江書院)을 이끈 원창(袁昶)인데, 좌옥하(左玉河)의 지적에 따르면 원창은 일찍이 4부 분류 체계에 대해 일련의 혁신·극복을 이룬 바 있다고 한다.[60] 광서 21년(1895)에서 22년(1896) 사이, 원창은 중강서원을 재정비하고 존경각을 세워 장서를 보관하였으며,『존경각장서목』을 편찬하였다. 기록에 의하면, 원창은 존경각의 장서를 갑·을·병·정 4개 부분으로 분류하였으며 성(成)를 "방지류(方志類)"로, 기(己)를 "서학·총서류"로 구성하였다.[61] 그러나 원창의 서적 분류에 관한 사상은『존경각장서목』의 체계에 한정되지 않았다. 사실 그는 일찍이 광서 원년(1875)부터 서적 분류에 관한 문제를 생각하면서, 학문을 위한 필수 수단으로서의 서적 분류 체계를 세우고자 하였다. "학(學)·술(術)[학문과 서적의 분류]이라는 두 가지는 먼저 원류를 깊이 고찰한 후 그 지류[다양한 학술 분파]를 이끌어야 한다. 서로 혼동하지 않고 분류하여 모든 학술 유파를 명확하게 이해할 수 있도록 해야 한다. 이렇게 하면 학파 간의 관계를 잘못 알고 선생을 학생으로 착각하거나 학파를 착각하지 않게 되고, 이로부터 학파 간의 학

頁.：論泰西之學, 派別條分, 商政·兵法·造船·制器, 以及農漁牧礦諸務, 實無一不精, 而皆導其源於汽學·光學·化學·電學. 以操禦水·禦火·禦風·禦電之權衡, 故能鑿混沌之竅, 而奪造化之功. 方其授學伊始, 易知易能, 不以粗淺爲羞, 反以獵等爲戒, 迨年日長, 學日深, 層累而上, 漸沉浸於史記·算法·格致·化學諸家, 此力學者之所以多, 而成名者亦彌眾也.

60) 左玉河,『典籍分類與晚清知識系統之演化』,『天津社會科學』, 2004年第2期, 第140-144頁.

61) 袁昶,『於湖文錄』//『清代詩文集彙編』第761 冊, 上海:上海古籍出版社, 2010年, 第634頁.

술 토론을 주류로 삼는 것이 아니라 상호 토론·공격하여 이길 수 있게 하는
장점이 있다. 이러한 서적 분류로써 문제를 해결하려는 것은 반고(班固)로부
터 시작되었다."[62] 같은 해 원창은 자가에서 소장하던 책을 13개 부류로 나
누었다.[63] 광서 12년(1886), 그는 집안 장서에 관한 서지 목록, 즉『영모당편
가상서목차(永慕堂編架上書目次)』를 편찬하였는데, 여기에서는 "순욱(荀勗)·
왕검(王儉) 이하의 옛날 방식을 사용하지 않고, 여전히 육략(六略)의 뜻을 취
하였다"고 말하고 있다. 즉 서적을 4부 체계에 근거한 것인데, 구체적인 구
분법은 다음과 같다.

  甲: 義理類(子目: 六藝·小學·醫家言)

  乙: 詞章類(子目: 古文詩辭·金石)

  丙: 經濟類(子目: 曆代史·本朝掌故·政書·兵書·九流·輿地·西洋制造耕織 등)

  丁: 考證類(子目: 藝術·附類書叢編).[64]

  원창은 일생동안 서적 분류 체계를 연구하였다. 광서 20년, 그는 자신의
일기에서 "매일 서적들을 분류·정리하느라 정신이 없다"라고 말한 바 있다.
그는 20류의 장서 분류 방식을 남겼다.[65] 광서 21년 무렵, 원창은 또다시 자

---

62) 袁昶,『袁昶日記』, 上冊, 南京: 鳳凰出版社, 2018年, 第161頁. : "治學與術二者, 先審
   其原朔, 後導其枝流, 分別部居, 不相雜廁, 家法流別, 一覽了然. 自不至入主出奴, 是
   此非彼, 務相爲詰難取勝, 此以藝言之也, 班氏立此名矣."

63) 這十三個部類爲群經訓故之學, 群經義理之學, 保氏六藝之學, 史科, 曆代史志·會要·
   "三通"之學, 九流, 金石, 地志之學, 辭章之學, 二氏, 皇朝掌故之學, 藝餘, 西術. 參見
   『袁昶日記』上冊, 南京: 鳳凰出版社, 2018年, 第162頁.

64) 『袁昶日記』中冊, 南京: 鳳凰出版社, 2018年, 第663-664頁.

65) 具體爲: 一·經學(小學). 二·正史·編年·會要. 三·九流. 四·農桑衣食(茶盂·釀法·服
   食)·中西水法. 五·醫家(攝生). 六·兵家(陣圖·水師圖表). 七·詞章文章. 八·金石. 九·
   叢書. (以上內編)十·三通(通禮·五禮通考). 十一·國朝掌故. 十二·律令文. 十三·史術
   章奏文告. (以上外編)十四·理學家集. 十五·釋老(宗淨·吐納·長生). (以上旁通)十六·
   算術. 十七·輿地(水道·水利·方志·有圖表). 十八·邊防. 十九·洋務(形勢·利害·制造·
   西學·各國政府). (以上時務)二十·流略治要. (以上安身立命, 玄門根極)參見『袁昶日記』

신의 소장 서적으로 의학(義學)을 설립, 복초강원을 세웠다. 그의 문집에 실려 있는 『복초강원장서기(複初講院藏書記)』에는 다음과 같은 말이 있다. "영모당(永慕堂)을 복초강원으로 만들었으니 고조 이하부터 우리 자손들이 모두 이곳에 스승을 초빙하여 수업을 받아 미혹을 풀 수 있게 되었다. 가사(家祠) 윤덕당(潤德堂)의 방으로 의학(義學)을 만들었으니 오경의 선생을 초빙하여 우리 일가의 사람들이 모두 배움을 얻게 되었다. 따로 경비 3천금을 출자하여 읍내 조양서원(朝陽書院)의 수당으로 운용하여 성내 뛰어난 인재들을 가르치고 이로써 가숙·족숙(族塾)과 우리 현의 학사가 순서대로 질서정연하게 나뉘었다. 그리고 소장 서적 수만 권은 모두 영모당 장서각에 보존해두었다." 이 장서 기록에는 16류의 장서 분류 체계가 첨부되어 있다.[66) 이러한 기록은 원창의 서적 분류에 대한 끝없는 연구 태도를 보여준다. 광서 25년, 그는 또다시 『영모당장서목(永慕堂藏書目)』을 편찬하여 서적들을 18개의 대분류로 나누었고, 각 부류 하위에 다시 소분류를 두었다. 이는 아래와 같이 나뉜다.

下冊, 第1049-1050頁.

66) 詳細分類爲: 一·經學類(經解注疏·小學·韻學). 二·理學類(宋元人經說文集語錄·明·國朝). 三·九流類(道家·儒·墨·名·法·縱橫·農家種植之學·雜家·小說). 四·史學類(正史·編年·紀事本末·三通及曆代會要). 五·國朝掌故(政典如會典·通禮·皇朝三通之類；記事如方略·實錄·國史列傳之類；記言如聖訓·奏議·文穎·文典·經世文編之類). 六·律令. (附上第五門, 吏治·賦役·錢幣·河工·漕政·鹽法·茶引·常關稅·新關稅·厘金·牧廠·礦務·刑部律例·各部寺則例). 七·輿地(方志·邊防·海防, 皆有總圖·分圖). 八·詞章學(古文總集·別集, 大抵以記事·纂言兩門最要；騈文·詩·賦·騷, 七論·說·序·記·碑志·譜狀·頌·贊·銘·誄·哀·祭·簡劄·雜文). 九·金石(漢志隋·唐·五代·宋·元·明·國朝). 十·兵家學略(兵法·陰陽·權謀·形勢·技巧·中國兵制·泰西兵制·制造·船械·水陸師學堂章程). 十一·算學(中術·西法). 十二·醫方·本草·攝生(附西術, 與道家·農家相出入). 十三·洋務(泰西民生·國計·農桑·水利·商務·戰守機宜·各國約章·交涉公法·格物新理·翻譯文字). 十四·梵冊(敎典如摩訶止觀之類；宗門如傳燈·指月·泰陵禦選·語錄之類；淨土如永明宗鏡錄雲棲彌陀疏鈔之類；翻譯音義). 十五·類書(此二者若不能拆開, 旣爲專門無可附. 類書只供宏詞科致用, 如『玉海山堂考索』之類.)十六·叢書. 參見袁昶『於湖文錄』文三, 清光緖湛然精舍鉛印本.

經學(小學·韻學附)·通禮學(國朝 위주로, 역대의 것을 첨부·樂律附)·理學·九流學 (道·儒·墨·名法·縱橫·雜家·小說附)·通鑒三通歷代政典掌故之學(正史分門附)·本朝三 通會典掌故之學(實錄·國史列傳 私家碑刻·方略附)·輿地學·詞章學(文選文穎　이상을 하나로, 그리고 文鑒文類 이하를 하나로 통합)·금석학·兵家學(兵形勢·兵技巧·兵權 謀·제조국·水路師學堂章程·兵制)·測算學(中法·西法)·邊務學(邊防·海防)·律令學(吏 治·賦役·河·漕·鹽·茶·關稅·厘金·각 부　조례)·方學(攝生)·考工學·洋務學(敵情戰守 機宜·條約公法·往來禮節·翻譯文字)·農商學·梵淨學 (教典·宗門·淨土·翻譯音義).[67]

　위의 분류로 보건대, 원창은 중국학과 서학 서적을 모두 수용할 수 있는 시스템을 찾기 위해 심혈을 기울였으며, 실제로도 다양한 시도를 하였다. 일부 학자들은 그가 세운 '18류'법이 "외국 서적을 중국의 전통적인 학술 개념에 운용하여 단순하게 유비한 혐의가 전혀 보이지 않으며, 또한 중국·외국 서적을 구분 지으려는 폐단도 없었으니, 전통 4부 분류법으로부터 근대 도서 분류 체계에 이르는 전환 과정 가운데 핵심적인 이음새 역할을 하였다."[68]고 평한 바 있다. 이러한 평가는 원창이 세운 서적 분류 체계의 가치를 인정하는 것이지만, 사실 원창의 이 영역에서의 공헌은 다소 과장된 측면이 없잖아 있다. 특히 서원 장서 목록 분야에 있어서 원창의 분류 체계는 그리 큰 영향을 끼치지 못하였다고 볼 수 있다. 청대 말기, 서원 장서 분류에 대해 일정한 영향을 끼친 서적 분류법으로는 장지동의『서목답문』과 양계초의『서학서목표』이 있다. 그러나 이들 서적은 모두 당시 서원들의 장서 분류 방식에 관한 다양한 수요를 만족시킬 수 없었다. 비록 각 서원에서 장서를 설치하는 과정에서 이들을 참고하기는 했지만, 완전히 통일된 기준이 되지는 못한 것이다.
　장지동의『서목답문』은 광서 원년(1875)에 편찬되었다. 그는 4부 분류법

67) 袁昶,『毗邪台山散人日記』/國家圖書館『中華歷史人物別傳集』, 第66冊, 北京: 線裝 書局, 2003年, 第1027-1028頁.
68) 鍾姝娟,『袁昶與中江書院尊經閣』,『河南科技學院學報』, 2014年第9期, 第105到108 頁.

외에도 '총서'를 추가로 두는 한편, 일부 서학 서적들을 '자부(子部)'에 편입
시킴으로써 중국학 분류 체계 속에 서학을 포함하였다. 이는 서지학사 차원
에서 가장 두드러진 측면으로 매우 큰 영향력을 끼쳤다고 볼 수 있다. 청대
말기 일부 서원에서는 장지동의 방식을 답습하여 장서 목록을 구축하는 과
정에서 『서목답문』을 참고한 바 있다. 예컨대 유광분(劉光蕡)은 섬감(陝甘)
미경서원(味經書院)에서 장서 체계를 구축하면서 서적 분류법과 목록 편제에
관하여 논의할 때 『서목답문』을 상당히 추종하는 모습을 보인다. "서지학은
유자정(劉子政) 부자로부터 시작되었으며, 반연(班掾)이 이를 사부(史部)로 간
주하여 학술의 원류로 분류하는 방식이 갖추어졌다. 이후 역사가들은 이에
근거하여 『수경적지략(隋經籍志略)』과 『한예문지(漢藝文志)』를 병렬하였다.
그리고 조공무(晁公武)·진진손(陳振孫)·마귀여(馬貴與)·초횡(焦竑)과 같은 사
가의 목록한 저술은 서적 분류를 구축할 때 각각의 기준으로 이루어진다. 이
것이 오늘날에 이르러 『사고전서제요(四庫全書提要)』로 출간되어 아주 풍부
하게 갖추어졌다. 최근의 저술로는 남피 장향도(張香濤,장지동)이 펴낸 『서목
답문』이 가장 상세하다. 미경(味經)의 장서가 그리 많지 않고 학술 서적 또한
미비되었으나 진실로 유씨(劉氏)의 보록(譜錄) 방식을 시행할 수가 없었다.
그러나 권수는 표시하지 않을 수 없는 것이니, 대략 경사자집으로 나누어 아
래에 각주를 달아 성씨를 표시하여 여기에 결손이 없도록 하였다. 서원 창건
당시를 살펴보면 장서 목록이 그저 산만하게 쌓여 있었을 따름이니, 여러 군
자의 덕택이 없었으면 이만한 수량을 확보할 수 없었다."[69] 이 언급을 잘 살
펴보면, 유광분이 서적을 분류할 때 『서목답문』을 참고한 것은 과거의 목록

---

69) 劉光蕡, 『味經書院志·刊書第六』, 清光緒二十年山西味經售書處刻本. : "目錄之學, 始
於劉子政父子, 班掾取以爲史部, 分類居學術之源流其焉. 其後史家因之, 『隋經籍志略』
與『漢藝文志』並, 而私家著述晁公武·陳振孫·馬貴與·焦竑之徒, 各取其意以爲書, 至
我朝『四庫全書提要』出, 乃大備矣. 近人撰著, 南皮張香濤制軍所著『書目答問』極詳
核. 味經藏書卷帙無多, 諸家學術亦未備, 誠不可以劉氏譜錄之法行之也, 然卷數不可
無示於後, 略分經史子集, 注頒發姓氏於下, 庶免遺缺, 亦以見書院創始, 其藏書亦零星
湊積, 非眾君子尚不能得此數也."

체계를 비교한 결과의 소산이었다. 『선원서원속편서목』의 '자부(子部)·천문산법류'를 『서목답문』의 목록을 모방하여 결합한 것으로 보아, 청말 서원은 장서 목록 구축 당시 기성의 분류 체계를 채택할 필요가 있었지만 현실적으로는 참고할 수 있는 기저 분류 목록이 부족했던 것으로 보인다. 청일전쟁 이후 각 서원의 서학 서적 소장이 증가하면서, 『서목답문』의 체례는 더 이상 활용하기에 적합하지 않았기에 양계초의 『서학서목표』가 주요 참고 대상이 되었다.

양계초의 『서학서목표』는 광서 23년(1897)에 발표되었다. 이 책의 서문을 보면 늦어도 광서 22년(1896)에 이미 분류 체계가 구축된 것으로 보이는데, 서명에서도 엿볼 수 있듯 이 책은 서학 서적의 분류에 관한 내용이 주를 이루고 있다. 『서학서목표』는 서학 서적을 크게 학류(學類)·정류(政類) 및 잡류 세 종류로 나누고 있으며, 서학은 산학(算學)·중학(重學)·전학(電學)·화학·성학·광학(光學)·기학(汽學)·천학(天學)·지학(地學)·전체학(全體學)·동식물학·의학·도학(圖學) 13류로 나뉜다. 그리고 서정(西政)은 사지(史志)·관제·학제·법률·농정·광정(礦政)·공정·상정(商政)·병정·선정(船政) 총 10류로 나뉜다. 마지막으로 잡류는 유기(遊記)·보장(報章)·격치총(格致總)·서인의논지서(西人議論之書), 그리고 무류 총 5류로 나뉜다.[70] 이 서적 목록은 체례 차원에서는 그리 완벽하지 못하다. 학과 구분 기준이 아직 시험 단계에 있는 것으로 평가되는데, 그 구분 가운데 '정류(政類)'에 포함된 농정·광정(礦政)·공정(工政)·병정·선정(船政) 등의 분류는 '사회과학'의 범주에 속하는 것들이 아니다.[71] 양계초 본인 또한 다음과 같이 인정한다. "서학의 각 서적을 분류하는 것이 가장 어렵다. 모든 정사는 학문에서 비롯되는 것이기에 정(政)과 학(學)은 불가분의 관계에 있다. 수많은 학문을 알지 못하면 유익한 학문이 될 수 없고, 여러 국가의 정무를 알지 못하면 한 국가의 정무 문제를 해결할 수 없기 때

---

70) 양계초, 『西學書目表』, 北京: 朝華出版社, 2018年.
71) 傅榮賢, 「양계초〈西學書目表〉學·政·教三分體系論」, 『圖書情報知識』, 2017年第2期, 第42-48頁.

문에 학문과 정무를 나누어 분류하는 것은 바람직하지 않다. 지금 학자들의 편의를 위해 간신히 구별을 취할 수밖에 없는데, 만약 하나의 책을 두 종류에 귀속시킬 수 있다면, 어느 류에 더욱 편중되어 있는지 보고 해당 류로 분류한다..[72] 오늘날의 관점에서 보면, 『서학서목표』의 분류 체계에는 여러 논란의 여지가 있다. 그러나 청대 말기 무렵 양계초의 개인적인 명망으로 인하여 이 책은 서학을 동경하는 이들의 추종을 받았으며, 이로부터 당시 사인(士人)들의 장서 구축 및 독서 활동에 영향을 주었다는 것은 틀림없는 사실이다. 그 사례로는 선보간이 평강 천악서원의 장서를 구축하면서 『서학서목표』를 참고 기준으로 삼았다는 것을 들 수 있지만, 애석하게도 이 사례 외에는 다른 참고 사례를 찾아볼 수가 없다.

　　종합하자면 청대 말기 중국학-서학 지식 분류에 관한 문제는 아직 충분히 정리되지 못했다. 비록 상당히 많은 학자들이 이미 서학의 유입에 관하여 논의하긴 했지만, 양무운동 시기의 기용지학(器用之學)에 그것을 국한할 수 없었고, 현대 학문 분과의 본질에 접촉할 필요가 있었다. 예컨대 양계초의 『서학서목표·서(序)』에서는 다음과 같이 말한다. "서양 학문은 처음에는 공허하나 나중에는 실용이 가득하다. 대개 유형·유질(有質)의 학문이지만 모두 무형·무질(無質)로부터 생겨난 것이다. 그러므로 산학(算學)·중학(重學)이 가장 중요하며, 전(電)·화(化)·성(聲)·광(光)·기학(汽學)이 그 다음을 잇는다. 천·지·인(생리학을 말함)과 물학(物學)(동·식물학을 말함)이 그 뒤를 잇는다. 의학·도학(圖學)은 인사(人事)에 속하므로, 가장 말단에 위치한다. 서양 정치학(西政)으로는 사방 국가에 대해 총체적으로 말하는 것이 가장 중요하니 사지(史志)가 가장 중요하다. 관제·학교에 관한 것은 정치의 출처라 할 수 있으니 그 다음으로 중요하다. 법률은 천하를 다스리는 것이니 그 다음에 위치한다. 부유해진 뒤에야 강해질 수 있으니, 농·광·공·상업이 그 다음에 위치한다. 마

---

72) 양계초, 『西學書目表』, 北京: 朝華出版社, 2018年, 第6頁. : "西學各書, 分類最難. 凡一切政, 皆出於學, 則政與學不能分, 非通群學不能成一學, 非合庶政不能舉一政, 則某學某政之各門不能分. 今取便學者, 強爲區別, 其有一書可歸兩類者, 則因其所重."

지막으로 병학(兵學)이 가장 말단에 위치한다."[73] 청대 말기 장서 구축 분야에서는 이러한 견해 또는 사상이 적지 않았으나, 실제 장서 목록 개편 과정에서는 담당자가 참고할 수 있는 기성의 통일된 목록이 없었다. 따라서 각서원 장서의 실태에 따라 장서 목록 구축 작업을 여건에 맞게 진행하는 것이 가장 편의에 맞는 선택이었다. 이 또한 당시 장서 목록이 다양해질 수 있었던 또 하나의 요인이었다.

3. 청대 말기 서원 장서 출처의 다원성과 불확정성

현대 장서기관이 갖추고 있는 규범성 및 안정적인 서적 출처 관리 시스템과 비교해보면, 중국 고대 서원의 장서 체계는 그 출처 측면에서 무작위성·우연성을 벗어나지 못한 부분이 있었다. 상술하였다시피 황제가 하사한 서적들은 특정한 풍조를 조성하기 위한 것으로, 그 범위가 협소할 뿐만 아니라 규모도 그리 크지 않았다. 관청에서 할당한 서적들은 지속적인 정책 지원의 어려움으로 인해 안정적인 제공이 이루어지지 못했다. 서원에서 자체적으로 구매·판각하는 서적의 경우, 각 서원의 자금 조달 또는 학술적 상황에 따라 달랐으므로 상당한 불균형성이 돋보인다. 사회에서 기증된 서적은 그 출처가 정확하지 않았으며, 서적 내용 또한 비교적 복잡하였다. 특히 청대 말기에 접어들면서 국가 차원에서 내우외환이 큰 상황이 도래하자 많은 지방 관료와 신하들이 교육 개혁을 통한 진흥을 도모하였는데, 이로부터 서원에 책을 기증하려는 움직임이 고조되었다. 이러한 추세 속에서 장서가 단기간에 급격히 축적이 되었을 뿐 아니라 내용적인 차원에서도 다양성을 띠게 되었

---

73) 양계초, 『西學書目表』, 北京: 朝華出版社, 2018年, 第7頁. : "西學之屬, 先虛而後實, 蓋有形有質之學, 皆從無形無質而生也. 故算學·重學爲首 ; 電化聲光汽等次之 ; 天·地·人(謂全體學)·物(謂動植物學)等次之 ; 醫學圖學全屬人事, 故居末焉. 西政之屬, 以通知四國爲第一義, 故史志居首 ; 官制·學校, 政所自出, 故次之 ; 法律所以治天下, 故次之 ; 能富而後能强, 故農礦工商次之 ; 而兵居末焉."

으니, 이는 필연적으로 모든 서원의 기존 장서 구조에 큰 영향을 끼쳤으리라 짐작할 수 있겠다.

청대 말기, 수많은 지방의 고관대작들이 서원 장서를 지원함으로써 지방 사인(士人)들의 도서 기증을 촉진하였다. 광서 23년(1897), 강표(江標)는 호남 학정을 맡으면서 『추광서원장정강구신학절(推廣書院章程講求新學折)』을 발포 하였다. "(교경서원(校經書院)에) 장서루를 짓고 널리 서적을 구입하되 천문·여 지·측량 등과 광(光)·화(化)·광(礦)·전학(電學)에 관한 각종 기구를 설치하여 여 러 원생이 옛 학문을 강구하는 것 외에도 오늘의 것도 알 수 있도록 한다."[74] 광서 25년, 황정지의 『정의서원구치도서이비열람유』에서도 다음과 같이 말 한다. "경사(經史)·시무에 관한 각종 서적을 구비하여 서원에 보관함으로써 여러 원생이 돌아가며 볼 수 있도록 한다."[75] 같은 해, 강소 흥화현 지현으로 재임하던 사원홍은 문정서원에 "경사자집 및 시무에 관한 서적들 가운데 유 용한 책들을 기증·구비하여 서원 내에 비치하니 원생들이 통독하고 학습할 수 있게 되었다."[76] 광서 연간에 남포서원(南浦書院)에서는 현지의 인사(人士) 가 "아름다운 뜻을 가지고 그 성취를 기대하여 서적을 총 십여 종 기증하였 다. 또한 경사자집 이외에도 우리나라의 정치·시무·서학 가운데 각종 중요한 서적을 다량 구매하였으니 점차 성대하게 되었다."[77] 당시엔 서원이 활용할 수 있는 서적들을 단기간 내에 모아야만 했기에 서적 출처의 다원성 및 그

---

74) 餘正煥等, 『城南書院志·校經書院志略』, 長沙: 嶽麓書社, 2012年第114頁. : "(爲校經 書院)建造書樓, 廣購經籍, 並添置天文·輿地·測量諸儀, 光·化·礦·電實驗各器, 俾諸 生於考古之外, 兼可知今."

75) 姚家望, 『封丘縣續志』卷二十, 民國二十六年鉛印本. : "購得經史·時務各書, 存儲書 院, 以備諸生輪流領看"

76) 徐振鏞, 『興化文正書院藏書跋』, 見謝元洪『文正書院藏書目』, 淸光緒二十五年刻本. : "捐廉購經史子集及時務書之有用者若幹部, 庋院中, 俾肄業生得以誦讀而講習焉"

77) 按此目錄未注明年代, 從其登載書籍多有爲光緒年間浦城知縣呂渭英所捐贈, 推論其編 撰年當在光緒年間. 翁天祜, 呂渭英『續修蒲城縣志』卷十七, 淸光緒二十六年刻本. : "共襄美舉, 樂觀厥成, 彼此捐助書籍, 凡數十種, 又於經史子集之外, 多購國朝政治·時 務·西學各種要籍, 遂一旦蔚然成大觀焉."

출처의 불확정성이 발생하였다. 이로 인해 장서 목록은 다채로운 양상을 띠
게 되었다.

　정의서원과 남포서원의 장서목록의 경우, 두 서원은 모두 경사(經史)·시
무와 관련된 서적을 가지고 있었지만 서로 다른 풍조를 보여주고 있기도 하
다. 정의서원은 장서 편제상 분류법을 택하고 있는데, 즉 경적(經籍)·역사·제
자(諸子)·전집(專集)·장고·농학서(農學書)·산학·여지·이학·교육·보장(報章)·
사장(詞章)·잡저·여도(輿圖) 총 14개 대분류로 나눈 뒤 매 분류 하위에 소장
서적의 서명·작자 및 책(권)수를 기록하고 있다.[78] 남포서원의 장서 목록은
분류법과 기증 목록법을 결합한 형태에 더욱 가까운 모습을 보여주는데, 명
확한 분류 목록은 없지만 서적들이 대체로 경사자집의 순서에 따라 배열되
어 있으며 그 다음으로는 서적의 제목[어떤 서적의 경우에는 저자 성명을 등
록하고 있다]을 표기하고 있으며, 매 서적 뒤에 서적의 기증자를 표기하고
있다. 이러한 방식과 기증 목록법의 가장 큰 차이점을 거론하자면, 기증 목
록법은 기증자를 조항의 키워드로 삼기 때문에, 동류의 서적 또한 해당 기증
자의 기증 목록으로 분류되어 활용에 혼선을 빚기 쉬웠다. 그런데 남포서원
의 장서 목록은 이러한 문제를 근절해내었다. 기증자가 기증한 서적은 우선
다른 부류에 귀속시켰는데, 예컨대 남포 지현 여위영(呂渭英)이 기증한『무
영전취진판서』·『황청경해정속편(皇淸經解正續編)』등의 서적은 '경(經)'류에
포함시키고, 동시에 그가 기증한『서정총서』은 '자부(子部)'에, 그리고『용촌
전집(榕村全集)』·『좌해문집(左海文集)』은 '집부(集部)'에 수록하였다. 이처럼
기증 목록에 일반적으로 존재하는 동류 서적을 분산 수록함으로써 불편함을
해소하였다. 이 두 서원의 장서 목록 편제를 보면, 장서의 출처가 불확실하고
그 내용도 예측·분류가 상당히 어렵다. 즉 각 서원은 자신의 상황에 맞게 장
서 목록을 편성하였기에, 자연히 그 방법 또한 결코 획일적이지 않은 것이다.

　청대 말기 장서의 다양성은 도서 구매 경로의 무작위성에서도 잘 나타난

---

78)『正義書院藏書目錄』, 參見姚家望『封丘縣續志』卷二十, 民國二十六年鉛印本.

다. 광서 29년(1903)에 출판된 『변량매서기(汴梁賣書記)』에서는 이산서원(彛
山書院) 산장이 도서를 구입한 과정이 기록되어 있는데, 여기에서 그 전문을
발췌하여 당시 서적 구매의 실정을 살펴보도록 하겠다.

> 어느 날, 하공(何公)이 와서 말하기를 이산서원의 장교(掌敎) 허공(許公)이 성
> 내의 노학자들에게 나의 이야기를 듣고서 와서 깊은 이야기를 나누고 싶다고
> 전하였다. 아울러 말하기를 허공은 이미 연세가 여든을 바라본다 하였다. 내가
> 말하기를, "이는 반드시 먼저 가야 하겠습니다." 다음날 하공과 동행하여 이묘
> 강당(彛廟講堂)으로 나아가 허공을 뵈었다. 공께서는 하얀 백발에 체구는 작았으
> 나 다부진 모습에 호탕하여 그 기개가 아주 드높았다. 공께서 말하시기를, 일전
> 에 양임공(梁任公)의 『신민설(新民說)』 단행본을 보았는데, 불현듯 60년 전부터
> 암담한 학계에 침잠하여 있던 중 이 책을 보고 안광이 뜨여 깜짝 놀랐다고 하셨
> 다. 또 말씀하시길 그 서목을 이미 보고서는 수십 종의 책을 엄선하여 사들였고
> 재차 관에 요청하여 경비를 출자, 월과(月課)의 시상을 위한 용도로 책을 구매하
> 였다고 하셨다. 오호! 진실로 공의 마음 씀씀이가 개봉의 학술 발전을 빠르게
> 진작시키는구나. 다음 날, 공께서 오셔서 서적 백여 권을 구입하시었는데 그 가
> 운데 과학 서적과 강의서가 많았고, 유양(瀏陽) 담당(譚唐)의 저술은 모두 택하지
> 않으셨다. 공께서 영명하시니 어찌 다른 사람이 부족한 부분이 있다 하여 그 의
> 견을 받아들이지 않는 분이겠는가? 특히 그 후진들을 깨우쳐주시고자 함에 다
> 만 방해하는 이들이 핑계를 댈까 두려운 즉, 차라리 아끼는 것을 포기하시고 훗
> 날을 기약하신 것이다. 이곳이 공의 뜻이리라.[79]

---

79) 王維泰, 『汴梁賣書記』下卷『記交際』, 見王之江編『金陵賣書記及其他』, 北京: 海豚出
版社, 2015年, 第68頁. (文中所稱"書目"爲『開明書店新書目錄』, 『汴梁賣書記』後有附
錄): "一日, 何公來, 述彛山書院掌敎許公汝濟, 爲省中老宿學, 聞予至, 欲來敍談, 並
言許公年已望八. 予曰: "是應先施."翌日往何公家同行, 謁許公於彛廟講堂. 公須發頒
白, 軀短精悍, 抵掌高談, 豪氣壓儕輩. 公自言昨見梁任公『新民說』單行本, 方知六十
年前沉埋於黑暗學界中, 至此始睹光明一線, 予爲瞿然. 又言書目已見過, 擬選購數十
種, 再請於官, 籌款購書以備月課獎賞之用. 嗚呼！誠能如公之用心, 汴省學術進化指

위 글을 살펴보면, 이산서원 장교의 서적 구매가 이루어진 것은 우선 서적 판매자가 직접 찾아왔으며, 그가 서적뿐만 아니라 서적 목록도 함께 가지고 온 덕분이라 할 수 있다. 다음으로 서원의 장교는 비록 양계초의 저작에 대해 상당히 찬미하였지만, 그가 서적을 구매할 때는 "그 가운데 과학 서적과 강의서가 많았고 유양 담당의 저작은 모두 택하지 않으셨다."라고 한다. 그 이유는 "다만 방해하는 이들이 핑계를 댈까 두려운 즉, 차라리 아끼는 것을 포기하시고 훗날을 기약하신 것이다."라고 한다. 말하자면 청대 말기 서원 장서는 그 출처 측면에서 무작위적일 뿐만 아니라 구매 대상에 있어서도 여러 가지 요소의 제약을 받고 있었음을 보여준다. 만약 이산서원에서 장서 목록을 구축했다면, 이때의 서적 구매 내역 또한 그 목록 편제에 영향을 끼쳤을 것이다. 그러므로 청대 말기 서원 장서의 다원화 및 출처의 불확정성은 장서 목록의 다양화를 조성하였다 말할 수 있겠다.

III. 결론

청대 말기 장서 목록은 다양한 편제 기준을 포함하고 있을 뿐만 아니라 그 상세함의 정도와 편제 수준에 있어서 상당한 불균형을 보인다. 사실 당시 서원의 장서는 규모 차원에서 균형적이지 못한 문제를 안고 있는데, 몇몇 서원은 경제적·인문적 수준이 높은 지역에 소재하였거나 또는 실무자의 역량 덕분에 장서 규모에 있어서도 상당한 수준을 갖추고 있었다. 예컨대 광서 2년(1886) 양정분이 창건한 혜주 풍호서원(豐湖書院)과 그보다는 조금 늦게 성립된 조경 단계서원(端溪書院)을 꼽을 수 있겠는데, 전자는 총 5만여 권의 장서를 보유하고 있었고, 후자는 거의 만여 권의 서적을 소장하고 있었다. 이

顧之間耳！翌日, 公來購書百餘卷, 以科學書·講議書爲多, 於瀏陽譚唐著作皆不選. 夫以公之明, 豈未知不以人廢言之義, 特其啟牖後進, 惟恐恒生阻力者得所藉口, 故寧割愛, 以俟異日, 此公之志也夫."

들보다 벽지에 소재한 운남 봉경(鳳慶)의 봉산서원(鳳山書院)의 경우, 광서 14
년(1888)[80] 무렵 장서 수량은 3천여 권에 달했으니[81] 상당히 웅장한 규모를
자랑했다 볼 수 있다. 어떤 서원들은 그 규모가 상당히 작았는데, 예컨대 광
서 11년(1885) 연산서원(燕山書院)의 장서는 지주 무이(繆彝)의 기증으로 조
성된 것인데, 총 16종[82]에 불과했으며, 광서 15년(1889) 천주서원(天柱書院)
의 장서는 41종[83]이었다. 이렇듯 궁벽한 현실로 인해 서적 분류 차원에서 더
이상 발전을 촉진할 수 없었으며, 그 서지 목록 수준도 학술계를 주도하는
수준을 갖추고 있던 서원의 장서목록과 비교하기 힘든 수준이었다. 이 또한
당시 장서 목록의 수준이 서원마다 다른 객관적인 원인이라 할 수 있다.

청대 말기 장서 목록은 서지 구축의 실질적 산물로서, 당시 장서 양상의
현실적 수준을 일부 반영하고 있다. 장서 시스템은 시대의 조류에 조응하여
완만하면서도 점진적인 발전 추세에서 갑작스럽게 가속되었고, 이에 장서
수량과 종류는 대폭 늘어났지만 이에 대응하는 분류 이론은 아직 시험 단계
에서 벗어나지 못했다. 즉 통일된 분류 체계의 부재와 장서 출처의 다양성·
불확실성으로 인해, 수많은 서원의 장서 목록이 각기 너무나도 다양한 양상
으로 세상에 드러나게 되었던 것이다. 다양한 장서 목록은 이 시기 상황을
현실적으로 잘 반영해주고 있을 뿐만 아니라 왕성한 생명력을 시사하고 있
는데, 이로부터 우리는 당시의 장서 관련 이론과 실천이 전통에서 근대로 이
행하는 필연적 추세를 반영하고 있음을 알 수 있다.

---

80) 原目錄下有"系新買, 與知府陳燦捐置者", 考光緒『順寧府志』卷二十『官制題名』記載,
　　陳燦任順寧知府時間始於光緒十四年, 則此藏書目錄編撰時間當在此後.
81) 黨蒙修, 周宗洛纂, 『光緒順寧府志』卷十五『學校志二』, 清光緒刊本.
82) 何崧泰, 『遵化通志』卷十七, 清光緒十二年刻本.
83) 熊壽錢, 『平山縣續志』卷二, 清光緒二十四年刻本.

【참고문헌】

胡林翼, 『箴言书院志』卷中, 清同治五年刊本.

陈之澍等, 『仙源书院藏书目录初编』, 清光绪六年启元堂刊本.

熊寿钱, 『平山县续志』卷二, 清光绪二十四年刻本.

张九章, 『黔江县志』卷三, 清光绪二十年刻本.

民国, 『清镇县志稿不分卷』卷四, 民国三十七年铅印本.

余正焕等, 『城南书院志·校经书院志略』, 长沙：岳麓书社, 2012年, 第98-117页.

『上海格致书院藏书楼书目』, 清光绪三十三年格致书院刊本.

陈鸿畴, 『长葛县志』卷四, 民国二十年刻本.

此目分别载于, 『湘报』第六十一, 六十五, 六十九, 七十号. 著录书名, 本数二项, 计西学书
　　　籍一百二十种, 凡三百七十九本.

『豫南书院书目』, 光绪十七年刊本.

肖东发, 赵连稳, 『中国书院藏书』, 贵阳:贵州人民出版社, 2009年, 第:122-123页.

廖廷相, 『广雅书院藏书目录』, 清光绪二十七年广雅书局广州刻本.

葛士达编, 『平定州志补』不分卷, 清光绪十八年刻本.

『平江县冼宝幹大令致时务学堂梁院长书』, 『湘报』第五十号, 清光绪二十四年闰三月十三
　　　日出版.

梁启超, 『西学书目表』, 北京：朝华出版社, 2018年, 第9页.

『平江天岳书院藏书目录』, 光绪二十八年刻本.

梁启超, 『西学书目表』, 北京：朝华出版社, 2018年, 第29页.

『平江天岳书院藏书目录』, 光绪二十八年刻本.

梁启超, 『西学书目表』, 北京：朝华出版社, 2018年, 第31页.

『平江天岳书院藏书目录』, 光绪二十八年刻本.

孙家铎, 『高安县志』卷七, 清同治十年刻本.

林佐, 『大冶县志续编』卷五, 光绪二十三年刻本.

祝嘉庸, 『宁津县志』卷四, 清光绪二十六年刻本.

张绍棠, 『续纂句容县志』卷三, 清光绪三十年刊本.

李绂, 『穆堂别稿』卷四十七, 清道光十一年奉国堂刻本.

姚家望, 『封丘县续志』卷二十, 民国二十六年铅印本.

『崇义书院传书』卷一, 清光绪间刊本

『崇义书院传书』卷一, 清光绪间刊本.

光绪, 『遵化通志』卷十七, 清光绪十二年刻本. 据记载, 光绪八年, 经州书院绅董丁捐置经
　　州书院书籍, 共四种『十三经注疏』『皇清经解』『二十四史』『佩文韵府』.

载湖南省档案馆全宗59-4卷号83之『龙潭书院记』中, 　转引自邓洪波『湖南书院藏书目录辑
　　略』, 『图书馆』, 1998年第4期.

『湘水校经堂书目』, 民国二十六年国立北平图书馆传抄清光绪八年刻本.

邹桂香, 高俊宽『我国书院藏书事业近代化的历程, 特征与意义』, 『图书馆建设』, 2021年第
　　6期, 第6-13, 25页.

邓洪波, 『中国书院学规集成』, 第一卷, 上海:中西书局, 1999年第133页.

昭义书院藏书目录, 载光绪, 『睢宁县志稿』卷八, 清光绪十二年刻本；墨香书院目录, 载『黔
　　江县志』卷三, 清光绪二十年刻本.

유가(儒家) 의리(義理)의 세속화의 전환 및 변화:
대만 진문서원(振文書院, 1791~1956)을 중심으로

오진안(吳進安)·이방유(李芳瑜)

I. 서문

근대사를 조망해보면, 대만은 대항해시대부터 여러 유럽 열강들의 수중을 거쳤다가 청 강희 22년(1683)에 이르러서야 비로소 정식으로 중국 판도에 편입되었다. 명정(明鄭) 시기(1662~1683)에 진영화(陳永華)의 문교 정책이 처음으로 시범적으로 시행되었으며, 청 왕조의 200년 이상의 통치 하에서 복건·광동 사람들의 이민과 더불어 대만에 한(漢) 문화가 유입되었다. 이때부터 대만 일대에서 문치(文治)·교화를 이루려는 노력이 비로소 점차 나타나기 시작했다고 볼 수 있다. 명정시기 또는 청 통치 기간을 막론하고, 대만인들의 생활 문화의 핵심 요소로 자리한 것은 바로 유가 사상이었다. 바꿔 말하면, 유학 사상은 대만 사회의 가치 체계이며, 동시에 생활·윤리·교육·풍속 관습과 같은 다양한 문화적 함의를 지배하고 있다.

유가 사상이 '가치' 전파의 주도권을 획득하고 나서, 그 영향력은 유학 전통에 대한 사명을 계승하고 발양하는 것으로까지 확장되었다. 나아가 과거 제도와 서원 교육을 통해 유학의 의리가 민간 차원으로 전파되었으므로, 당시 이러한 '대전통'을 주도한 지식인들은 '유학'과 '유교'라는 이중적 임무를 짊어지고 있었다.

송명 시기에는 '서원'이 유학 사상 전파의 거점이었다. 역사를 조망해보면, 그 최초의 미담은 남송 주희가 준공한 백록동서원으로까지 거슬러 올라

간다. 주희는 서원의 학규와 교칙을 제정하였으며, 이것이 바로 훗날 '교훈'의 기초 모델이 되었다. 이러한 서원의 존재 의의에 관하여서는 명대(明代)의 대유(大儒) 왕양명의 언명이 주목할 만하다. 그는 다음과 같이 말한 바 있다.

오로지 우리 황명(皇明)에서만이 …학교 제도가 상세하게 잘 완비되었다고 말할 수 있으되, 때때로 명승지에 다시금 서원이 설립되는 것은 어째서인가? 이는 학교가 미치지 못하는 부분을 보완하기 위함이다. 무릇 과거 삼대(三代)의 학문은 모두 인륜을 밝히기 위함이었으며, 오늘날의 학궁은 모두 '명륜(明倫)'을 그 당(堂)의 이름으로 삼으니, 배움을 일으킴에 삼대의 뜻을 거스르지 아니하였다. 그런데 과거 제도가 번창하고 나서부터 선비들은 모두 사장(詞章)을 외우는 데에만 몰두하고, 공리(功利)의 득실에 천착하며 그 마음이 미혹되었으니, 이에 스승의 가르침과 제자의 배움이 마침내 명륜의 의미를 알지 못하게 되고 말았다. 세도(世道)를 근심하는 이는 이를 애석하게 여겨 회복하였으니 …[1]

이렇듯 서원의 설립은 곧 유학자들의 사명이었다. 왕양명 또한 특히 아래와 같이 서원 설립의 목적을 개진한 바 있는데, 이는 서원의 본질을 명징하게 밝히고 있다.

지금 서원의 설립은 본디 우리 옛 성현의 학문을 가르침에 있다. 옛 성현의 학문은 '명륜'에 그 뜻이 있을 따름이다. 요순 임금이 서로를 이으며 '인심(人心)은 늘 위태롭고 도심(道心)은 미약하니, 세밀하며 전일하게 생각하여 진실로 그 중심을 잡아야 한다[인심유위(人心惟危), 도심유미(道心惟微), 유정유일(惟精惟

---

1) 王陽明, 「萬松書院記」, 『王陽明文集』, 臺北: 考正出版社, 1972, 頁21~22. : 惟我皇明, … 其於學校之制, 可謂詳且備矣;而名區勝地, 往往復有書院之設, 何哉?所以匡翼夫學校之不逮也.夫三代之學, 皆所以明人倫, 今之學宮, 皆以明倫名堂, 則其所以立學者, 固未嘗非三代意也.然自科擧之業盛, 士皆馳騖於記誦辭章, 而功利得喪, 分惑其心, 於是師之所教, 弟子之所學者, 遂不復知有明倫之意矣.懷世道之憂者, 思挽而復之 …

一), 윤집궐중(允執厥中)'고 말하였으니, 이는 그야말로 명륜지학(明倫之學)을 가르치신 것이다. 도심(道心)이라는 것은 본성(本性)을 거느림을 이른 것이요, 人心은 작위[위(僞)]를 가리킨다. 인위(人僞)와 뒤섞이지 않고 이 도심(道心)을 거느려 쓰임에 발휘하는 것이다. 사람의 정(情)을 희노애락으로 말하고, 일(事)은 중절(中節)의 조화로움에 본질을 두어, 이를 3,300여 경곡지례(經曲之禮)로 삼았다. 또한 그 인륜을 부자지친(父子之親), 군신지의(君臣之義), 부부지별(夫婦之別), 장유지서(長幼之序), 붕우지신(朋友之信) 다섯 가지로 삼았으니, [이로써] 삼재(三才)의 도(道)가 여기 모두 갖추어졌다. 순 임금이 설(契)을 사도(司徒)로 임명하여 천하 백성들을 가르치게 하셨으니 바로 이로써 가르친 것이다. 이는 본디 천하 고금을 막론하고, 성현·우민들이 모두 갖추고 있었던 것이다. …이 명륜의 학문은 어린 아이라 하더라도 못할 것 없이 그 지극함에 이를 수 있으나, 비록 성인이라 하더라도 또한 지극히 해내지 못함이 있다. 인륜은 위를 밝게 하고 소민(小民)들이 아래에서 친하게 하며, 집안을 가지런히 하고 나라를 잘 다스리게 되니 나아가 마침내 천하가 평안해진다. 이런 고로 명륜을 벗어나는 것들은 학문이라 부를 수 없는 것이다. 이 외의 학문이라는 것들을 일러 이단(異端)이라 하며, 이를 부정하고 논하는 것들을 일러 사설(邪說)이라 하며, 이를 가장하고 행하는 것들을 일러 백술(伯術)이라 하며, 이를 포장하여 말하는 것들을 문사(文辭)라 하고, 이를 등에 업고 달리는 이들을 일러 공리(功利)의 무리이자 난세의 벼슬아치라 한다.[2]

---

2) 上同: 今書院之設, 固期我以古聖賢之學也.古聖賢之學, 明倫而已.堯舜之相授受曰:「人心惟危, 道心惟微, 惟精惟一, 允執厥中.」斯明倫之學矣.道心也者, 率性之謂也, 人心則僞矣.不雜於人僞, 率是道心而發之於用 也.以言其情, 則為喜怒哀樂, 以言其事, 則為中節之和;爲三千三百經曲之禮;以言其倫, 則為父子之親, 君臣之義, 夫婦之別, 長幼之序, 朋友之信, 而三才之道盡此矣.舜使契為司徒, 以教天下者, 教之以此也, 是固天下古今聖愚之所同具. … 是明倫之學, 孩提之童, 亦無不能, 而及其至也, 雖聖人有所不能盡也.人倫明於上, 小民親於下, 家齊國治而天下平矣.是故明倫之外, 無學矣.外此而學者, 謂之異端;非此而論者, 謂之邪說;假此而行者, 謂之伯術;飾此而言者, 謂之文辭;背此而馳者, 謂之功利之徒, 亂世之政.

　　이상 구절을 살펴보면, 왕양명은 '명륜지학'을 매우 중시했음을 알 수 있다. 서원 설립의 목적은 바로 공리주의(功利主義) 및 과거 제도의 영향을 받아 경화·정체된 유가의 정신을 다시금 진작하여 공자와 맹자가 강조한 은미한 언명들의 대의(大義)로 귀의함에 있었다. 구체적으로 말하면, 다음과 같이 인륜의 순서를 정립할 수 있다. [양명의 말처럼] "인륜이 위[상(上)]를 밝게 하고 소민들이 아래에서 친하게 하며, 집안을 가지런히 하고 나라를 잘 다스리게 되니 마침내 천하가 평안해"지는 상황에 이르게 되어야 한다는 것이다. 즉 서원 설립의 본래 목적은 바로 교육이라는 수단을 통해 지식인들이 공리주의라는 가치관에서 탈피하도록 하는 데 있었다. 바꿔 말하면, 그들이 "작은 것에 밝고 큰 것에 어두워지는" 도덕적 위기에 빠지지 않도록 하는 것이 목적이었다고 볼 수 있다.

II. 대만 서원 발전사

　　서원의 역사는 이미 당송(唐宋) 이래로부터 시작되었지만, 이 장구한 역사를 줄곧 관통해온 정신은 바로 "하늘의 대임(大任)을 내려 받아 학문을 융성시키며 유풍(儒風)이 나날이 진작하는" 것이라 할 수 있다. 즉 서원 차원에서의 유교 경전을 활용한 교화 및 시(詩)·서(書)·문교(文敎) 교육을 통해, 각 지방에서는 점차 지성과 예의범절이 갖추어지고, 인자하면서도 이로운 인문학적 토양이 마련될 수 있다는 것이다. 대만은 한 때 청의 영토였다가 일제를 거쳐 다시 광복에 이르렀는데, 서원의 제사 대상으로 보면 사전(祠殿)에서는 주로 문창제군을, 좌전(左殿)에서는 창힐성인(倉頡聖人)을, 그리고 우전(右殿)에서는 문형제군(文衡帝君)[관위]을 모셨으며, 아울러 대성지성선사신위(大成至聖先師神位) 및 괴성(魁星) 또한 함께 봉향하였다. 각지의 유생들은 각급 학교가 모두 훼철되거나 침체된 상황에서도 문창사(文昌祠)에 의탁하여 유도(儒道)를 가르치고 배움을 이어나갔으며, 공성(孔聖)·문창(文昌)의 비호를 기원하며 등용문으로 나아갔다. 유생 및 지방 지도층들 또한 문화적인 이상을 품고 있었기에, 문창제군 숭배를 통해 문교(文敎)라는 상류 전통이 점차 민간 차원으로까지 스며들어갔고, 이는 대만 서민들의 일상생활 준칙이 되었다. 따라서 유가 윤리를 핵심으로 삼는 대만의 사회 전통은 서원 교육으로 말미암아 수립된 것이다.

명정시기(1662~1683)의 문묘(文廟)[현재 태남(台南)의 공묘(孔廟)]는 관영(官營) 유학이었으며, 묘(廟)·학(學)이 결합되어 소위 '대만 제일학[전태수학(全台首學)]'이라 칭한다. 그리고 민간 차원에서는 일련의 독자적인 학업 시스템, 즉 서방(書房)과 서원이 있었으니, 이들은 관영 유학과는 달리 유가의 도덕 이념을 일상생활에 적용하여 사람의 삶의 의미와 가치의 주체성을 확립하는 데 공헌하였다. 대만의 서원 발전사를 종합해보면, 대략 아래와 같이 세 단계로 나누어 볼 수 있다.

1. 흥성기

청 왕조의 대만 통치기간은 1683~1895년으로, 총 212년이다. 반조양(潘朝陽) 교수는 이 시기의 대만 서원에 대하여 다음과 같이 평론한 바 있다.

청대 대만 서원의 설립 주체는 관부와 민간에 걸쳐 있었으며, 그 운영·건립 주체들은 모두 유가 학자들이었음에 의심의 여지가 없다. [서원 설립에 있어] 그들의 기본 정신은 당연히 유가의 이상적인 교육 및 그 전파였다. 비록 전통 유가들은 대부분 출셋길을 추구하여 관리가 되었으나, 기본적으로 인문(人文)으로써 천하를 다스리려는 문화적 사명은 단절된 적이 없었다. 대부분의 대만 서원은 지방관 및 지방 유지들의 결속에 힘입어 설립되었으며, 서원 운영 목적은 지방 민생을 '부유하게' 한 이후 그들을 '가르치는데' 있었다. 비록 이러한 교화를 통해 모든 사람을 성현으로 계도할 수는 없었지만, 대만을 소박하고 야만스러운 지역으로부터 고아하면서도 문화를 갖춘 지역으로 탈바꿈시키는 것이 바로 대만 서원의 존재 의의였던 것이다. 벽지에 위치한 팽호(澎湖)를 예로 들면, 이 지역에서의 문화·교육에 대한 요청은 기실 대만 일대의 다른 핵심 지역들과 전혀 다를 바 없었다. 즉 유생들의 유학 전통이라는 차원에서는 어떤 지역적인 차별도 없었기에, 이것이 대만 전역에서 보편적인 문화 현상이 되었음을 알 수 있다.[3]

이 시기의 대만 서원은 관영 혹은 민간 서원을 막론하고 모두 각기 일정한 제도·규정을 완비하고 있었다. 주자의 『백록동서원게시(白鹿洞書院揭示)』의 5개 조항으로 이루어진 교육 내용은 아래와 같은데, 이는 주자의 해석에 따라 유가의 의리를 드러낸 것이다.

다섯 가지 교육 조목: 부자유친·군신유의·부부유별·장유유서·붕우유신
· 학문의 순서: 널리 공부하고, 깊이 묻고, 삼가 생각하고, 명확히 변별하고, 독실히 행하라.
· 수신의 요강: 행동에 충성과 믿음이 있고, 행동에 독실하고 경건하며, 욕망을 잘 다스리고, 잘못을 고치고 선(善)으로 나아가라.
· 처사의 요강: 일을 도리에 맞게 바로잡음에 이익을 꾀하지 않으며, 도를 밝힘에 공을 따지지 말라.
· 만물을 대하는 요강: 자신이 원치 않는 바는 남에게도 행하지 말라. 행동하여 얻지 못하면 자신을 되돌아보아 구하라.[4]

그리고 서원의 학규 내용을 살펴보면 '군신지의'를 상당 강조하고 있는데,

---

3) 潘朝陽, 『明淸臺灣儒學論』, 臺北: 臺灣學生書局, 2001, 頁22.
4) 五敎之目: 父子有親, 君臣有義, 夫婦有別, 長幼有序, 朋友有信.
為學之序: 博學之, 審問之, 愼思之, 明辨之, 篤行之.
修身之要: 言忠信, 行篤敬.懲忿窒欲, 遷善改過.
處事之要: 正其誼不謀其利, 明其道不計其功.
接物之要: 己所不欲, 勿施於人.行有不得, 反求諸己.

이는 만주족이 중국을 통치하는 데 있어서 정치적인 동의가 수반된 군신 관계 수립이 시급하였기 때문으로, 소위 "대의를 밝히는[명대의(明大義)]" 범례로 보인다.

　황수정(黃秀政)의 대만 서원 발전 과정에 대한 연구를 참고해보면, 대만의 대표격 서원 몇 개소를 〈표 1〉과 같이 정리해볼 수 있다. 여기에서 학규 내용의 변천 과정을 명징하게 파악할 수 있으며, 학규 내용으로부터 유가가 강조하는 '내성외왕'의 내재화 및 실천 또한 확인할 수 있다.[5]

〈표 1〉

서원	학규 제정자	연대	학규 내용의 要綱
海東書院 (臺灣府 설립)	分巡臺灣道 劉良璧	건륭 5년(1740)	1.明大義 2.端學則 3.務實學 4.崇經史 5.正文體 6.愼交友
海東書院 (臺灣府 설립)	分巡臺灣道 覺羅四明	건륭 24년(1759)	1.端士習 2.重師友 3.立課程 4.敦實行 5.重書理 6.正文體 7.崇詩學 8.習擧業
文石書院 (澎湖廳 설립)	澎湖通判 胡建偉	건륭 31년(1766)	1.重人倫 2.端志向 3.辨理欲 4.勵躬行 5.尊師友 6.定課程 7.讀經史 8.正文體
白沙書院 (彰化縣 설립)	彰化知縣 楊桂森	가경 16년(1811)	1.讀書以力行為先 2.讀書以立品為重 3.讀書以成務為急 4.讀八比文 5.讀賦 6.讀詩
仰山書院 (宋儒 楊龜山을 景慕하는 뜻에서 仰山書院이라 명함.	開蘭知府 楊廷理	가경 17년(1812)	1.敦實行 2.重書理 3.正文體 4.崇詩學 (이상 覺羅四明이 교정한 海東書院學規로부터 모방)

5) 黃秀政,「淸代臺灣的書院」,『臺灣史硏究』, 臺北: 臺灣學生書局, 1995, 頁118~119.

서원	학규 제정자	연대	학규 내용의 要綱
噶瑪蘭廳 설립)			1.讀書以立品為重 2.讀書以成務為急 (楊桂森 白沙書院 學規 모방)
文石書院 (澎湖廳 설립)	書院 主講 林豪續擬	광서 연간	1.經義不可不明 2.史學不可不通 3.文選不可不讀 4.性理不可不講 5.制義不可無本 6.試帖不可無法 7.書法不可不習 8.禮法不可不守

청 조정은 대만에 대한 통치 의지를 관철하는 데 있어서 '이학은 반드시 정주학이어야 한다'는 대전제를 두고 있었다. 해동서원이 가장 먼저 군신지의를 개진, 그것을 '대의(大義)'라고 불렀는데, 이 조항은 오륜(五倫)의 본의에 해당하는 것이었다. 아울러 대만 사람들은 명정(明鄭)의 다스림을 받으면서도 심중에는 여전히 광복을 기원하고 있었기에, 그들이 군신지의의 중요성을 명백히 알고 자신들이 지배자-피지배자 가운데 신하이자 복종적 위치에 있음을 깨닫게 하여 모반을 도모할 생각 자체를 끊어버리고자 하였다. 군신 관계의 수립은 오륜의 최우선 목표로서, 유가가 마땅히 준수해야 할 오랜 가르침이었다. 주자의 언명에 따르면, 인륜을 밝히는 가르침은 유가의 언행합일을 확립하는 첫 번째 과업이다. 이 도(道)는 군신·부자·형제·부부·붕우 간에 행해지는 것이므로, 인도(人道)의 강기(綱紀)를 세워 인극(人極)을 수립할수 있어야 하며, 하루아침에 그쳐서는 안 되는 일이었다. 본질적인 차원에서 보면, 이러한 견해는 한 편으로는 주자학의 내용과 일치하며, 다른 한 편으로는 통치자의 수요·목적에도 부합하는 것이기도 하다.

2. 쇠퇴기

1895년 청일 전쟁의 패배로 인해, 청은 대만·팽호(澎湖) 지역을 일본에 할양하였다. 이에 대만은 일제 강점기 50년 세월에 접어들게 되었다(1895~1945). 일본은 대만을 강제 통치하면서 우선적으로 대만 일대의 서원들을 제거하는 것을 목표로 삼았다. 왜냐하면 서원에서 전수하는 지식들은 주로 유가 의리 사상이었으며 이는 일제의 통치 목표에 결코 부합하지 않는 것이었기 때문이다. 이 때문에 일제 강점기 전반에 걸쳐 대만 일대의 서원들이 급격히 무너졌다. 대만 중앙연구원 역사언어연구소의 송광우(宋光宇) 교수는 연구 조사를 통해 다음과 같이 설명한다.

> 청대 말기 대만이 일본에 할양되었을 당시, 대만에는 1,700개소 이상의 서방 (書房)과 45개소의 서원이 있었으며, 거의 30,000명 이상의 학생이 그곳에서 공부하고 있었다. 일제 강점기 이후 서원들은 거의 파괴되었지만, 서방은 그보다는 비교적 천천히 몰락의 길을 걷고 있었다.[6]

일제가 대만을 점령한 뒤 서원 교육은 몰락하였고, 식민 통치 정책이 실시되면서 본래 서원의 기능과 모습이 다른 양상으로 변모하게 되었다. 예컨대 공실(空室)이 되거나, 자체 철폐하거나, 타자에 의해 점유되거나, 또는 다른 용도로 쓰이게 되었다. 송광우 교수는 다음과 같이 말한다. "봉강서원(鳳崗書院)·병동서원(屛東書院)은 자체 훼철되도록 방치하였다. 또는 일본 정부가 점용하거나 공무 용도로 개조한 경우도 있다. 예컨대 문개서원(文開書院)은 일본군 막사로, 숭기서원(崇基書院)은 일본군 병원이 되었으며, 수문서원(修文書院)은 서나공학교(西螺公學校)로, 도동서원(道東書院)은 공립학교 건물로, 규벽서원(奎璧書院)은 경찰 기숙사로 용도 변경되었다."[7] 이에 서원에서

---

6) 宋光宇, 「書房, 書院與鸞堂 - 試探淸末和日據時代台灣的宗敎演變」, 『國科會硏究彙刊: 人文及社會科學』, 1998年7月·八卷·三期, 頁373-395.

본래 시행하였던 한문·한학·경전 수업은 완전히 사라지고 말았다.

주지하듯 일본은 청일 전쟁 승전국이었기에, 대만 한족들의 민족의식을 제거하기 위해 교육적 차원에서 일련의 통제 수단·조치를 취하였다. 이는 초대 학무부장 이택수이(伊澤修二)의 언급을 통해 그 심리와 면모를 엿볼 수 있다.

> 새로운 영토의 질서 유지에 관하여, …권위와 힘으로 외적인 정복을 이룸과 동시에, 특히 그 정신을 정복하고 옛 고국에 대한 꿈을 버리도록 하며, 새로운 국가의 백성으로서의 정신을 발휘케 하지 않으면 '일본화'가 될 수 없을 것이다. 그들의 사상계를 개조하여 일본인의 사상과 동화시켜 완전히 동일한 국민으로 만들어야 하므로, 그들의 정신을 정복하는 것이 바로 보편 교육의 임무이다.[8]

이에 대만 총독부는 1898년 7월 28일 정식으로 「대만공학교령(臺灣公學校令)」을 공포하였다. 이 명령 공포는 서원의 종말을 고하는 것과 다름없었다. 또한 총독부는 대만의 사설 서방(書房)에 대하여서도 같은 해 11월 10일 「관어서방의숙규정(關於書房義塾規程)」을 공포, 정식으로 서방 관리 절차에 돌입하였다. 1937년 청일전쟁이 시작되자 공립학교에서는 정식으로 한문 과목을 폐지하였고, 한문을 가르치는 서방은 전면 폐지되었다. 서원·서방에서 유학의 의리를 전파하는 일은 역사의 뒤안길로 사라져갔다.

3. 전환기

이상 세월을 거쳐, 대만 서원에서는 더 이상 교육 기능이 지속될 수 없었

---

7) 같은 책, 378쪽.

8) 原文爲信濃教育會編, 『伊澤修二選集』, 1958, 頁162. 轉引自宋光宇 : 「書房, 書院與鸞堂 - 試探淸末和日據時代台灣的宗敎演變」, 頁381. : 關於新領土之秩序的維持, … 以威力征服其外刑之同時, 特別是非得征服其精神, 去其舊國之夢, 發揮新國民之精神, 亦即非將其日本化不可.必要改造彼等之思想界, 使之與日本人之思想同化, 完全作爲同一之國民, 因而如此征服彼等 之精神亦即普遍敎育之任務也.

다. 더욱이 일제강점 말기(1937~1945)에 추진된 '황국신민화운동'으로 인해 한문 사용이 억압되었으며, 서원들이 이미 자취를 감춘 한편 문인들과 지방 인사들이 운영하던 서방(書房) 또한 나날이 붕괴되었다. 그러나 유가의 전통적인 의리를 이어가겠다는 사명감을 짊어진 대만의 문인 및 지방 인사들은 변화를 모색하였다. 그들은 한 편으로는 유가의 의리 사상과 사명을 이어가고자 하였고, 다른 한편으로는 종교 활동 부란(扶鸞)을 통해 유가의 의리 사상을 전파하고자 하였다. 즉 그들은 부난의 형식을 빌려 서원의 교육 기능을 보존하였던 것이다.

1945년 대만이 광복을 맞이한 이후, 비록 서원의 본래 기능은 더 이상 재현되지 못했지만 오히려 부난 활동이 번창하기 시작했다. 당시 서원은 그저 오랜 유적의 대명사일 뿐이었으며, 본래 서원에서 실시하였던 유학의 교화 작용은 전혀 빛을 보지 못하는 실정이었다. 이를 대체하여 발흥한 '부난'[9] 활동은 유가의 의리와 종교 신앙을 포용하는 통합 작용을 하였다. 유가는 '유종신교(儒宗神敎)' 또는 '성교(聖敎)'가 되어 홀로서기를 해내었고, 유(儒)·도(道)·불(佛) 삼교합일(三敎合一) 구도를 형성하였다. 이 혼재된 종교적 형태는 오늘날에 이르기까지도 변함없이 지속되고 있다.

Ⅲ. 진문서원(振文書院)의 연혁·속성 및 그 전환

1. 진문서원의 약사

진문서원의 전신은 문창사(文昌祠)이다. 가경 2년(1797), 지방관 요징하(廖澄河) 등이 출자하여 건립하였는데, 또한 지방 문인 모임인 진문사(振文社) 조직을 추진하기도 하였다. 일찍이 이곳 현지에서는 무풍(武風)이 문풍(文風)

---

9) 역자: 木筆을 활용하여 吉·凶을 점치는 일종의 점술 행위를 가리킨다.

보다 더욱 융성하였다. 그리하여 가경 18년(1813) 진문사의 왕유성(王有成) 등 몇몇 인물들이 인문적 교화의 중요성을 절감하여 서원 설립을 제안하고, 요징하 등 의욕 충만한 이들의 출자에 힘입어 건립된 것이다. 이듬해 준공이 이루어졌으며, 진문사 사원들은 「백대문형(百代文衡)」, 「천추서조(千秋書祖)」 라는 현판을 걸었고 '진문서원'이라는 명칭 또한 제정하였다. 건물은 목조· 토각·벽돌담으로 지어졌는데, 도광 원년(1821) 요징하 등이 재차 당(堂)·우 (宇)를 각각 하나씩, 그리고 좌우랑 6칸을 증축하였다. 아울러 좌측 전방에 귀성루를 지어 선비들이 기도할 수 있는 장소를 마련하였다. 서원 건물은 일 진(一進)에 산문(山門)이 없었으며, 후전(後殿)의 형태는 비교적 단순하되 나 름의 독특함을 갖추었다.

함풍 2년(1852) 서원이 비바람에 파괴되자 지방 관리 장명덕(張明德) 등이 출자하여 손상된 토각 벽돌을 보수하였고, 시사(詩社)·학당을 건설하였다. 광 서 18년(1892), 진문사 사장 종명성(鐘鳴盛)과 생원 엽유성(葉有聲)이 전체 보 수를 위한 모금을 제안하였으며, 배전(拜殿)에 돌기둥을 세움으로써 쇄신하 였으니 그 공간이 더욱 넓어졌다.

일제 강점기에 서원이 폐지되자 진문사 또한 점차 사회 교화라는 의미를 지닌 '난당(鸞堂)'과 결합하는 방식으로 변모해갔다. 명치 39년(1906)에 '의부 사(義孚社)'가 설립되어 진문서원의 향정(香井)이 현지인들의 아편 중독을 끊 는 데 도움을 준 것으로 명성을 얻었다. 명치 40년(1907), 현지 관리 요회신 (廖懷臣)·요한동(廖漢棟) 두 사람이 모금하여 건물을 보수하였다. 대정 10년 (1921) 진문서원의 대대적인 보수가 추진되었는데, 의부사의 요학곤(廖學昆) 등이 자금을 기부하여 건립하였다. 정전(正殿)과 양측 사랑채의 토각 벽돌담 을 청수전(淸水磚)으로 개축하였고 두 회랑을 중수하였다. 소화 5년(1930), 의부사의 요학곤·이석희(李錫禧) 등이 모금하여 중건하였다. 소화 9년(1934), 진문서원의 총괄자 유만(劉晩)이 난당 '의덕당(懿德堂)'을 건립하여 부란 활동 또는 난서(鸞書) 저술 등의 종교 활동에 활용함으로써 유학의 의리를 전파하 였다. 아울러 격년으로 당주(堂主) 이석희가 동·서 양편 사랑채를 개축하였

으며, 후원(後院)을 증건하였다. 국민(民國) 36년(1947), 오래된 건물과 담장
이 무너져 의덕당주 이석희와 여러 원생이 자금을 모아 정전을 중건하고 새
로 채색하여 오늘날 서원의 면모를 갖추게 되었다.

민국 62년(1973), 의덕당의 제생(諸生)들이 기부하여 서원 왼편에 남천수
문원(南天修文院) 의덕분원(懿德分院)을 신축하여 부란 및 공맹의 학설을 선
양하는 장소로 삼았다. 진문서원은 10~20년마다 수리·정비되었으며, 인문·
역사적 차원에서 지역 전체에 중요한 위상과 역할을 짊어지고 있다. 아울러
문창 신앙을 기반으로 사당의 제사, 서원의 교육, 난당의 민간 종교를 서로
잇는 특수한 의미와 기능을 갖추고 있다. 이에 200여 년이 지난 오늘날에도
변함없이 훌륭한 보존 상태를 유지하고 있으며, 서원 구조 또한 고아하여 운
림현의 옛 서원의 면모를 여실히 보여주고 있기에 풍부한 역사·문화·예술적
가치를 지닌고 할 수 있겠다.

이리하여 민국 73년(1984), 내정부에서는 진문서원을 국가 3급 유적[국가
삼급고적(國家三級古蹟), 이후 현 지정 유적으로 개칭]으로 지정하였으며 전문
학자 또는 지방 문사(文史) 차원에서 연구·보존 및 복원을 진행한 바 있다. 민
국 78년(1989)에 이르러 서원 복원이 완료되었으며, 당시 서원에 새롭게 삼천
문(三川門)을 세워 2진식 구조를 갖추었다. 진문서원은 현재 관리위원회 차원
에서 서원의 기능을 지속 수행할 수 있도록 유지할 뿐만 아니라 시설 전반의
청결도 또한 철저히 관리하고 있으며, 학생들이 자습하거나 신도들이 참배할
수 있도록 공간을 제공하여 유학을 선양하고 지방 민생을 보호하기 위한 전
통 신앙 활동 또한 이어나가고 있다.[10]

---

10) 振文書院簡史參考, 張崑將, 張溪南, 『臺灣書院的傳統與現代』, 臺北: 國立臺灣大學人
    文社會高等研究院東亞儒學研究中心, 2022, 頁169-170.
    漢光建築師事務所, 『雲林縣第三級古蹟西螺振文書院修護工程工作報告書暨施工紀錄』,
    雲林:雲林縣文化局, 2004, 頁1-4.
    程大學, 『西螺鎮誌』, 雲林: 雲林西螺鎮公所, 2000, 頁4-116-117.

〈그림 1〉 진문서원의 삼천문(三天門)

〈그림 2〉 진문서원의 정전(正殿)

〈그림 3〉 남천수문원(南天修文院) 의덕분원(懿德分院)

2. 문창 신앙으로부터 유학 교화로(1751~1895)

　　명정 시기, 수많은 선비와 백성들이 바다를 건너 대만으로 와 성묘(聖廟)를 짓고 학교를 세웠으며 시험을 치르는 등, 전통적인 유학으로써 대만 한족 사회의 발전이 이루어졌다. 청조 지배 초기에는 이를 기초로 삼아 관부가 주도하여 태남부성(台南府城) 및 근교 지역에 의학(義學)의 성격을 띤 서원을 건립하였으며, 이를 정식 서원의 초석으로 삼았다. 강희 59년에 이르러, 대만부에 비로소 해동서원이 설립되었으니 이곳이 바로 최초의 관헌 정규 서원이 되었다. 옹정 연간에 신설된 서원 또한 대부분 타이난 지역에 위치하고 있었기에, 대만 전역에서 이곳의 서원 밀도가 가장 높았다. 건륭 연간에는 개척 범위가 남쪽 지역으로부터 북쪽으로 확대됨에 따라 서원 또한 북쪽으로 점차 발전해가는 추세를 이루었다. 더욱이 민간 차원에서 문교를 지지하는 풍조가 성행하였기에, 官·民이 합작하여 서원을 창건하는 방식이 등장하였을 뿐만 아니라 유학자들이 창건한 향읍 형식의 서원 또한 출현하기 시작

했다. 가경-도광 연간에는 대만 서원 수량이 대폭 증가하는 모습을 보이는
데, 이때 관민을 막론하고 모두 서원 창건·경영에 참여하였다. (관헌) 정식
서원·관민 합작·민간 사립 등, 그 규모가 각양각색인 서원이 백화제방(百花
齊放)을 이루어 서원들이 다양화·보편화되면서 대만 중부에 새로운 중심권
을 형성하였는데, 그 가운데 문창묘를 서원으로 개조한 사례가 다수를 차지
한다. 문창묘가 대만 서원과 밀접한 관계가 있었던 데에는 원래 문창제군이
원(元) 인종(仁宗) 시절에 과거시험의 신(神)으로 여겨졌던 것에서 비롯된 바
있다. 이후 가경 황제가 문창제군을 사전(祀典)에 포함시킴으로써 정통 서원
에서는 주자 및 남북송(南北宋) 오자(五子) 외에도 문창각을 설치하여 문창제
군에게 제사를 지내기 시작했다.[11] 본 연구의 주요 대상인 진문서원이 바로
이러한 배경 위에서 설립된 곳으로, 가경 연간에 문창사를 개축하여 문창 신
앙으로써 민간의 역량 및 재력을 결집, '진문사' 또한 조직함으로써 자금을
조성하여 서원 교육을 시작하였다. 이로부터 유학을 선양하고 과거시험을
과제로 삼았으니, 당시 무풍(武風)이 비교적 융성하였던 나양(螺陽) 지역에서
인문 교화라는 차원에서 문화적 발전을 이룩할 수 있도록 노력하여 점차 주
목을 받기 시작한 것이다.

3. 난당의 영향력(1895~1956)

일제 강점기에 대만에 신식 학교 교육 제도가 도입되면서, 전통 서원은
폐지되었다. 이에 진문서원에도 문창제군에게 제사를 지내는 기능만이 남게
되었다. 진문서원의 향정 앞에 세워진 「서나의부사지연혁(西螺義孚社之沿革)」
의 기록에 따르면, 청대 말기 대만 일대에 아편 섭취가 유행, 그 중독 세태가
인민 전반에 퍼져 도무지 끊어내기 어려운 상황이었다. 이후 명치 39년

---

11) 參考黃麗生, 『淸代邊區儒學的發展與特質:臺灣書院與內蒙古書院的比較』, 臺灣師大
歷史學報第34期, 2005, 頁100-110.

(1906) 의부사가 성립되었는데, 진문서원 내부 향정의 물을 관성제군(關聖帝君)과 부우제군(孚佑帝君)의 노화(爐火)에 섞어 마시면 기발한 효과를 보아 중독을 치료할 수 있다는 말이 생겼다. 이에 수많은 사람들이 서원을 찾아와 그 물을 마셨고, 정기적으로 서원 중정에서 아편 도구를 쌓아 태웠으니, 고을에서 아편 해독 효과가 아주 뛰어나기로 유명해졌다. 이로써 의부사 인원들 또한 나날이 늘어났으니, 진문서원의 기능 또한 선행을 통해 사람들을 돕고 그들을 배움으로 이끌어 사회 교화 작용을 하는 방식으로 변화하였다.[12] 소화 9년(1934), 진문서원의 총괄자 유만은 예교의 쇠퇴를 절감하여 진문서원 내부에 난당 '의덕당'을 건립하였다. 그는 부난·연계(練乩)를 위한 선서(善書)를 쓰기 시작하였으며, 난당 안에서 수많은 선생·지방 명사들의 지지를 받았다. 이러한 방식을 통해 진문서원은 종교 집회를 통하여 유학 사상을 전파하고 다양한 계층·직업의 사람들을 흡수하였다. 이러한 일약 전환으로 인해, 진문서원은 그저 문인·사인들의 집결지에 그치지 않았을 뿐만 아니라, 유학 경전 또한 더 이상 성인의 학문이 아니게 되었다. 유학은 이곳 신자들의 자연스러운 일상생활에 스며들어 당규(黨規) 및 도덕 정신을 발양, 그들 각각 모두가 군자가 되도록 교도하였다. 비록 부란 활동은 일제 말기에 접어들면서 일본 정부의 단속에 의해 수차례 중단된 바 있으나, 광복 이후인 민국 44년(1955)에 재개될 수 있었다. 그리고 '신명(神明)'의 지도 아래, 민국 45년(1956) 진문서원 왼편에 '남천수문원의덕분원(南天修文院懿德分院)'을 새로 지어 부란 및 유교 선양을 위한 장소로 활용하기 시작했으니 이 전통은 오늘날까지도 지속되고 있다. 실제 현장 조사에 따르면, 현재 서원에서는 음력 초하루, 초열흘 저녁 8시, 그리고 보름 저녁 7시 반마다 부란 의식을 거행함으로써 지속적으로 서나(西螺) 현지의 미풍양속 조성에 영향을 행사하고 있다.

---

12) 參考張崑將, 張溪南, 『臺灣書院的傳統與現代』, 臺北: 國立臺灣大學人文社會高等研究院東亞儒學研究中心, 2022, 頁171.

Ⅳ. 진문서원과 '세속화된 유학'[13]의 발전 및 평가

청 조정은 총 212년간(1693~1895)에 걸쳐 명정(明鄭) 전기 유학의 기초를 마련하였다. 이에 유가 사상의 전파·정착에 어느 정도 성과를 거둘 수 있었고, 여기에서 서원 또한 과거와 미래를 잇는 전승 역할을 담당하였다. 이 기간 동안 주자학은 대만의 유학과 교육 이념에 영향을 미치는 핵심 요소가 되었다. 과거시험을 통한 공명(功名)·이록(利祿)과 맞물린 까닭에 '유학 교화'는 과거시험 그 자체로 나아가게 되었고, 유가 본유의 활기가 넘치는 생명적 의미에 대한 탐구는 더 이상 그들의 주류 학술 가치가 아니게 되었다. 동시에, 과거 원시 유가가 드러내고자 했던 인간 전체 생명에 대한 추구 및 이로부터 드러나는 가치 - 예컨대 사람의 도덕적 의의, 문학과 예술의 의의, 궁극적인 배려의 의미, 정치 생활의 의미 등등에 대한 추구는 점점 퇴색되었으며, 그저 경서 탐구로부터 얻어낼 수 있는 과거시험이라는 '형식'만이 남았을 따름이었다. 필자는 비록 이에 대하여 별다른 유감이 있는 것은 아니지만, 연구를 통해 당시 수많은 문인·향신들이 이러한 역사적 전승 및 그에 대한 사명감을 여전히 잊지 않고 있었다는 점을 발견할 수 있었다. 이것이 바로 유가가 견지해왔던 '책임은 막중하고 도는 멀리 있음[任重道遠]'이라는 마음가짐에 대한 도덕적 실천이자 자신을 수양하여 다른 사람들을 편안케 함[修己安人]을 이루려는 정서인 것이다.

진문서원은 청 가경 17년(1812)에 건립되었으며, 서원이 정식으로 성립되기도 전에 현지에서는 이미 문창제군사(文昌帝君祠)[문사(文祠)]라는 곳이 있어서 이곳에서 오문창(五文昌)·공자·창힐선사(倉頡先師) 등에게 제사를 지내고 있었다. 그러나 그 규모가 비교적 작았고, 현지 사인들이 설립한 '진문사'

---

13) 「俗世化儒學」相對於「聖化儒學」本為儒家義理的兩條路徑, 因其不同的對象與目的而有不同. 學界對此之看法頗為一致, 只是用詞不同. 例如鍾雲鶯即以「學理的主流儒學」與「宗教的庶民儒學」稱之. 請見鍾雲鶯: 『淸末民初民間儒教對主流儒學的吸收與轉化』, 臺北: 臺大出版中心, 2008.

의 생원과 인사들이 공동으로 자금을 모아 개축·건설하여 오문창제군(五文昌帝君)에게 제사를 올리기 시작했다. 따라서 이곳은 과거시험에서의 성취를 주목적으로 하는 장소였다. 청 왕조의 통치, 그리고 일제 식민 통치를 거쳐 대만 광복에 이르는 기간 동안, 진문서원은 다양한 충격·전환을 겪어왔다. 그 가운데 상당히 학술적인 차원에서 토론·연구 가치를 지니는 몇몇 기록이 산견되는데, 대략 아래와 같다.

1. 세속화된 유학과 문창신앙의 상호 작용

세속화된 유학의 목표는 물론 과거시험의 공명을 획득하는 것이었다. 그러나 그것은 전적으로 개인의 능력만으로 얻을 수 있는 것은 아니었다. 이 때문에, 유생들이 일종의 심리적 위안과 믿음을 추구하던 행위가 바로 공명 성취로 나아가는 길이 되었다. 문창제군 신앙은 당대(唐代) 이래로 줄곧 중국 전역에 걸쳐 '과거시험의 신'으로 여겨져 왔기에, 문창제군의 비호를 기원하여 공명을 얻는 것은 그야말로 하나의 보편적인 현상이었다. 요컨대 속세화된 유학의 가치 경향이 문창 신앙과 결합 된 것이다. 대만에서의 문창 신앙의 흥성은 도(道)를 지키려는 사인들이 유풍(儒風)을 수호하려는 반향을 불러일으켰는데, 이는 유학의 의리가 속세화된 것에 대한 사인들의 반성적 모습이라 할 수 있다. 이러한 입장은 청 왕조 지배 기간 동안 대만을 다스렸던 관료들에게서도 드러난다. 이에 그들은 이 두 종류의 가치관을 상호 조화시킴으로써 유학의 교화 작용과 '성화(聖化)'라는 목표로부터 벗어나지 않도록 하려 하였다. 예를 들어, 등전안(鄧傳安)[14]은 문창 신앙에 대하여 다음과 같

---

14) 鄧傳安江西浮梁人, 道光元年(1821)任臺灣北路理番同知兼鹿港海防, 道光四年(1824), 再回陞臺灣府知府兼學政, 有感鹿港文風鼎盛, 學生卻無專心就學的場地, 於是率八郊 共同倡建書院. 三年後, 書院落成, 命名為「文開」, 這就是爲了紀念明末大儒沈光文, 沈光文字「文開」, 於荷蘭時期來臺灣, 教導漢移民讀書識字, 被譽為臺灣漢文學之祖. 文開書院建起之後, 延聘進士蔡德芳等名儒執教, 同時羅購三十餘萬冊藏書供學子閱

이 일침을 가한 바 있다.

> 바야흐로 천하가 출셋길에 접어들었으니 독서로써 과거에 급제하는 것을 정도(正道)로 삼고 있다. 향시·회시에서는 호명(糊名)·역서법(易書法)을 시행하고, 시험관들은 암암리에 공평무사함을 드러내고자 한다. 문장을 통해 도(道)를 살피니 그저 그들의 도예(道藝)만 시험할 수 있을 뿐. 그들의 덕행에 대하여서는 알 도리가 없다. 이는 명(名)과 실(實)이 상응하지 못하는 것이니, 모두들 앞 다투어 초월적인 것[冥漠]에 기도하고 있다. 그저 하늘의 신만 생각하고 그 덕에 기대어 믿음에 증거도 있다고 하니 사시사철 향을 피워 올리기를 마치 밤낮으로 분발하여 노력하는 것과 같이 한다. 상서(庠序)의 경업(敬業) 또한 마치 문내(門內)에서 수행하는 것과 같이 한다. 위로는 실제로 기구하고, 아래로는 실제로 호응하니, 사람이 추앙하여 복종하면 신은 묵묵히 보우한다. (이러한) 사습(士習)은 예로부터 꾸준히 이어져 왔다.[15]

중국이 가지고 있었던 다양한 문화 가운데 유가 사상의 경우, 비록 시대적 환경의 다름으로 말미암아 상이한 가치 경향 및 주안점이 존재하였을 뿐만 아니라 개인의 선천적 차이로 인해 그에 대한 인지·이해 또한 상이하였으나, 적어도 그들 모두 실질적 '실천'을 통해 정진하고 무언가를 돌파하려 했다는 점은 시종일관 변함없었다. 원시 유학에 있어서, 송명 이학은 말하자면 일종의 철학적 차원에서의 돌파구 또는 해결책과 같았다. 마찬가지로, 청 왕조 지배기의 대만 유학은 한편으로는 민학(閩學)의 유산을 계승하여 주자

讀, 書院制度漸趨完備, 使鹿港文教步入更輝煌的時期.從道光至光緒年間, 共出了六名進士, 九名舉人及百餘民秀才, 是鹿港最引以爲傲的事.

15) 周璽, 『彰化縣志』, 臺灣文獻叢刊第156種, 臺北: 臺灣省文獻會, 1962, 頁462. : 方今天下入仕, 以讀書得科第爲正途.鄉會試糊名易書, 衡文者暗中摸索以示至公:即使因文見道, 僅能考其道藝, 無由知其德行, 此所以名實不相應, 而競乞靈於冥漠也.苟念赫然在上之神, 憑依在德, 信而有徵, 則歲時之薦馨, 一若夙夜之勵志;庠序之敬業, 一若門內之修行.上以實求, 下以實應, 人所仰服, 即神所默佑, 士習自不懈而及於古.

학의 미언대의(微言大義)를 발휘한, 일종의 철학적 돌파구로 작용하였다. 더욱이 양심적인 지식인들은 공명이록으로 점철된 과거시험 제도에 대한 반성을 통해 도덕·강상윤리를 표방하는 성기(成己)·성인(成人)의 실천적 의리로 회귀하였으며, 마치 사찰의 승려처럼 고요히 학문을 경외하고 인(仁)함을 실천하는 것을 즐겼다. 말하자면 대만 유학의 경우, 이곳의 유학자들은 시대적 폐단에 대하여 창조적인 해석을 이끌어내는 방식으로 당시 세태의 잘못된 폐단들을 지적하는 단계로 나아가지는 못하였지만, 그래도 선철(先哲)들의 부단한 노력으로 말미암아 대만 유학의 내실과 시야를 풍부하게 할 수 있었다. 이는 바로 속세화된 유가가 유가의 의리를 전파하는 방편이었던 것이다.

2. 종교적 유가와 난당 신앙의 결합

난당 신앙은 중국 전통 종교인 '신도설교(神道說教)'의 일환으로서, 그 본질은 여전히 유가의 성인(聖人)의 도(道)를 선양하는 것이었다. 그럼에도 불구하고, 형식적인 차원에서 보면 난당은 과거에 유가가 중시하였던 "공자께서는 괴·력·난·신에 대해 말하지 않으셨다(『논어·술이』)"라는 언명과 서로 모순을 일으키는 것처럼 보인다. 그러나 유가는 '사대부의 의리'라는 방면에서는 인간의 본성을 선한 것으로 간주하여 교화를 시행하는 데 큰 효과를 거두지 못했다. 그리하여 '신도설교'라는 명령을 준용, 농·공·상인과 같은 사회 하위계층들이 받아들일 수 있는 방식으로 유학을 선양하였던 것이다. 이렇게 난당을 거치는 방식으로 유학 시스템에 진입한 것이 이미 천 년의 세월이 흘렀다.

당시 사인(士人)들의 학문의 유일한 목적은 과거시험에 급제함으로써 공명(功名)을 얻는 것이었다. 그리고 과거시험이 뜻대로 풀리지 않는 상황에서 귀신에게 개인의 성취를 기원함으로써 걱정과 염려가 사라지게 되었다. 본디 부란 활동은 중국의 오래된 방술(方術) 가운데 하나로, 귀신의 암시를 통해 공명(功名) 성취의 여부를 알아내는 행위였기에 일찍부터 많은 사인들이 행한 바 있다. 대략 17세기에서 19세기, 즉 명-청대에 걸쳐 중국 대륙에서 난당의 번영이 절정에 달했고, 부란 활동은 대략 18세기 초 무렵 복건(福建)의 천주(泉州)를 거쳐 대만에 유입되었다. 이 당시에는 '은주공숭배총(恩主公崇拜叢)'이라 불렸으며, 일제 강점기에 이르자 일본인들은 이를 '강필회(降筆會)'라고 불렀다. 그리고 20세기에 이르자 난당은 '유종신교(儒宗神教)' 또는 '성교(聖教)'라고 불리게 되었다. 송광우 교수의 조사에 따르면, 1884년부터 1945년까지 대만에 설립된 난당은 약 150개소 이상에 달하며, 난서(鸞書)는 총 185부가 작성되었다. 1946년부터 1995년간 설립된 난당은 거의 600개소에 달하며, 선서(善書)는 총 413부이다.[16]

이 시기 난당의 특징 가운데 하나를 꼽자면, 시서(詩書)와 같은 유가 경전을 공부하던 지방 인사들이 이곳에서 주요 정책에 대한 결정권자가 되었다는 사실이다. 대부분 난당은 본래 지방 유지들의 서방(書房)이었기에, 교육 공간과 신앙 공간이 유기적 결합을 이루는 구조를 형성하게 되었다.

본 연구에서 주목하는 진문서원의 경우, 그 전신은 유학 교육 공간이었던 진문사이다. 그래서 전체적인 건물의 구조, 배치와 속성 또한 주로 유가 경전 전수라는 행위에 초점이 맞추어져 있었다. 일제가 대만을 점령한 이후, 서원 제도는 폐지되었고 서원 또한 문창사로 바뀌면서 점차 종교적 공간으로 변모하였다. 그러나 소화 9년(1934)에 이르러, 진문서원의 총괄자 유만은 사풍(士風)이 나날이 퇴락하고 인심이 예전만 못하며, 유가의 예교 또한 전혀 이루어지지 않는 세태를 절감하여 문창사를 난당으로 개조, 부란 활동을 촉진하면서 '의덕당'으로 개명하였다. 그러나 훗날, 일제의 핍박으로 인해 민간 종교 활동을 진행할 수 없게 되었다. 1945년, 대만이 마침내 광복을 맞이하였고, 1955년에 다시금 부란 활동이 재개되었다. 그리고 1971년에 재차 '남천수문원의덕분원'으로 개명하였으나, 진문서원이라는 이름은 명칭만 남았을 뿐 그 실질을 잃어버리게 된다.

물론, 유가는 종교적인 교파는 아니다. 그러나 그 의리는 오히려 중국 전

---

16) 宋光宇, 「書房, 書院與鸞堂 - 試探清末和日據時代台灣的宗教演變」, 頁375.

통의 '신도 설교'라는 정신을 함축하고 있다. 유가는 하늘(天), 죽음, 귀신에 대하여 경외[경(敬)]와 예의[예(禮)]를 지켜왔으며, 이는 종교적인 경향을 포함한다. 이러한 종교관 또한 후세 유가들에 의해 수용·유지되었으며, 심지어 더욱 발전되기도 하였다. 대만 신유가 당군의(唐君毅) 선생은 이에 대하여 매우 정밀한 견해를 피력한 바 있다. 그는 다음과 같이 말한다.

비록 유가들은 상제(上帝)의 존재에 관한 문제를 거의 이야기하지 않았지만, 그렇다고 인간이 인심(仁心)으로부터 상제에게 기도하는 것에 반대한 적도 없다. 예컨대 탕왕이 뽕나무 숲에서 기우제를 지내거나, 교사(郊祀)의 예를 행하는 가운데 하늘의 도움을 통해 오곡의 풍년과 국가의 강성·민생의 안정 등을 도모한 것 그 모두에 대하여 유가는 이미 허용한 바 있다. 그러나 동시에, 유가는 은밀한 법술, 예컨대 무술(巫術)을 통해 천지·귀신의 복을 받으려 하지는 않았다. 선진 유가는 상제의 존재를 부인하지 않았으며, 공자와 맹자는 중국 고대의 종교 정신을 계승하였던 한편 여기에서 한 걸음 더 나아가 천(天)을 믿지 않고 오로지 사람의 인심·인성(仁性)으로 천심(天心)·천성(天性)을 드러내었다. 이것이 이른바 인도(人道)로써 천도(天道)를 강조한 것이라 말할 수 있다. 즉 『중용』에서 말하는 "간곡하고 정성스러움은 인(仁) 그 자체이며 고요하고 깊음은 그 연못이며 넓고 넓음이 하늘 그 자체이다[순순기인(肫肫其仁), 연연기연(淵淵其淵), 호호기천(浩浩其天)]"가 바로 이를 이르는 말이다. …중국 유가들은 마음(心)을 다 하여 본성(性)을 알고자 하였으며, 이로부터 하늘을 아는 소위 '천인합일'의 가르침을 통해 천하 사람들을 포용하는 데 이르렀다. 아울러 형이상(形而上)과 형이하(形而下)를 일체(一體)로 간주, 생명의 우주, 또는 정신의 우주라는 생기 넘치는 유기적 세계관을 개척하였다. 그들은 바로 이로부터 유가식 '천덕(天德)' 종교를 건립한 것이다.[17]

---

17) 唐君毅,「中國之宗敎精神與形上信仰 - 悠久世界」, 『中國文化之精神價値』, 臺北: 中正書局, 1953, 頁31~34. : 儒家雖罕言上帝存在問題, 但也未嘗反對人之出自仁心而祈禱上帝, 如湯之禱雨於桑林, 郊祀之禮中之祈天之助, 使五穀豐登, 國泰民安, 固爲儒家

반조양 교수는 위의 설명에 기초하여, 이러한 유가식 종교관을 더욱 상세하게 설명한 바 있다. 이하 설명은 종교적 유가와 난당의 결합에 대한 좌증이 될 수 있다.

> 당 선생(의 설명)에 따르면, 공자의 종교는 모든 사람은 도덕적 주체로서 능동적으로 '향상(向上)'의 함양을 실천할 수 있으며, 이로써 궁극적인 존재라는 종교적 형상이 될 수 있음을 인정한다. 이것의 중점은 사람이 어떻게 이 세상에서 덕행을 구현하여 천도(天道)와의 합일을 이룰 수 있는가에 있다. 이는 바로 끊임없이 덕을 이루고 도와 결합하는 여정이라 할 수 있는데, 사람은 이 여정을 거치면서 반드시 인문적 가치 세계를 긍정하는 모든 것을 성취하여야만 한다. 단순하면서도 도처에 산재해 있는 존재물들에 대해서 뿐만 아니라, 그 궁극적인 완전성은 바로 '인자(仁者)는 천지(天地)와 일체가 된다'라는 일종의 '관심'과 무궁한 생명적 실천에 달려 있는 것이다. 따라서 공자의 종교적 관심은 현세를 초월하면서도 내재적으로는 그것을 바로 잡고, 모든 생명 자체를 직면, 그것을 긍정적으로 해석함으로써 일관된 도(道)로써 인생의 의미와 가치를 부여하는 것이다.[18]

3. 서원이 발휘하는 '장소 정신(場所精神)'의 함의와 정신

유가 정신을 대표하는 서원은 근 300년에 이르는 문화적 변용과 전환을 거쳤다. 이후 우리는 현재 이 '소전통'의 범위에서의 유학에 새로운 요소가 유입되었다는 것을 발견할 수 있었다. 즉, 민간 신앙 가운데 포함된 유학적 의리가 바로 그것이다. 예컨대 천을 경외하고 사람을 사랑함(敬天愛人), 도덕

所許. 但不以秘密之法, 如巫術, 以邀天地鬼神之福.先秦儒者不否認上帝之存在, 孔孟承接中國古代的宗教精神, 而更進一步, 不在其信天, 而唯在以人之仁心仁性顯天心天性.此即立人道以見天道, 『中庸』所謂「肫肫其仁, 淵淵其淵, 浩浩其天」就是此意.… 中國儒家以盡心知性以知天的天人合一之教來包容天地人, 形上形下為一體, 而開創出生命之宇宙, 精神之宇宙的生機世界觀, 由此而建立了儒家的天德宗教.
18) 潘朝陽, 『明清臺灣儒學論』, 頁219.

의 수호(道德操守), 자신이 서고자 하면 남을 일으킴(己立立人), 자신이 도달
하고자 하면 남을 도달케 함(己達達人) 등이 그것이다. 이에 더하여 인과보응
이나 소인은 끝까지 덕을 베풀지 않음(爲德不卒), 화가 자손에게까지 미침(禍
延子孫) 등등 거의 도덕적 규약을 의미하는 것들이 종교 신앙과 결합되어, 이
전통의 세계관과 인생관의 확립을 나타내고 있다. 이로 보건대 서원은 이미
문창 신앙과 난당 신앙을 모두 포섭하여 일종의 '종교인의 문화'를 구축하였
다고 볼 수 있지만, 이는 다른 한편으로는 서원이라는 장소가 가지고 있는
'장소 정신(the spirit of place)'[19]을 상징하는 것이기도 하다.

소위 '장소 정신'이라는 개념의 의미는 주로 현대 건축현상학자인 크리스
티안 슐츠(Ch. Norberg Schulz)의 해석에 따른다. 그는 『장소 정신 - 건축 현
상으로 나아가다』에서 다음과 같이 설명하고 있다.

  장소는 어떤 하나의 구체적인 '여기(이곳)'이며, 여기에는 특수한 '인정'이 있
  다. 그리고 소위 '정신'이란 '그 사물이 무엇인지(What a thing is)' 또는 이 사물
  이 '의욕하는 바는 무엇인지(What it wants to be)'를 드러낸다.[20]

심 교수는 위의 내용을 토대로 한 걸음 더 나아가 다음과 같이 지적한다.

  "전반적으로 보면 소위 '장소 정신'이라는 것은 하나의 구체적인 생활공간에
  서 표현되는 '특성'을 가리키며, '의욕하는 바는 무엇인지'라는 것은 일종의 일
  반적인 분위기를 지칭하는 것이다. 이는 어떤 장소를 막론하고 가장 광범위한
  속성이다."[21]

---

19) 依據沈淸松教授在『臺灣精神與文化發展』一書的第一章「臺灣精神的興起與特質」中所
    提出, 他援引西方建築現象學家Ch. Norberg Schulz的觀點, 而將the spirit of place
    譯為「場所精神」.
20) Christian Noberg - Schulz, Genius Loci : Towards a Phenomenology of
    Archbitecture, New York: Rizzoli International Publications, 1980 .p.8.
21) 同註17, 頁1.

이를 진문서원에 적용해보면, 이곳의 역사는 우선 18세기부터 시작되었다. 즉 그 전신[진문사]에서는 문창제군을 숭배하고 모셨으니, 이는 사인들의 과거시험 성공을 위한 지름길이었다. 또한 유학의 의리 교화 교육을 받은 지방 인사·향현들이 유가 사상을 중점으로 삼되 문창제군 신앙에 의탁하여 유가 의리를 등에 업고 사인들을 은연중에 감화시키고 공리주의를 일소하는 장으로 작용하였다. 이후 재차 난당이 도입되면서 대만의 독특한 민간 종교를 형성하였다. 여기에서 서원의 본체는 유학이 되며, 과거시험은 존재 목적이 되고, 그 안에서 도교와 불교가 상호 융합·소통하게 되었다. 이러한 것들이 진문서원이 나타내는 '장소 정신'이 되었다.

장소 정신은 '여기'와 '인정'을 포함한다. 청 지배기 대만에는 45개소의 서원이 존재했는데, 서원의 '학규'로부터 학자들이 마땅히 준수하여야 할 법도를 규범화하였다. 배우는 이들은 도제식 교육에 따라 유가의 인륜 법도를 체험하였고, 유가의 기초적인 특성과 사명을 이어나가며, 서원에 공헌하는 것을 긍정·지속하고, 객관적인 환경 및 제도 변화에 발맞추어 서원의 주체성과 움직임을 변통하였다.

4. '영련(楹聯)'은 유학자의 궁극적인 관심사를 표상한다

'영련'이란 서원 입구[삼천(三川)]의 문 옆이나 기둥에 걸린 대련(對聯)을 의미한다. 그 글자 수에 대한 일정한 규정은 없으나, 한 쌍이 서로 정연하고 평평하되 상호 대대되어야 하며, 시사(詩詞) 형식의 변천을 보여준다. 영련은 본래 중국 문화 전통 가운데 하나로서, 문인들이 경치를 묘사·노래하는 서정적 표현 방식이다. 즉 문인들의 경치에 대한 감정·감동을 표현하며, 미적 감각과 정취를 구현한 것이라 볼 수 있다. 그 내용은 정치·처세·철학적 이치나 가훈 등등 다양하다. 따라서 영련이란 특정 건축물이 드러내려는 이념·규범을 보여주기에, 일종의 '장소 정신'을 표상하는 것이다.

진문서원 입구의 영련은 내외 두 부분으로 나뉜다. 안쪽부터 바깥쪽으로

그 글귀를 나열하면,

　　振古鑠今詞林霞蔚,
　　文經武緯甲第雲連.[22)]

　　振鐸起英豪運昌斗北,
　　文衡權主宰化浦螺陽.[23)]

〈그림 4〉 삼천 영련(三川 楹聯)[외(外)]

　　위 내용은 진문서원이 당초에는 문창제군 제사를 주로 삼는 장소였으며, 과거시험에 급제하는 것을 최우선시하였음을 증명한다. 말하자면 과거시험

과 문창제군 신앙을 잘 결합한 것으로, 이는 전통 서원에 있어서 필수적인 종교적 상징이었다.

　그리고 정전(正殿) 석주(石柱)의 안쪽·바깥쪽 기둥에도 영련이 있다. 바깥쪽에서 안쪽으로 보면 각각 다음과 같은 글귀가 확인된다.

　　振采揚藹香飄翰苑.
　　文光德曜照徹天垣.

　　振贊發聾共沐春風化雨,
　　文林學海允期起鳳騰蛟.

〈그림 5〉 정전 영련(正殿 楹聯)[외(外)]

〈그림 6〉 정전 영련[내(內)]

유가의 덕(德)에 관한 언명과 공자 문하의 가르침은 귀가 번쩍 뜨이게 한다. 성현의 말을 삼가 기록한 내용이 우레가 귀를 울리는 듯 천지를 가득 메워 깨달음을 얻도록 하니, 이러한 가르침은 천지인을 관통하여 성인의 기상을 능히 창조하여 사인(士人)의 본보기라 할 만하다. 과거시험은 본디 필생의 노력이 담긴 목표이지만, 그 본질은 그저 공명의 획득에 있는 것이 아니라 덕·공(功)·언(言)이라는 세 가지 불후의 가치를 바로 세우는 것이다.

그리고 주전(主殿)의 감실에는 문창제군의 신상(神像)이 봉안되어 있다. 그 뒤편 벽면에는 『대학(大學)』 1장이 쓰여 있는데, 전면의 영련에는 다음과 같은 글귀가 있다.

振作千秋道脈薪傳勿替,

文衡百代儒宗主宰有權.

〈그림 7〉 감실(神龕)[문창제군(文昌帝君)]

〈그림 8〉 문창제군(좌우) 영련

진문서원의 모든 건물들은 '백대문형(百代文衡)'·'천추서조(千秋書祖)'를 유가와 도가, 그리고 도교 신앙의 결집체로 삼고 있다. 문창 신앙은 당시 사

인들의 심적 상태와 관련된다. 과거 양한(兩漢) 시기의 유가 동중서(董仲舒)는
다음과 같이 말한 바 있다. "일을 도리에 맞게 바로잡음에 이익을 꾀하지 않
으며, 도를 밝힘에 공을 따지지 말라." 이 언명의 궁극적인 의의 또한 신성화
된 도포가 벗겨지면서 세속화되었다. 서원은 과거 공명이라는 경쟁의 나락
에 빠지긴 했지만, 유학의 도덕이상주의 역시 그에 따라 품격을 잃어버려 세
속화된 이익주의에 침잠하고 말았다. 결국 서원은 재차 난당 신앙으로 변모
하였는데, 이로부터 종전에 유가가 견지하였던 원대한 포부의 달성은 요원해
지고 말았으며 종국에는 소위 '유종신교(儒宗神敎)'라는 이름으로 후세에 전
해지게 되었다. 이러한 현상을 이해하기 위하여서 우리는 반드시 '일신론(一
神論)'이라는 관점을 버리고 전통 중국 종교인 '신도설교'의 종교 문화 및 그
것의 삼교합일 형태의 신앙에 대한 탐구에 착수하여야 한다. 이로부터 우리
는 비로소 서원이 왜 이렇게 되었는가에 대한 연유를 이해할 수 있을 것이다.

V. 결론

유가 의리 사상의 발휘에는 본래 '신성화[聖化]'와 '세속화[俗化]'라는 두
가지 경로가 있다. 그리고 대만의 서원은 그 특수한 상황 및 환경 요소에 기
인한, 중국 대륙의 그것과는 다른 발전 경로를 가지고 있다. 한 편으로는 전
통적인 계승성이 있는가 하면, 다른 한편으로는 지역적 차원에서의 '장소 정
신(The spirit of place)'도 존재한다. 그러나 신성화를 추구하는 과정 가운데
를 살펴보면, 유가의 가치적 주체성과 이성적 지혜, 그리고 궁극적인 가치는
비록 세속화 과정 속에 은밀하게 스며들어 드러나지 않고 신성화 또한 확실
히 이루어지지 않는다. 이것이 대만 서원의 변천이자 전환의 특징이며, 더욱
이 역사적 요소(과거 제도)로 인하여 점점 공리주의화되는 경향도 나타난다.
이에 따라 유가 특유의 도덕적 이상주의는 점점 경시되었으니 유감스러운
부분이라 할 수 있겠다.

유가의 종교적 함의는 오히려 문창신앙과 난당에 의거하여 또 다른 해석과 반전을 이루게 되었다. 유가 사상에 본래 존재하였던 귀신에 대한 객관적인 인식과 이성적인 자각이 오히려 주관적인 발용을 일으켰고, '신도설교'라는 이념은 송명시기 이후 유가의 종교적 함축 속에서 각성·응용되기에 이른다. '대전통'과 '소전통' 그 무엇도 이러한 경향으로부터 벗어날 수 없었다. 그러나 문창신앙과 난당은 결국 유가의 궁극적인 관심사가 아니요, 그렇다고 개인의 안심입명(安心立命)이라는 과업에 대하여 합리적인 해석을 제공하는 것도 아니다. 그 최종적인 발전 양태는 그저 형식적인 차원에서의 유·불·도의 가장 질박한 결합·응용에 불과할 따름이다. 이렇듯 서원이 거대한 '도(道)'에 대한 보편적 체험으로부터 탈피한 상황에서, 유가식 인문지도(人文之道)와 주재성을 지닌 종교적 의식은 결코 유기적인 결합을 이루어 더욱 풍부한 종교적 함축 또는 신앙의 힘을 형성하기 어려웠거니와, 점점 세속화되는 공리주의 또한 피할 수 없었다.

그리고 대만 진문서원의 발전에 대하여 정리하자면, 이곳에는 전통적인 유학 이념이 있었을 뿐만 아니라 객관적인 환경 요인에 기인한 변화 및 전환도 노정된다. 이러한 발전적 면모들은 근대 이후 동아시아 서원 발전사에 있어 새로운 종류의 사례 및 정황을 보여준다. 인문주의적인 종교는 은밀히 숨겨져 드러나지 않았으며, 종교인의 문화가 대·소 전통의 존재적 근거를 형성하였지만, 이는 오히려 비교적 천박하면서도 단순하였던 탓에 더욱 정교하면서도 궁극적인 사상 체계로 발전될 수는 없었다.

서원이 유학 전파·교화의 기본 형식임을 감안해 본다면, 대만에서 실천된 유학적 가르침은 과거 공명이라는 이욕을 면할 수 없었다. 그럼에도 전체적인 방향에서 조망해보면, 실제로 대만에서는 중국 문화의 '대전통'을 계승하여 '소전통'으로의 전환을 이루는 주요 과정을 보여주었으며, 대만의 유생들은 서방(書房)·서원·문창사 및 문인 단체 등의 실질적 기반을 통해 매우 자연스럽게 문화적인 상도(常道)를 드러내는 대·소전통을 활연관통하였고, 사회 상류층과 하층민이 유기적으로 교류되는 문화적 생명체를 이루어내었다.

만약 상류층·중앙 시스템이 붕괴한다면, 지방 차원에서는 평소에 '수재 엘리트 계층'들의 교육 시행에 의존할 수 있게 된다. 즉 지방 차원에서는 매우 깊이 있는 지혜와 도리의 기초를 마련되어 있을 뿐만 아니라 유학의 자아 정체성 또한 유지할 수 있으므로, 중앙 시스템의 붕괴에 휩쓸려 함께 침몰하지 않을 수 있었던 것이다. 이것이 바로 대만이 지난 400년 한족 발전사 속에서 [비록 줄곧 각종 사회적 혼란이 끊이지 않고 있긴 하지만] 전통적 생활 가치 체계가 지속될 수 있었던 주요 원인이다.

　현대(1896년 기점)에 들어선 이후, 서원을 기본 전도 형식으로 삼는 유교 교육 체제는 대만에서 완전히 쇠퇴하고 말았다. 이는 과거 전통 사인·유생들이 토지·지역과 결합하였던 문화적 생태와는 달리, 일단 대전통과 소전통의 연결고리가 끊어져 버리면 문화적 지혜는 더 이상 지방 도처로 영향을 미칠 방법이 없게 된다. 이 때문에 지방·향토에서는 그 사상적 원천이 단절되어버렸고, 그 정신 생명은 나날이 퇴락하였다. 그렇다면 현대 사회에서 어떻게 '현대'적 의의를 지닌 유가 서원을 재건할 것이며, 또 어떻게 현대 유가의 교화 공부를 새로이 정초할 것인가? 끊임없이 새로이 유입되는 문화적 요소들을 배척하지 않으면서도 말이다. 어쩌면 대만에서 다시금 새롭게 문화적 규범과 지혜를 지닌 대·소 전통을 건립하여 생명 주체를 재건하고, 인의(仁義)로 표상되는 대도(大道)의 가치로 회귀하여 그것을 실천하는 것이 서원의 목적이 될 수도 있겠다.

【참고문헌】

〔明〕王陽明, 「萬松書院記」, 『王陽明文集』, 臺北: 考正出版社, 1972.

宋光宇, 「書房, 書院與鸞堂 – 試探淸末和日據時代台灣的宗敎演變」, 『國科會硏究彙刊:
　　人文及社會科學』, 1998年7月・八卷・三期.

吳進安, 「淸領時期臺灣書院敎育的儒學思想」, 『德言並立. 儒義新詮』, 臺北: 五南圖書公
　　司, 2022.

周璽, 『彰化縣志』, 臺灣文獻叢刊第156種, 臺北: 臺灣省文獻會, 1962.

唐君毅, 中國之宗敎精神與形上信仰 – 悠久世界」, 『中國文化之精神價値』, 臺北: 中正書
　　局, 1953.

張崑將, 張溪南, 『臺灣書院的傳統與現代』, 臺北: 國立臺灣大學人文社會高等硏究院東亞
　　儒學硏究中心, 2022.

程大學, 『西螺鎭誌』, 雲林: 雲林西螺鎭公所, 2000.

黃秀政, 「淸代臺灣的書院」, 『臺灣史硏究』, 臺北: 學生書局, 1995.

黃麗生, 『淸代邊區儒學的發展與特質:臺灣書院與內蒙古書院的比較』, 臺灣師大歷史學報
　　第34期, 2005.

漢光建築師事務所, 『雲林縣第三級古蹟西螺振文書院修護工程工作報告書暨施工紀錄』, 雲
　　林: 雲林縣文化局, 2004.

潘朝陽, 『明淸臺灣儒學論』, 臺北: 臺灣學生書局, 2001.

鍾雲鶯, 『淸末民初民間儒敎對主流儒學的吸收與轉化』, 臺北: 臺大出版中心, 2008.

Christian Noberg – Schulz, Genius Loci : Towards a Phenomenology of Archbitecture,
　　New York: Rizzoli International Publications, 1980.

일본 한학숙(漢學塾)의 학술 경향과 근대 일본의 교육:
백원서원(泊園書院)의 후지사와 난가쿠(藤澤南岳)와 이시하마 준타로(石濱純太郎)를 중심으로

미나미자와 요시히코(南澤良彦)·젠이징(簡亦精)

I. 구(舊) 교육 시스템의 소멸

'한학숙'이라는 말은 에도시대에는 사용되지 않았다. 하야시 라잔(林羅山)의 임가가숙(林家家塾), 마쓰나가 슈쿠고(松永尺五)의 춘추관(春秋館), 나카에 도주(中江藤樹)의 등수서원(藤樹書院), 이토 진사이(伊藤仁齋)의 고의당(古義堂), 오규 소라이(荻生徂徠)의 훤원숙(蘐園塾), 미야케 세키안(三宅石庵)과 나카이 슈안(中井甃庵)의 회덕당(懷德堂), 칸 차잔(菅茶山)의 염숙(廉塾), 히로세 단쇼(廣瀨淡窓)의 함의원(咸宜園), 이케다 소안(池田草庵)의 청계서원(靑谿書院), 후지사와 토가이(藤澤東畡)의 백원서원(泊園書院) 같은 고유명사로 불렸지, '한학숙'이라고는 불리지 않았다. '한학숙'은 메이지정부의 근대 교육시스템 중에서 정부의 지시에 따른 부현(府縣)의 '사학개업원(私學開業願)'이나 그것에 기초한 조사「학사연보(學事年報)」등에 의해 유포된, 이른바 근대 일본과 함께 등장한 말이다.[1]

1868년의 메이지 유신에 의해 일본은 근대 국가로의 출발을 결의하였다.

---

1) 幕末維新期漢學塾硏究會·生馬寬信 編,『幕末維新期漢學塾の硏究』, 廣島: 溪水社, 2003, 19~20쪽 참조.

그 근대화는 서구 열강을 모델로 하는 것으로, 근대화는 곧 서구화이자 서양화였다. 교육에서도 서구 교육을 배우고 그것을 이식하는 시도가 행해졌다. 그러나 에도시대의 근세 봉건사회에서 교육은 이미 전국에 보급되었고, 일본 교육의 근대화가 그러한 근세 봉건사회의 교육을 토대로 하는 것이었음은 어김없는 사실이다. 에도시대에는 서민에게 읽고 쓰고 셈하는 것을 가르치는 데라고야(寺子屋)와 무사를 위한 한가쿠(藩學) 이외에도 사숙(私塾)[가숙(家塾)]이 발달하였는데, 그 수는 전국적으로 수천에 달했다고 한다.[2]

그런데 메이지 신정부가 정비하고 있었던 근대적 교육제도에 의해 그와 같은 에도시대의 구교육(舊敎育) 시스템의 교육기관은 커다란 패러다임 변환을 하지 않을 수 없었다. 메이지 5년(1872)의 「학제(學制)」로 시작되어, 「교육령」, 「개정교육령」, 「학교령」, 「소학교령」 등이 잇달아 공포되자, 메이지 20년대 무렵에는 대부분 자취를 감추었다. 그 중에 몇몇 한학숙이 교육기관으로 존속하였는데, 그 중 대표적인 예가 백원서원이다.[3]

II. 근대 교육시스템에 저항한 백원서원

일본에서 '서원'이라는 이름이 붙은 교육기관은 극히 적다. 그 중 하나가 백원서원이다. 그것도 서원의 삼대 기능이라고 하는 강학·장서(藏書)·제사의 모든 것을 겸비한 보기 드문 사숙(私塾)이었다.

백원서원은 근세 말기, 에도시대 후기의 분세(文政) 8년(1825), 후지사와 토가이(藤澤東畡, 1794~1864)에 의해 오사카(大阪) 아와지쵸(淡路町), 지금의 오사카시 츄오구(中央區) 아와지쵸(淡路町)에 개설되었다. 토가이는 뛰어난 학자이자 교육자이며 시가(詩歌)와 연주[管弦]에도 탁월하여, 백원서원은 오

---

2) 吾妻重二, 「文化交渉と日本の私塾および泊園書院」, 關西大學文化交渉學教育研究拠點, 『東アジア文化交渉研究』 第5號, 2012, 26쪽 참조.
3) 財團法人斯文會, 『斯文六十年史』, 東京: 財團法人斯文會, 1929 참조.

사카에서 손꼽히는 한학숙으로 번성하였다.

　토가이가 죽은 뒤에는 장남인 난가쿠(南岳, 1842~1920)가 그 자리를 잇고, 1865년에 백원서원의 원주(書院)가 되었다. 난가쿠가 은퇴한 후에는 그의 장남 고코쿠(黃鵠, 1874~1924), 차남 고우하(黃坡, 1876~1948)가 이어서 백원서원을 주재하였다. 고우하의 처남[義弟] 이시하마 준타로(石濱純太郎, 1888~1968)의 협력도 있어서 활동을 유지했는데, 쇼와 23년(1948)에 고우하의 죽음과 함께 막을 내렸다.

　아즈마 주지(吾妻重二)의 정리에 의하면, 백원서원의 역사는 네 단계로 나눌 수 있다.[4]

　　제1기 **에도시대 후기에서 막말**[분세(文政) 8년(1825)~게이오(慶應) 4년(1868)]
　　　　- 토가이에 의한 백원서원 개설과 융성, 난가쿠에 의한 계승
　　제2기 **메이지 초기**[메이지 3년(1870)~메이지 5년(1872)]
　　　　- 난가쿠에 의한 사누키 다카마츠(讚岐高松)「백원숙(泊園塾)」 개설
　　제3기 **메이지·다이쇼 시대**[메이지 6년(1873)~다이쇼 9년(1920)]
　　　　- 난가쿠 및 고코쿠·고우하에 의한 서원의 발전
　　제4기 **다이쇼 말기·쇼와 전기**[다이쇼 9년(1920)~쇼와 23년(1947)]
　　　　- 고우하에 의한 서원 계승과 이시하마 준타로에 의한 새로운 전개

　후지사와 토가이는 사누키 다카마츠[지금의 카가와현(香川縣) 다카마츠시(高松市)] 출신으로, 이름은 하지메(甫)이고 자는 모토노리[元發, 혹은 昌造·健藏로 통칭되었으며, 호는 토가이(東畡), 하쿠인(泊園)이다. 그의 학통을 거슬러 올라가면 오규 소라이(荻生徂徠)에까지 이른다.

　오규 소라이는 에도시대 중기의 유학자이다. 처음에는 주자학을 강의했

---

4) 吾妻重二. 編著, 『泊園書院歷史資料集 : 泊園書院資料集成一』, 大阪: 關西大學出版部, 2010(이하 『歷史資料集』으로 약칭)의 「解說」 등을 참조.

는데, 중년 이후에는 반(反) 주자학의 입장을 선명하게 하였고, 그의 학문은
에도의 학계를 석권했다. 그의 사숙(私塾) 켄엔(護園)은 에도에서 커다란 세
력을 자랑할뿐만 아니라, 거기에서 배운 지방 출신의 제자들에 의해 향리로
전파되어, 에도 중기 이후의 유학에 커다란 영향을 끼쳤다.

코가이는 동향(同鄕)인 사누키 다카마츠 출신의 나카야마 죠잔(中山城山)
에게 사사(師事)하고, 소라이학(徂徠學)을 배웠다. 나카야마 죠잔은 후지사와
토엔(藤川東園)에게 사사하고, 후지사와 토엔은 칸 칸고쿠(菅甘谷)에게 배우
고, 칸 칸고쿠는 오규 소라이의 입실(入室) 제자였다고 한다.[5]

칸 칸고쿠(菅甘谷)는 에도에 있는 켄엔숙(護園塾)에서 배우고, 소라이의 경
술(經術)과 고문사(古文辭)를 전수받았다. 이후에 오사카로 돌아와서 그것을
전파하고, 오사카의 소라이학의 본원이 되었다.[6]

후지사와 토엔(藤川東園)은 오사카 출신으로, 칸 칸고쿠에게 배우고, 이후
에 사누키에 가서 소라이학을 전했다.[7]

나카야마 죠잔(中山城山)은 사누키 출신으로, 후지사와 토엔에게 사사하
고, 의술(醫術)과 소라이학을 배웠다. 다카마츠(高松)에 사숙(家塾)을 열고, 고
문사학(古文辭學)을 가르쳤다.[8]

백원서원의 학문은 순전히 소라이학파의 계통이라고 할 수 있다. 백원서
원은 창설 이래로 순조롭게 발전하여, 당시에 오사카를 대표하는 교육기관
인 회덕당(懷德堂, 가이도쿠도)을 능가할 기세였다. 토가이(東畡) 시대에 3천
명이 넘는 문인의 수는 메이지유신 이후에는 규모가 더욱 커져서, 메이지 중

---

5) 土屋弘,「東畡先生文集」叙, 藤澤南岳 輯,『東畡先生文集』, 大阪: 泊園書院藏梓, 1884
   참조.
6) 石濱純太郎,「菅甘谷」,『歷史資料集』前篇 第一章「泊園書院の源流 菅甘谷」등을
   참조.
7) 中山城山,「東園藤川先生墓碑銘」,『歷史資料集』前篇 第一章「泊園書院の源流 藤川
   東園」등을 참조.
8) 藤澤東畡,「先師中山城山先生行狀」,『歷史資料集』2010, 前篇「第一章 泊園書院の源
   流 中山城山」등을 참조.

기에 약 5천명, 쇼와 초기에는 누계 만명을 넘었다고 한다.[9] 이와 같은 백원
서원 전성기의 공로자는 제2대 원주(院主) 난가쿠(南岳)이다.

Ⅲ. 난가쿠와 그의 학문

후자사와 난가쿠(藤澤南岳)의 이름은 '恒', 자는 '君成'이다. 난가쿠는 다카
마츠(高松)의 번공(藩公)으로부터 받은 호이다. 사누키(讚岐)에 태어나서 오사
카에서 자랐다. 학문은 아버지 토가이(東畡)와 그의 고제(高弟) 나카타니 운
칸(中谷雲漢)에게 물려받았는데 재능이 비범하였다. 게이오(慶應) 원년(1865)
에 대를 이어 다카마츠번(高松藩) 유관(儒官)이 되고, 메이지 3년(1870)에 다
카마츠에 백원숙(泊園塾)을 열었는데, 이듬해인 4년(1871)에 폐쇄하고, 6년에
(1873) 오사카에 돌아와서 백원서원을 일으킨다.

백원서원의 특색의 하나로 등급을 세세하게 나눈 것을 들 수 있다. 메이
지 3년(1870)의 숙칙(塾則)에는 다음과 같이 나와 있다.

속달하려고 하는 것은 옛 성인이 경계한 바이다. 무릇 학습과 변화는 하루
아침에얻을 수 있는 것이 아니다. 하지만 그 학업의 차이는 구별하지 않을 수
없어서 등급을 나눈다.[欲速成者 古聖所戒 蓋習之與化 非朝夕之可得也 然其業之高
卑 不可不區別 作等級]

이와 같이 졸속(拙速)을 경계하고 학업의 격차를 인정하여 등급을 매긴다
고 선언한 다음에 다음과 같은 7개의 등급을 정하였다.

---

9) 吾妻重二, 「文化交涉と日本の私塾および泊園書院」, 關西大學文化交涉學教育研究處
點, 『東アジア文化交涉研究』第5號, 2012, 33쪽 참조.

一等生 業崇行修, 志立識定者.

二等生 能通一經, 藝事稍成者.

三等生 稍通諸子, 摛藻可觀者.

四等生 能讀行無副墨之書者.

五等生 畧通諸史, 稍修文辭者.

六等生 句讀課了, 稍解文義者.

七等生 句讀課未了者.

이 일곱 등급의 수업은 각각 다음과 같다.

四書五經·文選(七等生業)

誦無和訓者, 講易解者, 其書則徂徠集·三史畧之類(六等生業)

稍涉古書, 切難文義, 其書則通語·左傳·史記·世說之類(五等生業)

審邦典, 其書則職官志·通鑑及諸子之類(四等生業)

讀禮律, 講經濟, 其書則三禮·明律·文獻通考之類(三等生業)

究古今, 詳經說(二等一等生業)

凡五等以上不許受讀[10]

한편, 메이지 13년(1880)의 「백원서원학칙(泊園書院學制)」에는 등급과 과
정을 다음과 같이 정하고 있다.

壹等生 業崇行修, 志立識定

弐等生 能通壹經, 兼善文章

三等生 略通諸子, 摛可觀

四等生 概覽諸集, 議論可聽

10) 藤澤南岳, 「泊園塾則」, 『歷史資料集』, 234~235쪽.

五等生 能讀行無副墨之書

六等生 了解意義, 少修文辭

七等生 知諸史一斑, 志文藻

八等生 梢解意義

九等生 句讀未了

課程

一 經說諸錄   一等生

一 詩, 經書, 經濟諸書   貳等生

一 論語, 周禮諸集   三等生

一 明律, 莊子, 五代史等   四等生

一 通鑑, 孟子, 續八大家等   五等生

一 左傳, 史記, 八大家, 韓非子

一 荀子, 大日本史等   六等生

一 文章軌範, 易知錄

　　日本政記, 西洋諸史類 처음으로 문(文)을 배운다 七等生

一 國史略, 十八史略, 元明淸史略,

　　日本外史, 日本袖史外篇 等 처음으로 시(詩)를 배운다 八等生

一 四書, 五經, 徂徠集

九通   독서를 개증(槪証)한다 구등생(九等生)[11]

25년 뒤인 메이지 38년(1905)의 「본원학제약게(本院學制畧揭)」[12]에도 학과와 수업 제도가 열거되고 있다.

---

11) 「泊園書院學制」, 『歷史資料集』, 242~244쪽.
12) 『第拾五六回泊園同窓會誌』登門錄 卷末 게재. 『歷史資料集』, 250쪽, 注 (8) 참조.

하나. 학과는 9등급으로 나눈다.

　　1등급에서 4등급까지를 고과(高科)로 하고, 5등급부터 9등급까지를 초과(初科)로 한다.

　　초과는 소독(素讀)에서 시작하여 구두점이 없는 책을 이해하는 데에서 끝이 난다.

　　7등급부터 문장을 배운다(學文).

하나. 수업은 강의(講義) 경사집(經史集) 각각 하루에 1시간.

　　윤강(輪講) 하루에 4시간.

　　질의(質疑)와 회독(會讀)은 제한이 없다.

　　시문(詩文)을 연마하려는 자는 수시로 첨삭한다.

　　이곳의 여가는 다른 학교에 통학하는 것을 허락한다.

　　[此ノ餘暇 他ノ諸學校ニ通學スルヲ許ス]

메이지 3년(1870)의 학칙은 다카마츠에 백원숙(泊園塾)을 열었을 무렵에 작성한 것이다.[13] 그에 반해 메이지 13년의 학칙은 문부성(文部省)이 부현(府縣)의 사숙(私塾)의 학칙을 요구했을[徵した] 때 작성한 것이다. 여기에서 주목할만한 것은 10년 사이에 등급이 2단계 늘었다는 점이다. 9등생을 교육하기 위해서 교원[授讀]을 2명 고용하였고[14], 단순한 등급의 신설이나 재편이 아니라 학생수도 증가했음을 엿볼 수 있다. 지방인 시코쿠(四國) 다카마츠(高松)에서 대도시 오사카로 이전한 것은 상승세를 타고 있는 백원서원의 번성한 모습을 잘 나타내고 있다.

　등급이 7등급에서 9등급으로 확대되었기 때문에 편성 상의 수정은 다소 보이지만, 교육 내용은 거의 같다. 덧붙여 말하면, 등급 제도는 일본의 사숙(私塾)에서는 일반적이지 않고, 오규 소라이의 사숙이 적극적으로 도입했다

---

13) 『歷史資料集』 249쪽, 注 (1) 참조.

14) 學制, 「第壹款」에 "1. 수독(授讀) 2명, 9등생을 가르치는 것을 관장한다"라고 나와 있다. 『歷史資料集』, 242쪽 참조.

고 알려져 있다. 히로세 단소(廣瀬淡窓)의 칸기엔(咸宜園)에도 보이는데, 그것
은 단소가 배운 가메이 난메이(亀井南冥)를 통해서 소라이학파의 전통을 계
승했기 때문일 것이다. 실은 토가이는 난메이의 숙(塾)에서 배운 적이 있다.
그것은 분카(文化) 13년(1816)에 나가사키(長崎)에 유학가기 전에 행한 시고
쿠(西國) 주유(周遊)의 일환으로 하기(萩)의 명륜관(明倫館)과 함께 난메이(南
冥)의 문(門)도 두드렸던 것이다.[15] 백원서원의 등급 제도가 토가이가 난메이
로부터 배운 것인지, 아니면 칸기엔(咸宜園)을 보고 배운 것인지는 확실하지
않지만, 어쨌든 소라이학파의 스타일[流儀]인 것만은 분명하다.

그런데 메이지 3년(1870)의 과정에는 없고, 메이지 13년(1880)의 과정에
새롭게 추가된 것으로 「서양제사(西洋諸史)」와 『일본수사외편(日本袖史外篇)』
이 있다. 이것들은 서양 사정을 알기 위해서 추가된 것일 것이다.

7등생에 배당된 「서양제사」는 서양 여러 나라들의 역사서일 것이다. 당
시에 한학숙에서 서양사정을 가르치는 일은 극히 드물었다. 예외적인 것은
니쇼학사(二松學舍)로, 메이지 10년의 「사립한학설립신고(私立漢學設立届)」에
는 『사서오경』, 『좌전(左傳)』, 『사기(史記)』 등과 함께 「서구 각국 역사 및 경
제 법률 서적의 번역서」가 교과로 명시되어 있었다.[16]

『간사이대학 백원문고 장서목록(關西大學泊園文庫藏書目錄)』[17]에는 사부재
기서류부위기(史部載記類附外紀)에 『외국사략(外國史略)』 8권(메이지 7), 『만
국신사상편(萬國新史上編)』 6권(메이지 4), 『영국사략(英吉利史略)』 2권(메이
지 6) 등의 서양사 서적이 수록되어 있다. 이것들이 「서양제사」의 텍스트였
을 가능성이 있다.

---

15) 中山城山, 「送滕生之浪華」, 『資料集』, 36쪽 참조.
16) 『二松學舍百年史』, 東京: 二松學舍, 1977, 76~77쪽, 「「教則 四書 五經 左傳 史記
資治通鑑 十八史略 元朝史略 唐宋八大家文 文章規範 日本史 日本政記 日本外史 國
史略 西歐各國歴史及ヒ經濟法律書ノ翻譯書」; 神立春樹, 「漢學塾と漢學者」, 江藤茂
博·町泉寿朗 編『漢學と漢學塾』, 東京: 戎光祥出版, 2020, 218쪽 참조.
17) '壷井義正 編, 『關西大學泊園文庫藏書書目』, 關西大學, 1958'은 후지사와 고우하
(藤澤黃坡) 사후에 간사이대학에 기증된 백원서원의 장서 목록이다.

문제는 8등생에 배정된 「일본수사외편(日本袖史外編)」이다. 이 서적은 제목에 '일본'이라고 되어 있지만 실제는 난가쿠(南岳)가 메이지 9년에 출판한, 천무천황(天武天皇)에서 게이오(慶應) 2년까지, 일본 이외의 그 중에서도 특히 서구의 역사를 편년체로 기록한 역사서이다. 전 3권이고, 외국 지명의 번역어를 정리한 「칭호역초(稱呼譯抄)」가 부록으로 달려 있다.

이 저작은 말미에 있는 발(跋)로부터, 그 내용과 출판 경위를 엿볼 수 있다.

> 나는 틈틈이 『일본수사(日本袖史)』를 집필하고[修史] 있는데, 그와 동시에 해외 여러 나라들의 흥망사도 서술하여 어린이들의 이해를 돕고자 하였다. 하지만 우리나라와 무관한 외국의 일을 우리 나라의 역사서에 삽입하는 스타일은 좋지 않다고 생각하여, 외편(外編)을 따로 써서 『일본수사(日本袖史)』정편(正編)의 부독본(副讀本)으로 삼기로 했다. 그런데 이 원고가 먼저 완성되었다. 출판사의 오카다(岡田)씨는 먼저 간행하자고 했는데 나는 거절했다. 팔이 없는 손가락, 배가 없는 노와 같은 것이어서 단독 출판할 수는 없었다. 오카다 씨가 말하기는, 팔과 배는 세상에 얼마든지 있다. 손가락뿐이다, 노뿐이다 라고 걱정하지 않아도 될 것이다. 당신의 저서를 다른 사람의 역사서의 부독본(副讀本)으로 삼으면 되지 않는가? 라고. 나는 잠시 주저했지만 교정해서 주었다. 하지만 결국 손가락은 손가락이고 노는 노에 지나지 않는다. 다른 사람이 사용해도 좋을지는 알 수 없다.

즉, 난가쿠는 일본의 역사서인 『일본수사(日本袖史)』를 집필하였는데, 그와 동시에 외국의 역사도 저술하여 먼저 출판했다는 것이다. 이야기는 극히 단순한데, 문제는 『일본수사(日本袖史)』본편(本編)은 현재 그 모습을 찾을 수 없는 상태라는 것이다. 그런데 난가쿠는 메이지 17년에 『일본통사(日本通史)』라는 저작을 출판하였다. 그렇다면 『일본수사(日本袖史)』와 『일본통사(日本通史)』는 어떤 관계에 있는 것일까? 결국 난가쿠는 『일본수사』본편을 출판하지 않았던 것일까?

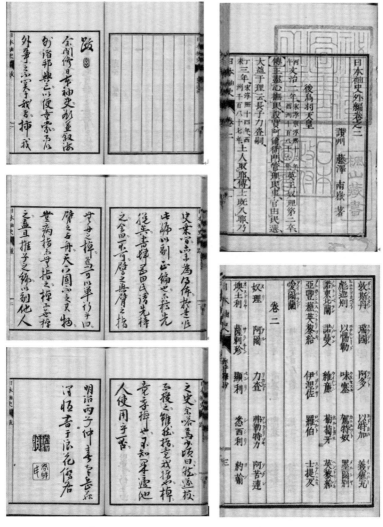

〈그림 1〉『일본수사외편』 발

〈그림 2〉『일본수사외편』
권2(상)·『칭호역초』 권2(하)

　이와 관련해『간사이대학 백원문고(關西大學泊園文庫) 자필고본(自筆稿本)
목록편(目錄稿) 갑부(甲部)』[18]에 수록된, 이 서적과 관련된 다음 문헌이 중요한 단서가 된다.

여기에서 주목할 만한 것은 「칭호역초(稱呼譯抄)」의 존재와 3권(三卷)이라는 권수(卷數)이다. 「칭호역초」는 지금의 『일본수사외편(日本袖史外編)』에 부록으로 수록되어 있다. 『일본수사외편』도 3권이다.

이것들을 종합하면 다음과 같은 추론이 성립한다. 난가쿠는 일본의 역사서 『일본수사(日本袖史)』를 집필하였다. 그것의 외편(外編)으로 『일본수사외편』이 기획되었는데, 외편이 먼저 완성되었기 때문에 메이지 9년에 먼저 출판했다. 정편(正編)은 책 이름을 『일본통사』로 수정해서 메이지 17년에 출판했다.

내용을 보면, 발(跋)에서는 해외 여러 나라들의 흥망을 서술한 역사서이고, 어린이용이라고 나와 있다. 이를 검증해 보면 어린이용이라고는 생각되지 않는데, 중국을 비롯하여 서구에 이르는 해외의 여러 나라들의 역사서인 것은 이해할 수 있다. 일례로 권2 고토바천황(後鳥羽天皇)·분치(文治) 2년조를 들어 보자. 이 조의 고유명사의 독법은 「칭호역초」에 보이는데 구체적으로는 다음과 같다.

서식을 보면 먼저 「고토바천황(後鳥羽天皇)」이라고 천황 이름이 명기되고, 다음 행에 연호 '분치2년(文治二年)'이 나오며, 그 아래에 할주(割注)로 '송(宋)·효종(孝宗)·순희(淳熙) 13년, 서주(西洲) 1186년'이라고 나온다. 기사(記事)는 "英王奴理第二卒【傳】王盡心撫民 設買阿爾衛門 管理民事 官由民選 大益于理云 長子力査嗣"이라고 쓰여 있다. 이것은 영국 국왕 헨리 2세의 서거와 리처드 1세의 즉위를 서술하고 있다고 생각되는데, 이 사건들은 1189년의 일이어서, 역사적 사실과 연대가 맞지 않는다.

그것은 그렇다 치고, 기사 사이에 '【전(傳)】'이 끼어있는 것으로부터 이 저작이 『춘추좌씨전(春秋左氏傳)』을 모방했음을 추측할 수 있다. 즉 『춘추좌씨

---

18) 吾妻重二 編, 『關西大學泊園文庫 自筆稿本目錄稿(甲部)』, 關西大學アジア文化硏究センター, 2012는 백원문고로 기증받은 백원서원 장서(藏書) 중에서 자필 고본(稿本)에 대해 정리한 목록이다.

전』은, 먼저 『춘추』 경전으로 노공(魯公)과 연대 그리고 기사가 있고, 그 다음에 「좌씨전(左氏傳)」이 이어진다. 『일본수사외편』은 경문(經文)으로 천황 이름과 연호 그리고 기사가 나오고, 【전】의 문장이 이어지고 있어서, 『춘추 좌씨전』 형식의 저작임을 알 수 있다.

고제(高弟) 이시하마 준타로는 난가쿠의 학문에 대해서 다음과 같이 말하였다.

> 선생의 학술은 경탄할만큼 박람(博覽)이 빼어나고, 세상을 뛰어넘는 식견으로 제약(制約)되고 있다. 게다가 그 학설은 단지 심오한 공언(空言)을 제창하는 것이 아니라, 곧바로 실용을 다할 수 있는 제세안민(濟世安民)의 백년의 대계이다. 이것을 켄엔(護園)의 원리에서 찾아내고, 선친 토가이 선생의 가설(家說)에서 정선하여, 나아가서 해외에까지 미루어 적용하는 웅대한 백원학(泊園學)을 대성하셨다.[19]

『일본수사외편』을 보면 매우 수긍할만한 견해이다. 난가쿠의 이러한 박식과 넓은 시야는 그의 고제 이사하마 준타로로 계승되어, 백원서원의 학문을 보다 풍부한 것으로 만들어 갔다.

Ⅳ. 이시하마 준타로와 그의 학문

이시하마 준타로는 메이지 21년(1888)에 오사카시에서 태어났다. 30년(1897)에 백원서원에 들어가서 난가쿠로부터 학업을 받는다. 35년(1902)에 누나인 이시하마 가츠가 난가쿠의 차남이자 이후에 백원을 잇는 고우하(黃坡)와 결혼하였다. 41년(1908)에는 동경제국대학 중국문학과(支那文學科)에 진학하

---

19) 石濱純太郎, 「藤澤南岳」, 『歷史資料集』, 94쪽.

고, 44년(1911)에 졸업했다. 졸업 논문은 「구양수연구(歐陽脩攻究)」였다. 졸업 후에는 가업인 제약회사에 입사하여 임원이 되었다. 다이쇼 4년(1915) 니시무라 텐슈(西村天囚)[아사히신문사(朝日新聞社) 논설위원이자, 『일본송학사(日本宋學史)』로 알려진 한학자]의 권유로 가입한 오사카의 문인 모임[시문 동호회] '경사(景社)'에서 다케우치 요시오(武內義雄)[이후에 토호쿠(東北)제국대학 교수]와 교토의 문인 모임 '여택사(麗澤社)'와의 연합회(連合會)에서 나이토 고난(內藤湖南)[당시 교토제국대학 교수], 가노 나오키(狩野直喜)[당시 교토제국대학 교수], 간다 기이치로(神田喜一郞)[이후에 타이페이(臺北) 제국대학 교수], 아오키 마사루(靑木正兒)[이후에 교토제국대학 교수] 등과 교류한다.

다이쇼 11년(1922), 오사카외국어학교 몽고어과[蒙古語部]에 입학하여, 몽고어 연구에 힘쓰는 한편 티벳어, 만주어, 터키어, 산스크리트어, 위구르어, 소그드어, 쿠챠어 등 여러 민족들의 중세 언어 연구에 몰두한다.

메이지 말년부터 다이쇼 초년에 걸쳐 많은 나라들이 중앙아시아에 스타인, 페리오, 르콕과 같은 탐험가를 거느린 탐험대를 파견하고, 방대한 문헌·경전을 가지고 돌아와서 연구성과를 공개하였다. 이시하마는 강한 흥미를 느끼고, 그 중에서도 특히 서하어(西夏語)에 관심을 보이고, 이후에 세계적으로 알려지는 선구적인 연구를 발표했다.

다이쇼 13년(1924), 2학년을 마친 3월에 자퇴하고, 7월부터 나이토 고난(內藤湖南)을 따라 동양어 서적 조사를 위해 고베(神戶)에서 배를 타고 유럽으로 향한다. 프랑스의 마르세이유에 상륙하고, 파리를 경유하여 영국 런던에 도착하여 약 한달 동안 대영박물관에서 수집된 돈황 유서(遺書) 등을 조사하였다. 이어 독일, 오스트리아, 스위스를 주유한 뒤 파리로 가서 페리오의 자택에서 돈황 유서를 조사하고 2개월 동안 체류한다. 12월에 마르세이유에서 배를 타고 이듬해인 14년(1925) 2월에 귀국한다. 결국 이것이 이시하마의 유일한 외국 방문이 되었다. 이듬해인 15년(1926), 간사이대학 전문부(專門部)에 출강하고, 그 뒤로 쇼와 33년(1958)에 70세로 정년을 할 때까지 근무하였다.[20]

고제(高弟)인 오바 오사무(大庭脩)는 "요약하면 이시하마의 학문은 한학에서 출발하여 언어학, 역사학의 세계로 들어갔고, 중국, 서역, 인도로 그 영역을 넓혀 갔다고 할 수 있다. 그리고 만약에 이시하마학(石浜學)의 정수가 무어냐고 묻는다면, 동양언어학이라고 답하겠다."라고 서술하고 있다.[21]

백원서원에는 다이쇼 12년(1923) 4월부터 출강했다.[22] 수업하는 모습에 대해서 오바 오사무는 다음과 같이 쓰고 있다.

후지사와 고우하(藤澤黃坡)의 딸 아키코(昭子)의 말에 의하면, "밤에 열리는 백원의 강의에서 숙부(이시하마)의 『설문(說文)』 강의는 매우 재미있고, 그 뒤에 열리는 다른 선생들의 강의와는 비교가 되지 않았기"때문에, 매우 이해하기 쉽게 설명해 주었다고 한다.[23]

그럼 실제로 어떤 수업이 행해졌을까?
이에 관해서는 커리큘럼이 기록으로 남아 있다.[24] 쇼와 3년(1928)과 쇼와 4년(1929)의 백원서원 커리큘럼에서 흥미로운 것은 하나같이 금요일 저녁 7시 30분부터 9시 30분 과목에 「중국철학사」가 있다는 점이다. 이것은 후스(胡適)의 『중국철학사 대강(中國哲學史大綱)』을 가리킨다. 이시하마가 강의한 『중국철학사』 텍스트가 후스의 『중국철학사 대강(上冊)』이라는 것은 쇼와 3년 2월 『백원(泊園)』 제3호에 실린 이시하마의 글로부터 알 수 있다.[25]

후스의 『중국철학사 대강』은 1919년(민국 8년, 다이쇼 8년)에 초판이 간행되었다.[26] 그것은 1917년에 행한 북경대학에서의 강의에 기초하는 것으로,

---

20) 橫田健一, 「石浜純太郎」, 大庭脩, 「石浜純一郎」, 『歷史資料集』, 183~197쪽 참조.
21) 大庭脩, 「石濱純太郎」, 『歷史資料集』, 196쪽.
22) 大庭脩, 「石濱純太郎」, 『歷史資料集』, 183쪽 참조.
23) 大庭脩, 「石濱純太郎」, 『歷史資料集』, 193쪽 참조.
24) 『歷史資料集』, 「第七章 泊園書院의 學則, 敎育, 日課 六, 日課」 참조.
25) 石濱純太郎, 「泊園書院講讀解題」, 『支那學論攷』, 大阪: 全國書房, 1943, 221~226쪽.

문체는 백화문이었다. 이시하마가 이 책을 강독 텍스트로 선택한 이유는 다음의 세 가지이다.

1. 중국에서 나온 새로운 중국철학사 저작 중에서 이 책은 발군이다.
2. 이 책은 출판 이래로 중국철학사의 사실상 스탠더드로 높은 평가를 얻고 있다.
3. 전 세계적으로 중국철학사에 관한 논의를 이 책을 가지고 하는 것이 성행하고 있다.

이시하마에 의하면 이 책은 다른 사람의 저서의 재탕이나 번역이 아닌, 독창적인 저작이다. 그러나 결코 세상에서 평가하는 것과 같은 참신하고 기발한 것은 아니다.

"서양 논리학의 지식을 가지고 명가(名家)의 학문을 밝힌 것이 이 책의 공적으로, 말하자면 청조(淸朝) 학술의 전통적 발전이다."(223쪽)[27]
"항상 새로운 학설을 내놓지 않으면 낡았다고 말하는 것은, 시류를 좇는 어수선한 논객이라면 몰라도 진정한 학문 연구하면 그런 것이 아닐 것이다. 학문의 본류를 모른 채 금세 떠받들다가 금세 깎아내리는 것을 능사로 하는 식의 천박한 풍조에는 편승하고 싶지 않다."(225~226쪽)

이 말들은 후스의 『중국철학사』에 관한 것인데, 이시하마의 학문관, 백원서원의 학풍이 베어 있다. 백원서원에는 쓸데없이 신기한 것을 좇지 않고, 학문의 본류를 중시하는 학풍이 있었음을 엿볼 수 있다.

그렇다고는 하지만, 쇼와 2년까지만 해도 수업 교재로 장학성(章學誠)의 『문사통의(文史通議)』가 텍스트로 선택되고 있었다. 그것이 갑자기 동시대의 중

---

26) 石濱純太郎의 앞의 책 223쪽에 의하면, 이시하마의 강독 텍스트는 민국 16년(1927)의 13판을 사용했고, 민국 8년의 초판본과 14년의 11판을 참조했다.
27) 쪽수는 이시하마 준타로의 앞의 책에 의한다. 이하 동일.

국학자의 백화(白話) 전문서를 읽는 것으로 바뀐 것이다. 그 이유를 이시하마는 "문체는 이른바 백화문의 언문일치체여서 익숙하지 않으면 읽기 어렵지만, 문(文)과 어(語) 사이의 약간의 차이에 주의하면, 서양식 구두점도 달려 있기 때문에 옛날 책의 어록체의 문장을 읽는 것보다는 쉽고 그다지 어려울 것도 없으며, 근래에는 학술적 저작도 백화문체가 점점 많아지고 있기 때문에, 이런 것을 읽고 익숙해지는 것도 필요하다고 생각했기 때문"(222쪽)이라고 서술하고 있다. 백화문의 저서를 텍스트로 다룬 것은 한학숙으로서는 과감한 선택인데, 이시하마에 패기는 보이지 않는다. 한문 훈독법에 의하지 않고 직접 중국어로 중국 텍스트를 읽는 것을 권장한 오규 소라이의 가르침의 영향일지도 모르는데, 백원서원의 수업에서 선택된 텍스트의 기준은 '학술적 저작'인가 아닌가 그것뿐이었다.

이 외에도 쇼와 8년(1933)의 일과에는 이시하마 준타로가 『왕관당문선(王觀堂文選)』을 강의했다고 기록되어 있다.[28] 『왕관당문선』이란 쇼와 7년에 동경의 문구당서점(文求堂書店)에서 나온 왕국유(王國維)의 유작이다. 본문이 130쪽 분량의 간결한 책인데, 「은허서계고석서(殷墟書契考釋序)」, 「은주제도론(殷周制度論)」과 같은 중요한 논문이 수록되어 있고, 1927년에 일찍 세상을 뜬 대학자의 학문의 정수를 알 수 있는 저작이다. 문체는 문어체인데, 이것이 선택의 주된 이유는 아니었을 것이다. 읽을 가치가 있는 '학술적 저작'이라고 인정되었기 때문에 선택된 것이다.

V. 일본의 근대 교육

에도시대의 일본 사회는 사농공상이라는 네 개의 신분으로 구성된 신분제 사회였다. 즉 지배층인 무사 계급과 피지배층인 서민계급[농민, 공인, 상

---

28) 新聞, 『泊園』, 第壹號(昭和8年(1933))(『歷史資料集』) 265쪽 및 266쪽 注(6) 참조.

인]이 엄격하게 구별되고, 교육에서도 제도면, 내용면에서 모두 구별이 있고, 익혀야 할 문해력도 달랐다.

18세기 이후 에도 막부는 문치주의로 크게 전환하고, 무사는 관료로서의 역할이 기대되어, 문서를 읽고 쓰는 능력이 요구되었다. 또한 막부는 신분제 사회 유지의 원리를 유학에서 찾았기 때문에, 유학에 대한 소양도 무사의 문해력이었다.

무사 계급의 교육기관은 에도에는 막부 직할의 쇼헤자카학문소(昌平坂學問所)가 있고, 지방에는 각 번의 한가쿠(藩學, 藩校)가 있었다. 여기에 더해서 각 번의 에도의 저택(屋敷) 안에는 학문소(學問所)가 설치되어 있었다. 이들 교육기관은 거의 모두가 유학과 한학을 가르쳤고, '칸세 이학의 금(寬政異學の禁)' 이후에는 주자학이 정학(正學)이 되었다.

한편, 서민에게 요구되는 문해력은 일상생활이나 일에 필요한 기술과 교양이었다. 교육기관으로는 읽고 쓰고 셈하는 초등교육을 주로 하는 데라고야가 존재하였다.

한가쿠는 에도 중기 이후에 급속하게 보급되어 소번(小藩)에도 설치되고, 막말 시기에는 그 수가 295개에 달했다.[29] 데라고야도 막말 시기[텐포(天保)~게이오(慶應) 연간]에 폭발적으로 증가하였다. 유력한 연구에 의하면, 데라고야의 총수는 메이지 시기를 포함해서 11,237개에 달하는데, 그 중에서 텐포 연간[1830~1843] 14년 동안에 1,984개, 고우가(弘化)~가에이(嘉永) 연간[1844~1853]의 10년 동안 2,398개, 안세(安政)~게이오 연간[1854~1867]의 14년 동안 4,293개, 메이지[1868~]에 들어서는 1,035개가 개설되었다.[30]

---

29) 이 절은 '文部省, 『學制百年史』, 東京: 帝國地方行政學會, 1972, 「總說 ― 幕末維新期の教育」'을 참조하였다. 그리고 한가쿠의 수가 295개인 것에 대해서는 '難波征男, 「日本書院'的研究現狀與課題」, 『湖南大學報(社會科學版)』 21-3, 2007'을 참조하였다.

30) 石川謙, 『寺子屋 : 庶民教育機關(日本歷史新書)』, 東京: 至文堂, 1960, 86~87쪽 참조.

막말 시기에 급속하게 발달한 것은 데라고야(寺子屋)와 한가쿠(藩學)뿐만 아니다. 사숙(私塾)[가숙(家塾)]도 대폭 증가하여, 전국적으로 그 수는 수천에 달했다고 한다.[31] 일본의 고전을 가르치는 국학숙(國學塾)이 각지에 운영되어, 막말 시기에는 종래부터 있었던 네덜란드어와 네덜란드 학문을 가르치는 난학숙(蘭學塾)에 더해서, 영어나 프랑스어와 같은 서구 열강의 언어나 학문을 가르치는 양학숙(洋學塾)이 출현했는데, 일본의 사숙(私塾)의 대다수는 중국 고전을 가르치는 한학숙이었다.

한학숙이 가숙의 대다수를 점한 이유로는 한어(漢語)와 한문(漢文)이 일본에서 학문 언어, 더 넓게는 동아시아 전역에 통용되는, 이른바 서구에서의 라틴어와 같은 글로벌 문해력이었던 점을 들 수 있다. 한학을 배우는 것은 지극히 인센티브가 높았던 것이다. 그러나 한학에 유리했던 상황은 메이지 유신에 의해 일변한다.

메이지 5년(1872), 일본 최초의 근대 교육제도를 규정한 「학제(學制)」가 공표되었다.[32] 학제에 제시된 교육관·학문관은 서구의 근대 사상에 기초하는 개인주의, 실학주의에 입각하고 있었고, 봉건시대의 유교적 교육이념을 강하게 비판하는 것이었는데, 그 지나친 서구화 노선과 획일주의 때문에 일본 실정에 맞지 않아 실질적으로는 폐지되었다.

그것을 대신하여 메이지 10년(1877)에 등장한 「교육령(敎育令)」은 교육의 권한을 지방에 대폭 이양시켰다. 이것은 학제가 중앙집권적, 획일주의적이었던 점에 대한 반성의 일환이었는데, 그 자유주의적 정책이 새로운 비판을 초래하자, 정부는 메이지 13년(1880)에 「개정교육령(改正敎育令)」을 개정하고, 중앙정부의 권한을 강화하였다.

「학제」와 「교육령」이 시행되고 교육제도의 개혁이 진행되었는데, 서구

---

31) 吾妻重二, 「文化交涉と日本の私塾および泊園書院」, 關西大學文化交涉學敎育硏究拠點, 『東アジア文化交涉硏究』 第5號, 2012, 26쪽 참조.
32) 文部省, 『學制百年史』, 「二 近代敎育制度の創始」, 文部科學省, 『學制百五十年史』, 東京: ぎょうせい, 2022, 「第一編 近代敎育制度の發足と拡充」 참조.

여러 나라들의 근대교육에서 모델을 취하는, 자유주의적 실학주의적 경향을 축으로 삼았다. 그 때문에 일본의 민중은 실생활과는 괴리되어 갔다.

메이지 11년(1878), 메이지 천황은 교학(教學)에 관한 성지(聖旨)[「교학성지(教學聖旨)」]를 만들게 하고, 이듬해인 메이지 12년(1879)에 발표하였다. 그 요지는 메이지유신 이래로 오로지 서양화에 매진했던 현상을 우려하고, 장차 화근을 남기지 않기 위해서 인의충효를 지식재주[智識才藝]보다 우선시하는 일본 교육의 전통을 되살려서, 공자를 중심으로 하는 도덕교육을 행하고, 도덕과 지식재주가 완비된 교육이 행해지도록 하자는 것이다.

이 성지(聖旨)는 일본 사회에 커다란 영향을 끼쳐서, 메이지유신 이래로 오로지 서구화에 매진하고 있었던 메이지정부도 정책 전환을 하지 않을 수 없게 되어, 교육정책은 메이지 13년 이래로 「교학성지(教學聖旨)」의 기본 이념에 기초하여 진행되어 간다.

메이지 정부의 교육 시책은 일정하지 않고, 제도 면에서는 서구화를 지향하면서도 중앙집권적 획일화와 자유방임주의 사이에서 왔다 갔다 하고, 내용 면에서도 개인주의, 실학주의의 교육관과 학문관에 입각한 서구 근대 교육을 전면적으로는 추종하지 않고, 에도시대의 문화와 교육의 전통도 계승하고자 하였다. 그 전통에서 한학은 커다란 비중과 중요한 위치를 차지하고, 한학숙은 관립 학교와 나란히 교육과 사회의 주도적 입장에 있었다.

다만 한학숙은 말말시기부터 유신 직후에 최전성기를 맞이하면서도, 메이지 정부의 교육 시책에 놀아나고, 근대 교육 속에서 자신의 지위를 찾지 못했다. 그런 와중에 존속했던 몇 안 되는 한학숙의 하나가 백원서원이다. 그럼 백원서원은 왜 살아남았을까?

백원서원에서는 매년 석전(釋奠)이 행해지고 있었다. 장소는 오사카 후지이데라(藤井寺)[지금의 오사카부(大阪府) 후지이지데라(藤井寺市)]에 있는 도묘지(道明寺) 텐만구(天満宮) 경내(境内)에 세워진 대성전(大成殿)[공자묘(孔子廟)]이다. 여기에 아시카가학교(足利學校)로부터 전래되었다고 하는 공자상(孔子像)을 안치하고, 석전을 행했다. 시작한 것은 난가쿠이다.

난가쿠는 공자상을 구(舊) 다카마츠번(高松藩) 한가쿠(藩學) 고도칸(講道館)으로부터 불하받아, 처음에는 서원 안에 안치하고 석전을 행하다가, 도시 안에 있어서 화재의 위험이 있어서, 도묘지(道明寺) 텐만구(天滿宮)[당시는 하지진자(土師神社)라고 했다]에 대성전(大成殿)을 세웠다. 대성전이 완성된 것은 메이지 34년(1901)으로 그 후 120여년 동안 – 전쟁 중에 중지된 것을 제외하면 – 쇼와 23년(1948)의 백원서원의 종언도 극복하고, 매년 석전을 행해서[33] 2023년 5월 14일에는 제120회를 맞이했다고 한다.[34]

백원서원은 서원의 삼대 기능을 갖추고 있었다. 즉 충실한 강학시스템을 갖추고, 일본의 사숙으로서는 최고 수준의 장서를 자랑하며 석전도 행하고 있었다. 이것은 일본의 서원[35]으로서는 매우 드문 예인데, 역으로 근세 동아시아 서원의 보편적 현상과 함께 한다.

기예로 치닫고 덕의를 경시하며, 에도 시대 이래의 전통적인 구 교육시스템을 가차 없이 버려온 일본의 근대 교육시스템에 대해서, 백원서원은 서원으로서의 잠재력을 무기로 삼아 맞섰던 것이다.

---

33) 『歷史資料集』, 127쪽, 注(17) 참조.
34) 道明寺天滿宮HP 참조.
35) 海原徹, 『近世私塾の研究』, 京都: 思文閣出版, 1983을 참조.

【참고문헌】

幕末維新期漢學塾硏究會·生馬寬信編, 『幕末維新期漢學塾の硏究』, 廣島: 渓水社, 2003.

財團法人斯文會, 『斯文六十年史』, 東京: 財團法人斯文會, 1929.

吾妻重二編著, 『泊園書院歷史資料集 : 泊園書院資料集成一』, 大阪: 關西大學出版部, 2010.

藤澤南岳輯, 『東畡先生文集』, 大阪: 泊園書院藏梓, 1884.

『二松學舍百年史』, 東京: 二松學舍, 1977.

江藤茂博·町泉寿朗編, 『漢學と漢學塾』, 東京: 戎光祥出版, 2020.

壺井義正編, 『關西大學泊園文庫藏書書目』, 大阪: 關西大學, 1958.

石濱純太郎, 『支那學論攷』, 大阪: 全國書房, 1943.

文部省, 『學制百年史』, 東京: 帝國地方行政學會, 1972.

石川謙, 『寺子屋 : 庶民敎育機關 (日本歷史新書』, 東京: 至文堂, 1960.

文部科学省, 『學制百五十年史』, 東京: ぎょうせい, 2022.

海原徹, 『近世私塾の硏究』, 京都: 思文閣出版, 1983.

■ 저자 소개 (집필 순)

이수환 영남대학교 명예교수

이병훈 한국국학진흥원 책임연구위원

조명근 영남대학교 역사학과 부교수

이광우 영남대학교 민족문화연구소 연구교수

등홍파(鄧洪波) 중국 호남대학 악록서원 교수

장곤장(張崑將) 대만 대만사범대학 동아학계 교수

채광수 영남대학교 민족문화연구소 연구교수

정재영 영남대학교 문화인류학과 연구교수

배다빈 영남대학교 민족문화연구소 연구교수

사풍(謝豊) 중국 호남대학 악록서원 부연구관원

장효신(張曉新) 중국 호남대학 악록서원 박사연구생

오진안(吳進安) 대만 운림과기대학 한학응용연구소 교수

이방유(李芳瑜) 대만 운림과기대학 한학응용연구소 석사생

미나미자와 요시히코(南澤良彦) 일본 규슈대학 인문과학연구원 교수

젠이징(簡亦精) 일본 규슈대학 인문과학연구원 전문연구원

근대 이후 동아시아 서원의 변용과 전개

초판 인쇄   2024년 05월 10일
초판 발행   2024년 05월 16일

편 자   영남대학교 민족문화연구소

펴낸이   신학태
펴낸곳   도서출판 온샘
등 록   제2018-000042호
주 소   서울시 용산구 한강대로62다길 30, 트라이곤 204호
전 화   (02) 6338-1608   팩스   (02) 6455-1601
이메일   book1608@naver.com

ISBN   979-11-92062-36-5   93910
값 49,000원